信託取引と信託課税の法理

占部裕典

慈 学 社

はじめに

信託法改正や信託業法改正をうけた平成一九年度信託税制の改正においては、改正信託法のもとで認められた多様な信託をうけて所要の整備が行われ、あわせて平成一九年度改正前において指摘されていた個別信託税制における問題点の解決も一応図られ、税制からも民事信託の利用、企業活動・金融取引等への信託の利用などが期待されていた。

しかし、その税制改正は大正一一年からの信託税制の枠組みを継承するもので、最低限の改正にとどめたといってもよかろう。平成一九年度信託税制の改正は、わが国の信託課税の枠組みを再検討・再構築する好機であったといえよう。平成一九年度信託税制の改正は大きく枠組みを変更したようにみえるが、受益者課税原則を基礎にした既存の課税構造のなかでの応急的な改正であり、これまでの税制の枠組みを基礎としたものである。また租税回避防止に視点をおいたものであったといえる。信託税制の体系的な整備は、信託法改正後の信託の活用状況をみながら進められるものと理解されているところである。

信託法及び信託理論にもとづいた課税関係と信託の利用による租税回避の規制に係る規定の整備との関係が曖昧であり、信託の利用による租税回避を中心とした規定の整備は、多様な信託の利用に向けての期待が高まるなかで、その課税関係を明確に判断しうるものであるのかなど危惧が少なからず存しているものといえよう。そのような意味で我が国の信託税制のこれまでの経緯、さらには旧信託法下での信託税制の検証は、現行信託法のもとでの税制の検討・評価、さらには今後の信託税制の改正にあたって重要な意義をもつものであるといえる。

信託法の改正を受けて、多様な信託の利用が動き始めたといえようが、多様な信託の活用に対する課税の影響は今後も慎重に検証される必要がある。家族信託・福祉型信託などの民事信託の利用は広がりをみせているものの、なおその他の領域での利用は期待したほどのものではない。

信託の機能的特徴としては、たとえば、「信託における受託者裁量機能」さらには「信託における意思凍結機能」などがある。もっとも明確にそのような機能を内容とするのは裁量信託であるが、受託者に受益の分配、受益者選択などについても裁量があるといったような裁量信託の課税関係は、所得税法・法人税法同様、相続税法においても今なお不明確であるといわざるをえないであろう。このような危惧は、最近の判例からも窺い知ることができる。原告が、同人の祖父が米国ニュージャージー州法に準拠して、米国籍のみを有する原告を受益者とする信託を設定したところ、処分行政庁が、この信託行為につき平成一九年改正前の旧相続税法四条一項を適用して贈与税の決定処分等をしたことから、その取消を求めた事案で、名古屋地裁平成二三年三月二四日判決（訟月六〇巻三号六五五頁）は、原告は本件信託の設定に関し相続税法四条一項の「受益者」に当たるとは認められないとして、請求を認容したが、控訴審・名古屋高裁平成二五年四月三日判決（訟月六〇巻三号六一八頁）は、本件信託行為時における受益者である被控訴人が信託受益権の全部について贈与により取得したものとみなされ、限定的指名権の行使の可能性があることや、受託者に裁量があることは上記の判断を左右するものではないとし、原判決を取り消し、被控訴人の請求を棄却した。「信託行為」、「受益者」、「受益権の帰属」の意義について信託法の理解が問われる事案でもあったが、両判決は「受益者」該当性の判断を異にする。なお、本件の争点は、具体的には、①本件信託の設定行為が相続税法四条一項にいう「信託行為」に当たるか否か、②Xが同条一項にいう「受益者」に当たるか否か、③本件信託が生命保険信託に当たるか否か、④Xが相続税法一条の四第三号の制限納税義務者に当たるか否か、

⑤本件信託財産が我が国に所在するものであるか否かであり、②以外の論点のいずれも現行信託税制のもとでも信託税制の抱える課題に直結した論点であるといえよう。このような課題の存在は信託の活用に萎縮的な効果を与える。

今後は、信託の具体的な利用を踏まえながら信託法理論や解釈にもとづき、信託の利用に中立的でかつ公平な信託税制を再検討し、課税の枠組みを再構築することが必要となろう。イギリス、アメリカの信託税制においては受託者課税を介した受益者課税が原則であり、信託税制の枠組みの再検証が必要である。信託税制が租税回避を警戒するあまり、行き過ぎた税制により信託の利用を萎縮させることがあってはならないであろう。

筆者は、すでに一五年前に『信託課税法――その課題と展望』（清文社・平成一三年）において、⑴信託法の成立時からの信託税制の変遷を明らかにするとともに、⑵その課税理論や立法の背景にある経済状況や立法趣旨等を解明することに務めた。そのうえで、旧信託法制のもとでの信託課税法規の解釈上の問題や制度的な欠陥などを検討してきたところである。そのおりには、イギリスを中心とした諸外国の信託税制を比較検討することにより我が国の特徴をも明らかにした。特に、イギリス信託税制の改正法案からも大きな示唆をうけたところである。

本書は、⑴我が国の信託課税の理論が立法当時より基本的にかかわらず現在まで引き継がれていることを明らかにし、⑵その後の信託法改正に向けての議論なかでの当時の信託税制に係る問題点を明らかにし、⑶信託法改正後のもとでの信託税制がどのように変容し、旧信託法のもとでの信託課税の課題は解消したかを検証し、⑷信託法改正により改正された信託税制の特徴を明らかにし、なお残されている課税を明確にし、⑸信託活用を踏まえたうえで、信託税制の展開、なお積み残されている信託税制の立法論的、解釈論的課題について検討を進めるものである。

本書の刊行にあたっては、これまで同様、慈学社出版の村岡侖衛氏に編集・出版にあたり格別のお世話をいただいた。特に校正においては、原稿を丁寧に熟読され、的確なご指摘をいただいた。村岡氏のサポートがなくしては本書の刊行はなかったといっても過言ではない。村岡氏に心からお礼を申し上げたい。

本学術図書は、同志社大学「二〇一七年度研究成果刊行助成」による助成金の交付を受けて、刊行されたものである。同志社大学の関係各位に厚く御礼を申し上げる。

二〇一七年八月

占部　裕典

［初出一覧］

本書の執筆にあたっては、各章においてこれまで公表した論文を参考にしている。各章における条文及び引用文献については、ベースにした論文の公表時のものである。

第一章　「信託課税法の課題と改革の展望――信託関連法、金融関連法等の視点から」信託法研究二七号六三―九六頁（二〇〇二）

第二章　「信託」関西大学法学研究所『平成一三年学術フロンティア報告書　金融革命と法』（国際課税研究班）一八〇―一九四頁（二〇〇二）、「金融資産と信託課税」関西大学法学研究所『国際金融革命と法（関西大学フロンティア報告書）』第三巻二〇一―二一四頁（二〇〇五）、「我が国における投資信託・投資法人課税改革の視点」関西大学法学研究所『国際金融革命と法（占部裕典　関西大学フロンティア報告書）』第三巻二一五―二二四頁（二〇〇五）

第三章　「高齢化社会における信託税制・相続税制のあり方」新井誠編『高齢社会における信託と遺産承継』第二章所収（六一―一三四頁）（日本評論社・二〇〇六）

第四章　「後継ぎ遺贈と信託課税」（はしがき・事例・研究者の視点　占部裕典執筆）税経通信五七巻一六号二二一―二三八頁（二〇〇二）

第五章　「信託課税における受託者課税・委託者課税の再検討――信託所得課税の比較法的考察」総合税制研究二号二〇―六二頁（一九九三）、「裁量信託及び受益者連続型信託の課税関係――イギリス信託課税からの示唆」神戸学院法学二五巻二号一九七―二二六頁（一九九五）

第六章　イギリス信託税制研究会編『イギリス信託・税制研究序説』占部担当「第二章　イギリス信託課税の概要と特徴」「第三章　信託――イギリス居住信託の所得税、キャピタル・ゲイン税の取扱い（諮問案）の内容」（五六―二七七頁）（清文社・一九九四）

第七章　書き下ろし

第八章　（判例解説）「相続税法四条一項の『受益者』該当性が否定された事例（名古屋地方裁判所平成一三

年三月二四日判決）」『法学セミナー増刊　速報判例解説』一八九―一九二頁（二〇一二）

第九章　「我が国における信託税制の発展と改革――改正信託税法の特徴と課題」会計・監査ジャーナル六二三号七八―八四頁（二〇〇七）

第一〇章　「第五回信託オープンセミナー　信託税制について」『信託』二四五号九七―一二八頁（二〇一一）、「改正信託税制の特徴と今後の信託の利用可能性」日本租税信託協会「第五九回　租税研究大会記録」二〇四―三七一頁（二〇〇八）

第一一章　書き下ろし

第一二章　「信託税制への提言」新井誠・神田秀樹・木南敦編『信託法制の展望』五四一―五五一頁（日本評論社・二〇一一）

目　次

目　次

第一部　旧信託法下における議論

第一章　信託課税法の課題と改革の展望

――信託関連法、金融関連法等の視点から

今日、信託を取り巻く環境は三つの点で特徴があり、それは信託関連法、金融関連法、信託課税法に大きく影響を与えている。第一は、「高齢（化）社会における信託の活用機会の拡大」であり、これは、個別（個人）信託の課税関係に影響を与え、その検証が求められている。第二は、金融革命に端を発した「お金を増やすメカニズムの変化（先進国型の個人資産運用）」であり、これは集団信託に大きな影響を与え、その課税関係の検証は不可欠である。さらに、第三は、「資産の国際的な運用機会の拡大（海外投資の拡大）」であり、外為法の改正等がこれに拍車をかけており、国際的信託（外国信託）の検証は急務の状態にある。これらの課税関係の問題は、租税法固有の問題から生ずる場合もあるが、私法等に起因する問題も少なからず存する。

すなわち、信託課税法に問題をもたらす原因あるいは要因としては、租税法（信託課税法）固有の問題（以下、〔1〕という。以下同様）、信託法固有の問題から生ずる課税上の問題〔2〕、私法（民法・商法）固有の問題から生ずる課税上の問題〔3〕、いわゆる「投信法」、「資産流動化法」等の固有の問題から生ずる課税上の問題〔4〕、が挙げられ、これらは〔2〕、〔3〕又は〔4〕＋〔1〕に分けて整理・検討することができる。

なお、議論の対象たる信託を、個別信託、集団信託（投資信託を中心に）、外国信託（個別信託・集団信託双方を対象）として、信託税制を体系的にながめていきたいと思う。租税法は、基本的には私法の法律関係の上に乗っているものであり、課税の前提となる私法等（の解釈）がゆれてくると、それを基礎としている租税法（課税関係）も大きくゆらいでくる。信託に係る租税法（いわゆる信託課税法）も当然のこと、信託法、私法等との関係において、同様の関係にある。

信託法、私法等については門外漢であるが、信託法、民法等と税制との接点を意識しながら、信託課税法の骨格又は体系に係わる問題を検証していきたい。

一　我が国の信託課税法の特徴

我が国の信託課税法の問題点を論じるに当たっては、まず我が国の信託課税法の規定の構造及び課税のスタンスをみておくことが重要である(1)。信託制度の発展は、我が国の金融制度の発展と相関的な関係にある。

1　信託課税法の発展と金融制度

我が国の信託税制は、大正一一年の信託法・信託業法の制定により導入されたが、その後、非営業信託（民事信託）はともかくも、営業信託は我が国の投資等に対する国民性（貯蓄意識等）を反映しながら発展を遂げてきている。まず、大正一一年から昭和二〇年半ばまでは資産家や機関投資家などの大口の投資による信託のもとで大口金利預金類似のものとして利用されていた。第二期は、昭和二七年の貸付信託法から五〇年代後半までの時代である。貸付信託（信託業法「合同・指定運用金銭信託」の一種として特別法である貸付信託法により規定）が「安全有利な貯蓄手段」として国民生活に定着した時代であったといえよう。すべての信託契約に元本補塡契約がつけられていたのも我が国の金融資産に対する国民の意識を反映する特徴であった（信託業法九条では任意であるが）。これらは財産形態や金融方式（制度）の実情に合致していたといえよう。第三期は、昭和五〇年代から平成一〇年あたりまでであり、金銭信託以外の信託が登場しはじめた時期である。たとえば、それは、土地信託や証券投資（ファントラ・特金）に代表されるであろう。第四期は、日本版金融ビッグバン（金融大改革）による金融システム改革関連の法律の成立や特にここ数年の「特定目的会社による特定資産の流動化に関する法律」の成立（平成一〇年九月一日施行）、及び「証券投資信託及び証券投資法人に関する法律」の改正・整備（平成一〇年九月一日施行）、さらに「特定目的会社による特定資産の流動化に関する法律等の一部を改正する法律」の施行（平成一二年五月三一日公布。この法律は、「特定目的会社による特定資産の流動化に関する法律」、「証券投資信託及び証券投資法人に関する法律」の改正、これらの法改正による税法の改正等の改正からなっている。）に起因する集団投資スキームに対する法整備によるあらたな展開の時代である。第四期は、我が国の集団信託史上の最大の転換期の一つであり、いわゆる「投資信託革命」あるいは「投資信託ルネッサンス」といわれる時代の到来を示すものであるといわれている。これにより、いわゆる先進国型の個人資産運用のための土俵が整ってきたといえる。

特に第四期の動きは、金融審議会第一部会（平成一一年一二月二一日）の答申（報告）を受けたものであり、そこでは資産流動化法については、次のように解されていた。「この資産流動化法は、我が国の経済のストック化や高齢化社会への移行に伴い、国民の金融資産の有利な運用が求められるようになっている。また成熟する経済の中で積極的なリスクテイクを伴う新規産業への資金供給も重要な課題となっている。この改正による法整備は、このような課題に対して重要な機能を果たすことが期待される集団投資スキームについて、適切な利用者保護を前提としつつ金融仲介者による創意工夫ができる仕組みを整備するものである。」として位置づけられている。投資家に資産運用の意識改革を迫るものである。

2　三重構造とその課税原則（所得課税）

我が国の信託税制のうち、所得税・法人税においては、大正一一年から実質上何の利得をも享受しない受託者に対する課税はなんとしても避けなければならないこと（いわゆる二重課税の回避）などを理由として、受益者が特定しているときには受益者課税原則を導入した。一方、受益者が特定していない場合には受託者課税を採用した。

「受益者課税と受託者課税の組合せ」である。ただし、貸付信託（後の昭和一五年には、合同運用信託に名称変更）については、社債・公債・銀行預金と同じように課税されていた（第二種所得税。ただし、当初第三種所得税課税）。そして、昭和一五年に受託者課税部分を委託者課税（あるいは委託者の相続人に課税）に改めた。これはきわめて重要な意味を有するが、受益者が特定するまでは委託者の手元から受益権は分離しないと考えられることなどをその改正理由とした。しかし、このような改正は、信託法の視点からもそもそも当然のものであったといえるのか、疑問が残る。信託法理はともかくも、累進税率の適用を免れることに対する懸念がその改正理由の主眼であったと思われる余地もある。昭和二六年に合同運用信託の例外として、証券投資信託が、昭和三七年に退職年金信託などが順次追加され今日に至っている。所得税法一三条、法人税法一二条の、いわゆる「本文信託」（これは受益者が特定している場合には受益者課税原則、不特定・不存在の場合には委託者課税原則を前提する。）と所得税法一三条、法人税法一二条のそれぞれのただし書（合同運用信託、投資信託、特定目的信託等を本文規定の適用から除く）による「ただし書信託」の課税関係を法的には明確に区別した二重構造である。しかし、現実には「ただし書信託」が大正一一年のいわゆる一期から昭和五〇年から平成一〇年前までのいわゆる第三期までの、一般的には日本の信託業務の主流をこれまで占めてきたことは周知のとおりである。ただし書信託の特徴は、支払を受けた時に課税されることから（所得税法三六条二項参照）、課税の繰延べが許容されていることである。わざわざただし書規定により、完全な導管構造を否定し、課税の繰延べを許容していることは特徴的である。そこで、課税繰延商品の存在については注意をすべきであるということになりそうであるが、現実には商品段階で一定の制約が存していたため問題は生じていなかったようである。たとえば、特定金銭信託（たとえば安定運用ファンド）は法人向けで年二回の配当（分配型）、「しんらい」（無分配型）は個人向けで法人に課税の繰延べは認めない（信託期間は三年）こととしていた。

この「ただし書」規定も大正一一年の信託税制に端を発するものであるが、その理由とするところは前述したように貸付信託を社債、公債、銀行預金と同じに取り扱うことであった（銀行預金等の収益計上時期を現金主義によることとしたことに端を発している。)。

次に、「特定目的会社による特定資産の流動化に関する法律等の一部を改正する法律」により、さらにわが国においては三段目の法的構造ができあがることとなる。投信法及び資産流動化法が改正されることにより、信託について、「投資信託」と「特定目的信託」という概念が導入され、投資信託は、投信法上の資産運用スキームとして、また特定目的信託は資産流動化法上の資産流動型スキームの一つとして創設されたものである。

法人税法・所得税法上、平成一二年五月の改正により「特定目的信託」及び「証券投資信託以外の投資信託」が、まず、いわゆる「ただし書信託」に加えられ、信託財産に帰せられる収入及び支出の帰属については導管として取り扱われないこととなった（「証券投資信託」については、以前からただし書適用）。

また、投資信託法上、「委託者非指図型投資信託」が導入されたことから（投信法二条二号）、合同運用信託については「信託会社が引き受けた金銭信託で、共同しない多数の委託者の信託財産を合同して運用するもの（……委託者非指図型投資信託及び外国投資信託を除く）をいう」と定義されていることから（所得税法二条一一号、法人税法二条二九号）、委託者非指図型投資信託のうち、信託法上の投資信託に該当するものは、合同運用信託に該当しないことになった。

そのうえで、法人税法上、[1]（1）「投資証券信託」、（2）「国内公募投資信託以外の投信法上の投資信託」と[2]「特定目的信託（資産流動化法上の特定目的信託）」をあわせて、「特定信託」と定義している（法二条二九号の三）が、特定信託についてはその各期間の所得について法人税を課すこととしている。法人税法七条の二は、「特定信託の受託者である内国法人に対しては第五条の規定により課する法人税のほか、各特定信託の各計算期間の所得について、各特定信託の各計算期間の所得に対する法人税を課す。」と規定している。特定信託についての受託者たる法人に法人課税を行なうこととしている。

本文信託で完全な導管理論、ただし書信託で導管理論の排除（ある程度の課税の繰延べ公認）、さらに（特定信託について）導管理論をはずしたうえで法人税課税を行う、この法人課税が課税の繰延べを禁止するというものであれば、法人課税のうえで二重課税を排除するという、「三重構造」が現行信託課税の特徴であるといえる。このような法的な構造（三重構造）が必要か否かは検討課題となりうることをここでは指摘するにとどめる。課税の繰延べを防止するためだけであれば、本文信託の適用をそのまま認めておけばよく、このような三重構造を支える課税理論、これを貫く原則は何かが問われる必要があろう。「信託法理」からの検証が不可欠である。

3　我が国の信託課税ルールの特異性――比較法的な視点から

信託課税の基本原則、我が国でいう本文信託の段階での課税関係であるが、これをどのように立法化するかは、その国の二重課税排除、導管理論に対するスタンスが明確に表れてくる。ここでは、このような我が国の構造は後述する英米と本質的に異なることもあわせて指摘あるいは強調しておく。信託法の母国（いわゆる英米）では、信託所得等に権利を有している場合には受益者へ、そうでない場合には受託者へ、そして受託者課税の場合には二重課税の調整を行う（ただし租税回避については委託者課税を例外的に認める。）のが一応の流れであるといえる。

たとえば、イギリス信託課税において、受託者は信託期間中、ファンドにより生ずる所得について該当するシェジュールの下で基本税率（二五％）による所得課税を受ける。受託者課税は、法的に受託者が所得を取得しうる権利を有していること、所得を累積することにより所得税を回避しうることをその理由としている。イギリス受託者課税の一つの特徴は付加税率課税である。裁量信託・累積信託については付加税率により税制上のコストを増大させている（信託キャピタル・ゲイン課税については、収益保有信託においては受託者が課税される。裁量信託については、一定の場合に信託のゲインに基本税率と付加税率で課税され、受益者に配分されたとしても課税関係は生じない。）。受益者に配分された所得は受益者の段階で課税される。受領した金額は受託者が支払った基本税率を考慮するためにグロスアップされる。イギリスにおける委託者課税の原則（帰属の原理）は、一定の場合にのみ（租税回避）主体に生じた所得が法律により委託者のもとに譲渡されたと考えられている。複数の信託の設立や家族間での所得分割などの規制に用いられている。

オーストラリアとカナダはほぼ同様で、受益者がある年度の信託所得について、当該年度において支払を受ける権利をもっている場合には課税されず、それ以外の場合には受託者に課税される。この点は、アメリカもほぼ同様である。諸外国は委託者課税の領域が狭いという特徴がある。この原則的な法理のうえに、わが国でいうような集団信託類似の領域に係る特別な規定（後述するＲＩＣ、ＲＥＩＴ等）が存するという、「二重構造」であるといえる。

わが国の信託課税ルールの特異性としては、本文信託とただし書信託の関係は、利子・配当等には発生主義ではなく現金主義を採用していたこと、一〇種類の所得分類制度を採用していることによる。なお、信託法理に係る議論を今後さらにつめる必要はあるが、原則的には受託者課税・受益者課税として、例外的に委託者課税とすべきであろう。

信託規定の三重構造とそれに応じた金融商品の対応、及び金融政策との対応をみることができる。しかし、最終的な課税関係についてはこのような金融資産に対応した課税関係になっているかは疑わしいものがある。本文信託における二重課税排除に対する根本的な見解の相違が、その後の例外規定（特別な課税関係）を形作っている。さらに、その国の所得分類の多様性も例外規定の立法の在り方に影響を与えている。わが国が委託者課税・受益者課税を本文信託の課税関係において導入したことが三重構造の原因となっている。この三重構造は金融資産の課税規定をきわめて複雑にしているといえよう。

4　相続税・贈与税における信託課税原則

この原則については、後述「二 1　受益者連続信託とその課税」参照。

二　個別信託——裁量信託、収益保有信託

高齢（化）社会における信託の機能として、「信託における意思凍結能力」、「信託における受益者連続機能」、「信託における受託者裁量機能」がかねてから新井誠教授より指摘されているところである。(2) 個人の財産管理・運用計画の拡大が高まり、さまざまな態様の信託（事業承継信託や後継ぎ遺贈など）が登場するものと考えられる。ここでは、そのような信託に係る相続税法上の問題を明らかにするために受益者連続信託を取り上げてみる。

1　受益者連続信託とその課税（〔1〕〔2〕〔3〕の視点から）

後継ぎ遺贈そのものの法的効果については、民法学者（米倉明教授）と信託法学者（四宮和夫教授）に相違があるように思われるし、民法学者間にも有効無効、さらには有効であってもその法的効果において相違があるようにみえる。(3) 米倉教授の定義によると、たとえば、「Xは生前にT（受託者）との間で信託契約を締結し、本件不動産から得られる収益についてはは生前はXを受益者として、Xの死後はY1（Xの妻）を受益者にし、Y1の死後はY2（Xの甥）を受益者とする旨を取り決めた」（米倉教授のモデルである。跡継ぎ遺贈・受益者連続信託、ただし、Y2がX

の相続人であるときには「特殊ケース」と呼ぶ。）というように、「Y1の死亡により、本来のY1の相続人に相続されるべき不動産を本来の相続人でないY2に帰属させるものであり、跡継ぎ遺贈（第二次遺贈）はY1の死亡を期限とするXからY2への遺贈（不確定期限付遺贈）」であり、「不動産はXからY1へそしてY1からY2へ流れる」ものではないとされている。(4) ここでは、この事例をさらに問題点が明確化されるように、「Xは生前にT（受託者）との間で一九九〇年四月一日に信託契約を締結し、委託者Xの存命中は収益受益権をY1（Xの妻）に、Y1の死後は収益受益権をY2（Xの甥）に、Y2の死亡後は元本受益権あるいは残余財産をY3（Xの孫）に帰属させる」として、課税関係をみていくことにする。(5)

所得税法の課税関係は、自益信託の間はXが、他益信託変更後はY1及びY2が受託者が得た収入に対して所得税を所得税法一三条一項・二項に基づいて課税されることになる。相続税については、相続税法四条二項により信託設定時にY1に贈与税が課せられることには異論がないが、問題はY2とY3に対する課税関係である。相続税法四条二項は「当該各号に掲げる事由が生じたために委託者以外のものが受益者となったときには当該贈与又は遺贈により取得したものとみなす」と規定している。ここでは「委託者の死亡」を「期限」と考えずに「条件」と解している。同条の四項二号においては「停止条件付きで信託の利益を受ける権利」を付与されることになっている信託について、条件が成就すると、贈与（あるいは遺贈）とみなすと規定している。よって、Y1が死亡したときにはY2に相続税が課せられるようにみえる。

しかし、事例においてはY1は、委託者ではなく受益者であり、受益者の死亡が条件となっていることから相続税法四条二項四号、同条二項本文かっこ書の適用はないとも考えられる。よって、課税関係に争いがあるようにみえるが、租税法の解釈原理（文理解釈）に忠実に考えると、相続税法は死亡を停止条件としていることから、同四号により受益者Y2の課税時期は受益者Y1の死亡時であり、それもみなし贈与として贈与税が課されるということになる。しかし、ここでは相続税法上、Y1に対して相続税が発生し、その後においてY2に贈与税が発生し、

Y2の税負担がY1の税負担よりも重くなるという矛盾が生じる。

Y3については帰属権利者と受益者の関係に留意をしておく必要がある。信託終了時が課税時期となろうが、Y3が信託設定時においてY2の死亡時において元本受益権を有すると規定していれば、前述したY2と同じ関係、問題が生ずることになる。これらの課税関係の混乱は、相続税法がそもそも他益信託から他益信託への変更時を射程距離においていなかったのではないか、特に受益者連続信託のようなものについては全く考えていなかったことによるものと考えらる（設定時の「網打ち効果」も問題となる。）。「後継ぎ遺贈」あるいは「信託による後継ぎ遺贈」による相続財産又は信託財産の所有権、信託受益権の移転に係る法律構成などが改めて問われてくる。わが国の信託課税の基本的枠組みの抱える問題点が根底に存在している。

また、このような問題は、ジェネレイション・スキッピングに係る問題にも深くかかわる。たとえば、「委託者Xは有価証券を受託者に信託し、委託者Xの子供Aに子供B（すなわちXの孫）が生まれた場合には、孫が二〇歳になったときにすべての有価証券を与える。」とする。信託法と相続法の優劣関係や相続税法の解釈が問題となってくるであろう。委託者が死亡したときの課税関係がどうなるかについては異論がある。(6) 相続税法基本通達四の一は、受益者が確定していない又は存在していない信託について、委託者の相続人が信託に解する権利を相続することになると述べている。これが妥当な解釈であるかについては、私法からの検討も必要となる。ジェネレイション・スキッピングは相続税法自体が許容していないところであり、結果としては許されないものと考えられよう。

2　裁量信託の拡大（〔1〕〔2〕の視点から）

委託者がある行為をなすか否かの決定を受託者の裁量に任せた場合には、受託者にその裁量によってたとえば複数の子供のうちのだれかに株式を与えるか否か、どの程度与えるかという裁量的権限を付与することがある。これらは周知のように裁量信託と呼ばれ、イギリス信託の基本類型の一つとして知られている。裁量信託については、「信託における受託者裁量機能」さらには「信託における意思凍結能力」をもっとも明確にその内容とするのは裁量信託である。しかし、その課税関係は、所得課税においてもっとも問題があるといえる。(7) 我が国では、他益信託か自益信託かで課税関係は二者択一課税である。受益者の存在又は特定の程度をどのように考えるかという問題もあるが、一般論としていえば裁量信託は広範囲に委託者課税の網にかかってしまう可能性がある。私法や信託法理からみれば行き過ぎた状況にあるようにみえる。私法や信託法からの検討がやはり必要な問題であるといえよう。相続税法四条二項の各号の規定をうまく利用することにより相続税や贈与税を、信託を利用しない場合に近づけることができるが、ここでも多くの場合、信託設定時に課税関係が生ずることが考えられる。信託設定時課税、受益権の評価の問題等を含めて検討すべき問題である。

個別（個人）信託は税制における骨格として「本文信託」といわれるものであるが、その利用は今後数を増すことは必死である。しかし、信託の所得税法・相続税法にかかる問題意識は必ずしも十分ではなく、その検討が遅れている。近年高齢化社会における信託の役割が強調されるに及んで、多様な信託（あるいは商品）が模索されているような印象がある。ここで期待される信託は、「信託における意思凍結能力」、「信託における受益者連続機能」、「信託における受託者裁量機能」を十分に生かした、個人の財産管理・運用計画を増大させていく必要がある。しかし、このような信託を組めるかは、民法・信託法等レベルでの問題、さらには税法からの問題と、課題は多いといえる。

三　集団信託（〔1〕〔2〕〔4〕の視点から）

ここでは、最近の議論との関係から、投資信託を中心として総論的な問題点を提示することにとどめる。商事信託の多様化のもとで我が国は長年、ただし書信託のもとで課税関係は一段階課税（投資者段階課税）で推移してきた。まがりなりにもそのような意味での導管理論を遵守していたといえよう。しかし、投信法・資産流動化法における特定信託の課税関係について、信託段階と投資者段階という二段階課税が行なわれることになったことは注目すべきことである。

集団信託を論じるにあたっては、受益者段階での課税（所得でいうと配当・分配にかかる課税、受益権等の譲渡にかかる課税、すなわち、インカムゲイン、キャピタルゲイン、キャピタル・ロスの課税関係）が問題となり、さらに投資信託（特定信託）においてはビークル段階での課税が問題となる。ここではファンド等の法人格の問題や二重課税の排除のあり方が問題の中心となろう。

1　投資家に対する課税

法人税・所得税法上、投資信託の投資家はただし書規定により、信託財産を有するものとはみなされないこととなる。投資家段階での課税については**資料2**（本書第二章五六頁）を参照。特定投資信託（証券投資信託・国内公募投資信託以外の投信法上の投資信託）の課税関係については、以下のようになる。

①　公社債投資信託及び公募公社債等運用信託（証券投資信託以外の投資信託）のうち、信託財産として受け入れ

た金銭を公社債等（公社債・手形・指名金銭債権・その他政令で定める資産）に対して、運用するものとして政令で定めるもの（その運用対象が主として利子、償還差益を生ずるものに限定されているところに特徴がある）の収益の分配は、利子所得とされる（所得税法二三条）。居住者は所得税一五％・地方税五％の源泉分離課税で終了する。それ以外の投資信託の分配は、配当所得とされる（所得税法二四条）。

内国法人は、収益の配分については所得税一五％・地方税五％で源泉徴収後、支払った源泉税について所得税額控除が認められる。

② 公募株式投資信託及び私募公社債投資等運用投資信託の収益の分配は、配当所得であるが、居住者は所得税一五％と地方税五％の源泉税の源泉分離課税によって課税関係が終了する（租税特別措置法八条の二）。金融商品の中立性を背景とした、いわゆる利子並み課税である。内国法人は、所得税一五％・地方税五％（源泉徴収後）の課税後に所得税額控除が認められている。しかし、内国法人の場合、公募株式投資信託及び特定投資信託は、一定の場合について受取配当の益金不算入がある（租税特別措置法六八条の三の三、六八条の三の四）。

③ 私募株式投資信託とその他（証券投資信託と公社債等運用投資信託以外）の投資信託の収益の分配については、居住者は、所得税二〇％の源泉課税の後に、配当所得として総合課税される（そのうえで所得税額控除の適用）。居住者は、私募株式投資信託及び特定投資信託の収益の分配については、一定の場合に配当控除が受けられる。居住者について、投資信託の収益の分配については三五％の源泉分離課税の適用はない。私募株式投資信託とその他の投資信託の収益の分配額が少額の場合には、少額配当の申告不要制度の適用が受けられる。

内国法人は、所得税率二〇％の源泉徴収後に法人税額の計算上、所得税額控除の適用を行なうことができる。私募株式投資信託とその他の投資信託の収益の分配については、一定の場合に、受取配当の益金不算入の規定の適用がある。

なお、特定投資信託から受け取る収益の分配のうち、当該特定投資信託の受益証券の募集が適格機関投資家私募として政令で定めるもの等により行なわれた場合、受取配当の益金不算入（法人税法二三条）または配当控除（所得税法九二条）の適用を受けることはできない（租税特別措置法九条、六八条の三の四）。

④　公社債投資信託、公募公社債等運用信託、公募株式投資信託の受益証券の譲渡について、居住者は非課税として取り扱われ、譲渡損はないものとみなすこととなっている（租税特別措置法三七条の一五）。

⑤　私募公社債投資等運用投資とその他の投資信託の受益証券の譲渡については、居住者の場合、譲渡益に対して原則二六％（国税二〇％と地方税六％）の課税（申告分離課税）が行なわれる。譲渡損失が発生したときには株式等の譲渡所得の範囲内で損益通算をする。

内国法人の場合には、譲渡損益は法人税・地方税の課税対象とされる（右記④⑤の場合）。

なお、会社型の投資信託に係る上記の課税関係についても**資料2**（第二章五六頁）を参照されたい。

次に、特定目的信託の受益証券の収益の分配に係る投資家の課税についてみてみる。

①　居住者に対する特定目的信託の収益の分配は配当所得として取り扱われるが、社債的受益証券（社債と同様の取扱いを受けるものであり、資産流動化法一六九条四号参照）かあるいは社債権的受益証券以外の受益証券かで、その収益の分配については、取扱いが異なっている。

社債的受益証券以外の受益証券に係る収益の分配については、居住者二〇％（所得税）の源泉徴収の後に、配当所得として総合課税される。三五％の源泉分離の適用はないが、少額配当の申告不要制度は適用されうることとなっている。

社債的受益証券に係る収益の分配については、居住者二〇％（所得税一五％と地方税五％）の源泉徴収により課税関係が終了する。

特定目的信託から受け取る収益の分配については配当控除をうけることはできない。

②　特定目的信託の投資家が内国法人の場合については、特定目的信託の受益証券に係る収益の分配については、二〇％（国税一五％、地方税五％）の源泉徴収がなされた後に、法人税・地方税の課税所得の計算上益金算入される（税額控除すると益金不算入の適用はない。）。特定目的信託から受け取る収益の分配については受取配当の益金不算入の取扱いを受けないこととなっている。

③　特定目的信託の投資家が居住者である場合には、社債的受益証券を譲渡した場合には譲渡益は原則として非課税である。しかし、居住者が社債的受益証券以外の受益証券を譲渡した場合、譲渡益に対して二六％（所得税二〇％と地方税六％）の課税が行なわれる（申告分離課税）。譲渡損失が発生したときには、株式等の譲渡所得の範囲内で損益通算ができることとなっている。

なお、特定目的信託の受益証券の上場等、一定の要件を充たすときには、譲渡対価の一・〇五％の源泉分離課税の適用がある。

④　特定目的信託の投資家が内国法人の場合については、特定目的信託の受益証券を譲渡した場合、譲渡損益につき法人税・地方税の課税対象となる。

ここでの問題は、租税法上の金融資産課税に問題点の根源があるといえるか否かである。投信法や資産流動化法におけるファンドの内容に対応した課税を行うことができなくなっているという問題は少なくとも指摘することができよう。特に所得税法においては一〇の所得分類を前提に、その分配又は配当をどこかの所得分類に当てはめることとしているが、投資信託財産の投資は比較的柔軟に認められているので、その所得の本質は混合所得になる可能性が高いといえる。それにもかかわらずこの所得分類のどこかにあてはめなければならないという無理がある。また、きわめてリスクの高い商品も十分に可能となったにもかかわらず、譲渡所得課税はそのような制度のもとでの担税力を十分に配慮したものとなっていない。

我が国の金融資産課税の特徴を明らかにするためには、金融資産の運用・管理における課税（所得の側面から）について、①受益者段階での課税（所得分類を含む）と②ビークル段階での課税（ファンド段階での課税）に分けて、課税関係を考察することが有益である。投資信託については、投資者段階では、利子所得による源泉分離課税（及び譲渡では非課税）、配当所得としての利子並み源泉分離課税（及び譲渡では非課税）、配当所得としての総合課税（源泉徴収二〇％、及び譲渡申告分離二六％）のパターンのどれかであり、ハイリスク・ハイリターンのもとでの投資家の担税力を反映する課税構造になっていないおそれがある。収益性の源泉となるリスクに対する税法的評価は不可欠であろう。金融ビックバンによりさまざまな金融商品が登場してきているが、信託、特に投資信託はその中核商品となりつつある。投資信託も貯蓄スタイルの選択肢の一つとして組み込まれる時代となってきたといえるが、投資信託は安全性重視の預貯金と、リスクはあってもハイリターンを狙う株式投資（いわゆるリスクリターン：RR-1からRR-5までの金融商品）との間にある、幅広いニーズに対応できる金融商品である。信託を用いた金融商品に対する課税（所得分類）として既存の制度のもとでの分類とその整合性、特にいかなる課税原理が働いているのかを検証することは重要であろう。元本割れのない金融商品を絶対視して確立してきた既存の税制をどのような方向に今後向けていくかが問われることになる。

2　ビークル段階での課税

信託課税におけるビークル段階課税は、私法・租税法双方にとってきわめて興味のある理論的な問題である。(8)集団投資スキームのビークル段階での課税については、理論的には三つの方法がありえよう。「エンティティ段階での完全パス・スルー」、「エンティティ段階での法人課税」（この場合にも法人自体に税を課すのか、法人とみなして税を課すのかバリエーションはあろうが）、「エンティティ段階での源泉徴収（受託者段階に課する）」に大きく分けられる。歴史的にかつ現実的に、課税される場合は、二つの立場があるように思われる。一つはアメリカ流の「団体性」から来るものである。一つはイギリス流の「受託者課税」（所得の累積禁止）から来るものである。前者は、信託の実質（体）論に言及するものである。後者は、きわめて技術的に法人課税をとらえる立場である。

(1)　ファンド段階での課税

①　特定投資信託及び特定目的信託（あわせて特定信託）については受託者たる内国法人に法人税が課されることになった（法人税法七条の二）。特定信託の法人税法上の課税所得の計算については、原則として普通法人の法人税法の課税所得の計算と同様である（法人税法七条の二）。なお、特定信託の収入及び支出は当該信託会社の各事業年度の所得ではないとみなすと規定されている（法人税法一二条三項）。

一定の要件を充たす特定投資信託の収益の分配については課税所得の計算上、損金算入が認められている（租税特別措置法六八条の三の四）。一定の要件を充たす特定目的信託の収益の分配については課税所得の計算上、損金算入が認められている（租税特別措置法六八条の三の三）。

②　ここで特定信託となる投資信託は、「証券投資信託を除く国外公募型投資信託及び私募型投資信託」ということになる。ここでいう私募型投資信託は、証券投資信託として「複数の者」に取得させることを目的とした、特定の又は二人以上の投資家を勧誘対象とする一信託であり、私募型投資信託（二～四九人以下）が認められることにより、公募型投資信託に比して証券取引法上の情報開示等が大幅に緩和されているなど迅速な設定が可能であるが、一方外部からその契約の内容を把握することが困難であり、課税上も捕捉が困難であるとして、特定信託に入れられた。

③　改正税法では、特定信託について受託者段階の課税が行なわれることとなったが、その利益が分配されたときには配当所得となるために（所得税法二四条）、受託者段階及び受益者段階で二重課税が起きる。そこで特定信託

におけるその信託の収益の分配額について、一定の条件を充たしている場合には、措置法上、特定信託の各計算期間の所得の計算上、損金に算入することが認められた（特定目的信託及び従来の証券投資法人）。収益の分配額につき最終的に受益者に対して課税されることとなり、従来のただし書信託に対する取扱いと同様の結果になる。

④　特定目的信託については金融再生委員会への届出が行なわれ、かつ公募により一定額（一億円以上）又は一定人数以上での引受又は適格機関投資家による引受けがなされ、募集されたものであり、そのうち、同族特定信託でなく収益の分配を九〇％以上行なっているものに損金算入が認められる。次に、特定投資信託においても金融再生委員会への届出が行なわれ、かつ私募型投資信託のうち適格機関投資家によって行なわれ、かつ国内において募集されたもので、そのうち収益の分配を九〇％以上行なっているものについて損金算入が認められる。よって、届出が行なわれないものや少人数の私募またはそれに類似する形態の者、及び国外で募集されるものは損金算入が認められていないといえる。

⑤　本文信託は、信託財産から生ずる所得は、たとえば受益者に分配されなくとも、稼得された年度において受益者又は委託者において課税されることから現実に配分されたときには課税されることはなく二重課税は起きないこととなる。完全パス・スルー信託である。これに対して、ただし書信託は、受益者に分配された時点で、利子・配当・退職あるいは雑所得となるものである。二重課税は起きず、課税の繰延べという点で、本文信託よりも優遇されている。そのうえで、このようなビークル課税の取扱いが入っている。

このような、我が国の制度は以下に示すアメリカの制度によく似ており、我が国でもこの制度はよく紹介されている[9]。

㋐　アメリカは、一九三六年にＲＩＣ（regulated investment company）について、法人についての二重課税を行なわないとする規定をおき、有価証券等の投資会社が一定の要件を充たすことを条件に支払配当の損金算入が認められている。ＲＩＣの総資産の最低五〇％は現金またはそれに準ずる資産、公債または有価証券でなければならないなど、いくつかの条件があり、さらに、課税所得の九〇%以上及び非課税利子所得の九〇%以上を投資家に分配しなければならないこととなっている。一九六〇年には不動産投資を行なうＲＥＩＴ（real estate investment trusts）についての規定が導入された。ＲＥＩＴの資産内容は、少なくとも七五%が不動産、現金あるいはそれに準ずる資産、公債でなければならず、有価証券は総資産の二五%を超えてはならない、ＲＥＩＴの総所得の七五%以上は不動産賃料や不動産モーゲッジ債権の利子又は譲渡益でなければならない。また、課税所得の九五%以上を投資家に分配しなければならない。留保した所得は課税されることになる。

㋑　一九八六年にＲＥＭＩＣ（real estate mortgage investment conduit）についての規定がおかれた。ＲＥＭＩＣの資産は、「適格モーゲッジ」（主として不動産担保付債権）及び「許諾投資」（適格モーゲッジからの利益を配分まで一時的に運用すること、キャッシュフロー投資・適格モーゲッジのディフォルト引当金及び差押債権）でなければならない。そして、キャッシュフロー投資は一・三カ月以内に投資家へ分配されなければならない（よって、ＲＥＭＩＣが適格モーゲッジ以外の長期的投資や利益留保を行なう可能性はない。）。

一九九六年にＦＡＳＩＴ（金融資産証券化投資、financial asset securitization investment trust）についての規定がおかれた。ＦＡＳＩＴの資産は、現金またはこれに準ずるもの、適格債権、差押財産、スワップその他のヘッジ財産、ＦＡＳＩＴやＲＥＭＩＣに対する正規権などの許諾資産である。住宅ローン債権など広範囲な種類の債権が対象とされている。受益権の満期は三〇年以下でなければならないほかは分配に関する要件は存しない。

ＲＥＭＩＣ及びＦＡＳＩＴの所得は分配した部分はデットに対する利子として控除できるほか、残りの部分も一定の受益権者（残余権者等）に帰属するものとして課税されることとなっている。留保分を含めて全額が受益権者に帰属するものとして課税される。

なお、イギリスにおいては、インベストメント・トラスト（IT:Investment Trust）及びユニット・トラスト（Unit Trust）が同様にわが国の制度と類似しており、比較の対象になるものと思われる。(10)

㋐　ＩＴは株式を発行する有限責任会社であり、独立の法的実体を有しており、通常の信託とは異なっている。現実は多くの場合、ファンド・マネイジャーによって運営されている。ＩＴが英国の居住者であり、その所得の大部分（七〇％以上）が株式又は公社債からの所得であることなどの要件をクリアした認可投資信託は、法人税の適用を受ける。有限責任会社である認可を受けるとキャピタル・ゲイン税の課税を免れる。まず、株主段階では、発行会社が予納法人税を認めているので、配当受領者は予納法人税について税額控除を受けることができる。利子所得等は予納法人税課税を受けず、法人税のみが課税される。

㋑　ユニット信託（オープンエンド型である。投資信託と相違）は一九八六年の金融サービス法により規制されている。認可を得たユニット・トラストは、その資産の五〇％以上を英国証券の投資に用いなければならない。ＩＴと異なり、資本（元本持分）と資本持分に分けて取り扱うことは許されない（前者を清算時に、後者を当期利益のみ配分することはできない。）。認可ユニット・トラストの受託者は居住者法人（内国法人）とみなされ、ユニット保有者は株主とみなされることとなっている。ユニット・トラストからの配当は会社からの配当と同じように取り扱われる。ただし、確定権利付ユニット（わが国の公社債信託に類似）は信託課税であり、二五％の所得税率で課税される。非認可ユニット・トラストは、通常の信託課税と同じ扱いを受ける。

(2)　わが国の「ビークル段階」課税での課税の評価

このようなビークル段階での法人課税については、「非常に大きな橋をわたった」とか、あるいは法人と個人という課税単位のドクマをうち崩すあらたな税制の登場であるとか、非常に前向きな評価が一般的である。(11) しかし、前述したことから、そのように言い切ることができるかは、はなはだ疑問であると考えている。「法人課税」ではなく「法人税課税」であり、課税の繰延べを回避するための技術的な規定であると理解する方が妥当ではないかということである。いわゆる「たまり課税」の視点により導入されたもので、退職年金等積立金に対する法人税などとの延長線にあると考えることの方が素直ではないだろうか。この法人税は信託銀行等内国法人を納税義務者としているが（法法八条）、特別法人税は信託財産から支払われているために、実質的には信託自身が納税義務者ともいえるがこれはたまり課税としての課税規定と理解されている。今後のこのようなビークル段階での課税の整合性確保のためにも、是非、ビークル段階での課税の明確な考え方を立法者あるいは課税庁はあきらかに示す必要があろう。

次に法人税課税の今回のシステムは、アメリカの制度をそのまま日本に導入したとも考えられる点が多々ある（たとえば、九〇％損金算入はその最たるものである）。信託の「団体性」に着目した制度を日本持ち込むことに問題はないか検討する余地がある。法人課税の納税義務者はアメリカでは「団体」（association）であり、法人格の有無、すなわち法人税課税のためのメルクマールとなっていない。これに対して、我が国は人格なき社団等の例外規定はあるが、原則的には法人格の付与が一つのメルクマールとなっている。前述したＲＩＣ、ＲＥＩＴは、アメリカのこのような法人格をはずすことを試みたといえる。換言すれば、法人格の剥奪による導管への復帰を試みたといえる。日本の場合は、この規定が単なる二重課税の排除のための技術的な規定とすると、同じＲＩＣやＲＥＩＴの手法（法的技術）を用いて、逆に法人格を付与したということになる。

我が国は、ただし書規定をはずすために用いたのであり、課税の繰延べに対するたまりに対する規定、さらには二重課税排除のための規定（完全に二重課税が排除されない場合があるが、これは収益を留保する場合に納税者にコトス増を強いる、あるいはペナルティを課す規定）ということができるにすぎないものであろう。投資法人の存在を無視できないところであり、整合性の問題も無視できないのも事実である。

四　信託と国際課税 —— 外国信託〔1〕〔3〕の視点から

1　国際信託に関する課税ルール

(1)　日本での課税関係の混迷

我が国においては国際的な課税ルールについてはこれまで十分に整理されてきたとはいえない状況にある。[12] たとえば、裁量信託を海外に設立する（受託者は非居住者）。通常、衡平法上、受益者は単なる期待権以上のものをもたないと解される。これに対して、わが国の居住者が受益者として特定されたときには現実に受益者がなんらの資産の取得・役務の提供を受けなくとも受益者に受益権が贈与されたものとして課税されなければならないし、信託が撤回不能信託として設定され、受益者が不特定・未存在で準拠法（信託の設定国の法）に従えば、委託者がなんの権限をもたない場合においても所得税法上、委託者課税が行われる。このような課税は合理的といえるであろう。

また、このような裁量信託の受益者が委託者の一〇人の子供であるとすると、受託者がどの程度の受益権を付与するか、完全な裁量を有しているとする。このようなもとで、所得税法一三条、相続税法四条二項の適用にあたり、受益者が特定しているといえるであろうか。受益者に非居住者と居住者が混在する場合には居住者の受益権はどのように計算されるのであろうか。

(2) 課税ルールの要因とその判断

信託に対する国際的な注目はますます高まりつつある。国際信託の課税関係に関しては三つの国が関係してくる。受益者の居住地国、委託者の居住地国、所得の源泉地国が重要な三つのポイントになる（ただし、受益者の居住地国や所得の源泉地国の判定はここでの固有の問題ではない。）。**資料3**（本書第二章五七頁）を参照されたい。

まず、信託がどこの国の居住者となるかが問題となる。たとえば、信託の居住基準について、「クリエイター（多くの場合セトラー：委託者、例えば、A国の居住者）は、B国の法律に準拠して信託を設立する。信託のトラスティ（受託者）はC国の居住者であり、C国で信託の資産を保有・管理している。信託の唯一のベネフィシャリー（受益者）はD国の居住者である。委託者も受益者も信託財産を管理・処分する権限を有していない」といった事例においてはどのように解されるであろう。この問題については、通常は信託そのものが課税の対象となることはないのでこの問題からは逃れているが、国によってその判断基準が異なる。

また、たとえば、B国の課税権について、「クリエイター（A国の居住者）は、A国の法律に準拠して信託を設立する。信託のトラスティ（A国の居住者）は、A国の信託の資産を保有・管理している。信託の唯一のベネフィシャリーはB国の居住者である。委託者も受益者も信託財産を管理・処分する権限を有していない」という事例において、このような場合において、日本がB国に相当するとした場合に、受益者に対して課税できるのであろうか。できるとすれば、どのような事実により左右されるのであろうか。信託により取得した所得について課税されるとするときに、受託者が可としたときの所得の特徴（所得区分）は尊重されることになるのであろうか。さらに、受取配当に対する源泉徴収課税について、「クリエイター（B国の居住者）は、B国の法律に準拠して信託を設立する。信託のトラスティ（B国の居住者）は、B国の信託の資産を保有・管理している。信託の唯一のベネフィシャリーはC国の居住者である。委託者も受益者も信託財産を管理・処分する権限を有していない。①受取配当の全部を受益者に配当、②受益者に配分しない、又は③受取配当の金額の二分の一を配当。この各々の場合に源泉徴収課税はどのように行われるか。ただし、A―B租税条約あり（二五％から一五％へ）。A―C租税条約なし」といった事例なども、国によっては必ずしも判断を同じくしない。

さらに、海外で設定された裁量信託の受益者が日本で課税され、受託者又は信託財産が海外で課税されている場合には二重課税になると解すべきであろうか。二重課税と解した場合にどのように二重課税は排除されるのであろうか。一定の外国投資信託等はともかくも、一般的には法的な手当てがあるとはいえない。収益保有信託についても同様に法的な課税関係は、矛盾にみちたものになる。委託者・受託者がともに非居住者である場合に、受益者が利子についてのみ生涯権を有する場合に、わが国は受益者に対してどのような課税を行うことになるのであろうか。たとえば、二重課税の排除について、「クリエイター（B国の居住者）は、B国の法律に準拠して信託を設立する。信託のトラスティ（B国の居住者）は、B国の信託の資産を保有・管理している。信託の唯一のベネフィシャリーはC国の居住者である。委託者も受益者も信託財産を管理・処分する権限を有していない。信託の所得は、A国からの配当のみである。信託が、①受取配当の全部を受益者に配当、②受益者に配分しない、又は③受取配当の金額の二分の一を配当。この場合にC国はどのように課税するか（C国の受益者は二重課税の排除を行うことができるか）」といった事例を想定した場合などの課税関係である。多くの検討すべき問題が残されている[13]。

2　証券投資ファンド税制

このような国際的な信託を想定した場合の課税関係は、証券投資ファンドについては現行所得税法等はいくつかの規定をおいているが、かならずしも問題がないとはいえない。証券投資ファンド税制については、いくつかのパターンを考えることができる[14]。たとえば、投資家の居住地国が日本、投資ファンドの居住地国が外国、運用先が日本といったパターンをみてみたいと思う。これは、日本の個人投資家が、外国の証券ファンドに投資をして、信託財産を日本で運用した場合である。平成一〇年の法改正以後「外国証券投資信託」は、所得税法二条一項一三号でいう「証券投資信託」の定義のなかに含められ、日本の証券投資信託と同様に取り扱われることとなっている。

日本の個人投資家が外国投信から収益の分配を受ける場合には、まず日本国内の支払いの取扱者（租税特別措置法施行令二条の二第一号）を介して収益の分配の交付を受け取る場合には、公社債投資信託の収益の分配、あるいは国外で発行された株式投信についても同様に、租税特別措置法三条の三第一項により、源泉分離課税（国税一五％、地方税五％）がなされることとなっている。さらに外国投信の段階で課税された外国所得税についても、この分離課税の段階で税額控除することが認められている。よって、個人投資家が申告するときに税額控除の適用はない。外国投信の支払いが国内の支払い取扱人を通じてなされない場合については、海外での外国投信の所得を総合課税による申告時に外国税額控除することができると解されている。ちなみに、外国投信が外国証券投資法人であった場合には、個人投資家は外国証券投資法人から配当を受け取ることになるので配当所得として課税されることになるものと考えられる。国内において支払いの取扱者がいる場合には、配当として源泉徴収されることになっている。この場合、外国証券投資法人が外国で支払った税があれば、その額を控除した残額を交付金額としてそれに源泉徴収税率二〇％部分を控除することになっている（所得税法九五条、租税特別措置法施行令四条の四第二項）。このような相違について、整合性の観点からどのように考えるべきであろうか。その他、譲渡損失についても外国投信の受益証券の分配は非課税となり（租税特別措置法三七条の一四）、会社型であれば譲渡益課税が生ずる（ただし、譲渡損については分離課税をとっているのでどちらの場合も考慮されない。）といった差異も生じる。同じファンドであっても会社型か契約型かで大きな相違が生ずることになる。会社型と契約型との課税関係について、どの程度整合性をはかる必要があるか否かは大きな問題である。

海外で購入した株式の譲渡についてみると、株式に比較して債権は優遇されている。海外で購入した債権（利付債）の売買については、原則としては以下のことがいえる。

①　売却益あるいは為替差益が生じている場合は中途で売却すれば非課税となる。

②　為替差損が生じている場合には、満期日までもって償還をすれば、損失分も譲渡所得として他の所得として損益通算ができる。

契約型の投資信託の場合、税法上は債権と同じ扱いになるから、非課税の特典を享受できるが、同じ投資信託でも会社型の投資信託はこの特典を受けられないということになる。

株式には高率のキャピタルゲイン課税（投資利益の二六％の申告分離、源泉分離課税選択すれば一・〇五％）が行われる。債権売買が非課税とされている理由は金銭を借りて税金までとるのは問題であるということであろうが、結局、外国債権を非常に有利な商品にしている。譲渡益ももちろん為替差損に対しても課税されない。なぜこのようなことが起きるかといえば、それは一つの所得を複数に分割して処理をしないからであるといえよう。債権の売却という主たる行為から生じた利益の中心は売却益とみなして為替差益も非課税となる。外国預金の為替差損には総合課税、外国債権を売却した場合には非課税となる（これに対して、雑所得として為替差益を課税された者もいるとか聞く。）。

海外で購入した株式を売却した場合の譲渡益は、申告分離である（国内は申告分離か源泉分離の選択だが海外の場合に源泉徴収は採りえない。）。株式の譲渡益は海外では非居住者に対して非課税のところが多い（アメリカ、イギリス、ドイツなど）。譲渡益が五〇〇ドルとするとこれを売却時点の為替レートで円換算して売却する。為替差益についても結局二六％で課税される。海外投資は債権売買は実質非課税なのに、株式売買では為替差益を含めて二六％の高率の税金が課せられることになる。

なお、投資ファンドに租税条約の条約適用があるかといったことも問題になる。

3　契約型投資信託と会社型投資信託から生ずる相違

海外のファンドを購入した場合についての課税関係は以下のように整理できる。

ア　海外で購入したファンドから生ずる利子・配当

契約型投資信託において、海外で購入したファンドから発生した利子等について、海外ファンドの利子については利子課税が、海外ファンドのうち株式に投資し、その運用益が配当の形で支払われるものについて配当課税が行われる。

会社型投資信託において、海外で購入しファンドから発生した利子等について、投資先が公社債であっても株式であっても分配された運用益については配当課税が、仮に配当所得になっても配当控除はうけられないため課税は利子所得と同様になる。

イ　海外で購入したファンドを売却した場合の譲渡益

売却益は、平均信託金（そのファンドに投資したすべての投資家の購入時の価格を平均した基準価格）をもとに利益に対して二〇％の源泉徴収課税を行うこととしている。しかし、海外で契約型のファンドを購入したらどうなる。「平均信託金」のような制度は海外にはない。租税特別措置法三七条の一四のもとで非課税になる。会社型のファンドの場合には株式の売却として、海外の株式譲渡と同じようになる。二六％の申告分離課税となる。同じファンドでも会社型か契約型かで、課税あるいは非課税という相違が生ずる。

その他、直接的海外投資と間接的海外投資等に係る税制の中立性をどうするかという問題もある。

五　その他

その他、信託に関連する問題であるが、国際的な租税回避規制について、いわゆる「オフショア・トラスト」の問題がある。外国投資ファンドの課税の繰延べについて日本のタックスヘイブン税制は機能しないので、この問題については日本は現在お手上げ状態といってもよかろう(15)。ファンドというたまりに課税する制度の必要性が検討される必要がある（多くの国においてはすでに導入済）。ちなみに、会社型においても各人五％の持株持分があることはないであろうから、タックスヘイブン税制は機能しない。

資料情報制度（海外所得の管理と情報）、収益受益権と元本受益権の評価、売買基準価額「平均信託金」の見直しなどについても検討が行われる必要が有る(16)。

おわりに

以上に述べたことを簡単に要約すると以下のようになる。

(1)　個人信託の多様化のため委託者課税原則の改正（現行税制における柔軟性の欠如）

(2)　相続税法における信託関連税制の改正（現行規定の射程距離を超えたスキームの登場）

(3)　信託課税の二重課税の排除（導管理論との関連）

(4) 課税の繰延べの排除方法
(5) ビークル段階での課税の再検討（三重構造の改正）
(6) 日本の所得分類からくる混合所得問題の解消（信託による所得の区分消滅化）
(7) 集団投資スキームの整合性（会社型と契約型をどの程度一致させる必要があるか）
(8) 集団投資スキームの受益者段階における課税のあり方（所得区分等）
(9) 集団投資スキームの譲渡益課税（譲渡損の取扱い等）に対するスタンス
(10) 国際的信託課税ルールの統一化
(11) 投資ファンドの二重課税の排除のあり方
(12) 海外ファンドへの投資と国内ファンドへの投資による課税関係の相違

個別信託においては信託関連法等と租税法規とのすりあわせがますます必要になっており、所得課税における受託者課税への拡大に向けての法改正を射程距離におかなければならないであろう。また、相続税法においては、信託行為設定時課税や他益信託から他益信託への転換に係る課税関係の検討が不可欠であろう。集団信託については、「集団投資スキーム」前の税制に、課税関係を引きつけて課税関係を規定しているので、所得税制そのものの抱える問題点の解消がまずなされるべきであろう。ここでも金融関連法規等とのすり合わせは当然に必要となってくる。国際的信託における個別信託的局面については、まさに各国の信託課税ルールが異なることが影響していることもあり、五里霧中の状態ではないかと思われる。外国投資ファンドは規定上整備はすすんでいるが、十分な内容となっているわけではない。国際的信託の課税関係の理論的検討は急務であろう。

わが国の信託税制は個別信託と集団信託において理論的には制度的にも全く切断された形で立法化されており、その接点がないといった状況であり（三重構造がこの現れ）、体系的には大きな幹を共有することがあってもよかろう。
最後に、「私法と信託法の一体化を前提とした信託税制の構築」、「金融法等を前提とした個別信託と集団信託を架橋する信託所得税法（所得税・法人税・相続税・贈与税）の構築」がなされるためには、私法関係者と税法関係者が密接に協力して議論を積み重ねることが必要であることを強調しておきたい。

注

（1）わが国の信託税制の発展と信託課税の概要については、占部裕典『信託課税法』第一章、第二章（二〇〇一・清文社）参照。

（2）新井誠編著『高齢化社会と信託』第四編（一九九五・有斐閣）、新井誠『財産管理制度と民法・信託法』第三編（一九九五・有斐閣）。

（3）信託法からは、四宮和夫『信託法（新版）』一二八頁（一九九八・有斐閣）、植田淳「わが国における連続受益者型信託——導入可能性に関する基礎的研究」信託一八〇号五頁（一九九四）、民法からは、米倉明「後継ぎ遺贈の効力について」タートンヌンマ三号一頁以下（一九九九）、大島俊之「いわゆる『後継ぎ遺贈』について」『谷口知平先生追悼論文集第三巻』（一九九三・信山社）をあげることができよう。

（4）米倉明「信託による後継ぎ遺贈の可能性——受益者連続の解釈論的根拠付け」ジュリスト一一六二号八七頁以下（一九九九）。

（5）このような場合の課税関係の詳細については、占部・前掲注（1）書第四章（一一八頁以下参照）。

（6）この問題については、佐藤英明「委託者・受益者不存在の場合の信託課税」総合税制研究一号七七頁以下（一九九二）参照。占部・前掲注（1）書第四章（三頁以下）もあわせて参照。

（7）占部・前掲書第三章参照。

（8）この問題については、佐藤英明「法人課税をめぐる問題状況」国際税制研究六号一〇八頁（二〇〇一）参照。

（9）佐藤英明『信託と課税』第二章第二節（二〇〇〇・弘文堂）、林麻里子「信託のパス・スルー課税について」金融研究二〇巻一号二一六頁以下（二〇〇一）、平野嘉秋「多様化する信託と税制上の課題」企業法学九巻五一頁以下（二〇〇二）、トラスト六〇『信託税制研究——海外編』第二章第一節九款〜一二款（水野忠恒）（一九九七）等参照。

（10）トラスト六〇・前掲書第二章第二節五款（渡邉幸則）（一九九七）参照。

(11) 田邊昇『投資ファンドと税制』（二〇〇二・弘文堂）参照。本書は、集団投資スキームと税制についての体系的包括的な研究成果であり、本章の三「集団信託」の考察において有益である。

(12) この問題については、占部・前掲書第八章参照。

(13) これらの問題について検討を加えたものとしては、International Fiscal Association, International Tax Treatment of Common Law Trusts, Proceedings of a Seminar held in New York in 1986 during the 40th Congress of IFA, Vol. 11b. 1986 が有益である。

(14) この問題については、増井良啓「証券投資ファンド税制の比較」日税研論集四一巻一七一頁以下（一九九九）参照。

(15) 占部裕典『国際的企業課税法の研究』一六八頁以下（一九九八・信山社）参照。

(16) 資料情報については、占部裕典「資料情報制度」租税法研究二七号四八頁以下（一九九九）参照。信託受益権の評価等については、佐藤・前掲書第四章第一節二款参照。

第二章　信　託

――金融資産と課税

はじめに

我が国の信託制度は大正一一年の信託法・信託業法の制定により導入されたが、その後、非営業信託（民事信託）はともかくも、営業信託はわが国の投資等に対する国民性（貯蓄意識等）を反映しながら発展を遂げてきており、信託財産総額は三五〇兆円を優に超える額となっている。信託課税の背景にある信託制度は四期にわけて考えることができるであろう。これは我が国の信託課税にかかる規定の構造、基本的な課税スタンスを考えるうえで参考になると思う。

まず、第一期として、大正一一年から昭和二〇年半ばまでは資産家や機関投資家などの大口の投資による信託のもとで大口金利預金類似のものとして利用されていた。

第二期は、昭和二七年の貸付信託法から五〇年代後半までの時代である。貸付信託（信託業法「合同・指定運用金銭信託」の一種として特別法である貸付信託法により規定）が「安全有利な貯蓄手段」として国民生活に定着した時代であったといえよう。すべての信託契約に元本補填契約がつけられていたのもわが国の金融資産に対する国民の意識を反映する特徴であった（信託業法九条では任意であるが）。これらは財産形態や金融方式（制度）の実情に合致していたといえよう。

第三期は、昭和五〇年代から平成一〇年あたりまでであり、金銭信託以外の信託が登場しはじめた時期である。たとえば、それは、土地信託や証券投資（ファントラ・特金）に代表されるであろうと思う。第四期は、日本版金融ビッグバン（金融大改革）による金融システム改革関連の法律の成立や特にここ数年の「特定目的会社による特定資産の流動化に関する法律」の成立（平成一〇年九月一日施行）、及び「証券投資信託及び証券投資法人に関する法律」の改正・整備（平成一〇年九月一日施行）、さらに「特定目的会社による特定資産の流動化に関する法律等の一部を改正する法律」の施行（平成一二年五月三一日公布。この法律は、「特定目的会社による特定資産の流動化に関する法律」、「証券投資信託及び証券投資法人に関する法律」の改正、これらの法改正による税法の改正等の改正からなっている）に起因する集団投資スキームに対する法整備によるあらたな展開の時代である。第四期は、わが国の集団信託史上の最大の転換期の一つであり、いわゆる「投資信託革命」あるいは「投資信託ルネッサンス」といわれる時代の到来を示すものであるといわれている。これにより、いわゆる先進国型の個人資産運用のための土俵が整ってきたといえる。

特に第四期の動きは、金融審議会第一部会（平成一一年一二月二一日）の答申（報告）を受けたものであり、そこでは資産流動化法については、次のように解されていた。この資産流動化法は、「我が国の経済のストック化や高齢化社会への移行に伴い、国民の金融資産の有利な運用が求められるようになっている。また成熟する経済の中で積極的なリスクテイクを伴う新規産業への資金供給も重要な課題となっている。この改正による法整備は、このような課題に対して重要な機能を果たすことが期待される集団投資スキームについて、適切な利用者保護を前提としつつ金融仲介者による創意工夫ができる仕組みを整備するものである。」として位置づけられている。投資家に資産運用の意識改革をある程度強要するようなものであるともいえよう。このような動きのなかで、以下の点に検討を及ぼすことが重要であろうと考えられる。

(1)　金融ビックバンにより信託をビークルとしたさまざまな金融商品が登場してきているが、信託、特に投資信託はその中核商品となりつつある。投資信託も貯蓄スタイルの選択肢の一つとして組み込まれる時代となってきたといえる。投資信託は安全性重視の預貯金と、リスクはあってもハイリターンを狙う株式投資との間にある、幅広いニーズに対応できる金融商品である。信託を用いた金融商品に対する課税（所得分類）として既存の制度のもとでの分類とその整合性、特にいかなる課税原理が働いているのかを検証することは重要であろう。

「卵を一つのカゴに盛るな」とまでいわれる資産運用の時代に、元本割れのない金融商品を絶対視してきた税制をどのような方向に今後むけていくのかが問われることになる。

(2) 集団投資スキームとして信託を用いた場合に、このような金融商品にかかるビークル自体の課税、あるいはビークルさらには投資者（受益者）段階での課税システムが問われなければならないと思われる。導管理論と課税との関係になにか、あらたな動き（第四期）や影響を与えるのかということである。

(3) 平成一〇年四月の外為法改正により、日本の資産家もいよいよ欧米並みのグローバルな資産運用が可能となり、有利な国際金融市場において資金を運用することが可能となった。国際的な信託の利用という視点から国際的な信託課税の視点が求められるようになってきている。このような課税のもたらす課税関係の明確化をすすめ、必要に応じて法整備が図られる必要があろう。さらには課税にかかる資料情報という視点も重要であろう。

(4) さらに各世代に応じた資産運用及びエステイト・プランニングとの連動性の必要性が今後の資産運用・管理には重要となってくる。相続税法を巻き込んだ個人信託の課税関係も個人の資産運用という視点から検討する必要があろう。

本章では、特に集団信託の(1)と(2)の視点を中心に問題提起をしてみたいと思う。論点を国内に限り、(1)(2)を中心に検討する。

一　金融資産と信託課税

1　我が国の信託課税の特殊性

(1)　三重構造とその課税原則

我が国の信託税制の特徴を明確にするために、個別信託や集団信託に関する税制を概観することが重要であるが、所得税・法人税においては、大正一一年から実質上何の利得をも享受しない受託者に対する課税はなんとしても避けなければならないこと（いわゆる二重課税の回避）などを理由として、受益者が特定しているときには受益者課税原則を導入した。受益者が特定していない場合には受託者課税を採用していた。受益者課税と受託者課税の組合せである。ただし、貸付信託（後の昭和一五年には、合同運用信託に名称変更）については、社債・公債・銀行預金と同じように課税されていた（第二種所得税。ただし、当初第三種所得税課税）。昭和一五年に受託者課税部分を委託者課税（あるいは委託者の相続人に課税）に改めた。これはきわめて重要な意味を有する。受益者が特定するまでは委託者の手元から受益権は分離しないと考えられることなどをその改正理由とするが、累進税率の適用を免れることに対する懸念がその改正理由の主眼であったものと思われる。昭和二六年に合同運用信託の例外として、証券投資信託が、昭和三七年に退職年金信託などが順次追加され今日に至っている。所得税法一三条、法人税法一二条の、いわゆる「本文信託」（受益者が特定している場合には受益者課税原則、不特定・不存在の場合には委託者課税原則を前提する。）と所得税法一三条、法人税法一二条のそれぞれのただし書（合同運用信託、投資信託、特定目的信託……などを本文規定の適用から除く。）による「ただし書信託」の課税関係を法的には明確に区別した二重構造である。しかし、現実には「ただし書信託」が第三期までの、一般的には日本の信託業務の主流をこれまで占めてきたことは前述したとおりである。

この「ただし書信託」の特徴は、支払を受けた時に課税されることから（所得税法一六条二項参照）課税の繰延べが許容されていることである。わざわざただし書規定により完全な導管構造を否定し、課税の繰延べを許容していることは特徴的である。そこで課税繰延商品の存在については注意をしておくべきであるということになりそうであるが、現実には商品段階で一定の制約が存したといえよう。たとえば、特定金銭信託（たとえば安定運用ファンド）は法人向けで年二回の配当（分配型）、「しんらい」（無分配型）は個人向けで法人に課税の繰延べは認めない（信託期間は三年）こととしていた。

次ぎに、「特定目的会社による特定資産の流動化に関する法律等の一部を改正する法律」により、さらに我が国においては三段目の構造ができあがることとなる。投信法及び資産流動化法が改正されることにより、信託について、「投資信託」と「特定目的信託」という概念が導入され、投資信託は、投信法上の資産運用スキームとして、また特定目的信託は資産流動化法上の資産流動型スキームの一つとして創設されたものである（本章**資料1**（五四頁）参照）。

法人税法・所得税法上、二〇〇〇年五月の改正により「特定目的信託」及び「証券投資信託以外の投資信託」がまず、いわゆる「ただし書信託」に加えられ、信託財産に帰せられる収入及び支出の帰属については導管として取り扱われないこととなった（「証券投資信託」については以前からただし書適用）。

また、投資信託法上、「委託者非指図型投資信託」が導入されたことから（投信法二条二号）、合同運用信託については「信託会社が引き受けた金銭信託で、共同しない多数の委託者の信託財産を合同して運用するもの（……委託者非指図型投資信託及び外国投資信託を除く）をいう」と定義されていることから（所得法二条一一号、法人税法二条二九号）、委託者非指図型投資信託のうち、信託法上の投資信託に該当するものは、合同運用信託に該当しないことになる。

そのうえで、法人税法上、[1]⑴「投資証券信託」、⑵「国内公募投資信託以外の投信法上の投資信託」と[2]「特定目的信託（資産流動化法上の特定目的信託）」をあわせて、「特定信託」と定義している（法二条二九号の三）が、特定信託についてはその各期間の所得について法人税を課すこととしている。法人税法七条の二は、「特定信託の受託者である内国法人に対しては第五条の規定により課する法人税のほか、各特定信託の各計算期間の所得について、各特定信託の各計算期間の所得に対する法人税を課す。」と規定をする。特定信託についての受託者たる法人に法人課税を行なうこととしている。

本文信託で完全な導管理論、ただし書信託で導管理論の排除（ある程度の課税の繰延べ公認）、さらに（特定信託について）導管理論をはずしたうえで法人税課税を行う、この法人課税が課税の繰延べを禁止するというものであれば、法人課税のうえで二重課税を排除するという、「三重構造」が現行信託課税の特徴であるといえる。このような法的な構造（三重構造）が必要か否かは検討課題となりうることを指摘するにとどめておく。課税の繰延べを防止するためだけであれば、本文信託の適用をそのまま認めておけばよいわけでして、このような三重構造をささえる課税理論、これを貫く原則は何かが問われる必要があると思う。

なお、このような我が国の構造は後述する英米と本質的に異なることもあわせて指摘をしておきたいと思う。

⑵　英米信託課税の基本的な課税関係

国際的な局面はできる限り触れないこととなっているが、我が国の信託課税ルールの特異性あるいは今後の税制を考える上で参考となる限りで言及させていただきたい。

信託課税の基本原則、我が国でいう本文信託の段階での課税関係であるが、これをどのように立法するかにあたっては、その国の二重課税排除、導管理論に対するスタンスが明確に表れてくる。信託法の母国（いわゆる英米）では、信託所得等に権利を有している場合には受益者へ、そうでない場合には受託者へ、そして受託者課税の場合には二重課税の調整を行う（ただし租税回避については委託者課税を例外的に認める。）のが一応の流れであるといえる。たとえば、イギリス信託課税において、受託者は信託期間中、ファンドにより生ずる所得について該当するシェジュールの下で基本税率（二五％）による所得課税を受ける。受託者課税は、法的に受託者が所得を取得しうる権利を有していること、所得を累積することにより所得税を回避しうることがその理由である。イギリス受託者課税の一つの特徴は付加税率課税である。裁量信託・累積信託については付加税率により税制上のコストを増大させている（信託キャピタルゲイン課税については、収益保有信託においては受託者が課税される。裁量信託については、一定の場合に信託のゲインに基本税率と付加税率で課税され、受益者に配分されたとしても課税関係は生じない。）。受益者に配分された所得は受益者の段階で課税される。受領した金額は受託者が支払った基本税率を考慮するためにグロスアップされる。イギリスにおける委託者課税の原則（帰属の原理）は、一定の場合（租税回避）にのみ主体に生じた所得が法律により委託者のもとに譲渡されたと考えられている。複数の信託の設立や家族間での所得分割などに用いられている。

オーストラリアとカナダはほぼ同様で、受益者がある年度の信託所得について、当該年度において支払をうける権利をもっている場合には課税されず、それ以外の場合には受託者に課税される。この点はアメリカもほぼ同様である。諸外国は委託者課税の領域が狭いという特長がある。この原則的な法理のうえに、我が国でいうような集団信託類似の領域にかかる特別な規定（後述するＲＩＣ、ＲＥＩＴ等）が存するという、「二重構造」であるといえる。

(3)　我が国の信託課税ルールの特異性

本文信託とただし書信託の関係は大正一一年に採用されたものであり、その原則を前提として（これは安定重視型、貯蓄促進・優遇型を前提としてといいかえてもよい）、第四期の集団投資スキーム税制が導入された。本文信託における二重課税排除に対する根本的な見解の相違が、その後の例外規定（特別な課税関係）を形作る。さらにその国の所得分類も例外規定の立法に影響することがある。我が国が委託者課税・受益者課税を本文信託の課税関係において導入したことが三重構造の原因となっている。この三重構造は金融資産の課税関係をきわめて複雑にしている。

なお、信託規定の三重構造とそれに応じた金融商品の対応、及び金融政策との対応をみることができる。しかし、最終的な課税関係についてはこのような金融資産に対応した課税関係になっているかは疑わしい。

2　金融資産の運用・管理における課税（所得の側面から）

(1)　受益者段階での課税と所得分類

①　商事信託の多様化と投資者段階課税

商事信託の多様化のもとでも、我が国は長年ただし書信託（投資者段階課税）のもとで課税関係は一段階課税で推移してきた。まがりなりにも導管理論を遵守していたといえよう。しかし、投信法・資産流動化法における特定信託の課税関係では信託段階と投資者段階という二段階課税が行なわれることになる。そこで次ぎにこの二段階課税をながめてみることにする。

②　投資家に対する課税

法人税・所得税法上、投資信託の投資家はただし書により、信託財産を有するものとはみなされない。投資家段階での課税については本章**資料１**（五六頁）を参照、税法上の投資信託の区分については、本章**資料１・２**（五四頁～五六頁）を参照されたい。

ア　特定投資信託について（証券投資信託・国内公募投資信託以外の投信法上の投資信託）

［1］　公社債投資信託及び公募公社債等運用信託（証券投資信託以外の投資信託のうち、信託財産として受け入れた金銭を公社債等（公社債・手形・指名金銭債権・その他政令で定める資産）に対して、運用するものとして政令で定めるもの（その運用対象が主として利子、償還差益を生ずるものに限定されているところに特徴がある）である）の収益の分配は、利子所得とされる（所法二三条）。居住者は所得税一五％・地方税五％の源泉分離課税で終了する。それ以外の投資信託の分配は、配当所得とされる（所法二四条）。

内国法人は、収益の配分については所得税一五％・地方税五％で源泉徴収後、支払った源泉税について所得税額控除が認められる。

［2］　公募株式投資信託及び私募公社債投資等運用投資信託の収益の分配は、配当所得であるが、居住者は所得税一五％と地方税五％の源泉税の源泉分離課税によって課税関係が終了する（措置法八条の二）。金融商品の中立性を背景とした、いわゆる利子並み課税である。内国法人は、所得税一五％・地方税五％（源泉徴収後）の課税後に所得税額控除が認められている。しかし、内国法人の場合、公募株式投資信託及び特定投資信託は、一定の場合について受取配当の益金不算入がある（措置法六八条の三の三、六八条の三の四）。

［3］　私募株式投資信託とその他（証券投資信託と公社債等運用投資信託以外）の投資信託の収益の分配については、居住者は、所得税二〇％の源泉課税の後に、配当所得として総合課税される（そのうえで所得税額控除の適用）。居住者は、私募株式投資信託及び特定投資信託の収益の分配については、一定の場合に配当控除が受けられる。居住者について、投資信託の収益の分配については三五％の源泉分離課税の適用はない。私募株式投資信託とその他の投資信託の収益の分配額が少額の場合には、少額配当の申告不要制度の適用が受けられる。

内国法人は、所得税率二〇％の源泉徴収後に法人税額の計算上、所得税額控除の適用を行なうことができる。私募株式投資信託とその他の投資信託の収益の分配については、一定の場合に、受取配当の益金不算入の規定の適用がある。

なお、特定投資信託から受け取る収益の分配のうち、当該特定投資信託の受益証券の募集が適格機関投資家私募として政令で定めるもの等により行なわれた場合、受取配当の益金不算入（法人税法二三条）または配当控除（所得九二条）の適用を受けることはできない（措置法九条、六八条の三の四）。

イ　受益証券の譲渡について

［4］　公社債投資信託、公募公社債等運用信託、公募株式投資信託の受益証券の譲渡について、居住者は非課税として取り扱われ、譲渡損はないものとみなす（措置法三七条の一五）。

［5］　私募公社債投資等運用投資とその他の投資信託の受益証券の譲渡については、居住者の場合、譲渡益に対して原則二六％（国税二〇と地方税六）の課税（申告分離課税）が行なわれる。譲渡損失が発生したときには株式等の譲渡所得の範囲内で損益通算をする。

内国法人の場合には、譲渡損益は法人税・地方税の課税対象とされる（［4］［5］の場合）。

なお、会社型の投資信託については本章**資料1・2**（五四頁〜五六頁）を参照されたい。

③　特定目的信託の受益証券の収益の分配に係る投資家の課税

［1］　居住者に対する特定目的信託の収益の分配は配当所得として取り扱われるが、社債的受益証券（社債と同様の取扱いを受けるものであり、資産流動化法一六九条四号参照）かあるいは社債権的受益証券以外の受益証券かで、その収益の分配については、取扱いが異なる。

社債的受益証券以外の受益証券に係る収益の分配については、居住者二〇％（所得税）の源泉徴収の後に、配当所得として総合課税される。三五％の源泉分離の適用はないが、少額配当の申告不要制度は適用されうる。

社債的受益証券に係る収益の分配については、居住者二〇％（所得税一五％と地方税五％）の源泉徴収により課税関係が終了する。

特定目的信託から受け取る収益の分配については配当控除をうけることはできない。

［2］　特定目的信託の投資家が内国法人の場合については、特定目的信託の受益証券に係る収益の分配については、二〇％（国税一五％、地方税五％）の源泉徴収がなされた後に、法人税・地方税の課税所得の計算上益金算入される（税額控除すると益金不算入の適用はない。）。特定目的信託から受け取る収益の分配については受取配当の益金不算入の取扱いを受けない。

ア　受益証券の譲渡について

［3］　特定目的信託の投資家が居住者である場合には、社債的受益証券を譲渡した場合には譲渡益は原則として非課税である。しかし、居住者が社債的受益証券以外の受益証券を譲渡した場合、譲渡益に対して二六％（所得税二〇と地方税六）が行なわれる（申告分離課税）。譲渡損失が発生したときには、株式等の譲渡所得の範囲内で損益通算ができる。なお、特定目的信託の受益証券の上場等、一定の要件を充たすときには、譲渡対価の一・〇五％の源泉分離課税の適用がある。

［4］　特定目的信託の投資家が内国法人の場合については、特定目的信託の受益証券を譲渡した場合、譲渡損益につき法人税・地方税の課税対象となる。

特定目的信託の投資家が内国法人の場合については、特定目的信託の受益証券を譲渡した場合、譲渡損益について法人税・地方税の課税対象になるということである。外国投資信託、あるいは投資家が非居住者の場合、外国法人の場合は重要な問題を抱えているわけであるが、本章ではこの問題への言及を省略する（本章**資料1・2**（五四頁～五六頁）参照）。

これらをずっと横並べにして、投資者段階での課税、特に個人と譲渡益段階の課税をみると、どういう特徴が出てくるかといえば、投資信託については、投資者段階では、①利子所得による源泉分離課税で、譲渡では非課税。

②配当所得としての利子並み源泉分離課税。この場合、譲渡では非課税。③配当所得としての総合課税、ただし源泉徴収二〇パーセントが前提となっている。これについて、譲渡は申告分離で二六パーセントである。この三つのパターンのどれかということに基本的にはなるかと思う。つまるところ、ハイリスク・ハイリターンのもとでの投資家の担税力を反映する課税構造にはなっていないおそれがある。結局、三重構造で三重目、三段目を作りながら、課税関係は二段階レベルにとどまっていると言っても過言ではないように思われる。

投資信託には、国内投信の追加型の株式投信だけでも二〇〇種類を超えるものがあり、すべてのファンドを比較することは困難であるけれども、リスク、リターンには様々なものがある。いわゆるＲ１というか、非常に安定重視型のものから、積極値上がり益追求型といわれる、ＲＲ５といわれる危険度の高いものまである。しかし、そういうものが生み出せるにもかかわらず、この三つの課税関係のカテゴリーの中に閉じ込められているということができるように思われる。いわゆる安定型の課税構造のなかに閉じ込められているという問題があるといえよう。

ギャンブルも一つの投資であるが、これはゼロサム・ゲームである。一方、投資はプラスサム・ゲームである。収益性の原資になるのはリスクであると考えると、この点への税制の配慮は今後不可欠になってくるだろうと考えられる。一見すると、集団投資スキームにかかる課税関係は非常に複雑なもののようにみえるが、そういう塊を解いて糸をほぐしていくと、結局出てきたものは三つの課税パターンであった、きわめて簡単な課税パターンだったということである。そういうことに、現実にはなっているように思う。

二　ビークル段階での課税について

集団投資スキームのビークル段階での課税については、理論的には三つの方法がありうる。エンティティ段階での完全パススルー、エンティティ段階での法人課税（この場合にも法人自体に税を課すのか、法人とみなして税を課すのかバリエーションはあろう。）、エンティティ段階での源泉徴収（受託者段階にかける。）に大きく分けられる。歴史的に課税される場合は、二つの立場があるように思われる。一つはアメリカ流の「団体性」（association）からくるものであり、一つはイギリス流の「受託者課税」（所得の累積禁止）からくるものである。

(1) ファンド段階での課税

ア　日　本

[1]　特定投資信託及び特定目的信託（あわせて特定信託）については受託者たる内国法人に法人税が課されることになった（法法七条の二）。特定信託の法人税法上の課税所得の計算については、原則として普通法人の法人税法の課税所得の計算と同様である（法法七条の二）。特定信託の収入及び支出は当該信託会社の各事業年度の所得ではないとみなすと規定されている（法法一二条三項）。

一定の要件を充たす特定投資信託の収益の分配については課税所得の計算上、損金算入が認められている（措置法六八条の三の四）。一定の要件を充たす特定目的信託の収益の分配については課税所得の計算上、損金算入が認められている（措置法六八条の三の三）。

[2]　ここで特定信託となる投資信託は「証券投資信託を除く国外公募型投資信託及び私募型投資信託」ということになる。ここでいう私募型投資信託は、証券投資信託として「複数の者」に取得させることを目的とした、特定の又は二人以上の投資家を勧誘対象とする一信託であり、私募型投資信託（二～四九人以下）が認められることにより、公募型投資信託に比して証券取引法上の情報開示等が大幅に緩和されているなど迅速な設定が可能であるが、一方外部からその契約の内容を把握することが困難であり、課税上も捕捉が困難であるとして、特定信託に入れた。

[3]　改正税法では、特定信託について受託者段階の課税が行なわれることとなったが、その利益が分配されたと

きには配当所得となるために（所法二四条）、受託者段階及び受益者段階で二重課税が起こる。そこで特定信託における その信託の収益の分配額について、一定の条件を充たしている場合には、措置法上、特定信託の各計算期間の所得の計算上、損金に算入することが認められた（特定目的信託及び従来の証券投資法人）。収益の分配額につき最終的に受益者に対して課税されることとなり、従来のただし書信託に対する取扱いと同様の結果になる。

［4］　特定目的信託については金融再生委員会への届出が行なわれ、かつ公募により一定額（一億円）以上で又は一定人数以上での引受け又は適格機関投資家による引受けがなされ、募集されたものであり、そのうち、同族特定信託でなく収益の分配を九〇％以上行なっているものに損金算入が認められる。次に、特定投資信託においても金融再生委員会への届出が行なわれ、かつ私募型投資信託のうち適格機関投資家によって行なわれ、かつ国内において募集されたもので、そのうち収益の分配を九〇％以上行なっているものについて損金算入が認められる。よって届出が行なわれないものや少人数の私募またはそれに類似する形態の者、及び国外で募集されるものは損金算入が認められていないといえる。

［5］　本文信託は、信託財産から生ずる所得は、たとえば受益者に分配されなくとも、稼得された年度において受益者又は委託者において課税されることから現実に配分されたときには課税されることはなく二重課税は起きない。完全パススルー信託である。これに対してただし書信託は、受益者に分配された時で、利子・配当・退職あるいは雑所得となるものである。二重課税は起きず、本文信託よりも優遇されている。

イ　アメリカ

［1］　アメリカは、一九三六年にＲＩＣ（regulated investment company）について、法人についての二重課税を行なわないとする規定をおき、有価証券等の投資会社が一定の要件を充たすことを条件に支払配当の損金算入が認められるとする。ＲＩＣの総資産の最低五〇％は現金またはそれに準ずる資産、公債または有価証券でなければならないなどいくつかの条件があり、さらに、課税所得の九〇％以上及び非課税利子所得の九〇％以上を投資家に分配

しなければならないとしている。一九六〇年には不動産投資を行なうＲＥＩＴ（real estate investment trusts）についての規定が導入された。ＲＥＩＴの資産内容は、少なくとも七五％が不動産、現金あるいはそれに準ずる資産、公債でなければならず、有価証券は総資産の二五％を超えてはならない、ＲＥＩＴの総所得の七五％以上は不動産賃料や不動産モーゲッジ債権の利子又は譲渡益でなければならない。課税所得の九五％以上を投資家に分配しなければならない。留保した所得は課税される。

［**2**］　一九八六年にＲＥＭＩＣ（real estate mortgage investment conduit）についての規定をおく。ＲＥＭＩＣの資産は、「適格モーゲッジ」（主として不動産担保付債権）及び「許諾投資」（適格モーゲッジからの利益を配分まで一時的に運用すること、キャッシュフロー投資・適格モーゲッジのディフォルト引当金及び差押債権）でなければならない。キャッシュフロー投資は十三カ月以内に投資家に分配されなければならない（よって、ＲＥＭＩＣが適格モーゲッジ以外の長期的投資や利益留保を行なう可能性はない。）。

一九九六年ＦＡＳＩＴ（金融資産証券化投資、financial asset securitization investment trust）についての規定をおく。ＦＡＳＩＴの資産は、現金またはこれに準ずるもの、適格債権、差押財産、スワップその他のヘッジ財産、ＦＡＳＩＴやＲＥＭＩＣに対する正規権などの許諾資産である。住宅ローン債権など広範囲な種類の債権が対象とされている。受益権の満期は三〇年以下でなければならないほかは分配に関する要件は存しない。

ＲＥＭＩＣ及びＦＡＳＩＴの所得は、分配した部分はデットに対する利子として控除できるほか、残りの部分も一定の受益権者（残余権者等）に帰属するものとして課税される。留保分を含めて全額が受益権者に帰属するものとして課税される。

ウ　イギリス――ＩＴ（investment trust）

［**1**］　ＩＴが英国の居住者であり、その所得の大部分（七〇％以上）が株式又は公社債からの所得であることなどの要件をクリアした認可投資信託は法人税の適用を受ける。有限責任会社である認可をうけるとキャピタルゲイン

税の課税を免れる。

ユニット信託（オープンエンド型である。投資信託と相違）は一九八六年の金融サービス法により拘束されている。認可を得たユニット・トラストは、その資産の五〇％以上を英国証券の投資に用いなければならない。ＩＴと異なり、資本（元本持分）と資本持分に分けて取り扱うことは許されないない（前者を清算時に、後者を当期利益のみ配分することはできない）。認可ユニット・トラストの受託者は居住者法人（内国法人）とみなされ、ユニット保有者は株主とみなされる。ユニット・トラストからの配当は会社からの配当と同じように取り扱われる。ただし、確定権利付ユニット（我が国の公社債信託に類似）は信託課税であり、二五％の所得税率で課税される。非認可ユニット・トラストは、通常の信託課税と同じである。

(2) 我が国の「ビークル段階」課税に対する評価

このようなビークル段階での法人課税については、「非常に大きな橋をわたった」とか、あるいは法人と個人という課税単位のドクマをうち崩すあらたな税制の登場であるとか、非常に前向きな評価が一般的である。しかし、前述したことから、そのように言い切ることができるかははなはだ疑問のように思う。「法人課税」ではなく「法人税課税」であり、課税の繰延べを回避するための技術的な規定であると理解する方が妥当ではないか。いわゆる「たまり課税」の視点により導入されたもので、退職年金等積立金に対する法人税などとの延長線にあると考える。この法人税は信託銀行等内国法人を納税義務者としているが（法法八条）、特別法人税は信託財産から支払われているために、実質的には信託自身が納税義務者ともいえるが、これはたまり課税としての課税規定と理解されている。今後の、このようなビークル段階での課税の整合性確保のためにも、是非、ビークル段階での課税の明確な考え方を立法者あるいは課税庁はあきらかに示す必要がある。

次に法人税課税の今回のシステムは、アメリカの制度をそのまま日本に導入したとも考えられる点が多々ある

（九〇％損金算入）。

次ぎに、信託の「団体性」に着目した制度を日本に持ち込むことに問題はないか検討する余地がある。法人課税の納税義務者はアメリカでは「団体」であり、法人格の有無が、すなわち法人税課税のためのメルクマールとなっていない。これに対して、我が国は人格なき社団等の例外規定はあるが、原則的には法人格の付与が一つのメルクマールとなっている。先に述べたＲＩＣ、ＲＥＩＴはアメリカのこのような法人格をはずすことを試みたといえる。導管への復帰を試みたといえよう。日本の場合は、この規定が単なる二重課税の排除のための技術的な規定とすると、同じＲＩＣやＲＥＩＴの手法（法的技術）をもちいて、逆に法人格を付与したということになる。

しかし、我が国は、ただし書規定をはずすために用いたのである。課税の繰延べに対するたまりに対する規定、さらには二重課税の排除のための規定（完全に二重課税が排除されない場合があるが、これは収益を留保する場合に納税者にコトス増を強いる規定）ということができるに止まるものでないかと現在のところ考えている。ただ、このあたりは今後理論的に詰めていかなければならない領域であろうかと思う。

おわりに――金融商品に対する信託課税の我が国の特徴

投資信託については、投資者段階では、利子所得による源泉分離課税（及び譲渡では非課税）、配当所得としての利子並み源泉分離課税（及び譲渡では非課税）、配当所得としての総合課税（源泉徴収二〇％、及び譲渡申告分離二六％）のパターンのどれかであり、ハイリスク・ハイリターンのもとでの投資家の担税力を反映する課税構造になっていないおそれがある。三重構造の三段目をあらたに作りだしながら課税関係は第二段階（ただし書段階）に止まっている。ＲＲ-１～ＲＲ-５のものが三つのカテゴリーに閉じ込められている。

法人税課税との関係においては、配当の損金算入あるいはこの特例を受けられない特定信託については配当控除により二重課税を排除するものと解し得る。

三重構造で課税関係がきわめて複雑である。各種スキームをみとめ、税制も複雑である（ただし、受益者段階では三つの課税パターンに落ち着く。）。我が国の税制は何を根拠にして課税関係が律せられているのか必ずしも明確ではない。運用あるいは適用対象となる金融商品（商品性）なのか、あるいはリスクなのか（リスクではないとは思うが）。その適用対象だと考えることもできるが、その場合のスタンスは、前述したように安定重視型の税制に依拠しているといえる。

なお、スタンスは安定重視型の税制が我が国の信託課税を律しているのではないかと思われる。これらの間接投資を直接投資の形態と比較すると、投資形態ごとの課税の仕組みにはなっていないという特徴があるといえよう。これをどのように考えるかという問題が、さらに議論される必要がある。

さらに、日本の金融資産課税は投資家というよりも市場の立場に立っているというようなところもあり、結局、株式投資信託についていえば、キャピタル・ゲインとインカム・ゲインをどのように考えるか、これを区別して考える必要があるかどうかも今後考えてゆく必要があるだろうと思う。これを信託に直すと、結局、元本と収益との関係をどう結びつけてゆくのかということにつながっていく問題だと思われる。

最後に、このビークル段階の課税というのはおそらく、今後どういうかたちで理論的に整合性を保つかという問題は残るが、ビークル段階での受取配当の損金算入規定、あるいは支払配当の損金算入要件の見直しといったことも、今後あらためて検討のための土俵に載せていく必要があるだろうと思われる。

［資料１］

資産の流動化のための仕組み

（図１）【特定目的会社制度】

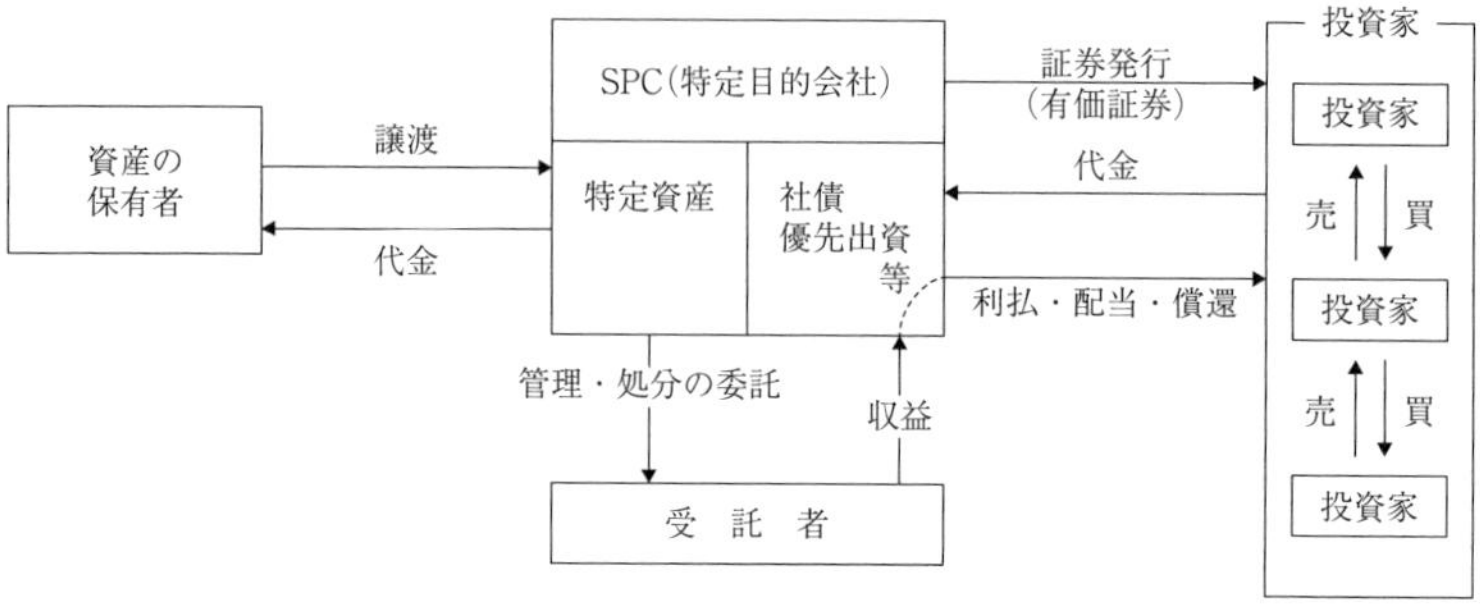

（図２）【特定目的信託制度】

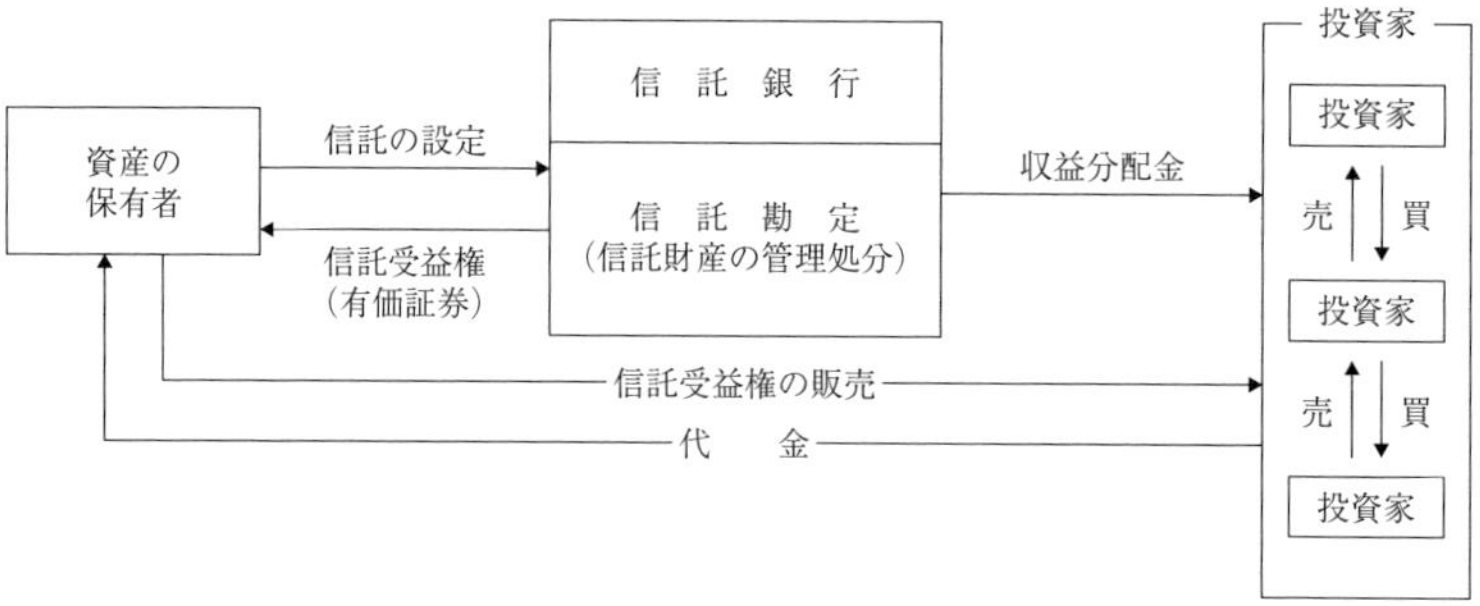

〔税法における投資信託の区分〕

証券投資信託

・公社債投資信託（税法上、公募・私募の区別なし）

・公社債投資信託以外の証券投資信託（株式投資信託）――公募・私募の区別

証券投資信託以外の投資信託

・公社債等運用投資信託――公募・私募の区別

・その他の投資信託――公募・私募の区別

資金運用のための仕組み

（図３）【投資信託制度（委託者指図型）】

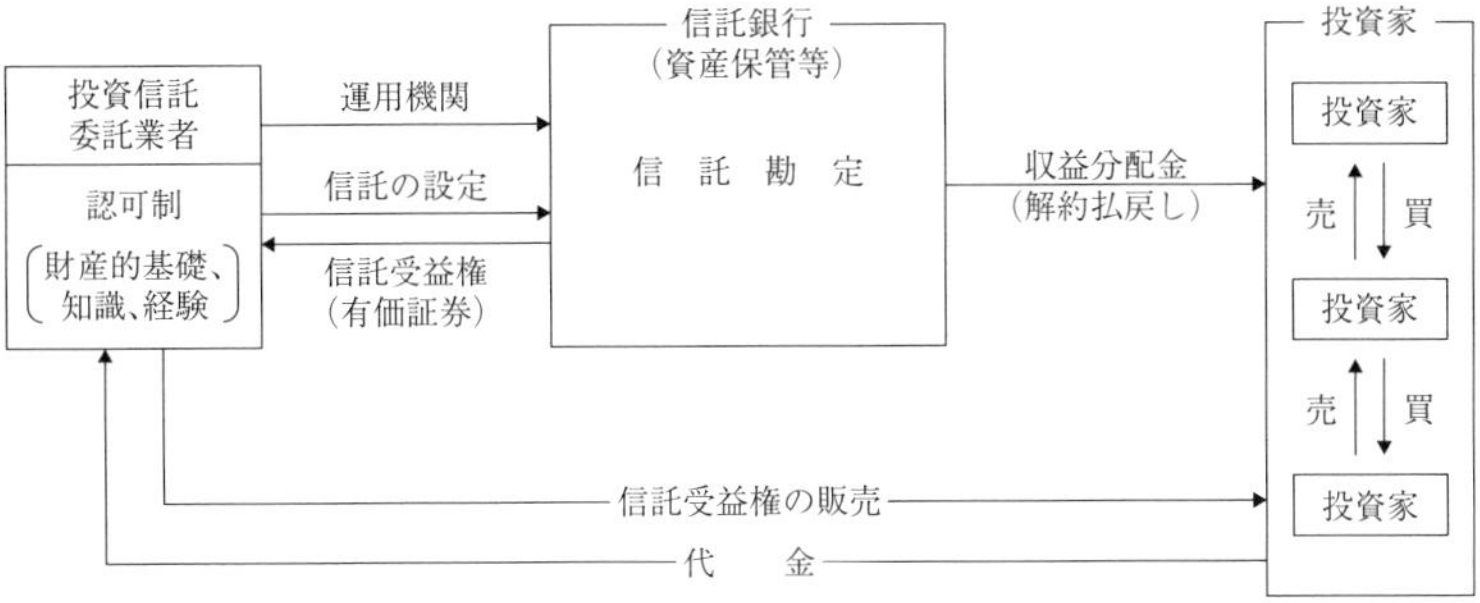

（図４）【投資法人制度】

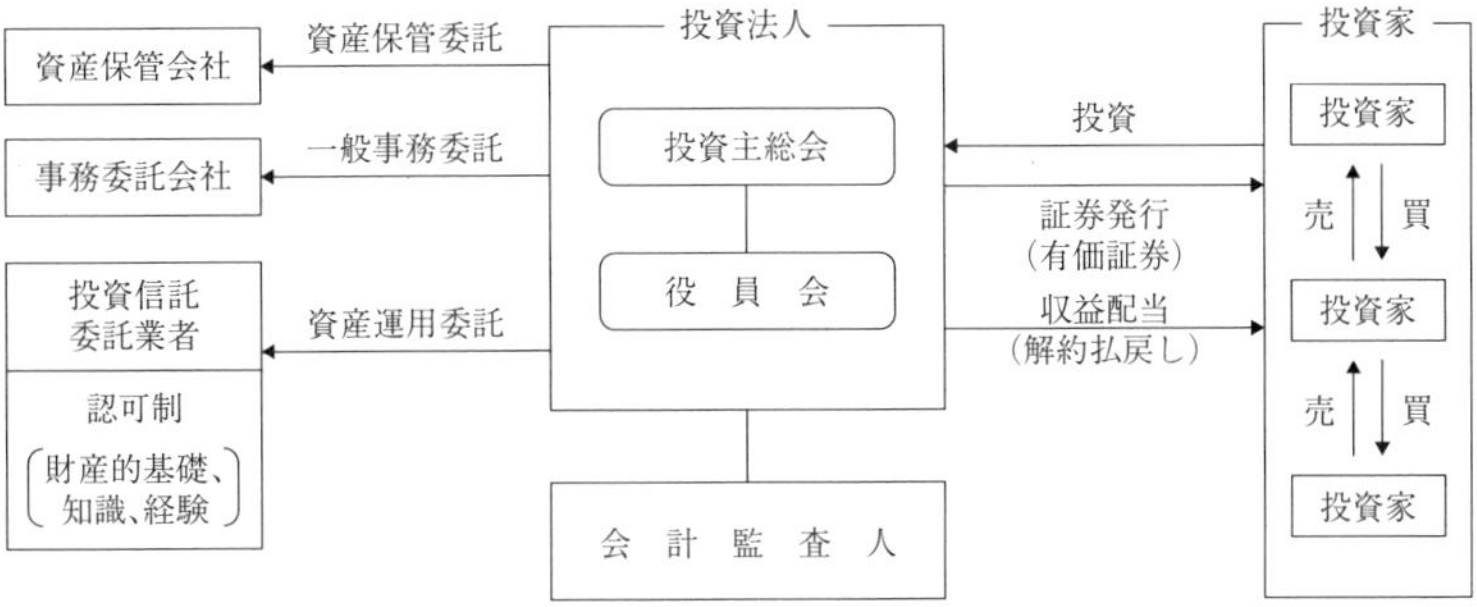

（図５）【投資信託制度（委託者非指図型）】

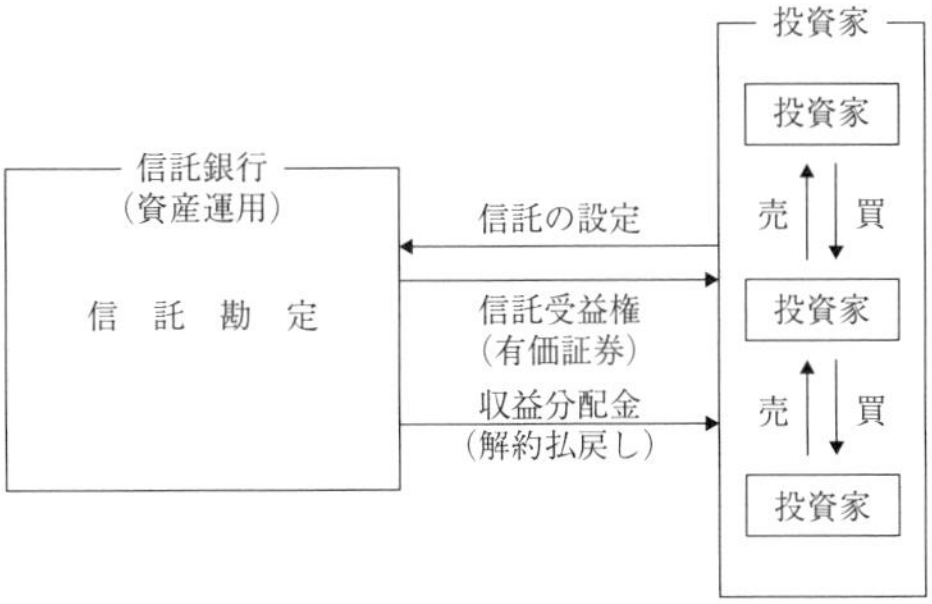

出典：乙部辰良「集団投資スキームに関する法整備について」（ファイナンス2000・７）

［資料２］

<table>
<tr><th>ビークル</th><th>募集方法</th><th>ビークル段階</th><th>証券の種類</th><th>投資者課税（個人）</th><th>譲渡益</th></tr>
<tr><td colspan="2">合同運用信託（一般）</td><td>非課税</td><td>すべて</td><td>利子（源泉分離）</td><td>非課税</td></tr>
<tr><td rowspan="3">証券投信</td><td rowspan="3">すべて</td><td rowspan="3">非課税</td><td>公募証券投資</td><td>配当（利子並課税）</td><td>非課税</td></tr>
<tr><td>私募公社債投資</td><td>利子（源泉分離）</td><td>非課税</td></tr>
<tr><td>私募株式投信</td><td>配当総合（源泉）</td><td>申告分離26%</td></tr>
<tr><td rowspan="4">その他
投資信託</td><td rowspan="2">発行公募</td><td rowspan="2">非課税</td><td>公募公社債等の運用</td><td>利子（源泉分離）</td><td>非課税</td></tr>
<tr><td>私募公社債等の運用</td><td>配当（利子並課税）</td><td>非課税</td></tr>
<tr><td>機関私募</td><td>法人税（配当損金）</td><td>その他投信</td><td>配当総合（源泉）</td><td>申告分離26%</td></tr>
<tr><td>少人数私募</td><td>法人税</td><td>その他投信</td><td>配当総合（源泉）</td><td>申告分離26%</td></tr>
<tr><td rowspan="2">特定目的信託</td><td>発行公募又は機関私募</td><td>法人税（配当損金）</td><td>社債的受益証券</td><td>配当（利子並課税）</td><td>非課税</td></tr>
<tr><td>上記以外（少人数引受）</td><td>法人税</td><td>その他受益証券</td><td>配当総合（源泉）</td><td>申告分離26%</td></tr>
<tr><td rowspan="4">投資法人</td><td>公募・発行１億以上、機関私募</td><td>法人税（配当損金）</td><td rowspan="2">公募オープンエンド投資口</td><td rowspan="2">配当（利子並課税）</td><td rowspan="2">主として有価証券：非課税
その他：申告分離26%</td></tr>
<tr><td>優先出資50人以上引受機関のみ保有</td><td>法人税（配当損金）</td></tr>
<tr><td rowspan="2">上記以外（少人数引受）</td><td rowspan="2">法人税（配当損金）</td><td>公募オープンエンド投資口</td><td>配当総合（源泉）
源泉分離（35%）</td><td>申告分離26%</td></tr>
<tr><td>投資債</td><td>利子（源泉分離）</td><td>非課税</td></tr>
<tr><td rowspan="3">特定目的会社</td><td>公募・発行１億以上、機関私募</td><td>法人税（配当損金）</td><td>特定社債</td><td>利子（源泉分離）</td><td>非課税</td></tr>
<tr><td>優先出資50人以上引受機関のみ保有</td><td>法人税（配当損金）</td><td>転換特定社債新優先出資引受権付特定社債</td><td>利子（源泉分離）</td><td>申告分離26%</td></tr>
<tr><td>上記以外（少人数引受）</td><td>法人税</td><td>優先出資</td><td>配当総合（源泉）*</td><td>申告分離26%</td></tr>
</table>

（注）配当総合（源泉）：配当所得（源泉20%）総合課税　＊35%源泉分離・少額配当申告不要制度
利子（源泉分離）：利子所得・源泉分離課税（国税15%・地方税とを含め20%）
配当（利子並課税）：配当所得（利子所得と同様の税率で源泉分離課税20%）

［資料３］

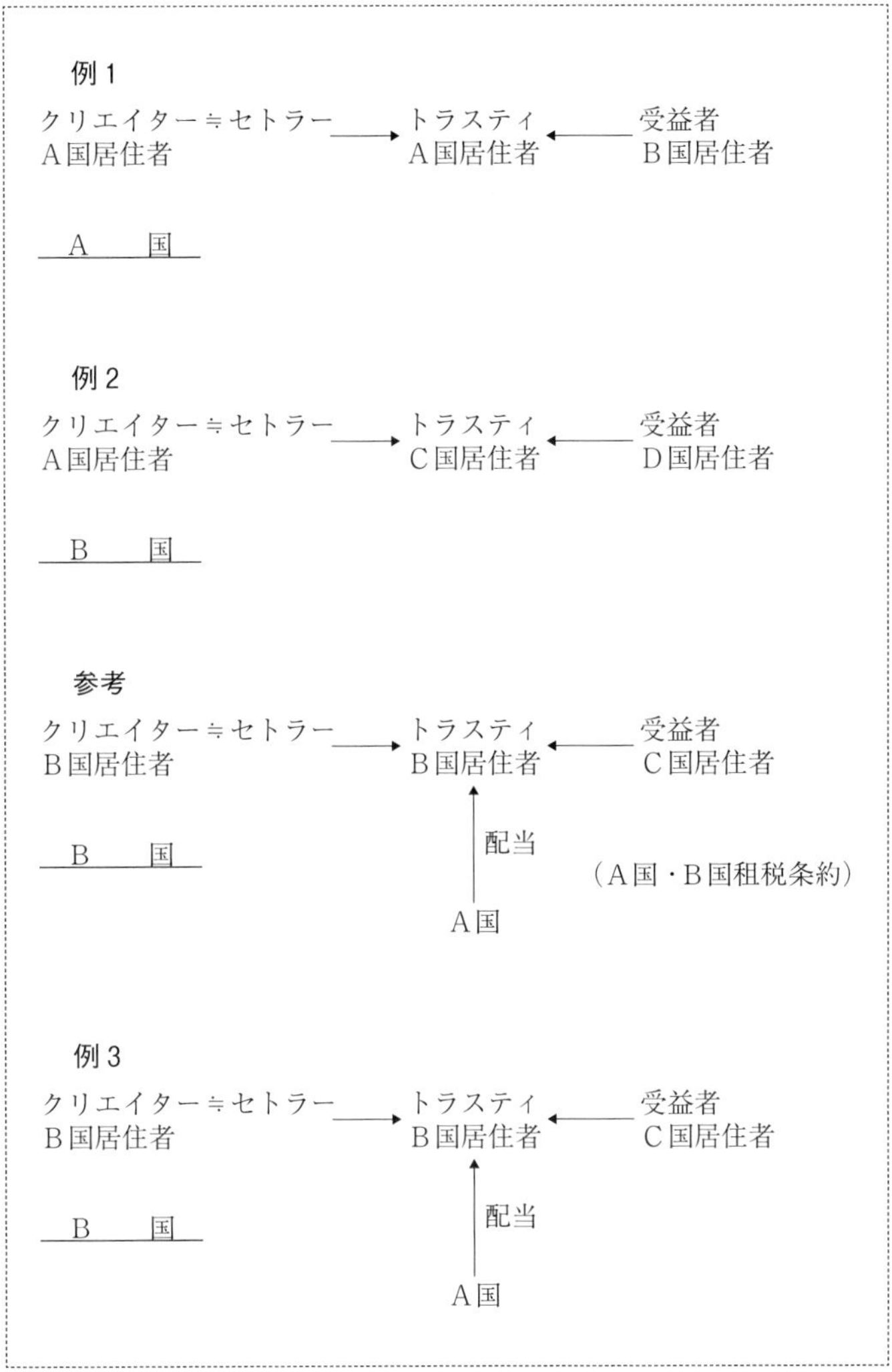
例１
クリエイター≒セトラー
Ａ国居住者
トラスティ
Ａ国居住者
受益者
Ｂ国居住者
Ａ　国
例２
クリエイター≒セトラー
Ａ国居住者
トラスティ
Ｃ国居住者
受益者
Ｄ国居住者
Ｂ　国
参考
クリエイター≒セトラー
Ｂ国居住者
トラスティ
Ｂ国居住者
受益者
Ｃ国居住者
Ｂ　国
配当
（Ａ国・Ｂ国租税条約）
Ａ国
例３
クリエイター≒セトラー
Ｂ国居住者
トラスティ
Ｂ国居住者
受益者
Ｃ国居住者
Ｂ　国
配当
Ａ国

第三章　高齢社会における信託税制・相続税制のあり方

一　はじめに

信託を用いた個人財産の管理・運用は、高齢社会においてますます重要性を帯びてきている。信託は、高齢社会にむけてのストックとしての財産に着目した財産管理・運用、私有財産の部分的な公益的運用の拡大、事業承継の円滑化に向けての財産管理・運用などとして、今後その利用価値は益々高くなるものと思われる。高齢社会における民法規定の機能不全などを意識しながら、裁量信託および受益者連続型信託導入の必要性を説く論考が続いているのは注目すべきことである。[1] 我が国における「金銭信託と任意後見契約の合体型スキーム」の提案をはじめとして、成年後見制度における信託制度の活用も今後検討されるべき重要な問題であろう。

高齢化は凄まじいスピードで進み、六五歳以上の人口は、二〇一五年には二六％に達すると考えられている。また、意思能力を喪失し、寝たきり、痴呆等、要介護の高齢者の数も激増している。一方で、世帯の核家族化が進み、高齢者の単独世帯は、ここ一〇年間で倍増している。このような超高齢化社会において、高齢者は自己の財産を自分で管理しなければならなくなってきたのである。実務においても、このような状況のもと、信託の金融調達機能にかかる商品のみでなく、財産管理機能にかかる商品の開発も徐々に進みつつあるといえよう。[2]

高齢社会と個人信託（パーソナル・トラスト）とのかかわり合いは、「信託における意思凍結機能」（委託者が設定した信託目的が委託者（高齢者）の信託能力喪失、委託者の死亡にかかわらず持続するということ）、「信託における受益者連続的機能」（委託者により設定された信託目的を長期間固定しつつ、その信託目的に従って信託受益権を複数の受益者に連続して帰属させることができるということ）、「信託における受託者裁量的機能」（受託者がその裁量権を行使して、その委託者が指示した受益者候補者の中から現実に受益する受益者を特定するということ）などの信託の機能は、高齢社会における信託の活用（財産管理・運用計画）の最大の利点として活用しうる。

しかしなお、わが国においては、集団信託の発展に比して、個人信託（パーソナル・トラスト）の発展が欧米諸国等に比べて極めて遅れていることは広く指摘されているところである。このような状況の中で、信託法研究者は、裁量信託および受益者連続型信託導入の必要性を説く。特に後者については、個人信託の活用に当たって、委託者により設定された信託目的を長期間固定しつつ、その信託目的にそって信託受益権を複数の受益者に連続して帰属させるという「信託における受益者連続機能」が十分に活用されるべきであると説かれている。

一方で、このような財産管理や運営において、信託課税や相続・贈与課税は考慮すべき重要な要素であるといえよう。我が国では大正一一年に信託法が制定され、同時に所得税法、相続税法の整備が図られてきたが、我が国の信託の営業が一定の金融機関を中心とした集団信託が中心であったことから、いわゆる個人信託の利用は乏しく、集団信託に比べてそれほど課税関係が表面化することはなかった。しかし、今日、個人信託における税制が改めて問われている。そこで、この個人信託の活用の具体例を示し、特に受益者連続信託や裁量信託を取り上げ、その課税関係を検証してみる。上述の機能からいえば、「個人信託」に係る課税関係は単に税法の問題にとどまらず、民法・信託法等との相互関係も重要な争点になることが予想されるところである。また、このような個人信託の発展を長年にわたり阻害してきたのは税制であるともいわれており、法解釈論的考察にとどまらず、立法論的考察も要求されることになろう。

また、高齢化に伴う個人資産の運用・管理は、本来の相続や贈与と密接不可分の関係にあり、それにともなって相続税法（相続税・贈与税）などとの課税関係もその射程距離において、あわせて検討することが求められているといえよう。任意後見契約に関する法律と民法（相続法）、相続税法などの接点も、本章ではその考察の対象に加えることとする。

二　個人信託等の活用

1　信託の多様性とモデル

現在、一部の信託銀行においては、個人資産の運用・管理として信託を用いている。生前贈与信託（パーソナルトラスト）と呼ばれているが、それは委託者生前の自益信託、委託者生前の他益信託、委託者生前の条件付他益信託（当初は自益信託、委託者の死亡と次に指定されたものの生存を停止条件とする他益信託へ）、遺言による他益信託など、多様な信託の展開が可能である。具体的には、以下のようなものを想定することができるであろう。

(1)　生前贈与信託等（パーソナルトラスト）

【1】　自益信託

委託者　A
受託者　TB（信託銀行）
受益者　A

自分が死亡するまで、三〇〇〇万円を信託し、金銭信託で運用して、毎月一定額を受益者へ交付する。残余財産は信託終了時に一定の者に（たとえば相続人、あるいは赤十字に）帰属する。

【2】　他益信託

委託者　Ａ
受託者　ＴＢ（信託銀行）
受益者　Ａの孫
三〇〇〇万円を孫が大学を卒業するまで（あと一五年）信託し、金銭信託で運用して、毎月一定額を受益者へ交付する。残余財産は信託終了時に一定の者に帰属する。

【3】　自益信託と他益信託

委託者　Ａ
受託者　ＴＢ（信託銀行）
受益者　Ａの孫
三〇〇〇万円を信託し、金銭信託で運用して、Ａは自分が死亡するまでは毎月一定額を受益し、死亡後はＡの孫へ毎月一定額を交付する。残余財産は信託終了時に一定の者に帰属する。

【4】　他益信託（受益者連続信託）

委託者　Ａ
受託者　ＴＢ（信託銀行）
受益者　Ａの妻、Ａの長女、Ａの孫（長男の子供）
一億円を信託し、金銭信託で運用して、収益を妻に、妻死亡後は長女に、長女死亡後はＡの孫に収益を支払う。Ａの孫の死亡時に信託は終了し、残余財産は信託終了時に一定の者に帰属する。

【5】　他益信託（収益保有信託）

委託者　Ａ
受託者　ＴＢ（信託銀行）

受益者　Ａの妻、Ａの長男

一〇億円の資金を信託して運用し、妻がその収益の受益権を死亡するまで（生涯を通じて）保有し、妻が死亡すると子供（長男）が元本の受益権を取得する。

【6】　他益信託

信託期間三〇年

委託者　Ａ

受託者　ＴＢ（信託銀行）

受益者　Ａの長男

時価一〇億円の不動産を信託にて運用し、三〇年後に不動産を長男に、収益を長女に交付する。

【7】　自益信託と他益信託

委託者　Ａ

受託者　ＴＢ（信託銀行）

受益者　Ａの孫

Ａの孫が成年に達するまで（あと一〇年）時価一〇億円の不動産を信託して、運用する。一〇年後から毎月運用益の一定額を受益者（孫）へ交付する、残余財産は信託終了時にＡの長男に帰属。孫が成年に達するまでは自益信託、成年に達したら他益信託である。

【8】　自益信託と他益信託

委託者　Ａ

受託者　ＴＢ（信託銀行）

受益者　Ａの孫

孫が大学を卒業するまで（あと一〇年）、時価一〇億円の不動産を信託して、毎月運用益の一定額を受益者（孫）へ交付する。Aの死亡時に不動産は自分の面倒をみてくれた長男へ帰属する。孫が大学を卒業するまで、収益受益権については他益信託、元本受益権については自益信託である。

【9】　自益信託と他益信託

信託期間三〇年
委託者　A
受託者　TB（信託銀行）
受益者　Aの子供
信託財産　一〇億円の不動産

A存命中は、Aが収益（運用益）を取得する。委託者が死亡すると収益（運用益）は子供に毎月一定額を交付する。残余財産は信託終了時に一定の者に帰属する。委託者が死亡するまでは自益信託、委託者死亡時には他益信託となる。

(2)　裁量信託（累積扶養信託）

【10】　裁量信託

委託者　A
受託者　TB（信託銀行）
受益者
不動産（時価二億円）を信託して（平成一六年一月一日）、A死亡時に親族のうち一番介護をしてくれた者に不動産と運用益を交付する。

【11】　裁量信託
委託者　A
受託者　TB（信託銀行）
受益者
不動産（時価二億円）を信託して（平成一六年一月一日）、配当あるいは運用益を留保する。A死亡時に親族（子供五人）のうち一番介護をしてくれた者に不動産を、そしてAの配偶者に収益を交付する。

(3)　受益者連続信託

【12】　受益者連続信託――収益受益権の連続譲渡
委託者　A
受託者　TB（信託銀行）
受益者　Aの次女、Aの孫（長男の子供）
株式（信託設立時の時価一億円）と不動産（同二億円）を信託して（平成一七年一月一日）、配当あるいは運用益を留保する。当初の五年間（平成二一年一二月三一日まで）は収益を次女へ、次の五年間は収益をAの長男の子供へ交付する。信託の終了時に、不動産（あるいは株式）を帰属権利者へ帰属させる。

【13】　受益者連続信託――信託受益権非分割
委託者　A
受託者　TB（信託銀行）
受益者　Aの長男、長女の子供（Aの孫）
株式（信託設立時の時価一億円）を信託して（平成一七年一月一日）、元本・収益ともに平成二七年一二月三一日にAの長男へ、平成三七年一二月三一日へ元本・収益受益権ともに長女の子供（Aの孫）へ譲渡する。

【14】　受益者連続信託――信託受益権分割

委託者　A
受託者　TB（信託銀行）
受益者　Aの次女、Aの孫（長男の子供）
株式（信託設立時の時価一億円）と不動産（同二億円）を信託して、配当あるいは運用益を、Aの存命中はAが享受、A死亡後には、元本（株・不動産）を配偶者に譲渡し、収益受益権を次女へ、次女の死亡後は収益受益権をAの長男の子供（Aの孫）へ譲渡する。孫が死亡する時に、信託は終了する。

【1】～**【14】**のモデルはまったく税制を考慮せずに掲げたものである。このような信託を現実に設定することは多くの場合可能であろうが、所得税法や相続税法にかかる信託課税法規はこのような場面に十分対応しうるものとなっているといえようか。信託法上はともかくも課税関係がその設定を阻害することが想定されよう。

2　「柔軟な個人信託」の発展を阻害するもの

個別信託が今後どのように発展をとげていくか、どのように利用されていくか、それは、信託のもつ機能、具体的には「信託における意思凍結機能」（委託者が認定した信託目的が委託者の意思能力の喪失、委託者の死亡に係わらず持続するという機能）、「信託における受益者連続機能」（委託者により設定された信託目的を長期間固定しつつ、その信託目的にそって、信託受益権を複数の受益者に連続させて帰属させるという機能）、信託における受託者裁量機能（受託者がその裁量権を行使して、その委託者が指示した受益者候補のなかから現実に受益する受益者を特定するという機能）をうまく生みだすことにより個人の財産管理・運用計画を増大させるスキームとして多様なものが考えられていくであろうことは推測に難くない。しかし、そのような個別信託を考え出したとしても、それが信託法や民法といった私法のレベルで受け入れられるものであること、税というコストがそのような個別信託の設立や運用を妨げないことという条件が必要である。それらがまず克服されることが必要であり、個別信託の発展がわが国で極めて後れている理由の一つが特に、後者にあることは周知のことであろうと思われる。

個人信託の設定（開発）にあたっても、次の視点からの検証が必要となってくる。

① 信託課税法の規定から生ずる問題
② 信託課税法の解釈上の争いから生ずる問題
③ 信託課税法規の欠陥（不備）から生ずる問題
　立法時から抱えていた欠陥
　信託の多様化から生ずる欠陥
④ 信託課税法規とそのほかの税制との対立（軋轢）から生ずる問題
個別信託は、明文規定がおかれていても、その規定を支える課税理論に問題がある。明文規定の解釈が明確ではない（法規が粗雑すぎる）ことから既存の個別信託においても、課税関係が明確でない場面がある。これは立法時から抱えていた欠陥であるといえよう。これらのことは、当然に信託の多様化に対応する税関係の不明確さということを当然のごとくもたらすことになる。ここでは、国際信託課税（個別信託に限定するが）にかかる問題も同様に生じてくる。前者は、我が国における信託の多様化から生ずる欠陥ということができる。後者は、信託の国際化から生ずる問題であるといえる。
⑤ 信託法、民法等の個別法規の解釈上の問題がもたらす課税関係の問題
⑥ 信託法と民法等との抵触（軋操）がもたらす課税関係の問題

なお、これらの問題を考える場合には租税法と私法との関係をどのように理解するかという問題が出発点にあるが、個人的には（通説に近いと考えているが）課税関係は私法上の法律関係（場合によっては公法上といったほうがよい場合もあるが）に基づいて、あるいは依存をして、決まってくる（このような見解を私法絶対依存説という）。私法の課税関係がゆらぐと租税法の課税関係も当然のごとくゆらいでくる。私法の法律関係が土台となって租税法の法律関係（課税関係）が存在する。そうすると、当然に信託法自体に解釈上争いがあるところではそれが課税関係に影響を及ぼし、信託法と民法が抵触することによってそのような信託法上のスキームが制約をうけるといった場合などには、やはりそこでの問題を解決しなければ課税関係は明確とはならないことに留意をしておく必要がある。我が国の信託の多様化に反し、その課税規定はわずか数条（所得税法一三条、法人税法一二条および相続税法四条）であり、信託の多様化に伴い解釈上の疑義等は通達等の対応により行われてきており、先進諸国の信託税制の複雑さに比べると我が国の信託税制の貧弱さが印象的であるともいえる(3)。

信託税制が信託法制定の大正一一年に導入されて以来、後述するように、「受益者課税」、「委託者課税」、「受託者課税」、「信託行為（設定）時課税」、「現実信託受益時課税」、「信託受益権の贈与・遺贈・相続」といった、基本的な課税原則（あるいはその変遷）にかかるキーワードを読み取ることができる。しかし、そのような基本的な課税原則（あるいはその変遷）は、立法以来、信託法と信託税制との十分な理論的考察を背景に確立されたものではない。我が国の信託税制は、理論的基礎を十分に検証しないまま今日に至っているといえる。今後は、我が国の信託所得税制の特徴・問題点を明らかにした上で、信託課税における受益者課税（課税時期、課税要件）、受託者課税（課税時期、課税要件）、委託者課税（課税時期、課税要件）などといった信託所得課税の基本原則を比較法的な見地から、我が国の信託課税制度の特徴をあきらかにしたうえで、我が国の信託課税原則を理論的に考察することも必要となってこよう。今次の信託法改正はそのための好機であるといえよう。

3　我が国の信託所得税制の特徴と問題点

まず、所得税法一三条、法人税法一二条（さらに相続税法四条）における問題点をこれまでの立法経緯を踏まえて明らかにする。

(1)　所得税法・法人税法

大正一一年の立法当初は、所得税法三条の二第一項は「信託財産ニ生スル所得ニ関シテハ其ノ所得ヲ信託ノ利益トシテ享受スヘキ受益者カ信託財産ヲ有スルモノト見做シテ所得税ヲ賦課スル……」が、同条二項は「前項ノ規定ノ適用ニ付テハ受益者不特定ナルトキハ又ハ存在セサルトキハ受託者ヲ以テ受益者ト見做（シ）」、同条三項は「受託者法人ナル場合ニ於テ前項ノ規定ニ依リ所得税ヲ課スヘキ所得ハ之ヲ個人ノ所得ト見做ス」と規定していた。受益者課税について、その立法趣旨は、信託財産は信託法上は受託者の有するものであるけれども、その所得は実質的には受益者に帰属するのであるから経済的実質からみれば受益者はその信託財産を所有しているのと同一の利益を収めていることから、受益者が信託財産を有するとしてみなして課税することとしている(4)。また、受託者が信託財産を所有することからその所得に課税し、さらに後に受益者に配分されたときに所得に課税すれば、二重課税が生じることも結果的にその理由ともなっている(5)。

この受託者みなし課税の趣旨については、受託者に対して課税するのは便宜の規定であって、たとえ受託者が公益法人等であったとしても、この受益者の代理人と観念しうるとして課税すべき所得税は結局受益者の負担に転嫁すべきものであるので、公益法人等なる場合も課税されるとしていることから(6)、受託者は受益者の代理人として位置づけられていたようである。

なお、相続税について、大正一一年の立法当初、相続税法二三条の二は、課税要件について「信託ニ付委託者カ他人ニ信託ノ利益ヲ受クヘキ権利ヲ有セシメタル」場合と規定する。ここでは、「信託行為時課税」[7]、相続・贈与財産が「信託受益権（信託ノ利益ヲ受クヘキ権利）[8]」であることの二点が明確にされている。

所得税は、大正一五年の改正により、受益者不存在・未存在の場合には委託者またはその相続人を受益者とみなして課税することとされた。現行制度は、昭和二二年の規定を引き継ぐものであるが、その基本的な課税制度は、大正一五年より不変であるといってよい。

相続税は、大正一五年の改正により、受益者不特定・未存在の場合には委託者の直系卑属を受益者とみなして、受託者をその相続財産管理人とみなして課税する（受託者が相続財産の管理行為として納税を行う）こととされた。また、相続税は、昭和一三年において、課税要件はこれまでの規定と変更はないものの、課税時期について、受益者が現実に受益したとき（現実受益時）とし、その間は委託者またはその相続人に受益権が所属するものとみなす規定をおいた（相続税法二三条の二第三項）。さらに、受益者不特定・未存在の場合には、受益者が特定し、存在するに至ったときに信託が発生したものとし、それまでの間は委託者またはその相続人が受益権を有するとされた（相続税法二三条の二第二項）。さらに、昭和二二年改正において、課税時期が「信託行為時」に戻され（大正一一年当時に戻す。）、委託者が受益者である信託について、あらたに委託者以外のものが受益者となったときに贈与があったとみなす旨の規定（相続税法五条二項）が明文化された。信託行為時課税に変更された理由としては、この年に贈与税が導入され、「従来の相続税法においては、贈与を受けた者を納税義務者とする建前をとっていたからである。しかるに贈与税においては贈与者を納税義務者としているから、かかる場合は受益の発生するまで待つ必要はなく、信託行為があった時に直ちに贈与があったものとみなして課税すればよい[9]」と解されるからであるといわれている[10]。

その後さらに、昭和二五年に相続税法は全文改正されたが、信託税制については昭和二二年改正以後抜本的な改正を行わず、ほぼ現行税制に至っている。信託行為時に課税するとともに（相続税法四条一項）、その課税時期の例外規定（相続税法四条二項）をおいた。

現行相続税法四条二項は、信託設定後に、一定の事由、すなわち、(a)自益信託における受益者が委託者以外のものに変更されたこと（同項一号）、(b)受益者として指定された者が受益の意思表示をしていないために受益者が確定していない信託について、受益者が確定したこと（同項二号）、(c)受益者が存在または特定していない信託について、受益者が特定し存在するに至ったこと（同項三号）、または、(d)停止条件付で信託の利益を受ける権利を与えることとしている信託について、その条件が成就したこと（同項四号）、が生じたために、委託者以外のものが、信託の利益の全部または一部についての受益者となった場合には、当該事由が生じた時において、当該受益者が信託受益権を当該委託者から贈与（ただし、(a)の事由が遺言でなされた場合、または(d)の条件が委託者の死亡である場合には、遺贈となる）により取得したものとみなす旨規定する。また、上述(b)〜(d)の信託が設定された場合に、贈与税が課税されないうちに信託の課税関係が終了した場合については、信託財産の帰属権利者が委託者以外のものであるときには、信託終了時にその帰属権利者が信託財産を委託者からの贈与により取得されたものとみなす旨の規定（相続税法四条三項）をおいた。しかし、この規定の解釈においても、これまでいくつかの疑義が提示されている。(11)

(2) 現行信託所得課税の特徴

現行所得税法一三条一項は、信託財産に帰せられる収入について受益者が特定している場合には、その受益者が（同項一号）、受益者が特定していない場合には、その信託財産に係る信託の委託者が（同項二号）、それぞれその信託財産を有するものとみなして、その者に課税することとしている。同項二項は、受益者が特定しているかどうかまたは存在しているかどうかの判定については、収入または支出があったときの現況によるとしている（所得税法施行令五二条）。

信託の関係者は、委託者・受託者および受益者であり、信託財産は受託者に移転することから、信託財産の増減をもたらす収入または支出は受託者に帰属すると考えられるが、信託法は、受託者は信託財産の管理・処分をすることができるにすぎず、信託の利益を享受することができない旨規定する（信託法九条）とともに、信託行為により受益者として指定された者は当然に信託の利益を享受する旨規定することから、これらはすべて受益者に帰属することとなる。

信託の関係者が、法人の場合、法人税の課税関係が生じるが、法人税法一二条一項は、所得税法一三条と同様の規定をおく。所得税法一三条一項一号における信託財産のみなし所有による受益者課税原則は、上記のことから、(a)信託財産に帰せられる収入または支出の帰属者（名義人）たる受託者段階で課税を認識することは、同一の所得源泉に二度課税関係が生じることになり二重課税が生じること、(b)受益者は、法的には、受益権に基づいて収入・支出を享受するということができ、そのように課税すると信託財産の種類により各種所得を振り分けることが困難になり、信託財産たる財産を直接所有して所得をうる場合と取扱いに差が生じることなどを論拠とするものであると一般に解されている。[12] よって、本条は、信託財産を受益者が所有するとみなして、受益者に直接課税するもので、信託財産における「実質所得者課税の原則」を明文化したものと一般に解されている。[13]

所得税法一三条一項二号は、受益者が特定、または存在していない場合には、信託財産が実質的に委託者に存するとの前提のもとで、委託者課税原則を採用する。そうすると、信託契約において、ある者が成年に達したらその所得を配分するとした場合にも、信託所得（収入）が信託に生じた時点で（受託者がその収入について権利を獲得した時点で）課税されるということになる。受益者が成年に達しない限り、受益者には収益配分請求権は存しないにもかかわらず受益者課税が生じることとなろう。[14]

よって、わが国の信託所得課税は、受益者の特定（あるいは存在）に着目した、受益者課税か委託者課税の二者択一の制度であると一般に解される。さらに、受益者課税の前提として、受益者が信託財産を所有するとみなすところにもその特色が存する。

所得税法・法人税法（相続税法においても、同様である）においては、このようにかなりの割切りを伴った委託者課税または受益者課税の二者択一的発想を読み取ることができる。これは多くの場合、導管理論によるものと説明されている。このような徹底した導管理論が信託法のうえからも果たして導かれうるものか検討を要しよう。モデル【1】〜【9】がここで検討されるべきものとなる。

特に他益信託においては信託設定時に受益者が信託財産を有するとみなして、信託所得課税を行う。信託所得課税における最大の問題は、信託の利益を受け取る具体的な法的な権利が存しないにもかかわらず、受益者が特定・存在していれば受益者課税を肯定する点である。この点では所得税法三六条一項（あるいは法人税法二二条二項）の権利確定主義は機能しないと解される。信託所得課税においては、受益者課税の時期の問題、受益者課税と信託財産のみなし所有とのつながりが必然的なものであるか、検討を要しよう。

また、信託利益のうち、キャピタル・ゲインにかかる課税（譲渡所得課税）をどのように理解するかも一つの大きな問題である。たとえば、他益信託において、相続税法において停止条件で元本受益権を享受するものが、設定後停止条件成就前にみなし所有により信託収益（キャピタル・ゲイン）に課税されるというのも理論的には整合性に欠けるとも解される。なお、この問題は、委託者から受託者への信託財産の移転をどのように理解するかという、相続税課税（贈与税・相続税）のあり方と無縁ではない。相続税・贈与税の課税時期、さらにそれらの課税物件をどのように解するか（信託財産か「信託受益権」か）について理論的な検討が必要である。

さらに、受益者が特定・存在しない場合にはすべて委託者課税となるのであるが、受益者課税のその余の部分をすべて委託者課税とすることにも問題があろう(15)。信託行為において、受託者が受益者を指定しない場合にすべて委託者課税に持ち込めるかも理論的には検討を要する。

三　信託による後継ぎ遺贈の検討

抽象的な議論を避けるために具体的な個別信託で信託の課税関係を検討していくこととする。そこで、まず、「信託における受益者連続機能」が十分に活用される「信託による後継ぎ遺贈」をモデルにして検討を加える。モデル【12】〜【14】はそのようなものであった。今後、遺言と並び財産継承の選択肢の一つになるものと考えられるし、逆に遺言という制度そのものを駆逐していくとさえ考えられる。

委託者がそのような信託の機能に着目した場合に、なお論争の一つとして残りうるのは「信託による後継ぎ遺贈」に対する課税問題であろう。このような受益者連続信託の課税関係を巡ってはこれまで必ずしも十分な議論がなされてきたとはいえないが、その原因の一つには、「後継ぎ遺贈」の民法上の法的効果、「信託による後継ぎ遺贈」の信託法上の法的効果についての争いがあり、私法上の法的効果に大きく依存する、それらの課税上の取扱いに少なからず影響を与えていることがあげられよう。

このような状況の中で、一九九九年九月にジュリスト一一六二号八七頁以下に掲載された米倉明教授の「信託による後継ぎ遺贈の可能性――受益者連続の解釈論的根拠付け」と題する論考（以下、「米倉論文」という。）は、「後継ぎ遺贈」の民法上の法的効果、「信託による後継ぎ遺贈」の信託法上の法的効果との関係に着目して「信託による後継ぎ遺贈」の法的効果を検討するものであり、受益者連続信託に対する我が国の課税関係を考察するにあたって極めて示唆に富むものであった[16]。しかし一方で、租税法学者においては、私法上の法律行為の選択が課税要因により大きく影響される現状において、租税法上の視点が欠落している点についてはやや不満が残るものであったともいえよう[17]。

ちなみに、米倉教授は、後継ぎ遺贈の類型については、さしあたり生活保障専一型と生活保障・家業維持型という類型を示されている（ただし、後者の信託における実用性は否定される。米倉論文八七頁、八八頁）が、おそらく税負担の軽減を目的とした税負担軽減型というものが想定されうるであろう。前二者の類型においても仮に私法上有効であるとしても税負担が重ければ全く実用性の乏しいものとなることもありえよう。また、私法上（民法・信託法）の有効性の議論如何によって受益者連続信託が許容されるといったような場合には、相続税法の解釈いかんによっては一世代の相続税回避を生み出す可能性さえ含んでいるといえよう。

1　後継ぎ遺贈に対する課税関係

(1)　後継ぎ遺贈の定義と効果

後継ぎ遺贈の民法上の法的効果、それを信託によった場合の信託法上の法的効果について、議論が分かれていることは周知の通りである。ここではまず、米倉教授のモデル（**【補足事例1】**、**【補足事例2】**）を前提に、米倉教授による後継ぎ遺贈、信託による後継ぎ遺贈に対する各々の法的効果、さらに両者の各法的効果を前提とした信託による後継ぎ遺贈の法的効果に対する見解の概観からはじめよう（米倉論文八七頁、八八頁）。

【補足事例1】

X（遺言者・被相続人）は遺言により、X所有の土地をまずY1（妻）に与え、次いで将来Y1が死亡したときにはY1の相続人ではなくて、Y2（Xの甥、XおよびY1の非相続人）に与えることとした。

さらに、これを実質上信託により実現するという場合は、次のようであるとされる。

【補足事例2】

X（委託者）は生前にT（受託者）との間で信託契約を締結し、本件不動産から得られる収益については、生前はXを受益者とし、Xの死後はY1（Xの妻）を受益者にし、Y1の死後はY2（Xの甥）を受益者とする旨を取り決めた（なお、Y2がXの相続人である場合においては「特殊ケース」として言及する。以下、本章においても同様）。

そもそも後継ぎ遺贈が信託法において取り上げられたのは信託法の泰斗四宮和夫教授の『信託法』においてであった。四宮教授は信託法における「信託による後継ぎ遺贈」（受益者連続信託）の問題は民法の抵触問題を棚上げしたものであった。当時においては、当然このような課税関係などはおよびもつかない問題であったと思われる。しかし、それ以後いくつかの論考はあったが、この問題にインパクトを与えたものは一九九九年に公表された米倉論文であった。その後、「後継ぎ遺贈」の民法上の法的効果、「信託による後継ぎ遺贈」の信託法上の法的効果との関係に着目して「信託による後継ぎ遺贈」の法的効果を検討する論考も続くこととなり（本章注(16)参照）、受益者連続信託に対する関心も急速に高まっていったと思われる。法制審議会信託部会「信託法改正試案」は、後継ぎ遺贈と代替的な機能を果たしうる受益者連続信託につき、その有効性をどのように考えるかについて、意見を問うていた（試案第六〇～第六四参照）。

なお、米倉論文における「後継ぎ遺贈」は、まずその定義を明らかにして、Y1の死亡により本来のY1の相続人に相続されるべき不動産を相続人でないY2に帰属させるものであり、後継ぎ遺贈（第二次遺贈）はY1の死亡を期限とするXからY2への遺贈（不確定期限付遺贈）であり、いわゆる本件不動産がXからY1へ、Y1からY2へと流れるものではないとされる（米倉論文八八頁）。これまで、民法学者は、いわゆる「後継ぎ遺贈」とは、「遺言者が第一次的受遺者へ、そして遺言者の意思によって定められた条件の成就や期限の到来によって、第一次的受遺者から第二次的受遺者へ遺贈利益が移転する遺贈である」と定義されていたところであるが、このような定義と米倉教授の定義（あるいは法的な構成）とは異なるものか筆者には明確ではない（既存の定義は、米倉教授の指摘される継伝処分型を含んでいるようにも思われるし、また既存の定義は継伝処分型そのものであるようにも思われる。）。とりあえず、ここでは米倉教授が第二次遺贈と継伝処分型とを明確に区別されていることにここでは留意をしておくべきであろう。[18] ただし、本章では、両者の型を広く包摂した信託による後継ぎ遺贈を以下、「受益者連続信託」と呼ぶこととする。

米倉教授は、まず後継ぎ遺贈について、「Y1の死亡により目的物が本来のYの相続人によって相続されるべきところ、Xの意思によって曲げることになり許されないのではないかという懸念が持たれようが、後継ぎ遺贈は不確定期限付遺贈であり、そして遺贈に条件・期限を付することは民法自身が許すところであることから（九五八条二項参照）、民法自身が割り切った、クリアしているというべきである」（米倉論文九七頁）と主張される。また、米倉教授は、「信託による後継ぎ遺贈」について、信託法一条、八条一項により、受益者の人数は一人に限られるということもなく、また受益者がいかに交代しようが、「一定の目的」を充足しうることには変わりはないから、受益者連続信託が有効であると主張される。すなわち、信託法一条の「一定の目的」とは信託行為という法律行為の内容をさし、とりわけ、受託者が委託者に対して、どのような義務を負担することになるのかについてはっきりしていることだと解される（米倉論文九三頁）。受益者連続においては、受託者は特定の信託財産を管理して、将来はまずY1を、次いでY2（以下、Y3、Y4、略）を受益者として受益させる義務を委託者に対して負担する。その細目は信託行為の定めるところによるが、ともかくも、受託者が委託者に対して負担する義務（その存在および内容）ははっきりしており信託目的は信託行為時（信託設定時）に確定しているといえると解される（米倉論文九三頁）。また、米倉教授は、信託法八条一項は「不特定ノ受益者又ハ未タ存在セサル受益者アル場合ニ於テハ」裁判所が利害関係人の請求により職権で信託管理人を選任することができるとの規定であるが、同条は「不特定ノ受益者又ハ未タ存在セサル受益者」についてさえ信託が成立することを前提としており、「不特定の受益者や未存在の受益者であっても受益者として差し支えないという以上、受益者連続が適格な受益者を欠くという理由で無視されうるとはとうてい考えられない」（米倉論文九三頁）とされる。

そのうえで、Y1の死亡時にY2がY1の本来の相続人でない場合（**【補足事例2】**）については民法上も有効・

信託法上も有効の場合においては、信託法における最終的な帰結も有効となるものの、Ｙ2がＹ1の本来の相続人である場合については「信託行為によって受益者として指定されたＹ1の死亡を条件にＹ2を指定し、さらにＹ2の死亡を条件にＹ3へ帰属させる場合においては、相続分指定（民法九〇二条）遺産分割方法指定（民法九〇八条）をするに等しいと解される場合があり、それらは遺言によらなければならないのに、それを回避したことになる」と解される（米倉論文九六頁・九七頁参照）。よって、米倉説においては、いわゆる特殊ケースにおいては、結論として信託による後継ぎ遺贈の法的効力は無効となる。このような米倉教授の見解の妥当性については、信託課税法（相続税法・所得税法）、信託法における取扱いを検討した後に述べることとする。

ちなみに、上述の点は、米倉教授は、後継ぎ遺贈、あるいは受益者連続信託における信託法上の効力について、四宮和夫教授による有効説と見解を異にする点であるとされる。四宮教授は、『信託法（新版）』（有斐閣・一九八九年（以下、「四宮論文」という。）一二七頁）において初めて信託による後継ぎ遺贈の問題に言及されたが、四宮説は、民法上の後継ぎ遺贈の効力をたなあげにした議論である（四宮論文一二九頁）。よって、民法上、後継ぎ遺贈が無効の場合に信託法の取扱いがどのようになるのか、四宮説からの言明はない。しかし、おそらく、その場合においても有効と推測されるように思われるが、米倉教授は、四宮説に立った場合において⑴生前信託の場合、【補足事例2】の場合は無効、また特殊ケースにおいても無効と推論され、また⑵遺言信託によった場合においては、【補足事例2】の場合は有効、しかし特殊ケースにおいては有効（米倉教授の推論では無効だが）となると解されている（米倉論文九七頁参照）。[19]

2　後継ぎ遺贈における課税関係

まず、【補足事例1】および特殊ケースにおける課税関係を明らかにしておこう。[20]

【補足事例1】においては、このような遺言が可能であるとした場合においても、後継ぎ遺贈にかかる最高裁昭和五八年三月一八日判決（判時一〇七五号一一五頁）[21]によれば、以下のような法律構成が事実認定によっては考えられる。

① 本件遺贈は、XからY1への単純遺贈である（第一次受遺者に対する単純遺贈）。このように解すると、Y1からY2への当該不動産の移転はXの希望にすぎないこととなる。

② XからY1への本件不動産の移転は、Y1からY2に当該不動産を移転させる負担をY1に課した負担付遺贈である（第一次受遺者に対する負担付遺贈）。この場合、負担の履行については、期限到来または条件成就にかかわる場合があるが、【補足事例1】においては、期限付遺贈と解することになるであろう。

③ Y1の死亡時に不動産の所有権がY1に存する場合には、その時点において当該不動産の所有権がY2に移転する趣旨の停止条件付遺贈である（第二次受遺者に対する停止条件付遺贈）。

第二次受遺者に対する条件付遺贈は、事例によっては、第一次受遺者が死亡時に遺贈財産を有していることを停止条件として第二次受遺者への停止条件付遺贈、第一次受遺者に対する解除条件付遺贈および第二次受遺者に対する停止条件付遺贈も考えられうる。【補足事例1】のような場合は、前者に該当すると解することができると考えられよう。Y1が死亡した時に遺贈財産を有していることを停止条件とした（あるいはY2がY1よりも長生きすることを条件とした）第二次受遺者たるY2への停止条件付遺贈である。

④ 実質的にはY1に本件不動産の使用収益権を与えたに留まり、Y2に対する、Y1の死亡を不確定期限とする遺贈である（第二次受遺者に対する期限付遺贈）。事例によっては、第一次受遺者の死亡を期限とした第二次受遺者の始期付遺贈、第一次受遺者の死亡を期限とした終期付遺贈および第二次受遺者への始期付遺贈が考えられうる。【補足事例1】のような場合は、後者に該当すると解することができようか。

前記最高裁は、当該事案にかかる遺言書については、四つの解釈を示唆しているが、さらに、⑤Y2に本件不動産を与えるがＹ１が死亡するまではＹ１にその使用借権を与えようという、Ｙ２に対する負担付遺贈と解することもできよう(22)。

相続税の課税原因は、「相続、遺贈又は死因贈与により財産を取得したこと」である（相続税法一条）。よって、①におけるＹ１への課税は、通常の遺贈と同じであり、Ｘの死亡時に相続税が課される。②におけるＹ１への第一次遺贈については、(ア)Ｙ１への負担付遺贈ということになるとする見解と、(イ)Ｙ１への負担といいながら死亡にともなう負担であるので正確にはＹ１の相続人の負担ということになるので、負担付遺贈と解することはできないとする見解がありえよう。

(ア)によると、第一次受遺者Ｙ１は、相続開始の時に遺贈財産を遺贈により取得したこととなり、相続税が課税される。その場合の課税価格の計算は、負担の履行に停止条件が付されていない限り、Ｘの死亡時における負担が存しないとした場合の不動産価額から負担額を控除して、相続税額が算定されることになる（相基通一一の二―七）。ただし、この場合に負担額をどのように解するか問題が残ろう。この場合、Ｙ１の死亡は不確定期限と解されるのでこのような処理が肯定されることになろう。

しかし、条件の履行が条件成就にかかわる場合においては、第一次受遺者Ｙ１に対してＸの死亡時に遺贈により遺贈財産を取得したものとして相続税が課せられ、Ｙ１の死亡時に負担の価額（相続開始の時における遺贈財産の価額）にかかる相続税が減額されることになる。民法は死亡の発生を不確定期限と解するが、相続税法は死亡の発生を停止条件と解しているようであり（たとえば、相続税法四条二項）、そのように解すると後者の課税関係となろう。なお、条件成就に伴って減少する相続税については、未分割財産が分割されたときにかかる更正の請求の特例規定に準じて更正の請求をすることができる（相続税法三二条一項、相基通三二―三が準用を認めている。）として取り扱われている。なお、(イ)の場合の課税関係は、単純に遺贈としてＹ１に相続税を課すことになろう。さらに、Ｙ２は、Ｙ１が死亡したときに負担部分（本件不動産価額）を遺贈により取得したとして相続税が課される（相基通九―一一）。

③におけるY2に対する課税関係は、Y2に対する本件不動産の停止条件付遺贈として、Y1の死亡時にY2に対して相続税が課される（相基通一・一の二―六共一八）。Xの死亡時に、Y1に対して、遺贈財産を遺贈により取得したとして相続税が課される。Y1の死亡時に遺贈財産にかかる相続税が減額されるとともに、Y2に対して遺贈財産を遺贈により取得したとして相続税が課される。

条件が成就するまで遺贈の効果は生じないことから、未分割財産としてとりあえずXの相続人らにおいて相続税を課される（相基通一一の二―八）と解されよう。条件成就に伴い減少する相続税については、未分割財産が分割されたときにかかる更正の請求の特例規定に準じて更正の請求をすることができる（相続税法三二条一項、相基通三二―三が準用を認めている。）と取り扱われている。

④におけるY2（あるいはY1）に対する課税関係は、Y2がXの死亡時に遺贈により遺贈財産の価格から負担の価額を控除した残額を取得したとして相続税が課されることになる（Y2は、Xの死亡時に不動産の所有権を取得することになる。）。また、Y1は、Xの死亡時にY2の負担の価額を遺贈によって取得したとして相続税が課される。この場合においてY2の負担は何であろうか。遺贈の際にこの場合に上記③と同様に、Xの死亡時にY1を含むXの相続人らの課税関係をどのように解するか問題が生ずるが、③と同様の取扱いが求められると解される。使用借権が相続税の課税対象となるか争いが生ずる。

なお、Y1に対して遺贈により使用収益権を取得したとして相続税が課せられるとの見解もあろうが、この場合においては収益について所得税が課されるのみであると解すべきであろう。

⑤においては、第一次受遺者に対しては、遺贈財産を遺贈により取得したものとして相続税を、また第二次受遺者に対しては期限付権利または遺贈財産に対する具体的な債権を遺贈により取得したものとして、相続税が課税される。ここでも、上記の事例同様、Y1に対して更正の請求が認められることになろう。

米倉論文においては、「後継ぎ遺贈（第二次遺贈）はY1の死亡を期限とする、XからY2に対する遺贈（不確定期限付遺贈）であって、あくまでもXからY2に対する遺贈なのである。Y2は、本件不動産の第一遺贈の失効（不遡及）を介して、Xから直接に承継する」（八八頁）と解されている。このような理解にたった場合の法律構成が上記の①～④あるいは⑤のどの類型に当てはまるのか（あるいは上記とは異なる法的構成をとるのか）定かではない。④にもっとも近いものと思われる。「第一次遺贈の失効」により当初の相続税（Y1の相続に課せられている相続税）が還付され（ただし、いかなる規定にもとづいて還付を受けるかが問題となろう。）、改めてY1の死亡時にY2に対して遺贈として相続税が課税されることになると解されるよう。

なお、後継ぎ遺贈が許されないとした場合には、①の類型に当てはまると解されることが一般的であろうと思われる。

四　受益者連続信託の課税関係

1　受益者連続信託について

後継ぎ遺贈は信託行為によっても実質的に達成することができるか否かはともかく、受益者連続の信託の課税関係をみてみよう。実質的に信託行為により同じものをつくり出すにあたって、【補足事例2】は、【事例1】のような信託を設定させることにより、さらに類似性を帯びてくるであろう。

【事例1】

X（委託者）は、生前にT（受託者）との間で、一九九〇年四月一日に信託を設定する。信託条項にもとづき、

「委託者X存命中は収益受益権をY1（Xの妻）に、Y1が死亡した後には収益受益権をY2（Xの甥）に、そして、Y2死亡後には元本受益権あるいは残余財産をY3（Xの孫）に帰属させる」とする。

【事例1】において、わが国の民法、信託法が受益者連続の信託を認めるか否かという問題を別にすると、所得税法と相続税法による課税関係が問題となる。(23)自益信託においてはXが、他益信託変更後はY1およびY2が、Tが本件不動産から得た収入に対して所得税をそれぞれ課されることとなる（所得税法一三条一項—二項、所得税法施行令五二条）。また、相続税法においては、委託者の死亡により委託者以外の者が受益者となった場合については、遺贈により取得した者とみなすことから、Y1に対して受益権を相続財産として相続税が賦課されることになる（相続税法一条・四条）。

まず、相続税法四条一項が「信託行為があった場合において、委託者以外の者が信託……の利益の全額又は一部についての受益者であるときは、当該信託行為があった時において、当該受益者が、その信託の利益を受ける権利……を当該委託者から贈与（当該信託行為が遺言によりなされた場合には、遺贈）に因り取得したものとみなす」と規定していることから、信託設定時にY1に贈与税が賦課されることについては異論がない。相続税法においては受益者にかかる定義規定は存しないことから、受益者の定義は信託法によることとなる（税法における借用概念）。信託法上、受益者とは、委託者が信託の利益を与えようと意図した人たちであり、信託の存続中に信託財産について利益を享受することを請求できる権利、すなわち受益権を有する者であると定義することができるであろうから、Y1が受益者であることについては異論は存しない。問題はY2、Y3に対する課税である。

(1)　相続税法四条二項四号の適用について（Y2の課税関係）

Y1が死亡したときに収益受益権をY2に帰属させることとしているが、この場合の課税関係が問題となろう。相続税法四条二項は、「当該各号に掲げる事由が生じたため委託者以外の者が信託の利益の全部又は一部について受益者となった場合においては、……当該受益者となった者が、その信託の利益を受ける権利を当該委託者から贈与（第一号の受益者の変更が遺言によりなされた場合又は第四号の条件が委託者の死亡である場合には、遺贈）に因り取得したものとみなす」と規定している。同条二項四号は委託者の死亡を「期限」と考えずに「条件」と解している点に特徴がある。そして、同条二項四号においては「停止条件付で信託の利益を受ける権利を与えることとしている信託について、その条件が成就したこと」により、贈与とみなすと規定している。よって、同条二項四号本文かっこ書は、「条件が委託者の死亡である場合には、遺贈」により取得したものとみなされていることから、Ｙ1が死亡した時点において相続税が課されるようにもみえる。

一方では、【事例1】において、Ｙ1は委託者ではなく受益者であり、受益者の死亡が条件となっていることから、同条二項四号、同条二項本文かっこ書の適用はないとも考えられる。よって、死亡を停止条件と解する相続税法四条二項本文かっこ書に従うと、結局のところ相続税法は死亡を停止条件の一つと解していると解することができるのであるから、文理解釈を行うと相続税法四条二項四号により受益者Ｙ2の課税時期は受益者Ｙ1の死亡時であり、みなし贈与として、贈与税が課されると解すべきであるということになろう。

しかし、ここで起こりうる問題は、租税法上、Ｙ1に対して相続が発生し、その後にＹ2に対して贈与が発生することとなるが、Ｙ2に対して相続税よりも重い贈与税負担が課せられることはＹ1と比較して、矛盾しているとも解されよう。

(2)　相続税法四条二項の射程距離（同条一項との関係）

しかし、相続税法四条二項がそもそも自益信託から他益信託への場面（変換時点）のみを射程距離においていると解することも可能のようにみえ、仮にそのように解すべきであるとすると、上記**四1**(1)のように解することにもまた問題が存することとなろう。そこでまず、相続税法四条二項の立法経緯をみてみることとする。(24)

大正一一年信託法の制定に伴い導入された、相続税法二三条の二項は、その課税要件を「信託ニ付委託者カ他人ニ信託ノ利益ヲ受クヘキ権利ヲ有セシメタル」場合と規定していたが、受益者が重複して指定された信託（当初委託者Sが受益者であり、その死亡後に収益受益権は受益者Bに帰属すると定めた場合）において、この規定をどのように適用するか解釈上問題が存した。大正一一年当時、(1)委託者Sの死亡の時に受益権が発生するとする説、(2)信託設定時に委託者Sと受益者Bは受益権を取得するとする説が対立し、後続受益者の課税時期がいつになるのか論じられていた。ここでの問題はあくまでも受益者連続であるが、委託者を第一次受益者とする自益信託から第三者を第二次受益者とする他益信託への変更に際しての議論であった。[25] この問題は、昭和一三年の信託法改正により信託（設定）行為時課税が「現実受益主義」（受益者が委託者に対して信託行為により給付されるべき利益の請求権の現実に発生したときに課税）に変更され、議論のあった場合の課税時期の問題も解消した。

昭和二二年に相続法が改正され、相続税法も改正された。信託に対する相続税の課税規定も改正され、「現実受益主義」が大正一一年同様に「信託行為時主義」に戻された。これに伴って相続税法五条二項において、「委託者が受益者である信託について、あらたに委託者以外の者が受益者となった場合」には、委託者以外の者が受益者となったときに贈与があったものとみなす規定がおかれた。これは「信託行為があった時」に贈与があったとみなして贈与税が課税されるものの、自益信託から他益信託に変更する場合においては、従来「信託ニ付委託者カ他人ニ信託ノ利益ヲ受クヘキ権利ヲ有セシメタルトキハ其ノ時」の規定解釈から導き出されていた課税関係を明確にするものであった。昭和二二年の贈与税は贈与者に課税をするものであったために、受益者が不存在または未確定の信託であっても、信託行為のあったときに課税することとなっていたことから、いくつかの問題の生ずるおそれが存した。その一つは、相続開始前二年以内の贈与財産は被相続人の相続財産を構成するとみなされていたことから（旧相続税法四条）、この規定が委託者が死亡前二年以内に他益信託を設定した場合にも適用される結果、相続開始時に受益者がまだ確定していない信託に対する相続課税が問題となった。[26]

改正法は、そのような信託として、(1)相続開始のときにおいて、信託行為により受益者として指定された者が受益の意思表示をしていないためまだ受益者が確定していない信託、(2)相続開始のときにおいて、まだ受益者が存在していない信託、(3)停止条件付で信託の利益を有せしめた信託で相続開始の時において、まだ条件が成就していないもの、(4)相続開始の時において、受益者が不特定である信託、の四つを挙げて、相続開始時に受益者が確定していない信託については「当該信託の受託者を受益者としてみなして」課税することにしていた（旧相続税法六条）。なお、上記(1)~(3)に掲げる信託において、受益者として指定された者が受益しない旨の意思表示をしたこと、受益者が存在しないことまたは条件が成就しないこととなったことに因り信託財産または信託の利益を受ける権利が委託者に帰属したときには、当該信託ははじめからなかったものとみなすこととしていた（旧相続税法六二条）。

昭和二五年に、相続税法の抜本的な改正が行われ、遺産取得者課税方式が採用され、相続・贈与により財産を取得した者を納税義務者とすることとなった。しかし、信託課税に関する規定は最小限の改正をみたに留まり、基本的にはそれら規定が今日まで踏襲されている。すなわち、相続税法四条一項において旧法同様に信託行為時課税を原則として、その例外として、同法四条二項において、(1)委託者が受益者である信託で受益者が変更された場合、(2)受益者として指定されたものが受益の意思表示を行った場合、(3)受益者が不存在であった信託において受益者が特定または存在するに至った場合、(4)停止条件付で信託の利益を与えることとしている信託において条件が成就した場合、を定めている。なお、旧法においては受益者が不特定である信託に対する規定をおいていたが削除し、「某大学の一年生全部……」といった信託においては、受益者が収益を取得したときに一時所得として所得税を課することとされていた。

昭和二二年改正において、相続税法四条二項四号規定の原型が盛り込まれたのであり、それまでは信託法理からのアプローチで課税時期が論じられていたといってよい（この点からも、信託法理の視点は今日なお、問題となる。相続税法四条二項四号の解釈に無縁ではない。）。そもそも立法経緯からすると同条二項は自益信託から他益信託への転換に係る規定である（すなわち、信託行為の後に委託者が受益者を変更する場合にかかる規定である）と解することができるのである。

なお、このような問題との脈絡において述べられたものではないが、「税法は、自益信託から他益信託への受益者変更の場合以外に、他益信託から他益信託へのケースもあり得るということを、あるいは看過してしまった(27)」との指摘がある。委託者を甲、当初の受益者を乙、乙の相続人を乙1、委託者の指定変更権行使の結果次なる受益者を丙とする信託関係について、当該信託行為があったときに乙に贈与税が課せられるが、その乙が信託終了前すなわち信託の利益を享受する前に死亡した場合には、乙の相続人乙1が信託受益権を相続することになる。この場合には、乙1に対して相続税が課税されることになる。乙は信託の利益を享受していないにもかかわらず贈与税を支払わなければならないこととなる。そこで、そのような結果を相続税と贈与税の二重課税であるとして批判する(28)。また、委託者甲が信託期間中に受益者を乙から丙へ変更した場合の課税関係について、乙と丙に贈与税が課せられることになり、あきらかに贈与税の二重課税であると指摘する(29)。このような場合においては、(1)国税通則法二三条にもとづく更正の請求により贈与税を還付してもらうことができる、あるいは(2)他益信託の信託行為があったときに贈与があったものとみなし、贈与税を課するのは不合理であり、指定変更権があるもこれを行使する以前に委託者が死亡した場合にのみ受益者に対して贈与税を課税するのが相当である(30)、あるいは(3)指定変更権があるもこのような場合の受益者はいつ変更されるか分からないのであり、受益者の地位は信託終了に至るまで確定したとはいえないと解すべきである(31)、などといった問題解決策が示されている。

しかし、現行相続税法四条が他益信託から他益信託への受益者変更を看過しているのではないのかという批判は、「委託者が受益者変更権を留保することを考慮して、昭和一三年の改正が行われていることを考えれば、後者の推測は的を得たものではない(32)」との反論もありうる。このような見解に立つ者は、相続税法四条二項一号の規定を受益者変更権行使の場合のみを規定しているのではなく、信託条項の変更による受益者の変更など広範囲なものを含んでいるとしたうえで、この規定は他益信託に対する贈与税の回避を防止する目的でつくられたものであると考えるべきであるとする。そのうえで上述のような問題については、受益者変更権行使により受益権を取得した受益者は、信託行為で指定された受益者ではないから、厳密には停止条件付受益者とはいえないではないが、新受益者には相続税法四条二項四号が類推適用されるべきであるとして、受益権を失った旧受益者は、更正の請求により救済されるべきであると解することになろう。

さらに、【事例1】の受益者Y1については、相続税法四条二項一号においては「委託者が受益者である信託について、受益者が変更されたこと」によりみなし贈与が発生する旨規定されており（遺言の場合にはみなし遺贈）、一見、この号にも該当するようにみえる。しかし、この号の適用においても、【事例1】の場合については受益者がY1からY2に変更する者であることから、そもそも一号にも該当しないといえよう。ここでも同条二項は自益信託から他益信託への転換にかかる規定である（すなわち、信託行為の後に委託者が受益者を変更する場合にかかる規定である）ことが前提となっているといえよう。【事例1】は、はじめから他益信託である。

しかし、同条二項二号・三号についてはこのような前提が存するか否かは明確ではない。二号は「信託行為により受益者として指定された者が受益の意思表示をしていないために受益者が確定していない信託について、受益者が確定したこと」、三号は「受益者が特定していない又は存在していない信託について、受益者が特定し又は存在するに至ったこと」をみなし贈与が生ずるための要件としている。このような要件が自益信託から他益信託に変わる場面を想定しているかについてはこの文言だけでは必ずしも定かではないといえようが、同条一項と二項との関係および同条二項の趣旨から、このように解することの方が合理的のように思われる。Yの死亡が同条二項四号に該当しないと解することができるのであれば（すなわち、ここでの停止条件は委託者の死亡であり、委託者以外の死亡は同条二項四号に該当しない）、つまるところ委託者以外の死亡は不確定期限であるとして、同条一項の適用を受けるか否かが新たな問題となりそうであるが、委託者の死亡が条件であり、委託者以外の死亡が期限であるという解

釈も無理があろう。(33)

(3)　相続税法四条一項の適用について

【事例2】

Y2をめぐる課税関係にかかる問題は、さらに一九九〇年四月一日に信託を設定するが、信託条項にもとづき、「収益受益権を委託者存命中はXに、Xが死亡した後には収益受益権をY1に、Y1が死亡した後には収益受益権をY2に、そして、Y2死亡後には元本受益権あるいは残余財産をY3に帰属させる」。

【補足事例3】

信託条項にもとづき、「収益受益権を一九九〇年四月一日には収益受益権をBに、一九九五年四月一日には収益受益権をCに、そして、二〇〇〇年四月一日には収益受益権をDに、二〇〇五年四月一日には元本受益権、残余財産をDに帰属させる」。

このような事例を対比してみよう。すると、問題点がより鮮明となってくるであろう。**【補足事例3】**の課税関係については非常に明解である。

相続税法四条一項と同法四条二項との関係から、同法四条一項の受益者には確定期限付受益者が含まれていることから、B・C・Dは、始期が受益の履行のみを制限していると解され、その結果、受益権は当初から効力を生じており、信託設定時において他益信託の受益者であると解することができる。

すると信託設定時において受益者B・C・Dに対する贈与があったものとみなすこととなり、各人に贈与税が課せられることになる。いわゆる「網打ち効果」により、受益者全員に課税が生ずることとなる。しかし、このような受益者連続（受益者の横の連続）を立法者が予定していたかははなはだ疑問である（**【事例2】**とのバランスに留意）。

【事例2】において、相続税法四条二項が適用されない（信託の設定時に同条一項が適用される。）と解してみよう。

Y1については委託者Xが死亡するまでは遺贈とみなされず、課税関係は生じないが、Y2、Y3については同時にみなし贈与による贈与税課税が生ずることとなる。すなわち、委託者以外の受益者の「死亡」が期限（不確定期限）であると解すると、これらも信託設定時に受益者すべてに、すなわちY2、Y3に対して贈与税が課税されることになる。このような解釈をとると、委託者Xの死亡時に受益者Y1に相続税の課税関係（みなし遺贈）が生ずることとなる。一方、Y2、Y3に対して、信託設定時に贈与税が賦課されることとなろう。

このような課税関係は、一九六五年に信託契約にもとづき「委託者A（現在九五歳）が死亡したらB（同三五歳）に受益権を、一九九五年にBからCに受益権を帰属させる」とした信託において起こりうる。上記の見解を前提とすると、相続税法四条二項四号によるAの死亡時におけるBへのみなし遺贈（相続課税）と信託設定時のCへのみなし贈与（贈与税）が生ずることとなる。

これらの事例は、自益信託から他益信託への変更ではなく、そもそも他益信託が設定されているのである。しかし、【事例2】においては、問題がもっと複雑である。

この問題については、相続税法四条二項本文かっこ書において、「贈与（……第四号の条件が委託者の死亡である場合には遺贈）により取得されたものとみなす」と規定することから、委託者の死亡を停止条件とすることは明らかであるが、上述したように、委託者以外の死亡にかかる課税関係については必ずしも明らかではない。次のような二つの解釈が成り立ちうるであろう。

①　委託者の死亡を条件と解するからには、当然に委託者以外の受益者の死亡も条件である。

②　人の死亡は不確定期限であるので、相続税法で特別に委託者の死亡が条件であるとしている場合を除いては、受益者の死亡は不確定期限である。ただし、この場合において、不確定期限を相続税法四条一項の適用と考えるか、同法四条二項の適用と考えるかという問題が別に生ずる。

このような規定の解釈をめぐる議論はそもそも、このような受益者連続（委託者以外の受益者の死亡による受益者の交代）を予定していなかったことの表れであるといってよかろう。しかし、受益者連続信託が民法・信託法において許容される場合においては、相続税法の課税関係が明確にされなければならないであろう。

上記①の立場による課税関係　条文の上からは（文理解釈上）、【事例2】において、相続税法四条二項でいう委託者Xの「死亡」と同様に、受益者Y1（あるいはY3の課税をめぐってはY2）の「死亡」を停止条件とみることには無理があろう。また、同条二項一号でいう当初委託者Xが受益者であったものが、委託者以外のY3に変更する、すなわち当初自益信託であったことには変わりはないが、上述したように、同条二項一号は委託者たる受益者と委託者以外の受益者が連続している場面を射程距離においていると考えるのが通常の理解であろう。すると今日、委託者以外の者の死亡を条件とする者に対する課税は、同条二項三号により課税するのがもっとも妥当な解釈であろう。

上記②の立場による課税関係　Y2の権利は、Yが死亡することは確実であるがいつ死亡するかは不明確であるので不確定期限付権利であると解する場合において、このような者を相続税法四条一項にいう受益者に含めると、【事例1】と基本的には同じ課税関係が発生するといえよう。ただし、信託受益権の評価が極めて困難となろう（平均余命をもって評価することになろうが）。しかし、そのような不確定期限が相続税法四条一項にはそもそも該当しないとするならば、そのような者は死亡という期限の到来まで受益権の発生をそもそも停止しているにすぎないのであるから、受益者に該当しないといえよう。よって、このような場合にも、同法四条二項三号を適用せざるをえないであろう。

しかし一方、確定期限を相続税法四条一項の射程距離におき、不確定期限または停止条件（委託者以外の死亡）を相続税法四条二項の射程距離におくことは、【事例1】と【事例2】においてアンバランスな結果を招来するようにも思われる。

なお、相続税法においては、委託者の死亡を条件と解している（その証左は、相続税法四条二項本文かっこ書である。）との立場に立つと、Xの死亡時にY1に対するみなし遺贈が発生し、相続税が課せられる（相続税法四条二項本文かっこ書）。Y1の死亡時にY2に対するみなし贈与が発生し、贈与税が課される。Y2の死亡時に、相続税法四条二項によってY3に対するみなし贈与が発生し、贈与税が課される。

(4)　Y3に対する課税関係

Y3の課税関係を考えるにあたっては、帰属権利者と受益者との関係に留意をしておく必要があろう。

帰属権利者とは信託契約の終了の場合における残余財産につき受益権を取得すべき期待権を有する者をいうが、ここでいう帰属権利者に帰属する残存（残余）財産（価格）とはどのようなものをいうのであろうか。ここでいう残余財産とは、受益された残りの信託財産であり、信託存続中に支払われるべきもの（原信託存続中に受益されるべき分、信託報酬などの諸々の費用等）を完済してなお残存すべき信託財産をいうと解される。信託が終了しなければ残余財産は発生しない。帰属権利者の権利は、信託終了の場合における残余財産に関する権利である。Y3を残余財産の帰属権利者とすると、信託終了時までその受益権の内容は確定しないことから、信託終了時が課税時期となるであろう。しかし、信託目的において、Y3に対して残余権を付与している場合においてはY2の死亡時に残余財産があれば、その時点において受益者になるものと解される。一方、Y3が信託設定時においてY2の死亡時において元本受益権を有すると規定されている場合にはY2と同様の問題が生ずるものと解される。Y2の死亡を「停止条件」あるいは「不確定期限」として相続税法四条二項の適用があると解すれば、**【事例2】**においてもY2の死亡時がY3に対する元本受益権の「みなし贈与」として、贈与税が課される。相続税法四条二項三号または四号の適用となろう。

なお、信託受益権の評価は、信託における相続税と贈与税のみなし原則（課税のタイミングのルール）と密接にかかわり、きわめて重要である。ここで若干の言及をしておく。今日まで、①信託受益権の評価をめぐっては、下記のようにこれまで八％の複利現価率によるとされてきたことから、市中金利との金利差を利用した「金利効果」による節税が横行しており、また②信託受益権を元本部分と収益部分に分割した場合に生まれる信託評価差損が課税漏れとなることによる節税方法も頻繁に利用されてきた(34)。これらの金利効果・分割効果を最大限に受けられるのが、被相続人となる父親が収益受益権をもち、相続人の子供が元本受益権を有する場合である。年々評価が減少し、償還期限にはゼロになる収益受益権の特徴を利用し、被相続人がもつ相続財産を年々目減りさせていく方法である。

長年、信託受益権の評価については、財産評価基本通達二〇二により下記のように定められていた。

「信託の利益を受ける権利の評価は、次に掲げる区分に従い、それぞれ次に掲げるところによる。

(一)　元本と収益との受益者が同一人である場合においては、この通達の定めるところにより評価した課税時期における信託財産の価額によって評価する。

(二)　元本と収益との受益者が元本および収益の一部を受ける場合においては、この通達の定めるところにより評価した課税時期における信託財産の価額にその受益割合を乗じて計算した価額によって評価する。

(三)　元本の受益者と収益の受益者とが異なる場合においては、次に掲げる価額によって評価する。

イ　金銭たる元本を受益する場合は、元本受益者が受けるべき金額について課税時期から受益の時期までの期間に応ずる年八分の利率による複利現価の額

ロ　金銭以外の財産たる元本を受益する場合は、その財産の課税時期における価額（減価償却を必要とする財産については、課税時期からその財産を受益するまでの間の償却額を控除した価額）について課税時期から受益の時期までの期間に応ずる年八分の利率による複利現価の額

ハ　収益を受益する場合は、課税時期の現況において推算した受益者が将来受けるべき利益の価額について課税時期からそれぞれの受益の時期までの期間に応ずる年八分の利率による複利現価の額の合計額。この場合

において、例えば、受益者が受ける利益が家屋に無償で一定期間居住することができるものであるときの、この将来受けるべき利益の価額は、次による。

(イ)　第一年目は、課税時期におけるその家屋の価額の一〇〇分の八相当額

(ロ)　第二年目は、課税時期におけるその家屋の価額から一年分の償却額を控除した価額の一〇〇分の八相当額

(ハ)　第三年目以後は、(ロ)に準じて計算した価格」

しかし、このような評価基準は、二段階の見直しが行われてきた。(35)まず、平成一一年七月一九日付改正（財産評価基本通達の一部改正について）により、複利現価率を基準年利率（四・八%）とするという方法が導入された。また、平成一二年六月一三日付改正により、分割による信託評価損を収益受益権に加算をするのではなく、元本受益権に含めることにより、信託受益権を収益と元本の分割による節税が封じられることになった。また、元本受益権自体の評価にあたっても、改正前には複利現価率によっていたものが、「信託受益権から収益受益権を控除した額」になった。すなわち、財産評価基本通達二〇二は下記のように改正された。

「信託の利益を受ける権利の評価は、次に掲げる区分に従い、それぞれ次に掲げるところによる。

(一)　元本と収益の受益者が同一人である場合においては、この通達の定めるところにより評価した課税時期における信託財産の価額によって評価する。

(二)　元本の収益の受益者が元本および収益の一部を受け取る場合においては、この通達の定めるところにより評価した課税時期における信託財産の価額にその受益割合を乗じて計算した価額によって評価する。

(三)　元本と収益の受益者とが異なる場合においては、次に掲げる価額によって評価する。

イ　元本を受益する場合は、この通達に定めるところにより評価した課税時期における信託財産の価額から、ロにより評価した収益受益者に帰属する信託の利益を受ける権利の価額を控除した価額

ロ　収益を受益する場合は、課税時期の現況において推算した受益者が将来受けるべき利益の価額ごとに課税時期からそれぞれの受益の時期までの期間に応ずる基準年利率による複利現価率を乗じて計算した金額の合計額」。(36)

2　信託による後継ぎ遺贈によるジェネレイション・スキップ

信託による後継ぎ遺贈については、ジェネレイション・スキップを起こすことができるか否かがもう一つの問題である。【事例3】を用いて検討する。

【事例3】

委託者Xは有価証券を受託者に信託し、委託者Xの子供Aに子供B（すなわち孫）が生まれた場合には、孫Bが二〇歳になったときに有価証券をすべて孫Bに与える、いわゆる、生前信託を設定する。

この場合において受益者は存しないことから相続税法の適用はないが、Bが二〇歳になる前に（あるいは生まれる前に）Xが死亡したときの課税関係はどのようになるであろうか。子供Aに対する相続を一回回避することにより、相続税を回避することができるであろうか。(37)この場合に委託者Xの相続人は、委託者たる地位を相続することに異論はないと考えられるが、ここでは受益者確定前の受益権の帰属が問題となる。相続税法基本通達四―一は、「受益者が確定していない又は特定していない若しくは存在していない信託の委託者について相続の開始があった場合には、その信託に関する権利は委託者の相続人が相続によって取得する財産として取り扱うもの」とする。この通達は、相続税法四条二項一号を除く、同項二号から四号に適用されるものである。なお、このような改正は昭

和三四年改正によるものであるが、それ以前は逆の定め方をしており、「信託に関する権利は、委託者の相続人が相続によって取得する財産にはならない」（昭和二五年相続税法取扱通達一九）として取り扱っていた。

しかし、この通達については、①相続税法四条二項二号から四号に掲げる信託において委託者が依然として信託財産に対する支配権を有しているとは考えることはできず、受益者が確定するまでの間はだれにも帰属しない、②相続税法四条三項において、元本の帰属者が一般的には帰属権利者になることが多いが、上記の委託者の相続人が帰属権利者である場合には、この規定により再び委託者から相続人へ贈与されたことになるものと解される（再度の贈与課税）、として、その不合理を説く見解も存する。[38] このような見解に立つ論者においては、このような問題を回避するために、相続税法四条二項の「委託者以外の者」の「委託者」に委託者の相続人を含めるのではなく、委託者自身をさすべきであると解釈すべきであり、その結果、委託者の死亡後に相続人が受益者変更権を行使して自益信託とした場合にも四条二項が適用されるから、相続税回避の問題は生じないと説く。[39]

「委託者」の相続人は、委託者の地位を引き継ぐのみであり、受託者の所有に帰している信託財産に関する受益権を相続で取得すると解するのは無理があろう（ただし、仮に通達にもとづき課税された場合には、相続税法四条三項の適用はないと解することから②の批判はあたらないといえよう。）。しかし、委託者の相続人は委託者の地位と委託者とは別の第三者としての人格を有することから、委託者の相続人が自分を受益者として受益者変更権を行使したときには委託者以外の受益者と解さざるをえないものと思われる。

しかし、**【事例3】**について、上記のような解釈を採用したとしても、このような通達が存しないとすれば相続税回避が生ずることになろう。

相続により親から子へ、子から孫へと順次相続が繰り返されると、二回の相続または遺贈により二回の相続税が課せられる。上記のようなジェネレイション・スキッピングによる租税回避は比較の対象をどこにおくかにより、その評価は違ってくる。たとえば、遺言により条件付遺贈または負担付贈与が行われた場合には一回の相続税のみが課されることになる。これは単純遺贈からみれば確かに租税回避といえなくもなかろうが、遺贈により孫に直接相続財産を移転させることは民法も認めているところであり、このような法律行為により一回の相続をスキップさせることは問題が存しないところであり、租税回避とはいえないであろう。

ただし、相続税法においては、そのようなスキップに備えて、相続または遺贈により財産を取得した者が被相続人の一親等の血族および配偶者以外の場合にっいて、相続税額の二割加算の制度をおいているところである（相続税法一八条）。この点で後継ぎ遺贈の解釈によっては、二割加算制度の回避が生ずることから相続税法上は問題が生ずるといえよう。このことは、信託による後継ぎ遺贈においても同様に生ずる問題である。

3　信託法において受益者連続信託は許されるか

この問題を検討するにあたってはレベルの違う二つの問題を区別しておく必要がある。

一般的に受益者連続信託が許されるかという問題と、受益者連続信託において受益者の変更を委託者あるいは前受益者など委託者以外の者の死亡に拠らしめることができるかという問題である。

(1)　信託法六三条、六二条の内容

①　信託法七条を根拠に受益者連続を肯定することができるとする見解（七条根拠説）は、米倉論文の指摘するように連続した受益者を認めるか否かについては沈黙している。この条文をもって、受益者連続を認めることは困難であろう。

②　信託法六二条・六三条を同様に根拠とする見解（六二条・六三条根拠説）は、原信託の終了によっても、帰属権利者が残余財産を取得する場合には、その信託とは信託終了にもかかわらず、帰属権利者を受益者とみなして

法定信託として存続するというものである（四宮論文一一八頁）。ここにおいて受益者（ただし、後述するように任意信託における受益者と帰属権利者でありながら法律上受益者とされた両者の間には法的な本質において大きな相違がある）が連続するというかたちを曲がりなりにもとることとなっているが、信託法六二条、六三条は結局それだけを明確に認めているのであって、それ以外については何ら明らかにしていない。今日、明らかにしなければならない問題は、信託法が任意信託の段階において受益者が連続することを認めているか否かである。

この問題についてもっとも示唆に富む論文は、中根不覊雄教授の「信託帰属権利者の性質」（法学協会雑誌四六巻七号（一九二六年）一頁以下（以下、「中根論文」という。））である。この論文は、最近多くの信託法の論考に引用されている。[40] 受益者連続信託について正面から言及することはないが、受益者の受益権および帰属権利者の帰属権の本質を明らかにすることにより、この問題に応えている。受益者と帰属権利者との連続ととらえ、これをもって一般的に受益者連続として理解しうるのか、という問いに応えることになる。

中根教授はまず受益者と帰属権利者との関係について議論が存するとしたうえで、以下のような見解を展開する。受益者と帰属権利者との連続をもって一般的に受益者連続として理解しうるのか、という問いに応えることになる。

「帰属権は帰属権利者が信託終了迄其の地位を保持することによって残余財産が存在したならば之に付き特定の権利（受益権）を取得すべき事を期待し得る権利であるから一種の期待権であると言うことが出来る。帰属権利者の権利即ち帰属権は或は条件付権利である場合もあるし、或は期限付権利である場合もあるが常に一の期待権であることに変りは無い」（中根論文一一五九頁）。

「帰属権利者は残余財産が存在したならば之が移転を受くべき者であって、受託者に対し其の引渡を請求する権利を有している。即ち信託終了に因り帰属権利者の取得すべき権利は債権であるが、信託法は此の場合に取得せらるべき債権を受益権であると定めた。信託法第六十三条後段に『此ノ場合ニ於テハ帰属権利者ヲ受益者ト見做ス』とあるのが夫である」（中根論文一一六〇頁）。

「信託が終了すれば信託関係は全く消滅して仕舞う筈であるが、そうすると残余財産は其の管理者を失うことになり帰属権利者の権利を保護することが出来ない。之を如何にして保護すべきかは立法技術の存する点であって、我信託法は此の場合に残余財産を帰属権利者に移転することを目的とする一種の信託関係を存在せしむることにした（信託法第六三条）。此の信託関係は信託行為に依つて設定された信託とは全く異つた者で、法律に依つて設定されたものであるから学者は之を法定信託と称している」（中根論文一一六一頁）。

「受託者は原信託の受託者と同一である。又其の信託目的は残余財産を帰属権利者に移転することである。然らば受益者は何人であるか。……信託終了の場合に設定された法定信託にも亦受益者がなければならぬ。信託法第六十三条後段は『此ノ場合ニ於テハ帰属権利者ヲ受益者ト見做ス』と定めた。／蓋し法定信託は残余財産が無事に帰属権利者に移転されることを目的としたものであって、帰属権利者の利益を保護することを主眼としている。即ち法定信託の受益者と看做したのは理論上より言うも當て然るべき事である。帰属権利者が受益者であることになれば其の有している権利は受益権であると言う事になる」（中根論文一一六一頁、一一六二頁）。

なお、「受益権が受益者の一身に専属するものである場合には、信託行為に特別の定めなき限り受益者の死亡に因て、信託は終了する。従て此の場合に信託財産が残存していたならば帰属権利者は之に就き権利を取得することになる。反之通常の場合には受益権も亦財産権の一種として相続財産中に包含せられ、受託者（ママ）が死亡したならば其相続人に依て相続せられ、信託は其相続人を受益者として相続することになる」（中根論文一一五五頁、一一五六頁）。

そして、中根教授は、次のような見解について反論を加える。

ⓐ　帰属権利者は信託財産を取得することから信託により利益を受ける者に他ならない。よって、帰属権利者は一種の受益者である。(41)

ⓑ　受益者は帰属権利者の一種である。上記ⓐ説と全く逆の見解である。帰属権利者は受益者を含む受益者の概念よりも広い概念であって、信託財産の帰属する者は其の帰属することが信託行為にもとづこうと法律にもとづこうと、すべて帰属権利者である。すなわち、信託行為により帰属するもの（帰属権利者）が受益者である。(42)

ⓒ　元本の受益者が帰属権利者である。帰属権利者は受益者の一種であるとする点でⓐ説と同じである。すなわち、受益者を分かって、収益を享受するのが収益受益者であり、元本を享受するのが帰属権利者である。(43)

ⓐ説は法律の規定によって定められている帰属権利者と受益者との関係に着目したものではない。よって、帰属権利者は結局信託財産を受ける者であるから原信託存続中においても信託行為により受益者として指定された者と同様の地位を有する者であるという意味であれば、この見解はなんら間違いではない。ⓑは、信託行為をもって受益者以外に別に帰属権利者を定めることは無意味となり、帰属権利者は信託終了の場合のみならず原信託存続中においても信託財産の帰属を受けることとなり、受益者は原信託存続中は受益者という資格と帰属権利者という資格の二つを有することとなるなど、信託法の明文に反する結果となる。ⓒは、もっぱら元本を受益する受益者であって帰属権利者でないこともあるし、帰属権利者が収益を享受することもあることから、結局の信託法の明文に反することになろう（中根論文一一六八頁以下参照）。

中根教授は、帰属権と受益権との本質に着目する。帰属権は信託が終了したときに残余財産が存在すればこれにつき受益権を取得すべき現在の権利であり、その取得させられるべき受益権そのものと混同することは許されない。両者は密接な関係を有するが別種の権利である。帰属権利者は帰属権を有する者であり、受益者は受益権を有する者である。受益者は信託の存続中に信託財産につき利益を享受することを請求する債権を有するが、帰属権利者は原信託の存続中は信託財産につき利益を享受することを請求することができない。すなわち、「受益者には原信託の利益を享受すべき者と法定信託の利益を享受すべき者との二（つ）があって、後者は帰属権利者が法律の規定に依て受益者と看做されたものである。原信託存続中には期待権を有している帰属権利者が原信託終了によって受益者と看做される結果受益権を取得するのである」（中根論文一一六九頁）。このような見解は、信託法の解釈に忠実であり、このような解釈に異論は存しないといえよう。その結果、受益権を有する受益者と帰属権を有する帰属権利者（法的にはみなし受益者）との連続は特別な局面での連続であり、これをもって信託法が受益者連続を正面から肯定しているとはいいがたい。この結論は、米倉教授によっても支持されている（米倉論文九五頁）。

よって、信託法六二条、六三条を根拠にして受益者連続を肯定することには無理があろう。

(2)　受益者の範囲について

受益者連続を議論するにあたっては、第一次受益権から第二次受益権への移転に際して条件や期限が付される。中根教授は条件または期限にかかっている受益権を取得している者について、受益者との関係で詳細に検討を加えている。ここでの中根教授の解釈は、今日においても広く支持されうるところであると思われる。相続税法四条との整合性を意識しながら、以下、中根教授の見解をみてみよう。

(ア)　停止条件付受益権を有する者

停止条件付受益権者とは停止条件に繋がった受益権を有している者をいう。では停止条件付受益権者は停止条件付受益権を有しているが、これを受益者と称することができるであろうか。

停止条件付受益権者は、将来において受益者になれるかも知れないという希望・期待を有しているにすぎない。この希望または期待は期待権という一種の権利であって法律の保護を受けるのではあるが、期待権は一種の物権でも債権でもない一種特別の権利である。よって、受益権そのものとは全然異なった別の権利である。相続開始前の相続人の地位と相続開始後の相続人の地位との関係に類似している（中根論文一一七〇～一一七三頁参照）。

なお、停止条件付受益権者が「受益者」に含まれないとするこの見解は、相続税法四条二項四号の前提となっている。

(イ)　解除条件付受益権を有する者

甲を受益者として指定したが将来乙に変更すべき権利を留保した場合について、甲は第一義において条件付権利を有し、乙は第二義において条件付権利を有することになる。甲は、現在において効力を発生している完全な受益権であるのに対して、乙の権利は将来委託者が受益者変更権を行使して現在の受益者なる甲の受益権を消滅せしめた場合に新たに受益者となりうることを期待しうる権利である。すなわち一種の期待権であって、甲の受益権とは全く異質のものである。つまるところ、条件付受益権は期待権であり、それを有する者を受益者と呼ぶことはできないと解される（中根論文一一七七頁以下参照）。中根教授によれば、上記の甲と乙との間でみられるような受益権連続信託は許容されているようである。ここで、中根教授は、甲は委託者であると限定されていないことから、委託者以外の者を受益者とする受益者連続を肯定されているといえよう。

なお、解除条件付受益権者が受益者に含まれないとする見解は、相続税法四条二項一号の前提となっている。

(ウ)　期限付受益権を有する者

始期とはその到来するまで法律行為の発生または債務の履行を停止する期限である。中根教授は、「始期が受益の履行のみを制限している場合には受益権は当初から効力を生じているから、そのような始期付受益者が受益者であることは明らかである。始期が期限の到来迄受益権の発生を停止しているのであれば、その期日が到来したならば受益権を取得するという期待権を有しているにすぎない。これを始期付受益権とする。金一万円を信託して、甲に生活費を支給し、乙に昭和一〇年一月一日になお残金があったら乙に支給するという信託契約を締結した場合において、甲は受益者であり、乙は始期付受益権であり、単なる期待権を有するにすぎないことになる（乙は昭和一〇年一月一日まで、残余金があるか否かわからないのである）」（一一七九頁、一一八〇頁）と解される。このような受益者連続は肯定されている。

相続税法においては、中根教授のいう履行の制限のみを課している受益権であると解して、相続税法四条一項により信託設定時に課税されることとなる（ちなみに事例の乙は条件付であることから、そもそも始期付受益権といえるかは問題であろう。相続税法四条二項四号の適用）。

なお、終期とは、その到来によって法律行為の効力を消滅せしむる期限である。終期付受益権者とは終期に繋がった受益権を有する者である。期限の到来するまでは完全な受益権を有している（中根論文一一八頁以下参照）。

(エ)　受益者の意思表示

信託行為に定めた帰属権利者の権利が発生するには帰属権利者の意思表示が必要か。信託が遺言により設定される場合には遺言において帰属権利者を定めた場合は遺言の効力により当然に残余財産を取得する権利を有するのであり、帰属権利者の意思表示は不必要である。しかし、信託契約による場合については、信託終了により帰属権利者が残余財産の引渡を請求する権利を取得することは信託の効果であるが、信託契約は「第三者のためにする契約」であることからその第三者（委託者以外の者）の受益の意思表示が必要とされるかは検討される必要がある。信託行為により指定された受益者も「第三者のためにする契約」であるが、受益者に対しては信託法に規定が存する。信託法七条は、「信託行為ニヨリ受益者トシテ指定セラレタル者ハ當然信託ノ利益ヲ享受スル。但シ信託行為ニ別段ノ定アルトキハ其ノ定ニ従フ」と規定する。よって、受益権の発生について別段の定めをおいた場合についてのみ受益者の意思表示が必要とされることになる。

このことは、相続税法四条二項二号において反映されている。

4　民法、信託法、租税法における受益者連続信託

(1)　信託法における受益者連続

信託法一条・八条一項により受益者連続信託が有効であるとする説は、米倉論文により主張されている。信託法

一条にいう信託の「一定の目的」は、その実現が可能であること、強行法規や公序良俗に違反をしないことが要求される。同項一条の「財産権」についても一定の制限が存する。「委託者が他益信託を設定する財産の価額は委託者の遺留分権者（民法一〇一八条）の遺留分を害するものではあってならはならず、遺留分を害するときには減殺される」（四宮論文一四〇頁、一四一頁）。信託法一条は、連続的受益者をおくことは禁止していないが、その結果、委託者の遺留分権者の遺留分を侵害することは許されないであろう。信託法一条について、同法七条からの反対論（信託行為時に受益者が特定していなければならないという原則）が予想されるとの懸念もあるようだが、信託行為時に受益者が特定・存在していることが信託の成立あるいは信託行為の有効要件であるとする見解は存しない。また、受益者連続信託においては、受益者が特定していないのではなく信託設定時に特定しているといわざるを得ない。

また一方、信託法八条は「不特定ノ受益者又ハ未タ存在セサル受益者アル場合ニ於テハ」裁判所は利害関係人の請求により職権で信託管理人を選任することができると規定するが、「不特定ノ受益者又ハ未タ存在セサル受益者アル場合ニ於テハ」という文言から推察されるように、「不特定の受益者や未存在の受益者であっても受益者として差し支えないという以上、受益者連続（たとえば、まず妻に、次いで甥にというようなそれ）が適格な受益者を欠くという理由で無視されうるとはとうてい考えられない」（米倉論文九三頁）と解されている。しかし、連続した受益者を認めるか否かと信託行為時にそもそも受益者を置かなかった場合（委託者が後から指定する場合など）、あるいは特定しなかった場合（不特定多数のものから一名を選ぶこととなっている場合）を許容していることが連続受益者を認めることとは関係がない。同条は、「受益者は特定・存在しうべきものであれば、信託行為発生時に特定・存在しなくてもよいから、私益信託でも、受益者が未特定や未存在の場合を生ずる。この場合、受益権は発生しているがその帰属主体を欠くから、将来特定・存在すべき受益者の利益を守るために、信託管理人を必要とする」ことから置かれているのにすぎないのである。同条は積極的な根拠規定としては疑問であるといえよう。

(2)　民法上の制約

信託法は、受益者連続信託を禁止するという積極的な規定をおいていない。

後継ぎ遺贈が、民法上肯定されうるかについては議論の存するところではあるが、米倉論文は、「Y1の死亡により目的物が本来Yの相続人によって相続されるべきところ、Xの意思により曲げることになり許されないのではないかという懸念が持たれようが、後継ぎ遺贈は不確定期限付遺贈であり、そして遺贈に条件・期限を付することは民法自身が許すところであることから（民法九八五条二項参照）、民法自身が割り切った、クリアしているというべきである」（米倉論文九七頁）と解されている。これらは遺贈における死亡を不確定期限と解する。この点に異論は存しない。

信託行為によって受益者として指定されたY1の死亡を条件にY2を指定し、さらにY2の死亡を条件にY3へ帰属させる場合においては、相続分指定（民法九〇二条）、遺産分割方法指定（民法九〇八条）をするに等しいと解される場合があり、それらは遺言によらなければならないのに、それを回避したことになるとの見解がある（米倉論文九六頁）。そのような見解のもとでは、いわゆる特殊ケースおよび継伝型処分は、民法上無効と解されることになろう。しかし、特定の個人に死因贈与することも、遺贈することも、遺言で相続財産を取得させることは広く認められている。すると問題は、遺留分侵害の問題に尽きるということになるのではなかろうか。受益者連続に限らずこの問題は生ずる。たとえば、信託財産を委託者の死亡時に相続人あるいは相続人以外の者を受益者として当該財産を帰属させるとしているときには、いかなる取扱いがとられているのであろうか。この場合は当然に遺留分を侵害しなければ許されており、その限りにおいて問題が生ずる。このことは受益者が連続している場合においても同様である。Xの相続人のみでなく、Y1の相続人についても遺留分減殺請求の問題が生じてくる。Xの相続分に遺留分を保障していれば問題はない。信託法にもとづく信託行為（信託契約、遺言）が、このような場合をも許容するといった見解を採ることは困難であろう。よって、Xの相続人は、遺留分減殺請求をすることになる。

(3)　相続税法上の受益者連続信託

信託法における後継ぎ遺贈の効力は、民法の規定により制約を受けるものの有効に存在することができる。後継ぎ遺贈といった受益者連続信託をそもそも予定していたかはともかくも、信託法はそのような信託を結果的には許容しているといえよう。しかし、相続税法においては、このような民法上の後継ぎ遺贈、信託による後継ぎ遺贈を予定しなかったといわざるをえないであろう。

五　裁量信託

1　裁量信託の可能性

裁量信託は、受託者の裁量機能、さらには信託の意思凍結機能をもっとも明確に表しているものである。モデル【10】【11】が典型的なものである。裁量信託は受益者連続信託ほど問題は複雑ではないが、所得税・相続税課税双方において問題は生ずる。たとえば、我が国の所得税法では、他益信託か自益信託かという、二者択一という形になっているので、受益者の存在、受益者の特定の程度などをどのように考えるかによって、課税関係は大きく異なるであろう。裁量信託は、広範囲に委託者課税の網にかかってしまう可能性がある。

ここでは、事業の創立者が子供（承継者）へのR株式会社の経営の円滑な承継を図るため、信託財産から生ずる収益を受益者に交付するとともに、信託株式にかかわる議決権等の権利行使にかかる管理を行なうことなどを目的につぎのような事業承継スキームとしての信託を設定する。

【事例4】

Xは R株式会社の代表取締役で創業者である。Xは発行株式の六七％保有しているが、一九九〇年四月一日に六〇〇株を信託財産として信託会社に信託する。一九九五年にこの株式の受益権を配分して、受益者をY（妻）・A（長男）・B（次男）・C（三男）に変更する。受益者の分割割合はY・A・B・C各々一五〇：三五〇：五〇：五〇である。受益者変更前に委託者が死亡した場合は、上記と同じ割合で受益権をY・A・B・Cに分割する。二〇〇五年三月末日（二五年間）で信託は終了する（ここでの受益権は、元本の受益権と収益の受益権とに分割はしない。）。

事業の創立者が子供（承継者）へのR株式会社の経営の円滑な承継を図るため、信託財産から生ずる収益を受益者に交付するとともに、信託株式にかかわる議決権等の権利行使にかかる管理を行なうことなどを目的に上記のような事業承継スキームとしての信託を設定することとする。この事例で、受益権の配分割合を受託者らに任せるとどうなるか。完全な裁量信託にちかくなるといえる。このような信託にかかる課税関係はわが国においては想定外のものであるといえ、現行税制の適用にあたり、かなり無理が生ずることは避けられないといえよう。

2　イギリス信託との比準

ここで参考となるものとしてイギリスの裁量信託をあげることができよう。

イギリスにおいては、いわゆる収益保有信託（占有権利信託）(interest in possession trust)、裁量信託 (discretionary trust) および累積扶養信託 (accumulation and maintenance trust) の普及をみることができるが、その税制面からのバックアップが拍車をかけているといわれているが、同様の状況のもとでの信託の発達はアメリカ、カナダ等においてもみることができる。(44) わが国において、個人信託の活用に向けての信託法理と信託課税法理の両面からの法理論的な考察は早急の課題であり、参考となる。

(1)　収益保有権信託

収益保有権信託は、その保有者に、帰属すべきものについての請求権を付与する。この典型的なものは、ライフ・テナンシィ（life tenancy）である。そこでは受益者が生涯にわたり所得の一部および全てを取得する権利を有している。受益者が法的にどの程度の所得を取得しうるかは、信託の設立証書の条項による。受託者がライフ・テナント（life tenant）に所得を支払わないとすると、受益者はそれを請求することができる。このような継承的財産処分は、未亡人のために生涯にわたり、いわゆる生涯権（life interest）を与え、彼女が死亡したときにその子供に信託キャピタルに与えるために特に用いられている。

信託は通常、「生涯Aに、生涯Bに、そして残余権（remainder）をCに」という形態をとる。Aは、彼が生きている間は収益保有権（占有権）（interest in possession）を有しており、Aの死後において、BおよびCは順次この収益保有権あるいは残余権を取得することになるという意味において、「将来継承すべき」者である。

このような幾人にもわたる多くの継承的な生涯権を規制するルールは、パペチュイティ（永久的）・ルールあるいは永久権禁止原則（perpetuity rule）としてよく知られている[45]。そこでは通常その信託の期間が八〇年を超えないように制限している（Perpetuities and Accumulations Act 1964：PAA 等参照）。上述の例でいくと、Aは生涯にわたり収益保有権をもち、BとCの権利というのは条件付き（留保付き）、「将来継承すべき」状態ということになる。Aが死亡すると、Bはその権利を「フォール・イン（fall in）」するといわれており、収益保有権を取得する。Cの権利は、Bが死亡するまで（条件付きであり）「将来継承すべき」状態である。AとBはライフ・テナントであり、Cは帰属権利者（remainderman）である。かれらは全て受益者であり、また潜在的な受益者でもあるといえよう。

収益保有権（占有権）をもつ信託の一つの形態として、家族のなかの特別な浪費家（たとえば放蕩息子）のために設定される保護信託（protective trust）と呼ばれるものがある（TA 1925 § 33）[46]。生涯権について権利を有している者は、その者が所得についての権利の行使を停止させられるようなことを行った場合（たとえば収益保有権の放棄とか破産）には、その生涯権（ライフ・インタレスト）は終了し、代わりに所得は、主たる受益者またはその家族のために裁量的な信託によって保有される。保護信託は、確定的な権利をもった信託と裁量的な信託との結合物であるといえよう。

(2) 裁量信託

収益保有権をもたない継承的財産処分（すなわち信託）は、受託者が一定の決定を行ってはじめて受益者が権利を取得するということになり、本質的には受託者の裁量に依存するものである。このような信託は、所得かキャピタル・ゲインのどちらか、あるいはどちらに関しても裁量的でありうる。[47] このような裁量信託の基本的な特徴の一つは、受益者のクラス（集団）が明確に認識しうるものでなければならないということである。受益者の完全なリストがいつでもつねに作成されているということは要件ではない。しかし、権利が主張できる受益者が自らに贈与する場合には、自分が受益者であることを明らかにしなければならない。そのようなクラスの例は、「Xの息子らと孫たち」あるいは「ロンドンで生まれた知的障害者の息子」といったようなもので足りると解されている。[48]

このような信託は、委託者の遺言により設定される。同時に、委託者は、裁量がどのように行使されることを望んでいるかを指示しておくこともありうる。ただし、このような指示は受託者を拘束するものではない。受託者は、そのような信託の信託条項にもとづいて、受益者に所得またはキャピタルを配分しうるし、また一定の受益者には所得またはキャピタルを配分しないこともできる。受益者は受益者のクラスのなかに存在するが、受託者が当該受益者のために裁量権を行使しない限り、なにを取得する権利も持たないといえる。また、このような信託は、前述の信託同様に、パペチュイティ（永久的）・ルールに服している。

裁量信託の特別なタイプが累積扶養信託である。[49] そこでは、通常、二五年間子供らのために財産が設定される。しかし、受託者は、それらの子供の教育・養護のために彼らに所得またはキャピタルを指定する裁量をもっている。しかし、所得は累積し、その所得が前払いされない限りで、子供が、二五歳までの、条項に規定した一定の年齢に達すると、キャピタルについての、その子供の持分を構成する。累積期間は二一年を超えることはできず、そのような信託はパペチュイティ（永久的）・ルールに服している。

イギリスとわが国の税制を比較した場合の際立った相違点として、以下のものを挙げることができるであろう。これらはわが国の信託課税法理および今後の信託税制のあり方に示唆を与えることになろう。

(1)　わが国は自益信託の場合には、所得税法において委託者が信託財産を有するものとみなして委託者に課税、他益信託の場合には受益者が信託財産を保有するものとして受益者に課税をする（所得税法一三条）。イギリスは、受動信託は信託所得および信託キャピタルの実質的所有者であるといえるが、裁量信託、収益保有信託においては受託者が信託財産を保有しており、受託者課税を採用している。わが国の自益信託および他益信託に該当するような場合においても受託者課税が原則であるといえよう。租税回避の目的から例外的に委託者課税を採用するに過ぎない。

受動信託において受益者は信託所得・キャピタルの実質所有者であり、個人所得課税と原則的には同様に考えることができるが、収益保有信託は、受益者が信託財産の所有権を有していないと考えられており、受動信託の課税関係に類似しているといえるものの、受託者課税を原則とする。裁量信託においてはいつ誰が最終的に所得をうるかは不明であるので、個々の受益者にあった税率で課税することができないことから、付加税率を加算して三五％の税率としている。

裁量信託、収益保有信託に類似するようなわが国の信託（わが国においては自益信託および他益信託に該当）において、一律に受益者が所有権を有するか否かといった「みなし規定」で課税関係を律することには問題があろう。

受託者に受益者を特定し、かつ配分額を決定する裁量を付与している場合に（いわゆる裁量信託）においても委託者課税原則の射程距離に納まってしまう。所得税法において、「受益者が特定していない場合」または「存在していない場合」は委託者課税と規定するが、その結果「受益者が存在していても特定していない場合」も委託者課税となる。これは、所得が将来的に委託者ではなく存在する受益者のだれかに帰属することが明確であることから、「行きすぎた委託者課税」を引き起こしている。

委託者課税原則の射程距離を信託法理から再検討することが今後不可欠であろう。かつて、わが国においても受益者不存在または不特定の場合に、受託者課税主義が採用された経緯がある（大正一一年所得税法三条の二第二項）が、これは受託者を受益者の代理人とみなしたに過ぎないものであった[50]。所得課税法における委託者課税原則は世界的にみても極めて稀な制度であることに留意をしておく必要があろう[51]。

(2)　わが国の相続税法四条においては、「受益者が特定していない又は存在していない信託」においては委託者に信託財産が存するものとみなされ、「特定又は存在」した時点で贈与税および相続税の課税関係が生ずる旨、規定することから、いわゆる裁量信託類似の信託には課税関係は生じない。

これに対して、イギリスの相続税においては、収益保有信託の設立にあたっての信託への生前譲渡は、収益保有権を有する受益者に対する贈与として取り扱われ、受益者はその信託財産を保有しているものとみなされる（ただし、これは潜在的非課税譲渡に該当するとして取り扱われている。）。累積扶養信託の設立も潜在的非課税譲渡に該当するとして取り扱われている。これに対して、裁量信託の設立にあたっては、継承的財産処分（信託）自体が納税主体となり、相続税の課税関係が生ずる（ただし、事業用資産等の譲渡は「課税の繰延べ」の適用を受けることとなる。）。

わが国の相続税法は遺産取得者課税方式であるのに対して、イギリスのそれは遺産課税方式を採るため、相続税にかかる信託課税法理は直接的にはわが国への検討資料とは必ずしもなりえないといえよう。

イギリスにおいてはこの潜在的非課税譲渡（ＰＥＴ）が信託を用いた財産計画の利点となっている点は否定できない。しかし、その是非はともかくも、イギリスにおいて生前贈与による信託設定段階での課税はキャピタル・ゲイン課税を含めて、極めて限られた場合であるといえよう。また、裁量信託においては信託財産は信託に、収益保有信託において受益者に帰属するとの前提にしていることは興味深いものである。

なお、アメリカの撤回可能信託類似信託などにおいても、わが国では設定時に「みなし贈与」が生ずることから、現行税制の妥当性が疑問視されている。(52)

(3)　キャピタル・ゲイン税においては、信託の設立時に委託者から受託者へ、現実の処分が行なわれると、そのゲインは市場価格で処分されたことになり、イグゼンプションや課税の繰延べといったリリーフが受けられない場合には、年間控除額（£五、八〇〇）を控除した後に、委託者はキャピタル・ゲインを賦課されることになろう。委託者の税率は委託者の所得のトップ・スライス部分としてキャピタル・ゲインが取り扱われ、税率が算定される（よって、四〇％に簡単になりうる。）。受託者に帰属する場合においては、事業用資産等においては「課税の繰延べ」が適用されることから、キャピタル・ゲイン税ではなく、相続税が賦課される（イギリスにおいて、収益保有権課税、累積扶養信託はＰＥＴに該当し、裁量信託は直ちに相続税とキャピタル・ゲイン税を賦課されることから、「課税の繰延べ」を選択できる。）。

受託者が信託ファンドを構成するものを第三者に売却した場合（現実の処分）には、生じたゲインは継承的財産処分（信託）の種類に応じたキャピタル・ゲイン税率で課税されることになる。信託財産は受託者に帰属するが、信託に受託者に対して絶対的な権利を取得した者が存する場合には受益的な所有者に帰属するものとみなされる（TTGA 1992 § 71）。この場合、受託者はその財産を処分し、TTGA 1992 § 60で定義されている受動受託者として、それを市場価格で再取得したとみなされる。信託が累積扶養信託である場合、資産が事業用資産等である場合を除いては、キャピタル・ゲイン税が賦課される。

委託者と受託者（あるいは信託）間における贈与・譲渡を認識し、設定された財産の時価をもとにキャピタル・ゲイン税（あるいは相続税）の課税関係を認識するものとして（特に、イギリスの「みなし処分」課税参照）、我が国と大きな相違がある。信託におけるキャピタル・ゲインの認識、さらに所得税法同様、「受益者が特定していない又は存在していない信託」においては、委託者に信託財産が存するものとみなすという制度への再検討の機会を提供するものといえよう。

(4)　イギリスにおける相続税の課税客体は、我が国のように、「信託（収益）受益権」ではなく、一定の課税譲渡により譲渡された資産（排除財産は除く）の価値（value）であると解される。その結果、信託によっては「信託（収益）受益権」の評価が極めて困難となることもありうる。また、相続税法四条一項の採用する信託行為時課税も「現実受益主義」（受益者が受託者に対して信託行為により給付されるべき利益の請求権の現実に発生したる時に課税するとするもので、我が国においても一時期採用された経緯がある）の観点から再検討を行う余地もあろう[53]。

所得税法においては、その収益に対する課税の時期が併せて検討される必要があろう。アメリカのようなスローバック方式による「後続調整方式」、イギリスの受託者課税・受益者課税による税額控除方式（これも「後続調整方式」ではある）などは示唆に富むといえよう[54]。

(5)　キャピタル・ゲイン課税における課税の繰延べは、事業用資産・農業用資産の処分を対象にしており、これは事業承継・農業継続を配慮したものであると考える。このような政策的な配慮の有無もわが国では今後導入の是非が議論されるべきことになろう。また課税の繰延べの手法として、いかなる手法をとるかも（たとえばホールド・オーバー・リリーフ方式とノー・ゲイン／ノー・ロス方式の優劣など）も興味ある問題であろう。

(6)　わが国の相続税法四条において、信託設定時において受益者が「特定又は存在」する場合には贈与税が賦課される。受益者連続型信託において、信託法上受益者連続型信託がそもそも想定されていなかったと同様に、相続税法において受益者連続型信託の課税関係は念頭におかれていなかったといえる[55]。受益者が連続する場合の課税関係について、委託者以外の受益者が各々の受益者の死亡を原因に、受益権を引き継ぐ場合の課税関係は、わが国の現行法のもとでは設定時にすべての受益者に課税するという見解（入口課税、設定時課税）と、それぞれの受益者の死亡を起因に課税が生ずるとする見解（段階的課税）が考えられよう。相続税法四条一項四号の停止条件が委託者の死亡である場合には、遺贈により取得したものとみなすとの規定（相続税法四条二項柱書き）は受益者連続型信託を想定していないものと思われ、委託者または受益者の死亡を停止条件とする趣旨を考慮すれば、後者の段階的な課税が支持されるべきものと思われる。

しかし、ここではイギリスの収益保有信託において、残余権者は「将来的享受権」に該当するが、当該享受権は相続税の排除財産となっており（IHTA 1984 § 48（1））、前述の収益保有権におけるBは収益保有権や将来的享受権を保有しているとはいえず、単なる「期待権」（spes）であると解されている。わが国でも受益者連続型信託において、受益者のもつ請求権などの資産性を改めて検討する必要があろう[56]。

わが国においては今後、相続税法四条、所得税法一三条のもとでの信託課税法理が、信託法理、信託法、信託業法、相続法および相続税法（相続税・贈与税）との関係に留意しながら基本的に再構築される必要があろう。

六　信託と国際課税

信託に対する国際的な注目はますます高まりつつある。国際信託の使用による財産管理・運用にかかる課税に関して、我が国においてはこれまで十分に整理されてきたとはいえない状況にある[57]。

たとえば、裁量信託においては受託者の権限が非常に強く、英米法では、いわゆるエクイティ上の受益者は単なる期待権以上の何も持たないといわれている。したがって、英米法によって裁量信託が海外において設立された場合、換言すると、受託者が非居住者である信託が設定され、我が国の居住者が受益者として特定された場合、現実に受益者が何らかの資産あるいは役務の提供等の利益を受けなくても課税されると考えるのかどうかといった問題がある。

このような場合に、現実に受益者が我が国の現行法どおり何らかの資産の取得とか役務の提供を受けなくても、導管理論によって、受託者を無視し、受益者に受益権が贈与されたものとして課税しなければならないのかどうかが、問題としては考えられるであろう。

また、海外信託が取消不能信託として設定され、しかも受益者が特定または存在していない場合、設定国の法律に従えば委託者に何らかの権限が残らないといったような裁量信託であっても、委託者が信託財産を有するものとみなすかどうかという問題もでてくるであろう。

さらに、海外で設定された信託において、たとえば、受益者は委託者Ｘの現存する子供全員とされているが、誰がどのくらい受益するかは受託者の完全な裁量にかかるといったような信託の場合、受益者は特定しているので、導管理論によってＸの子供全員に課税するというように考えるのか、あるいは不特定であると考えるのかという問題がある。この点について、受益者が特定しているため、導管理論によって受益者である子供全員に課税するといっても、各受益者の受益権はどのように算定するのか等、多くの問題があろう。

この場合、受益者のグループを居住者、非居住者と数人特定しておけば、居住者の受贈益を薄めることができると考えていいものかどうか。いいかえれば、非居住者は課税されないと考えうるかどうか。また、それに関連して、受益権の所在地をどのように決めるのか。基礎となる資産の所在によるという考え方もあろうが、どのように受益権の所在地を決めるのかという、付属的な問題もある。

さらにまた、委託者・受託者がともに非居住者である裁量信託が設定され、受益者が不確定あるいは不特定の場合、居住者Ｘが受託者に対して財産の贈与を行なうとする。このような贈与が信託設定行為となるのかという問題も存するが、仮に、信託設定行為であるとするのであれば、どのように区別するのか。イギリスの信託では、英米法の settlement の概念が広いために、このような贈与も settlement の概念の中に含まれている。英米法国との関係では、議論となるのではないかと思われる。

ここで、海外設定の裁量信託について、受益者に課税され、他方、受託者または信託財産が外国で課税された場合、課税の二重負担と観念するのかどうかも問題となる。仮に、二重課税であると考えるのであればどのように取り扱うのか。これを回避する方法があるかどうかということも議論しなければならないと思われる。

その他にも、仮定されうる問題は多い。たとえば、イギリスの収益保有権信託（interest in possession trust）において、委託者・受託者がともに非居住者であり、利息の受益者は所得についてのみ生涯権（life interest）を有しており、資本については何ら権利を有していないとする。このような信託では課税関係はどのようになるのであろうか。

このように、海外の信託税制との関係で、委託者・受託者・受益者についてどの国において信託を設定するかによってさまざまな問題が想定されうるであろう。このような問題も、今後、個別信託において検討していく必要があろう。

七　「遺言信託」の課税問題――みなし譲渡所得課税と取得価額の引継

いわゆる「遺言信託」において、課税関係が不明確であり、高齢社会における相続財産の運営・管理・移転の障害となることがある。成年後見の領域においては介護を条件あるいは負担にした遺贈や信託の活用の機会が高まってきている。

信託の利用に受益者が特定しているとき（他益信託）においては、設定時課税が原則なので現実の受益の前に納付が生じてくることから、納税資金等への配慮が必要である。ただし、相続税法四条二項の条件等をうまく利用することによってそのような課税に対応することも可能である。

なお、受遺者に対する相続税の課税は争点になることは少ないものと考えられるが、負担付遺贈に対する課税については遺言者に譲渡所得課税が相続時に生ずることがあるか否かが問われている。必ずしも実務の取扱いは明確ではなく、学説上も争いがあり、注意が必要である。

たとえば、次のような場合（遺言者が死亡した場合）に、いかなる課税関係が生ずるであろうか。

① 遺言者Aは、遺言書に「いっさいの財産を法定相続人の夫（法定相続人ではない）甲に与える」と記載している。

② 遺言者Bは相続人がいない。遺言書に「いっさいの財産を財団法人乙に与える」と記載している。

1　包括遺贈と課税

(1)　受遺者に対する課税

【事例5】

A（被相続人）は、妻・長女・次女を残して亡くなったが、不動産一〇〇億円、ローン債務六〇億円、預貯金四〇億円を残している。遺言書には「いっさいの財産を生前に世話を受けた次女の夫（法定相続人ではない。）に遺贈する」と記載してある。長女・次女は遺留分減殺請求はしないものとする。いかなる課税が生ずるであろうか。

【事例5】の場合、遺言者から個人（受遺者）に対する包括遺贈であり、民法上は受遺者が原則として相続人と同様の地位にたつこととして取り扱っている。相続税法においても遺贈により財産を取得した受遺者（次女の夫）には相続税が課税される（相続税法一条の三第一項一号）。さらに、この場合においては、受遺者は被相続人の有していたローン債務をも取得することになるが、受遺者は負担付遺贈を受けたことにはならないので譲渡所得課税の問題は生じない。

(2)　遺言者に対する課税

【事例6】

右記した【事例5】の場合において、受遺者がその不動産の半分を、生前に遺言者が世話を受けた第三者に贈与すべきであるとの条件が付されていた場合には課税はどのようになるであろうか。

受遺者が負担付遺贈により取得した財産の価値は、その負担がないものとした場合における財産の価額からその負担額を控除した価額となる（相基通一一の二―七）。この場合の負担額は遺贈の効果が生じたときに具体的に給付金額および給付時期などが確定していなければならないと解される。たとえば、特定の人に残された配偶者の介護を負担させるといった場合には、遺言書に記載されていても遺贈の効力が生じたときに金額が確定していないので、このような扶養義務等は課税上、確定した債務とはいえず控除できないこととなる。

負担付遺贈が停止条件付きである場合に、その条件成就前に相続税の申告書を提出しなければならないときには、遺贈の目的となった財産を原則として相続人が法定相続分により取得したものとして相続税の課税価格を計算しなければならない。条件が成就した場合に、受遺者が遺贈にかかる財産や負担を取得することとなると、受遺者以外の者（相続人等）は更正の請求をすることができる（相基通一一の二―七〜八）。一方、受遺者が遺贈財産の価額について計算した金額をその者の相続税の課税価格の計算の基礎に算入して、納付すべき相続税額を計算して期限後申告または修正申告をしなければならない（相続税法三〇条、三一条）。停止条件付の遺贈によって財産を取得した者のへ相続税の申告書の提出期限は、条件が成就した日の翌日から起算して一〇カ月以内となっている（相基通二七―四(9)）。

その不動産の半分を贈与された第三者においては、受遺者の負担額が第三者の利益に帰すときには、その第三者がその負担額に相当する金額を相続（遺贈）によって取得したことになる。負担額を遺贈財産の価額として、第三者の相続税の課税価格を計算して納付すべき相続税額を計算する。その負担が停止条件付の場合にはその条件が成就したときに負担額相当の金額を遺言者から遺贈により取得したことになる（相基通九―一一）。

しかし、このような事例においては、遺言者に対する課税が問題となる。所得税法五九条一項は、「贈与（法人に対するものに限る。）又は相続（限定承認に係るものに限る。）若しくは遺贈（法人に対するもの及び個人に対する包括遺贈のうち限定承認に係るものに限る。）」があった場合に、山林（事業所得の基因となるものを除く。）又は譲渡所得の基因となる資産の移転があった場合には、その者の山林所得の金額、譲渡所得の金額又は雑所得の金額の計算については、その事由が生じた時に、その時における価額に相当する金額により、これらの資産の譲渡があったものとみなすとしている。

この規定は、シャウプ勧告に基づき規定されたものであり、キャピタル・ゲイン課税が無制限に延期されることを防止するために、贈与・相続によって資産の移転があった場合もこれを時価により譲渡があったものとして、それまで生じていた値上がり益を課税することとしたものである。

事例における遺贈は、負担付遺贈と解することができる。この場合において、遺言者に、不動産についてみなし譲渡所得が生ずるか否かが大きな問題となる。所得税法五九条一項にいう遺贈に該当しないと解されるので、みなし譲渡所得課税は生じないものと解される。では、この場合に受遺者は簿価を引き継ぐことができるであろうか（所得税法六〇条参照）。

相続税法六〇条一項一号でいう遺贈は五九条一項一号で規定する遺贈を除いた遺贈と解されることから、限定承認以外の包括遺贈を指している。

負担付遺贈が所得税法六〇条の適用を受けられるか否かについてはさらに検討が必要である[58]。負担付贈与に関してではあるが、所得税法六〇条一項の「贈与」に負担付贈与は含まれないとする最高裁昭和六三年七月一九日判決（判タ六七八号七三頁）がある。最高裁は、ここでいう贈与とは純粋の贈与、すなわち資産を贈与した者に金銭その他の経済的な利益をまったくもたらさない贈与を意味し、負担付贈与は含まないと解すべきであると判示している。

学説上は争いがあるが、最高裁の理解にしたがって、負担付遺贈が所得税法六〇条一項に適用されるか否かについて遺贈も同様に考えられるのであれば「遺贈」から「負担付遺贈」は除くと解すべきこととなる。そうであるならば、簿価を引き継ぐことはできないと解さざるをえなくなる。では、負担付遺贈については、どのように解すべきであろうか。

前掲最高裁は、負担付贈与は所得税法三三条の譲渡所得課税が生ずると解し、所得税法三六条によって対価相当額（負担相当額）が取得価額であると判示している。すなわち、負担付贈与に関しては、譲渡所得課税が生ずるとの見解を採用している。そして、このように解した場合の譲渡所得に対する所得税額等は、その遺言者の相続人および受遺者がこれを承継して納付義務を負うということになる（国税通則法五条）。しかし、負担付遺贈を常に有償譲渡として構成することには無理があるように思われる。

負担付贈与と、負担付遺贈は、全く別の事象であり、後者は、相続税の内部での調整であると解されるので、その意味では、所得税法三三条の適用説は議論を混乱させるだけだと考えられる。

なお、その遺贈にかかる受遺者が個人である場合には、所得税法五九条一項のみなし譲渡所得課税は生じないが、受遺者が法人の場合で、その負担額がその遺贈財産の二分の一に相当する金額に満たない場合には、みなし譲渡所得課税がおきてくる。また、その負担付遺贈が法人に対するものである場合において、その負担額が遺贈の効力の生じたときの遺贈財産の価額の二分の一に満たない金額であるときには、その財産にかかる遺言者の譲渡所得について譲渡損失が生じても、取得した受遺者の受遺財産の取得価額および取得時期は、遺言者の取得価額等を引き継ぐことになる。しかし、負担額が遺贈財産の価額の二分の一以上である場合には、遺贈財産は、負担額によって遺贈の効力が生じたときに取得したことになる（所得税法六〇条一項二号参照）。

2　公益法人等への遺贈

(1)　公益法人による所得税の負担

【事例7】

両親、兄弟、夫に先立たれたBは、不動産一〇〇億円、金融資産八〇億円を有している。以下のような遺言書を残して亡くなった。

① 不動産を財団法人Aに遺贈する。
② 金融資産を財団法人と遺言者の友人に特定遺贈する。
③ 財団法人Aは不動産の遺贈についての租税公課・登記費用を負担する。
④ 上記以外の債務費用等は、金融資産を受遺する者にその割合に応じて負担させる。

いかなる課税が生ずるであろうか。

財団法人Aへの遺贈が租税特別措置法四〇条一項前段に該当せず、みなし譲渡所得税が賦課されるとした場合に、財団法人Aはみなし譲渡にかかる所得税を負担できるかが問題となる。このような遺贈においては、受遺者が税金部分は負担してもよいと提案する場合が多い。ただし、財団法人A自らがみなし譲渡にかかる所得税額を負担していいと発言しているような場合であっても、そのような支出がそもそも財団法人Aの本旨に反するようにも思われる。

租税法上は、そのような支出が財団法人Aの本旨に反するか否かはともかくも、みなし譲渡にかかる所得税額の相当額や登記費用を寄付（贈与）したと解することが可能のように思われる。この場合には相続財産法人に対する課税が問題となるが、相続財産法人に対して贈与税課税はないのであるから（民法九五一条）、結果的には課税は生じない。

みなし譲渡所得税相当部分については、国税通則法四一条により、第三者による納付と解することも可能である。このような場合は民法の第三者弁済に準ずるものとなる（民法四七四条）。このような場合についても、課税関係は上記の場合と同様になる。

財団法人Ａが遺言者の全財産の包括受遺者であるような場合においても、当該みなし譲渡所得税額を財団法人Ａに負担させることができると思われる。

しかし、相続税法五条本文かっこ書で財団法人Ａが遺言者の納税義務を承継することが可能なようにみえる。相続財産法人も可能となっている。国税通則法五条一項は、相続（包括遺贈を含む。）があった場合には、相続人（包括受遺者を含む。）又は相続財産法人は、その被相続人（包括遺贈者を含む。）に課されるべき、又はその被相続人が納付し、もしくは徴収されるべき国税を納める義務を承継すると規定している。

問題は、みなし譲渡所得課税が「被相続人に課せられるべき国税……」（五条一項）といえるか否かである。ここでいう国税とは、相続開始のときに、すでにその課税要件を充足して、国税の納税義務が成立しているものと解されるが、まだ申告・更正決定等の確定手続が行われておらず、その納税義務が具体的に確定していないものをいうと解されている（基本通達四条関係四）(59)。よって、通達のような解釈のもとでは該当しないこととなりそうであるが、このような通達の解釈には疑問が残る。

財団法人Ａがみなし譲渡所得税を負担できないときには、相続財産法人がみなし譲渡所得税を負担することになり、金融資産のなかから納付することとなるが、遺言による遺贈とどちらを優先させることとなるかが問題となる。国税通則法は確実に租税債務を徴収することを目的にしていることから、相続財産法人からの徴収・納付を優先することとなるものと考えられるが、この問題について言及したものはこれまで存しない。

(2)　遺言により公益信託を設定した場合

遺言により公益信託を設定して、所得税法七八条三項による特定公益信託の認定をうけた場合に、信託財産は非相続人の準確定申告において、寄付金控除の対象となるか否かについても問題となろう。

すでに認定を受けている特定公益信託に対して遺贈をするものではないので、寄付金控除の対象にはならない。遺言により信託行為があった場合には、その受益者がその信託受益権を遺贈により取得したことになるが（相続税法四条）、相続税法施行令二一七条の二第一項各号に掲げる要件を満たす公益信託であるときには、公益信託に関する権利の価額は「零《ゼロ》」として取り扱うこととされている（前述相基通四―一）。

(3)　遺贈とみなし譲渡

高齢化がすすむにつれて、負担付遺贈の活用は高まっているが、成年後見制度の領域において信託の利用も高まってきている。負担付遺贈によっても類似の機能をはたすことができる。

【事例8】

委託者Aは、受託者T（信託銀行）との間で、以下のような信託を設定した。

不動産等（時価五億円）を信託して（平成一六年一月一日）、A死亡時に親族（子供五人）のうち一番介護をしてくれた者に遺産および信託財産の運用益すべてを与える。課税関係はどのようになるか。

なお、このような信託を信託契約ではなく遺言で設定したら、課税関係は異なってくるか。

信託の設定時において、受益者が特定されており委託者の死亡に信託財産の利益の受益をかからしめた場合には、信託設定時に受益者に遺贈が行われたとして（みなし相続）相続税の課税関係が生じる。しかし、事例のような、いわゆる裁量信託（あるいは財産管理信託）においては、その設定時に受益者が特定していないので、いわゆる相続税法四条にいう、信託受益権についてのみなし相続は生じない（相続税法四条二項三号）。なお、信託行為が遺言でなされたときには、原則として遺贈として課税関係が生じるものと解される（相続税法四条一項）。よって、受益者（被相続人）が死亡したときに、受託者がもっとも介護を尽くした親族を受益者として特定することになるので、その時にみなし相続による相続税課税が生じると解されよう（相続税法四条三項・四項。相続税法四条は委託者の死亡を期限とせずに条件として扱っている。）。

なお、裁量信託における運用益については、所得課税が問題となる。民法上または信託法上は信託財産の所有は設定時に受託者へ移動しており、相続財産は受託者の所有に帰している。所得税法や法人税法は、受益者や委託者が存在していない場合には、委託者が信託財産を有するとして、運用益に課税することとしている（所得税法一二条）。

事例の場合には、委託者（被相続人）は死亡するまでは運用益に対して所得課税が生ずることとなる。

おわりに

日本の信託法制は、一大変革期にある。信託業法が平成一六年（二〇〇四年）一一月におよそ八〇年振りに改正された。受託財産の種類に関する制限の撤廃、信託会社等の信託業担い手の拡大、それに伴う業者規律の整備のほか、信託契約代理店制度および信託法受益権販売業者制度の創設による信託サービスの利用者の窓口の拡大などを骨子とするものである。あわせて兼営法その他の関連法も改正された。改正信託業法の評価、今後の実務への影響、さらに信託法等との改正もからんでくるが、今後の第二次改正に向けての課題などが議論の俎上にあがってこよう。

また、信託業法改正に続くものとして、平成一七年七月に法制審議会信託法部会が「信託法改正要綱試案」を決定した。論点は七〇にも及び、パブリックコメントおよび各界への意見照会の手続きが行われた。後者については、要綱案の検討や今後の信託法改正に向けた様々な提案が行われてきた(60)。今後、信託法改正に向けての議論が白熱化するとともに、信託業法、信託法、関係特別法（投資信託法、資産流動化法など）、金融サービス法との総合的な議論も進むものと思われる。さらに、信託法改正の議論は、商事信託中心の議論から民事信託、公益信託への利用拡大に向けての議論に拍車をかけるものと思われる。

このような状況のなかで、わが国の信託税制は、そのような改正と手を携えたものでなければならない。わが国の信託税制や相続税制の問題を踏まえた議論が展開されることが期待される。

わが国の信託の多様化に反し、原則的な課税規定はわずか数条（所得税法一三条、法人税法一二条および相続税法四条）であり、信託の多様化に伴い解釈上の疑義等は通達等の対応により行われてきた。先進諸国の信託税制の複雑さに比べるとわが国の信託税制は極めてお粗末であるといえる。

わが国の信託は、信託銀行を中心とした信託、すなわち営業信託がほとんどそのすべてであり、民事信託は極めて利用が乏しかったこともあり、その理論的研究は遅れており、個々の信託取引にかかる税制の取扱いが場当たり的なものに陥らないためにも、そのような基礎的研究は今日不可欠である。

わが国の信託税制は、信託のバリエーション（受益者が所得にいかなる権利を有しているか、委託者がいかなる権利を残存させているか、受託者はいかなる権限を有しているか等）に応じて、受益者課税、信託段階での課税（受託者課税、信託財産課税あるいは信託に対する課税）を原則にして、構築されることが望ましい（例外的な課税として、委託者課税が配慮される。）。また、信託の設定等にかかる相続税制も他国に比して極めて奇異である。

イギリス、カナダにおいては、信託への財産の生前贈与は、委託者から受託者へ時価での処分（譲渡）があったものとみなされ、委託者（贈与者）にキャピタル・ゲイン課税が生じる。処分によりキャピタル・ゲインの実現があったとみなされる。アメリカにおいては、信託への財産の譲渡は贈与税の対象にはなるものの、設定された財産（settled property）の市場価格（時価）での委託者による「みなし実現」とはみなされず、委託者の負担で委託者が譲渡を行い、信託が取得したとみなす。このようなアメリカの立場は、カナダにおいて財産が委託者の配偶者の利益のためにのみ設定されたといったような場合に採られている（カナダでは例外）。アメリカとイギリスは、被相続人の財産は死亡時に市場価格で売却譲渡されたものとはみなされないが、相続税法上の価額に等しい価額で遺産が取得したものとみなされる。カナダでは、生存中の個人が保有する財産は、当該個人の死亡の直前に公正な市場価格で譲渡されたものとみなされる。オーストラリアでは、資産の所有権の移転は市場価格での処分があったものとみなされ、キャピタル・ゲイン税が賦課される。死亡よる財産譲渡は資産の処分を導かない。

これらの国々においては、委託者から信託（あるいは受託者）への財産の譲渡（信託の設定）、受託者から受益者への信託財産の移転等にあたりキャピタル・ゲインの実現を認識する。信託受益権の贈与（あるいは遺贈）というかたちを採るのは極めて異例な制度である。相続税においても市場価格等の一定の価額での課税事実を認識する。

これらには、キャピタル・ゲイン課税と贈与税との制度的相違、贈与税における贈与者課税と受贈者課税の制度的相違、遺産課税方式と遺産取得者課税方式の制度的相違ということから生ずる問題が存するといえよう。

後継ぎ遺贈の法的効果についても、信託による後継ぎ遺贈（受益者連続信託）の法的効果についても、被相続人あるいは委託者の相続人である遺留分権者の遺留分を侵害しなければ広く認めても差し支えないと結局のところ解することができるようにみえるが、この点はさらに私法学者の検討を待たざるをえないといえよう。しかし、これらの法的に有効な後継ぎ遺贈を民法上どのように法的構成するかは議論の存するところであろうが、現行相続税法のもとでは、遺贈に付された附款の種類（特に不確定期限か停止条件付か）により受遺者の取得財産の時期が異なり、課税関係に相違が生ずるとともに、また、受遺者が取得した遺贈財産の評価についても適正な評価額を導きだせるという保障も存しないといえよう。米倉教授がいわれるように後継ぎ遺贈を不確定期限付遺贈と法律構成した場合においてはこれらの問題はかなり解消されることになるであろうが、すべてが解消されるわけでもない。また、信託による後継ぎ遺贈（受益者連続信託）についても、相続税法は自益信託から他益信託に転換する場面での受益者に焦点を合わせているのみで、他益信託における受益者の変更の場合（特に死因による場合）を必ずしも想定したものではないといえよう。また、信託受益権を相続・贈与すると法的構成することによる問題も、この点での解決を複雑にしているといえよう。

これらの問題は、相続税法が「受遺者の連続」、「委託者以外の受益者の連続」をこれまで十分に意識してこなかった結果であるといえよう。後継ぎ遺贈あるいは信託による後継ぎ遺贈における相続（遺贈）財産・信託財産の所有権あるいは信託受益権の移転にかかる法律構成、被相続人と連続する受遺者あるいは委託者と連続する受益者の関係にかかる法律構成、連続受遺者相互あるいは連続受益者相互の法的関係などが、改めて問われなければならないであろう。現行相続税法は遺贈や死因贈与を相続に含め、被相続人と受遺者、委託者と受益者との関係はいかなる場合においても遺贈（みなし遺贈）あるいは贈与（みなし贈与）という法的枠組みでこれらの課税関係に対処するものとなっているのである。

なお、信託による後継ぎ遺贈については、わが国の信託課税の基本的枠組みが抱える問題点がそもそも根底に存するといっても過言ではなく、今後、信託課税の基本的構造までも含めた見直しと受益者連続信託に対する課税スタンス（租税優遇措置も含めて）が問われるように思われる。

本章については脱稿後、平成一八年三月一三日に二七一の条文からなる改正「信託法」案等が国会に提出された。主要な改正目的の一つとして、多様な信託の利用形態に対応する制度の整備を図ることが挙げられている。本章との関係でいえば、以下のように、いわゆる後継ぎ遺贈型の受益者連続信託の規定が盛り込まれたことには留意をすべきである。

（委託者の死亡の時に受益権を取得する旨の定めのある信託等の特例）

第九十条　次の各号に掲げる信託においては、当該各号の委託者は、受益者を変更する権利を有する。ただし、信託行為に別段の定めがあるときは、その定めるところによる。

一　委託者の死亡の時に受益者となるべき者として指定された者が受益権を取得する旨の定めのある信託

二　委託者の死亡の時以後に受益者が信託財産に係る給付を受ける旨の定めのある信託

2　前項第二号の受益者は、同号の委託者が死亡するまでは、受益者としての権利を有しない。ただし、信託行為に別段の定めがあるときは、その定めるところによる。

（受益者の死亡により他の者が新たに受益権を取得する旨の定めのある信託の特例）

第九十一条　受益者の死亡により、当該受益者の有する受益権が消滅し、他の者が新たな受益権を取得する旨の定め（受益者の死亡により順次他の者が受益権を取得する旨の定めを含む。）のある信託は、当該信託がされた時から三十年を経過した時以後に現に存する受益者が当該定めにより受益権を取得した場合であって当該受益者が死亡するまで又は当該受益権が消滅するまでの間、その効力を有する。

相続法秩序を信託行為で変更することについて批判があったために、期間を限定したうえで後継ぎ遺贈型受益者連続信託を認めることとしている。

（1）　新井誠編著『高齢化社会と信託』（第四編）有斐閣・一九九五年、新井誠『財産管理制度と民法・信託法』（第三編）有斐閣・一九九五年、植田淳「わが国における連続受益者型信託――導入可能性に関する基礎的研究」信託一八〇号（一九九四年）五頁、新井誠「信託法と後見法の交錯」ジュリスト一二五三号（二〇〇三年）一七〇頁、新井誠「高齢社会と信託――任意後見結合型裁量信託の実用化に関する研究」信託研究奨励金論集二四号（二〇〇五年）、新井誠編『高齢社会とエステイト・プランニング』日本評論社・二〇〇〇年、永田俊一『信託革命　金融ビジネスはこう変わる』（第六章　活性化が進む相続関連業務）日本経済新聞社・二〇〇五年、二〇三頁、吉田祈代「福祉と信託」新井誠編『信託ビジネスのニュートレンド』経済産業調査会・二〇〇五年、一七九頁は、このような視点からきわめて有益である。

(2) 信託は、高齢者の財産管理に非常に優れており、年金・医療・介護制度を含めた自律的な老後生活保障制度のなかで「リバースモーゲージと信託」の役割もあらためて問われてきている。村林正次「リバースモーゲージの現状と課題」信託二二二号(二〇〇五年)一八頁はリバースモーゲージの仕組みと商品の現状を概観したうえで制度普及のための課題に言及する。その他、信託二二二号には、鈴木直「医療・介護とリバースモーゲージ」、跡田直澄「リバースモーゲージを巡る環境」、山田ちづ子「米国の最新動向とわが国への示唆」等の論考が掲載されている。

なお、商事信託等との交錯する領域を扱うものとして、吉野直行「新信託型リバースモーゲージ――リバースモーゲージと流動化」信託二二二号三七頁、柳川範之「新信託型リバースモーゲージ――リバースモーゲージと信託の役割」信託二二二号四七頁がある。前者は流動化の仕組み等を説くが、後者は信託が引き受ける財産の中に不動産のみでなく、金融資産や年金等も組み込んだ新型のリバースモーゲージの仕組みを説き、有益である。

(3) このような指摘については、小林一夫「信託税制の問題点について」信託復刊九一号(一九七二年)一一六頁、佐藤英明「信託収益課税に関する基礎的一考察」金子宏編『所得課税の研究』(有斐閣・一九九一年)一〇三頁・一〇四頁等。このような観点からの体系的・総合的な信託課税の研究として、植松守雄「所得税法の諸問題(第二七回)」税経通信四三巻一三号(一九九八年一二月)四〇頁以下がある。わが国の信託税制の変遷と問題点については、植松・前掲論文(第三〇回以下)において詳細な検討が進められている。なお、相続税については、下野博文「相続税法四条に関する一考察」税務大学校昭和五二年度研究科論文集第三分冊(一九七八年)一頁以下が極めて有益である。

(4) 帝国議会議事録、大正一一年三月。

(5) 帝国議会議事録、大正一一年三月。

(6) 帝国議会議事録、大正一一年三月。

(7) 本条の立法趣旨は、他益信託が設定されると、その財産の贈与と同一の結果が生じことから、信託行為を贈与と同一に取扱い、もって相続税の逋脱を防ぐためである(下野・前掲論文二頁(特に注8)参照)。

(8) 信託受益権を課税物件とした趣旨はそれほど明確ではないが、信託財産は受託者、受益者、委託者の相続財産とならないが(受託者について、信託法一五条参照)、信託受益権は相続財産となると考えたこと、及び所得税法との整合性などがいわれている。渡辺善蔵「信託と税制」税務一四巻二号(一九二四年)六七頁・六八頁。

（9）片岡政一『戦時下における国民の税法』（第一書房・一九四〇年）一〇五頁・一〇六頁。

（10）松井静郎「改正相続税法の解説」税務協会雑誌第四巻五号（昭和二二年）。なお、上記のようにこの年に贈与税が導入されたのであるが、この贈与税の納税義務者は贈与者であったことから受益者が信託行為に不存在あるいは未確定の信託であっても「信託行為のあった時」に、贈与税が課税されることとなり、いくつかの問題が生じてきた。

たとえば、相続税開始前二年以内の贈与財産は、被相続人の相続財産を構成するとみなされていたこと（相続税法四条）から、被相続人（委託者）が死亡前二年以内に他益信託を設定した場合にも適用される。そして、この場合に納税義務者となるのは「相続開始前二年以内に被相続人から贈与を受けた者」（相続税法一条）である。そこで、相続開始の時に受益者が確定していない時の相続課税が問題となった。

そこで、改正法は、次のような信託について、相続開始時に受益者が確定していない場合には「当該信託の受託者を受益者とみなして」相続税を課税することにした（相続税法六条、同法規則二条）。

ア　相続開始の時において信託行為により受益者として指定された者が受益の意思表示をしていないためまだ受益者が確定していない信託

イ　相続開始の時において受益者がまだ存在していない信託

ウ　停止条件付で信託の利益を有ぜしめた信託で相続開始の時において条件が成就していないもの

エ　相続開始の時において受益者が不特定である信託

（11）信託行為時に課税するとともに（相続税法四条一項）、その課税時期の例外として、上述注（10）ア〜ウを認めて、受益者による受益の意思表示があったとき、受益者が存在するに至ったとき、または条件が成就したときに課税されるとした（相続税法四条二項）。また、上述注（10）ア〜ウの信託が設定された場合に、贈与税が課税されないうちに信託の課税関係が終了した場合については、信託財産の帰属権利者が委託者以外の者であるときには、信託終了時にその帰属権利者が信託財産を委託者からの贈与により取得されたものとみなす旨の規定（相続税法四条三項）をおいた。相続税法四条一項は、信託行為があった場合に、委託者以外の者が信託の利益の全部または一部について受益者であるとき（すなわち他益信託）には、当該信託行為があったときにおいて、当該受益者が信託受益権を当該委託者から贈与（信託行為が遺言でなされた場合には遺贈）により取得したものとみなすと規定する。また、同項は、信託設定時に当該受益者は、みなし贈与、みなし遺贈により信託の利益をうける権利

（信託受益権）を取得したものとみなす旨規定する。

信託設定時に、受益者が不特定の信託（受益者の範囲は決まっているが、個々の受益者が変更するもの）については争いがある。受益者が個々に現実に収益を取得したときに一時所得として課税すべきであるとする見解（所得税法適用説）と、信託の設立につき人格なき社団等に対する課税規定（相続税六六条二項）を類推適用することにより、信託行為があったときに相続税法上の課税関係が生じるとする見解（相続税法適用説）とがある。

また、現行相続税法四条二項一号は自益信託から他益信託（正確には、受益権が受益者に帰属している他益信託）について、その変更時に相続税法上の課税関係を認識するものである。なお、同項一号は自益信託から他益信託への変更を想定しており、後に他益信託から自益信託へ変更した場合の課税関係については「贈与税非課税」を自明のことと考えているのか直接言及していない。旧受益者からの贈与を認識することができるか否かである。ここで、あらたな自益信託の設定（信託の解除と新しい自益信託の設定）を観念すると、委託者に贈与税が課せられないと解されよう。この問題については、小林・前掲論文一二〇頁、西邑愛「信託税制について」信託九八号（一九七七年）五三頁、武田昌輔編『ＤＨＣコンメンタール相続税法』第一法規、八九六頁以下（加除式）。

これに対して、同項二号ないし四号は、他益信託（ただし四号においてそもそも受益者が不存在の場合は他益信託とはいえない）において、発生した受益権が受益者に帰属するに至ったときに（信託法七条参照）、相続税法上の課税関係を認定するものである。同項四号は、受益者の帰属について、「停止条件付受益者」の場合のみを規定しており（ただし、「解除条件付受益者」は、「停止条件付受益者」に含まれると解されている。）、「期限付受益者」の場合を排除している。よって、受益者の帰属について期限付の他益信託は、ストレートに、相続税法四条一項の適用を受けることになる。また、同項四号等は、他益信託の受益者が他の者を受益者とする他益信託に受益者変更権の行使により変更した場合の課税関係についてはなんら規定をおいていない（下野・前掲論文四頁～五頁・一〇頁）。相続税法の課税関係については議論が分かれているが、相続税法四条二項四号の類推適用により相続税法の課税関係を肯定する見解が有力である。あらたな他益信託の設定を観念することにより委託者からあらたな受益者へのみなし贈与、みなし遺贈を肯定する見解である。また四号においては、期限を区切って受益者を連続させる場合の課税関係について、一般的には信託行為時に課税関係が生じると解される（いわゆる「網打ち効果」）。

相続税法四条は、信託行為時課税、受益者課税、信託受益権をその相続対象とすることという特徴を指摘できる。

(12) 大正一一年の立法趣旨がそのまま現行信託税制に引き継がれているが、これはきわめて立法技術的なものであり、理論的には問題が残ろう。

(13) 武田昌輔編『DHCコンメンタール』(第一法規・加除式)一一三二頁・金子宏『租税法 第11版』(弘文堂・二〇〇六年)一七二頁以下。

(14) 信託契約が撤回不能であり、しかも委託者が受託者・信託財産を一切コントロールできない場合までも委託者に課税することは行き過ぎであるとする主張が今日では広く展開されている。たとえば、金子・前掲書一七二頁の注(1)参照。

(15) なお、相続税について、下野・前掲論文三四~四二頁も併せて参照。

(16) 米倉明「後継ぎ遺贈の効力について」タートンヌンマ三号(一九九九年)一頁以下(米倉明『家族法の研究(民法研究五巻)』新青出版、一九九九年、三三六頁以下所収)は、この米倉論文の前提となるものであろう。この論文において、米倉教授は、無効説と有効説をあらたな視点から詳細に検討され、有効説を支持される。後継ぎ遺贈の民法上の効果については、紙幅の関係で詳細な言及は避ける。後継ぎ遺贈に関する、民法学者の論文としては、大島俊之「いわゆる『後継ぎ遺贈』について」(谷口知平先生追悼論文集三巻)(信山社・一九九三年)六九頁をはじめとして多くのものがある。総合税制研究九号五五頁注(3)が網羅的である。

大村敦志「『後継ぎ遺贈』論の可能性」道垣内弘人・大村敦志・滝沢昌彦編『信託取引と民法法理』(有斐閣・二〇〇六年)二一七頁は、後継ぎ遺贈の導入にあたっての制約原理(物権法定主義等)を考察して導入にあたりやや消極的な見解を示すといってよかろう。一方、星田寛「受益者連続信託の検討」前掲書『信託取引と民法法理』二四一頁は、後継ぎ遺贈および受益者連続信託の導入の可能性を積極的に肯定する。星田論文は受益者連続信託を実務上用いる場合の問題点(税制を含む。)についても広範囲に論ずる。

なお、滝沢昌彦「信託管理人をめぐって」前掲書『信託取引と民法法理』一七三頁は、信託法八条の信託管理人において同条の拡大解釈による信託管理人の法的性質、信託管理人の権限および責任等の範囲を考察する。

(17) 米倉教授のいわれる生活保障・家業維持型の事例などの検討は、すでに試みられてきた。

「[事例] X(六五歳)は、長男A(三五歳)に株式の過半数を所有させ、家業を継がせることとした。しかし、経営能力の育成の点では五年程度をまだ要する。一九九〇年四月一日に以下のような信託契約を締結する。信託財産はオーナー社長であるX

が保有している株式六〇〇株および信託財産の管理に必要な現金である。当初の受益者は委託者であるXである（自益信託）。一九九五年四月一日に受益権を分割し、受益者をY（Xの妻）、A（Xの長男）、B（Xの長女）、C（Xの次男）とする。受益権の分割割合は、Y一五〇、A三五〇、B五〇、C五〇とする。

ただし、受益者変更前に委託者が死亡した場合には、受益権の分割割合を上記と同様、Y一五〇、A三五〇、B五〇、C五〇として分割する。

［事例］X（六五歳）は、長男A（四〇歳）に株式六〇〇株の過半数を所有させ、家業を継がせることとした。しかし、Aの子供は長女Aのみであるので、次男Bの長男B′に継がせたいと考えている。一九九〇年四月一日に以下のような信託契約を締結する。信託財産はオーナー社長であるXが保有している株式および信託財産の管理に必要な現金である。当初の受益者は委託者であるXである（自益信託）。一九九五年四月一日に受益権を分割し、受益者をY（Xの妻）、A（Xの長男）、B（Xの長女）、C（Xの次男）とする。受益権の分割割合は、Y一五〇、A三五〇、B五〇、C五〇とする。

二〇〇〇年四月一日にAの受益権のうち九割をBに帰属させる。ただし、受益者変更前に委託者あるいはAが死亡した場合には、受益権の分割割合を上記と同様に分割する。

このような信託はすでに、わが国においては財団法人トラスト六〇「経営権の承継と株式管理信託に関する考察（報告書）」（一九九二年）において、事業承継の円滑化における信託の活用にあたり、配当受益権を事業継承者以外の相続人に、元本受益権を事業継承者にという形で、検討が行われている。

なお、税法学者で後継ぎ遺贈あるいは信託による後継ぎ遺贈に言及した論文としては、水野忠恒「後継ぎ遺贈の効力と課税関係」税務事例研究五一号（一九九九年）六九頁、占部裕典「裁量信託及び受益者連続型信託の課税関係――イギリス信託課税からの示唆」神戸学院法学二五巻二号（一九九五年）一九七頁がある。

国税当局者の手による論文としては、下野・前掲論文「相続税法四条に関する一考察」、香取稔「条件・期限・負担付の遺贈についての相続税課税上の問題――後継ぎ遺贈を中心として」税務大学校論叢（一九九七年）三〇七頁がある。米倉、前掲論文四一頁は、租税法からの検討の必要性を説く。

(18)　米倉・前掲論文一五頁・一六頁以下は、Xが遺言により、本文**【補足事例1】**でいうと、Yが死亡時に（第一次的遺贈は将来に向かって失効する――不遡及）、その遺贈利益（特定の不動産）をその時点で存在しているY2に与えることを後継ぎ遺贈

（あるいは第二次遺贈）と定義される（米倉・前掲論文一七頁）。

(19) 米倉論文における学説を整理すると以下のようになる。

1 生前信託において、四宮説は民法（相続法）上の効果について留保しているが、相続法上、後継ぎ遺贈が有効である場合には信託法上も受益者連続信託は当然に有効であり、問題は生じない。しかし、四宮説においては後継ぎ遺贈が相続法上無効である場合には信託法上有効であると考えられる一般コース（**【補足事例1】**）および特殊コースに準じた受益者連続信託はどちらも無効になると考えられる（ただし、四宮教授のこのような場合の結論は反対となることが予想される。）。

2 米倉説においては、後継ぎ遺贈は、民法上有効であり、かつ生前信託において信託法上も有効であると解しても、民法・信託法を合わせみた場合の結論は、特殊コースに準じた受益者連続信託については無効である。ただし、遺言信託の場合にはこの場合も有効となる。

(20) 課税関係については、香取・前掲論文三五二頁以下、水野・前掲論文七五頁以下が有益である。

(21) 最高裁判決には多くの判例批評等が存する。最高裁は、問題となった遺言書の解釈について、(1)原審同様、単純遺贈（第二次遺贈条項は、遺言者Aの希望にすぎない）、(2)不動産所有権を遺言者の弟Xらに移転すべき義務を遺言者の妻Yに負担させた負担付遺贈、(3)Xらに対して、「Y死亡時に本件不動産の所有権がYに存するときには、その時点において本件不動産の所有権がXらに移転するとの趣旨の遺贈」、(4)Xらに対する「Yの死亡を不確定期限とする遺贈」の四つの解釈が成り立ちうるとしている。後継ぎ遺贈を(3)の類型として議論するものが多い。稲垣・前掲論文四〇頁等。米倉論文は、(4)の類型を念頭においているといえよう。

(22) 最高裁への上告理由のなかにこのような類型をみることができる。

(23) **【事例1】**の課税関係の詳細は、占部・前掲論文二〇三頁以下。

(24) 大正一一年信託法の制定に伴い導入された相続税法二三条の導入の趣旨は、「新たに信託法制定の結果、信託に依り、委託者が他人を受益者と為すとは、いやしくもその財産を贈与すると同一の結果を招来することとなるを以て、相続税法においては右の信託行為を贈与と同一に取扱うことと為し、以て相続税の逋脱を防ぐの必要あり」（大蔵省編纂『明治大正財政史』第六巻二四三頁）ということであった。すなわち、「財産の贈与行為、又は贈与と認むべき信託契約の締結を遺産相続の開始と見做して課税せねばならぬ理由は、主として脱税の防止にあるのである。即ち相続開始前被相続人が財産を贈与したり又は贈与と同一の効果のあるような信託契約を為して、将来相続財産として移転すべき財産を予め相続人に無償譲渡して、相続税の課税を免れ乃至は之を軽減するの恐れがあるので、かかる脱税を防止すると同時に、我が国の如く別に独立した贈与税の無い国としては、相続による財産の取得、親族間の財産の贈与との負担の均衡上からも、此等の場合に課税しなければならぬ理由があるのである」（勝正憲『相続税の話』（千倉書房・一九三七年）七八頁以下）。

相続税法四条の立法・改正経緯については、下野・前掲論文一頁以下が詳しい。その他、武田昌輔監修『DHCコンメンタール相続税法』一八一頁以下等参照。

(25) 窪田好秋「信託と相続税の課税」税一六巻八号（一九三八年）三四頁・三六頁。昭和二二年に「現実受益課税」を改められたが、その理由は、従来現実受益課税をとったのは「従来の相続税法においては贈与を受けた者を納税義務者とする建前をとっていたからである。しかるに贈与税においては贈与者を納税義務者としているから、かかる場合は受益の発生するを待つ必要はなく、信託行為があった時直ちに贈与があったものと見なして課税すればよい」（松井静郎「改正相続税法の解説」税務協会雑誌四巻五号（一九四七年））とされている。

(26) 下野・前掲論文一四頁。

(27) 小林一夫「信託税制の問題点について」信託復刊九一号（一九七二年）一一七頁以下。この問題について、立法上検討されてこなかったとの指摘として、武田昌輔監修・前掲コンメンタール八八一頁参照。

(28) 小林・前掲論文一一九頁・一二〇頁。

(29) 小林・前掲論文一二〇頁。

(30) 小林・前掲論文一二〇頁、一二一頁。

(31) 上田啓次郎『信託制度とその利用』（産業経済社・一九五六年）二三二頁以下。

(32) 下野・前掲論文四三頁。

(33) 下野・前掲論文四五頁。「信託法改正要綱試案」試案第六四も併せて参照。

(34) 香取・前掲論文四〇〇頁参照。昭和二八年八月法律第一六五号は、「遺言によりなされた場合」の下に、「又は第四号の条件が委託者の死亡である場合」を加えた。停止条件付信託で条件が成就した場合のうち、その条件が委託者の死亡であるときには贈与ではなく遺贈により取得したものとみなすことに改められた。

なお、民法において、死亡は、不確定期限と解するのが一般的である。中根・前掲論文一一五八頁。

(35) 改正通達の問題点については、旬刊速報税理一九巻二七号(二〇〇〇年)九頁等参照。

(36) 改正通達の信託評価に及ぼす影響については、山田熙「信託受益権の評価」税理四三巻一〇〇号(二〇〇〇年)一〇三頁。

(37) このような事例の課税関係については、佐藤英明「委託者・受益者不存在の場合の信託課税」総合税制研究一号(一九九二年)七七頁以下を参照。

(38) 下野・前掲論文五九頁。

(39) 下野・前掲論文六〇頁。

(40) 寺尾美子「わが国信託法における帰属権利者に関する諸規定をめぐる議論と受益者連続の是非」実体信託法に関する研究会『実体信託法研究ノート』(財団法人トラスト六〇・一九九六年)一五七頁以下以下。

(41) 細谷祐治『金融及信託(下巻)』瞭文堂、一九二四年、五六四頁参照。四宮論文三〇七頁以下もほぼ同旨である。

(42) 森下利雄「受益権と帰属権利者の意義」信託研究第三集(一九二七年)三五頁参照。

(43) 細谷、前掲書三六二頁、竹之内信「信託法における受益権(上)」信託研究第三集(一九二七年)六七頁。

(44) イギリス信託・税制研究会編『イギリス信託・税制研究序説』(清文社・一九九四年)五〇・五六頁以下(新井誠執筆)参照。アメリカ、カナダ等コモン・ロー諸国における、このような財産計画への信託の活用については、エドワード・C・ホールバック・ジュニア(新井誠訳)「米国における信託の利用状況と信託の利用目的」信託一七九号(一九九四年)七二頁、ドノヴァン・ウオーターズ(新井誠訳)「今日のカナダにおける信託の活用方法」信託一七三号(一九九三年)七三頁等参照。イギリス信託法一般については、G・H・キートン、L・A・シェリダン(海原文雄—中野正俊監訳)『イギリス信託法』(有信堂・一九八八年(以下、「キートン前掲書」という))、森泉章編著『イギリス信託法原理の研究』(学陽書房・一九九二年)、イギリス信託税制研究会・前掲書「第一章　現代イギリスにおける信託の活用法」(新井執筆)等参照。その他、本章では、イギリス信託法について、David B. Parker & Anthony R. Mellows, The Modern Law of Trusts (4th ed. 1979), Philip H. Pettit, Equity and The Law of Trusts (7th. ed. 1993) を主として参照している。

(45) *See* David B. Parker & Anthony R. Mellows, *supra* note 44 at 90–112; Peter White, Practical Trusts: Law, Tax and Procedents, Chap 2 (5th ed. 1994).

(46)　*See* David B. Parker & Anthony R. Mellows, *supra* note 44 at 113–18; Peter White, *supra* note 45 at 184. アメリカでは浪費者信託（spendthrift trust）と呼ばれているものである。わが国で論考は多いが、とりあえずエドワード・C・ホールバック・ジュニア（新井誠訳）前掲注（44）講演参照。

(47)　David B. Parker & Anthony R. Mellows, *supra* note 44 at 67–73; Peter White, *supra* note 45 at 72.

(48)　David B. Parker & Anthony R. Mellows, *supra* note 44 at 69–76, 84; Phillip H. Pettit, *supra* note 44 at 44–50. なお、瀬々敦子「イギリス信託法における受託者の権利・義務」信託一八〇号（一九九四年）二九頁参照。イギリスにおいては、受託者は、所得およびキャピタル・ゲインの配分について権限を有することが可能であり、また受益者のクラスに新たな受益者を付加したり、削除したりすることが可能である。我が国において、裁量信託の課税関係を検討するにあたりこの「受益者の指定」がまず問題となるが、信託法上、受益者に関する指示はあるが、委託者の指示した受益者の範囲が漠然としている場合（例、友人、縁者）には信託行為は無効であるが、受益者は信託行為の当事者ではないことから、信託行為当時、特定・現存することを要しない（特定・現存は信託行為の効果が受益者に帰属する要件）と解されている。四宮和夫『信託法（新版）』（有斐閣・一九八九年）一二七頁。たとえば、「委託者の子供四人のうち、受託者が最も事業遂行能力があると判断する者」といった指定も可能であろう。下野・前掲論文「相続税法四条に関する一考察」六三頁以下も併せて参照。

(49)　David B. Parker & Anthony R. Mellows, *supra* note 44 at 8184; Phillip H. Pettit, *supra* note 44 at 67–73; Peter White, *supra* note 45 at 102–107.

(50)　占部裕典「信託課税における受益者課税、委託者課税の再検討」総合税制研究二号（一九九三年）二〇頁・二二頁、下野・前掲論文二頁参照。

(51)　占部・前掲論文三五頁―四九頁参照。

(52)　小林一夫「信託税制の問題点について」信託復刊九一号（一九七二年）一一七頁以下、下野・前掲論文九頁以下参照。

(53)　小林・前掲注（52）論文一一七頁以下、西邑愛「信託税制について」信託九三号（一九七七年）五三頁以下、下野・前掲論文九頁以下参照。

(54)　スローバックルールの動向については、Cunningham, *The Trust Throwback Rules; The Solution Remain After The Prob-*

lem Fades, 24 AKRON L. REV. 23（1990）が詳しい。占部・前掲論文四九頁以下、下野・前掲論文九頁以下参照。
（55）小林・前掲論文一一九頁以下参照。
（56）PETER WHITE, *supra* note 45 at Chap. 18, イギリス信託税制研究会・前掲書第二章一三〇頁参照。
（57）本節については、トラスト六〇編『信託税制研究――海外編』（トラスト六〇研究叢書・一九九七年）二三八頁以下（渡邉幸則執筆）、イギリス信託・税制研究会編・前掲書二九三頁以下（渡邉幸則執筆）参照。
（58）小林栢弘『遺言執行時にまつわる税金　相続税から譲渡所得税まで』（税務研究会税務情報センター・二〇〇三年）二九頁以下は、負担付遺贈の場合においても遺言者に譲渡所得税が行なわれると解している。
（59）国税通則法五条は、「相続（包括遺贈を含む。以下同じ）があった場合には、相続人（包括受遺者を含む。以下同じ）又は民法（明治二十九年法律第八十九号）第九百五十一条（相続財産法人）の法人は、その被相続人（包括遺贈者を含む。以下同じ）に課されるべき、又はその被相続人が納付し、若しくは徴収されるべき国税（その滞納処分費を含む。第二章（国税の納付義務の確定）、第三章第一節（国税の納付）、第六章（附帯税）および第七章第一節（国税の更正、決定等の期間制限）を除き、以下同じ）を納める義務を承継する。この場合において、相続人が限定承認をしたときは、その相続人は、相続によって得た財産の限度においてのみその国税を納付する責めに任ずる。
2　前項前段の場合において、相続人が二人以上あるときは、各相続人が同項前段の規定により承継する国税の額は、同項の国税の額を民法第九百条から第九百二条まで（法定相続分・代襲相続分・指定相続分）の規定によるその相続分によりあん分して計算した額とする。
3　前項の場合において、相続人のうちに相続によって得た財産の価額が同項の規定により計算した国税の額をこえる者があるときは、その相続人は、そのこえる価額を限度として、他の相続人が前二項の規定により承継する国税を納付する責めに任ずる。」と規定する。
国税通則法基本通達（課されるべき国税）四は、「この条第一項の『課されるべき国税』とは、相続開始の時において、被相続人について納付義務は成立しているが、国税に関する法律に定める手続または規定により、納付すべき税額が確定していない国税をいう。」、同通達（納付すべき国税）五は、「この条第一項の一『納付すべき国税』とは、相続開始のときにおいて、被相続人について国税に関する法律に定める手続または規定により、その納付すべき税額が確定している国税をいう」、同通達（徴収されるべき国税）六は、「この条第一項の『徴収されるべき国税』とは、被相続人につき徴収されるべきこととされている源泉徴収等による国税で、相続開始までに源泉徴収がされていないものをいう」と定める。

(60)　別冊ＮＢＬ編集部編『信託法改正要綱試案と解説』別冊ＮＢＬ一〇四号（二〇〇五年）、信託二二三号（二〇〇五年）の特集「信託法改正要綱試案」等多くの文献がある。

第四章　信託法と民法等との抵触（軋轢）がもたらす課税関係の問題

はじめに

本章では、集団信託ではなく個別信託について、特に裁量信託や後継ぎ遺贈といった個別信託（個人信託）の課税上の問題や相続時精算課税制度が導入されたことによる個人信託への影響のようなものを検討する。現在まさに信託課税の研究者の目が向いているのは「金融商品と信託課税」といった投資信託課税ではなく、今後の社会において個別信託の発展がきわめて重要であると考えている者の一人として、あえて現在の個別信託の問題点の一端を示したい。

個別信託では、すでに神戸大学の佐藤英明教授が信託協会において「信託税制の課題と解決の方向」ということで講演をされている。佐藤教授と改革の方向性を共有するところもあるが、個別信託課税の議論の切り口を変えて議論を展開したい。このような切り口での若干の検討は昨年の信託法学会のおりに一度さわり程度の報告をしたが、その折りには集団信託とセットの報告であったので、個別信託についての十分な見解を示すことができなかった。我が国の信託課税の議論をするに際して、佐藤教授はアメリカ信託税制を比較の題材にされていたようであるが、私はイギリス信託課税を比較の題材として検討をこころみていきたいと考えている。

一　「柔軟な個別信託」の発展を阻害するもの

まず、個別信託が今後どのように発展をとげていくか、どのように利用されていくか、それは、信託のもつ機能、具体的には「信託における意思凍結機能」（委託者が認定した信託目的が委託者の意思能力の喪失、委託者の死亡に係わらず持続するという機能である。）、「信託における受益者連続機能」（委託者により設定された信託目的を長期間固定しつつ、その信託目的にそって、信託受益権を複数の受益者に連続させて帰属させるという機能である。）、信託における受託者裁量機能（受託者がその裁量権を行使して、その委託者が指示した受益者候補のなかから現実に受益する受益者を特定するという機能である。）をうまく組み合せることにより個人の財産管理・運用計画を増大させるスキームとして多様なものが考えられていくであろうことは推測に難くない。しかし、そのような個別信託を考え出したとしても、それが信託法や民法といった私法のレベルで受け入れられるものであること、税というコストがそのような個別信託の設立や運用を妨げないことという条件が必要である。それらがまず克服されることが必要であるといえる。個別信託の発展が我が国で極めて後れている理由の一つがここにあることは周知のことであろうと思う。

そうすると、個別信託の設定（開発）にあたっても次の視点からの検証が必要となってくるであろう。

(1) 信託課税法の規定から生ずる問題

(2) 信託課税法の解釈上の争いから生ずる問題

(3) 信託課税法規の欠陥（不備）から生ずる問題

ア 立法時から抱えていた欠陥

イ 信託の多様化から生ずる欠陥

(4) 信託課税法規とそのほかの税制との対立（軋轢）から生ずる問題

個別信託は、明文規定がおかれていてもその規定をささえる課税理論に問題がある。明文規定の解釈が明確ではない（法規が粗雑すぎる。）ことから既存の個別信託においても課税関係が明確でない場面がある。これは立法時から抱えていた欠陥であるといっても過言ではない。これらのことは、当然に信託の多様化に対応する税関係の不明確さということを当然の如くもたらすことになる。

ここには、国際信託課税（個別信託に限定するが）からくる問題も同様に生じてくる。前者は、我が国における信託の多様化から生ずる欠陥ということができる。後者は、信託の国際化から生ずる問題であるといえる。

(5)　信託法、民法等の個別法規の解釈上の問題がもたらす課税関係の問題

(6)　信託法と民法等との抵触（軋轢）がもたらす課税関係の問題

これらの問題を考える場合には租税法と私法との関係をどのように理解するかという問題が出発点にあるが、個人的には（通説に近いと考えているが）課税関係は私法上の法律関係（場合によっては公法上と言ったほうがよい場合もあるが）に基づいて、あるいは依存をして、決まっていく（私はこれを「私法絶対依存説」と呼んでいる。）。そうすると、私法の課税関係がゆらぐと租税法の課税関係も当然のごとくゆらいで、ぐらぐらしてくる。私法の法律関係が土台となって税法の法律関係（課税関係）が存在するということである。そうすると、当然に信託法自体に解釈上争いがあるところではそれが課税関係に影響を及ぼす。また、信託法と民法が抵触することによってそのような信託法上のスキームが制約をうけるといった場合などには、やはりそこでの問題を解決しなければ課税関係がはっきりとしない。

そこで、抽象的な議論を避けるために具体的な個別信託でみていこうと思う。最近、少し議論がでてきた「信託による後継ぎ遺贈」をはじめとして、いくつかの個別信託で説明をしたい。

二　信託による後継ぎ遺贈の検討

1　具体的な検討

そこで、まず、「信託における受益者連続機能」が十分に活用される「信託による後継ぎ遺贈」をモデルにして検討を加える。今後、遺言と並び財産継承の選択肢の一つになるものと考えられ、逆に遺言という制度そのものを駆逐していくとさえ考えられる。具体的な事例を設定する。

【補足事例1】　X（遺言者・被相続人）は遺言により、X所有の土地をまずY1（妻）に与え、次いで将来Y1が死亡したときにはY1の相続人ではなくて、Y2（Xの甥、X及びY1の非相続人）に与えることとした。

【補足事例2】　X（委託者）は生前にT（受託者）との間で信託契約を締結し、本件不動産から得られる収益については、生前はXを受益者とし、Xの死後はY1（Xの妻）を受益者にし、Y1の死後はY2（Xの甥）を受益者とする旨を取り決めた（なお、Y2がXの相続人である場合においては「特殊ケース」として言及する。以下、同様）。

そもそも後継ぎ遺贈が信託法において取り上げられたのは信託法の泰斗四宮和夫教授の『信託法』においてであった。四宮教授による信託法における「信託による後継ぎ遺贈」（受益者連続信託）の問題への言及は民法の抵触問題を棚上げしたものである。当時においては、当然このような課税関係などはおよびもつかない問題であったと思われる。しかし、それ以後、いくつかの問題はあったがこの問題にインパクトを与えたものは一九九九年に公表された米倉明教授の「信託による後継ぎ遺贈の可能性——受益者連続の解釈論的根拠付け」と題する論考（以下「米倉論文」という。）であった。「後継ぎ遺贈」の民法上の法的効果と「信託による後継ぎ遺贈」の信託法上の法的効果との関係に着目して「信託による後継ぎ遺贈」の法的効果を検討するものであり、受益者連続信託に対する我が国の課税関係を考察するにあたって極めて示唆に富むものであった。

米倉論文における「後継ぎ遺贈」は、まずその定義を明らかにして、Y1の死亡により本来のY1の相続人に相続されるべき不動産を相続人でないY2に帰属させるものであり、後継ぎ遺贈（第二次遺贈）はY1の死亡を期限とするXからY2への遺贈（不確定期限付遺贈）であり、いわゆる本件不動産がXからY1へ、Y1からY2へと流れるものではないとされる（米倉論文八八頁）。これまで、民法学者は、いわゆる「後継ぎ遺贈」とは、「遺言者が第一次的受遺者へ、そして遺言者の意思によって定められた条件の成就や期限の到来によって、第一次的受遺者から第二次的受遺者へ遺贈利益が移転する遺贈である」と定義されていたところである。

ここでの民法レベルでの理解の違いは一四四頁で示した(5)の問題であるといえる。この相違は課税関係に影響を与える。

このような定義と米倉教授の定義（あるいは法的な構成）がどちらが正しいのか正直なところよく分からない。そのような二つのどちらの解釈も後継ぎ遺贈の解釈としてありうるものかもわからない。これまでの既存の定義は、米倉教授の指摘される継伝処分型を含んでいるようにも思われるし、また既存の定義は継伝処分型そのものであるようにも思われる。とりあえず、ここでは米倉教授が第二次遺贈と継伝処分型とを明確に区別されていることに留意をしておきたいと思う。ただし、本章では、とりあえず両者の型を広く包摂した信託による後継ぎ遺贈を以下、「受益者連続信託」と呼ぶことにしておきたいと思う。

米倉教授は、まず後継ぎ遺贈について、「Y1の死亡により目的物が本来Y1の相続人によって相続されるべきところ、Xの意思によって曲げることになり許されないのではないかという懸念が持たれようが、後継ぎ遺贈は不確定期限付遺贈であり、そして遺贈に条件・期限を付することは民法自身が許すところであることから（九五八条二項参照）、民法自身が割り切った、クリアしているというべきである」（米倉論文九七頁）と主張される。

また、米倉教授は、「信託による後継ぎ遺贈」について、信託法一条、八条一項がまず問題になるかもしれない。信託法一条、八条一項により、受益者の人数は一人に限られるということもなく、また受益者がいかに交代しようが、「一定の目的」を充足しうることには変わりはないから、受益者連続信託が有効であると主張されている。すなわち、信託法一条の「一定の目的」とは信託行為という法律行為の内容をさし、とりわけ、受託者が委託者に対して、どのような義務を負担することになるのかについてはっきりしていることだと解されている（米倉論文九三頁）。受益者連続においては、受託者は特定の信託財産を管理して、将来はまずY1を、次いでY2（以下、Y3、Y4、以下略）を受益者として受益させる義務を委託者に対して負担する。その細目は信託行為の定めるところによるが、ともかくも、受託者が委託者に対して負担する義務（その存在及び内容）ははっきりしており信託目的は――信託行為時（信託設定時）に――確定しているといえると解される（米倉論文九三頁）。また、米倉教授は、信託法八条一項は「不特定ノ受益者又ハ未タ存在セサル受益者アル場合ニ於テハ」裁判所が利害関係人の請求により職権で信託管理人を選任することができるとの規定であるが、同条は「不特定ノ受益者又ハ未タ存在セサル受益者」についてさえ信託が成立することを前提としており、「不特定の受益者や未存在の受益者であっても受益者としてさしつかえないという以上、受益者連続が適格な受益者を欠くという理由で無視されうるとはとうてい考えられない」（米倉論文九三頁）とされている。このことは信託についての所得税法・法人税法もこのことを当然の前提としていると考えられている。

そのうえで、Ｙ1の死亡時に、Ｙ2がＹ1の本来の相続人でない場合（**補足事例1**）については民法上も有効であり、信託法上も有効の場合においては、信託法における最終的な帰結も有効となるものの、Ｙ2がＹ1の本来の相続人である場合については「信託行為によって受益者として指定されたＹ1の死亡を条件に、Ｙ2を指定し、さらにＹ2の死亡を条件にＹ3へ帰属させる場合においては、相続分指定（民法九〇二条）及び遺産分割方法指定（民法九〇八条）を回避するに等しいと解される場合があり、それらは遺言によらなければならないのに、それを回避したことになる」と解される（米倉論文九六頁、九七頁参照）。よって、米倉説においては、**補足事例2**のいわゆる特殊ケースにおいては、結論として信託による後継ぎ遺贈の法的効力は無効となると解されているようである。このような米倉教授の見解の妥当性については、信託課税法（相続税法・所得税法）、信託法における取扱いを検討した後に述べることとしたいと思う。

ちなみに、上述の点は、米倉教授は、後継ぎ遺贈、あるいは受益者連続信託における信託法上の効力について、四宮和夫教授による有効説と見解を異にする点であるとされる。四宮教授は、『信託法（新版）』（有斐閣・一九八九）（以下、「四宮論文」という。）一二七頁において初めて信託による後継ぎ遺贈の問題に言及されたが、四宮説は、民法上の後継ぎ遺贈の効力を棚上げにした議論である（四宮論文一二九頁）。よって、民法上、後継ぎ遺贈が無効の場合に信託法の取扱いがどのようになるのか、四宮説からの説明はない。しかし、おそらく、その場合においても有効と推測されるように思われるが、米倉教授は、四宮説に立った場合において、(1)生前信託の場合、**事例2**の場合は無効、また特殊ケースにおいても無効と推論され、また、(2)遺言信託によった場合においては、**事例2**の場合は有効、しかし特殊ケースにおいては有効（米倉教授の推論では無効だが）となると解されている（米倉論文九七頁参照）。

2　後継ぎ遺贈における課税関係

まず、**補足事例1**及びその特殊ケースにおける課税関係を明らかにしておきたいと思う。

補足事例1においては、このような遺言が可能であるとした場合においても、後継ぎ遺贈に係る最高裁昭和五八年三月一八日判決（判時一〇七五号一一五頁）によれば、以下のような法律構成が事実認定によっては考えられる。

(1)　本件遺贈は、XからY1への単純遺贈である（第一次受遺者に対する単純遺贈）。このように解すると、Y1からY2への当該不動産の移転はXの希望にすぎないこととなる。

(2)　XからY1への本件不動産の移転は、Y1からY2に当該不動産を移転させる負担をY1に課した負担付遺贈である（第一次受遺者に対する負担付遺贈）。この場合、負担の履行については、期限到来又は条件成就にかかわる場合があるが、**事例1**においては、期限付遺贈と解することになるであろう。

(3)　Y1の死亡時に不動産の所有権がY1に存する場合には、その時点において当該不動産の所有権がY2に移転する趣旨の停止条件付遺贈である（第二次受遺者に対する停止条件付遺贈）。

第二次受遺者に対する条件付遺贈は、事例によっては、第一次受遺者が死亡時に遺贈財産を有していることを停止条件として第二次受遺者への停止条件付遺贈、第一次受遺者に対する解除条件付遺贈及び第二次受遺者に対する停止条件付遺贈も考えられうる。**事例1**のような場合は、前者に該当すると解することができると考えられよう。Y1が死亡した時に遺贈財産を有していることを停止条件とした（あるいはY2がY1よりも長生きすることを条件とした）第二次受遺者たるY2への停止条件付遺贈である。

(4)　実質的にはY1に本件不動産の使用収益権を与えたに留まり、Y2に対する、Y1の死亡を不確定期限とする遺贈である（第二次受遺者に対する期限付遺贈）。事例によっては、第一次受遺者の死亡を期限とした第二次受遺者の始期付遺贈、第一次受遺者の死亡を期限とした終期付遺贈及び第二次受遺者への始期付遺贈が考えられうる。

事例1のような場合は、後者に該当すると解することができようか。

前記最高裁は、当該事案にかかる遺言書については、これらの四つの解釈を示唆しているが、さらに、

(5) Ｙ2に本件不動産を与えるが、Ｙ1が死亡するまではＹ1にその使用借権を与えようという、Ｙ2に対する負担付遺贈と解することもできよう。

相続税の課税原因は、「相続、遺贈又は死因贈与により財産を取得したこと」である（相続税法一条）。よって、(1)におけるＹ1への課税は、通常の遺贈と同じであり、Ｘの死亡時に相続税が課される。(2)におけるＹ1への第一次遺贈については、(ア)Ｙ1への負担付遺贈ということになるとする見解と、(イ)Ｙ1への負担といいながら死亡にともなう負担であるので正確にはＹ1の相続人の負担ということになるので、負担付遺贈と解することはできないとする見解がありえよう。

(ア)によると、第一次受遺者Ｙ1は、相続開始の時に遺贈財産を遺贈により取得したこととなり、相続税が課税される。その場合の課税価格の計算は、負担の履行に停止条件が付されていない限り、Ｘの死亡時における負担が存しないとした場合の不動産価額から負担額を控除して、相続税額が算定されることになる（相続税基本通達一一の二―七）。

ただし、この場合に負担額をどのように解するか問題が残ろう。この場合、Ｙ1の死亡は不確定期限と解されるのでこのような処理が肯定されることになろう。

しかし、条件の履行が条件成就にかかわる場合においては、第一次受遺者Ｙ1に対してＸの死亡時に遺贈により遺贈財産を取得したものとして相続税が課せられ、Ｙ1の死亡時に負担の価額（相続開始の時における遺贈財産の価額）にかかる相続税が減額されることになる。民法は死亡の発生を不確定期限と解するが、相続税法は死亡の発生を停止条件と解しているようであり（たとえば、相続税法四条二項）、そのように解すると後者の課税関係となろう。

なお、条件成就に伴って減少する相続税については、未分割財産が分割されたときにかかる更正の請求の特例規定に準じて更正の請求をすることができる（相続税法三二条一項、相続税法基本通達三二―三が準用を認めている。）として取り扱われている。なお、(イ)の場合の課税関係は、単純に遺贈としてY1に相続税を課することになろう。

さらに、Y2は、Y1が死亡したときに負担部分（本件不動産価額）を遺贈により取得したとして相続税が課される（相続税基本通達九―一一）。

(3)におけるY2に対する課税関係は、Y2に対する本件不動産の停止条件付遺贈として、Y1の死亡時にY2に対して相続税が課される（相続税法基本通達一・一の二―六共―八）。Xの死亡時に、Y2に対して、遺贈財産を遺贈により取得したとして相続税が課される。Y1の死亡時に遺贈財産にかかる相続税が減額されるとともに、Y2に対して遺贈財産を遺贈により取得したとして相続税が課される。

条件が成就するまで遺贈の効果は生じないことから、未分割財産としてとりあえずXの相続人らにおいて相続税を課される（相続税法基本通達一一の二―八）と解されよう。条件成就に伴い減少する相続税については、未分割財産が分割されたときにかかる更正の請求の特例規定に準じて更正の請求をすることができる（相続税法三二条一項、相続税法基本通達三二―三が準用を認めている。）と取り扱われている。

(4)におけるY2（あるいはY1）に対する課税関係は、Y2がXの死亡時に遺贈により遺贈財産の価格から負担の価額を控除した残額を取得したとして相続税が課されることになる（Y2は、Xの死亡時に不動産の所有権を取得することになる。）。また、Y1は、Xの死亡時にY2の負担の価額を遺贈によって取得したとして相続税が課される。この場合においてY2の負担は何であろうか。遺贈の場合に上記(3)同様に、Xの死亡時にY1を含むXの相続人らの課税関係をどのように解するか問題が生ずるが、(3)と同様の取扱いが求められると解される。使用借権が相続税の課税対象となるか争いが生ずる。

なお、Y1に対して遺贈により使用収益権を取得したとして相続税が課せられるとの見解もあろうが、この場合においては収益について所得税が課されるのみであると解すべきであろう。

(5)においては、第一次受遺者に対しては、遺贈財産を遺贈により取得したものとして相続税を、また第二次受遺者に対しては期限付権利又は遺贈財産に対する具体的な債権を遺贈により取得したものとして、相続税が課税される。ここでも、上記の事例同様、Ｙ1に対して更正の請求が認められることになろう。

米倉論文においては、「後継ぎ遺贈（第二次遺贈）はＹ1の死亡を期限とする、ＸからＹ2に対する遺贈（不確定期限付遺贈）であって、あくまでもＸからＹ2に対する遺贈なのである。Ｙ2は、本件不動産の第一遺贈の失効（不遡及）を介して、Ｘから直接に承継する」（八八頁）と解されている。このような理解にたった場合の法律構成が上記の(1)〜(4)あるいは(5)のどの類型に当てはまるのか（あるいは上記とは異なる法的構成をとるのか）定かではない。(4)にもっとも近いものと思われる。「第一次遺贈の失効」により当初の相続税（Ｙ1の相続に課せられている相続税）が還付され（ただし、いかなる規定にもとづいて還付を受けるかが問題となろう。）、改めてＹ1の死亡時にＹ2に対して遺贈として相続税が課税されることになると解されるよう。

なお、後継ぎ遺贈が許されないとした場合には、(1)の類型に当てはまると解されることが一般的であろうと思われる。

三　受益者連続信託の課税関係

後継ぎ遺贈は信託行為によっても実質的に達成することができると思われるが、そのような事態を信託によって実現することが承認されうるか否かはともかく、受益者連続の信託の課税関係をみてみよう。実質的に信託行為により同じものをつくり出すにあたって、**補足事例2**は、上記の**事例1**のような信託を設定させることによりさらに類似性を帯びてくるであろう。

【事例1】　X（委託者）は、生前にT（受託者）との間で、一九九〇年四月一日に信託を設定する。信託条項にもとづき、「委託者X存命中は収益受益権をY1（Xの妻）に、Y1が死亡した後には収益受益権をY2（Xの甥）に、そして、Y2死亡後には元本受益権あるいは残余財産をY3（Xの孫）に帰属させる」とする。

これは収益保有信託に類似しているが、受益者連続型信託として後継ぎ遺贈型信託への道を開くものである。**事例1**において、我が国の民法・信託法が受益者連続の信託を認めるか否かという問題を別にすると、所得税法と相続税法による課税関係が問題となる。自益信託においては、Xが、他益信託変更後はY1及びY2が、Tが本件不動産から得た収入に対して所得税をそれぞれ課されることとなる（所得税法一三条一項・二項、所得税法施行令五二条）。

1　委託者課税制度が抱える問題

また、相続税法においては、委託者の死亡により委託者以外のものが受益者となった場合については、遺贈により取得した者とみなすことから、Y1に対して受益権を相続財産として相続税が賦課されることになる（相続税法一条・四条）。

まず、相続税法四条一項が「信託行為があった場合において、委託者以外の者が信託……の利益の全額又は一部についての受益者であるときは、当該信託行為があった時において、当該受益者が、その信託の利益を受ける権利……を当該委託者から贈与（当該信託行為が遺言によりなされた場合には、遺贈）に因り取得したものとみなす」と規定していることから、信託設定時にＹ１に贈与税が賦課されることについては異論がない。相続税法においては受益者に係る定義規定は存しないことから、受益者の定義は信託法によることとなる（税法における借用概念）。信託法上、受益者とは、委託者が信託の利益を与えようと意図した人たちであり、信託の存続中に信託財産について利益を享受することを請求できる権利、すなわち受益権を有する者であると定義することができるであろうから、Ｙ１が受益者であることについては異論は存しない。問題はＹ２、Ｙ３に対する課税である。

2　相続税法四条二項四号の適用について（Ｙ２の課税関係）

Ｙ１が死亡したときに収益受益権をＹ２に帰属させることとしているが、この場合の課税関係が問題となろう。相続税法四条二項は、「当該各号に掲げる事由が生じたため委託者以外の者が信託の利益の全部又は一部について受益者となった場合においては、……当該受益者となった者が、その信託の利益を受ける権利を当該委託者から贈与（第一号の受益者の変更が遺言によりなされた場合又は第四号の条件が委託者の死亡である場合には、遺贈）に因り取得したものとみなす」と規定している。同条二項四号は委託者の死亡を「期限」と考えずに「条件」と解している点に特徴がある。そして、同条二項四号においては「停止条件付で信託の利益を受ける権利を与えることとしている信託について、その条件が成就したこと」により、贈与とみなすと規定している。よって、同条二項四号本文かっこ書は、「条件が委託者の死亡である場合には、遺贈」により取得したものとみなされていることから、Ｙ１が死亡した時点において相続税が課されるようにもみえる。

一方では、**事例１**において、Ｙ１は委託者ではなく受益者であり、受益者の死亡が条件となっていることから、同条二項四号、同条二項本文かっこ書の適用はないとも考えられる。よって、死亡を停止条件と解する相続税法四条二項本文かっこ書に従うと、結局のところ相続税法は死亡を停止条件の一つと解していると解することができるのであるから、文理解釈を行うと相続税法四条二項四号により受益者Y2の課税時期は受益者Y1の死亡時であり、みなし贈与として、贈与税が課されると解すべきであるということになろう。

しかし、ここで起こりうる問題は、租税法上、Y1に対して相続が発生し、その後にY2に対して贈与が発生することとなるが、Y2に対して相続税よりも重い贈与税負担が課せられることはY1と比較して、矛盾していると も解されよう（相続税法を信託による後継ぎ遺贈に適用することにより生ずる矛盾）。

3　相続税法四条二項の射程距離（同条一項との関係）

しかし、相続税法四条二項がそもそも自益信託から他益信託への場面（変換時点）のみを射程距離においていると解することも可能のようにみえ、仮にそのように解すべきであるとすると、前記二**1**のように解することにもまた問題が存することとなろう。そこでまず、相続税法四条二項の立法経緯をみてみることとする。

大正一一年信託法の制定に伴い導入された相続税法二三条の二項は、その課税要件を「信託ニ付委託者カ他人ニ信託ノ利益ヲ受クヘキ権利ヲ有セシメタル」場合と規定していたが、受益者が重複して指定された信託（当初委託者Sが受益者であり、その死亡後に収益受益権は受益者Bに帰属すると定めた場合）において、この規定をどのように適用するか解釈上問題が存した。大正一一年当時、(1)委託者Sの死亡の時に受益権が発生するとする説、(2)信託設定時に委託者Sと受益者Bは受益権を取得するとする説が対立し、後続受益者の課税時期がいつになるのか論じられていた。ここでの問題はあくまでも受益者連続であるが、委託者を第一次受益者とする自益信託から第三者を第二次受益者とする他益信託への変更に際しての議論であった。この問題は、昭和一三年の信託法改正により信託（設定）行為時課税が「現実受益主義」（受益者が委託者に対して信託行為により給付されるべき利益の請求権の現実に発生したときに課税）に変更され、議論のあった場合の課税時期の問題も解消した。

昭和二二年に相続法が改正され、相続税法も改正された。信託に対する相続税の課税規定も改正され、「現実受益主義」が大正一一年同様に「信託行為時主義」に戻された。これに伴って相続税法五条二項において、「委託者が受益者である信託について、あらたに委託者以外の者が受益者となった場合」には委託者以外のものが受益者となったときに贈与があったものとみなす規定がおかれた。これは「信託行為があった時」に贈与があったとみなして贈与税が課税されるものの、自益信託から他益信託に変更する場合においては、従来「信託ニ付委託者カ他人ニ信託ノ利益ヲ受クヘキ権利ヲ有セシメタルトキハ其ノ時」の規定解釈から導き出されていた課税関係を明確にするものであった。昭和二二年の贈与税は贈与者に課税をするものであったために、受益者が不存在又は未確定の信託であっても、信託行為のあったときに課税することとなっていたことから、いくつかの問題の生ずるおそれが存した。その一つは、相続開始前二年以内の贈与財産は被相続人の相続財産を構成するとみなされていたことから（旧相続税法四条）、この規定が委託者が死亡前二年以内に他益信託を設定した場合にも適用される結果、相続開始時に受益者がまだ確定していない信託に対する相続課税が問題となった。

改正法は、そのような信託として、⑴相続開始のときにおいて、信託行為により受益者として指定された者が受益の意思表示をしていないためまだ受益者が確定していない信託、⑵相続開始のときにおいて、まだ受益者が存在していない信託、⑶停止条件付で信託の利益を有せしめた信託で相続開始の時において、まだ条件が成就していないもの、⑷相続開始の時において、受益者が不特定である信託、の四つを挙げて、相続開始時に受益者が確定していない信託については「当該信託の受託者を受益者としてみなして」課税することにしていた（旧相続税法六条）。なお、上記⑴～⑶に掲げる信託において、受益者として指定された者が受益しない旨の意思表示をしたこと、受益者が存在しないこと又は条件が成就しないこととなったことに因り信託財産又は信託の利益を受ける権利が委託者に帰属したときには、当該信託ははじめからなかったものとみなすこととしていた（旧相続税法六二条）。

昭和二五年に、相続税法の抜本的な改正が行われ、遺産取得者課税方式が採用され、相続・贈与により財産を取得した者を納税義務者とすることとなった。しかし、信託課税に関する規定は最小限の改正をみたに留まり、基本的にはそれら規定が今日まで踏襲されている。すなわち、相続税法四条一項において旧法同様に信託行為時課税を原則として、その例外として、同法四条二項で、①委託者が受益者である信託で受益者が変更された場合、②受益者として指定されたものが受益の意思表示を行った場合、③受益者が不存在であった信託において受益者が特定または存在するに至った場合、④停止条件付で信託の利益を与えることとしている信託において条件が成就した場合、を定めている。なお、旧法においては受益者が不特定である信託に対する規定をおいていたが削除し、「某大学の一年生全部……」といった信託においては、受益者が収益を取得したときに一時所得として所得税をかけることとされていた。

昭和二二年改正において、相続税法四条二項四号規定の原型が盛り込まれたのであり、それまでは信託法理からのアプローチで課税時期が論じられていたといってよい（この点からも、信託法理の視点は今日なお、問題となる。相続税法四条二項四号の解釈に無縁ではない。）。そもそも立法経緯からすると同条二項は自益信託から他益信託への転換に係る規定である（すなわち、信託行為の後に委託者が受益者を変更する場合にかかる規定である。）と解することができるのである。

なお、このような問題との脈絡において述べられたものではないが、「税法は、自益信託から他益信託への受益者変更の場合以外に、他益信託から他益信託へのケースもあり得るということを、あるいは看過してしまった」との指摘がある。委託者を甲、当初の受益者を乙、乙の相続人を乙1、委託者の指定変更権行使の結果次なる受益者となる者を丙とする信託関係について、当該信託行為があったときに乙に贈与税が課せられるが、その乙が信託終了前すなわち信託の利益を享受する前に死亡した場合には、乙の相続人である乙1が信託受益権を相続することになる。この場合には、乙1に対して相続税が課税されることになる。乙1は信託の利益を享受していないにもかかわらず贈与税を支払わなければならないこととなる。そこで、そのような結果を相続税と贈与税の二重課税であるとして批判する。また、委託者甲が信託期間中に受益者を乙から丙へ変更した場合の課税関係について、乙と丙に贈与税が課せられることになり、あきらかに贈与税の二重課税であると指摘する。このような場合においては、①国税通則法二三条にもとづく更正の請求により贈与税を還付してもらうことができる、あるいは②他益信託の信託行為があったときに贈与があったものとしてみなし贈与税を課するのは不合理であり、指定変更権を有するがこれを行使する以前に委託者が死亡した場合にのみ受益者に対して贈与税を課税するのが相当である、あるいは③指定変更権があるこのような場合の受益者はいつ変更されるか分からないのであり、受益者の地位は信託終了にいたるまで確定したとはいえないと解すべきである、などといった問題解決策が示されている。

しかし、現行相続税法四条が他益信託から他益信託への受益者変更を看過しているのではないのかという批判は、「委託者が受益者変更権を留保することを考慮して、昭和一三年の改正が行われていることを考えれば、後者の推測は的を得たものではない」との反論もありうる。このような見解に立つ者は、相続税法四条二項一号の規定を受益者変更権行使の場合のみを規定しているのではなく、信託条項の変更による受益者の変更など広範囲なものを含んでいるとしたうえで、この規定は他益信託に対する贈与税の回避を防止する目的でつくられたものであると考えるべきであるとする。そのうえで上述のような問題については、受益者変更権行使により受益権を取得した受益者は、信託行為で指定された受益者ではないから、厳密には停止条件付受益者とはいえないではないが、新受益者には相続税法四条二項四号が類推適用されるべきであるとして、受益権を失った旧受益者は、更正の請求により救済されるべきであると解する者もいる。

さらに、**事例1**の受益者Y1については、相続税法四条二項一号においては「委託者が受益者である信託について、受益者が変更されたこと」によりみなし贈与が発生する旨規定されており（遺言の場合にはみなし遺贈）、一見、この号にも該当するようにみえる。しかし、この号の適用においても、**事例1**の場合については受益者がY1から

Ｙ２に変更する者であることから、そもそも一号にも該当しないといえよう。ここでも同条二項は自益信託から他益信託への転換にかかる規定である（すなわち、信託行為の後に委託者が受益者を変更する場合にかかる規定である。）ことが前提となっているといえよう。**事例１**は、はじめから他益信託である。

しかし、同条二項二号・三号についてはこのような前提が存するか否かは明確ではない。二号は「信託行為により受益者として指定された者が受益の意思表示をしていないために受益者が確定していない信託について、受益者が確定したこと」、三号は「受益者が特定していない又は存在していない信託について、受益者が特定し又は存在するに至ったこと」をみなし贈与が生ずるための要件としている。このような要件が自益信託から他益信託に変わる場面を想定しているかについてはこの文言だけでは必ずしも定かではないといえようが、同条一項と二項との関係及び同条二項の趣旨から、このように解することの方が合理的のように思われる。Ｙ１の死亡が同条二項四号に該当しないと解することができるのであれば（すなわち、ここでの停止条件は委託者の死亡であり、委託者以外の死亡は同条二項四号に該当しない）、つまるところ委託者以外の死亡は不確定期限であるとして、同条一項の適用を受けるか否かが新たな問題となりそうであるが、委託者の死亡が条件であり、委託者以外の死亡が期限であるという解釈も無理があろう。

４　相続税法四条一項の適用について

【事例２】　Ｙ２をめぐる課税関係にかかる問題は、さらに一九九〇年四月一日に信託を設定するが、信託条項にもとづき、「収益受益権を委託者存命中はＸに、Ｘが死亡した後には収益受益権をＹ１に、Ｙ１が死亡した後には収益受益権をＹ２に、そして、Ｙ２死亡後には元本受益権あるいは残余財産をＹ３に帰属させる」。

右の**事例2**と次に掲げる**補足事例3**で対比してみると、問題点がより鮮明となってくるであろう。

【補足事例3】　信託条項にもとづき、「収益受益権を一九九〇年四月一日には収益受益権をBに、一九九五年四月一日には収益受益権をCに、そして、二〇〇〇年四月一日には収益受益権をDに、二〇〇五年四月一日には元本受益権、残余財産をDに帰属させる」。

相続税法四条一項と同法四条二項との関係から、同法四条一項の受益者には確定期限付受益者が含まれていることから、B・C・Dは、始期が受益の履行のみを制限していると解され、その結果、受益権は当初から効力を生じており、信託設定時において他益信託の受益者であると解することができる。すると信託設定時において受益者B・C・Dに対する贈与があったものとみなすこととなり、各人に贈与税が課せられることになる。いわゆる「網打ち効果」により、受益者全員に課税が生ずることとなる。しかし、このような受益者連続（受益者の横の連続）が立法者が予定していたかははなはだ疑問である（**事例2**（前頁）とのバランスに留意）。

事例2において、相続税法四条二項が適用されない（信託の設定時に同条一項が適用される）と解してみよう。Y1については委託者Xが死亡するまでは遺贈とみなされず、課税関係は生じないが、Y2・Y3については同時にみなし贈与による贈与税課税が生ずることとなる。すなわち、委託者以外の受益者の「死亡」が期限（不確定期限）であると解するとこれらも信託設定時に受益者すべてにY2・Y3に対して贈与税が課税されることになる。このような解釈をとると、委託者Xの死亡時に受益者Y1に相続税の課税関係が生ずる（みなし遺贈）こととなる。一方、Y2・Y3に対して、信託設定時に贈与税が賦課されることとなろう。

このような課税関係は、一九六五年に信託契約にもとづき「委託者A（現在九五歳）が死亡したらB（同三五歳）に受益権を、一九九五年にBからCに受益権を帰属させる」とした信託において起こりうる。上記の見解を前提とすると、相続税法四条二項四号によるAの死亡時におけるBへのみなし遺贈（相続課税）と信託設定時のCへのみなし贈与（贈与税）が生ずることとなる。これらの事例は、自益信託から他益信託への変更ではなく、そもそも他益信託が設定されているのである。しかし、**事例2**（一五九頁）においては、問題がもっと複雑である。

この問題については、相続税法四条二項本文かっこ書において、「贈与（……第四号の条件が委託者の死亡である場合には遺贈）により取得されたものとみなす。」と規定することから、委託者の死亡を停止条件とすることは明らかであるが、上述したように（二**2**）、委託者以外の死亡にかかる課税関係については必ずしも明らかではない。次のような二つの解釈が成り立ちうるであろう。

①　委託者の死亡を条件と解するからには、当然に委託者以外の受益者の死亡も条件である。

②　人の死亡は不確定期限であるので、相続税法で特別に委託者の死亡が条件であると強いる場合を除いては、受益者の死亡は不確定期限である。ただし、この場合において、不確定期限を相続税法四条一項の適用と考えるか、同法四条二項の適用と考えるかという問題が別に生ずる。

このような規定の解釈をめぐる議論はそもそも、このような受益者連続（委託者以外の受益者の死亡による受益者の交代）を予定していなかったことの表れであるといってよかろう。しかし、受益者連続信託が民法・信託法において許容される場合においては、相続税法の課税関係が明確にされなければならないであろう。明確にすることができないというのであれば立法行為がなされなければならないということになる。

［上記①の立場による課税関係］　条文の上からは（文理解釈上）、**事例2**において、相続税法四条二項でいう委託者Xの「死亡」と同様に、受益者Y1（あるいはY3の課税をめぐってはY2）の「死亡」を停止条件とみること

には無理があろう。また、同条二項一号でいう当初委託者Ｘが受益者であったものが、委託者以外のＹ３に変更する、すなわち当初自益信託であったことには変わりはないが、上述したように、同条二項一号は委託者たる受益者と委託者以外の受益者が連続している場面を射程距離においていると考えるのが通常の理解であろう。すると今日、委託者以外の者の死亡を条件とする者に対する課税は、同条二項三号により課税するのがもっとも妥当な解釈であろう。

［上記②の立場による課税関係］　Ｙ２の権利は、Ｙ１が死亡することは確実であるがいつ死亡するかは不明確であるので不確定期限付権利であると解する場合において、このような者を相続税法四条一項にいう受益者に含めると、**事例1**と基本的には同じ課税関係が発生するといえよう。ただし、信託受益権の評価が極めて困難となろう（平均余命をもって評価することになろうが）。しかし、そのような不確定期限が相続税法四条一項にはそもそも該当しないとするならば、そのような者は死亡という期限の到来まで受益権の発生をそもそも停止しているにすぎないのであるから、受益者に該当しないといえよう。よって、このような場合にも、同法四条二項三号を適用せざるをえないであろう。

しかし一方、確定期限を相続税法四条一項の射程距離におき、不確定期限又は停止条件（委託者以外の死亡）を相続税法四条二項の射程距離におくことは、**事例1**と**事例2**においてアンバランスな結果を招来するようにも思われる。

なお、相続税法においては、委託者の死亡を条件と解している（その証左は、相続税法四条二項本文かっこ書である）との立場に立つと、Ｘの死亡時にＹ１に対するみなし遺贈が発生し、相続税が課せられる（相続税法四条二項本文かっこ書）。Ｙ１の死亡時にＹ２に対するみなし贈与が発生し、贈与税が課される。Ｙ２の死亡時に、相続税法四条二項によってＹ３に対するみなし贈与が発生し、贈与税が課される。

5　Ｙ3に対する課税関係（残余財産の課税関係）

Ｙ3の課税関係を考えるにあたっては、帰属権利者と受益者との関係に留意をしておく必要があろう。帰属権利者とは信託契約の終了の場合における残余財産に付き受益権を取得すべき期待権を有する者をいうが、ここでいう帰属権利者に帰属する残存（残余）財産（価格）とはどのようなものをいうのであろうか。ここでいう残余財産とは、受益された残りの信託財産であり、信託存続中に支払われるべきもの（原信託存続中に受益されるべき分、信託報酬などの諸々の費用等）を完済してなお残存すべき信託財産をいうと解される。信託が終了しなければ残余財産は発生しない。帰属権利者の権利は、信託終了の場合における残余財産に関する権利である。Ｙ3を残余財産の帰属権利者とすると、信託終了時までその受益権の内容は確定しないことから、信託終了時が課税時期となるであろう。しかし、信託目的において、Ｙ3に対して残余権を付与している場合においてはＹ2の死亡時に残余財産があれば、その時点において受益者になるものと解される。一方、Ｙ3が信託設定時においてＹ2の死亡時において元本受益権を有すると規定されている場合にはＹ2と同様の問題が生ずるものと解される。Ｙ2の死亡を「停止条件」あるいは「不確定期限」として相続税法四条二項の適用があると解すれば、**事例1**（一五三頁）においてもＹ2の死亡時がＹ3に対する元本受益権の「みなし贈与」として、贈与税が課される。相続税法四条二項三号又は四号の適用となろう。

6　後継ぎ遺贈によるジェネレイション・スキップ

この問題を検討するにあたり、まず、信託契約において、以下のような生前信託を設定したとする。

【事例3】「委託者Ｘは有価証券を受託者に信託し、委託者Ｘの子供Ａに子供Ｂ（すなわち孫）が生まれた場合には、孫Ｂが二〇歳になったときに有価証券をすべて孫Ｂに与える。（生前信託を設定）」

この場合において受益者は存しないことから相続税法の適用はないが、Ｂが二〇歳に成る前に（あるいは生まれる前に）Ｘが死亡したときの課税関係はどのようになるであろうか。子供Ａに対する相続を一回回避することにより、相続税を回避することができるであろうか。この場合に委託者Ｘの相続人は、委託者たる地位を相続することに異論はないと考えられるが、ここでは受益者確定前の受益権の帰属が問題となる。相続税法基本通達四―一は、「受益者が確定していない又は特定していない若しくは存在していない信託の委託者について相続の開始があった場合には、その信託に関する権利は委託者の相続人が相続によって取得する財産として取り扱うもの」とする。この通達は、相続税法四条二項一号を除く、同項二号から四号に適用されるものである。なお、このような改正は昭和三四年改正によるものであるが、それ以前は逆の定め方をしており、「信託に関する権利は、委託者の相続人が相続によって取得する財産にはならない」（昭和二五年相続税法取扱通達一九）として取り扱っていた。

しかし、この通達については、①相続税法四条二項二号から四号に掲げる信託において委託者が依然として信託財産に対する支配権を有しているとは考えることはできず、受益者が確定するまでの間はだれにも帰属しない、②相続税法四条三項において、委託者の相続人も元本の帰属者が一般的には帰属権利者になることが多いが、上記の委託者の相続人が帰属権利者である場合には、この規定により再び委託者から相続人へ贈与されたことになるものと解される（再度の贈与課税）、として、その不合理を説く見解も存する。このような見解に立つ論者においては、このような問題を回避するために、相続税法四条二項の「委託者以外の者」の「委託者」に委託者の相続人を含めるのではなく、委託者自身を指すべきであると解釈すべきであり、その結果、委託者の死亡後に相続人が受益者変更権を行使して自益信託とした場合にも四条二項が適用されるから、相続税回避の問題は生じないと説く。「委託者」の相続人は、委託者の地位を引き継ぐのみであり、受託者の所有に帰している信託財産に関する受益権を相続で取得すると解するのは無理があろう（ただし、仮に通達にもとづき課税された場合には、相続税法四条三項の適用はないと解することから②の批判はあたらないといえよう。）。しかし、委託者の相続人は委託者の地位と委託者とは別の第三者としての人格を有することから、委託者の相続人が自分を受益者として受益者変更権を行使したときには委託者以外の受益者と解さざるをえないものと思われる。

しかし、**事例3**について、上記のような解釈を採用したとしても、このような通達が存しないとすれば相続税回避が生ずることになろう。

相続により親から子へ、子から孫へと順次相続が繰り返されると、二回の相続又は遺贈により二回の相続税が課せられる。上記のようなジェネレイション・スキッピングによる租税回避は比較の対象をどこにおくかにより、その評価は違ってくる。たとえば、遺言により条件付遺贈又は負担付贈与が行われた場合には一回の相続税のみが課されることになる。これは単純遺贈からみれば確かに租税回避といえなくもなかろうが、遺贈により孫に直接相続財産を移転させることは民法も認めているところであり、このような法律行為により一回の相続をスキップさせることは問題が存しないところであり、租税回避とはいえないであろう。

ただし、相続税法においては、そのようなスキップにそなえて、相続又は遺贈により財産を取得した者が被相続人の一親等の血族及び配偶者以外の場合について、相続税額の二割加算の制度をおいているところである（相続税法一八条）。この点で後継ぎ遺贈の解釈によっては、二割加算制度の回避が生ずることから相続税法上は問題が生ずるといえよう。このことは、信託による後継ぎ遺贈においても同様に生ずる問題である。

7　信託法上において受益者連続信託は許されるか

この問題を検討するにあたってはレベルの違う二つの問題を区別しておく必要がある。一般的に受益者連続信託が許されるかという問題と、受益者連続信託において受益者の変更を委託者あるいは前受益者など委託者以外の者の死亡によらしめることができるかという問題である。後者においては民法における相続制度との抵触が問題となるが、この問題は後述四で検討する。

(1)　信託法六三条、六二条の内容

①　信託法七条を根拠に受益者連続を肯定することができるとする見解（七条根拠説）は、米倉論文の指摘するように連続した受益者を認めるか否かについては沈黙している。この条文をもって、受益者連続を認めることは困難であるようにみえる。

②　信託法六二条、六三条を同様に根拠とする見解（六二条・六三条根拠説）は、原信託の終了によっても、帰属権利者が残余財産を取得する場合には、その信託とは信託終了にもかかわらず、帰属権利者を受益者とみなして法定信託として存続するというものである（四宮論文一二八頁）。ここにおいて受益者（ただし、後述するように任意信託における受益者と帰属権利者でありながら法律上受益者とされた両者の間には法的な本質において大きな相違がある。）が連続するというかたちをまがりなりにもとることとなっているが、信託法六二条、六三条は結局それだけを明確に認めているのであって、それ以外については何ら明らかにしていない。

今日、明らかにしなければならない問題は、信託法が任意信託の段階において受益者が連続することを認めているか否かである。

この問題についてもっとも示唆に富む論文は、中根不覊雄教授の「信託帰属権利者の性質」（法学協会雑誌四六巻七号一頁以下（一九二八、以下「中根論文」という。）である。この論文は、最近多くの信託法の論考に引用されており再評価がされているものと思われる。

受益者連続信託について正面から言及することはないが、受益者の受益権及び帰属権利者の帰属権の本質を明らかにすることにより、この問題に応えている。後継ぎ遺贈を正面から取り上げるのではなく、受益者と帰属権利者との連続ととらえ、これをもって一般的に受益者連続として理解しうるのか、という問いに応えることになる。

中根教授はまず受益者と帰属権利者との関係について議論が存するとしたうえで、以下のような見解を展開する。

「帰属権は帰属権利者が信託終了迄其の地位を保持することによって残余財産が存在したならば之に付き特定の権利（受益権）を取得すべき事を期待し得る権利であるから一種の期待権であると言うことが出来る。帰属権利者の権利即ち帰属権は或は条件付権利である場合もあるし、或は期限付権利である場合もあるが常に一の期待権であることに変りは無い」（中根論文一一五九頁）。

「帰属権利者は残余財産が存在したならば之が移転を受くべき者であって、受託者に対し其の引渡を請求する権利を有している。即ち信託終了に因り帰属権利者の取得すべき権利は債権であるが、信託法は此の場合に取得せられるべき債権を受益権であると定めた。信託法第六十三条後段に『此ノ場合ニ於テハ帰属権利者ヲ受益者ト見做ス』とあるのが夫である」（中根論文一一六〇頁）。

「信託が終了すれば信託関係は全く消滅して仕舞う筈であるが、そうすると残余財産は其の管理者を失うことになり帰属権利者の権利を保護することが出来ない。之を如何にして保護すべきかは立法技術の存する点であって、我信託法は此の場合に残余財産を帰属権利者に移転することを目的とする一種の信託関係を存在せしむることにした（信託法第六十三条）。此の信託関係は信託行為に依って設定された信託とは全く異った者で、法律に依って設定されたものであるから学者は之を法定信託と称している」（中根論文一一六一頁）。

「受託者は原信託の受託者と同一である。又其の信託目的は残余財産を帰属権利者に移転することである。然らば受益者は何人であるか。……信託終了の場合に設定された法定信託にも亦受益者がなければならぬ。信託法第六十三条後段は『此ノ場合ニ於テハ帰属権利者ヲ受益者ト見做ス』と定めた。蓋し法定信託は残余財産が無事に帰属権利者に移転されることを目的としたものであって、帰属権利者の利益を保護することを主眼としている。即ち法定信託の受益者と看做したのは理論上より言うも當て然るべき事である。帰属権利者が受益者であることになれば其の有している権利は受益権であると言う事になる」（中根論文一一六一頁、一一六二頁）。

なお、「受益権が受益者の一身に専属するものである場合には、信託行為に特別の定めなき限り受益者の死亡に因て、信託は終了する。従て此の場合に信託財産が残存していたならば帰属権利者は之に就き権利を取得することになる。反之通常の場合には受益権も亦財産権の一種として相続財産中に包含せられ、受託《マ》者《マ》が死亡したならば其相続人に依て相続せられ、信託は其相続人を受益者として相続することになる」（中根論文一一五五頁、一一五六頁）。

そして、中根教授は、次のような見解について反論を加える。

(1)　帰属権利者は信託財産を取得することから信託により利益を受ける者に他ならない。よって、帰属権利者は一種の受益者である。

(2)　受益者は帰属権利者の一種である。上記(1)説と全く逆の見解である。帰属権利者は受益者を含む受益者の概念よりも広い概念であって、信託財産の帰属する者は其の帰属することが信託行為にもとづこうと法律にもとづこうと、すべて帰属権利者である。すなわち、信託行為により帰属するもの（帰属権利者）が受益者である。

(3)　元本の受益者が帰属権利者である。帰属権利者は受益者の一種であるとする点で(1)説と同じである。すなわち、受益者を分かって、収益を享受するのが収益受益者であり、元本を享受するのが帰属権利者である。

(1)説は法律の規定によって定められている帰属権利者と受益者との関係に着目したものではない。よって、帰属権利者は結局信託財産を受ける者であるから原信託存続中においても信託行為により受益者として指定された者と同様の地位を有するものであるという意味であればこの見解はなんら間違いではない。⑵は、信託行為をもって受益者以外に別に帰属権利者を定めることは無意味となり、帰属権利者は信託終了の場合のみならず原信託存続中においても信託財産の帰属を受けることとなり、受益者は原信託存続中は受益者という資格と帰属権利者という資格の二つを有することとなるなど、信託法の明文に反する結果となる。⑶は、もっぱら元本を受益する受益者であって帰属権利者でないこともあるし、帰属権利者が収益を享受することもあることから、結局のところ信託法の明文に反することになろう（中根論文一一六八頁以下参照）。

中根教授は、帰属権と受益権との本質に着目する。帰属権は信託が終了したときに残余財産が存在すればこれにつき受益権を取得すべき現在の権利であり、その取得させられるべき受益権そのものと混同することは許されない。両者は密接な関係を有するが別種の権利である。帰属権利者は帰属権を有する者であり、受益者は受益権を有する者である。受益者は信託の存続中に信託財産につき利益を享受することを請求する債権を有するが、帰属権利者は原信託の存続中は信託財産につき利益を享受することを請求することができない。すなわち、「受益者には原信託の利益を享受すべき者と法定信託の利益を享受すべき者との二（つ）があって、後者は帰属権利者が法律の規定に依て受益者と看做されたものである。原信託存続中には期待権を有している帰属権利者が原信託終了によって受益者と看做される結果受益権を取得するのである」（中根論文一一六九頁）。このような見解は、信託法の解釈に忠実であり、このような解釈に異論は存しないといえよう。その結果、受益権を有する受益者と帰属権を有する帰属権利者（法的にはみなし受益者）との連続は特別な局面での連続であり、これをもって信託法が受益者連続を正面から肯定しているとはいいがたい。この結論は、米倉教授によっても支持されている（米倉論文九五頁）。よって、信託法六二条、六三条を根拠にして受益者連続を肯定することには無理があろう。

(2) 受益者の範囲について

受益者連続を議論するにあたっては、第一次受益権から第二次受益権への移転に際して条件や期限が付される。中根教授は条件又は期限にかかっている受益権を取得している者について、受益者との関係で詳細に検討を加えている。ここでの中根教授の解釈は、今日においても広く支持されうるところであると思われる。相続税法四条との整合性を意識しながら、以下、中根教授の見解をみてみよう。

① 停止条件付受益権を有する者

停止条件付受益権者とは停止条件に繋がった受益権を有している者をいう。では停止条件付受益権者は停止条件付受益権を有しているがこれを受益者と称することができるであろうか。

停止条件付受益権者は、将来において受益者になれるかも知れないという希望・期待を有しているにすぎない。この希望又は期待は期待権という一種の権利であって法律の保護を受けるのではあるが、期待権は一種の物権でも債権でもない一種特別の権利である。よって、受益権そのものとは全然異なった別の権利である。相続開始前の相続人の地位と相続開始後の相続人の地位との関係に類似している（中根論文一一七〇頁～一一七三頁参照）。

なお、停止条件付受益権者が「受益者」に含まれないとするこの見解は、相続税法四条二項四号の前提となっている。

② 解除条件付受益権を有する者

甲を受益者として指定したが将来乙に変更すべき権利を留保した場合について、甲は第一義において条件付権利を有し、乙は第二義において条件付権利を有することになる。甲は、現在において効力を発生している完全な受益権であるのに対して、乙の権利は将来委託者が受益者変更権を行使して現在の受益者なる甲の受益権を消滅せしめた場合に新たに受益者となりうることを期待しうる権利である。すなわち一種の期待権であって、甲の受益権とは全く異質のものである。つまるところ、条件付受益権は期待権であり、それを有する者を受益者と呼ぶことはできないと解される（中根論文一一七七頁以下参照）。中根教授によれば、上記の甲と乙との間でみられるような受益権連続信託は許容されているようである。ここで、中根教授は、甲は委託者であると限定されていないことから、委託者以外の者を受益者とする受益者連続を肯定されているといえよう。

なお、解除条件付受益権者が受益者に含まれないとする見解は、相続税法四条二項一号の前提となっている。

③　**期限付受益権を有する者**

始期とはその到来するまで法律行為の発生又は債務の履行を停止する期限である。中根教授は、「始期が受益の履行のみを制限している場合には受益権は当初から効力を生じているから、そのような始期付受益者が受益者であることは明らかである。始期が期限の到来迄受益権の発生を停止しているのであれば、その期日が到来したならば受益権を取得するという期待権を有しているにすぎない。これを始期付受益権とする。金一万円を信託して、甲に生活費を支給し、乙に昭和一〇年一月一日になお残金があったら乙に支給するという信託契約を締結した場合において、甲は受益者であり、乙は始期付受益権であり、単なる期待権を有するにすぎないことになる（乙は昭和一〇年一月一日まで、残余金があるか否かわからないのである）」（一一七九頁、一一八〇頁）と解される。このような受益者連続は肯定されている。

相続税法においては、中根教授のいう履行の制限のみを課している受益権であると解して、相続税法四条一項により信託設定時に課税されることとなる（ちなみに事例の乙は条件付受益者であることから、そもそも始期付受益権といえるかは問題であろう。相続税法四条二項四号の適用）。

なお、終期とは、その到来によって法律行為の効力を消滅せしむる期限である。終期付受益権者とは終期に繋がった受益権を有する者である。期限の到来するまでは完全な受益権を有している（中根論文一一八一頁以下参照）。

④　**受益者の意思表示**

信託行為に定めた帰属権利者の権利が発生するには帰属権利者の意思表示が必要かについて、信託が遺言により設定される場合には遺言において帰属権利者を定めた場合は遺言の効力により当然に残余財産を取得する権利を有するのであり、帰属権利者の意思表示は不必要である。しかし、信託契約による場合については、信託終了により帰属権利者が残余財産の引渡を請求する権利を取得することは信託の効果であるが、信託契約は「第三者のためにする契約であることから」、その第三者（委託者以外の者）の受益の意思表示が必要とされるかは検討される必要がある。信託行為により指定された受益者も「第三者のためにする契約」であるが、受益者に対しては信託法に規定が存する。信託法七条は、「信託行為ニ依リ受益者トシテ指定セラレタル者ハ當然信託ノ利益ヲ享受スル。但シ信託行為ニ別段ノ定アルトキハ其ノ定ニ従フ。」と規定する。よって、受益権の発生について別段の定めをおいた場合についてのみ受益者の意思表示が必要とされることになる。

このことは、相続税法四条二項二号において反映されている。

8　民法、信託法、租税法における受益者連続信託

信託法上、受益者連続信託は許されるかどうかという問題が残っている。この問題については、信託法七条を根拠に許されるという七条根拠説、あるいは六二条・六三条を根拠に許されるという説といろいろある。

それでは税法はどうかと言うと、適用される場面が現在の相続税法四条の規定では全く解決できず、逆に混迷に陥るのではないかと理解している。

言い換えると、現在の相続税法では、受益者連続信託、他益信託から他益信託への変更は念頭に置いていないため、かなり限界がある。従って、スキームとして先ほど説明したようないろいろな機能を含めた、さまざまな柔軟な個別信託を作っていく時に、現在の相続税法四条では限界がある、耐えられないと理解している。

個別信託と集団信託との税制を見ると、個別信託に比べ集団信託の場合、私法レベルの議論は無視し、かなり税

制が突っ走っている、税制から切り込んで、逆に税制から私法にインパクトをかけているというところがある。一方で、個別信託に適用される条文はどうも忘れられた存在であり、大正一一年からほとんど変わっていないわけであるから、個別信託の税制はどちらかというとプロペラ機のようなもので、集団信託の税制はジェット機のような制度になっているという印象がある。

日本では、個別信託から集団信託への税制の理論が断絶しており、そこに連続性がない。アメリカやイギリスでは、個別信託・集団信託の規定については、租税理論あるいは信託理論としての連続性があると理解をしている。しかし、日本では、個別信託と集団信託とで大きな溝があるように思われる。

(1)　**信託法における受益者連続**

信託法一条、八条一項により受益者連続信託が有効であるとする説は、米倉論文により主張されている（二1の「米倉説のあらまし」参照）。

信託法一条にいう信託の「一定の目的」は、その実現が可能であること、強行法規や公序良俗に違反をしないことが要求される。同条一項の「財産権」についても一定の制限が存する。「委託者が他益信託を設定する財産の価額は委託者の遺留分権者（民法一〇一八条）の遺留分を解するものではあってはならず、遺留分を害するときには減殺される」（四宮論文一四〇頁、一四一頁）。信託法一条は、連続的受益者をおくことは禁止していないが、その結果、委託者の遺留分権者の遺留分を侵害することは許されないであろう。信託法一条について、同法七条からの反対論（信託行為時に受益者が特定していなければならないという原則）が予想されるとの懸念もあるようだが、信託行為時に受益者が特定・存在していることが信託の成立あるいは信託行為の有効要件であるとする見解は存しない。また、受益者連続信託においては、受益者が特定していないのではなく信託設定時に特定しているといわざるを得ない。

また一方、信託法八条は「不特定ノ受益者又ハ未タ存在セサル受益者アル場合ニ於テハ」裁判所は利害関係人の請求により職権で信託管理人を選任することができると規定するが、「不特定ノ受益者又ハ未タ存在セサル受益者アル場合ニ於テハ」という文言から推察されるように、「不特定の受益者や未存在の受益者であっても受益者としてさしつかえないという以上、受益者連続（たとえば、まず妻に、次いで甥にというようなそれ）が適格な受益者を欠くという理由で無視されうるとはとうてい考えられない」（米倉論文九三頁）と解されている。しかし、連続した受益者を認めるか否かと信託行為時にそもそも受益者を置かなかった場合（委託者が後から指定する場合など）、あるいは特定しなかった場合（不特定多数のものから一名を選ぶこととなっている場合）を許容していることと連続受益者を認めることとは関係がないといえよう。同条は、「受益者は特定・存在しうべきものであれば、信託行為発生時に特定・存在しなくてもよいから、私益信託でも、受益者が未特定や未存在の場合を生ずる。この場合、受益権は発生しているがその帰属主体を欠くから、将来特定・存在すべき受益者の利益を守るために、信託管理人を必要とする」ことからおかれているのにすぎないのである。同条は積極的な根拠規定としては疑問であるといえよう。

(2)　民法上の制約

信託法は、受益者連続信託を禁止するという積極的な規定をおいていない。

後継ぎ遺贈が、民法上肯定されうるかについては議論の存するところではあるが、米倉論文は、Y1の死亡により目的物が本来Y1の相続人によって相続されるべきところ、Xの意思により曲げることになり許されないのではないかという懸念が持たれようが、「後継ぎ遺贈は不確定期限付遺贈であり、そして遺贈に条件・期限を付することは民法自身が許すところであることから（民法九八五条二項参照）、民法自身が割り切った、クリアしているというべきである」（米倉論文九七頁）と解されている。これらは遺贈における死亡を不確定期限と解する。この点に異論は存しない。

信託行為によって受益者として指定されたY1の死亡を条件にY2を指定し、さらにY2の死亡を条件にY3へ帰属させる場合においては、相続分指定（民法九〇二条）、遺産分割方法指定（民法九〇八条）をするに等しいと解される場合があり、それらは遺言によらなければならないのに、それを回避したことになるとの見解がある（米倉論文九六頁）。そのような見解のもとでは、いわゆる特殊ケース及び継伝型処分は、民法上無効と解されることになろう。しかし、特定の個人に死因贈与することも、遺贈することも、遺言で相続財産を取得させることは広く認められている。すると問題は、遺留分侵害の問題につきるということになるのではなかろうか。受益者連続に限らずこの問題は生ずる。たとえば、信託財産を委託者の死亡時に相続人あるいは相続人以外の者を受益者として当該財産を帰属させるとしているときには、いかなる取扱いがとられているのであろうか。この場合は当然に遺留分を侵害しなければ許されており、信託その限りにおいて問題が生ずる。このことは受益者が連続している場合においても同様である。Xの相続人のみでなく、Y1の相続人についても遺留分減殺請求の問題が生じてくる。Xの相続分に遺留分を保障していれば問題はない。信託法にもとづく信託行為（信託契約、遺言）が、このような場合をも許容するといった見解をとることは困難であろう。よって、Xの相続人は、遺留分減殺請求をすることになる。

(3)　相続税法上の受益者連続信託

信託法における後継ぎ遺贈の効力は、民法の規定により制約を受けるものの有効に存在することができる。後継ぎ遺贈といった受益者連続信託をそもそも予定していたかはともかくも信託法はそのような信託を結果的には許容しているといえよう。しかし、相続税法においては、このような民法上の後継ぎ遺贈、信託による後継ぎ遺贈を予定しなかったといわざるをえないであろう。

四　裁量信託について

委託者がある行為をなすか否かという決定を受託者の裁量に任せた場合、例えば、受託者に、複数の子供のうち株式を誰に与えるとか、どの程度与えるかという裁量権限を付与したとする。このような信託を、裁量信託といい、イギリスでは基本的な信託の類型の一つといわれている。裁量信託は、受託者の裁量機能、さらに信託の意思凍結機能を最も明確に表わしている信託であろうと思う。裁量信託は、受益者連続信託ほど問題は複雑ではないが、所得課税、相続税課税双方においてやはり問題が生じる。例えば、我が国の所得税法では、他益信託か自益信託かで課税環境は二者択一という形になっているので、受益者の存在、特定の程度をどのように考えるかによって、一般論としては、裁量信託は広範囲に委託者課税の網にかかってしまうという可能性がある。結果的には、私法や信託法理から見れば行き過ぎた状況が課税関係で実現されるおそれがある。裁量信託として次のようなものを取りあげてみる。

事業の創立者が子供（承継者）へのR株式会社の経営の円滑な承継を図るため、信託財産から生ずる収益を受益者に交付するとともに、信託株式にかかわる議決権等の権利行使にかかる管理を行うことなどを目的につぎのような事業承継スキームとしての信託を設定することとする。

【事例４】　XはR株式会社の代表取締役で創業者である。Xは発行株式の六七％保有しているが、一九九〇年四月一日に六〇〇株を信託財産として信託会社に信託する。一九九五年にこの株式の受益権を配分して、受益者をY（妻）・A（長男）・B（次男）・C（三男）に変更する。受益者の分割割合はY・A・

B・C各々一五〇：三五〇：五〇：五〇である。受益者変更前に委託者が死亡した場合は、上記と同じ割合で受益権をY・A・B・Cに分割する。二〇〇五年三月末日（二五年間）で信託は終了する。

＊　ここでの受益権は、元本の受益権と収益の受益権とに分割はしない。

この事例は、完全な裁量信託にはなっていないわけであるが、受益権の分割割合、誰に与えるかについて、受託者に権限を与えると、完全な裁量信託に近づいていくと思われる。おそらくこのような信託は、現在の税制においても適用は可能であるが、立法者は想定していないという点で、現行税制の適用には少し無理があるのではないかと思う。

イギリスでは、日本でいう信託による後継ぎ遺贈的なもの、裁量信託が非常によく発達している。発達している理由は、税制が非常に発達しているためである。発達しているという意味は、優遇税制、税の恩恵があるという形で機能しているということで、このようなことから、イギリスでは、非常に数多くの収益保有信託や裁量・信託が設定されている。ただし、日本とは前提となる税制が少し違っている。例えば、日本はキャピタル・ゲイン課税を所得税法の中で規定しているが、イギリスでは、キャピタル・ゲイン法という個別の法律に基づいている。また、相続税法も日本のように取得者課税方式を採らない。このように、前提に違いはあるが、基本的には、信託を設定した時あるいは収益を得た時等について課税はできる限り抑えるというポリシーのもとで税制が組まれている。

例えば、イギリスでは、死亡前七年以内の生前贈与は日本でいう相続税課税の対象となるが、信託を設定した時の相続税課税については、非課税譲渡（potential exempt transfer, PET）とされ、ほとんど設定時に課税はされないなど、かなり税制において優遇されている。イギリスでは、信託を設定し、信託の多様な機能を享受しながら、かつ税制の恩恵を得られるといった点で、日本とはかなり状況は異なると認識している。イギリスの課税の仕方は日本の税制改正にとって大変参考になるだろうと思われる。

なお、受益者が存在しない、あるいは特定していない場合には、委託者に収益課税を行うという委託者課税を採用しているのは日本だけである。すべての国を調べたわけではないが、先進国のなかでは、委託者課税は日本のみであり、委託者課税は、極めて限られた租税回避の場合だけに適用されるというのが先進国の趨勢である。日本は租税回避を防ぐために非常に割り切った委託者課税を導入している。あるいは相続税法の設定時課税という点でも、日本の個別信託に関する信託税制については、極めて異質であるという認識を持っている。

五　個別信託と国際課税

最後に、個別信託がボーダーを越えた場合、国際的な個別信託の課税について問題提起をしておきたいと思う。この問題は、今後新たな問題として認識しておく必要があるのではないかと考えている。明快な課税関係はどうなるのかと言われると非常に曖昧なところが多いが、どのような問題があるかということは、ここで指摘できるのではないかと思う。かつて、イギリス信託税制研究会というところでこのような議論をしたことがあるが、なかでも渡邊幸則弁護士は次のようなことも含めて、この問題に早くから警鐘を鳴らしておられた。例えば、裁量信託であるが、裁量信託では受託者の権限が非常に強く、英米法では、いわゆるエクイティ上の受益者は単なる期待以上の何も持たないと言われている。従って、英米法によって裁量信託が海外において設立された場合、言いかえると、受託者が非居住者である信託が設定され、我が国の居住者が受益者として特定された場合、現実に受益者が何らかの資産あるいは役務の提供等の利益を受けなくても課税されると考えるのかどうかといった問題がある。このような場合に、現実に受益者が日本の現行法どおり何らかの資産の取得とか役務の提供を受けなくても、導管理論によって、受託者を無視し、受益者に受益権が贈与されたものとして課税しないといけないものなのかが、問題としては考えられるだろうと思う。

また、海外信託が取消不能信託として設定され、しかも受益者が特定または存在していない場合、設定国の法律に従えば委託者に何らかの権限が残らないといったような裁量信託であっても、委託者が信託財産を有するものとみなすかどうかという問題も出てくるだろうと思う。

さらに、海外で設定された信託において、例えば、委託者Xの現存する子供全員とされているが、誰がどのくらい受益するかは受託者の完全な裁量にかかるといったような信託の場合、受益者は特定しているので、導管理論によってXの子供全員に課税するというように考えるのか、あるいは不特定であると考えるのかという問題がある。この点について、受益者が特定しているため、導管理論によって受益者である子供全員に課税するといっても、各受益者の受益権はどのように算定するのか等、多くの問題があるように思う。

この場合、受益者のグループを居住者・非居住者と数人特定しておけば、居住者の受贈益を薄めることができると考えていいものかどうか。いいかえると、非居住者は課税されないと考えるかどうか。また、それに関連して、受益権の所在地をどのように決めるのか。基礎となる資産の所在によるという考え方もあるが、どのように受益権の所在地を決めるのかという付随的な問題もある。さらにまた、委託者・受託者がともに非居住者である裁量信託が設定され、受益者が不確定あるいは不特定の場合、居住者Xが受託者に対して財産の贈与を行うとする。このような贈与が信託設定行為となるのかという点も問題だろうと思うが、仮に信託設定行為であるとするのであれば、どのように区別するのか。贈与された財産に対する受益に課税をするのか。イギリスの信託では、英米法の settlement の概念が広いために、このような贈与も settlement の概念の中に含まれており、英米法国との関係では、議論となるのではないかと思う。ここで、海外設定の裁量信託について、受益者に課税され、他方、受託者または信託財産が外国で課税された場合、課税の二重負担と観念するのかどうかも問題となる。仮に、二重課税であると考えるのであればどのように取り扱うのか。これを回避する方法があるかどうかということも議論しなければならないと思う。

その他にも、仮定されうる問題点は多い。

例えば、イギリスの収益保有権信託（interest inpossession trust）において、委託者・受託者がともに非居住者であり、利息の受益者は所得についてのみ生涯権（life interest）を有しており、資本については何ら権利を有していないとする。

このような信託では課税関係はどのようになるのであろうか。

このように、海外の信託税制との関係で、委託者・受託者・受益者についてどの国において信託を設定するかによってさまざまな問題が想定されうるであろう。このような問題も、今後、個別信託において検討していく必要があるのではないかと思う。今後、このような問題は、遅かれ早かれ生じてくるだろうと考えている。

おわりに（相続時精算課税制度と信託について）

相続時精算課税制度が今年度導入されたが、相続時精算課税制度の導入の意義にはおそらく二つ程あるのだろうと思う。

この制度は、六五歳以上の者が二〇歳以上の子供、推定相続人に生前贈与する場合、贈与の累積額が二、五〇〇万円までは非課税とし、それを超える部分について、相続税の前取りとして二〇％の税率で課税するというものである。相続が発生した時には、贈与財産を相続財産に含めて、相続税の再計算をし、相続税額と調整するという制度であるが、この制度ができたことによって、個別信託が少し使いやすく、そのスキームが組みやすくなり、使い道が出てくるのではないかと思う。

明確なメリットとまでは言えないと思うが、これまで信託を設定した段階で設定時課税が行われるというデメリットがあったわけであるが、二、五〇〇万円という枠をうまく利用して信託を設定することができるという点では、限られた範囲内であるが、使い道が出てきたと言える。例えば、六五歳以上の老人等が委託者となって、元本受益権の受益者あるいは帰属権利者に二〇歳以上の子供を指定しても、二、五〇〇万円の枠内では贈与税がかからないという点では、新しいスキームが工夫できるのではないかと考えている。

この相続時精算課税制度が現実としてどこまで使えるのかというと、設定時課税がなされずに信託が設定できるという限定的な利用に留まるが、相続時精算課税制度が贈与税と相続税の一本化への第一歩であると考えると、将来、かなり明るい展望が開けてくるという意義はあると思われる。この相続時精算課税制度が一時的な制度ではなく、将来、相続税と贈与税の一本化がかなり広範囲に広がっていくのであれば、信託税制において、現在の設定時課税を現実に受益を受けた時に課税するという現実受益時課税の課税システムに転換をするということが容易になる。そのような税制を導きやすくなるという意義があるのではないかと思う。

第二部　比較法的考察——イギリス信託税制からの示唆

第五章　イギリス信託課税の特徴と我が国への教訓

はじめに――問題の所在

我が国において、集団信託に比して、個人信託（パーソナル・トラスト〔personal trust〕）の発展が欧米諸国等に比べて極めて遅れているが、高齢化社会にむけてのストックとしての財産に着目した財産管理・運用、私有財産の一部公益的運用の拡大、事業承継の円滑化に向けての財産管理・運用などとして、今後その利用価値は益々高くなるものと思われる(1)。信託法学者の新井誠教授は、高齢化社会における財産管理を念頭に、『高齢化社会と信託』第四編（有斐閣・一九九五）において、委託者が設定した信託目的が委託者の意思能力喪失、委託者の死亡にかかわらず持続するという、信託における意思凍結機能、委託者により設定された信託目的を長期間固定しつつ、その信託目的にそって信託受益権を複数の受益者に連続して帰属させるという、信託における受益者連続機能、さらに受託者がその裁量権を行使して、その委託者が指示した受益者候補のなかから現実に受益する受益者を特定するという、信託における受託者裁量機能、という三つの機能が、特に高齢化社会における信託の普及のため活用されるべきであると説く。このような機能を組み合わせた信託のスキームは個人の財産管理・運用計画を増大させるものとして、示唆に富む提言である。

このような機能は、民法、信託法、信託業法固有の、あるいは相互の関係から生じる問題点の検討もさることながら、我が国での個人信託の普及を税制が阻害しているとの声も聞くところであり、信託税法からの解釈論的・立法論的考察も併せて行われる必要がある(2)。

たとえば、このような機能を十分に有するといわれているイギリスの、いわゆる収益保有信託（占有権信託）（interest in possession trust）、裁量信託（discretionary trust）及び累積扶養信託（accumulation and maintenance trust）

の普及は、その税制面からのバックアップが拍車をかけているといわれているが、同様の状況のもとでの信託の発達はアメリカ、カナダ等においてもみることができる。

個人信託の活用に向けての信託法理と信託課税法理の両面からの法理論的な考察は早急の課題であるといえよう。以下、我が国の信託にこのような機能を持たせた場合の税法上の問題点について、イギリス信託税法を比較・検討することにより、税制面（所得税法・法人税法・相続税法）から、我が国への裁量信託、受益者連続型信託の導入可能性を探ることとしたい。

一　イギリス信託の本質とその多様性――国内居住信託の基本的課税関係

1　イギリス信託の種類と目的

イギリス法において、信託の定義規定は存しないといわれている。これは全く真実というわけではない。なぜならば、一九八七年の「信託の準拠法及び承認に関する条約」、いわゆるハーグ条約（Hague Conventions）を批准している。同条約の二条は次のような定義をしている。

「この条約の適用上、『信託』とは、委託者たる者が生存中の行為によって又は死亡を原因として設定する法律関係であって、財産が受益者のため又は特定の目的のため受託者の管理のもとに置かれるものをいう。

信託は、以下の特徴を有する。

a．信託財産は、独立のファンド（基金）を構成し、受託者の固有財産には属さない。
b．信託財産は、受託者名義又は受託者のために第三者の名義になる。
c．受託者は、信託条項又は法律により課せられる特別の義務に従い、信託財産を管理・使用・処分する権限と義務を有しており、これらについて責任を負う。

委託者が一定の権利及び義務を自己に留保していること及び受託者自身が受益者としての権利を有することは信託の存在と必ずしも矛盾しない。」

なお、信託を包含する継承的財産処分（settlement）の定義は、IHTA 1984 §43において見ることができる。受託者は、自分自身の財産と信託の財産という、二つの基本財産をもっている。法律家は、信託財産がフランスの fondation とは違って、独立した法的なエンタティではないということに留意をしておくべきである。信託財産は、受託者の支払不能（債務超過）により影響を受けない。それは、原則的には、受益者の破産に服する。そこで、委託者は、浪費家たる受益者を保護信託の設立によって救済する。よって、生涯権（ライフ・インタレスト）は、破産や譲渡をすることにより消滅する。

ライフ・インタレスト・トラスト（生涯権信託。後述の収益保有信託参照）は、たとえば、上記のどちらかが生ずると、ライフ・テナント及びライフ・テナントの生涯の残りの部分についてその他受益者のための裁量信託に変化をする。この種のタイプは、アメリカにおいては消費信託（ただし、受益者が浪費家であるか否かはそれほど重要ではない）と呼ばれている。信託財産が受託者により消費されたときには訴訟を提起することにより、受益者は受託者の個人財産にかかっていくことができる。

信託財産の権原は、受託者の名前になっている。彼はだれに対してでも権利を主張できる。これは物権的（対物的）な権利と呼ばれている。受託者は、唯一、信託条項に反しない限りにおいて、それを売却したり、担保に入れたり、信託財産に対処しうるものである。信託財産と信託の受託者との関係はどのように解されているか。信託財産の権源が受託者の名義になっているのであるが、信託受益者の受益権の本質はどのようなものといえるか。議論の焦点は、受益者の権利が物権的な権利であるか、債権的（対人的）な権利であるかどうかについて存する。[3]

歴史的にみて、受益者の権利は、債権的であるといわれている。その権利は一定の者に対してのみ行使することができる。それは物権的な権利へと進展しているといえるけれども、究極的な分析においてはなお債権的であると解されている。実際には、すべての者に対して有効であるかのようにみえる。

受託者の義務と権限は、信託条項において委託者によって明確にされるが、制定法あるいは衡平法上の原則によっても規定されている。たとえば、イングランドでは、受託者に、信託条項により賦課された義務や権限の他、一九二五年の受託者法において、さまざまな権限や義務を与えている。

信託は、さまざまな目的のために用いられており、それはもっとも柔軟なアングロ・アメリカの法的な仕組みの一つであり、信託は社会生活の多くの局面で重要な役割を果たしている。メイトランドは、信託は、契約と同じように、伸縮自在な、かつ一般的な仕組み（インスティテュート）であると述べている。[4]信託に関して、フランス人はかつて、「パリの大通りで行商人が売っている特別な薬で、捻挫、歯痛、脱毛をなおすようなものである」あるいは、「信託が何に使えるかと自問すると、答えはすべてであるということになる。信託はイギリス人の生活におけるお茶以上のものであり、アメリカ人の生活における野球以上のものである。[5]」と述べている。

また、フレッチャー（Fratcher）はその使用例として、二六の事例を上げており、その目的は日々多様化している。[6]

信託を活用する租税誘因としては、後述する相続税回避（潜在的非課税譲渡の利用）、キャピタル・ゲイン課税における「課税の繰延べ（ホールド・オーバー・リリーフ）」の利用、信託課税による税率（通常の所得税率より低いこと）によるベネフィット）などが中心であろうが、その他の理由としては、①未成年者のための財産保有、次世代の者のためにキャピタル・ゲインを維持・保有すること、②受益者が所得を享受できるようにすること、③将来の偶発的事故・災害に備えること、④受益者の資金の悪化・破産の場合におけるキャピタルの保全のため、⑤知的障害者等に対する基金の保有、⑥従業員のための株式保有、⑦公的目的、年金、あるいは歴史的な建物のための資産保有、などがあげられよう。(7) しかし、租税要因は信託選択のための極めて重要な要因の一つであることにはかわりはない。

このような信託を分類するにあたってはいくつかの基準がある。二つの主たる分類基準は、信託がどのような方法で成立（設定）されたか、あるいはどのような目的に使われているかということである。

最初の基準でいくと、次のように信託を分類できる。(8)

1　明示信託（express trusts）

2　復帰信託（resulting trusts）

3　みなし（あるいは構成）信託（constructive trusts）

4　制定法信託（statutory trusts）

明示信託は、委託者の行為により意図的に設立される。たとえば、遺言者は、受託者に信託財産を保有させることによって、生涯にわたりAに所得を与え、その後Bにそれを与える場合などである。復帰信託、みなし信託は、財産の法的な権原はある者に、衡平上の受益的な享有権は、別の者に存する場合に、衡平裁判所との関係によって設立される。

復帰信託は、Aが、Cに生涯にわたり所得を支払うために、財産をBに譲渡した場合に生ずる。このときに、Aは、すべての受益権を処分していなかった場合に、Bは自動的にAのために信託を維持することになる。委託者が受益権をもたないというAの意思は重要ではない。Aは、いわゆる期待権をもっており、Cの権利が終了したときに、設定された財産（settled property）を取得する権利をもっている。

みなし信託は、エクィティが明示又は結果信託の受託者による財産の受益権の保有又は主張を排除するために、そのような保有とか主張をエクィティ原則に反しない限りにおいて、強制的に置かれる「救済的な制度」として定義される。

制定法信託は制定法上の規定から生ずる。たとえばイングランドにおいては、不動産を共同所有にする際に、一九二五年財産法の規定に基づいて、信託が生ずる。

目的による分類は、私的信託と公益信託に分類され、受益権の本質によって、固定的信託と裁量的な信託に分類されうる。財産が連続して受益的に保有される信託とそのように保有されない信託との区別にもとづいて、信託を分類することは税法上意義がある。継続的に財産が受益的に保有されている信託は、受益権がある種の条件のもとで（偶発的な状況で）保有されている、あるいは継続的に保有されている点で共通している。

継承的財産処分は、信託を含むが、受益権を継続的に保有されている信託であるということができる。このカテゴリーには、固定的信託と裁量信託と設定された土地法における継承的財産処分が入る。

信託が継続的な要素をもたず、受益権が直ちに保有されている場合には、そのような信託は第二のカテゴリーに属するといえる。つまり財産が継続的に保有されない信託であるが、共同のテナント、復帰信託、みなし（あるいは構成）信託、秘密信託、ノミニーシップなどがあたる。

継続的に受益権が保有されている信託は、その中心的なものとして、次の三つの信託を挙げることができる。

1　固定収益信託（収益保有信託あるいは占有権信託）（interest in possession trust）

2　裁量信託（discretionary trust）

3　累積扶養信託（accumulation and maintenance trust）

イギリスの、いわゆる裁量信託、累積扶養信託の普及は、その税制面からのバックアップが拍車をかけているといわれているが、信託税制が極めて詳細に立法化されているイギリスにおいては、一九九〇年現在における全信託数の九〇%が、節税目的でファミリー資産を維持・配分するために利用されているといわれている。収益保有信託（占有権信託）が一九〇、〇〇〇件、裁量信託及び累積扶養信託が七〇、〇〇〇件にものぼるといわれており、同様の状況のもとでの信託の発達はアメリカ、カナダ等においてもみることができる。(9)

2　信託の本質（信託の二つの類型）

信託は、財産の法的な所有権がある一定の者（受託者［trustee］）にあり、そして受益的な権利が別の一定の者（受益者［beneficiaries］）に帰属するという、法的な考案物である。信託は、通常、証書か遺言により設立され、信託を設立した者は、通常、委託者（settlor）と呼ばれる。信託は、通常、継承的財産処分（セッツルメント［settlement］）としても言及されているが、その文言は、信託よりも広く、契約、処分及び和議などのようなものも含む。イギリスの信託税制、さらには上記の三つの機能を考慮するに際しては、収益保有信託と裁量信託という、二つのタイプに着目する必要がある。イギリス信託（法）の詳細は既にわが国では広く研究が進められているところではあるが、(10)課税関係を考察する前に、イギリス信託の基本類型（裁量信託、収益保有信託、受動信託［bare trust］）の三つが基本的タイプであるが、本章では前二者の検討が有益である。）を概観しておくことにする。

(1)　収益保有信託(11)

収益保有信託（interest in possession trust）は、その保有者に、帰属すべきものについての請求権を付与する。この典型的なものは、ライフ・テナンシィ（life tenancy）である。そこでは受益者が生涯にわたり所得の一部及び全てを取得する権利を有している。受益者が法的にどの程度の所得を取得しうるかは、信託の設立証書の条項による。受託者がライフ・テナント（life tenant）に所得を支払わないとすると、受益者はそれを請求することができる。このような継承的財産処分は、未亡人のために生涯にわたり、いわゆる生涯権（life interest）を与え、彼女が死亡したときにその子供に信託キャピタルに与えるために特に用いられている。

信託は通常、「生涯Aに、生涯Bに、そして残余権（remainder）をCに」という形態をとる。Aは、彼が生きている間は収益保有権（占有権）（interest in possession）を有しており、Aの死後において、B及びCは順次この収益保有権あるいは残余権を取得することになるという意味において、「将来継承すべき」者である。

このような幾人にもわたる多くの継承的な生涯権を規制するルールは、パペチュイティ（永久的）・ルールあるいは永久権禁止則（perpetuity rule）としてよく知られている。[12] そこでは通常その信託の期間を八〇年を超えないように制限している（Perpetuities and Accumulations Act 1964: PAA 等参照）。上述の例でいくと、Aは生涯にわたり収益保有権をもち、BとCの権利というのは条件付き（留保付き）、「将来継承すべき」状態ということになる。Aが死亡すると、Bはその権利を「フォール・イン（fall in）」するといわれており、収益保有権を取得する。Cの権利は、Bが死亡するまで（条件付きであり）「将来継承すべき」状態である。AとBはライフ・テナントであり、Cは帰属権利者（remainderman）である。かれらは全て受益者であり、また潜在的な受益者でもあるといえよう。

収益保有権（占有権）をもつ信託の一つの形態として、家族のなかの特別な浪費家（たとえば放蕩息子）のために設定される保護信託（protective trust）と呼ばれるものがある（TA 1925 § 33）。[13] 生涯権について権利を有している者は、その者が所得についての権利の行使を停止させられるようなことを行った場合（たとえば収益保有権の放棄とか破産）には、その生涯権（ライフ・インタレスト）は終了し、代わりに所得は、主たる受益者又はその家族のために裁量的な信託によって保有される。保護信託は、確定的な権利をもった信託と裁量的な信託との結合物であるといえよう。

(2) 裁量信託

収益保有権をもたない継承的財産処分（すなわち信託）は、受託者が一定の決定を行ってはじめて受益者が権利を取得するということになり、本質的には受託者の裁量に依存するものである。[14] このような信託は、所得かキャピタル・ゲインのどちらか、あるいはどちらに関しても裁量的でありうる。このような裁量信託（discretionary trust）の基本的な特徴の一つは、受益者のクラス（集団）が明確に認識しうるものでなければならないということである。受益者の完全なリストがいつでもつねに作成されているということは要件ではない。しかし、権利が主張できる受益者が自らに贈与する場合には、自分が受益者であることを明らかにしなければならない。そのようなクラスの例は、「Xの息子らと孫たち」あるいは「ロンドンで生まれた知的障害者の息子」といったようなもので足りると解されている。[15]

このような信託は、委託者の遺言により設定される。同時に、委託者は、裁量がどのように行使されることを望んでいるかを指示しておくこともありうる。ただし、このような指示は受託者を拘束するものではない。受託者は、そのような信託の信託条項にもとづいて、受益者に所得又はキャピタルを配分しうるし、また一定の受益者には所得又はキャピタルを配分しないこともできる。受益者は受益者のクラスのなかに存在するが、受託者が当該受益者のために裁量権を行使しないかぎり、なにを取得する権利ももたないといえる。また、このような信託は、前述の信託同様に、パペチュイティ（永久的）・ルール（永久権禁止原則）に服している。

裁量信託の特別なタイプが累積扶養信託（accumulation and maintenance trust）である。[16] そこでは、通常、二五年間子供らのために信託に財産が設定される。受託者は、それらの子供の教育・養護のために彼らに所得又はキャピタルを指定する裁量をもっている。しかし、所得は累積し、その所得が前払いされない限りで、子供が、二五歳までの、条項に規定した一定の年齢に達すると、キャピタルについての、その子供の持分を構成する。累積期間は二一年を超えることはできず、そのような信託はパペチュイティ（永久的）・ルールに服している。

二　わが国の類似信託の可能性と課税関係

このような信託をわが国でも設定すると次のようなものが考えられよう。[17] 併せて課税関係を概観することにする。

ア　一九九〇年四月一日に信託を設定する。信託条項に基づき、「委託者A存命中は収益受益権をBに、Bが死亡した後には収益受益権をCに、そして、C死亡後には元本受益権あるいは残余財産をDに帰属させる」（以下、「信託一」という。）とする。これは収益保有信託に類似し、受益者連続型信託として後継ぎ遺贈型信託への道を開くものである。このような信託は既に、わが国においては「経営権の承継と株式管理信託に関する考察（報告書）」（財団法人トラスト60・一九九二）において、事業承継の円滑化における信託の活用にあたり、配当受益権を事業継承者以外の相続人に、元本受益権を事業継承者にという形で、検討が行われているが、現行税法のもとでは通常の相続税・贈与税負担よりも軽減されないこと、地価が低落しかつてほど事業承継が困難ではなくなってきていることなどもあり、中小企業のオーナーあるいは信託業界においてそれほど魅力的なものとは映らなかったようである。[18]

ここでわが国の信託法が受益者連続の信託を認めるか否かという問題[19]を別にすると、相続税法四条二項により、まず信託設定時に受益者Bに委託者Aにより収益受益権の贈与があったとみなされ、みなし贈与課税が生ずる。問題は、この時点において受益者Cにも収益受益権の課税が生ずるか否かであろう。

この問題は、さらに一九九〇年四月一日に信託を設定するが、信託条項に基づき、「収益受益権を委託者A存命中はAに、Aが死亡した後には収益受益権をBに、Bが死亡した後には収益受益権をCに、そして、C死亡後には元本受益権あるいは残余財産をDに帰属させる」（以下、「信託二」という。）とした場合と対比するとより問題点が鮮明となってくるであろう。

この問題については、相続税法四条二項柱書き括弧書きにおいて、「贈与（……第四号の条件が委託者の死亡である場合には遺贈）により取得されたものとみなす。」と規定することから、委託者の死亡は停止条件とすることは明らかであるが、その他の場合については必ずしもあきらかではない。条文の上からは、信託において、相続税法四条二項でいう委託者Aの「死亡」と同様に受益者B、Cの「死亡」を停止条件とみることができるか否かで課税関係が大きく異なってくるであろう。

税法の解釈原理である厳格解釈をするかぎり[20]、信託においては信託選定時に受益者B、Cにみなし贈与による贈与税課税が生ずるであろう。受益者の「死亡」が期限であると考えると、これらも信託設定時に受益者すべてにB、Cに対して贈与税が課税されることになる。また、このような解釈を取ると、**信託二**においては、委託者Aの死亡時に受益者すべてに（B、C）に対して相続税が課税されることになる（当初は自益信託でもあるが受益者が特定しているという意味において他益信託でもありうることから、信託設定時にB、Cに課税関係が生ずるとする見解もありえよう。）。いわゆる「網打ち効果」が生ずることとなるのである。一方、これらの死亡を停止条件と解すると、受益者Cの課税時期は受益者Bの死亡時まで課税が繰り延べられることになり、相続税法四条二項四号により相続税が課税されることになる。

受益者が重複して指定された信託（当初委託者が受益者であり、その死亡後に収益受益権は受益者Aに帰属する旨定めた場合）においてであるが、既に大正一一年当時、①死亡の時に受益権が発生するとする説、②信託設定時に委託者と受益者Aは受益権を取得するとする説が対立し、後続受益者の課税時期が論じられてはいた[21]。昭和二二年改正において、相続税法四条二項四号規定の原型が盛り込まれたのであり、それまでは信託法理からのアプローチで課税時期が論じられていたといってよい（この点からも、信託法理の視点は今日なお、問題となる。相続税法四条二項四号の解釈に無縁ではない。）。

課税実務においては、現行の相続税法四条一項における「信託設定時課税の原則」の趣旨（租税回避の防止）、租税法規の厳格解釈の原則等からすれば、前者の課税関係が支持される可能性は大であるように思われる。

なお、残余権者Dの課税関係を考えるにあたっては、帰属権利者が受益者に含まれるのか、さらに帰属権利者とはどのような者を指すのかという点がまず問題となろう。帰属権利者Dを残余権の帰属権利者とすると、信託終了時までその受益権の内容は確定しないことから、信託終了時が課税時期となるであろうが、残余権者が既に設定時において元本受益権を有している場合には帰属権利者が受益者となるが、上述の受益者連続型信託の議論同様、その課税時期については受益者の死亡を「停止条件」と解すれば、受益者Cの死亡時が課税時期となろう。(22)

しかし、そもそもわが国の信託税法においては、受益者連続信託は念頭に置かれておらず、なお検討が必要であろう。

イ　Xは遺言で「Xの子供と孫のために」信託を設定したが、信託条項に、信託所得の配分、配分する受益者（上記の受益者のだれに配分するか）を受託者の裁量により委ねる旨の規定をおくこととする。これは裁量信託に類似するものである。この場合、わが国では受益者課税にあたっては、受益者が確定（相続税法四条二項二号参照）、特定あるいは存在（相続税法四条二項四号、所得税法一三条一項一・二号、同条二項参照）していることが問題となる(23)が、**信託二**のようにどの受益者に、いくら支払うかが受託者の裁量とされている場合には、受託者は、存在、特定、あるいは確定しているとはいえないことから、受託者が受託者を特定し、かつ所得が配分される時までは受益者に課税関係は生ぜず、「委託者課税の原則」が、相続税法・所得税法において適用されることになろう。

ウ　Xが遺言で「子供Aのために」信託を設定したが、信託条項において、Aが成人するまでは累積し、成人後Aに支払われるとする。成人に達するまでとの条件が付けられているようにもみえるが、これはいわゆる期限（始期）付で受益者に受益権を帰属せしめるものであると解すべきであり、相続税法四条二項四号にいう停止条件に該当しない（期限（始期）付権利と停止条件付権利では受益期待権に大きな相違がある。）と考えられることから、信託設定時にみなし贈与が成立し、累積期間中においてもAに所得税が賦課されることになるものと解されよう。

三　イギリス信託課税

イギリスの信託課税について、所得税、キャピタル・ゲイン税、相続税にかかる課税関係が相互に生ずることになる。(24) 以下、信託課税を時系列的に分析する。

1　信託の設定時

(1) 相続税

委託者が信託に資産を移転させる（生前譲渡）と、委託者の遺産は減少し、相続税の納税義務を負うことになる。イギリスの相続税は、死亡時の遺産及び死亡前七年以内に行われた贈与について課税する。収益保有権信託及び累積扶養信託（IHTA 1984 § 71）においては、贈与は潜在的な非課税譲渡（potentially exempt transfer: PET）とみなされている（IHTA 1984 § 3A）。生前譲渡の多くはPETに該当するが、収益保有権を有しない信託、いわゆる裁量信託の設定等、一定の譲渡は直ちに相続税が課税されることになる。(25)

PETとは、受益を留保した贈与に該当しない限り（そのような信託の場合では、それは委託者が現に、あるいは潜在的に受益（ベネフィット）を受けていることとなる。）、譲渡者（贈与者）が七年以内に死亡したときに相続税が課せられることになる。相続税は生前税率と死亡税率の二種を有しているが、このような場合、死亡時の死亡税率で課税される（但し、譲渡の時から三年を超えて死亡したときには軽減措置がある。）（IHTA 1984 §§54A, 54B）。純粋な裁量信託においては、贈与は直ちに相続税の課税関係が生むが、たいていの委託者は、零《ゼロ》税率限度額の範囲内（£一四

○、○○○をインデグゼーションした額）に納まり、それを利用するので、課税問題は生じない（なお、課税譲渡に対する追加税率については、IHTA 1984 §7参照）。

(2)　キャピタル・ゲイン税法

委託者が現金を信託に贈与しない限り、資産の時価（市場価額）で処分されたとみなされ、そしてキャピタル・ゲイン税の潜在的な納税義務が生じる（CGTA 1979 §§ 53~56, 126B, sch. 4）。キャピタル・ゲインの計算は、資産の処分価額から控除しうる支出額（ベース・コストといわれるが、その主たるものは取得価額である。）を控除することにより算定される。キャピタル・ゲイン課税の税率は所得税と同じ税率であるが、キャピタル・ゲインは所得のトップ・スライス部分として税額は算定される。

事業用資産（business assets）・農業用資産（agricalture assets）については、委託者は、信託がどのようなタイプであるかを問わず、課税の繰延べ（hold over relief）を選択することができる（CGTA 1979 sch. 4 paras. 1~3）。これは、委託者において課税されうるゲインに代えて、受益者が資産の取得について支払ったであろうと考えられる取得価格（時価）から当該ゲインを控除することにより、受託者がその資産を売却するまで、当該ゲインが繰り延べられるということを意味している。[26] 収益保有信託において、たとえば委託者が受託者へ£一〇〇、〇〇〇でかつて取得していた時価£一五〇、〇〇〇の土地を譲渡すると、受託者の取得価額は、£一〇〇、〇〇〇にインデグゼーション（仮に〇・一八一とする。）を上乗せした£一八、一〇〇となり、キャピタル・ゲインの課税の繰延べは£三一、九〇〇となり、受託者の取得価額は£一八、一〇〇となる。

非事業用資産については、そのようなゲインが相続税と同時にキャピタル・ゲインの課税関係が生じる場合には、ゲインがたとえ零税率限度額（個人の二分の一、原則£二、九〇〇である。CGTA 1979 §5（1B））内であろうとも、課税が繰り延べられるとしている（CGTA 1979 §§ 147A, 147B）。よって、これはＰＥＴの適用を受けない裁量信託等に対する贈与においてのみ生じる。また、ここでの観念的な移転からのキャピタル・ロスは、同じ受益者における将来の取引からのキャピタル・ゲインと相殺される（(CGTA 1979 § 4)、さらにCGTA 1979 §§ 31, 33もあわせて参照)。

2　信託財産の運用（信託期間中）

(1)　所得税法

すべての信託において、所得は基本税率（二五％）で課税され、受託者により納付される（ICTA 1988 § 686)。ただ、裁量信託、累積扶養信託の所得は、さらに一〇％の付加税率（additional rate）で課税され、同様に受託者により納付される。付加税率はかっては所得税の第二バンドになるようにセットされていたが、今日は所得税率よりも低く、法人税率（三五％）になるようにセットされている。[27] 収益保有権信託においては、総信託所得が受益者に配分され、受益者は自らの他の所得と合算したうえで課税されるが、受益者は、税額控除をなしうる。最終的には、受益者は受益者の限界税率で課税されることになる。たとえば、信託所得£一、〇〇〇について、受託者Aが£二五〇の税を支払うと、受益者Bは£一、〇〇〇が帰属したとみなされ、もし、受託者Bが零《ゼロ》税率であれば£二五〇の還付を受ける。しかし、Bが四〇％の税率での納税義務が存すれば、さらに£一五〇の納税が必要となる。なお、受託者が、£一、〇〇〇のうち£二〇〇を信託管理について支出した場合には、受託者は£二〇〇（つまり、グロスアップすると£四〇〇）を支出しているものとして取り扱われることから、受益者の個人の所得は£六〇〇となり、£一五〇（所得についての税額£二五〇から費用についての観念的な税£一〇〇を差し引く。）の税額控除が生じる。[28]

裁量信託・累積扶養信託においては、受益者は信託から受領した所得額を当該受益者の他の個人所得に含めて税額計算を行い、受託者が支払った三五％の税額に係る税額控除を行う。よって、受益者に配分された所得は当該受益者の限界税率で課税されることになる。一方、未配分信託所得は三五%税率で課税されることになる。

受託者の所得の付加税率については、FA 1993 Sch. 6、para. 8によりICTA 1988 § 686（1A）が改正され、同条は、「受託者は信託に適用される税率」で所得に課税される（受託者は人格代表者〔personal representative〕ではない。）旨、規定している。「受託者は信託に適用される税率」とは、その年度において効力を有する基本税率と付加税率の合計額に等しいと定義されており（ICTA 1988 § 686（2））、これは所得が累積し、受託者の裁量により配分される所得等一定のものに適用される。これは一九九四—五年度は三五%である。この税率は、信託所得が信託の所得費用を超える部分に適用される（ICTA 1988 § 686（2）(d)）。このような所得を受け取った受益者は、前述したように三五%の税額控除を行うことができる。

受託者は、キャピタルを受益者に配分することも可能であるが、それは三五%で賦課される所得（総純所得）として取り扱われ、受託者はその支払額をグロスアップして、三五%で賦課される。たとえば、受託者が受益者にキャピタルから£六五支払うと、これを三五%でグロスアップして三五%を乗ずると、所得税額は£三五となり、かなりの高率となる。[29]

なお、委託者又は受益者に対する課税とは別に、租税回避規定としての「委託者への利益帰属主義ルール（benefit to settlor rules）」が存在する。委託者及び委託者の配偶者が継承的財産処分について権利を有する場合（TA 1988 §§ 672、674、674A、673、683、684の規定があるが、現在使用されている規定は§ 674A〔委託者の権利が残存している継承的財産処分〕である。）、委託者の未成年者子女が継承的財産処分から所得を得ている場合（TA 1988 §§ 663～664）、及び委託者又は委託者の配偶者又は未成年子女が継承的財産処分からキャピタルの支払い又はベネフィットを享受している場合（所得税について、TA 1988 §§ 677、678、キャピタル・ゲイン税について、FA 1988 Sch. 10）には、委託者は委託者の限界税率で課税をうけることになる。[30]

(2)　キャピタル・ゲイン税法

受託者が資産を処分した場合（いわゆる信託管理において生じる現実の処分）とみなし処分の場合が問題となる。キャピタル・ゲインについては、受託者が処分した財産は、受託者が財産を前者のように売却したためであろうとも、あるいは受益者が受託者に代わってその財産について権利を有するようになった場合（観念的な処分、以下、「みなし処分」という。）であろうとも、キャピタル・ゲイン税が賦課される（ただし、キャピタル・ゲイン税の年間基礎控除額は£二、九〇〇〇であるので、これを超えると課税される。）。ここで注目すべきはみなし処分であるが、これはライフ・テナントが死亡以外の理由で受益者が継承的財産処分（信託）において「絶対的な受益者」になった場合に生ずる（納税義務は受益者に生じ、受託者には生じない。）。純粋な収益保有権信託（ライフ・インタレス・トラスト）は、二五％税率による課税である。その他の信託においては、三五％税率による課税である。課税の繰延べは、①事業資産及び農業資産について、また、②信託財産を構成してから三カ月又はアニバーサリーから三カ月を経過後に、裁量信託の資産について相続税が支払われる場合には、適用される（CGTA 1989 § 124）。また、この課税の繰延べ措置は、累積扶養信託において、子供らが同時に所得又はキャピタルに権利を有するという条件のもとで、累積扶養信託（継承的財産処分）の資産についても適用される（CGTA 1989 § 124）。

(3)　相続税法

収益保有権信託の資産は、ライフ・テナントの遺産に存するものとして相続税法上は取り扱われる（IHTA 1984 § 4. このような譲渡は通常の死亡税率で課税される）。死亡者の遺産に応じた税率により「設定された財産」に帰属する税は受託者が支払う。この結果、ライフ・テナントが死亡すれば、その税率を確定するために、その信託の資産は、ライフ・テナントの遺産に存する資産と合算される。その結果、死亡者の遺産に含まれるファンドの価値により税率が高率となることもありえよう。ライフ・テナントが、死亡以外の理由で消滅する、あるいは処分される

（収益保有権を現実に譲渡（売買、放棄等）する。）場合には、IHTA 1984 § 51は権利の消滅、処分をIHTA 1984 § 52のもとでの譲渡をもたらすものとして取り扱い、受益者の権利が帰属する財産の価額に等しい譲渡（その譲渡はPET）として取り扱う。ライフ・テナントは相続税法のもとでPETを有するものとみなされる（それは、ライフ・テナントが移転後七年以内に死亡した場合にのみ課税されうることになろう。）。

保護信託については、特別な規定がある（IHTA 1984 § 88）。保護信託の受益者の生涯権が、たとえば当該受益者の破産等により終了した場合ときには、当該受益者の生涯権は受益者の死亡まで、当該受益者の家族に行ったキャピタルの支払いが当該受益者の生涯権の部分的な消滅として取り扱われることはありうるけれども、当該受益者の死亡まで継続するものとして取り扱われる。保護信託の受益者が死亡したときに残存しているキャピタルすべては、当該受益者個人の遺産として合算される。

裁量信託の資産は、だれにも配分されえないことから、特別な制度が存する。すなわち、収益保有権の存しない裁量信託において、ファンドを受益者の収益保有権に帰属させ、継承的財産処分（信託）自体が納税主体となり、相続税について、当該資産が信託に存し、そして裁量レジュームに服している場合に定期的な期間課税を受ける。これは、信託のアニバーサリーに対する一〇年周期の課税（以下、「一〇年アニバーサリー（ten year anniversary）」という。IHTA 1984 §§ 61, 66）及びその資産が信託を離脱するときに、原則的な賦課方法である一〇年アニバーサリーを充足しない残りの期間を拾い上げるための出口税の賦課（以下、「出口税（exit charge）」という。IHTA 1984 § 65）という形態をとっている。[31] すなわち、一〇年アニバーサリーが原則であるが、継承的財産処分を組成する財産が相続税を賦課される「相当な財産」（IHTA 1984 § 58（1））に該当しなくなる場合等には、出口税が賦課される。

一〇年アニバーサリーで賦課される税率は、実行税率（賦課されるべき相続税を、相続税が課される割合で示すことによって算定される率）の三〇％（生前税率二〇％を用いるので最大税率は六％となる。）であり、相続税はその税率を、IHTA 1984が規定する課税譲渡（(1)継承的財産処分が開始される直前の継承的財産処分の価値等（IHTA 1984 § 66（4））、

(2)継承的財産処分が設定された日から七年間のうちに委託者が行ったあらゆる課税譲渡（IHTA 1984 §66（5））、(3)継承的財産処分について過去七年間において、相続税が生前税率で賦課された課税譲渡。IHTA 1984 §7（2）参照）により譲渡された譲渡価額（価値）に乗じて算定される。

たとえば、一九八四年三月一日にAは裁量信託に£五〇、〇〇〇の投資を行う（当時零《ゼロ》税率バンドは£六〇、〇〇〇）とする。また、Aは一九八〇年五月一日に£二〇、〇〇〇の課税譲渡を行っていた。すると、裁量信託の設定時に相続税は、£一〇、〇〇〇×一五%で£一、五〇〇となる。一〇年アニバーサリー課税は、一九九四年三月一日に生じ、当時の信託基金の価値は£二五〇、〇〇〇とする。一〇年アニバーサリー課税は、譲渡価額（価値）£二五〇、〇〇〇、累積課税譲渡（一九八〇年五月一日）£二〇、〇〇〇、譲渡価額（価値）£一五〇、〇〇〇の相続税零《ゼロ》、差額（£二五〇、〇〇〇＋£二〇、〇〇〇 － £一五〇、〇〇〇＝£一二〇、〇〇〇）の二〇%は£二四、〇〇〇、これから控除する相続税零《ゼロ》、信託基金の相続税£二四、〇〇〇、一〇分の三×£二四、〇〇〇＝£七、二〇〇となる。

また、一九八四年三月一日に£三〇、〇〇〇で第一の裁量信託を、さらに同額で収益保有信託を設立し、二つの信託が関連的継承的財産処分（settlement）であるとする。第一信託は一九九四年三月一日に一〇年アニバーサリーを迎え、£一五〇、〇〇〇の評価額を有するとする。この場合には£一五〇、〇〇〇の相続税零《ゼロ》、£三〇、〇〇〇についてはニ〇%の生前税率を乗じると相続税額£六、〇〇〇、相続税の総額は零《ゼロ》＋£六、〇〇〇＝£六、〇〇〇となり、一〇年アニバーサリー課税は一〇分の三×（£六、〇〇〇÷£一五〇、〇〇〇）×£一五〇、〇〇〇＝£一、〇〇〇となる。

累積扶養信託においては、受益者がキャピタルに権利を有するか、キャピタルに生涯権を取得するまでは、受益者に帰属しないものとして取り扱われ、特別に優遇されている（IHTA 1984 §PET 58, 71（4）, 3A（3））。これらの信託についてはは期間税又は出口税というものは存在しない。

3　信託から離脱する資産（信託財産）

資産は様々な理由で信託から譲渡・移転させられる。**ア**　受託者が資産を売却した場合（上述したキャピタル・ゲイン参照）、**イ**　受益者が受託者に対して資産の権利を取得する（その原因としては、(1)受益者が成人に達する場合、(2)受益者が帰属権利者（残余権者）となっている場合に、ライフ・テナントが死亡する場合、(3)受託者が受益者らのために裁量権を行使する場合、(4)信託が消滅する場合、などがある）、**ウ**　資産が別の信託に譲渡される場合、などに譲渡・移転が生ずる。

(1)　キャピタル・ゲイン税

このような場合には、相続税とキャピタル・ゲイン税、又は相続税かキャピタル・ゲイン税の課税関係が生じる。どちらの課税関係も生ずる場合には、キャピタル・ゲインについては課税の繰延べ（hold over relief）が適用される（FA 1989 § 124）。これ以外の「課税の繰延べ」は、事業資産及び農業用資産についてのみ適用される。キャピタル・ゲイン税が生じない特別のケースとしては、ライフ・テナントが死亡するような場合である。その場合には、「みなし処分」と受託者による資産の時価による再取得が生じる（CGTA 1979 § 55（1）(a), TCGA 1992 § 72（1）(a)）が、課税の繰延べのゲインが賦課されるようになる場合（キャピタル・ゲインは受益者が死亡したら課税される。CGTA 1979 § 55A（2), TCGA 1992 § 74（2））を除いて、課税関係は生じない。

ある信託から別の信託への資産の譲渡が同じ信託内に資産が存在するとみなされるような場合には、キャピタル・ゲイン税の課税関係は生じない。ただし、これは、第一の信託の条件が第二の信託を支配し続けているというような場合である（Statement of Practice: SP 7/84）。

(2) 相続税

相続税の課税関係は、信託のタイプによる。たとえば、裁量信託において、資産が一〇年のアニバーサリー前に裁量信託から離脱し、信託に賦課する場合に資産（のゲイン）が零《ゼロ》税率対象額を上回らないのであれば、資産が離脱のときまでに増加した価値を有していたとしても、出口税にかかる税額は生じない。

4　信託における将来的享受権、その他の権利

(1) キャピタル・ゲイン税

将来的享受権（reversion）、信託におけるその他の権利は、原則的には、当該将来的享受権、その他の権利が購入されたものであるか、あるいは委託者又は委託者の配偶者の権利であるといった場合を別にして、キャピタル・ゲイン税を生じることなく処分をしうる。

(2) 相続税

相続税において、将来的享受権は、だれかに帰属あるいは条件付であろうとも、継承的財産処分（信託）にかかる将来的な権利であるといえる。これは単なる期待権とは区別される必要がある。この将来的享受権は、市場価額を有しているが、原則として相続税の課税対象とならない除外財産（excluded property）である（IHTA 1984 § 48(1)）[32]。これは、将来的享受権が死亡時にその個人の遺産を構成しないということ、放棄するときに資産としてみなされないとして取り扱われているということを意味している。生涯権（ライフ・インタレスト）にかかる資産はすでにライフ・テナントの遺産に含まれているとみなされているので、資産の二重のカウントを回避する必要がある。よって、将来的享受権を保有しており、現金をとりあえず必要としないような者は、その権利がフォール・インす

る前に（つまり、ライフ・テナントが死亡するまえに）自分の子供らにその将来的享受権を与え、そして他の世代のものに係る相続税を軽減することができる。

四　受動信託とその課税

受動信託（bare trust）は、特に未成年者の両親により設立されるが、必ずしも十分には活用されていない。[33]その結果、受益者は、財産について権利を取得し、成人に達すれば受託者から法的な権利を付与される。受動信託は、絶対的な受益者のために一人以上の受託者が信託において財産を保有する場合に設立される。受託者は、単に預かり人又はノミニーとして信託財産を保有し、正当な権利者として絶対的な権限を有する契約締結能力者たる受益者に対して（あるいは受益者の指示に従って）信託財産の移転義務のみを負う。通常の受託者が負担する積極的な受託者の義務は存しない。そこで、受託者は、多くの場合に、ノミニー（nominee）に相当しよう。なぜならば、受託者は、財産に法的な権利をもっているために、賃料・配当などはすべて受託者に対して支払われる。受託者は、持株についての議決権を行使し、またいかなる販売についても影響力をもつ。

受益者が成人に達すれば、受託者は受益者の指図に従って行動をすることとなる。受益者が未成年の場合には、受託者は受益者の権利に顧慮しなければならないが、たとえば受益者には有効な受領書を発行する権限がないことから、受益者に信託財産を交付することはできないと解される。

タックス・プランニングにおける受動信託の要点は、受動信託をして、未成年者のためにのみ財産を保有させることである。このような信託は、それが設立されたときに、ＰＥＴを構成するのみでなく（相続税において、受託者は無視され、財産は受益者に帰属するものとして取り扱われる。）、所得税及びキャピタル・ゲイン税においてベネフィットを提供する。

各税の取扱いは、以下のようになる。

(1) キャピタル・ゲイン税

キャピタル・ゲイン税法は、「設定された財産（settled property）」と「代理保有財産」（判例上の文言）とを区別し、前者においては設定された財産の受託者は独立したエンタティとして取り扱われるのに対し、後者においては受益的な所有者にその財産は直接帰属する。よって、後者の場合にはゲインとロスは受益者に生じ、受託者には関係しない。

受動信託に係る財産は、キャピタル・ゲイン税においては「設定された財産（settled property）」ではない。設定された財産の定義は、TCGA 1992b §68にあるが、同条は、設定された財産を§60が適用される財産以外で、信託において保有される財産のすべてであるとしている。§60は、あるパーソン（者）が別のパーソンのためにノミニーとして、あるいは受託者に対して絶対的な権利をもっている別のパーソンのために受託者として、あるいはそのような権利をもつことになるであろうパーソンで、孤児あるいはその他の無能力者たるパーソンのために受託者として、保有している財産について規定している。

Timlinson v Glyns Executor and Trustee Co.[34]において、未成年者の場合には未成年者が成年に達するといったような不確実性（条件）が存しない場合にのみ、受動信託が存在することになると判示する。受動信託は、未成年者が成年に達した場合に、その者の金銭に対する（絶対的に主張できる）権利を取得することとなる場合に存在することとなる。そして、たとえば、Aが未成年である場合に、受動信託は、Aのためにのみ存在する。しかし、Aは未成年者であるために、受託者に有効な受領書を与えることはできない。設定された条件のために、一八歳になると、Aのために設立された信託は、設定された財産として取り扱われるであろう。

TCGA 1972 § 60（1）は、あたかもその財産が与えられたかのように、その法律は適用されるべきであり、資産に関係するノミニー又は受託者の行為は、受益者の行為としてみなされるということを述べている。

キャピタル・ゲイン税との関係は、重要である。受託者による処分時に、受益者の毎年のイグゼンプション£五、八〇〇（設定された財産（settled property）が存する場合のそのイグゼンプションは、通常は£五、八〇〇の額の二分の一である）が適用されるであろう。そして、受益者のキャピタル・ゲイン税率が適用される。未成年の受益者が存する場合には、所得のトップスライスとしてのキャピタル・ゲイン税率は、累積扶養信託の税率（累積扶養信託の税率は、偶然性（不確実性）があり、そしてTA 1925 § 31が適用される場合のみ適用される。）に比べるとかなり低率となる可能性があろう。

しかし、受動信託に所得が存する場合に、もし処分が予期されているのであれば受益者のキャピタル・ゲイン税率が二五％を超えないように（なぜならば、超えた場合の税率は、その受益者のための収益保有権に係る受託者のキャピタル・ゲイン税率になるであろう。）注意をすべきである。未成年者受益者の親（委託者）が存在する場合には、キャピタルの配分は、残余のあるいは累積した所得が存する場合には、なされるべきではない。

⑵　所得税

Corbett v IRC[35]は、ごく限られた場合においては受動的な受託者が基本税率による税額を控除することは必要である（その場合にはまず、納税義務者は受託者。そして、受益者が次に税額控除を行う。）が、原則として、受動信託において生じた所得はすべて受益者において課税されるということを明確にしている。

五　両親の所得の分割

両親が未成年で未婚の子供のために財産を設定すると、その子供に支払われた所得はすべて委託者の所得として取り扱われる（ICTA 1988 § 663）。ICTA 1988 § 670により、継承的財産処分は受動信託を含むと、広範囲に定義されている。これは、所得が累積される場合に、「撤回できないキャピタルの継承的財産処分」にはICTA 1988 § 664は適用されない（そのような所得が累積していても、その所得は委託者のものとしては取り扱われない。ICTA 1988 § 664（2））。累積についての所得税は、そのような信託の受託者に課せられる。ただし、未婚の未成年に対する所得及びキャピタルの配分は、信託の累積所得がある限りにおいて、委託者の所得とみなされる。すなわち、ファンドからの支払いは、累積額までは、委託者の所得として取り扱われる（ICTA 1988 § 664（2）（d））。

しかし、§ 663のみは、所得が子供のために又は子供に支払われる限りにおいて適用される。子供が財産及び所得に絶対的な権利を有している場合に、又は所得が現実には子供に支払われないが受託者により保有されている場合（たとえば受託者の名前の銀行口座に存する場合など）には、歳入庁は、§ 663が適用されないという取扱いを受け入れている。その所得は、所得税においては子供の所得である。その子供は個人リリーフを行い、所得がネットで支払われている場合には税額を取り戻すことができる。受託者が両親であり、財産が両親から生じているという事実にもかかわらず、このように取り扱われる。

⑴　TA 1925 § 31の運用

このような状況下で、TA 1925 § 31の運用が、このようなアレンジメントを害するかどうという問題が生ずる。

この§31は、受益者の扶養、教育、その他利益のために所得を支払うにあたり、所得についての裁量を受託者に与え、そして所得の残りを累積させることを受託者に命じるものである。TA 1925 §31の信託は、相続税における累積扶養信託と同じである（IHTA 1984 §71参照）。

IHTA 1984 §43（2）（b）における、継承的財産処分に係る相続税の定義は、財産の所得の全てまたは一部を累積させるため、そして受託者の裁量でその所得から所得を支払う権限をもっている「信託の受託者」により保有された財産を含むと規定する。そこで、未成年受益者のTA 1925 §31の運用は、おそらく累積扶養信託を作ることになろう。そして、§31は、条件付きであろうと確定したものであろうと、いかなるものであろうと、所得についての権利を取得している者のために、受益者が信託において財産を保有されている場合に適用される。

これは、累積扶養信託の受益者が死亡した場合に、相続税の課税が生じない（IHTA 1984 §71（4））とされていることから、相当であると解される。一方、そのときには生涯権（ライフ・インタレスト）が存しないために、キャピタル・ゲインの免除の増加は存しない。

そこで、受動信託を作るために、特別にそれを排除することにより、TA 1925 §31を適用することを妨げるほうが望ましい。

⑵　所得についての受動信託

この§663の原則は、等しく、所得についても受動信託に適用される。両親の継承的財産処分の子供の受動信託が絶対的な権利を付与され（§31が明確に排除される。）、そしてその所得が配分されずに、受託者の名前で銀行口座に置かれると、その所得は§663の対象となることなく、子供の所得として取り扱われる。

所得のみでなく、キャピタルについても、受動信託が存在する場合には、子供が一八歳に達すると、累積している所得は受益者に支払われる必要がある。しかし、受動的受託者は、受益者と合法的に合意のうえで、徐々に所得を配分することもできる。

所得についての受動信託（収益保有信託。まさに所得に関しての受動信託はこれに該当する。）は、当該子供に受託者が基本税率で所得を支払うこととなることから、子供が成年に達した後も継続させるべきであるといえよう。

六　我が国へのイギリス信託税制からの示唆

イギリスと我が国の税制を比較した場合の際立った相違点として、以下のものを挙げることができるであろう。これらは我が国の信託課税法理及び今後の信託税制のあり方に示唆を与えることになろう。

(1)　我が国は自益信託の場合には、所得税法において委託者が信託財産を有するものとみなして委託者に課税、他益信託の場合には受益者が信託財産を保有するものとして受益者に課税をする（所得税法一三条）。一方、イギリスでは、受動信託においては信託所得及び信託キャピタルの実質的所有者であるといえるが、裁量信託・収益保有信託においては受託者が信託財産を保有しており、受託者課税を採用している。我が国の自益信託及び他益信託に該当するような場合においても受託者課税が原則であるといえよう。租税回避の目的から例外的に委託者課税を採用するに過ぎない。

受動信託において受益者は信託所得・キャピタルの実質所有者であり、個人所得課税と原則的には同様に考えることができるが、収益保有信託は、受益者が信託財産の所有権を有していないと考えられており、受動信託の課税関係に類似しているといえるものの、受託者課税を原則とする。裁量信託においてはいつ誰が最終的に所得を売るかは不明であるので、個々の受益者にあった税率で課税することができないことから、付加税率を加算して三五％の税率としている。

裁量信託・収益保有信託に類似するような我が国の信託（我が国においては自益信託及び他益信託に該当）において、一律に受益者が所有権を有するか否かといった「みなし規定」で課税関係を律することには問題があろう。受託者に受益者を特定し、かつ配分額を決定する裁量を付与している場合（いわゆる裁量信託）においても委託者課税原則の射程距離に納まってしまう。所得税法において、「受益者が特定していない場合」又は「存在していない場合」は委託者課税と規定するが、その結果「受益者が存在していても特定していない場合」も委託者課税となる。これは、所得が将来的に委託者ではなく存在する受益者のだれかに帰属することが明確であることから、「行きすぎた委託者課税」を引き起こしている。

委託者課税原則の射程距離を信託法理から再検討することが今後不可欠であろう。かつて、我が国においても受益者不存在又は不特定の場合に、受託者課税主義が採用された経緯がある（大正一一年所得税法三条の二第二項）が、これは受託者を受益者の代理人とみなしたに過ぎないものであった[36]。所得課税法における委託者課税原則は世界的にみても極めて稀な制度であることに留意をしておく必要があろう[37]。

(2)　我が国の相続税法四条においては、「受益者が特定していない又は存在していない信託」においては委託者に信託財産が存するものとみなされ、「特定又は存在」した時点で贈与税及び相続税の課税関係が生ずる旨、規定することから、いわゆる裁量信託類似の信託には課税関係は生じない。

これに対して、イギリスの相続税においては、収益保有信託の設立にあたっての信託への生前譲渡は、収益保有権を有する受益者に対する贈与として取り扱われ、受益者はその信託財産を保有しているものとみなされる（ただし、これは潜在的非課税譲渡に該当するとして取り扱われている。）。累積扶養信託の設立も潜在的非課税譲渡に該当するとして取り扱われている。これに対して、裁量信託の設立にあたっては、継承的財産処分（信託）自体が納税主体となり、相続税の課税関係が生ずる（ただし、事業用資産等の譲渡は「課税の繰延べ」の適用を受けることとなる。）。

わが国の相続税法は遺産取得者課税方式であるのに対して、イギリスのそれは遺産課税方式を採るため、相続税にかかる信託課税法理は直接的にはわが国への検討資料とは必ずしもなりえないといえよう。

イギリスにおいてはこの潜在的非課税譲渡（ＰＥＴ）が信託を用いた財産計画の利点となっている点は否定できない。しかし、その是非はともかくも、イギリスにおいて生前贈与による信託設定段階での課税はキャピタル・ゲイン課税を含めて、極めて限られた場合であるといえよう。また、裁量信託においては信託財産は信託に、収益保有信託においては受益者に帰属するとの前提を採っていることは興味深いところである。

なお、アメリカの撤回可能信託類似信託などにおいても、我が国では設定時に「みなし贈与」が生ずることから、現行税制の妥当性が疑問視されている[38]。

(3)　キャピタル・ゲイン税においては、信託の設立時に委託者から受託者へ、そして現実の処分が行われると、そのゲインは市場価額で処分されたことになり、イグゼンプションや課税の繰延べといったリリーフが受けられない場合には、年間控除額（現在£五、八〇〇）を控除した後に、委託者はキャピタル・ゲインを賦課されることになろう。委託者の税率は委託者の所得のトップ・スライス部分としてキャピタル・ゲインが取り扱われ、税率が算定される（よって、四〇％に簡単になりうる。）。受託者に帰属する場合においては、事業用資産等においては「課税の繰延べ」が適用されることから、キャピタル・ゲイン税ではなく、相続税が賦課される（イギリスにおいて、収益保有権課税、累積扶養信託はＰＥＴに該当し、裁量信託は直ちに相続税とキャピタル・ゲイン税を賦課されることから、「課税の繰延べ」を選択できる。）。

受託者が信託ファンドを構成するものを第三者に売却した場合（現実の処分）には、生じたゲインは継承的財産処分（信託）の種類に応じたキャピタル・ゲイン税率で課税されることになる。信託財産は受託者に帰属するが、信託に受託者に対して絶対的な権利を取得した者が存する場合には受益的な所有者に帰属するものとみなされる（TTGA 1992 § 71）。この場合、受託者はその財産を処分し、TTGA 1992 § 60で定義されている受動受託者として、それを市場価額で再取得したとみなされる。信託が累積扶養信託である場合、資産が事業用資産等である場合を除いては、キャピタル・ゲイン税が賦課される。

委託者と受託者（あるいは信託）間における贈与・譲渡を認識し、設定された財産の時価をもとにキャピタル・ゲイン税（あるいは相続税）の課税関係を認識するものとして（特に、イギリスの「みなし処分」課税参照）、我が国と大きな相違がある。信託におけるキャピタル・ゲインの認識、さらに所得税法同様、「受益者が特定していない又は存在していない信託」においては委託者に信託財産が存するものとみなすという制度への再検討の機会を提供するものといえよう。

(4)　イギリスにおける相続税の課税客体は、我が国のように、「信託（収益）受益権」ではなく、一定の課税譲渡により譲渡された資産（排除財産は除く。）の価値（value）であると解される。その結果、信託によっては「信託（収益）受益権」の評価が極めて困難となることもありうる。また、相続税法四条一項の採用する信託行為時課税も「現実受益主義」（受益者において受託者に対して信託行為により給付されるべき利益の請求権が現実に発生した時に課税するとするもので、わが国においても一時期採用された経緯がある。）の観点から再検討を行う余地もあろう。[39]

所得税法においては、その収益に対する課税の時期が併せて検討される必要があろう。

アメリカのようなスローバック方式による「後続調整方式」、イギリスの受託者課税・受益者課税による税額控除方式（これも「後続調整方式」ではある。）などは示唆に富むといえよう。[40]

(5)　キャピタル・ゲイン課税における課税の繰延べは、事業用資産、農業用資産の処分を対象にしており、これは事業承継、農業継続を配慮したものであると考える。このような政策的な配慮の有無もわが国では今後導入の是非が議論されるべきことになろう。また課税の繰延べの手法として、いかなる手法をとるかも（たとえばホールド・オーバー・リリーフ方式とノーゲイン・ノーロス方式の優劣など）も興味ある問題であろう。

(6)　我が国の相続税法四条において、信託設定時において受益者が「特定又は存在」する場合には贈与税が賦課される。[41]受益者連続型信託において、信託法上受益者連続型信託がそもそも想定されていなかったと同様に、相続税法において受益者連続型信託の課税関係は念頭におかれていなかったといえる。受益者が連続する場合の課税関係について、委託者以外の受益者が各々の受益者の死亡を原因に、受益権を引き継ぐ場合の課税関係は、我が国の現行法のもとでは設定時にすべての受益者に課税するという見解（入口課税、設定時課税）と、それぞれの受益者の死亡を起因に課税が生ずるとする見解（段階的課税）が考えられよう。相続税法四条二項四号の停止条件が委託者の死亡である場合には、遺贈により取得したものとみなすとの規定（相続税法四条二項柱書き）は受益者連続型信託を想定していないものと思われ、委託者又は受益者の死亡を停止条件とする趣旨を考慮すれば、後者の段階的な課税が支持されるべきものと思われる。

しかし、ここではイギリスの収益保有信託において、残余権者は「将来的享受権」を有する者に該当するが、当該享受権は相続税の排除財産となっており（IHTA 1984 § 48）、前述の収益保有権（本章一 **a** (1)の事例）におけるBは収益保有権や将来的享受権を保有しているとはいえず、単なる「期待権」（spes）であると解されている。我が国においても受益者連続型信託において、受益者のもつ請求権などの資産性を改めて我が国でも検討する必要があろう[42]。

我が国においては今後、相続税法四条、所得税法一三条のもとでの信託課税法理が、信託法理、信託法、信託業法、相続法、相続税法（相続税・贈与税）との関係に留意しながら基本的に再構築される必要があろう[43]。

七　エンプロイー・トラスト（従業員信託）

(1)　従業員信託の利用と態様

雇用者は、従業員に利益を与えるために、各種の方法で信託を利用している。現実に、従業員に雇用者が所有する株式を取得させたり、退職給付金、学資、疾病給付金などを給付するために信託が設立されている。信託基金に従業員自身が拠出する例も存する。

従業員信託には、特別に租税優遇措置が規定されているものもある（たとえば、認可を受けた利益分配型信託、適格従業員株式保有信託、老齢退職年金基金、個人年金基金など）が、これらは別途取り扱うこととする。課税の特例が存しない場合の課税関係を概観する。(44)

従業員信託の多くは、信託所得を累積するという条項や、その使途について受託者に裁量を与える規定をおいている。よって、所得、ゲインについては、基本税率と付加税率により課税されているのが現状である。

従業員のための信託に付与されるIHTのリリーフは、非常に有益である。IHTA 1984 §86は、設定された財産（settled property）が、無期限にあるいは一定の期日までに、その設定された財産のすべてを、以下の者（パーソン）の利益以外のために適用することが認められていない信託により保有されていなければならないと規定する。

① 特別な事業及び専門的な雇用との関係で、又は事業、知的職業、企業を遂行する一団の事務所又は雇用に関係する一クラスのパーソン。

② 結婚、親戚、又は扶助などにより定義された一クラスのパーソン又は上述①に準ずる一クラスのパーソン。そのクラスは、雇用とか特別な集団からなるオフィスとかに関係して定義されている場合には、§86の規定が、次の場合のみ、「設定された財産（settled property）」に適用される。

1 そのクラスが、関係するパーソンをもつ事務所が雇用するすべての又はほとんどのパーソン、あるいはそのような事務所を維持しているすべての又はほとんどのパーソンから構成される場合。

2 設定された財産（settled property）を保有する信託が、ICTA 1988 Sch. 9に従って認められた「株式保有スキーム」の信託である場合。

る。

(2)　相続税

①　相続税リリーフ

この定義を充足すると、従業員信託は、一〇年アニバーサリー課税からイグゼンプションされ、そして、その期間内の財産は、裁量信託の課税規定における「相当な財産」には該当しないということになる。また、§86は、設定された財産についての収益保有権が、全体の五％未満である場合には、収益保有権は否定される旨、規定している。

個人の場合、ＩＨＴのイグゼンプション規定は、IHTA 1984 §28におかれているが、この規定は、①会社の株式に受益的な権利を取得している個人が行うその価値の譲渡は、それが、§86を充足する継承的財産処分に対して、その会社の有価証券又は株式を譲渡する場合には、非課税譲渡であると規定する。そして、②信託が「設定された財産」の使用を認めることにより利益を受けるパーソンは、当該会社をもつオフィスにより雇用されている、あるいはそのオフィスを保有しているパーソンのすべてであるいはほとんどを含む、と規定している。

§28は、イグゼンプションを適用するために重要なその他の要件を規定するが、重要なものは、以下のとおりである。

1　受託者は、譲渡後一年以内にその会社の株式の過半数を保有しなければならない。かつ、

2　イグゼンプションは、信託が出資者又は関係者（パーソン）に対して、いつでも、「設定された財産」のいかなるものでも使用させることを認める場合には、認められない。

関係者には、結婚による親戚関係にある者を含まないし、一方が死亡することにより他方と関係する者も含まない。よって、特に遺言によって、短期間の従業員信託を設定する個人は、この規定の射程距離にある。遺言の後に、出資者（共同者）と関係しないパーソンは、ベネフィットを得ることができる。

② ＢＰＲ（事業資産リリーフ）

株式又は有価証券（以下、「株式等」という）が当該法人の株式等の過半数を構成し、そして当該会社が非上場会社である場合には、ＢＰＲは当然一〇〇％活用することができるであろう（IHTA 1984 § 103. IHT における二つのリリーフ（ＢＰＲとＡＰＲ）は多くの種類の信託、特に裁量信託に相当する。このリリーフは、一〇〇％又は五〇％まで、その譲渡価格を減ずることができる。）。そこで、ＩＨＴのベネフィットは消滅することになろう。しかし、従業員信託のＩＨＴのルールとＢＰＲは、一致しないし、ＢＰＲのルールは充足されるべき多くの条件を有している。このような条件は、従業員信託には適用されない。従業員信託が慈善的であるために、このような信託を設定することは常識的であり、またＢＰＲが減少しているとしても、遺言による従業員信託を設立することは常識的である。

③ 消滅（終了）

従業員信託が終了したときには、§72（5)のもとでＩＨＴの課税が生ずる。それは §70（6)で、公益信託が消滅したときと同じである。しかし、ＢＰＲに係る規定は、裁量信託の課税について適用される。IHTA 1984 § 103は、そのような信託について次のように規定している。

1 価額譲渡により譲渡された価額とは、税が賦課された額を含む。かつ、

2 譲渡人とは、関係する継承的財産処分の受託者を含む。従業員信託に適用される §70（6)に関係して、§70（5)は、「税が賦課される額（課税標準）……」と簡単に述べるに止まる。そして、一〇〇％でのＢＰＲは、従業員信託が終了するときに適用される。

(3) 所得税

ICTA 1988 § 687に規定するタックス・プールはシェジュールＤ・ケース1に基づいて受益者の所得とみなされる裁量による配分のみに適用される。従業員信託による裁量による配分のかなりは、シェジュールＥに基づく従業

員の利得として課税される。よって、§687の適用は受けない。

従業員信託から利益を得ている従業員は、一般的には、受け取った金額について、シェジュールEにおいて税を賦課され、§687に規定するタックス・プールに馴染まない。よって、一般的には、次のような取扱いとなる。

① 従業員の所得は、配分額をもとに計算される（基本税率と賦課税率の合算税率でグロスアップさせた金額ではない）。

② 源泉所得税制度（PAYE）のもとで所得税と国民保険料（NIC）は控除される。

③ 受託者が納付する税額は、従業員の所得税又はNICの納税義務（債務）と相殺することは認められない。

しかし、この法的な取扱いは今日、ESC（Extra Statutory Concession）A68により、修正されている。受託者が納付する所得税についても税額控除が認められている。一定の条件が充足される場合には、受託者は、従業員の手当て（収入）とみなされている裁量による配分額から、基本税率と賦課税率の合算税率に等しい額の支払いを求めることができる。

(4)　キャピタル・ゲイン税

従業員は、従業員信託における資産に絶対的な権利を取得した場合には、CGTA 1979 §54に基づいて、受託者によるみなし処分が生ずる。ただし、支払いが行われず、従業員が通常のシェジュールEルールにおいて資産の市場価額に課税される場合には、受託者は、みなし処分のいかなるキャピタル・ゲインについても課税されることはない。

(5)　使用者の支出

雇用者会社（エンプロイヤー・カンパニー）は、従業員信託を設立することができる。そのような信託は商業的なアレンジメントをして設定されることから、IHTA 1984 §61は、通常問題にならないと解される。

1　特別な従業員給付信託(45)

(1)　認可を受けた利益分配スキーム

ICTA1988 Sch. 9で認められている信託は、特定の従業員に割り当てられていない株式に係る配当について、当該株主を受託者が取得後一八カ月以内に割当が行われる場合には、付加税率による課税を免除される（ICTA 1988 §186（11））。また、このような一八カ月以内の割当により生じたキャピタル・ゲインもキャピタル・ゲイン税を免除されている（CGTA 1979 §144A（2）(d)）。その他の未配分信託所得又はキャピタル・ゲインは、基本税率（さらには付加税率）により課税されることになる。

(2)　TA 1988 §186

一九九〇年から一九九一年にかけて、このスキームは、九六二実施されている。八八八、〇〇〇の従業員が株式の割当を受けており、当初の価額は平均£四七〇である。総合で£四億一、〇〇〇である。特別な優遇的な取扱いが、認可された利益配分スキームに当てられる株式に与えられる。信託は不可欠である。カンパニーが受託者に、当該会社から株式を取得する資金を提供する。そして、その株式は、特別な個人に充てられる（TA 1988 §186, Sch9, parts. I, II, V, Sch. 10)。

ここでの取扱いは、株式が特別な従業員に設定されたときに所得税を納付する必要がないということを保証している。さらに、それらを五年間の間売却しなければ、その後に売却したときにも、キャピタル・ゲイン税と反対ではあるが、株式価額に所得税を賦課されない。

承認のための条件は、①関係者だれにでも割り当てた当初の総価額が£三、〇〇〇又は従業員の給与の一〇％（年間最高£八、〇〇〇である）（TA 1988 § 1187（2））、②そのスキームが五年以上雇用されているフルタイム従業員に対してオープンにされなければならないし、割り当てた株式は等しい条件でなければならない（TA 1988 Sch. 9, para. 8, 35, 36）。そのスキームは五年以内のパートタイマー従業員にも与えることができる。

個人は、さらにその雇用者と雇用関係がなくなった後、一八カ月以上はスキームにおいて新しい株式を保有することはできない。

関連する閉鎖会社に重要な権利を持っている人（特殊関係者）は、適格ではない。

グループ会社でグループ・スキームをつくることができる。しかし、それは、一つの会社により支配されていなければならない（TA 1988 Sch. 9, para. 1（3）,（4））。このスキームの特徴は、株式の取得時に所得税が排除され、後に株式価値が増加したときにキャピタル・ゲイン税が賦課されるということである。しかし、一定の期間内に株式が処分されたときには、所得税が賦課されることになる。株式が個人に割り当てられたときには、TA 1988 § 19あるいはTA 1988 § 154, 160又は162のどちらによろうとも、課税は生じない。さらにFA 1988 §§ 78（A）, 79のもとでも何ら課税は生じない。スキームの株式に係る配当は、割当者に支払われるがそのときに、そのもののもとで課税される（シェジュールF）。割当者は多くの制限にかかわらず、キャピタル・ゲインにとって株式に絶対的な権利をもっている。これは割当者が株式を処分したときに割当者の相当な（限界）税率で課税されることを意味している（TCGA 1992 § 238）。

2　認可された株式オプションスキーム（TA 1988 § 185 —— 裁量スキーム及び従業員スキーム）

株式オプションの一般的な取扱いは、TA 1988 1988 § 185及び Sch. 9によって導入された「認可された株式オプションスキーム」制度により行われている。一九九〇―九一年度において、六五、〇〇〇の従業員が当初価格合計で£一、三八〇、〇〇〇（平均で一従業員当たり£二一、〇〇〇）を受け取っている。このようなスキームに基づいて、一九八四年四月五日後にオプションが与えられる場合には、それがオプションの付与後、三年以上一〇年超の間で行使されるとすると、オプションの行使時において、TA 1988 § 135あるいはその他の規定によって所得税は賦課されない（TA 1988 § 185 (3)）。代わりに、株式処分時にキャピタル・ゲイン税の課税が生ずる。それは、オプション株式のフル・コスト（総原価）と処分価格との差額に賦課される。

オプションの譲渡については、その対価の額が、その差額にシェジュールEの所得として課税される時における株式の時価よりも低いということがなければ、その譲渡から課税は生じない（TA 1988 § 185 (4)）。権利を一九九二年一月一日以後に取得した場合で、その権利がディスカウントして株式を取得する権利を含んでいるときには、このルールは、対価の金額及び価額が市場価格の八五％未満である場合に適用される。その対価の額と時価の八五％との差額に課税される（TA 1988 § 185 (6B)）。そして、この税額は、ゲインを株式の処分時に計算するときに費用として控除されることになる（TA 1988 § 187 (7)）。なお、このスキームの認可にあたっては、次のような点に留意をする必要がある。

① このスキーム（委託者会社）を設立する会社、あるいはそのようなグループ・スキームに属する会社の、フルタイム役員又は適格従業員は参加する資格を有しているが、その会社に対して重要な権利をもっている者はすべて排除される（TA 1988 Sch. 9, para. 27, TA 1988 Sch. 9, para. 8）。

② オプションが与えられたときの株式の価額は、ⓐ£一〇〇、〇〇〇及びⓑ課税年度又はその前年度における四回の手当て（給料。ただし、ベネフィットを除く）の大きい方の金額に制限されている。

③ 株式は、委託者会社（あるいは一定の支配会社）の払い込まれた通常の株式資本の一部でなければならない。また、認可された証券取引所に登録されていなければならないし、さらに支配会社が登録されていない限り、

別の会社の支配下にない株式でなければならない（TA 1988 Sch. 9, para. 12（2）–（4））。

④　認可されている節税・関連株式オプション・スキーム（TA 1988 § 185）

このスキームは、一九九一―九二年度末までに、九七二件が承認され、五四〇、〇〇〇人の従業員に与えられたオプションは、個人平均£二、六〇〇であり、総額£一三八〇、〇〇〇、〇〇〇である。

オプションを行うための資金を基金から与え、節税スキームの租税効率による利益を受けられるように、認可された関連株式オプション・スキームに認可された節税スキームとを結合することが可能である（TA 1988 § 185, Sch. 9, parts. 1 Ⅰ–Ⅲ, Ⅵ）。

節税スキームは、TA 1988 § 326の規定を充足し、歳入庁に認可されていなければならない（TA 1988 Sch. 9, para. 16）。配当は、一カ月£二五〇を超えることはできない。オプションは、通常五又は七年間行使できないし（つまり、節税スキームの満期時にボーナスを誘因するために必要な期間）、そして、株式の価格は契約のときの価格を超えてはいけない。

このスキームの関係者（つまり割り当てられる適格を持っている者）は、すべてイギリス居住者であり、かつ少なくとも五年間は通常の居住従業員、役員でなければならない。しかし、部外者、閉鎖会社の場合にその会社と重要な関係にある人を含まない（TA 1988 Sch. 9, para. 11）。取得されるべき株式は、通常の株式資本（シェア・キャピタル）であり、上場されてなければならず、他の会社により支配された会社の株式又は公開上場会社の支配のもとにある株式でなければならない。

合併すると、そのスキームは清算され、あたらしいヘッド会社のスキームとして構成される。

株式が取得されたときの価額は、明らかに、オプションが取得されたときの市場価額の八〇％未満になるべきではない（TA 1988 Sch. 9, para. 25）。

このような条件が充足されれば、オプションのあたえられたとき又はそれを行使したときに課税関係は生じないし、またFA 1988 § 78, 79のもとでの価値の増加についても課税は生じない（TA 1988 § 185 (3)(a)）。

会社が合併又は同様の状況に至ったときには特別のルールが適用される（TA 1988 Sch. 9, para. 21）。仮に従業員が役員であるか又は高給の従業員である場合には、TA 1988 § 162によって、課税関係が生じるかもしれない。当該会社は一つの会社であるか、一つの会社により支配されていなければならない（TA 1988 Sch. 9, para. 1 (3), (4), ESC B 27 (1992)）。今日、このスキームは、新しい会社の株式を取得する権利を与えるように、合併にともなう権利の移転のための規定をおいている（TA 1988 Sch. 9, para. 15, TCGA 1992 § 238）。

3　従業員株式保有プラン――ＥＳＯＰ

(1)　優遇措置

FA 1989は、従業員株式保有プランのために、さらにインセンティブを与えた。広く「ＥＳＯＰ」として知られているが、このスキームは、法的には、Emplyee Share Ownership Trustsと呼ばれる。これは、株式出資スキームと従業員のための信託とを結合させることにより運営される。この新しい立法は、会社が信託に寄贈するときに、又は信託設定のための費用を支出するときに、法人税において損金算入が認められる。本質的には、従業員給付信託を包含する、この二つの関連構造への出資は、承認された利益配分スキームへ後に配分するために株式を取得している会社による寄贈（出資）から成り立っていた。

ＥＳＯＰは、適格従業員株式保有信託が存する場合には特別なルールの適用を受ける。これは細かく定義されている。その信託は、証書により設立されていなければならない。信託はいかなる会社によっても支配されていない会社により設立され、イギリス居住者でなければならない（FA 1989 Sch. 5, para. 2）。信託証書は、第一の受託者を指名し、さまざまな受託者に関するルール、たとえば、設立会社とは独立した多数決、などを含んでいなければならない。受益者に対するルールがある――一定の従業員は、含まれなければならない（つまり、最低五年間、当該会社又は、グループ会社内の会社において二〇時間／一週間当たり働いている者）。他の者が受益者になることはできるが、当該会社に重大な関係のある者、一年未満のみしか会社で働いていない者は除外される（FA 1989 Sch. 5, para. 4）。よって、子会社の従業員は適格者に成りうる。

信託証書は、受託者のさまざまな業務について明記していなければならない（たとえば、会社から現金を受領し、適当な期間に適当な証券にそれを投資する、そしてすみやかに証券に対処するなどの業務。FA 1989 Sch. 5, para. 5–10）。よって、受託者は、設立会社の通常株式に又は六カ月以内に適格なその他の目的に現金を投資しなければならない（FA 1989 Sch. 5, para. 7）。受託者は、その会社が別の会社により支配され、そして取得価額が市場価格以下であるならば、投資をしないように告知されなければならない。株式についての特別な制限は認められないが、このような制限に服している株式を受託者は購入することができないと明確に記述することにより達成される。

受託者は、給与の段階、役務の段階によってのみ配分基準を変えることが認められている（FA 1989 Sch. 5, para. 6）。信託が株式を処分するときには、直接に、従業員か、承認された株式利益分配スキームに処分しなければならない。これ以外の譲渡は、いかなる場合でも課税される。そのような制限は、信託に明記されていなければならない（FA 1989 Sch. 5, para. 5 (2) (c), (d)）。

受託者が、設立会社の株式を取得する場合は別にして、株式取得のためのローンの返済、ローンの利子の支払い、従業員への支払い、信託費用の支払いなど、現金を使用することが認められる目的は制限されている（FA 1989 Sch. 5, para. 6 (3)）。信託証書は、その使用について、これらの主たる目的に付随しない又は本質的でないものを含めることはできない（FA 1989 Sch. 5, para. 10）。これらの条件の一つでも満たさない信託は、「適格ＥＳＯＰ」に該当しなくなる。現在では、受託者は、信託がこのような条件を充足しているか否かを確認するための明確な手続きが存する。

(2) 非適格のＥＳＯＰ

FA 1989は、当該会社がＥＳＯＰに出資した額の控除を認める特別のルールをおいている。さらに、ベネフィットのクローバック（clawback）に関する複雑なルールを規定している。株式の販売に係るＣＧＴのリリーフが存しないことに注意をすべきである。仮に信託がなお、適格ＥＳＯＰであり、受託者の幾人かが少なくともその当時、受益のための適格を有しており、会社がイギリスに居住しており、合計額が九カ月以内に適格目的に費やされ、リリーフの主張がなされるとすると、会社は受託者への支払いを控除できる（FA 1989 § 67）。課税が生じた場合には、法人税額控除のベネフィットは、受託者からクローバックされる。歳入庁においては、これは基本税率＋賦課税率（現在三五％）になると解している。課税は、シェジュールＤ・ケースⅥの収入として行われる。会社は、受託者が六カ月以内に支払うことができない場合には、支払う義務がある（FA 1989 § 68）。

課税事由は、受託者が行うことが認められる又は認められていない問題に非常に密接に関係している。よって、たとえば、受託者は非適格譲渡（受益者又は承認された利益配分スキーム以外の者への譲渡）（FA 1989 § 69（2）,（3））又は非適格ターム（期間）内での譲渡（FA 1989 § 69（4）,（6））をすることはできない。受託者は、非適格な目的のために現金を費消することはできない。また、受託者は七年を超えて株式を残存させることを禁じられている（FA 1989 § 69（1）(c),（7）–（12））。このような場合に、課税額は、非適格目的の支出のためにもたらされた金額の合計額であり、またそれは残された又は譲渡された有価証券のキャピタル・ゲイン基準コスト（物価調整は存しない）である（FA 1989 § 70）。

課税額を計算するときに、受託者を単純に罰するというのではなく、リリーフをクローバックするという、立法目的を達成するために、さらに調整が行われる。第一に、課税されるべき現在の合計額に既に課税された税額を付加する（FA 1989 § 72（2））。これは（リリーフの主張が現実になされたか否かに関係なく）、会社が法人税において控除する税額に対抗するものである。課税されるべき合計額は、それが控除額を超える範囲においてのみ課税される。

八　年金信託

(1)　イギリスの年金改革

「ここで提案された年金制度の改革は基本的なものである。それは国家と個人との新しいパートナーシップを達成することを意図している。国家と私的なセクターによる規定は競争的というよりは補足的である。これらは、あらゆる従業員が基本的な国家の年金に加えて、自分自身で年金の付加に貢献することができるということを保証している。」

このコメントは、一九八五年の議会のグリーンペーパー「社会福祉の改革」において勧告された内容の一部である。この提案は、国家の将来の年金スキームについて言及していないが、国家（公的年金）と私的部門（私的年金）との関係について広範囲に言及している。その結果、私的年金制度を支えるために、租税リリーフの現行システムについて、重要な変化がもたらされた。このような動きは、年金制度をカバーする多くの課税規定の変化をもたらし、重要な年金規定の立法・改正は、一九八七年財政法（F（No2）A 1987）においてみることができる。(46)

次のようなものが主要な改正事項であった。

(a)　認可された退職年金スキームに代わる「認可された個人年金スキーム」の導入。

(b)　新しい、フリー・スタンディング（free standing）・ＡＶＣ（additional voluntary contribution）スキーム（従業員が自分の選択で付加的な拠出を行なうことができるスキームである）の採用。

(c)　認可された職域年金スキームによるベネフィットの濫用を規制するための新しい規定の導入。

(d)　ある種類の年金制度から別の年金制度への自由な移転を認める規定の導入。

税法上優遇されている年金契約としては、次のようなものが活用されている。

①　新しい法律でのもとで認可された企業年金スキーム

②　ＡＶＣ契約

③　簡易企業年金スキーム

(a)　簡易最終給与スキーム

(b)　簡易現金購入スキーム

④　認可退職年金契約

⑤　認可個人年金スキーム

⑥　認可されていない一時支払いスキーム（ex-gratialump sum）

⑦　認可されていない「トップ・アップ（top up）」スキーム

(2)　認可職域スキーム

①　認可の新しい規定

現在の職域スキーム（occupational schemes）は、一九世紀に確立されたシビル・サービス・スキームに大きく依存している。認可に関するコードは、一九二一年に導入されたものであったが、一九七〇年に新しいコードにとって代わった。その規定はあらゆる職域年金スキームに適用される簡単で統一的なルールと手続について規定をしている。この規定は、TA 1988 §§ 560~612とSch. 22, 23である。新しいコードによる認可は、以下のような課税関係をもたらす。

新しいコードにより次のことが明確にされた。

(a)　雇用者の配分（出資）は、それが通常の年間（毎年の）の配分である限り、損金に算入される。

(b)　雇用者の出資は、毎年の報酬の一五％のオーバーオール限度額に服する利益から控除される。
(c)　雇用者の出資は、従業員の課税報酬（給与・手当）を構成しない。
(d)　ファンドの投資によって生じた所得とキャピタル・ゲインは、免税とされる。
(e)　退職の間に支払われた年金は、シェジュールEの所得としてそのメンバーに課税される。

これらの取扱いは完全に認可を得た、すなわち「非課税認可スキーム」にのみ適用される。認可要件を充足しないスキームは上述の(c)のみが保証されている。多くの種類のスキームが、「非課税認可スキーム」として認められうる。

(a)　最終の給与に応じて支払われるべき年金を提供する「雇用者スポンサー・スキーム」
(b)　雇用者と従業員双方により拠出金がなされる「雇用者スポンサー・スキーム」（つまり現金購入スキーム）
(c)　従業員が付与する年金額について、一定の裁量をもつスキーム（いわゆる「トップ・ハット（top hat）」スキーム）
(d)　認可スキームの受託者が保険契約又は直接投資を介して年金を保証する「認可受託者スキーム」

②　**退職ベネフィット・スキームの意義**

新しいコードは、「あらゆる退職ベネフィット・スキーム」に認可を与える可能性がある。そのようなスキームは、「相当なベネフィット」を提供するところのスキームである。「相当なベネフィット」は、広範囲に定義されている。歳入庁は、退職・死亡の時に、あるいは退職に先立って与えられた一時金等を、一時金がオフィスの剰余金あるいは損失を理由にして支払われない場合には、退職ベネフィット・スキームを組成するものとして取り扱っている。相当なベネフィットを付与するスキームは、少人数の従業員あるいは一人の従業員についても成立させることができる。相当なベネフィットの給付は、第三者との契約（たとえば、保険契約）の方法による給付も含む（TA

1988 § 612 (2))。

歳入庁は、退職ベネフィット・スキームを異なるグループ会社の従業員のような、異なる従業員のクラスに関する二つ以上のスキームに分割することができる（TA 1988 § 611 (3) (4))。この手続きは、多国籍企業により設立された世界的なスキームについてイギリス部分のみに認可を求める場合に用いられる。

スキームが上述したような広範囲な退職ベネフィット・スキームであるとしても認可がされない場合には、相当なベネフィットの給付として、雇用者が支払った金額は従業員の所得として取り扱われる。

③　認可の要件

スキームの認可は、歳入局（Board）により行われるが、TA 1988 § 590(2)、(3) の条件が充足される場合には、認可をしなければならない。これは、強制的（覊束的）な認可と呼ばれている。しかし、裁量基準で上述の要件を充足しないスキームを認可する権限をもっている。スキームについて、歳入局の認可を得ることは、その基準が強制的または裁量的であろうと、雇用者の出資について従業員が賦課されることはない（イグゼンプションを保証するのみである）。認可の原則的な要件は、以下のものである。

まず、TA 1988 § 590 (2) は、以下の要件を充足しないと、いかなる退職ベネフィット・スキームも認められないと規定する。

(a)　当該スキームが従業員の役務提供に関して、従業員、その配偶者、扶養親族等に相当な利益（ベネフィット）を与える目的で真実、設立されたものであること。

(b)　相関係する従業員と使用者が当該スキームを承認しており、このスキームのメンバーである、あるいはメンバーになる権利をもっている従業員がこのスキームの重要な事項を規定した文書を付与されていること。

(c)　この年金スキームに係る規定にもとづいて、このスキームの管理を行う義務を負っているイギリス居住者たる者（パーソン）が存すること。

(d) 使用者がこのスキームの出資者（contributor）であること。

(e) このスキームをイギリスに居住している者により、イギリスで事業又は営業を行うことと関係をして、設立されていること。

(f) いかなる額もこのスキームのもとでは、スキームの継続あるいは終了後であろうと、従業員が行った寄付の返済という方法により支払われていないこと。

次に、TA 1988 § 590 (3) は、以下の要件を充足する場合には退職ベネフィット・スキームが認可されると規定する。

(a) 従業員のためのあらゆるベネフィットは、六〇歳から七五歳までの一定の年齢の時における年金及び退職金（一定の額を超えないことが要件）であること。

(b) 従業員の寡婦（夫）のためのあらゆるベネフィットは、従業員の退職後死亡したときに支払われる年金（この支払額は従業員に支払われる年金の三分の二を超えることはできない。）であること。

(c) その他のベネフィットはこのスキームのもとで支払われないこと。

(d) 年金は、一定の場合を除いて、辞職、出向等には適用されないこと。

(e) 従業員が複数以上の相当に関係する雇用により設立されたスキームのメンバーである場合には、その一つの雇用に係わって支払われる年金の額は、関係するその他の雇用に係る年金支払額と合算したときに、相当の額を超えていないこと。

(f) 従業員が複数以上の相当に関係する雇用により設立されたスキームのメンバーである場合には、関係するその他の雇用に係わって振替年金の方法で支払われる額は、その他の雇用に係る年金支払額と合算したときに、相当の額を超えていないこと。

(g)　従業員が、あるスキームである別のスキーム等とに関係している場合、当該スキームにより支払われる年金額は、その一方のスキーム等により年金の方法で支払われる額と合算したときに、相当の額を超えていないこと。

(h)　従業員が、あるスキームと認可スキームである別のスキーム等とに関係している場合、振替年金の方法で支払われている額は、その一方のスキーム等により年金の方法で支払われる額と合算したときに、相当の額を超えていないこと。

後述するような税法上の特典を受けるためには、そのスキームは認可されるだけではなく、「非課税認可スキーム」に該当しなければならない。非課税認可スキームは、次のように定義されている。

(a)　取消不可能な信託のもとで遂行・達成されることが、歳入局の証書に記載されている認可スキーム。又は

(b)　特別な状況に関して、歳入局が非課税認可スキームに該当すると判断する、その他の認可スキーム。

事実、歳入庁は、①ファンド又はポリシーが導管的な権限のもとで保有されている、あるいは②信託証書の中で資産の処分がそのスキームの認可条項により規定されていなければならない、といったことを定めた形式的な条項を求めてはいない。

④　**非認可スキーム**

FA 1989による「earnings cap」の導入前は、非認可スキームは、非課税認可スキームに与えられる租税優遇措置が享受できないだけでなく、一定の特例に服していた。特に、スキームが基金の積立てができない場合に、毎年、従業員のために国家による従業員への配当がなされると、従業員はそれに課税された。そして、それが従業員に支払われたときにもまた年金として課税された。しかし、それを回避するために、非認可のトップ・アップ・スキームを容易に作ることができるために、国家従業員配当に対するシェジュールE課税が一九八八―八九年から廃止さ

れた。非認可スキームの現在の課税関係は、そのスキームが基金を積み立てているか否かにかかっている。

基金積立スキームは、雇用者が保険証書又は独立した信託基金を設けることにより、将来ベネフイットを得ることが保証されている。そのスキームにおいて、雇用者が第三者（たとえば保険会社）に、相当なベネフイットを与えるために、支払いを行うとシェジュールEのもとで従業員が課税される（TA 1988 § 595（1））。相当なベネフィットの定義は、従業員の妻、寡婦（夫）、子供、扶養者及び人的代表者に支払われたベネフィットを含む（TA 1988 § 595（5））。

年金の支払いがなされたときに、通常の方法でシェジュールEのもとで当該年金は課税される。一時的な通勤ベネフィットは、スキームに基金を積み立てるときに、従業員が雇用者の支払いの際に課税されている限り、課税はされない（TA 1988 § 189（6））。これは、従業員が既に課税されている雇用者の支払いについてはその部分を除いて、その他のベネフィットに特別に課税するものである。

非基金積立スキームは、雇用者が単に年金又はその他の退職ベネフィットを付与するだけである。年金の支払いは、通常の方法でシェジュールEのもとで税を賦課されるが、一時金もまた特別なルールのもとで課税される（TA 1988 § 596A）。

⑤　雇用者の支払い（拠出）の損金性

雇用者が退職ベネフィット・スキームに拠出を行ったときに、その額は、原則として（問題の従業員の役務を得るために生じた費用として）控除される。しかし、そのスキームの最初の基金を作るための拠出又はベネフィットを増額するための拠出は、それがキャピタル・イクスペンディテュア（資本支出）を構成するとの理由で、控除されない。そのスキームが「非課税認可スキーム」であれば、事業費用又は管理費用のどちらかであるとして、雇用者のための控除を認める特別な規定が存する（TA 1988 § 592（4））。

⑥　**従業員の拠出（控除）**

一九八七年四月六日以後に支払われた従業員拠出金について、FA（No2）1987は、非課税認可スキームに対する従業員拠出についてリリーフを認めている（TA 1988 § 592（7））。課税年に従業員が支払った拠出金の最大控除額は、その年度の当該従業員の給与の一五％を超えない範囲内である。この限度額は、雇用者が設定したものであろうと、従業員が設定したものであろうと、AVCスキーム（additional voluntary contribution）を含むあらゆる課税認可スキームへの拠出金に適用される。この一五％割合は、厳格な一定の条件に従って、歳入局の権限により割り増すことができる。

⑦　**基金の課税**

非課税認可スキームは、特別な課税イグゼンプションを享受することができる。基本的なイグゼンプションは、スキームのために保有している預金、投資からの所得は所得税からイグセンプトされるということである（TA 1988 § 592（2））。スキームのために保有している投資の処分からのキャピタル・ゲインは、キャピタル・ゲイン税からイグセンプトされる（TA 1988 Sch. 29, para. 26）。投資の管理は、非常に洗練・熟達されており、年金基金は投資関連取引（これは当初の規制において予想されていなかった）をしばしば行う。新しい状況に対処するために、さらに次のような場合に、イグゼンプションが認められる。

(a)　シェジュールD・ケースⅥにおいて別に課税される「スキームのために適用された保険手数料」

(b)　預金証書の処分からのゲイン（但し、事業利益として取り扱われるものを除く。）

(c)　先物、オプション契約によるゲイン

(c)のイグゼンプションは、一定の金融手段に当初限定されていた。他の先物、オプション契約の場合、非課税（イグゼンプション）は、投資がディーリング取引に反するような取引に依存していた。しかし、一九九〇年のFA

は、広範囲な取引にイグゼンプションを認めるように改正を行った。(c)のイグゼンプションは先物、オプション契約をカバーするイグゼンプションに取って代わった。そして投資を示す取引要件を除外した。このために、契約が、当事者の一方が非現金資産に反するような現金を作る、あるいは取得する権利を持っているということのみで、先物あるいはオプション契約であるとしてイグゼンプションを否定することはできない（TA 1988 § 659A（2））。

この年金スキームが、TA 1988 § 1229において認められている貸付契約（lending arrangement）に参加する場合には、生み出された支払いの受領（受け取る方においては配当として取り扱われる）は譲渡まで、非課税とされるであろうが、譲渡時には、これは株式貸付手数料ではないことからシェジュールD・ケースⅥにおいて課税されうる。

これとは別に、有価証券の取扱い、その他の取引は、このようなイグゼンプションの対象にはならず、課税される。投資とそのような有価証券の取扱いを区別することは困難である。歳入庁は、非課税認可スキームによる非免除取引が疑わしい場合に、そのケースを審査するための特別オフィスを設置している。

⑧　年金の課税

認可ファンドから年金が支払われたか否かに関係なく、シェジュールEのもとで課税するために、年金支払の賦課に係る一定の基本的な規定が存する。主たるルールはTA 1988 § 19（1）である。この規定は、手当て及び「イギリス外でパーソンのためにあるいはパーソンによって支払われているあらゆる年金」に課税することとしている。「年金」ということばは定義されていないが、TA 1988 § 133は「疑義を回避するために」、「年金」という用語は自発的にあるいは非継続的に支払われている年金も含むと規定している。年金ということばは、法令あるいは判決によっても明らかにされていない。しかし、支払が認可スキーム（必ずしも非課税の認可スキームではない。）のルールにおいて支払われるべき年金であると、シェジュールEのもとでその年金に課税するために特別な制定法ルールが存する（TA1988 §597（1））。

シェジュールD・ケースⅣ、Ⅴのもとで課税される外国年金の場合には、送金基準は適用されず、また、課税所得は、一〇%まで軽減される。同じような軽減は、Sch. E para. 4のもとで課税される一定のコモンウェルス政府年金についても適用される。

九　保険信託（insurance trust）

信託に生命保険証書が組成されることは一般的である。保険信託はその目的から、個人信託と事業信託に分けられる。保険料の支払財源によって分類すれば、キャピタルからのファンドと所得からのファンドに分けられる。個人保険信託は、他人の利益のために個人により設定される信託である。事業保険信託は、企業に関連して設定される信託である。

以下では主として、後者の信託をみていく(47)。

(1)　一九八六年三月一七日前の相続信託

まず、この種の信託としては、受託者のもとにあるキャピタルが、シングル・プレミアム・保険証書に投資される。これは、「投資ボンド」又は「成長ボンド」と呼ばれており、税法では、非適格保険証書と呼ばれている。通常、当初の投資額の五%を超えない年間金額が回収され、それがローンとして、又はローンの返済として委託者に支払われる。この回収額は信託所得でもなく、また委託者の所得でもない。しかし、年間の回収額が五%を超える場合には、その超過額は（委託者が生存している場合には、委託者の所得として）、高税率で課税される。

次に、これとはタイプを異にするものであるが、最初にキャピタルを信託に贈与し、年間の回収額を委託者にローンとして支払う信託である。このような信託は、比較的少額のキャピタルで設定され、主たるキャピタルは信託に貸し付けられる（利息は自由で、いつでも返済を求めることができる。）。年間の回収額は、返済の一部として取り扱われる。しかし、保険会社は、一九八六年三月一八日から、このような信託から撤退した。しかし、それ以前に設定されたこのような信託は、暫定的な規定でなお保護されている。

所得税については、年間の回収額は所得ではなく、信託が所得を配分しない限りは、そのような年間ローン又は返済には所得税の課税関係は生じない。受益者は、§687が裁量信託にのみ適用されることから、収益保有権を保有しておくべきである。

このボンドのゲインは、原則として、CGTを賦課されない。

上記の第一のタイプは、信託への贈与は通常の方法でIHT（相続税）が課税される。委託者への年間ローンは、納税義務を生み、そして所得としてそれが用いられた場合には、いかなる納税義務を生ずることもなく、委託者の遺産を軽減させる。

第二のタイプの信託においては、ローンについてIHTは生じない。そのローンは、委託者の遺産の資産である。年間の返済額はその資産を軽減し、それが所得として用いられると、委託者の遺産を軽減する。

(2)　一九八六年三月一七日後に設定された保証信託

一九八六年三月一七日以後設定された信託は、委託者が受益者の一人として構成されない、あるいは死亡時に、自分の遺産から、信託からのローンを控除することを期待していない場合に、「成長ボンド」を否定する理由は存しないと解されている。

直ちに納税することはなく、五％までの払戻しをうけるというメリットがなお、存している。払戻しが要求されない場合に、投資所得課税、期間税、出口税の課税をすることなく累積させるメリットが存する。一九八九年に二つの保険会社が、二つの相続信託を市場に提供した。この信託は「小さな贈与（£一〇）」と「信託に貸し付けられるローン」である主たる投資額（利子自由、弁済要求により支払う。）からなる。そのような貸付は、贈与による財産の処分ではないとみなされている。なお、一九八六年税の取扱いはそのまま適用される。委託者が小さな信託キャピタルに、貸付の返済等を主張することは、信託条件のもとでは不可能である（これは、ベネフィットの留保となる可能性がある。）。

貸付金銭は、生命保険ボンドに投資され、毎年五％の払戻がローンの返済に充てられる。委託者がこれらの支払いを所得として費やすと、かれの遺産は継続的に軽減する。そして、ボンドの価値について期待される増加は彼の遺産には含まれない。

①　所得税、相続税、キャピタル・ゲイン税

当該ボンドが満期になり又は解約されたときには（回収額を含めて）その総ゲインが算定され、委託者が、トップ・スライス基準で、基本税率を超えたトップ・スライス税率部分に課税される。当該ボンドを一万ドルで取得し、五％が一〇年に渡り回収されており、一〇年後に一万四、〇〇〇ドルになったとすると、総収入は一万九、〇〇〇ドルとなる。結果、当該ゲインは九、〇〇〇ドルとなる。年間九〇〇ドルに委託者の他の所得を加えて、課税されることになる。

そのゲインについてCGT（キャピタル・ゲイン税）は課税されない。信託への贈与が少額である場合にはIHTは生じない。信託における資産価値の増加が予測されうる場合には、一〇年アニバーサリーや出口税の課税が生ずるおそれがあるが、収益保有権を受益者に付与することにより、これは回避できる。

(3)　ＰＥＴＡプラン

これらのスキームは、「ディスカウント贈与スキーム」（discounted gift schemes）として知られているが、前述の生命保険信託同様、一九八六年後、保険会社は撤退している。

これらについては、純粋な寄贈（pure endowment）と期間保証（term assurance）（ゆえにＰＥＴＡ）によって、二つの保険証書が関係する。一つは、キャピタルの多く（おそらく九九％）は、一〇五歳まで生きている納税義務者について満期が生じるシングル・プレミアム・寄贈証書（よって、満期はありえないであろう。）。しかし、委託者は、毎年所得の五％について部分解約をする権利を有している。

一つは、投資された額の残高が小さい場合に、それについてシングル・プレミアム会計をもった期間保険（証書）である。満期が生じそうもないときには、保証期間中はなにも支払わないが、寄贈の日時前に委託者が死亡したときには、期間証書（券）は、寄贈プレミアムにより購入されたユニットの、その時の価値に相当する金額を支払う。

期間保険証書は収益保有権をもつ受益者のために、信託に設定される。仮に委託者が自分の状況が変化する恐れがあるとすると、受託者は受益者から収益保有権の指定権限を付与されよう。

期間保険（信託における証書）は、非適格証書であるが、しかし、死亡時には相続信託のなかに含まれるので高い税率による納税義務は生じない。なぜならば、それは死亡直前の解約価値に基づいているからであり、ＰＥＴＡ期間保証は解約価値をもたない（TA 1988 § 514 (1) (a)）。

ＣＧＴは、通常生じない。ＩＨＴについては、委託者がそのような契約を締結したときに、委託者の遺産は軽減することとなる。そして、そのユニットの将来の価値増加部分は遺産を構成しないこととなる。

①　所得から拠出される相続税

このタイプでは、信託への一時的な貸付（loan）・贈与（gift）は存しない。受託者は通常、委託者の生命についての生命証書のすべてを保有している。この目的は、委託者の死亡時に生ずる相続税に相当する金額を提供することである。この証書は、委託者の意思による受託者のための信託である。

委託者は、委託者がかれの生存中、年間のプレミアムを支払っているときには、その信託は適格信託であり、その結果、当該証書が委託者の死亡時に満了するときには所得税は生じない。その証書が一九八四年三月一四日前のものである場合には一二・五％の租税リリーフが各々の年間プレミアムの支払いから控除される（TA 1988 § 621(1)(b)）。その結果、より高額の租税リリーフを得ることができる。

適格生命保険証書にはＣＧＴは生じない。

生命保険証書が委託者の遺産の一部を構成しないことから、毎年のプレミアムは信託への贈与となる。しかし、多くの場合、その毎年のプレミアムは、£三、〇〇〇の年間控除額、あるいは所得からの年間支出控除（イグゼンプション）の範囲内にある。委託者の遺産を構成しない証書について、委託者の死亡時にＩＨＴの問題は当然生じない。

②　キャピタルから拠出される相続税

所得からプレミアムを支払う代わりに、委託者が年間支払いを行うための一時金を別においておくこともできるが、これは、様々な方法で行われる。

ジルト・ラダー　キャピタルを一連の日付のある証書（ＧＩＬＴ）に投資を行い、これらが満期になると年間プレミアムに充当する。

ボンド・ラダー　キャピタルを一連のシングル・プレミアム証書に投資を行い、これらが毎年満期になるとそれを年間プレミアムに充当する。

シングル・ボンドあるいは終身年金に投資する場合もある。

ジルト、ボンド、年金は、少なくとも一〇年はプレミアムを提供するに十分なものでなければならない。いかなるボンドのゲインも、シングル・ボンドは、委託者の死亡後に満期が到来するようにアレンジしてあったとしても、委託者の高税率で課税される。

証書の利息又は年金の所得部分は、キャピタルが信託に設定されているかいなか（そして設定されているとすると、収益保有信託か裁量信託かによる。）に応じて、委託者、受益者又は受託者の所得になる。ＣＧＴは生じない。

ＩＨＴについて、適格証書については、前掲の所得からのＩＨＴを参照。キャピタル投資については、①それが委託者の財産である場合に、年間のプレミアムがジルトでありいかなる残余財産（剰余金）も委託者の遺産の一部として課税される、②それが信託について行われた場合には、通常収益保有権が生じ、その信託への贈与はＰＥＴとなる。

終身年金は、委託者の死亡時に価値を生じないので、信託にそれを設定しても意味がない。シングル・ボンドは委託者の死亡時に価値が増加するので、信託に設定すべきである。その他の方法によるタックス・ベネフィットはケース・バイ・ケースでそのときの状況による。

その他、パートナーシップ・ポリシー・トラスト（共同証書信託）、バック・ツウ・バック・トラスト（back-to-back-trust）（所得を減じることなく、そしてＩＨＴの対象となるキャピタルの譲渡をもたらすことなく委託者の遺産を軽減させるための信託である。）、ペンション・ポリシー・トラスト（pension policy trust）などが存在するが、ここでは詳述は避ける。

一〇 障害者信託（Trusts for the Disabled）

精神的・身体的な障害者のための信託は、所得について権利を付与する。その場合に、当該信託は、収益保有信託として取り扱われるか、あるいは裁量信託として取り扱われるかのどちらかである。後者（裁量信託）の場合において、障害者たるパーソン（者）は、裁量的受益者となる。(48)

(1) 相続税

IHTのリリーフは、IHTA 1984 § 89の条件が充足される場合に、障害者のための裁量信託に適用される。§ 89 (1) は、一九八一年三月九日後の継承的財産処分に譲渡された「設定された財産（settled property）」でかつ、次のような信託において保有されている「設定された財産」に適用される旨、規定する。

① 障害者の存命中に設定された財産（settled property）に収益保有権が付随していない信託であり、かつ
② 障害者の存命中に適用される継承的財産処分の半分未満が彼の利益のために適用されないことが保証されている信託

一九八一年三月一〇日前の障害者のための信託への財産譲渡について、詳細なルールは適用されていなかった。障害者は、財産が継承的財産処分に譲渡されたときに、次のような要件を充足するものであるとして、§ 89 (4) に規定されている。

1 一九八三年の精神衛生法により精神的な障害により、自分の財産を管理できず、あるいは自分のことを処理できないパーソン、又は

2　一九八三年の社会保障手当法によって介護手当、あるいは一九九二年の社会保障手当法によって最高率又は中間率部分にあたる治療のための手当を受給するパーソン、又は

3　障害者生活手当を受給するパーソン

これらの全ての要件が充足されるときに、障害者は設定された財産の全てに収益保有権をもっているとして取り扱われる。そして、そのような権利については、前述第六章三で述べたような課税関係を伴う。たとえば、そのような継承的財産処分への贈与は、ＰＥＴとなる。

(2)　キャピタル・ゲイン税

ＣＧＴについて、リリーフが付与される。TCGA 1992 Sch. 1、para. 1は、受託者に通常与えられるイグゼンプションの倍額である£五、八〇〇のリリーフを与えている。しかし、リリーフの条件は、ＩＨＴとは異なる（但し、リリーフのための資格を有するパーソンは同じである。）。キャピタル・ゲインの年間イグゼンプションは、信託が精神的障害者の生涯にわたって、課税年度において、介護手当又は障害者生活手当を受け取るときに、パーソン（者）が、以下のようである場合には付与される。

①　利用される財産の半分未満がそのようなパーソンのために利用されていること、かつ

②　そのようなパーソンが財産から生ずる所得について半分未満の権利を取得しているか、又はそのような所得がその他のパーソンのすべての利益のために利用されうること。

「精神的障害者（mentally disabled person）」の定義は、ＩＨＴの場合と同じである。すなわち、一九九三年の精神衛生法で意味する精神的な障害によって、自分の財産を管理できない、又は自分の事柄を処理できないパーソンである。

障害者信託に対するＣＧＴに係る年間イグゼンプションと障害者のための裁量信託に係るＩＨＴの取扱いとの間

には相違がある。一つは、ＣＧＴにおいて、そのパーソンはその課税年度の間、障害者でなければならない。これに対して、ＩＨＴにおいて、そのパーソンは継承的財産処分の開始時に障害者であればよい。一つは、ＩＨＴのリリーフは、障害者が現実にその所得に権利を取得している場合には与えられない。しかし、ＩＨＴとＣＧＴのリリーフは所得についての裁量が障害者のためにのみ行使されうる場合に、裁量信託には適用されうる。

(3)　所得税

障害者信託に対して所得税法上特別のリリーフはない。信託が収益保有信託であるとすると、所得税は二五％で課税されるであろう（配当については二〇％）。裁量信託であるとすると、その所得税は、三五％の税率で受託者に課税される。

（追　記）　その後、本章における諮問案にもとづく改正は実現をしていない。その後改正は税率等に変更はあるものの、これまでの基本的枠組みを維持しているといっても過言ではない。

たとえば、現在、裁量信託・累積扶養信託については、受託者レベルで課税されることにかわりはないが、この税率構造については受託者段階で基本税率に加えて特別な税率で課税される。たとえば、事業所得については、£一、〇〇〇以下の所得に対する税率（the first £1,000 or 'standard rate band'）は二〇％（the 'basic rate'）、£一、〇〇〇を超える所得に対する税率（over £1,000）は四五％（the 'trust rate'）である。配当については、最初の£一、〇〇〇までが基本税率一〇％である。£一、〇〇〇を超えると配当は三七・五％の税率となる。この計算に所得税額の計算においては上記の税率から一〇％の配当税額控除が認められている。

なお、本章の改革提案以後のイギリスの状況については、藤谷武史「イギリス信託税制」『信託』（信託協会）第二三九号二八―四一頁（二〇〇九）参照。

（1）イギリス信託税制研究会編『イギリス信託・税制研究序説』四九頁以下（新井誠執筆）（清文社・一九九四）、新井誠編著『高齢化社会と信託』第四編（有斐閣・一九九五）、植田淳「わが国における連続受益者型信託——導入可能性に関する基礎的研究」信託一八〇号五頁（一九九四）。

（2）新井・前掲書第四編等参照。

（3）Frans Sonneveldt, The Trust—An Introduction 5–6, in Frans Sonneveldt & Harriel Van Mens, The Trust—Bridge or Abyss Between Common And Civil Law Jurisdictions?（1992）.

（4）F. T. Maitland, Equity 10（1910）.

（5）P. Lepaulle のことばである。Frans Sonneveldt, supra note（1）, at 1 に引用がある。

（6）W. F. Fratcher, International Encyclopedia of Comparative Law, 'Trust' Vol. VI, Chap. 11, 3–5（1973）.

（7）Peter White, Practical Trusts: Law, Tax and Precedents, Chap. 2（5th ed. 1994）; David B. Parker & Anthony R. Mellows, The Modern Law of Trusts（4th ed. 1979）, Phillip H. Pettit, Equity and The Law of Trusts（7th. ed. 1993）; Walters, Recent Development Regarding Trusts, 1991 European Taxation 382 p. 362–83（1991）.

（8）Frans Sonneveldt supra note（1）. at 8.

（9）イギリス信託税制研究会・前掲書五〇、五六頁参照。アメリカ、カナダ等コモン・ロー諸国における、このような財産計画への信託の活用については、エドワード・C・ホールバック・ジュニア（新井誠訳）「米国における信託の利用状況と信託の利用目的」信託一七九号七二頁（一九九四）、ドノヴァン・ウオーターズ（新井誠訳）「今日のカナダにおける信託の活用方法」信託一七三号七三頁（一九九三）等参照。

（10）イギリス信託法一般については、G・H・キートン、L・A・シェリダン（海原文雄・中野正俊監訳）『イギリス信託法』（有信堂・一九八八）（以下、「キートン前掲書」という。）、森泉章編著『イギリス信託法原理の研究』（学陽書房・一九九二）、イギリス信託税制研究会・前掲書「第一章　現代イギリスにおける信託の活用法」（新井執筆）等参照。その他、本章では、イギリス信託法について、David B. Parker & Anthony R. Mellows, The Modern Law of Trusts（4th ed. 1979）、Phillip H. Pettit, Equity and The Law of Trusts（7th.ed. 1993）を主として参照している。

（11）*See* Peter White, Practical Trusts: Law, Tax and Precedents, chap. 2（5th ed. 1994）; Brian Courtney, Trust Taxation Manual 1. 2 (2nd ed. 1990).

（12） Peter White, *supra* note 5 at 62–89; Phillip H. Pettit, *supra* note 67–73; Walters, Recent Development Regarding Trusts, 1992 European Taxation 382, 362–83（1991）. *See* David B. Parker & Anthony R. Mellows, *supra* note 7 at 90–112; Peter White, *supra* note 5 at 19, 20.

（13） *See* David B. Parker & Anthony R. Mellows, *supra* note 7 at 113–18; Walters, *supra* note 7 at 383; Peter White, *supra* note 7 at 184. アメリカでは浪費者信託（spendthrift trust）と呼ばれているものである。わが国で論考は多いが、とりあえずエドワード・C・ホールバック・ジュニア（新井誠訳）・前掲（注9）講演参照。

（14） David B. Parker & Anthony R. Mellows, *supra* note 7 at 62–89; Phillip H. Pettit, *supra* note 7 at 67–73; Walters, *supra* note 7 at 383; Peter White, supra note 7 at 72.

（15） David B. Parker & Anthony R. Mellows, *supra* note 7 at 69–76, 84; Phillip H. Pettit, *supra* note 7 at 44–50; Walters, *supra* note 7 at 383. なお、瀬々敦子「イギリス信託法における受託者の権利・義務」信託一八〇号二九頁（一九九四）参照。

イギリスにおいては、受託者は、所得及びキャピタル・ゲインの配分について権限を有することが可能であり、また受益者のクラスに新たな受益者を付加したり、削除したりすることが可能である。わが国において、裁量信託の課税関係を検討するにあたりこの「受益者の指定」がまず問題となるが、信託法上、受益者に関する指示はあるが、委託者の指示した受益者の範囲が漠然としている場合（例、友人、縁者）には信託行為は無効であるが、受益者は信託行為の当事者ではないことから、信託行為当時特定・現存することを要しない（特定・現存は信託行為の効果が受益者に帰属する要件）と解されている。四宮和夫『信託法（新版）』一二七（有斐閣・一九八九）。たとえば、「委託者の子供四人のうち、受託者が最も事業遂行能力があると判断する者」といった指定も可能であろう。

下野博文「相続税法四条に関する一考察」税務大学校昭和五二年度研究科論文集六三頁以下（一九七八）も併せて参照。

（16） David B. Parker & Anthony R. Mellows, *supra* note 7 at 81–84; Phillip H. Pettit, *supra* note 7 at 67–73; Walters, *supra* note 7 at 383; Peter White, *supra* note 7 at 102–107.

（17） 裁量信託、受益者連続型信託を意識したわが国のモデルについては、イギリス信託税制研究会・前掲書一六二頁以下、新井・前掲書（注1）第四章、植田・前掲論文二頁、三頁等参照。

(18) 事業承継研究会（木幡文徳他）「経営権の承継と株式管理信託に関する考察（報告書）」二五～三四頁（財団法人トラスト60・一九九二年）。

(19) そもそも信託法が受益者連続型信託を許容しているかについては議論が存しよう。四宮・前掲書一二八～一三二頁（有斐閣・一九八九）、植田・前掲論文九頁等参照。

(20) 金子宏『租税法（四版）』一〇七頁以下（弘文堂・一九九二）、清永敬次『（新版）税法』三六頁以下（ミネルヴァ書房・一九九四）等参照。

(21) 事業承継研究会（木幡文徳他）・前掲報告書は死亡を条件とする受益者連続型信託と一定期限による受益者連続型信託をモデルとしており、前者は本章と同様争いが生ずるが、後者については期限は停止条件ではないので「網打ち効果」が生ずることについては異論はない。下野博文・前掲論文五頁以下、二九頁以下、武田昌輔編『ＤＨＣコンメンタール所得税法』八九八頁、八九九頁（第一法規・加除式）等。

(22) 残余権者（帰属権利者）を巡る議論については、中野不覊雄「信託帰属権利者の性質」法学協会雑誌四六巻七号一一四九頁（一九二六）、下野・前掲論文四六頁以下、武田・前掲書八九三頁、八九九頁以下参照。

(23) 武田・前掲書八九八頁、八九九頁参照。

(24) イギリス信託課税については、イギリス信託税制研究会・前掲書「第二章　イギリス信託課税の概要と特徴」（占部執筆）に依っている。その他、Peter White, Practical Trusts: Law, Tax and Precedents (5th ed. 1994) Jone Tiley, Butterworths UK Tax Guide (11th ed. 1992); Moiz Sadikali, Butterworths Yellow Tax Handbook (13th ed. 1991); Giles Clarke, Butterworths Capital Gains Tax Guide (2nd. ed. 1989) が有益である。

(25) 生前譲渡の多くは潜在的非課税譲渡（ＰＥＴ）にあたるが、直ちに課税されるものとして、イギリス信託税制研究会・前掲書第二章一一七～一一八頁参照。

相続税法において、収益保有権の存しない（所得に対して権利を有しない）信託は裁量信託に該当する。この信託は受託者が所得について裁量をもっている、および受託者が所得を累積する権限をもっている信託である（キャピタルについての権限は裁量信託か否かを判断するには用いられない（IHTA 1984 Part Ⅲ, Chap. Ⅲ §§ 58–85)。）。

(26) 「課税の繰延べ」の経緯等については、イギリス信託税制研究会・前掲書第二章二〇二頁以下参照。なお、「課税の繰延べ」

としては、現行法のIHTA 1984 § 57においてはホールド・オーバー・リリーフ（譲渡者はゲインに賦課されず、資産を取得した者の取得価額から控除される。）が取られているが、財産評価を必要としないノーゲイン・ノーロス方式が検討されたこともある。同二〇四頁、二〇五頁参照。

(27) 基本税率による課税は、個人所得について所得税率（最高四〇%）で賦課されている者を信託の利用に走らせてきた。そこで、一定額以上の未配分所得について付加税率一五%を賦課して、総合税率（基本税率＋付加税率）を四〇%とすることが検討されてきた。現行の総合税率（基本税率＋付加税率）三五%は法人税率と同一である。イギリス信託税制研究会・前掲書第三章一九四頁以下参照。

(28) イギリス信託税制研究会・前掲書第二章六九頁、七〇頁参照。

(29) *See* Peter White, *supra* note 7 at Chap. 6.

(30) 詳細については、イギリス信託税制研究会・前掲書第二章七六頁以下（所得税）、九四頁、九五頁（キャピタル・ゲイン課税）、第三章二二八頁以下参照。

(31) 一〇年アニバサリー課税、出口課税についての詳細は、イギリス信託税制研究会・前掲書第二章一三二頁以下参照。

(32) イギリス信託税制研究会・前掲書第二章一三四頁以下参照。

(33) Peter White, *supra* note 7 at Chap. 18、イギリス信託税制研究会・前掲書第三章一九〇頁参照。

(34) 45 TC 600 (1969).

(35) 1 KB 567 (1938).

(36) 占部裕典「信託課税における受益者課税、委託者課税の再検討」総合税制研究二号二〇頁、二二頁（一九九三）、下野・前掲論文二頁参照。

(37) 占部・前掲論文三五頁〜四九頁参照。

(38) 小林一夫「信託税制の問題点について」信託復刊九一号一一七頁以下（一九七二）、西邑愛「信託税制について」信託九三号五三頁以下（一九七七）、下野・前掲論文九頁以下参照。

(39) 占部・前掲論文四九頁以下、下野・前掲論文九頁以下参照。

(40) スロー・バックルールの動向については、Cunningham, The Trust Throwback Rules: The Solution Remain After The

Problem Fades, 24 AKRON L. REV. 23（1990）が詳しい。

（41） 本書第四章三**7**(3)参照。

（42） 小林・前掲論文一一九頁以下参照。

（43） Peter White, *supra* note 7 at Chap. 18、イギリス信託税制研究会・前掲書第二章一三〇頁参照。

（44） 従業員信託については、D. J. Hayton, *supra* note（27）at 533–545参照。従業員信託課税については、本章は、Peter White, *supra* note 7 at 168–170 によっている。併せて、従業員課税について、Jone Tiley, *supra* note 7 at 38–25, 42–32、その他解説書として、Buttenworths UK Tax Guide（11th ed. 1992）; Moiz Sadikali, Butterworths Yellow Tax Handbook（13th ed. 1991）; Giles Clarke, Butterworths Capital Gains Tax Guide（2nd. ed. 1989）が有益である。

（45） 特別な従業員給付信託については、Jone Tiley, *supra* note 7 at 6–56～6–82; Braian Courtney, Butterworths, Trust Taxation Manual 93–97（2nd ed. 1990）を参照している。

（46） 年金課税については、Jone Tiley, *supra* note（15）at 30–01～30–22によっている。イギリスの年金制度及び年金課税の変遷については、Sandra Eden, A History of the Taxation of Private Pentions, 1996 British Tax Review 46（1 gg 6）参照。

（47） 保険信託課税について、Braian Courtney, Butterworths Trust Taxation Manual 115–24（2nd ed. 1990）によっている。

（48） 障害者信託課税については、Peter Wwite, *supra* note 7 at 161–63によっている。

第六章　イギリス信託税制改正案の検討

――「信託――イギリス居住信託の所得税、キャピタル・ゲイン税の取扱い」（諮問案）の内容

イギリス税制のなかでも、とりわけ信託税制は複雑で理解が困難であるといわれている。イギリスにおける信託の発展成熟のほどは、信託税制のこのような状況からも窺い知ることができる。

アメリカのレーガン政権下において始まった世界的な税制改革（特に所得課税の改革）の流れのなかで、イギリスはサッチャー政権下において、個人所得税を中心とする税制大改正を行っている。たとえば、所得税率について、それまで六段階であった税率構造を二段階とし、二〇、七〇〇ポンド以下について二五％、二〇、七〇〇ポンド超については四〇％としている（一九九二年〜一九九三年は二、〇〇〇ポンドを超えない部分は二〇％、二、〇〇〇ポンド超〜二三、七〇〇ポンドを超えない部分は二五％、二三、七〇〇ポンドを超える部分は四〇％と三段階となっている）。

このような改正を機に信託課税の見直しの機運も高まり、当時のラモント大蔵大臣が一九八八年政府予算案において、所得税率の大幅軽減、キャピタル・ゲイン課税方法の変更等を中心とする個人課税制度の大改革が行われたのを踏まえ、できる限り信託課税制度を個人課税制度に近づけることを目標に、広範囲な観点から見直し作業に着手した（後掲諮問案 Part I, Chap. 1, 2参照）。

本章は、このイギリス大蔵省で進められてきたイギリス信託税制の見直し作業の到達点として示された Trusts: The Income Tax and Capital Gains Tax Treatment of UK Resident Trusts, Inland Revenue（A Consultative Document、以下「諮問案」という）の内容を紹介することを主眼とする。

この諮問案は、以下のような構成をとっている。諮問案の全訳については筆者も参画したトラスト60編「資料・信託――イギリス居住信託の所得税、キャピタル・ゲイン税の取扱い（諮問案）」がある（未発表）。

第1部　居住信託課税の見直しに至る経緯と背景
第2部　受託者課税及び受益者課税
第3部　所得税ルールとキャピタル・ゲイン税ルールとの統合
第4部　委託者課税

第5部　その他
第6部　要　旨
付属文書A
付属文書B

本章では、概ねこの諮問案の構成に沿って改正内容をみていくことにするが、まず初めに諮問案のアウトラインを示しておくことにする。その流れに対応するかたちで以下、詳細に諮問案の内容を順次みていくことにする（なお、本文中に、諮問案原文との対応に資するために、諮問案のセクション番号等を付す。例〔3. 7〕）。第五章において、現行イギリス信託税制の概要を紹介しているが、本章においても諮問案に係わる現行規定、実務等には必要に応じて言及することとする。

一　改正諮問案の骨子（Part Ⅳ）

1　改正の目的

改正の目的は、個人課税と信託課税の公平、信託課税に係る規定等の簡素化（特に信託所得課税と信託キャピタル・ゲイン課税のルールの統合）である（序文）。

信託課税見直しの理由は、次の三点である（Chap. 1, 2 参照）。

(1)　個人課税制度の大改革に伴う信託税制へのインパクト（税率構造が六段階 → 二段階へ）

(2)　現行信託課税の税負担のアンバランス（大規模な信託には税負担は軽く、逆に小規模の信託には税負担が重い）
(3)　信託所得課税、信託キャピタル・ゲイン課税制度は、断片的な規定と判例の積重ねであり、その内容は複雑であり、また不整合・不明確な事項が多々存すること

2　信託所得課税における受託者課税・受益者課税の検討（Chap. 5 参照）

(a)　信託所得課税制度（受益者・受託者課税）における改正点等

(1)　収益保有信託及び受動信託に関する現行規定は概ね妥当である。しかし、収益保有信託における受益者課税については、一部明確さに欠ける点がある。よって、この部分については明確な規定で対応する必要がある（実務慣行等の法制化の必要性）。

(2)　裁量信託及び累積信託についての付加税率（additional rate）制度は、次のように改正する。

①　受託者は、収益保有信託の受益者に帰属し得る所得、税務上受託者の所得とみなされる所得、受領した年度内に配分された所得及び基本税率（basic rate）対象額内にある未配分信託所得について、基本税率で課税される。

②　受益者は、基本税率対象額を超える未処分所得について、高税率（higher rate）で課税される。

③　累積所得以外の所得について、裁量による配分を受け取る受益者は、基本税率による額で税額控除を受ける。

④　ICTA（Income and Corporation Tax Act）1988 §687に規定する「タックス・プール（tax pool）」は、受益者における基本税率による税額控除を管理するために変更される。

【現行の課税関係】　裁量信託・累積信託

〔配分された所得〕

受託者＝基本税率課税　↓　受益者＝受益者の最高税率課税　↓　受益者＝税額控除

〔未配分信託所得で基本税率課税のもの〕

受託者＝基本税率課税*　↓　累積の場合・受益者課税なし

＊　累積せずに配分の場合・受益者の最高税率課税　↓　受益者＝税額控除

〔未配分信託所得で基本税率対象額を超えるもの〕

受託者＝付加税率課税*　↓　累積の場合は受益者課税なし

＊　累積せずに配分の場合・受益者の最高税率課税　↓　受益者＝税額控除

【現行規定】　現行のタックス・プール

裁量信託による分配金　↓〔シェジュールDケースⅢに該当する場合〕受益者は税額控除可能　↓　タックス・プールの記録　↓　受益者による税額控除（ただし、タックス・プールによる税額が受益者の税額控除額より少額の場合は、受託者から回収する）

(b)　検討すべき問題点

(1)　収益保有信託における現行の受益者課税方式をどの程度まで明文化すべきか。

(2)　付加税率を改正提案のように変更すべきか。

(3)　付加税率を改正提案のように変更する場合には、以下の点が考慮されるべきであるか。

① 「遅延配分免税措置」を構じておく必要があるか。
② 収益保有信託における「みなし所得」は、未配分所得と同様の方法で課税されるべきか。
③ 人格代表者（personal representatives）は、付加税率課税の対象から除外されるべきであるか。
④ 人格代表者から継承信託の受託者に移転した所得金額は、受託者の所得としてみなされ、基本税率での税額控除の対象となるか。

3　信託キャピタル・ゲイン課税における受託者課税・受益者課税の検討（Chap. 6 参照）

(a)　**信託キャピタル・ゲイン課税（受益者・受託者課税）における改正点等**

(1)　受動信託に関する現行課税制度は現行どおりで変更は要しない。

(2)　収益保有信託がそのキャピタル・ゲイン額の大小を問わず基本税率課税（二五％）とすることは、個人が高税率で課税される場合に比して不公平である。

(3)　収益保有信託及び裁量信託については、同様の方法でキャピタル・ゲイン課税が行われるべきであり、個人のキャピタル・ゲイン課税制度と極力整合する方法で行われるべきである。収益保有信託と裁量信託の基本的な相違は、信託所得を得る資格にあり、将来処分される信託財産に対する権利の有無を判定する基準とは無関係であり、信託キャピタル・ゲイン課税と信託所得課税で整合を図る必要はない。

(b)　**検討すべき問題点**

(1)　上記(a)(3)の信託キャピタル・ゲインについての課税は、一定の額までは基本税率課税とし、その額を超える部分については付加税率課税によるべきであるか。

【現行の課税関係】
委託者 → 財産を信託に組成する（市場価格での処分があったとみなす）
（**信託財産**）　受益者が絶対的な所有権者となる（受託者が市場価格で処分したとみなされる）

1980～1988年においては、受益者が当該資産を処分するまでは基本的には課税の繰延べ規定があった。1989年以後は廃止。しかし、なおも一定の場合（裁量信託に係る資産の移転又は分離）については課税の繰延べ規定が存する。

収益保有信託は現行法のもとでは基本税率課税であるので免税措置を与える合理性がない。しかし、改正案を導入すると、この点再検討を要することになる。

資産の裁量信託への移転（これはキャピタル・ゲイン税が免税となり、相続税が賦課される場合である）

ゼロ税率対象者たる委託者が資産を裁量信託へ移転（何ら課税は生じない）裁量信託への移転＝免税（キャピタル・ゲイン税）

⬇

【改正案１】　ホールド・オーバー・リリーフ（hold over relief）により保有期間の終了後に免税とするが、課せられるべきであった相続税額を超える部分のみ免税とする。

（注）　反対説・実務的に大きな障害――評価の問題

【改正案２】　ノー・ゲイン／ノー・ロス（no gain/no loss）によりみなし処分・みなし再取得においてキャピタル・ゲインもキャピタル・ロスも発生しないとして、受益者が当該資産を処分するまで課税を繰り延べる。

【現行の課税関係】
① 人格代表者が遺産から資産を受贈者に移転する → 人格代表者は被相続人が死亡した時点で当該資産を取得したものとみなされる → その時点から以後売却したときに、ゲインについて受贈者の限界税率で課税される（人格代表者にキャピタル・ゲイン課税は生じない）
② 人格代表者が遺産から資産を受贈者に移転する以外の方法で処分 → 人格代表者はキャピタル・ゲインについて基本税率で課税される

⬇

【改正案】　改正案による付加税率制度のもとで、現行課税どおりとすると裕福な受贈者に大きな租税利益をもたらす。

① 被相続人の死亡から一定期間内に実現したキャピタル・ゲインは基本税率課税
② 被相続人の死亡から一定期間後に実現したキャピタル・ゲインは基本税率と付加税率課税

(2)「年間免税額」（個人キャピタル・ゲイン税の場合の二分の一）の制度については変更は要しないが、年間免税額の取得を規制する信託分割防止規定は信託所得課税との整合性の観点から修正が必要であるか。

(3)信託キャピタル・ゲイン課税を諮問案第六章の改正案により行うと、

①　イギリス居住者たる受益者が受託者に対して絶対的な所有権を所有する場合には、「みなし処分」によるキャピタル・ゲイン課税を繰り延べるとする規定をおくべきであるか。

②　課税の繰延べの方法は、ホールド・オーバー・リリーフ（hold over relief）又はノー・ゲイン／ノー・ロス（no gain/no loss）のどちらによるべきか。

(4)人格代表者が実現したキャピタル・ゲインは一定の期間は基本税率課税とし、それ以後は信託キャピタル・ゲインとして、信託キャピタル・ゲインと同じ税率により課税される（信託キャピタル・ゲイン課税と同様の取扱い）とすべきであるか。

4　信託所得課税と信託キャピタル・ゲイン課税の統合（Chap. 7 参照）

(a)　改正提案

(1)　信託課税において、所得課税とキャピタル・ゲイン課税をどの程度統合すべきかという問題については、次のように結論づける。

①　付加税率制度を諮問案 Chap. 5, 6の提案に変更する場合に、信託所得課税と信託キャピタル・ゲイン課税の基本税率対象額は同額とすべきである。

②　信託所得課税と信託キャピタル・ゲイン課税は、諮問案 Chap. 8~11においても共通の課税ルールを用いることが望ましい。

【現行の課税関係】

現行信託所得課税

付加税率　10 %

基本税率対象額
25 %

所得

「未配分信託所得」

基本税率対象額
£11,850

現行信託キャピタル・ゲイン課税

付加税率　10 %

基本税率対象額
25 %

0《ゼロ》税率

「年額免除(非課税)額」

キャピタル・ゲイン

【改正案】

付加税率（15 %）

最高税率40%

基本税率対象額
(25 %)

0《ゼロ》税率

(b)　検討課題

信託所得課税、信託キャピタル・ゲイン課税において同一の基本税率対象額を設定し、個人課税と同様に、キャピタル・ゲインを所得の上乗せ（超過部分）として取り扱うべきか。

5　複数の信託を設定する委託者に対する規制（Chap. 8 参照）

(a)　年額非課税額制度の濫用防止規定・基本税率対象額（枠）の濫用禁止規定の導入と改正

〔1〕　複数の信託を設立することにより、複数の「基本税率対象額」を取得することによる（委託者の）租税回避を規制するルールについての結論は、以下のとおりである。

①　委託者が二つ以上の信託を設定した場合に、その年度の非課税額を制限する現行のキャピタル・ゲイン税規定は、同様に基本税率対象額制度を保護するために拡大適用される（信託分割防止規定（anti-fragmentation rule）の導入）。

②　信託分割防止規定を導入した場合に、基本税率対象額の最低限度額を設けることは適切ではない。たとえ、年間非課税限度額の制度が存在しているとしても同様である。

③　信託分割防止規定もこの大きな変化（改正）に伴い、いくつかの改正を考慮する必要がある。

【改正案】

「年額非課税額」の濫用禁止規定を基本税率対象額（枠）の濫用禁止規定にも用いることとする。

基本税率対象額×1／信託数（上限数なし）

「委託者が直接設定した信託」と「既存信託を分割して設定された信託」についてはその取扱いを異にし、当該信託に与えられる基本税率対象額を、親信託に与えられている基本税率対象額を分割後の信託件数で除した額とする見解もある。ただ、計算の複雑さが増すという欠点が存する。

「年額非課税額」を信託所得課税に導入したとしても、税額控除を前提とする信託所得課税のもとでは課税庁の事務量は減少しない。

【改正案】

「年額非課税額」― 信託分割防止規定 ↓ 信託キャピタル・ゲイン課税

「基本税率対象額」― 信託分割防止規定 ↓ 信託キャピタル・ゲイン課税・信託所得課税

(b)　**検討課題**

(1)　Chap. 5～7で提案したような基本税率と高税率による二段階課税を採用したとすると、信託分割防止規定は、基本税率対象額制度を適正に運用するための基準を形成すべきであるか。

(2)　信託分割防止規定をこのような方法で拡大する場合には、基本税率対象額とキャピタル・ゲインの非課税額に係る信託の持分が信託を分割することによって増加させられないように保障することは適正であるか。

(3)　信託分割防止規定は、以下のような信託をその適用除外とすべきか。

複数委託者の存する信託において一人の委託者が別の信託を複数設定した場合の取扱いをどのようにすべきか。

①　一般大衆たる委託者を五〇名以上有する信託又は

②　信託財産が被保険者以外の第三者のために信託に組成した生命保険証券のみである信託又は

③　信託所得及び信託キャピタル・ゲインの総額が税務上委託者のものとしてみなされるような条件を設定している信託（「委託者への利益帰属主義」による委託者課税を受ける信託）

6　信託の定義（Chap. 9 参照）

(a)　信託の定義に関する改正案

(1)　信託の定義（すなわち課税単位の認定、ひとつの信託と複数の信託の区別）についての結論は以下のとおりである。

①　キャピタル・ゲイン税規定に照らして裁判所において解釈されているように、継承的財産処分という一般法概念に基づいたキャピタル・ゲイン税アプローチが、改正案で示した付加税率制度及び行政事務の軽減等の観点からは望ましい。

②　継承的財産処分の内容については、次のように若干変更を加えることが要求される。

(i)　継承的財産処分Aの受益者が、その資産を継承的財産処分Bの受益者に、当該継承的財産処分に組み込まれている資産と同じ条件で保有されるものとして移転した場合は、当該資産が継承的財産処分Bに追加されたものとみなす。

(ii)　受託者が、信託財産の一部について保有条件を変更し得る権限を行使した場合は、条件の変更された資産は一定の要件のもとで新たな継承的財産処分とみなす。

(b)　検討課題

課税単位については、次の問題点が検討されるべきである。

①　キャピタル・ゲイン税における継承的財産処分についての定義が同様に信託所得課税における信託の基本的定義としても用いられるべきか。

仮に、同様に用いるべきであるとすると、以下の点での配慮が必要である。

②　継承的財産処分に係る制定法概念は、現在の判例法から生じている不確定なかなりの部分を明確にするように修正されるべきである。

③　一つの継承的財産処分において異なるファンドのために行為を行っている受託者らは、個々の受託者が保有するファンドを、それぞれ独立した継承的財産処分として取り扱うことを選択することができるとすべきか。

【現行の課税単位とその判断基準】

信託所得課税 ― ファンド（「明確な信託」）→ 継承的財産処分に組み込まれた資産の条件の相違により区別

信託キャピタル・ゲイン課税 ― 継承的財産処分 →「当事者による意図の客観的な判定」あるいは裁判基準による区別

【改正案】

信託キャピタル・ゲイン課税・信託所得課税～継承的財産処分に統一

継承的財産処分の定義の明確化

継承的財産処分の定義の一部修正

7　受託者の居住地の判定（Chap. 10 参照）

(a)　信託課税における信託の居住地判定基準の改正案

信託の居住国（地）の判定の問題は、次のように結論づけられる。

①　信託所得課税による現行のテストが、信託キャピタル・ゲイン課税にも同様に用いられるべきである。信託所得課税の基準の方が簡便である。

②　信託がイギリス居住者としてみなされる場合にのみ、信託はイギリスにおいて通常の居住者として、及び永住者としてみなされるべきである。

(b)　検討課題

(1)　外国委託者を有する信託において全ての受託者がイギリス居住者であった場合には、現行の居住地テストは実務的にかなり困難な問題を引き起こすものか。

(2)　受託者がイギリスに一時的に居住しているために信託がイギリス居住者として取り扱われる場合を防止する必要があるか。

(3)　改正に伴っていかなる暫定規定が必要とされるか。

(4)　共通（信託所得税、信託キャピタル・ゲイン税）の居住地テストのためには外国法人たる受託者の支店を、当該支店がイギリスで管理している信託をイギリス居住の受託者として取り扱うべきか。

(5)　信託がイギリス居住者として取り扱われる場合にいつも、信託はイギリスに通常居住している及び永住しているとして取り扱われるとすると、いかなる困難な問題が生じるであろうか。

【改正案】

信託所得課税の現行の居住地判断基準を一部改正を前提に採用する。以下の①②の事実を充足しなければ、当該信託はイギリス居住者である。

①　いずれの受託者もイギリス居住者でないこと

又は

②　外国人委託者が存在する信託で、受託者のうちに一名以上の居住者と一名以上の非居住者を抱えていること

さらに、以下の改正を主として検討すべきである。

(i)　現行規定では、混合居住地信託において外国人委託者の代理人たるイギリスの専門的な受託者は非居住者として取り扱っているが、これは委託者が一名以上の外国人受託者を指名すると非居住者となり、一部改正が考慮される。

(ii)　一時的な居住者たる受託者が予期せぬ課税を受ける恐れが頻繁に生じるとすれば、このような課税を回避するルールが必要である。

(iii)　外国法人委託者のイギリス支店をイギリスに居住する受託者とみなす。

8　受託者の変更（Chap. 11 参照）

(a)　**受託者として行為をする者が変更された場合には、次のような結論となる。**

(1)　受託者の変更は、課税所得及び賦課され得るキャピタル・ゲインの算定において無視され続けるべきである。

(2)　信託所得の賦課に係わる「相当な受託者（relevant trustee）」原則（FA 1989 § 151）は、不服申立て、徴収、利子税、加算税などの賦課に係わる事項に拡大適用されるべきである。このことは、受託者の変更に係わらず、受託者らのうちの一人のみを対象にするというイギリス歳入庁の実務を明確な制定法規により根拠づけられることになる。

(3)　キャピタル・ゲイン税の賦課規定（CGTA 1989 § 48は「相当な受託者」についての定義が明確でない）を最近の所得税ルール（「相当な受託者」原則（FA 1989 § 151）により、現在の受託者等を課税庁の当事者として特定することにより受託者の変更により賦課通知が無効となることはない）に合わせ、そして双方の税（信託所得課税・信託キャピタル・ゲイン課税）に「相当な受託者」原則を適用すべき場合がある。

(b)　**検討課題**

(1)　課税所得を計算するにあたり受託者として行為をしている者の交代を無視するという実務的取扱いは、明確な制定法上の根拠をおくべきであるか。仮にそうすべきであるならば、それは信託所得課税と信託キャピタル・ゲイン課税との共通ルールとすべきであるか。

(2)　FA 1989 § 151の「相当な受託者」原則は、信託キャピタル・ゲイン課税及び賦課に関する事項にも拡大適用されるべきであるか。

(3)　受託者が信託ファンドから納税義務を履行する権限を有するように、租税法において規定を設ける必要があるか。

(4)　これらの新しいルールが受託者のみでなく、人格代表者にも適用されるべきか。

9　委託者が利益を受ける信託――委託者課税の原則（Chap. 12 参照）

(a)　「委託者への利益帰属主義」ルール（"benefit to sett1or" rules）の改正案

委託者が利益を享受する信託における所得課税の取扱いは、現行のルールの範囲で概ね適正であるが、次のような点でその簡素化と合理化が必要であると結論づける。

① 委託者又は委託者の配偶者が継承的財産処分について権利を有する場合に適用される複雑な規定はICTA 1988 §674A を基本にして整理されるべきである。

② 委託者の未成年子女が継承的財産処分から所得を得ている場合にはICTA 1988 §663が適用されるが、その適用範囲が不明確なものもあり（たとえば、収益保有信託に基づいて子女が所得を得る場合は受益者課税が現在行われている）、その適用範囲を一部拡大するように修正されるべきである。

③ 委託者、委託者の配偶者又は委託者の未成年子女が継承的財産処分からキャピタルの支払い又はベネフィットを享受している場合には、委託者の納税義務は、継承的財産処分の「処分可能所得」とされているが、その算定方法に不明確な点がある。「当該課税年度に受領し又は享受した支払い額又は利得の額」と「継承的財産処分の処分可能所得」の少ない方の金額に課税される、また「処分可能所得」の算定は、改正案の中心である付加税率制度における「未配分信託所得」の年次計算を基準にして統一的に行われるべきである。

(b)　検討課題

現行の「委託者への利益帰属主義」は簡素化し得る（付属文書A参照）と考えられるが、考慮すべき問題は次のような点である。

①　「委託者への利益帰属主義」のルールは、諮問案（Part V）で示した基本的な方向で改正されるべきであるか。

②　仮にそうあるべきであるとした場合には、

(i)　結婚による継承的財産処分に対する例外規定は、既存の継承的財産処分のもとでのみ残される（新たな婚姻継承的財産処分については認めない）べきであるか。

(ii)　処分可能所得についての諮問案で提案された定義は、配分されていない継承的財産処分の所得に係る合理的な算定方法となり得るか。

③　ここで発生すると考えられる二重課税にどのように対処すべきか。

③　会社を介して行われる又は与えられる支払い及び利得に対する最善のアプローチは、どのようなものであるか。

④　「委託者」の定義を明確にするべきであるか。

⑤　委託者と受託者の調整のためのルールは修正されるべきか。

【③　改正案】

現行規定（ICTA 1988 §§ 678, 677）は、継承的財産処分に「処分可能所得」が存在し、「資本」が法人から委託者又は委託者の配偶者へ移転し、かつ「関連する支払」が受託者から法人（又は関連法人）に対してなされると、委託者に納税義務が生じる。ICTA § 678は極めて複雑であるので簡素化が望まれる（その方法として諮問案は検討すべき改正案として第一案～第三案を示している。）。

【④　改正案】

委託者の定義は、FA 1989 § 110（4）の定義（「継承的財産処分のために、直接又は間接に、基金を提供し、又は基金の提供を受けた者は、継承的財産処分における委託者に含まれる。」）を採用すべきである。さらに「間接に」の例示を規定に折り込むとともに、法人が「委託者への利益帰属主義」のもとで委託者にならないことを明記することが望ましい。

【⑤　改正案】

現行規定（ICTA 1988 §§ 667～675（3）-（5））は、委託者が支払った税額（これについては課税庁は委託者の要請に応じて証明書を提供する義務がある）は、受託者から回収され得るとともに、委託者の得た還付税額は受益者に返還する義務を負うとしているが、次の三点について改正を検討する。

① 回収に係る税額及び証明書の税額に係る範囲を納付税額ではなく課税税額に変更する。
② 回収される税額は、委託者が支払った税額を受託者が税額控除した残りであると明記する。
③「委託者への利益帰属主義」に拠らずに委託者に課税された税額が回収の対象にならないことを明記する。

10　信託キャピタル・ゲイン課税における「委託者への利益帰属主義」（Chap. 13 参照）

(a)　「委託者への利益帰属主義」ルールの改正点

委託者が利益を享受する信託のキャピタル・ゲイン税の取扱いは、概ね現行どおりであるとの結論である。委託者又は委託者の配偶者が、信託に権利を有し、あるいは信託からベネフィットを得ている場合にのみ、「委託者への利益帰属主義」により委託者課税が行われる。信託キャピタル・ゲイン課税においては、信託所得課税における

「委託者への利益帰属主義」の適用範囲との共通化の余地は認められない。

信託キャピタル・ゲイン税の詳細なルールのうちで、既に所得税の変更に倣うとしている限りでは、そのような信託所得税の変更に伴って若干の変更が行われる（なお、その他の現行規定〔FA 1988 § 109, Sch. 10〕の改正内容については、付属文書B参照）。

(b)　**検討課題**

上記のような変更を行うべきかさらに検討されるべきである。

11　特殊な信託（Chap. 14 参照）

(a)　**特殊な信託に係る改正案**

現行付加税率課税が、諮問案における「基本税率と付加税率による課税制度」に代わるとすると、特殊な信託の取扱いについての結論は、次のようになる。

① 現在、付加税率による課税を除外されている信託所得と信託キャピタル・ゲインは、改正提案のもとでも高税率課税から除外されるべきである。

② 現行の付加税率課税を受けている信託に、基本税率と高税率による制度を採用するためには、いくつかの特別なルールが必要とされる。

③ その他の特殊な信託についての特別規則は現行通りとする。

(b)　検討課題

(1)　現行規定では、認可を受けているユニット型投資信託は課税されず、認可を受けていないユニット型投資信託の通常の信託所得は基本税率で課税されている（ICTA 1988 § 469（9））。このような信託は高税率課税を回避するために使われる。

認可されていないユニット信託の「みなし所得」は、仮にその信託の勘定がICTA 1988 § 469（10）の条件を充足する場合（発生収益勘定による利益を、ユニット型投資信託の所有者の所得の一部として取り扱うという趣旨で、その勘定において記帳する場合）には、基本税率で課税され、それ以外のときは高税率で課税されるべきであるか。

(2)　従業員給付金信託（多くの場合、裁量信託あるいは累積信託の形態で三五％課税）において、裁量による配分はSch. Eのもとでの従業員の収入とみなされることから、ICTA 1988 § 687（タックス・プール）の適用がなく、従業員は受託者が支払った税額についての税額控除を受けられないが、法定外特権（Extra Statutory Concession：ESC）A 68は、このような場合の税額控除を認める。このような税額控除は必要であるとして、法定外特権A 68を法律による個別規定に置き換え、従業員の収入とみなされる従業員給付金信託からの裁量による配分が基本税率による税額部分について税額控除が認められるように、改正が行われるべきであるか。

(3)　適格従業員株式保有信託の回収税額（従業員を雇用している企業が適格従業員持株信託に対して行う拠出金について有している法人非課税措置による税額を回収する目的にでるものである）は、基本税率と付加税率ではなく、主たる法人税率に等しい税率で課税されるべきであるか。

(4)　相続財産管理基金において、「委託者への利益帰属主義」により委託者課税が行われる場合であってもICTA 1988 § 691により当該信託又はキャピタル・ゲイン課税において、受託者課税を選択できる。その場合、相続財産管理基金の一部が相続財産管理以外の目的で使用された場合には、高税率（四〇％）と基本税率＋付加税率（三五％）との差五％で追加的な所得税を賦課されている（ICTA § 694）。相続財産管理基金に課される追加税負担は、基本税率のみで課税されている所得に、基本税率と高税率の差による税率を乗じた課税額となるべきか。

12　その他の技術的な事項（Chap. 15 参照）

(a)　技術的な事項についての改正案

この章で検討したその他の技術的な事項についての結論は、以下のとおりである。

① 一般的な信託分割防止規定が、信託に対する基本税率と付加税率による課税制度との関連で導入されるとすると、この信託分割防止規定が株式以外の有価証券の移転に伴う発生所得課税（accrued income scheme）についての非課税最低限度額（株式額面合計額五、〇〇〇ポンド）にも適用されるべきである。

② 現行規定のもとでは、生命保険証書の処分によるキャピタル・ゲインは、通常、委託者の所得として課税されるが、委託者が死亡している場合には課税は行われない。キャピタル・ゲインに係る租税回避を防止するために、生命保険証書からの一定の事項の発生による課税対象のキャピタル・ゲインについて、信託が課税されるべきである。

③ ICTA § 235（非課税の個人が、法人株式又は証券を保有するにあたり、保有前に発生していた利益を当該会社から配当として受領する場合）、§ 237（課税上、配当とみなされる株式の割増発行の場合）のもとでの非課税主体（個人又は法人）に対する付加税率（一〇％）による税額は、基本税率と付加税率による税額の差額（一五％課税）に取って代わるべきである。

(b)　検討課題

このような結論が受け入れられるべきであるか、さらに検討を要する。

13　コンプライアンスの費用について

提案による制度導入が受託者及び受託者の専門的なアドバイザーのために、どの程度仕事が軽減されるか又は例外的に増大するかについて、イギリス歳入庁は意見、情報提供を求めている。

二　イギリス信託所得課税と信託キャピタル・ゲイン課税における受託者課税と受益者課税

ここでの諮問案の提案が本改正の最も重要な部分であり、諮問案のその他の部分のベースになるものである（Chap. 5〜6参照）。現行イギリス信託所得課税については第五章において既に述べたところであるが、諮問案はまず信託を六つのカテゴリーに分けて現行制度を述べ、次に問題点の検討を行っている。

1　信託所得課税における改正案 ―― 受託者課税と受益者課税について

(a)　現行の信託所得課税

【受動信託】

原則的には、受益者において、受益者の適用税率で課税される。受託者は、受益者の代理人として信託所得について基本税率（二五％）で課税され得ることがある（〔5.4〕参照）。受益者においては、源泉徴収税額及び受託者の基本税率による税額について税額控除が可能である。また、受益者は還付請求ができる。

【収益保有信託】

受託者が基本税率で信託所得について課税されるか、又は受益者が信託所得の持分に応じて、当該信託所得について受益者の適用税率で課税される。源泉徴収税額及び受託者の基本税率による税額については受益者において税額控除が可能である。

【裁量信託】

受託者は、信託所得について三五％の税率（基本税率＋付加税率）で課税される。受益者は、配分された所得について、当該受益者の適用税率において課税される。受託者の基本税率による税額については受益者において税額控除が可能である。

【累積信託】

受託者は、信託所得について三五％の税率（基本税率＋付加税率）で課税される。累積された所得が後に配分された場合にも受益者に課税関係は生じない。なお、裁量信託の最終的な税の負担者は受益者であるが、累積信託においてのそれは受託者である。

【委託者の未成年、未婚の子が所得又はキャピタルを得る場合】

委託者の子供に対して又は子供のために支払われる所得は、委託者の所得として課税される（「委託者への帰属主義の原則」）。受託者が納付した税額が委託者の子（受益者）に還付されることはない。委託者の子供に対して又は子供のために支払われるキャピタルは、委託者の子供のために累積されている信託所得までは、委託者の所得として取り扱われる。

【委託者又は委託者の配偶者が信託所得又はキャピタルに権利を有している信託】

信託所得は、委託者の所得として課税される（「委託者への帰属主義の原則」）。受託者及び受益者には課税関係は生じない。

【委託者又は委託者の配偶者がキャピタル又はベネフィットを受領する信託】

支払い、貸付その他のベネフィットは、委託者の所得として取り扱われていない信託の未分配所得まで、委託者の所得として扱われる。なお、受託者は、信託所得について人的控除（アローワンス）を得る資格を有していない。受益者は、所得が発生する毎に受領資格を有している所得、又は自らに配分された所得について、自分自身の控除を取得することができる。信託は個人と同様に、課税年度における「免税（非課税）額」まで、キャピタル・ゲイン税の免除を受けることができる。課税年度における「免税額」は、個人の二分の一である。

(b)　受動信託・収益保有信託について

受動信託、収益保有信託における現行の課税制度は概ね公平であり、改正は不必要である〔5.1, 5.11〕。受動信託において、受益者は信託所得、キャピタルの実質的所有者であり、個人所得の受領の際の課税と同様に考えることは適正である〔5.6〕。収益保有信託においても、受益者は、信託財産の所有権を有していないにしても、信託所得を得る資格を与えられていることから、受動信託の課税関係と同様に取り扱うことは適正である〔5.7〕。しかし、この点、正確にいうと、収益保有信託からの所得の取扱いは、あたかも受益者が個々に所得を受け取った場合と同様に扱うということではないということに留意をしておくべきである〔5.8〕。所得が直接受益者に帰属しない場合には、受益者の所得として取り扱われる額は、信託所得の算定、受益者の純課税所得の算定及び受益者の総課税所得の算定という三つの手順で計算されることになる（〔5.8〜11〕参照）。

①　第一に、信託に係る税の軽減、控除などを配慮したうえで、通常の所得算定ルールに基づいて課税信託

所得を算出する。

② 第二に、課税信託所得から受託者が支払った基本税率による税額、信託の契約条項により信託所得から受託者が支払った信託管理費用を控除する。

③ 最後に、受益者の純課税対象所得額に基本税率による税額を加算し、受益者の総課税所得を算出する。

ただし、①これら信託における課税関係について、立法によらず慣行として行われる事柄については、法制化が望まれる（この点異論はないようであるが、収益保有信託についての実務的慣行等についてはいかなるものまで成文化するかについては見解が分かれる〔5.12～14〕）。また、②収益保有信託における「みなし所得」については現行制度のとおり、受託者のもとにある場合のみ課税対象とされるべきであろうが、受託者課税に係る税率（税率三五％）については見直しが必要である〔5.15, 57～59〕。

(c) 裁量信託・累積信託について

(1) 問題は、裁量信託、累積信託における課税関係をどのようにするかである。

これら信託については、いつ誰が最終的に所得を得るのかが不明であり、個々の受益者にあった税率で課税する制度を設けることは不可能である。

仮に四〇％税率で受託者に課税すると、将来受益者がそれより低い税率で課税されるとすると、この税率は過重となる。逆に二五％で受託者に課税すると、将来受益者がそれより高い税率で課税されるとすると、この税率は過小となる（このような場合には、裁量信託による租税回避の可能性が生まれる。）。

このために、イギリス信託課税において、この過大、過小のケースのバランスをとるために、これら信託については、受託者が当該所得について三五％の税率（基本税率＋付加税率）で課税されている。

しかし、この三五％の税率（基本税率＋付加税率）による課税については、次のような問題がある〔5.17〕。

①　規模の小さな信託においてはまだ過大な税負担を負わせられることになっている。

②　上述①のような場合においては、直ちに配分され基本税率で課税される場合が多く、その結果、受益者に税額の還付が行われ、追加税率を課すことによりかえって複雑な行政事務手続きを生んでいるともいえる。

これらを踏まえた改正が必要であり、付加税率制度については代替制度の検討が必要であるといえよう。

(2)　「委託者の未成年、独身の子が所得を得る信託」、「委託者又は委託者の配偶者が信託所得に権利を有している信託」、「委託者又は委託者の配偶者がベネフィットを受領する信託」〔4.15〕については、「委託者への利益帰属主義」の規定がある。この規定は、委託者が自ら利益を受ける承継的財産処分による、所得課税回避を規制するために長い歴史の中で制度化されてきた。そのため規定が複雑で、簡素でかつ統一性のあるルールに改正する必要がある。

(3)　株式保有額が少ない納税者を適用除外するための一定の限度額除外の規定の濫用に対処すべき必要性が検討されるべきである〔4.18〕。

2　付加税率制度の検討

付加税率制度の問題点は上述一2（二五四頁以下）参照。

付加税率は、①累積信託において信託所得が受益者に配分されない場合に、当該信託所得が受益者に帰属するものとして課せられる受益者個人の税率に代替させる機能（ICTA 1988 § 686）、②裁量信託において、受託者の信託所得の受領年度と信託所得の受益者への配分年度とが異なることによる、税収入の不安定性（また、受益者は受託者による支払税額について税額控除が可能であることにより、税額控除時期は受託者の裁量ともいえる。）を調整する機能

（ICTA 1988 § 687）を有する〔5.18〕。これらの機能は重要であり、これらの機能の意義と上記問題点（批判）との調整をどのように図るかが、検討されなければならない〔5.19〕。

(a) 付加税率制度の改正案

(1) 基本税率での一律課税を行うと、個人所得課税で四〇％の税率で課せられているものが信託の利用に走り、これによる弊害は明らかである。一方、高税率課税（四〇％）を行う場合においては、信託所得が全額受益者に支払われ、かつ受益者の所得とみなされる場合においては、この高税率課税から問題は生じないと考えられる。このことからすると、まず未配分所得についてのみ、付加税率課税制度の対象とすることが考えられる〔5.21〕。ただし、規模の小さい信託については、受益者に高所得者の存在する可能性は少なく、高税率課税の可能性は低いことから、課税年度において一定の限度額を超える未配分所得にその対象を制限することがさらに改正の目的に沿うことになると考えられる〔5.22〕。

また、付加税率については、現行付加税率のように折衷的な数字一〇％（基本税率＋付加税率を二五％と四〇％の中間税率三五％とすると、一〇％となる。）とすることなく、総合税率を所得税率の最高税率とし、一五％と解するのが、付加税率制度の目的に適するといえる〔5.24〕。

(2) この改正提案を要約すると以下のようになる。

① 一般的な租税ルールに基づき算定されたあらゆる信託所得について、受託者は一律基本税率で課税される。賦課期日は翌年度の秋に行われ、納期限は一二月一日とされる。

② 課税年度末に、受託者は「未配分信託所得」の申告を行う。なお、「未配分信託所得」は、受託者の総収入から、収益保有信託の受益者に帰属する収入、受託者が支払った年金、税務上委託者に帰属するとみなされる収入、受領者に帰属するとみなされる裁量信託の分配金、現行付加税率課税の対象から除外され

ている収入（公益信託、適格退職年金基金、個人年金信託）及び付加税率の課税対象額を算定する際に、現在控除が認められている費用を差し引いて算定する（〔5.26, 29〕参照）。

③　この「未配分信託所得」が一定額（これを「基本税率対象額」という。）を超過する場合には、当該部分（超過額）に付加税率で課税を行う。

「基本税率対象額」は、一一、八五〇ポンドが妥当であると解される（〔5.44～50〕参照）。基本税率対象額をこのような額に設定すれば、裁量信託、累積信託の多くは高税率課税（基本税率＋付加税率）の適用を受けない（三、五〇〇件程度のこれら信託が高税率課税の適用を受ける。裁量信託、累積信託以外の信託で現在付加税率で課税されているものが三八、〇〇〇件あるが、これらも基本税率による課税となる。残り一八、〇〇〇件の裁量信託、累積信託は現行税制下でも付加税率の適用を受けていないので問題はない〔5.45〕）。また、所得を受領した年度内にそれを受益者に配分する場合について最終的な納税義務者は変わらないが、改正案は、基本税率を超える税負担の支払いを受託者に課さないことから、還付手続きが不要となる信託がかなりの数に上り、大幅な事務手続きの簡素化につながる〔5.47〕。

税負担の面からみると、ほとんどの信託は未配分信託所得に係る税額（税収入）が軽減することとなる（三〇、〇〇〇件を上回る信託がこの恩恵を受け、七、〇〇〇、〇〇〇ポンドの税収減が生じる。）が、若干の信託は税が増額となる（一、二〇〇件程度の信託がこれに該当し六、五〇〇、〇〇〇ポンドの税収増が生じる。）。

(b)　**配分と税額控除**

(1)　現行税制は、一律三五％での課税による税額控除を認めているが、改正案によると基本税率による税額控除と基本税率＋付加税率での四〇％の税率による税額控除が存在するようになり、受益者に混乱が生じる恐れがある。たいていの信託所得は、基本税率による税額を控除して受益者に支払われているので、多くの場合受託者は、未課税所得については基本税率で課せられて、また受益者は基本税率での税額控除を受け入れているといえる〔5.32〕。

(2) 受託者に課せられた付加税率による税額部分は、受益者には移転されないという結果になる。その結果、高税率課税を受ける受益者については二重課税の問題が生じるが、この点については、以下の理由でそれほど弊害はないと考えられ得る〔5.34〕。

① 現行税制のもとでも、三五％課税が行われた信託所得が後に配分されず累積される場合には（受益者課税が生じないため）還付されていない。

② 多くの信託が基本税率を超えて課税されることがない。

③ 当該年度の所得から配分されるときには、基本税率による課税のみが行われ、基本税率による税額控除が認められている。

④ 受益者が高税率による納税義務者である場合には、現行制度のもとではキャピタル又は累積所得から配分を受けた方が節税になる。よって、現行制度下でもこのような受益者は課税されないのであるから（当然税額控除は問題とならない。）、結果的には改正案による場合と同様の結果となる。

(3) さらに税額控除の問題とも関連して、裁量信託における累積所得から支払われた配当を受益者の所得として取り扱い、税額控除（repayable tax credit）を認めるべきであるとの意見もあるが、これは現行制度と比較してあらゆる配当金額に五％の増税を強いる結果となる〔5.35〕。

受益者に係るこの超過課税は自らの所得に高税率で課税される受益者に限定されないであろう。数年にわたり累積してきた所得が特定の事由（たとえば、二五歳に達したとして）の発生時に受益者に移転されることがある〔5.36〕。

(c) ICTA 1988 § 687と「タックス・プール」

受益者が裁量信託による配当を自分の所得であるとして受領する場合に、ICTA 1988 § 687は、受託者から受益者に基本税率、賦課税率による税額がどのように移転されたかを記録し、それを保管することにより（この税額記録を「タックス・プール」という。）、税額控除等の繰越しを認める。

しかし、「タックス・プール」が存しない場合には、税額控除は当該年度内での完結を原則とすることになり（ICTA 1988 §§ 348・349）、次年度に配当が行われた場合には税額控除は許されないということになる。付加税率制度の改正案のもとで、いわゆる「タックス・プール」を廃止すべきとの見解もあろうが、これを全廃することは望ましいことではなく〔5.40〕、以下のように基本税率についてのみの記録を行うべきであるという方向での改正が検討され得る〔5.41〕。

(d) 諮問案の効果

裁量信託、累積信託に係るこれらの改正（案）は、次のような課税関係をもたらす〔5.43〕。

【配分された所得について】

受託者は基本税率による課税を受け、最終的には受益者が当該所得について受益者の適用税率による課税を受ける。受益者は受託者の支払い税額について税額控除を受ける。

【未配分信託所得であり、基本税率対象額にあるもの】

受託者は基本税率による課税を受ける。当該所得が累積されて受益者に配分される場合には、受益者に何ら課税関係は生じない。ただし、累積せずに後に配分された場合には、受益者に受益者の適用税率による課税関係が生じ、受益者は受託者の支払税額につき税額控除が認められる。

【未配分信託所得であり、基本税率対象額を超えるもの】

受託者は高税率課税を受ける。当該所得が累積されて受益者に配分される場合には、受益者に何ら課税関係は生じない。ただし、累積せずに後に配分された場合には、受益者に受益者の適用税率による課税関係が生じ、受託者の支払税額のうち、基本税率額についてのみ税額控除が認められる。

(e)　その他の付加税率制度改正案による検討事項〔5.51～63〕

(1)　付加税率制度の改正案によると、基本税率対象額内に信託所得が納まる小規模の信託を複数設立することによる租税回避が可能となる。そこで、そのような信託には CGTA 1979 Sch. 1, para. 6のような規制規定を盛り込むことが検討されよう〔5.52〕。

(2)　受託者は、課税年度末に受領した信託所得について、付加税率での課税を避けるためにできる限り、当該年度内に受益者に配分することを望むが、そのようなことは事実上困難な場合がある。そこで、このような場合に対する対応規定をおくべきか否かについては、①裁量信託の多くは付加税率課税の対象外となること、②期末前に受け取った所得を配分することにより付加税率課税を回避することは十分に可能であること等の理由により、さしたる問題を生ぜず、対処規定は必要ないとする見解がある一方で、「遅延配分免税措置」（受託者の前年度末配分信託所得を計算するときに、翌年度冒頭（四月五日～六月三〇日）までに支払われた配当金を控除する）をおくべきであるとする見解もあるが、また一方でこのような措置は事務手続きの簡素化に反するとの指摘もある〔5.53～5.56〕。

(3)　キャピタルの本質を持ちながら税法上所得とみなされるものがある。いわゆる「みなし所得」と呼ばれるものである（たとえば、オフショア・インカム・ゲインなど）が、これらは収益保有信託による所得であっても、受託者はそのような「みなし所得」に基本税率＋付加税率で課税されることとなっている。このようなゲインは、所得よりもキャピタル・プロフィットが優先して取得される状況下で生じることから、このように取り扱われるのであるが、内容的には累積所得と同様な税率が課せられるべきである〔5.58〕。付加税率制度の改正案を前提にすると、みなし所得のうち、基本税率対象額までは基本税率で課税され、それを超える部分は高税率で課税されることになる。現実にはこれらの収益保有信託はほとんど基本税率のみで課税されることになるであろう〔5.59〕。

(4)　人格代表者が遺産管理期間中に受領した所得たる金銭は基本税率のみで課税される。その金銭が遺産管理期間終了後、信託が設定され、受託者に移転される場合、当該金銭は、受託者が信託所得として受領されたとみなされ、基本税率で課税される。このことは他の信託所得と合算され、付加税率による課税、及びそれらに係る税額控除を受けることを意味している〔5.63〕。

3　信託キャピタル・ゲイン課税の改正案――受託者課税と受益者課税について

(a)　現行の信託キャピタル・ゲイン課税（Chap. 3）

現行の信託に係るキャピタル・ゲイン課税は、以下のようである。

【受動信託】

受益者において、受益者の適用税率で課税される〔3.2〕。

【収益保有信託】

受託者が、キャピタル・ゲインについて基本税率で課税される〔3.3〕。仮にキャピタル・ゲインが受益者に配分されたとしても、受益者に何ら課税関係は生じない。

【裁量信託】

信託所得のいずれかの部分に、基本税率＋付加税率による課税が行われた場合、あるいはそのような所得が存在していたとすれば基本税率＋付加税率による課税が行われた場合、又はいずれの信託所得も委託者の所得ではない場合に、信託のゲインは、基本税率＋付加税率で課税される。仮にキャピタル・ゲインが受益者に配分されたとしても、受益者に何ら課税関係は生じない〔3.4〕。

【累積信託】

信託所得のいずれかの部分に、基本税率＋付加税率による課税が行われた場合、あるいはそのような所得が存在していたとすれば基本税率＋付加税率による課税が行われた場合、又はいずれの信託所得も委託者の所得ではない場合に、信託のゲインは、基本税率＋付加税率で課税される。仮にキャピタル・ゲインが受益者に配分されたとしても、受益者に何ら課税関係は生じない〔3.4〕。

【委託者の未成年、未婚の子が所得又はキャピタルを得る場合】

キャピタル・ゲイン税には一致するようなルールがない。信託のゲインは、委託者のゲインとして課税される〔3.5〕。

【委託者又は委託者の配偶者が信託所得又はキャピタルに権利を有している信託】

信託のゲインは、委託者のゲインとして課税される。このルールはほぼ所得課税のルールと一致している〔3.6〕。

【委託者又は委託者の配偶者がキャピタル又はベネフィットを受領する信託】

信託のゲインは、委託者のゲインとして課税される。受託者のゲインとしては取り扱われない〔3.7〕。

(b)　問題の所在

(1)　受動信託のキャピタル・ゲインに係る課税制度については、受動信託のキャピタル・ゲイン及びロスは、受動信託の信託財産に対する権利（所有権）を持っている受益者にパスされ、上記のような課税については合理性があると考えられることから、改正案は提起されていない〔6.4～5〕。

(2)　これに対して、収益保有信託、裁量信託については問題点が指摘されており、改正案が検討されている。問題点は、以下の点に集約できる〔6.6～10〕。

①　収益保有信託における所得課税と異なり、収益保有信託におけるキャピタル・ゲインには基本税率を超える税率で課税するという規定が存しないために、いかなる場合でも（たとえば、個人により生み出されたキャピタル・ゲインと同額のそれが高額である場合、個人所得課税によると四五％の税率で賦課されるのに対し、収益保有信託によるキャピタル・ゲインは二五％）基本税率による課税となり、個人所得税とのアンバランスが生じている〔6.6～7〕。

②　裁量信託及び累積信託は一律受託者に三五％税率による課税が行われるが、信託所得に対する課税と違い、配分された場合については全く受益者における適用税率での調整を認めていない。規模の小さな信託は過重な税負担となるなど、公平上問題がある（〔6.8〕、混合信託についても同様の三五％税率による課税が行われる。〔6.9〕参照）。

③　上記の①②による不公平の原因たる税率の問題は、収益保有信託に対する所得は直接的に受益者に帰属すると考えられているのに対し、裁量信託においては受託者が裁量権を行使するまでは受益者に所得は帰属しないという違いを、キャピタル・ゲイン課税における課税区分の根拠として持ち込んでいることによる（〔6.10〕参照）。

(c)　**収益保有信託及び裁量信託のキャピタル・ゲイン課税における税率**

(1)　そこで、これらの問題に対処するためには、収益保有信託と裁量信託におけるキャピタル・ゲイン課税は課税ベースを同一にして、個人におけるキャピタル・ゲイン課税と整合性を保つことが検討されるべきである〔6.11〕。

以下の方法が検討されよう。

①　キャピタル・ゲインを受領する資格を有する受益者の所得状況に応じて（いわゆる受益者へのキャピタル・ゲインの帰属を待って調整を行う。）当該受益者の適用税率で課税をする（この点では信託所得課税とパラレルな課税といえる。）という見解もあり得よう〔6.12〕が、このような課税は、信託財産に対する受益者の権利関係を特定することが困難である等の問題をかかえており、規制の複雑化、事務手続きの煩雑さ等から採用によるデメリットの方が大であるといえる〔6.13, 6.14〕。

また、キャピタル・ゲインは配分が信託終了まで行われないことが多く、仮に行われたとしても累積してきた過去の所得からの配分か、あるいは過去又は当年度の処分利益かなど、課税対象額の特定が困難である〔6.15〕。

②　キャピタル・ゲイン課税は受託者に対して行うが、税率は受益者の個人の適用税率を参考に決めるという見解もあるが、受益者の特定もさることながら、高税率、低税率、非課税納税者も有するなど受益者の適用税率の多様性から、受託者に一律に一つの税率を課すことにより受益者のキャピタル・ゲインとして同じ税負担で課税したと考えることは困難である〔6.16〕。

(2)　高所得者に対する課税が寛大にならず、かつ低所得者に対する課税が厳し過ぎずといった、バランスのとれた解決策は、個人のキャピタル・ゲイン課税と同様に、信託キャピタル・ゲイン課税を行うことが望ましいといえよう。しかし、その場合には一定のキャピタル・ゲイン額までは基本税率での課税とし、その額を超える場合は高税率で課税するということになろう（〔6.17〕。後述 Chap. 7参照）。

(3)　なお、キャピタル・ゲイン課税については、納税額の少ないキャピタル・ゲインを課税対象からはずし、納税の手続き及び行政事務の簡素化を図るために、「年間免税額」の制度がおかれている。一九八〇年以来採用されており、多くの信託が得ている免税額は個人の免税額の二分の一である。この制度は合理的であり、改正の必要性はない。

複数の信託を設定することにより、この「年間免税額」を信託数ほど取得し、キャピタル・ゲイン課税を軽減する行為を規制するために、CGTA 1979 Sch. 1は、年間免税額を信託数で除した年間免税額を各信託に配分することを認めている（ただし、配分に係る年間免税額の下限は「年間免税額」の五分の一、個人のそれは一〇分の一である。信託所得課税と信託キャピタル・ゲイン課税の整合性を図るためには信託分割防止規定の改正が必要となるかもしれない。〔8.16～32〕参照）。

(d) キャピタル・ゲイン課税の繰延規定の導入について

(1) キャピタル・ゲイン課税における課税の繰延べに係る問題点

(i) 財産が信託の設定により信託財産を構成すると、その時点で当該財産を市場価額で処分したとみなされ、さらに受益者が継承的財産処分が行われた財産の絶対的な所有権者になったときには、受託者は当該財産を市場価額で処分し、受動受託者（bare trustees）の権限により再取得したとみなされる（CGTA 1979 §54（1））。そして受託者が二五％あるいは三五％の税率で課税される〔6.27〕。しかし、裁量信託への資産の組込みあるいは分離などについては、このような移転により発生したキャピタル・ゲインに対しては、受贈者（donee）又は受益者がその資産を処分するまでの期間、課税の繰延べが認められている〔6.29〕。また、一定の年齢に受益者が達した場合に、扶養信託から資産を移転させる場合にも救済規定をおいている〔6.30〕。

ここで、信託におけるキャピタル・ゲイン課税と個人におけるキャピタル・ゲイン課税を同様に取り扱おうとする改正目的からすると、収益保有信託の受益者が継承的財産処分がなされた財産の絶対的所有権者になった場合に、救済を与えるべきか否かが検討される必要がある。この点については、収益保有信託のキャピタル・ゲイン課税が個人のそれと比べて基本税率課税のみであるという、税負担のアンバランスも考慮する必要がある〔6.31, 6.32〕。

(ii)　一九八〇年に一般的な課税の繰延べが個人間に適用された。これは、一九八一年、一九八二年にそれぞれ信託への譲渡、信託からの譲渡に適用された。財産の移転が行われた日に発生するキャピタル・ゲインに対する課税は、受贈者又は受益者がその後当該財産を処分するまで課税が繰り延べられる。

この規定は、一九八九年までは、財産を処分した場合に、キャピタル・ゲイン課税と資本移転税が二重課税されることを防止するものであった。資本移転税の代わりに相続税が導入されるに至って、生前譲渡に対する資本移転税課税を廃止したために、二重課税はほとんど消滅していた。一九八九年にこの規定は廃止されたが、特定の条件を満たすものについてはなお、課税の繰延べが認められている〔6.29, 6.30〕。

(iii)　信託への財産の組み込み時あるいは分離時にキャピタル・ゲイン課税を行うことは合理的であるが、信託におけるキャピタル・ゲイン課税と個人におけるキャピタル・ゲイン課税を同様に取り扱おうとする改正目的からすると、個人間の直接贈与における一回課税と比較して、贈与者において信託の設定が望ましい場合でもこのような課税（二回課税）の故に、信託の利用を妨げることになる。よって、課税の繰延べを認めることが望ましいといえよう〔6.33〕。

また、収益保有信託におけるキャピタル・ゲイン課税においては基本税率しか課せられていないという批判に答えることからして、基本税率と高税率による課税を認め、かつ資産の分離について税の繰延べを認めることが望ましいといえよう。税法上、イギリス国内に居住する受益者が信託財産に対して絶対的な権利を取得している場合には、基本税率対象額課税の繰延べを認めたリリーフの一般規定を復活させた方が望ましいと考えられる〔6.36〕。

(iv)　財産の移転によるキャピタル・ゲインが委託者の零《ゼロ》税率課税の範囲内であり相続税が生じないにもかか

わらず、（短期の）裁量信託を用いると、キャピタル・ゲイン税を支払うことなく、相続税の限界額以下の贈与を行うことができる。収益保有信託よりも裁量信託の方が有利ということになる（その他の裁量信託による節税については〔636〕参照）。このような租税回避を規制するためには、「保有期間満了後免税額」を相続税が現実に課せられる金額に制限することが必要であろう〔6.37〕。

これによれば、二重課税防止に必要な範囲内で免税措置を維持したうえで、相続税、キャピタル・ゲイン税の直接的な支払いが全く発生しない状態をなくし、上述したような信託の種類による取扱いの差別等による節税を防止することができる〔6.37〕。

(2)

課税繰延方法は、hold over relief（ホールド・オーバー・リリーフ）か no gain/no loss treatment か、現行の免税規定をどのように改正すべきであるかが慎重に検討される必要がある。IHTA 1987 § 54に課税の繰延べが導入されて以来、採用されている方法は、hold over relief である（〔6.38〕、hold over relief の利点については、〔6.39〕参照）。hold over relief は、実務上かなりの障害となるであろうと考えられている。なぜならば、CGTA 1979 § 54において、財産は市場価額で売却されたうえで、再取得されたとみなすとされていることから、これら財産をキャピタル・ゲインの算定のために評価する必要があり、これが大きな事務量（負担）となる。

譲受人は、このような方法によれば、自動的に、発生したキャピタル・ゲインについて納税義務を負うことになるが、hold over relief のもとでは税負担が譲受人に通常移転するので、欠点とはいえないであろう。いずれにしろ、申請により免税措置を認めることにすれば、行政事務は若干増大するがこの問題は解決され得る〔6.41〕。

そこで、財産評価を要しない免税措置、すなわち、no gain / noloss treatment を採用することが必要となる。そのためにはみなし処分、みなし再取得は、キャピタル・ゲインもロスも生じないとし、かつ受益者が受託者の取得費用を引き継ぎ、受益者が当該資産を処分するまで税を払う必要はないとして、取り扱われるべきである（〔6.40〕、一定の場合には遡って財産評価を要求されることもあるがそのような場合は稀である〔6.42〕）。

なお、その他、委託者が権利を有する継承的財産処分から委託者が権利を有しない継承的財産処分へ財産が移転した場合について、課税の繰延べを行う選択権を与えるべきか否かについても検討を要する〔6.45〕。

(e)　人格代表者により実現されたキャピタル・ゲインに対する課税への影響

人格代表者の役割が受託者と同じであることから、信託におけるキャピタル・ゲイン課税にも影響を及ぼす〔6.46, 6.47〕。

改正案にそって、信託キャピタル・ゲインに基本税率及び高税率で課税が行われるとすると、人格代表者が実現したキャピタル・ゲインに、その遺産管理期間を問わず、基本税率で課税するということは裕福な受贈者にとって有利であるので、人格代表者に寛大に過ぎる。しかし、信託キャピタル・ゲインに対する課税と同様に二段税率で課税を行うと税負担が過重になる場合もあり得る〔6.48〕。

そこで、解決策としては、被相続人の死後一定の期間内に実現したキャピタル・ゲインについては基本税率による課税とし、この期間終了後実現されたキャピタル・ゲインには基本税率と高税率で課税をするということが考えられよう〔6.49〕。

なお、人格代表者が被ったキャピタル・ロスは、受贈者の将来のキャピタル・ゲインと相殺し得るものとして繰延べを行うことはできないが、受託者のロスが、CGTA 1979 §54（2）のもとで信託財産に絶対的な権利を有する受益者に対して移転できるような繰延べが認められる場合もあり得る〔6.50〕。一定の条件のもとでキャピタル・ロスに対する繰延べを認めることが妥当である〔6.50〕。

三　所得課税ルールとキャピタル・ゲイン課税ルールの統合

1　統合した場合の課税体系（諮問案第七章）

(a)　信託所得課税と信託キャピタル・ゲイン課税

諮問案 Chap. 5, 6の要旨は次の点であった。

(1)　Chap. 5における信託所得課税の改正提案

信託所得が受領した年度に配分されれば、分配された所得については基本税率による受託者課税が原則として行われる。

しかし、未配分信託所得については、基本税率対象額（一一、八五〇ポンド）を超えない部分については、基本税率による課税を行い、基本税率対象額（一一、八五〇ポンド）を超える部分（限度超過部分）については高税率（基本税率＋付加税率＝四〇％）で課税を行う。

(2)　Chap. 6における信託キャピタル・ゲイン課税の改正提案

収益保有信託と裁量信託のキャピタル・ゲイン課税は課税ベースを同一にして、個人のキャピタル・ゲイン課税税率構造と同じにする。この場合、一定のキャピタル・ゲインについては基本税率による課税とし、それを超えるキャピタル・ゲインについては高税率（基本税率＋付加税率＝四〇％）で課税を行う。

(3)　諮問案 PART II においては、基本税率対象額に対する基本税率課税と基本税率対象額を超える限度超過部分に対する高税率課税という二段階課税を採用し、個人課税と信託課税をできる限り同じ基準で行うことを志向していた。

そこで、個人については、所得とキャピタル・ゲインに共通の基本税率対象額が設定されているので、まず、信託についても信託所得（正確には未配分信託所得。なお、収益保有信託の「みなし所得」を含む）と信託キャピタル・ゲインに共通の基本税率対象額が設定される必要があると考えられる〔7.6～7〕。

ここでは、基本税率対象額を個人の所得の基本税率対象額の二分の一（すなわち一一、八五〇ポンド）とした。このような変化によりもたらされる信託所得課税に対する効果は、前述したように〔5.43～50〕歳入に対して中立的であり、問題はない〔7.9〕。キャピタル・ゲイン課税についてもそれほどの影響はないと考えられるが、大蔵省にとっては六、〇〇〇万ポンドの歳入増となると推測される〔7.10～16〕。

収益保有信託及び裁量信託の九五％がキャピタル・ゲイン課税の対象になっておらず、この状況は改正案によっても影響はないと推測される〔7.10～16〕。

課税対象となる収益保有信託一二、〇〇〇件、その他信託四、五〇〇件についての改正案による影響は以下の通りである。

(イ)　収益保有信託の約四分の三（八、八〇〇件）は基本税率課税の対象にとどまり影響はない。

(ロ)　裁量信託の半数以上（二、八〇〇件）についてはキャピタル・ゲイン課税による税負担が減少する。

(ハ)　裁量信託八〇〇件についてはキャピタル・ゲイン課税による税負担が増加するが、信託所得課税の税負担減を考慮すると全体では税負担減となる。

(ニ)　収益保有信託のうち規模の大きなものは、現行二五％税率から改正高税率四〇％での課税対象となるものもある。

(ホ)　収益保有信託三、二〇〇件程度が税負担増となり、キャピタル・ゲインに係る納付税額合計は五、〇〇

○万ポンド超となる。

(へ)　さらにその他信託九五〇件がキャピタル・ゲインに係る納付税額合計一、〇〇〇万ポンドを納付する。

(b)　信託所得税、信託キャピタル・ゲイン課税の共通化

(1)　現行の信託所得税、信託キャピタル・ゲイン課税は、納税者にとっても、イギリス歳入庁にとっても複雑で理解し難いものとなっているので、両課税をできる限り統合してしまうことが望ましい。しかし、完全統合には、以下の点で問題がある〔7.18〕。

①　信託課税制度は、信託所得税、信託キャピタル・ゲイン税間の本質的な相違を反映する必要があること（たとえば、「年間免税額」の制度〔6.23〕は、キャピタル・ゲイン課税においては有効であるが、信託所得課税においては採用するメリットがない）。信託所得の多くが税額控除を前提に受領されているために、少額信託所得を課税対象から外して事務手続きの減少を実現しても、税の還付に関する作業量の増加を減少させることにはならない〔7.18〕。

②　信託課税制度は、所得、キャピタル（信託財産）に係る信託法上の本質的な取扱いの相違を反映する必要がある。たとえば、信託所得は受益者に帰属することが多く、受益者における限界税率課税は合理的であるが、キャピタル・ゲインは受益者に通常帰属することがない〔6.12～15〕。

(2)　上記のような点で完全統合には考慮すべき問題があるとしても、以下の四つの点で共通ルールを設けることは有益である〔7.19〕。

①　現行ルールにおいてはキャピタル・ゲイン課税の「年間免税額」の濫用に対する規制が図られているが、付加税率制度のもとでも「基本税率対象額」の濫用規制も同様に検討される必要がある（以下、Chap. 8に詳述）。

② キャピタル・ゲイン課税制度における単一の「継承的財産処分」を構成している財産が、信託所得課税制度において複数の信託として取り扱われる場合がある。信託課税の課税単位の共通化に向けて、「信託」と「継承的財産処分」の定義を再検討する必要がある。

③ 現行の信託所得課税と信託キャピタル・ゲイン課税においては、当該信託の居住性の判断が異なり課税関係に相違が生じることもあり得るので、当該信託が両課税においてイギリスに居住しているか否かを判定する基準（居住地国基準）が検討されるべきである。

④ 信託課税における申告、賦課、利子税、加算税に関する手続の明確化と立法化（特に受託者の変更に伴うこれらの手続）を図る必要がある。

2　複数の信託を設定している委託者（Chap. 8 参照）

付加税率制度の採用により「基本税率対象額」制度を導入するが、複数の信託の利用によりこの濫用が起こり得る。そこで、信託キャピタル・ゲイン課税における「年額非課税（免税）額」制度の濫用禁止規定（キャピタル・ゲイン税法 Sch. 1）をここでも利用すべきかを検討する必要がある。

(a)　「年額非課税額」制度の濫用禁止規定——信託分割防止規定〔6.24～26〕の概要

複数の信託を設定した場合の「年額非課税額」〔8.3, 8.4〕は、次のように算定する。

「年額非課税額」×1／信託数（ただし、上限は五）〔8.5〕

なお、特定の信託（各種の老齢退職年金基金等）はこの規制を受けない〔8.6〕。また、第三者を名目的な委託者によるこの「年額免税額」制度の濫用禁止規定（いわゆる「信託分割防止規定」）の回避を防止するために、信託に直接・間接的に資金を提供した者も委託者として考慮している（〔8.7〕。ICTA 1988 §681(4)、一一章「委託者への帰属主義の原則」参照）。さらに、信託分割防止規定の運用にあたり、イギリス歳入庁の情報収集権を保障している〔8.8〕。

(b)　基本税率対象額（枠）の濫用禁止

信託分割防止規定が存しない場合には、小規模の信託を複数設立することにより基本税率対象額による基本税率課税の利益を享受することができる。そこで、信託キャピタル・ゲイン課税における「年額非課税額」制度の濫用防止規定の考え方をここでも適用する必要がある。

しかし、「年額非課税額」の下限額（「年額非課税額」の五分の一）と同様な考え方を基本税率対象額に持ち込むことは、①今日では、比較的安いコストで、同一的な複数の信託にいくつかのタイプの所得を簡単に配分することができ、下限値を設定すれば、簡単に基本税率課税の利益を与えることになる（これに対して、キャピタル・ゲインについては簡単に分割受領することが困難であることから下限値の設定は行政能率上合理的である。）、②基本税率対象額の下限値の設定は、「年額非課税額」のそれに比べて、行政事務費用及びコンプライアンス費用の軽減に寄与しない、という理由から適切ではない〔8.13〜14〕。

(c)　基本税率対象額（枠）の濫用禁止の要点

(1)　信託キャピタル・ゲイン課税の信託分割防止規定においては、信託の分割の態様には配慮を行っていない。この考え方をそのまま適用したとすると、

これにより信託Aは、基本税率対象額を半額から三分の二に増額することが可能になるのに対して、信託Bは、基本税率対象額を半額から三分の一に減額されることになる。そこで、このような不均衡に対処する

委託者（甲）
- 信託Ａ —— 基本税率対象額（£5, 925）
- 信託Ｂ —— 基本税率対象額（£5, 925）

（信託Ａの分割）

委託者（甲）
- 信託Ａ —— 基本税率対象額（£3, 950）
  基本税率対象額　£2, 962. 5
  - 信託Ｃ —— 基本税率対象額（£3, 950）
    基本税率対象額 £2, 962. 5
- 信託Ｂ —— 基本税率対象額（£3, 950）
  基本税率対象額　£5, 925

ためには、「委託者が直接設定した信託」と「既存信託を分割して設定された信託」についてはその取扱いを異にし、後者のような信託設定においては、当該信託に与えられる基本税率対象額を、親信託に与えられている基本税率対象額を分割後の信託件数で除した額とするという考え方もあり得る（上記の事例・下線部の数字参照。〔8.16～18〕）。

しかし、このような改正案は、新たな信託の設立と既存信託の分割（あるいは変更）による信託の設定などをもれなく記録に留め、基本税率対象額の計算が速やかに行われる状態にする必要が生じるが、これは既存の方法に比べて複雑さが増すという問題が残る〔8.19～21〕。

(2)　信託分割防止規定の適用を差し控える場面（現行規定においても、前述したように特定の信託は信託分割防止規定の適用から除外されている）がいくつか考えられる。

一件の信託に多数の委託者が存在する場合（複数委託者信託）に、信託分割防止規定が同様に適用されるとすると、たとえば、委託者の誰か一人が別に複数の信託を設定していた場合には、当該複数委託者信託に適用される基本税率対象額とキャピタル・ゲイン税の「年額非課税（免税）額」は極めて少額となるなど、実務上の問題がいくつか生じてくる（〔8.22〕、信託分割防止規定の適用を受けない信託については、〔8.23〕参照）。さらに、委託者が信託基金の一部のみを出資している委託者は、信託分割防止規定の適用において委託者として取り扱わない（すなわち信託基金の一定割合しか出資していない少額出資委託者を委託者から除外する）とすることも考えられるが、その出資額の確認、評価等に係る行政コストの点から問題点が残る。

また、一定数以上の委託者（例えば五〇名）を擁する信託をこの規定の適用から除外すること（さらにこのような信託の委託者が別に設立した信託にも信託分割防止規定は適用されないということ）も考えられるが、その前提として第三者を利用することによる名義的な委託者による機械的な回避を規制しておく必要がある。具体的には、委託者の定義規定において同族関係者等を除外することなどが要求される〔8.25～28〕。

(3)　被保険者以外の第三者のために、信託に組成された生命保険証書は、受託者に納税義務を生むような信託所得あるいは信託キャピタル・ゲインをもたらすことは考えられないことから、そのような信託は信託分割防止規定の適用から除外されるべきである（ただし、受託者が保険期間の満了又は保険の解約により現金その他の資産を受領したときには、通常の信託として扱われる）〔8.29～30〕。

(4)　委託者が信託において権利を保有していることから、信託所得又は信託キャピタル・ゲインの全額が、通常「委託者への帰属主義の原則」により、受託者ではなく委託者のものとして課税される信託は、信託分割防止規定の適用が除外されるべきである〔8.31〕。

3　信託の定義（Chap. 9 参照）

付加税率制度の改正案は、信託という明確な課税単位の存在が前提となっている。しかし、現実にはある継承的財産処分が単一の信託であるか複数の信託であるかを判定することは容易ではない。課税単位の明確な定義は、①居住・非居住の区別、②課税税率、③税の減免の認定、④信託間での財産移転の取扱い、⑤納税申告（課税標準の申告）の義務者、⑥賦課される受託者の特定、の判定において重要である。しかし、信託所得課税と信託キャピタル・ゲイン課税において、課税単位の取扱いは異なっている〔9.1～2〕。

(a)　**現行信託キャピタル・ゲイン課税における課税単位**

信託キャピタル・ゲイン課税において、課税単位の問題は、「継承的財産処分」という一般法概念に依拠している〔9.4〕。

①　財産が信託において保有される場合には、通常この継承的財産処分に一つの信託証書が対応して存在するが、この信託財産の一部がさらに別の信託を組成した場合にその余りの部分の財産が明確に分離されていない場合がある。このような場合には、一つの文書で複数の継承的財産処分を生み出すことになる。

②　財産が既存の継承的財産処分の受託者に譲渡され、その継承的財産処分内にある財産と同一の条件で保有される場合には、当該財産の移転は新たな継承的財産処分を構成しない。

③　受託者が、受益者の指名権又は先払いという権限を行使して、継承的財産処分内にある財産の一部を別の条件のもとに置く場合には、当該財産は既存の継承的財産処分を構成するとみなされることもあるし、また新たな継承的財産処分を構成するとみなされることもある（この場合のイギリス歳入庁の判断基準については、SP 7/84参照。その他判例等については、〔9.14〕参照）。

(b)　**現行信託所得課税における課税単位**

信託所得課税において、課税単位の問題は、「明確な信託（distinct trust）」という一般法概念に依拠している〔9.6〕。

既存の継承的財産処分に組み込まれている財産の一部が、当該継承的財産処分に組み込まれている他の財産と条件を異にしているとき（比較的小さな条件の相違をもこれに含まれる）には、その財産は、「ファンド」と呼ばれる〔9.6〕。

この各ファンドは、信託所得課税において、原則として明確な一つの課税単位であるとみなされている。ただし、この課税単位の考え方は、行政事務、コンプライアンス事務の煩雑化から、賦課・徴収手続き、申告手続き等の単位においては修正されている〔9.7〕。

(c)　改正案の検討

(1)　信託所得課税においては「ファンド」を課税単位とし、信託キャピタル・ゲイン課税においては「継承的財産処分」を課税単位とするという課税単位の認定基準の相違は、合理的なものとはいえず、制度の複雑化を招いている〔9.8〕。

付加税率制度の改正案を採用する場合には、信託所得課税の原則的な課税単位としてのファンドと納税申告書の作成等において理解されている行政実務における修正的課税単位の乖離を是正する必要がある。その理由としては、以下のようなものが考えられる。

①　㋑原則的な課税単位に依拠すると、信託所得の源泉が単一の信託に属するのか、複数の信託に属するのかを確認する作業が重要なものとなり、また㋺現行制度では申告手続きにおいて修正的な課税単位としての信託による申告が可能であるような場合においても、改正案による付加税率制度のもとでは個別の申告を求められる場合が生じる、など事務手続きの負担増となる〔9.9〕。

②　信託キャピタル・ゲインを信託所得の超過部分（トップ・スライス）とみなすとする立場（Chap. 7）を採ると、理論的にも双方の課税において課税単位を共通にすることが必要となる〔9.10〕。

(2)　次に「ファンド」と「継承的財産処分」のどちらを基準にするかが問題となる。

信託所得課税における課税単位（ファンド）と信託キャピタル・ゲイン課税における課税単位（継承的財産処分）を比較した場合に、以下の理由から後者の考え方を基本にする方が諮問案の付加税率制度を導入する場合には望ましいものであるといえる〔9.11〕。

① 同一の継承的財産処分を構成するファンドを一件の課税申告、計算、賦課で処理する方が事務手続きの簡便化が図れる。

② 信託分割防止規定の適用される場面は、ファンドよりも継承的財産処分を課税単位とする方がはるかに減少する。

③ ファンドを課税単位とすると信託分割防止規定の適用される場面が多くなり、課税額が減少する。

④ 同一継承的財産処分内におけるファンド間移転についても課税関係が生じない。信託所得課税においてこの点を配慮して課税の繰延べ等の措置を認めたとしても事務手続きの負担が増加する。

しかし、信託キャピタル・ゲイン課税の課税単位も、以下の点で全く問題無しとはしない〔9.12〕。

ⓐ 複数の継承的財産処分と複数のファンドからなる単一の継承的財産処分とを区別することが困難な場合がある。

ⓑ 単一の継承的財産処分を構成する異なる複数のファンドが、それぞれ全く異なる受託者により管理されていたとしても、単一の課税単位として課税される。

(d) **継承的財産処分は一つか複数か**

前述したように、単一の継承的財産処分か否かの判断が困難な状況は多々あるが、特に問題となるのは、受託者が別のファンドを組成するために、又は異なる受託者に財産を移転させるために自分の持つ権限（指名権又は先払権）を行使した場合である。このような場合に継承的財産処分が単一かあるいは複数かを判定する基準は、二つの裁判基準（Roome and Denne v Edwards（54 Tax Cases 359）; Bond v Pickford（57 Tax Cases 301）及びイギリス歳入庁の実務取扱通達（SP 7/84））であるが、必ずしも明確な基準とはいえず、この判断に受託者も税務当局も大きな事務負担を負うことになる〔9.13〕。この通達では、「当事者による意図の客観的な判定」が求められており、新たな継承的財産処分を組成するために行使される受託者の権限（広義の権限）と新たな継承的財産処分を組成するために行使され得ない受託者の権限（狭義の権限）が区別されていることから、このような通達に従うことは困難である。

そこで、このような判定を明確にする基準を立法化することにより、これらの問題を軽減することが必要であるが、新しいルールについては、その適用の実現性、既存実務との調整等を配慮しながら進めなければならない〔9.13～16〕。

その場合には、既存の「継承的財産処分」の考え方について、次の二点で変更を迫られることになる。

① 継承的財産処分Aの受託者が、財産を継承的財産処分Bの受託者に、当該継承的財産処分に組み込まれている財産と同じ条件で保有されるものとして移転した場合には、当該財産は継承的財産処分Bに追加されたものとみなされるものとする〔9.18〕。受託者は、財産の配分がどのような権限のもとで行われたかなどを検証する事務負担が大幅に軽減することになる〔9.18, 9.16 参照〕。

② 受託者が、信託財産の一部について保有条件を変更し得る権限を行使した場合には、条件の変更された資産は、㋑当該継承的財産処分を構成する残余財産から分離されている場合、㋺新たな条件が、当該財産が新たに設定された条件のもとで保有されることを将来停止し、残余の財産と同一の信託において保有され得るということを盛り込んでいない場合に、新たな継承的財産処分を形成するものとして取り扱う〔9.19〕。

なお、信託財産の保有条件を変更し得る権限を行使する受託者は、当該継承的財産処分の受託者として引き続いて行為することも、第三者を新たな受託者として指名することも可能である。受託者の変更は②の取扱いに影響を与えない〔9.20〕。

上記の②で述べたルールは、それほど完璧なものではないが、現行実務の取扱いに沿っている。現行ルールの不明確さを全て拭い去ったわけではないが、「当事者の意図」及び行使される権限の本質により取扱いを異にすることは、もはや適正な要因ではないということを明らかにしているといえる。このルールは、簡潔さ、明確さと一般法との調和を概ね図っているといえる〔9.22〕。新しいルールが施行された後に、現行の継承的財産処分の概念を変更するような修正は、継承的財産処分間での財産への譲渡、又は権限行使を行う場合などに限定することになる。なぜならば、こうした配慮をしない場合には、これまで一つの継承的財産処分とみなされていたものが、複数の継承的財産処分になったり、またはこの逆に、複数の継承的財産処分がひとつの継承的財産処分になる場合も生じてくるからである〔9.23〕。

(e)　異なるファンドを管理する複数の受託者

現行規定において、各ファンドの信託所得税額は、他のファンドのそれとは関係なく独立のものとして算定されている。よって、それぞれの受託者は希望すれば、別々に申告をし、自らが管理するファンドの所得についてのみ賦課される〔9.24〕。しかし、信託キャピタル・ゲイン課税においては、自ら管理をしていないファンドに係る所得について納税義務を負う受託者が存在することもあり得る。すなわち、受託者は信託財産を直接管理できる立場にないにもかかわらず、当該信託財産の税負担を負わなければならなくなる〔9.25〕。

このような問題は、複数の受託者らに保有されているファンドは、一定の条件のもとでは、他の受託者が保有するファンドとは別の継承的財産処分であるとみなすルールを置けば解消され得る。複数の受託者らは各々のファンドに関する申告書を作成し、それぞれ独自に計算し、それぞれのグループに対する課税は、個別に行われることになる〔9.26〕。しかし、この場合にはファンドを一個の課税単位とみなすことによるデメリットがなお存することから、これを防止するために信託分割防止規定の適用機会が増加し、税負担（納税義務）が増加することになろう

〔9.27〕。

一定の条件のもとでの「独立した継承的財産処分」ルールは様々な方法が考えられるが、上記のデメリットを考慮すると、異なるファンドの受託者全員が適用を選択したときにこのルールが適用されるということにならなければならない〔9.28〕。このような選択を行った場合には、ファンドは永久に分離するか、又はファンドが共通の受託者を有する単一のファンドに合併されるまでは継続して分離すると解さなければ、共通の受託者の除外等の操作により、複数のファンドを別個のものとしたり、単一の継承的財産処分としたり、その取扱いが揺れ動くことになり、各種の調整が必要となり、事務手続き等も増大することになる〔9.29〜30〕。

4　受託者の居住地の判定（Chap. 10 参照）

信託所得課税制度と信託キャピタル・ゲイン課税制度における「信託」の居住地の判定には共通する部分も多いが相違点もあり、実務上の混乱も生じている。そこで、両課税制度における信託の居住地の判定基準を明らかにし、その共通化の道を探り、必要な改正点を行うことが必要である。

(a)　信託キャピタル・ゲイン課税における居住地判定基準

信託キャピタル・ゲイン課税規定においては、信託の居住地判定において様々な要因を考慮することとしている〔10.3〕。

次の二つの事実が存在しない場合には、当該信託はイギリス居住信託である。

①　信託の全般的な事務管理が、通常イギリス国外で行われていること。

かつ、

② 受託者全員又は受託者の過半数がイギリス居住者若しくはイギリスの通常の居住者でないこと。

このテストにおいて、委託者が外国人である信託（信託財産の全てを拠出した者が、その当時、イギリス居住者でない場合、イギリス国内に通常居住していない場合、あるいはイギリスに永住地を有しない場合には、当該信託は、「外国人委託者」を有していることになる。この財産の拠出したものが複数の委託者である場合、あるいは数回にわたり拠出されたときには、その委託者又は拠出時ごとにこの条件を充足することが求められる。信託が遺言又は無遺言死亡により設定された場合には、委託者が死亡した日に信託が設定されたものとして、上記条件を判定する。〔10.5〕）においては、(イ)イギリスに居住する専門的な受託者（専門的な受託者とは、信託の管理を業として行っている委託者をいう。〔10.6〕）は、当該信託に関しては非居住者であるとみなされ、また(ロ)当該信託の受託者の中にイギリスに居住する専門的な受託者が最低一名以上存する場合であって、受託者全員又は過半数がイギリスに居住しない（又はイギリスに居住していないとみなされる）場合には、当該信託の全般的な事務管理はイギリス国外で通常行われているものとみなされる〔10.3〜4〕。

(b) **信託所得課税における居住地判定基準**

信託所得課税においては、次の二つの事実が存在しない場合には、当該信託はイギリス居住信託であるとみなしている。

① いずれの受託者も、イギリス居住者ではないこと。

又は、

② 受託者のうち、各々少なくとも一名のイギリス居住者とイギリス非居住者を抱えており（受託者の混合居住地を有する。混合居住地を持つ受託者らに係る居住地は、FA 1989 § 110に規定する）、かつ当該信託において外国委託者が存在していたこと。

なお、信託所得課税において、「委託者」は広義に定義されており、継承的財産処分のために直接的にあるいは間接的にファンドを提供した、あるいは提供することを約した者まで含む（外国人委託者の定義は、上述の信託キャピタル・ゲイン課税の定義と同様である。〔10.7～8〕）。

（c）　判断基準の共通化

FA § 110の規定する信託所得課税に係るルールは、Dawson v CIR（[1989] Simon's Tax Cases 473）に応えて、一九八九年に導入された。貴族院は、当時の法のもとで、混合居住地を持つ信託はイギリスと密接に係わっていてもイギリス信託として課税することはできないと判示していた。イギリス居住者を有する信託が、一名のイギリス非居住者である受託者を指名（選任）し、信託基金（ファンド）をイギリス国外に投資すれば、イギリスでの課税を免れることができるという途を開いていた。よって、イギリス政府は、このような規定は問題があると考えていた〔10.9〕。

さらに、イギリス政府は、Dawson判決にどのように対処するかについて検討した結果、キャピタル・ゲイン課税のルールをそのまま信託所得課税にまで拡張して適用することは適当ではないと判断し、以下の理由から、FA 1989 § 110の居住地（基準）テスト（以下「一一〇条テスト」という。）を採用することとした」〔10.10～11〕。

①　一一〇条テストの方が、キャピタル・ゲイン課税テストよりも考慮すべき要因が少なく簡潔であり、適用が簡便であること。

②　一一〇条テストは、信託の管理場所がどこにあるかを問わないために、判定の確実性が高まること。

③　受託者らが混合居住地（mixed residence）性を有する場合には、受託者の過半数の居住地あるいは通常の居住地は、重要な要因であるとは考えられないので、一一〇条テストの方がより適切な基準によっているといえること。

④　一一〇条テストにおいて、「委託者」は広義に定義されており、イギリス居住者が継承的財産処分のため

に間接的にファンドを提供した場合でも、外国人委託者を抱える信託に与えられるような有利な取扱いを受けることがないこと。

このような利点を考慮すると、信託所得課税における居住者基準を信託キャピタル・ゲイン課税においても採用すべきである〔10.11〕。

(d)　信託所得課税における居住地判定基準の問題点と改正

「一一〇条テスト」によるにしても、信託所得課税における居住地判定基準うち、①イギリスに居住する専門的受託者及び②一時的にイギリスに居住している非居住受託者の取扱いについては、不必要に煩雑であるとの批判が存するので改正を要すると考えられる〔10.21〕。

なお、居住地基準の共通化により、現行のキャピタル・ゲイン課税のもとで非居住信託であったものが、居住信託とみなされたり、あるいはこれと逆のケースも出てくることから、これまでの既存信託に不利益な取扱いが生じないように暫定的な規定（たとえば、従来有していた居住地を維持するために別の受託者を指名する時間的余裕を付与するなど）を置く必要がある〔10.20〕。

(1)　イギリスに居住する専門的受託者（UK resident professional trustees）

混合居住地信託に関する一一〇条テストにおいては、外国人委託者の代理人となっているイギリスの専門的受託者の事業活動への配慮から、外国人委託者を要する混合居住地信託を非居住信託として課税するように配慮している。よって、キャピタル・ゲイン課税規定により非居住信託として扱われている混合居住地信託は、信託所得課税のもとでも同様の取扱いを受けることになる〔10.13〕。

しかし、受託者の全てがイギリス居住者であるが、外国人委託者を有する信託は、信託所得課税においては居住信託とみなされるのに対し、信託キャピタル・ゲイン課税においては、受託者の全員（あるいは過半数）がイギリスに居住する専門的受託者である場合には非居住信託とみなされ、その取扱いを異にしている〔10.14〕。

信託所得課税のもとでは、委託者が一名以上の非居住受託者をおいている場合には、当該信託は非居住信託とみなされることからして、当該基準の方が信託キャピタル・ゲイン課税の基準に比べて実務的には緩やかであるといえる。にもかかわらず、外国人委託者と居住受託者のみからなる信託について、現行の信託所得課税ルールを共通の判定基準として採用することが相当困難であるとみなされる場合には、現行の信託所得課税ルールの修正も検討されるべきである〔10.15〕。

(2)　一時的にイギリスに居住している非居住受託者

受託者が一時的にイギリスに居住することにより、信託の居住地がイギリスとみなされ、予期せぬ課税関係が生じる恐れがある。信託所得課税のもとでは、そのような課税関係は、①信託がイギリス居住委託者を要しているが、受託者が全て、かつて非居住者であった場合、あるいは②委託者が外国人であり、課税関係が問題となる受託者がかつて唯一の非居住者であった場合にのみ生じる。

①のケースは、問題の受託者が将来イギリスに居住する場合には非居住受託者に変更をすることにより、②のケースは、非居住受託者をもう一人余分に指名しておくことにより回避し得る（なお、外国人委託者と居住受託者のみからなる信託について、現行の信託所得課税ルールを共通の判定基準として採用することが相当困難であるとみなされ、現行の信託所得課税ルールが修正されれば、②のケースは生じない。）。

①②のようなケースがどの程度生じるかは判断し難いが、そのようなケースが受託者の不注意又は短期の通知で居住者となり得ることが頻繁にあるとすれば、そのような信託の居住地の予期しない変更を回避するためのルールの導入が検討に値する〔10.16～18〕。

(e)　外国信託会社のイギリス国内支店（UK branch）の取扱い

イギリス国外に居住する信託会社は、当該信託会社のイギリス支店のみがイギリス国内で取り扱う信託についての唯一の受託者となり得る。当該信託が非居住受託者として取り扱われると、イギリスの法人受託者の支店又はその他のイギリス居住者たる専門的受託者よりも税務上優遇されることになる。そこで、信託所得課税における判定基準を採用するにあたっても、当該外国信託会社のイギリス支店はイギリスに居住する受託者としてみなすとする改正が必要である〔10.21〕。

(f)　通常の住所地（居住地）及び永住地

信託キャピタル・ゲイン課税において、信託がイギリス国内に居住している場合にのみ、当該信託は通常イギリスに居住しているとみなしている。永住地はキャピタル・ゲイン税の納税義務に関係しないため、永住地についての判定ルールはない〔10.22〕。

信託所得課税において、信託の通常の住所地（居住地）又は永住地を判定するルールは存在しない。そこで、所得課税における基本的ルールが適用され、受託者の全てが通常イギリスに居住していない場合又は永住地を有しない場合にのみ、当該信託はイギリスに居住地を持たないし、又は居所を有しないとみなされる〔10.23〕。これは、信託の取扱いが受託者の通常の居住地又は居所により影響を受けるということを意味している。たとえば、受託者がイギリス居住者であるが、国外に居所を有している場合には、信託の外国所得には送金基準による課税が行われることになる〔10.24〕。

この点では、受託者の通常の居住地及び居所の所在国は、当該信託とイギリスとの関係の度合い（課税根拠）の尺度とはなり得ないものであるから、信託キャピタル・ゲイン課税の見解の方が合理的であり〔10.25〕、上述の送金基準の信託所得への適用は排除されるべきである〔10.26〕。

5　受託者の変更（Chap. 11 参照）

諮問案においては、「信託」が法的な人格を持っているかのように用いられているが、信託において、法律上の人格を持っているのは、唯一受託者である（信託そのものは法律上の人格は持っていない。）。そこで、同じ人が受託者として行為をし続ける限りは、それほど問題が生じる場合はないものと考えられるが、受託者が変更される場合には、以下のような行為には法的にどのような者があたるかを検討しておくことが必要である〔11.1, 11.2〕。

① 課税信託所得及びキャピタル・ゲインの算定

② 課税申告書の記載、提出

③ 賦課、徴税

④ 受託者の過誤及び不履行により生じた納税額の延滞金及び罰金（加算金）の賦課

そこで、①～④について、現在の実務を確認し、その根拠法の検討（見直しを含む。）を行うとともに、実務を存続することが望ましいが、法的な根拠が不備なものについてはその法整備を進める〔11.3〕。

(a) 現行実務の取扱い

現行実務において、信託はあたかも一人の納税者であるかのようにみなされている感があり、受託者の変更が行われても、信託財産は全ての期間にわたり受託者が保有・管理していたものとして、課税対象信託所得及びキャピタル・ゲインの算定が行われる。賦課・徴税も同様に一名の受託者に対してのみ行われている（賦課通知は特定の受託者に送付され、賦課申告の記載・提出等の事務手続も当該受託者（「主要事務取扱受託者（principal acting trustee）」）というが、受託者の変更があった場合に誰がその事務を行うかのルールはない。）。

そこで、主要事務取扱受託者の変更があった場合（変更届けを課税庁に提出）には、課税庁は、新たな主要事務取扱受託者との間で、未納税額の徴収、あるいは受託者の過誤及び不履行により生じた納税額の延滞金及び罰金（加算金）の賦課、不服申立ての処理などを進めることになる。しかし、法的に公式的な手続きを踏むことが必要とされる場合には、納税額の延滞金及び罰金（加算金）の賦課に係る脱税や納税の不履行の責を負うべき受託者が当事者となる〔11.4〜7〕。

(b)　**現行実務の検討のための判決**

この取扱いは、最近までは信託の受託者に係る特別な規定はなく、課税の一般原則によっていた。しかし、Dawson v CIR（〔1989〕Simon's Tax Cases 473）における貴族院判決の結果、FA 1989 § 151が信託所得の賦課に係る規定として設けられた。Dawson 判決は、当時の法律（FA 1989 § 151導入前）によると、信託所得の受領時における受託者に全て賦課を行うべきであるとの趣旨を含んでいたために、FA 1989 § 151が課税庁の賦課処分に係る事務負担を軽減するために規定された〔11.8〕。

FA 1989 § 151は、信託所得の賦課は「相当な受託者（relevant trustee）」であれば誰に対してでも賦課可能であるとする。「相当な受託者」とは、当該信託所得を受領していた当時、行為をしていた受託者又はその後に行為をした受託者である〔11.9〕。

なお、FA 1989 § 151は、受託者の変更に係る事務手続きを全て網羅的に規定しているわけではないので、現行実務との係わりにおいてさらに追加規定を置くか否かが検討されるべきであり、また信託所得課税及び信託キャピタル・ゲイン課税に共通する規定を置くことにより信託事務の簡素化を図ることも検討されるべきである〔11.10〕。

(c)　信託所得及びキャピタル・ゲインの算定

課税ルールのなかには、CGTA 1979 § 52（1）、ICTA 1988 § 113（7）のように受託者の変更を無視するか、何らかの影響をもたらすとするものがある。しかし、その他の場合にはこのような規定は存しない。ある信託において、受託者の変更前に行為をしていた受託者（旧受託者）と受託者の変更後に行為をする受託者（新受託者）とが異なる納税者であるとして扱うと、行政事務は煩雑極まりないものとなる。変更により納税者が異なるとすると、たとえば、次のような問題に配慮が必要となってくる〔11.11～13〕。

①　シェジュールDケースⅢ～Ⅳのもとで前年度に課税された所得の調整（旧受託者は信託所得の源泉を保有することができなくなり、新受託者がそれを保有することになるため）

②　所得発生主義のもとで生じた収益及びアローワンスの自らの取消（いかなる有価証券も旧受託者から新受託者に移転するため）

③　残額調整の均等化（キャピタル・アローワンスが認められる資産の所有権が移転するため）

④　旧受託者から新受託者に損失の繰越しができない場合における当該損失の合算

また、改正案（付加税率制度）においては、各信託にひとつの基本税率対象額が生じるため、受託者の変更により受託者たる納税者が複数存在するとすると、基本税率対象額の納税者たる受託者間での配分という困難な問題にも直面する。したがって、諸問案の中心をなす付加税率制度を認める限り、受託者として行為するものの変更は無視されるべきであるということになる（ただし、現行実務を明確化するための規定は置く必要がある。）。

(d)　賦　課

信託の納税義務は、通常、信託基金（ファンド）から履行されるので課税庁は納税義務が生じた時点で受託者であるものに賦課するよりも、現に信託基金を管理している現在の受託者に賦課（賦課通知、事務手続きも同様）する方が効率的である〔11.14〕。

しかし、現在の受託者及び主要事務取扱受託者を課税庁の当事者として限定してしまうことは、前受託者に賦課通知をすることにより賦課処分を無効とし、望ましいことではない。この点からすると、信託所得課税に関する§151は、「相当な受託者」として当事者を定義することにより、このような問題を回避している（なお、信託所得が受領される前に受託者であったものはいかなる場合でも賦課を受けることはない。）と言えるので、今後とも存続させることは適正である〔11.15～16〕。

信託キャピタル・ゲインの賦課についても、CGTA 1979 §48に類似の規定があるが、「相当な受託者」について明確な定義がされていない。ただし、現実の実務運用においては、信託所得課税における場合と同様の運用が行われている〔11.17〕。

(e)　関連的事項

(1)　現行法規において、信託所得課税に係る不服申立て、徴税並びに延滞金及び罰金（加算金）等の問題等に関する事項を明確にした規定は存在しない。よって、一定の状況のもとでは、関係する受託者のみしか課税庁は当事者とすることができないということになる。

そこで、そのような受託者が旧受託者となっている場合には、まず自分の原資から納税を行い、その後に新受託者の原資から求償することになる。ただし、受託者が賦課処分後、納税前に死亡したとするとこのような対応さえもできなくなる。

よって、このような賦課に係る関連的事項についても「相当な受託者」の概念を適用することが適当である。特に、信託キャピタル・ゲイン、信託の所得の賦課に、前述したように「相当な受託者」という共通的な考え方を採用することになれば、このような賦課に係る関連的事項もこのように考えることが適正であるといえる〔11.18～21〕。

(2)　しかし、「相当の受託者」の適用を認めると、受託者は自らの原資から納税額を支出するようになることを懸念するかもしれないが、一般規定により受託者が信託基金から納税額を支出できること、又は個人原資からの支払いが償還されることから、そのようなことはまず実務上生じないといえる。しかし、この受託者の免責は受託者の利益のためにも、明確に規定することが望ましいといえる〔11.22～26〕。

(f)　**詐欺的（仮装的）行為による賦課に係る受託者**

前受託者の詐欺的行為により生じる追徴税額、延滞金及び罰金の賦課を誰が負うかは問題である〔11.24〕。現行の実務では、原則として、このような賦課は、前受託者が自分で利益を得る目的で信託所得及びキャピタル・ゲインについて詐欺的行為を行った場合には、その行為を行った受託者に対して行われている〔11.25〕。

しかし、詐欺的行為により信託が利益を得ている場合には、可能な限り信託基金から支出すべきであり、そのためには、現在の受託者との公式的な手続きにより、当該信託基金から納税が行われるような規定を置くべきである。当該信託基金が追徴税額、延滞金及び罰金の支払いに不足するときには、イギリス歳入庁は、詐欺的行為を行ってはいないが、納税義務を回避する目的で信託から基金を移転する策略に係わった受託者から、不足額を徴収することができるものとすべきであろう〔11.26〕。

上述のような見解は、受託者及び受益者双方の利益を保護することを目的としている。受益者は、信託から詐欺的行為により移転させられた資金に係わる納税額を信託基金から支出させられることがなく、また無実の受託者は、自らの個人原資により納税義務を負わないことになる〔11.27〕。

(g)　人格代表者の変更

人格代表者の変更に係わる現行のルール及び実務的取扱いは、受託者の変更に係わるルール、実務的取扱いに極めて類似している。人格代表者の変更は稀であるが、受託者の変更規定は、人格代表者の変更にも対処できるものとすべきである〔11.28〕。

四　委託者への課税

1　委託者が利益を受ける信託——信託所得課税（Chap. 12 参照）

(a)　信託所得課税における「委託者への利益帰属主義」ルール（ICTA 1988 Part. XV, Chap. I ～ IV）の導入の経緯

(1)　このルールは、信託のみを対象としたものではなく、贈与、和議等を含む広範囲な「継承的財産処分」に適用される〔12.4〕。このルールの対象とされる継承的財産処分等の種類は、①短期継承的財産処分（Chap. I）、②委託者の未成年の独身子女の利益のための継承的財産処分（Chap. II）、③委託者（又は委託者の配偶者）が権利を保持する取消可能な継承的財産処分及びその他の継承的財産処分（Chap. III ～ IV）、④累積所得を資本の形態に転換する行為（Chap. III §677, 678）である〔12.4〕。

このルールが、これら継承的財産処分に適用されると、継承的財産処分所得の一部又は全部を委託者の所得とみなして課税を行うという法的な効果が生じる。大雑把にいえば、委託者は、自らが権利を有する継承的財産処分及び委託者の配偶者若しくは未成年の子女に信託所得及びキャピタルを移転させる継承的財産処

分により、租税利益を得ることはできないということである〔12.5〕。委託者が個人として継承的財産処分から利益を得ている場合には、当該継承的財産処分からの所得は当該委託者に属するとみなすのは適正である。このような取扱いがなされないとすると、信託及びその他の信託類似の行為が、①委託者が資本として受け戻すことが可能な所得、②委託者に最終的に帰属するであろう資産から生じる所得、についての租税負担の回避が可能となる〔12.6〕。

(2)　委託者の配偶者が継承的財産処分において権利を有する場合にも同様の考慮が行われる。一九九〇年四月六日に、配偶者について、独立課税（個人単位主義）が導入されたことから、夫婦間の直接贈与は受領者の所得として課税されるようになった。継承的財産処分において、一方の配偶者から他方の配偶者への所得あるいはキャピタルの直接的移転とみなされない場合には、その所得は委託者の所得として課税される〔12.7〕。これは、夫婦当事者間での所得移転を独立的課税とする政府の見解を反映したものである。以下の理由から、このような取扱いは適正である〔12.8〕。

①　たとえば、妻が夫からキャピタルの一部又は全てを受領している場合に、妻は、相続などによりキャピタルを受領している場合に賦課される税を超えて所得税を支払う理由は原則として存しない。

②　夫婦間での直接的贈与を、このルールが適用されない他の継承的財産処分と同様の方法で扱うことには実務上困難がある。例えば、夫婦名義の預金のどの程度が夫婦間の贈与によるかを判断することは困難である。

③　租税制度が結婚を全く無視することはできない。夫婦は、夫婦間での所得及びキャピタルの直接的な贈与とはいえないような継承的財産処分から税法上の利益を得ることは許されない。

④　「委託者への利益帰属主義」は、委託者の配偶者が利益を得る継承的財産処分を、あたかも委託者が個人的に利益を得ているとしてみなすことによって、夫婦間には密接な社会的・経済的関係があるというこ

とを認めている。

(3) また、委託者の未成年子女に利益を与える目的で継承的財産処分を利用した場合でも、委託者課税が行われる。なぜならば、親は子女の養育費について実質上軽減を受けることになり、また継承的財産処分を利用して所得を子女に移転すれば、委託者（親）の租税負担は軽減する（租税回避）。よって、「委託者への利益帰属主義」による委託者課税は適切である〔12.9〕。

ただし、一九九一年から所得合算課税が廃止されていること、また子女が受け取る少額の利息収入は個人所得課税において課税の対象にならないことから、この場合には一定の限度額（一九九一年四月六日から一〇〇ポンド）を超えるものにのみ、「委託者への利益帰属主義」が適用されると考えることが望ましい（〔12.10〕付属文書 A26 参照）。「委託者への利益帰属主義」ルールが適用される委託者の範囲を孫又は甥姪まで拡大する見解もあろうが、直系親族の者に限定されるべきである〔12.11〕。

よって、現行の「委託者への利益帰属主義」ルールの射程範囲は概ね妥当と考える。

(b) 「委託者への利益帰属主義」ルールの簡素化

しかし、現行関連規定については、以下の理由から、簡素化を進めるべきである〔12.14〕。

(1) 現行規定は、一九二二年から今日まで断片的に設けられ、重複する部分も少なくない。よって条文（規定）を簡素化することによっても既存の継承的財産処分に影響はないと考えられる。

(2) 税制改正により、その規定の存在自体が無意味となっているものがある（たとえば、医療費、扶助料規定の創設により、これらの非慈善的契約は、課税に影響を及ぼさなくなった）。不必要な規定の削除も検討されるべきである。

(3) 継承的財産処分の定義、継承的財産処分の未配分信託所得の算定方法に係る重複的な類似の規定において、細かな点でその内容を異にしている場合がある。より統一的な基準の採用は、このルールの理解・運用に寄与するところが大きい。

ただし、その他、簡素化にあたり、次の点にも配慮すべきである（付属文書 A57～58 も併せて参照）。

① 逆に、いくつかの場面では、現行ルールは必要以上に広範囲に適用され得る。たとえば、委託者は、信託に受益者がただ存在しなくなった（復帰信託〔resulting trust〕）だけで、信託財産が委託者のもとに戻ったとして、委託者が課税され得る。ルールを簡素化することはこのような場面での取扱いを困難にする恐れもある〔12.15〕。

② 現行ルールの不明確な点もこの規定の簡素（整理）化の際に取り除くべきである。たとえば、委託者の未成年子女に対する支払いルールは、受託者が支払った税額（累積信託における委託者への高税率課税）を委託者においてどのように控除するのかについては規定していない〔12.16〕。

(c) 改正案の概要

「委託者への利益帰属主義」ルールの改正案の主たる変更は、以下の三つの場合に存する〔12.18〕。

(1) 委託者及び委託者の配偶者が継承的財産処分について権利を有する場合

又は

(2) 委託者の未成年の子女が継承的財産処分から所得を得ている場合

又は

(3) 委託者又は委託者の配偶者又は未成年の子女が継承的財産処分からキャピタルの支払い又は利得（ベネフィット）を享受している場合

その他の改正項目としては次のようなものがある〔12.19〕。

① 所得の移転に関するルールを年次支払いの規定（一九八八年導入）と歩調を併せることにより簡素、合理化すること。

② 各種の定義規定とその他の関連条項との調和を図ること。

③ 実質上廃止されている規定の削除。

なお、既存の課税関係における委託者の利益のため、過渡的規定を置く必要がある〔12.20〕。

以下 詳細に検討を加える。

(i) 委託者及び委託者の配偶者が継承的財産処分について権利を有する場合

委託者及び委託者の配偶者が継承的財産処分について権利を有する場合に適用される現行規定（ICTA 1988の六か条）により導かれる課税対象額は、以下のとおりである。これらの規定は各々異なる状況に適用され、その結果を異にする。

委託者は、以下のような所得について、課税される〔12.21〕。

① §672, §674, §674A――継承的財産処分所得の全額

② §673――未配分信託所得についてのみ

③ §683（ただし、一九六五年四月七日以前に組成された継承的財産処分については、§684）――継承的財産処分所得の全額（ただし、基本税率対象額を超える額に対して課税を行う場合に限る）

そこで、多くの場合に、継承的財産処分はこの一つ以上に該当するようになり、複雑で混乱が生じているといえるが、ただし、一九八九年三月一四日以後に組成された継承的財産処分については、§674Aが適用され、この問題はない。

ICTA 1988 §674Aが適用されると、委託者又は委託者の配偶者が継承的財産処分の所得又は資産から利益

を得ることができるような場合にはいつでも、第三者に裁量があると否とにかかわらず、委託者がその継承的財産処分の所得について課税されることになる〔12.23〕。

よって、細かい点での改正はともかく、個々の制限的な条件のもとでの課税を認める§673, §683, §684を包含するところの§674Aを基本的なベースに単一の規定を作成すべきであるといえる（改正案・付属文書A7〜9）。ただし、改正規定によっても、継承的財産処分が長期にわたり別居状況にある配偶者により保有されているなどの一定の場合を適用除外とする（§674Aはほぼ現行規定通りとするが、各種の除外要件を明確にし、除外範囲を拡大する（付属文書A10〜17参照）。§683の規定を受けている継承的財産処分はかなりの数にのぼるが、§673, §684のみの対象となっている継承的財産処分はほとんどなく、削除しても問題はない（§673, §684の廃止については、付属文書A111〜114参照）ことから、それにより税負担に影響を及ぼすことはない。

(ii)　委託者の未成年の子女が継承的財産処分から所得を得ている場合

このような場合の委託者課税の根拠は、§663であるが、前述〔12.9〕したところの目的に合致しており、概ね現行規定を維持すべきである。しかし、たとえば、収益保有信託に基づいて子女が所得を得る場合に、§663が適用されるかどうかは不明確であると考えられるので、子女の所得とみなされてしまうような所得も全てここでの対象とするように、明確に修正すべきである（現在は、信託所得が子女の所得として取り扱うことが可能であり、その結果子女の所得控除に基づいて税の還付を受けることができる。〔12.27〕、付属文書A23）。また、§347A（年次支払に係る継承的財産処分）の適用を受けない委託者の未成年子女の利益となる約定も対象とすべきである。よって、§663は一部、適用を拡大するように修正されるべきである（付属文書A23〜25参照）。新規定（子女の所得〔child income〕に係る改正§663）が適用される場合には、所得は委託者において課税され、委託者は受託者が納付した税額の控除を受ける（付属文書A23, A24）。

(d)　キャピタルの支払い（payments）と利得（benefit）

現在、継承的財産処分のキャピタルが、次のいずれかにより支払われたときには、委託者に所得税が課せられる〔12.28〕。

①　委託者の未成年の未婚子女に対して又は彼ら（の利益）のために支払われた場合（§664(2)(b),(3)）

②　委託者又は委託者の配偶者に対して、直接又は間接に支払われた場合、又はその他の方法で彼らの利益のために支払われ、又は提供された場合（§677）

③　継承的財産処分に関係する法人に対して、直接又は間接に支払われた場合。ただし、当該法人及びその関連法人が、委託者又は委託者の配偶者に関連的な支払いあるいは利得の供与を行っていることを条件とする（§678）。

①は委託者の未成年の未婚子女に対する資本的支払、②～③は委託者又は配偶者に対する資本的支払となる。これらの規制のもとでは、委託者の納税義務は、継承的財産処分の「処分可能所得（available income）」に係る税額を超えないものとされている〔12.29〕。委託者の未成年の未婚子女又は委託者若しくは委託者の配偶者に対して又は彼ら（の利益）のために支払われるようなキャピタルは、委託者の未成年の未婚子女のために累積している信託所得までは委託者の所得として扱われる。

ただし、この算定方法には不明確な部分（要因）もあり、子女に関する規定（§664）並びに委託者及び委託者の配偶者に関する規定（§S677, 678）の間では、その算定方法に相違がある。このため、これら規定の解釈・運用に係る混乱を是正する必要がある〔12.30〕。

(e)　処分可能所得の算出

現行規定の基本的な原則は維持されるものとするが、改正規定による変更が考えられる。まず、未成年子女及び

現在に至るまでの継承的財産処分の所得合計額〔12.29〕 →

処分可能所得（available income）
委託者の所得とみなされた金額
諸費用の支払いに充当された額
受益者に配分された金額

委託者（あるいは委託者の配偶者）について別個に定められていた算定方法を統一し、共通の算定方法が採用されるべきである。

諮問案によると、「当該課税年度に受領し又は享受した支払額又は利得の額」と「継承的財産処分の処分可能所得」の少ない方の額について課税される（付属文書A32）。「処分可能所得」を超える支払い又は利得の金額又は評価額は、次の課税年度に繰り越すことができる。次年度において、その超過部分は、委託者の所得として取り扱われる。ただし、繰越しは現行の一一年（上限）に替えて、一年のみとする（付属文書A34）。「処分可能所得」の算定は、改正提案の中心を占める付加税率制度での「未配分信託所得」（Chap. 5）の年次計算を基準にして統一的に行われるべきである〔12.31〕。付属文書A40～43参照）。

なお、未配分信託所得は、正確には、受託者の総所得（gross income）から以下のものを差し引くものとする。

・収益保有信託の受益者に帰属する所得
・委託者が支払った年金
・税務上、委託者に帰属するとみなされる所得
・税務上、受取人に帰属するとみなされる裁量信託からの配分（配当金）
・現在の付加税率課税の対象から除外されている所得（例：個人年金信託）
・現在の付加税率課税の対象額を算出する際に、控除が認められている費用

大雑把にいうと、次のようである。

未配分信託所得＝現行制度において付加税率による課税が行われる所得－受取人の

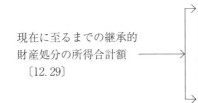

所得とみなされる裁量信託の配当金・配分額

（信託所得について一律基本税率課税を行う。課税年度末に受託者は未配分信託所得の申告を行い、一定額〔基本税率対象額〕を超えている部分に付加税率課税を行う。）〔5.25～30〕

すなわち、ここでの処分可能所得は、（受託者が基本税率のみで課税を受けていた現在までの経過年度の未配分信託所得）－（従来の「支払い及び利得」ルール〔payments and benefit rule〕により既に算入された金額）と定義されるべきである（付属文書A40）。このような定義は、次のようなことを意味している（付属文書A41～43参照）。

① 「権利の留保」ルールのもとで委託者に課せられた所得は、この計算において排除される。

② 受益者に配分された所得又は「子女の所得」ルールのもとで委託者に課せられた所得も、この計算において排除される。しかし、受託者の総配分額と控除され得る費用が受託者の課税所得を超過する場合には、二重計上の要因が存在するといえる。

③ 受託者において高税率を課せられた未配分信託所得は、「支払い及び利得」ルールのもとでは考慮されない。

④ 委託者が支払った利息は、当該利息が非課税であるか信託の運営費用として控除される場合にのみ、「処分可能所得」の算定において控除され得る。その結果、現行§666及び§682(2)～(6)は不要となり、削除される。

(f) **所得の二重計上の問題**

新しい「処分可能所得」の定義においては、所得の二重計上が生じることからその調整がただ問題となる（付属文書A44～51）。

同一の所得が、受託者と委託者にそれぞれ算入される場合は、以下の二つのケースに存する。いずれも受益者に配分された所得が、当該配分が行われた事業年度の受託者の課税対象所得を超過し、法的な定義に係る未配分信託所得の額と継承的財産処分に残された所得の額が一致しないときに生じる（付属文書 A44～46）。

【二重計上のケースⅠ――付属文書 A46】

ある年度における課税対象所得及び未配分信託所得を超える配分が行われた後に、支払い又は利得が提供されたとする。「支払い及び利得」ルールに基づく納税額は、未配分信託所得の累計額をベースに算定されるが、現実の未配分信託所得は、通常、当該累積額から超過分の合計額を差し引いたものに等しくなることが多い。支払い又は利得が現実の未配分信託所得を超える場合には、委託者は既に受益者の所得として配分された所得についても課税されることになるであろう。

【二重計上のケースⅡ――付属文書 A47】

支払い又は利得が提供された年度に先立つ年度において未配分信託所得が存在し、課税対象所得を超える超過配分額が後の年度において存在したとする。このような場合には、超過配分額が、支払い又は利得に係る委託者の税額の算定の際に既に考慮されている未配分信託所得から生じるにもかかわらず、受益者は超過分を含む全配当額について課税されることになる。

このような二重計上が排除されるべきことが重大な問題である場合には、「支払い及び利得」ルールの修正が必要とされるが、そのような改正案は委託者にこれまで以上の記録作成を要求するようになるなど、極めて複雑で手間のかかるものであり、実務上それほどメリットのあるものとは考えられない（付属文書 A50）。二重計上を無視することによる利益の方が大きいと判断され得る（付属文書 A48～51）。

(g)　支払いと利得の区分

委託者又は委託者の配偶者に関する規定（§§ 677, 678）では、委託者に対する貸付をキャピタル支払いとして取り扱う。委託者が通常の金利を支払う場合においても、当該貸付の全額がキャピタル支払いとみなされ、委託者の所得とみなされる金額は、当該貸付から得られる利得よりもはるかに大きいものとなる。信託の未配分信託所得についての適正な課税を行う場合には、この規定は不要となる〔12.32〕。

改正案では、「キャピタルの支払い」と「利得」とを明確に区別すべきである〔12.33〕。

① 委託者（又は委託者の配偶者又は委託者の未成年子女）への現金又はその他の資産の直接移転などによるキャピタル支払いについては、委託者が当該支払額の全額について課税される（継承的財産処分において十分な処分可能所得）。

② 直接移転としてみなされない利得については、利得の年度ごとの価値をもとに税額を算定する（ただし、継承的財産処分において十分な処分可能所得の存在を条件とする）。貸付の場合は、実際に支払った金利と市場金利との差額を利得とする〔12.33〕。

ここでは、「支払い」とは、資産の移転あるいは委託者が資産又は一定の金額について無効にすることの出来ない権利を取得することを含み（付属文書A38）、また「利得」の金額又は評価額（value）を算定するための詳細な規定は不要であろうが、貸付についてはその評価方法は公的利率（シェジュールE（受益的貸付で用いられている。））と委託者が実際に支払った利率の差異をもって評価することを明確にしておくことが必要である（付属文書A39）ということに留意すべきである。

このような区分を行うと、その規定の改正等から次のような利点が生じる〔12.34〕。

① 金銭以外の利得の取扱いが明確となること（付属文書A38～391）。

② 貸付がより適正な課税標準により課税されるようになること（§160〔Sch. E〕における公的利率と実際の支払利率の差をもって評価することによる〔付属文書A39〕）。

③ 継承的財産処分の委託者への貸付の返済（戻り）がキャピタル支払い又は利得として、もはや取り扱わ

れることはないということ。

④　処分可能所得を超える支払い又は利得は、次の課税年度に繰り越すことができるが、繰越期間を現行の一一年から一年に変更することにより（付属文書A34）、キャピタル支払いが直ちに賦課されず、一一年間繰り延べられるという複雑な制度を残す必要がなくなり、継続的な利得が毎年考慮されるようになること。

⑤　貸付の返済（戻り）についての様々な関連的な取決めも不要となること。

また、法人による支払規定（§678）は、§677（支払い及び利得）規定の主要部分を、会社を介して行われる支払い及び利得の提供にまで拡大することとしているが、現行のかたちで残すこととすべきである。ただし、§678は複雑であるので、できる限り簡素化に努めるべきある（なお、付属文書A64〜70は、簡素化案として三案を例示する。）。

(h)　キャピタルではなく所得を移転させる継承的財産処分

委託者は、キャピタルの移転ではなく一連の所得の年次支払い（annual payments）からなる継承的財産処分を、通常、約定証書の形式により設定し得るが、以下に述べるような一定の場合を除いて、一九八八年（§347A）に導入された「年度支払い」ルールが存するために、それらは原則的には租税上は認識される必要はない〔12.36〕。

①　商業上の善意の支払いからなる継承的財産処分

②　慈善に対する支出が約定されている継承的財産処分

③　一九八八年三月一五日以前に設定された継承的財産処分

この①〜③の継承的財産処分については依然として「委託者への利益帰属主義」が適用される。しかし、次のような場合には、そのような継承的財産処分は租税上無効として取り扱われる〔12.37〕。

①　継承的財産処分の期間が六年を超えないこと、慈善的な約定に係る継承的財産処分の期間は三年を超えないこと（Chap. I. §§660〜662）。

② 継承的財産処分が取り消し得ること（§671）。

③ 継承的財産処分が、委託者の未成年子女に所得を移転させるものであること（§663）。

④ 継承的財産処分が、所得の配分を行わない受託者に対して所得を移転させるものであること（§§664(2)(a), 676）。

以上のルールのもとで、年次支払継承的財産処分（annual payments settlement）であっても、税法上完全に無効とはみなされないような一九八八年三月一五日前に設定されたものには、基本的には一律の基本税率のみが適用される（§683. ただし、一定の条件を充足した商取引による支払等一定のものを除く。）〔12.38〕。

これらのことから、年次支払継承的財産処分に適用する規定を以下のように改正することが望ましい〔12.39～42〕。

(1) 一九八八年三月一五日前に設定された年次支払継承的財産処分に対する現行の取扱いは、基本的には存続させるべきである〔12.26～27参照〕。ただし、委託者の未成年子女へ支払われた所得に係る規定及び一九八九年三月一四日以前に設定された一定の条件を充足する継承的財産処分についての過渡的規定を考慮することは必要である。配分を行わない受益者に対する年次支払いについての規定〔12.37〕は、実務上意味がないのであるから廃止されるべきであろう〔12.40〕。

(2) 一九八八年三月一五日前に設定された善意の商業的継承的財産処分が、六年の期間を充たさない場合（Chap.I）又は取消可能である場合（§671）には、あるいは慈善約定に係る継承的財産処分が、三年の期間を充たさない場合又は取消が可能である場合には、税法上無効である。これらの規定も「委託者への利益帰属主義」の規定とは別に改正して簡素化を図るべきである〔12.41〕。

(3) 上述した規定は、委託者が行った年度支払いに等しい額の所得を受け取ったものとして委託者を取り扱うこととされている。委託者はその支払いについて課税されないが、「委託者への利益帰属主義」のもとで、その所得を委託者のものとして取り扱うことにより均衡が図られている。その結果、支払いは税法上何らの影響も及ぼさないこととなる〔12.42〕。ただ、このようなアプローチは複雑なものとなる。ICTA 1988 § 347A の年次支払ルールと同じように、一定の条件を充足した支払いを課税の対象から外してしまうことにより、この規定をより簡潔なものにする必要がある〔12.43〕。

(i) **定義その他の関連事項**

Chap.II, III は、委託者及び継承的財産処分の定義、共同委託者の取扱い、内国歳入局の情報収集・調査権などに係る規定を置いているが、共同委託者の取扱い、明確化及びイギリス歳入庁の情報収集・調査権限に係る規定も含まれている。委託者の定義の簡素化、情報収集権限の明確化を行う必要があるもの、その他は原則として現行通り存続させる〔12.44, 12.45〕。Chap.II, III における規定の違いはそれほど大きくないので、合体させて、ひとつの規定とすることも可能である〔12.45〕。なお、諮問案においては、継承的財産処分の定義（付属文書 A82～85）、委託者の定義（付属文書 A86～92）、「子女」その他の定義（付属文書 A93～95）、委託者と受託者間の調整（付属文書 A96～97）、共同委託者の規定の取扱い（付属文書 A98～100）、情報収集権（付属文書 A101～102）、委託者に係る賦課（付属文書 A103）、不服申立規定（付属文書 A104～105）、廃止規定・過渡的規定（暫定規定）（付属文書 A106～129）についても提案がなされている。

2　キャピタル・ゲイン課税における「委託者への利益帰属主義」（Chap. 13 参照）

(a) **キャピタル・ゲイン課税における「委託者への利益帰属主義」**

一九八八年前においてはキャピタル・ゲインについては一律三〇％課税であったが、その後、信託所得と歩調を合わせた課税が行われた。その結果、四〇％の高税率課税に服する個人は信託を通じてキャピタル・ゲインを実現する方が有利となった。そこで、一九八八年財政法（FA）Sch. 10が置かれ、委託者又は委託者の配偶者は、信託において権利を有し、あるいは信託から利得を得ている場合には、いかなる信託キャピタル・ゲインも委託者個々のキャピタル・ゲインとみなすこととされた。

FA 1988 Sch. 10は、信託所得課税ルールを基本にしているが、信託所得課税に比して、その範囲は制限的である。たとえば、それはCGTA 1979に規定する「継承的財産処分」にのみ適用されるとしている結果、信託所得課税が対象とする約定、譲渡、その他の合意又は和議はその対象から除外されている〔13.2〜4〕。

(b)　ルール共通化の検討

「委託者への利益帰属主義」の共通化は、現行ルールの規定範囲との相違がもはや意味がないと考えられる場合及び規則の共通化を図ることにより現行制度の簡素化に繋がる場合には推進されるべきである〔13.6〕。共通化を進める場合においては、信託所得課税における「委託者への利益帰属主義」の適用範囲が適正と評価され得ることからして、信託キャピタル・ゲイン課税も同様のベースとすべきであるということになろう。その際には信託所得課税の適用範囲の方が広いことから、信託キャピタル・ゲイン課税ルールを拡大適用することになるが、一方で、信託所得課税ルールも一部変更を迫られる場面が出てこよう〔13.7〕。

現行のキャピタル・ゲインに係る「委託者への利益帰属主義」が目的を達しているか否かについて、その効果を疑問視する議論もあるが、現在までのところさらに厳格化すべきであるとする状況は存在しないと考える。

しかも、信託キャピタル・ゲイン課税における付加税率制度の導入により、前述したような目的からの信託の設立は消滅すると考えられている〔13.8〕。信託キャピタル・ゲイン課税において「委託者への利益帰属主義」の適用を拡大することが極めて節税の機会を奪うということが明確でない限り、その導入は難しいと考える。共通の基準を設定することは、委託者が課税対象となるか否かの判定が簡便となるが、信託キャピタル・ゲイン課税においては別途詳細なルールを別に置く必要があると考えられることから、全てにわたって現行制度を簡潔化することは困難である〔13.9〕。

(c)　信託キャピタル・ゲイン課税と信託所得課税との調和

上述のことから共通化を押し進めるべきであるとはいえないが、信託キャピタル・ゲイン課税と信託所得課税との融合（部分的調和）を図るべき部分があるか否か、また、信託キャピタル・ゲイン課税のルールにおいて、改正が必要とされる部分があるか否かを検討する必要がある。

特に、ここでは、以下の三点が検討されよう〔13.10〕。

①　一定の状況下にある信託のゲイン全てについて委託者課税を行うこと。

②　信託から行われた一定の支払い又は提供された一定の利得についてあたかも委託者のゲインとして課税を行うこと。

③　委託者の未成年の子女が利得（ベネフィット）を得ている信託をもこのルールの適用が及ぶとして、適用範囲を拡大すること。

以下、順次検討を加えていく。

(i)　あらゆる信託のキャピタル・ゲインに対する課税への批判

現行のルールでは、委託者又は委託者の配偶者が「設定された財産」に権利を有している、あるいは当該財産から直接的又は間接的に利得を得るというような信託の条件が存する場合には、この信託のあらゆるゲインについて、委託者に対して信託キャピタル・ゲイン課税が行われる。

しかし、このような課税については、以下のような点で批判がある〔13.11〕。

① 信託キャピタル・ゲイン課税においては、委託者が財産の一部にしか権利を有していない場合でも当該財産からのあらゆるキャピタル・ゲインについて課税される。このことは一方では、関連する信託財産を個々のファンドとしてよりも、むしろ一つの課税単位として扱うという信託キャピタル・ゲイン課税における一般的な原則と合致している〔13.12〕。

② 委託者がネットのキャピタル・ゲインを得た場合については、当然それに課税されるが、逆にネットのキャピタル・ロスが生じた場合には、委託者は自分のキャピタル・ゲインと相殺することを認められていない〔13.12〕。

①については、信託キャピタル・ゲイン課税の課税単位を信託所得課税においても原則的に適用するという提案を本章三3で行ったところであるが、そこでは信託キャピタル・ゲイン課税の課税単位（継承的財産処分）も一定の場合に修正される必要があることも合わせて提案しているところである。本件のこのような場合については、権利を保有している部分についてのみが「委託者への利益帰属主義」の適用を受けると考えるべきである。

②については、この「委託者への利益帰属主義」のルールは高税率課税の回避を防止することのみを念頭においており、キャピタル・ゲインとキャピタル・ロスとの均整を保つことを念頭に置いていない。しかし、委託者は、このようなロスを、現在又は将来において信託のキャピタル・ゲインと相殺し、その結果、委託者の税負担を軽減し、受益者に生じたロスの利益を得ることができる。キャピタル・ロスを委託者自身のキャピタル・ゲインと相殺することを認めると、当該信託がキャピタル・ロスが発生した年度のみこのルール（「委託者への利益帰属主義」は各課税年度ごとに行われる）の適用を受けるという操作を行う余地が生じる〔13.13〕。

(ii) 信託から行われた一定の支払い又は提供された一定の利得に対する課税

信託所得課税においては、このルールのもとでは、委託者又は委託者の配偶者は信託から得た一定の支払額又は利得（あるいはこれまで配分されていない所得）について課税されるが、信託キャピタル・ゲイン課税においては、委託者はあらゆる信託キャピタル・ゲインについて、その支払額又は利得を受領した年度においてのみ課税される〔13.15〕。そこで、支払い及びゲインについての信託所得課税と対応させるためには、信託キャピタル・ゲイン課税において、高税率による課税を受けていないキャピタル・ゲインが、受託者により受益者に実際にいつ支払われたかを確定するルールが必要となる。しかし、そこでは、信託所得からの支払いと信託キャピタル・ゲインからの支払いとを区別することが必要となるが、そのようなルールは極めて複雑なものとならざるを得ない〔13.16〕。よって、信託から行われた一定の支払い又は提供された一定の利得に対する課税における両課税制度の共通化の余地はほとんどないと考えられる〔13.17〕。

(iii)　未成年の子女が利得を得ている信託にもこのルールを適用拡大するか

信託所得課税においては、このルールのもとで、委託者の未成年の未婚子女も信託から得た一定の支払額又は利得（あるいはこれまで配分されていない所得）について課税されているが、信託キャピタル・ゲイン課税においてはこのような場合にまでこのルールは適用されていない。キャピタル・ゲインに係る委託者ルールを一九八八年に導入したときに、政府は、委託者又は委託者の配偶者が権利をもち、あるいは支払い、ベネフィットを受けとる場合にのみ適用すべきであると決定していた。そこで、未成年の未婚子女にまで適用を広げるか否かが問題となるが、政府はこれまでの詳細な検討から、現行の取扱いを変更する必要を認めていない〔13.18〕。また、信託課税の改正に関連して、この問題の取扱いを変更し、信託キャピタル・ゲイン課税を拡大するべきであるという必要性も認められない〔13.19〕。

五　その他

1　特殊な信託（Chap.14 参照）

改正案が、ユニット型投資信託（unit trusts）、従業員給付金信託（employee benefit trusts）、認可を受けた利益分配型信託（approved benefit sharing schemes）、適格従業員持株信託（qualifying employee share ownership trusts）、老齢退職年金基金（superannuation funds）、個人年金基金（personal pension schemes）、地主・賃借人法におけるサービス料基金（service charge funds under the Landlord and Tenant Act）、公益信託（charities）、災害救助基金（disaster funds）、相続財産管理基金（heritage maintenance funds）という特殊信託に及ぼす影響を検討する〔14.3〕。これらの特殊な信託は、信託所得及び信託キャピタル・ゲインについて原則的には非課税とされているが、課税対象となる場合においても個別の規定が置かれている。そこで、この改正案が導入された場合においても、この非課税規定、個別課税規定の範囲においては変更は生じない。しかし、この非課税規定、個別課税規定の適用の及ばない現行の取扱部分について変更が予想される。

これらの信託は現行税制のもとでは、多くは裁量信託及び累積信託としての形態を採り、それらの信託所得及び信託キャピタル・ゲインについて三五％の税率で課税されていることから、改正案のもとでは小規模な信託は二五％課税となり、税負担が軽減する。しかし、大規模な信託では、その収入のかなりの部分を配分しない限り、高税率課税により税負担が増加すると考えられる。

これらの信託についての信託分割防止規定の適用の有無は重大であるが、以下の理由で改正案による信託分割防止規定の影響はほとんどないものと考えられる。また、現行の「委託者」の定義のもとでは、これらの信託に「委託者への利益帰属主義」もほとんど適用されないと考えられる〔14.4〕。

① ほとんどの公益信託及び老齢退職年金基金は、この信託分割防止規定の適用を除外されていること。

② 「委託者」は、信託が商業目的で信託に拠出した者の相互利益のために設定されている場合には、この信託分割防止規定が当該信託に適用されないように、定義されていること。

③ 委託者が五〇名以上の不特定多数の者からなる信託は、信託分割防止規定の適用を受けないように改正案では提案されていること〔8.28〕。

そこで、以下では信託分割防止規定の適用により、また「委託者への利益帰属主義」により重大な影響を受ける信託のみ、この適用の問題を論じることにする。

(a)　ユニット型投資信託〔14.7～10〕

(i)　現行の取扱い

ユニット型投資信託における信託所得の課税関係は、当該信託がファイナンシャル・サービス法（Financial Services Act）により認可されているか否かにかかっている。認可を受けているユニット型投資信託は改正案のもとでも課税関係は生じない。また、認可を受けていないユニット型投資信託は、通常の信託所得については基本税率による課税を受けるが（ICTA 1988 § 469 (9)）、改正案による付加税率制度の適用を受けることはない。しかし、認可を受けていないユニット型投資信託の「みなし所得」については三五％の税率により課税が行われている。ただし、「みなし所得」のうちでも、発生収益勘定による利益は、ユニット型投資信託の所有者の所得の一部として取り扱うという趣旨でその勘定に置いておく場合には、三五％課税は行われない（ICTA

1988 § 469（10））。

(ii) 問題点の検討

認可を受けていないユニット型投資信託のみなし所得について一律に基本税率を課すことは、そのような信託が高税率課税の回避の手段として利用されることから適正ではないと考えられる。同様に、そのような信託に一律に改正案の付加税率制度を適用することも適当ではないと考えられる。認可を受けていないユニット型投資信託に、信託分割防止規定を適正に適用することは、特に当該信託が多くの非関連者たるユニット保有者（holders）である場合などを考えると困難であろう。しかし、これを放置することは規模の小さい認可を受けないユニット型投資信託に投資をすることにより、高税率課税を回避するという結果を導くことになる。

(iii) 改正案

そこで、改正案のもとでの「認可を受けていないユニット型投資信託」の「みなし所得」課税は、ICTA 1988 § 469(10) に定める条件を充たす方法で、信託勘定において「みなし所得」が取り扱われている場合には、基本税率課税とし、それ以外の場合には高税率課税によるべきであるということになる。

なお、ほとんどの「認可を受けているユニット型投資信託」及び「認可を受けていないユニット型投資信託」において、信託キャピタル・ゲインは非課税とされている。仮に課税される場合でも基本税率による課税である。改正案による新制度のもとでも同様の取扱いとなり、変更はない。

(b) **従業員給付金信託**〔14.11～18〕

従業員給付金信託の信託は、多くの場合、裁量信託あるいは累積信託の形態を採っている。よって、現行制度のもとでは、「基本税率＋付加税率の合算（三五％）」で課税されている。

ICTA 1988 § 687に定める「タックス・プール」は、配分がSch. D Case III により受益者の所得とみなされる

「裁量による配分」についてのみ適用されている。従業員給付金信託における「裁量による配分」の多くは、Sch. Eのもとで従業員の給与として課税されることから、ICTA 1988 §687により規制されないということになる。これは、一般的には次のことを意味する。

(1) 従業員の所得は、「基本税率＋付加税率」でグロスアップされた額よりもむしろ配分額に基づいて計算される。

(2) 源泉徴収課税制度（PAYE）において、所得税と国民健康保険料（NIC）が控除される。

(3) 受託者が支払った税額は、従業員の納税額又は国民健康保険料と相殺することは認められない。

しかし、法定外特権（ESC A68）により、この取扱いは変更され、受託者が納付した所得税について税額控除が与えられている。一定の条件のもとで、受託者は、従業員の利得とみなされている裁量による配分について「基本税率＋付加税率」による課税に等しい支払いを主張することができる。このようなリリーフが存在することから、支払い及びベネフィットはなおSch. Eの規定の適用対象となっているのである〔14.15〕。

改正付加税率制度のもとでは、従業員給付金信託の未配分信託所得配分所得及びキャピタル・ゲインは、他の信託と同様の方法で課税される。ただし、その場合でもSch. Eのもとで従業員の所得として課税されていた「裁量による配分」が、未配分信託所得の算定にあたり控除されることから〔5.28〕、多くの場合基本税率による課税となる（毎年、配分されないと「基本税率＋付加税率」により課税され得るようになる。）であろう〔14.16〕。どちらの場合であろうとも、法定外特権（ESC A68）による税額控除のようなものは必要である。受託者が負担する基本税率による税額は控除が認められる。ただし、高税率による税額についても控除を与えるということは、制度を複雑にするとともに、従業員給付金信託を特別に優遇することになるので問題があるといえる。ESC A68の修正あるいは別のアプローチを採用することにより上述した税額控除を行うことが可能であるが、その場合には源泉所得課税制度を前提としたSch. Eに抵触しないように行われなければならないということに留意をする必要がある〔14.17〕。

従業員が、従業員給付金信託が保有していた資産について絶対的な権利を取得したときには、CGTA 1979 § 54の規定に基づいて、受託者による「みなし処分」が行われたものとみなされる。この場合に支払いが行われず、当該従業員にSch. Eに基づいて資産の時価に課税が行われている場合には、受託者においてキャピタル・ゲインについて課税されることはない。このようなアプローチは現実にうまく機能しているようにみえるが、当該資産に対して時価に相当する価額に満たない一部の支払いが行われた場合などを除外するなどの場合には、その適用が制限されている。このような制限条件により問題が生じている場合には、法定外特権（ESC A68）による取扱いの範囲を再検討しなければならない。改正付加税率制度を採用する場合には、この法定外特権による特別措置の根拠を明確な個別規定に置き換える必要がある〔14.18〕。

(c)　**認可を受けた利益分配型信託〔14.22～24〕**

ICTA 1988 Sch. 9で認可されている信託は、受託者がその株式をその取得後一八カ月以内に割り当てるという条件で、特別の従業員に割り当てられていない株式からの配当に付加税率で課税は行わないものとしている（ICTA 1988 S186（11））。そのような配当は、提案された付加税率制度のもとでも付加税率による課税は避けられるべきであり、信託の基本税率対象額の枠をいかなる場合においても狭めることはないと考えられる。

当該信託の株式が、その株式をその取得後一八カ月以内に割り当てられる場合には、それにより生じたキャピタル・ゲインは非課税とされている（CGTA 1988 § 144A(2)(d)）。このような取扱いは、改正案のもとでも存続することになるであろう〔14.20〕。その他の未配分信託所得又はキャピタル・ゲインは、改正提案のもとでは基本税率課税と付加税率制度の二本立ての課税が行われることになる〔14.21〕。

(d)　**適格従業員持株信託〔14.25～27〕**

FA 1989 Sch. 5に定める条件を充たす信託（一般には、適格従業員持株信託又はＥＳＯＰと称されている。）の所得とキャピタル・ゲインの課税関係は、他の従業員給付金信託と同様である（〔14.13〜18〕参照）。よって、その場合と同様の課税方法を改正案のもとでも採用すべきであろう〔14.22〕。

しかし、制定法上のＥＳＯＰへの会社の出資、個人の株式処分についての特別な課税ルールは、一九八九年、一九九〇年財政法において導入されたもので、その運用の妥当性を推し量るには時期尚早である。よって、改正案による影響をみることは困難である。この影響をみるにあたっては、信託所得の金額の大小、配分額の大小、未配分信託所得の算定における支出控除額の大小等によるところが大である（〔5.26〜29〕参照。〔14.23〕）。

改正付加税率制度のもとでも、特別課税ルールの適用を受けない株式移転及び金銭の費消について、制定法上のＥＳＯＰに対する課税関係が問題となる。現在では、このような場合については「基本税率＋付加税率」の合算税率で課税されている（FA 1989 §§ 68 (2)(c), 71(4)(c)）。この制度は従業員を雇用している企業の適格従業員持株信託に対する拠出金について受ける法人非課税措置（corporation tax relief）による税額を回収する目的にでるものであることから、妥当な課税である。改正付加税率制度のもとでは、個人税率が用いられているので、特別の法人税率を用いることが検討されよう〔14.24〕。

(e)　老齢退職年金基金〔14.25, 14.26〕

認可を受けた老齢退職年金基金においては、その基金の目的を達するために保有・管理する預金、投資からの所得及びキャピタル・ゲインについて非課税とされている。ただし、このような基金においても、その目的に反する資産からの所得及びキャピタル・ゲインについては課税される。また、認可を受けていない老齢退職年金基金（いわゆる「上乗せ〔top up〕年金基金」）において生じた所得及びキャピタル・ゲインについては全額が課税対象となる〔14.25〕。老齢退職年金基金が、退職、死亡又は従業員の職種の変更が生じた場合に、年金、一時金又はその他の利得を提供することのみを目的とする場合には、その信託の認可の有無を問わず、所得及びキャピタル・ゲインには付加税率（一〇%）が課せられない（ICTA 1988 §686(2)(c)(i)）。上述の目的のみのために設立されている場合には妥当な取扱いである。老齢退職年金基金からの支払いの際の課税関係は支払いの本質による。所得の形態を採る場合には、それが年金（pention）としてSch. Eにより課税されるか、年次金（annuity）としてSch. DのCase IIIのもとで課税されるかである。この取扱いは、改正案のもとでも変更はない。ただし、「上乗せ年金基金」の受託者が自らの裁量で支払いを行う場合には、前述〔14.14〜17〕に沿って課税が行われることになる。

(f)　**個人年金基金〔14.28, 29〕**

認可を受けている個人年金基金において、その基金の目的を達するために保有・管理する預金、投資からの所得及びキャピタル・ゲインについて非課税とされている。ただし、このようなファンドにおいても、そのファンドの内部的な変更（調整）により認可条件を充足していない場合には、完全な認可を得ることはできない。そのようなファンドの所得及びキャピタル・ゲインについては部分的に課税されることになる〔14.28〕。

個人年金基金の資産が信託に保有されている場合には、いかなる所得もキャピタル・ゲインについても付加税率で課税されることはない（ICTA §686(2)(c)(ii)）。ここではさらに、このような個人年金基金は、信託に課せられる高税率課税からも同様に免除されるべきであるといわれている〔14.29〕。

(g)　**一九八七年地主・借地人法におけるサービス料基金〔14.30〜32〕**

数個のアパートの集合又は集合住宅のテナントは、住宅等の共用部分の修理、維持・管理、保険などに要する費用の拠出又はある種の役務提供のための支払いを求められることがある。これらの支払額（サービス料）は費用が発生したときにより様々である場合には、一九八七年地主・借地人法は、支払うべき費用をカバーするためにサービス料を信託（サービス料基金）に保有させることを要求している。賃借人の拠出は、将来発生が予想される多額の出資（たとえば、アパートの集合全体の暖房設備等のため）に備えて準備金を蓄えることを念頭においた額に設定することもある（このような信託を減債基金〔sinking trust〕と称する。）。

サービス料基金及び減債基金はいずれも賃借人の拠出金に対して受託者に納税義務が生じないように設定される。しかし、サービス料基金の投資による所得又はキャピタル・ゲインについては通常の信託ルールにより課税が行われる。また、減債基金においては、委託者は信託所得について累積する又はその使途について裁量が与えられていることが多く、そのような場合には基本税率（二五％）と付加税率（一〇％）で課税されている〔14.31〕。

改正付加税率制度のもとでは、サービス料基金及び減債基金はいずれにおいても、提案されている基本税率と付加税率を適用すべきであるということになる。通常の商業ベースで設定されたそれらのファンドは、信託分割防止規定の適用を受けず〔8.23〕、それらのファンドは完全な基本税率対象額の枠が与えられ、そしてそのファンドの存在が当該賃借人らにより作られた他の信託に係る基本税率対象額を制限することはないであろう〔14.32〕。

(h) 公益信託〔14.33～34〕

公益信託の所得及びキャピタル・ゲインは、原則として非課税とされている。ただし、以下のいずれかの場合には公益信託にも課税される。公益信託の課税対象所得及びキャピタル・ゲインについて付加税率による課税は行われない（ICTA 1988 § 686 (2)(c)）。

① 取引（事業）所得がある場合（一定の例外はある。）

② ファンドを公益以外に充当する場合

③ 非適格支出（non-qualifying expenditure）が生じた場合

④ 適格条件に反する投資又は貸付を行った場合

公益目的で設定された信託については、改正提案のもとでも付加税率による課税は行われるべきではないと考えられる。

(i)　災害救助基金〔14.35〜37〕

(1)　現行の課税関係

災害が発生した場合に、一般人が被災者救済のために資金を拠出できるように災害救助基金が設定されることが多い。特定の被災者のためであろうと、不特定多数の被災者のためであろうと、このようなファンドは、通常の信託課税ルールにより課税が行われる。災害救助基金への贈与（寄贈・寄付）について信託所得課税、信託キャピタル・ゲイン課税が行われることは通常あり得ない。しかし、災害救助基金は一部あるいは完全に裁量信託の形態をとることが多く、贈与の一時的な投資から生じた所得又はゲインについては「基本税率（二五％）＋付加税率（一〇％）」による（合算税率）課税が行われる。災害救助基金の所得の裁量による配分は、合算税率に基づく税額控除によって還付をもたらす。

(2)　改正案

改正案による付加税率制度のもとでは、信託所得及び信託キャピタル・ゲインについては、基本税率と付加税率による課税が行われるべきである。部分的に公益信託が設定されたとみられる場合には公益信託における非課税措置が与えられる。

このような課税を前提としても、ほとんどの災害救助基金は、公益信託を設定したり、「未配分信託所得」が発生しないように所得を受益者に配分したりすることから、基本税率による課税を受けることになるであろう。さらに、五〇人以上の委託者の存在により信託分割防止規定の適用も受けない〔8.28〕ということになろう。よって、個々のファンドにおいてには信託の基本税率対象額の全額をそれぞれ享受することができ、また拠出者が設定した他の信託が基本税率対象額について制約を受けることもない。

(j)　相続財産管理基金〔14.38〜43〕

(i)　現行の課税関係

相続財産管理基金は、相続財産の維持・管理、修繕及び相続財産への公的な債務支払（徴収）に対する準備のために、相続税の軽減による利益を得る目的で設定された信託である〔14.38〕。大雑把にいえば、相続財産管理基金には、裁量信託及び累積信託に適用されている信託課税ルールが適用される。しかし、「委託者への利益帰属主義」に基づいて、相続財産管理基金の所得及びキャピタル・ゲインが委託者のものとして課税される場合には、受託者は委託者に代わって課税されることを選択することができる（ICTA 1988 § 691）。

委託者は、相続財産を一般に開放して事業を行っている場合には、財産の維持費の多くが委託者の事業の利益又は損失の計算において控除され得るために、この選択を行わない方が得策である（ICTA 1988 § 692）。しかし、それ以外の場合には選択を行う方が得策である〔14.39〜41〕。

ICTA 1988 § 691に基づく選択を行った後に、相続財産管理基金の一部が相続財産管理以外の目的で使用された場合には高税率（四〇％）と「基本税率＋付加税率（三五％）」との差五％にて、相続財産管理基金に対して追加的に所得税が課せられる（ICTA 1988 § 694）。

(ii)　改正案

改正案による付加税率制度のもとで、委託者が上記の選択を行わなければ、その相続財産管理基金に対する取扱いは現行課税と変更はないであろう。しかし、委託者がこの選択を行う場合には又は委託者が死亡している場合には、相続財産管理基金の未配分信託所得及びキャピタル・ゲインは、基本税率及び高税率による課税が行われる。ICTA 1988 § 694による追加税率は基本税率と高税率の差（一五％）により生じるのであるから、課税される所得は基本税率で賦課されたものに制限されるであろう。信託分割防止規定は適用され、その結果委託者が別の信託を設定している場合には、相続財産管理基金の基本税率対象額に制限が加えられることになる。相続財産管理を目的とするファンドの運営費用等は、原則として未配分信託所得の算定にあたり、控除することはできない（〔5.29〕参照。〔14.42〕）。

相続財産を一般に開放して事業を行うような規模の大きな相続財産管理基金は、当該信託の所得及びキャピタル・ゲインは、通常委託者の所得及びキャピタル・ゲインとして課税されることから、改正案のもとで影響を受けることはない。他方、受託者が当該信託の所得及びキャピタル・ゲインについて課税されるような規模の小さい相続財産管理基金では、基本税率対象額の採用により利益を得ることができる〔14.43〕。

2　その他の技術的な事項（Chap. 15 参照）

(a)　発生所得の取扱い

株式を除く有価証券が移転する場合には、発生所得計算（accrued income scheme）は、これらの有価証券について生じた利益を配分する。すなわち、証券を譲渡した者は譲渡するまでに生じていた利益について課税され、有価証券を新たに取得した者は、その後の利益について課税される〔15.2〕。

個人及び人格代表者が保有する有価証券合計の額面合計額が五、〇〇〇ポンド未満の場合には、発生所得計算の対象にはならない（ICTA 1988 § 715（1）(b), (c)）。ただし、この規定は信託（身体障害者のための信託を除く）には適用されない〔15.3〕。

そこで、この除外規定を信託まで適用するか否かが問題となる。額面合計額五、〇〇〇ポンド未満の有価証券を保有する信託を複数設立することにより、発生所得計算に係る課税を回避することができるので、このような場合には前述したような信託分割防止規定が必要となる〔15.4〕。改正案による付加税率制度のもとで信託分割防止規定が導入される場合には、当該防止規定を発生所得計算の除外規定にも適用すべきであるといえよう。これにより除外規定があらゆる信託に適用されることになる〔15.4〕。

(b)　信託に組成された生命保険証書

(i)　現行の取扱い

生命保険が満期になった場合、生命保険証書を譲渡した場合又は一部あるいは全部が解約された場合において受領する金銭は、資本（キャピタル）としての性格を持っている。生命保険証書の処分によるキャピタル・ゲインは、通常キャピタル・ゲイン課税において非課税である（CGTA 1979 § 143）。しかし、そのような課税事実より生じるゲインは、ICTA 1988 §§ 539〜554に基づいて所得として課税される〔15.6〕。信託に組成された生命保険証書について、このような課税事実によりキャピタル・ゲインが生じると、それは通常、委託者の所得として課税される（ICTA 1988 § 547（1））。

しかし、委託者が死亡している場合には、現行ルールのもとではキャピタル・ゲイン課税は行われない。このような信託のキャピタル・ゲインが租税を回避し得るというのは適正ではないと考えられるので、委託者に課税できない場合には当該信託に課税すべきであると考える〔15.7〕。

(ii)　改正案

改正案による付加税率制度が導入されるとすると、委託者の所得として課税され得ない信託の（課税事実から生じる）キャピタル・ゲインは、その他のみなし所得と同様に取り扱うことができよう。この場合、キャピタル・ゲインは未配分信託所得の一部とみなされ、基本税率対象額を超えた部分は高税率（四〇％）で課税される。キャピタル・ゲインが国内保険会社との契約から生じたものであり、委託者が個人である場合には、当該キャピタル・ゲインは既に基本税率で課税されているものとみなされるが、税額控除により還付されることはない。この方式は、委託者の所得として課税されているキャピタル・ゲインに対する現行課税ルールと一致する〔15.8〕。

(c)　付加税率制度及び非課税の者に対する配分

非課税とされている個人又は法人に対しても、次の項目のどちらについても付加税率で課税され得ることがある〔15.9〕。

①　非課税とされている個人が、法人の株式又は証券を保有する以前に発生していた利益に含まれる当該会社からの配分（ICTA 1988 § 235）

②　課税上、配分とみなされる株式の割増発行（ICTA 1988 § 237）

これらの課税は、信託に制限されない。これらのルールは、高税率を課せられる現行株主及び前株主による租税回避の防止を目的とするものであり、これらのルールがなければ、当該株主が非課税の者に利益を移転させることにより、高税率を回避することができる。このような背景に対して、付加税率を変更する場合には、当該規定に基づく課税は、基本税率と高税率との差の税率（一五％）によるべきである〔15.10〕。

六　提案の評価

1　諮問案に対する意見書の概要

(a)　各界からの意見書の提出とその動向

諮問案については、以下のようなコメントがイギリス歳入庁に寄せられている。

① Faculty of Taxation of the Institute of Chartered Accountants, Inland Revenue Consultative Document: The Income Tax and Capital Gains Tax Treatment of UK Resident Trust（1991.10）.

② The Law Society, The Income Tax and Capital Gains Tax Treatment of UK Resident Trust（1991.10）.

③ Robert Venables, Comments of Robert Venables Q. C. on the Inland Revenue Consultative Document on Trusts（1991.9）.

上述のうち、②の法曹協会歳入法委員会は諮問案について、詳細な意見を送っている。法曹協会歳入法委員会は、イギリス歳入庁の行政簡素化という目的を歓迎しているが、この目的を達成するにあたり、公平が十分に確保されていないということに関心を示している。信託から生じた所得に対する税額控除を基本税率にまで制限することは、五〇％を超えた税率で課税される個人受益者をもたらすことになると指摘する。また、法曹協会歳入法委員会は、イギリスで作られた二六〇、〇〇〇件という多数の信託が、信託のために提案された基本税率対象額を超えない所得を生じているという事実からすると、あまりにも租税回避行為を強調し過ぎていると感じているようである。たとえば、年間の非課税所得及び基本税率対象額を得るために信託を細分化させることを規制するための分割規制規定は、不当に問題を複雑化させるとしている。

さらに、法曹協会歳入法委員会は、諮問案はいくつかの非論理的な過程を前提にしており、問題があるとしている。たとえば、夫婦の独立課税の採用により、さっそく妻と夫をひとつのユニットとしてみなさない、そして、妻又は夫が作った信託において、どちらかが受益者である場合には、その信託において委託者が利益を有しているとみなしているということは不適切であると指摘する。

なお、法曹協会歳入法委員会は、特にＥＣにおいて、信託運用の場所としてのイギリスの利益を強調するために、信託にとっての簡素な課税制度を工夫するということはそれなりに説得力があると考えており、この分野におけるファイナンシャル・センターとしての役割をイギリスが持つように積極的な促進策を取るべきであることを勧告している。

法曹協会歳入法委員会は、基本的には諮問案に反対ではなく、むしろ好意的な見解を採っているようである。これに対して、①③の意見は、基本的に諮問案に反対の立場を表明しているようである。

そこで、ここでは公認会計士協会税制部門（Faculty of Taxation of the Institute of Chartered Accountants）の意見内容を以下詳細にみていくことにする。公認会計士協会租税部門がイギリス歳入庁に提案した回答について、諮問案の順に列挙する（本文中の〈　〉内の番号は、公認会計士協会租税部門の意見書のパラグラフ番号である。）。

2　諮問案に対する批判的意見

(a)　公認会計士協会の意見

【基本的な見解、原則的なコメント】

① 所得税、キャピタル・ゲイン税及び相続税が信託課税において重要である。特に二つのキャピタル税（キャピタル・ゲイン税と相続税）との関係は、キャピタル税として重要である。しかし、諮問案が特に相続税に及んでいないことは問題である。〈2〉

② 信託課税を個人課税に近づけることを目的にしているが、このような目的は望ましいものではなく、また、公平も達成されない。〈3〉

③ 信託は、個人とは全く相違がある（結婚、離婚、死亡等が存しない。）。多くの信託の場合、受益者は信託財産の取扱いについて支配力を持たず、受益者の利益は、第三者たる受託者の意思によるところが大きい。受託者の権限は、信託証書又は法律で付与されている。受託者は、多くの場合、受益者の意思に反して、所得を累積させることもできる。〈4〉

④ 様々な異なる権利のため、複数の信託間のみでなく、一つの信託の中においても、信託の所得又はゲインと（信託が存在しなければ受益者が支払うべきである）税との微妙な関係を区別することは稀にのみ可能である。唯一、現実的な解決は、信託について完全に明確な租税制度を持つことであると考える。〈5〉

⑤ 個人に信託を近づけようとする場合の問題は、同一視すべき個人が、ある場合には委託者を、ある場合には受益者を、ある場合には受託者をというように、同一視しようとする提案にそもそも矛盾がある。信託の所得の受益者とキャピタル・ゲインの受益者が異なる人格（者）であるということを諮問案は十分に認識していない。さらにまた、諮問案は多くの信託の受益者が一人であるということを前提にしているようである。〈1：6〉

⑥ 信託の使用により租税負担が不当に軽減されるべきではないということは受け入れられるにしても、不必要に納税者が信託を使用することにより罰せられるのは公平上問題がある。信託はそもそも租税回避の手段ではなく、その信託の社会的な機能は十分に評価されるべきである。〈7〉

⑦ 信託が、個人よりも高率の所得税とかキャピタル・ゲイン税を負担すべきであるという見解は全く不公正で

あるといえる。配当を受領する個人は、超過納税額の還付を受け、あるいは高率の納税者であるならば、付加税率のための控除を請求できるにもかかわらず、信託はそのようなことは認められていない。多くの場合、個人が所得やゲインを受け取った場合に比べてかなり高い税負担になる。〈8〉

⑧　同族会社の株式といったような、資産の配分にキャピタル・ゲイン税を課すといった実務上の問題点に対する配慮がない。そのような譲渡はキャピタル・ゲイン税を支払うべき基金を生じていない。この提案は、「みなし処分」が生じる場合を増大させることになる。「サブ・トラスト」という見解に関係するこの問題を諮問案が部分的にでも考慮することを望む。〈9〉

⑨　いくつかの行政（手続き）提案の中には不必要に煩雑なものがある。にもかかわらず、諮問案は、行政コストの観点からの（現行制度のもとでも最も歓迎されるであろう）基本税率非課税（免除）額の問題に取り組んでいない。〈10〉

⑩　信託所得課税について、現行制度は十分機能しており、特定の問題を除いては不満や混乱はない。しかし、信託キャピタル・ゲイン課税については、「粗雑なつぎはぎ」立法等による問題が存するのは事実である。しかし、それについてもその修正を信託課税の基本に係るほどの大規模な改正を要求しているものともとれない。たとえば、現在の税率のもとでは信託分割防止規定は不必要であると考えている。また、委託者が現実に利益を得ていない場合における委託者に対する租税回避規定の適用の拡大は望ましいものではないと考えている。特に所得税ルールとの同一性及び簡素が認識されている今日において、この点は重要である。〈11〉

⑩　数年前に、個人に対する所得課税制度は、有限会社（limited company）に適用するには相応しい基準ではないとする判決が下されたように、信託についても独立課税規定が作られるべきであると考える〈12、13、14〉については略）。

【各論——詳細なコメント】

〈Chap. 2 について〉

⑫　遺言によらない相続（無遺言相続）による法定信託については言及がない。通常、キャピタルを保有している者との間での無遺言相続は一般的ではない。離婚配偶者に対する遺贈は、「無遺言により利益を受け取る者に対する贈与」として取り扱われるために、離婚によりその数は増えている。〈15〉

⑬　諮問案 2.5 の記述を支持する。信託の財産管理費用はかなり膨大なものである。〈16〉

⑭　諮問案 2.11 は、節税に言及している。この節税信託は、信託所得課税、キャピタル・ゲイン税に係る節税というよりも相続税に係る節税であるといえる。〈17〉

〈Chap. 4について〉

⑮　諮問案 4.3 と 4.6 は受け入れられない。三五％の税率に批判が存するとは理解していない。信託の利用より租税負担が変わるということは望ましくないという指摘は受け入れられる。諮問案 4.7 は、信託独自の課税制度を示唆しているが、このような見解を支持する同族会社が独立の課税制度を持っているように、家族信託も同様に独立の課税制度を構築すべきである。〈18〉

⑯　諮問案 4.10 には同意する。受動信託と収益保有信託における現在の導管（transparency）理論は支持されるべきである。公平、かつ巧く機能しているといえる。〈19〉

⑰　諮問案 4.13 における付加税率制度は問題がある。これは小規模な信託においてでさえ、累積を妨げるような数字ではない。最も高い税率との差五％は少額であるが、節税のための信託の設立を導くとはいえないであろう。〈20〉

⑱　諮問案 4.18 は、受託者のための「発生所得（未収収益）計算方式」に言及している。これについては Para. 45で述べるように改正が必要である。〈21〉

⑲　信託キャピタル・ゲイン課税に関する限り、「混合信託（mixed trusts）」を含む家族信託のあらゆるタイプ

に適用されるひとつの制度が存在することが望ましい。諮問案 4.25 の「信託キャピタル・ゲインと信託所得を得る資格が異なっているのに、キャピタル・ゲインに対する税率を、信託所得を得る資格を基準に決定することは合理的ではない」という点については問題がある。これは、個人課税のための支店（branch）としての信託課税を認める結果である。〈22〉

⑳　諮問案 4.29 のコメントをもし個人に当てはめれば、課税の統合が正当化されるであろう。結局、キャピタル・ゲインも信託所得も全て個人のものである。一方で信託は異なる形態をとるので、税率間の関係（つながり）が極めて重要である。この税率間の関係は予算上の問題である。〈23〉

（Chap. 5　信託所得課税の提案について）

㉑　現行の信託所得課税は受け入れられると考える。受託者は納税後、受益者が税額控除することから、二重課税は存在しなくなる。

Para. 5.1～15においては、二点コメントがあるのみである。

(ア)　Para. 5.14～15 は一定の事項に係る実務について法規が存在しないことを指摘するが、さして不都合はなく、必要であれば実務通達で足りると考える。費用については、支払い基準が受託者にとって都合が良いのであれば、支払い基準で課税することもできよう。

(イ)　Para. 5.15 は、「みなし所得」に係るものである。多くの受託者は、個人に比べて、投資決定に係わる機会は少ないと考えられる。受託者は受益者間でのバランスをとる義務がある。したがって、委託者は付加税率で賦課されなければならないかもしれないが、「みなし所得」からのいかなる「支払い」も受益者においては免税とされるべきである。〈24〉

㉒　付加税率制度が廃止されるべきであるとする提案（5.16～43）については、変更の必要はないというべきである。〈25〉

㉓　現行制度についての批判は通常、存在していない。現行制度は十分理解され受け入れられている。所得を受益者に移転するための適正な課税誘因がある。税率は、信託を節税の道具として用いるほどのものではない。ICTA 1988 § 686に基づいて徴収された場合に、受益者に還付（返済）される場合があるが、二重課税は存在せず、何ら問題はない。〈26〉

㉔　未配分信託所得に対する提案は、以下のような新たな問題を作る。

(ア)　課税に対する税額控除が受益者に与えられない。これは二重課税である。

(イ)　通常、受託者は配分にあたり会計上の配慮のうえ配当に解する決定を行う。端的にいえば、配当は通常五、六、七月に行われる。さらに、たとえば、会計専門家が不動産代理人の勘定又は海外会計情報を必要とする場合にはさらに三～四カ月がかかる。大きな信託が現実に、夏に確定申告書を作成し、晩秋に納税通知書の送付があるという通常のサイクルで税務処理ができるとは限らない。遅配の救済にはもっと長期間が要求されよう。

(ウ)　会計年度が終了する前に、信託収入の大部分を配当する必要がある場合には、超過コストが生じる。また、あらゆる信託でこのようなことができるとはいえない。問題は税務的なものと非税務的なものの区分になるであろう。前年基準は、配分のために活用される所得と制定法上の所得とを区別する必要がある。利子率が毎年変化するときには、特にそのような必要性が高くなる。〈27〉

㉕　諮問案 5.31 には賛成である。しかし、受託者に余計な仕事と複雑さをもたらすであろう。〈28〉

㉖　提案された制度が採用されると、諮問案 5.26 による未配分所得の計算結果がマイナスになると、受託者は前年度までの高税率課税額の還付が受けられる。この請求が無制限であるということにはならないであろう。ICTA 1988 § 687のタックス・プールは 1972/73 年に遡及できるが、提案に係る請求は六年の遡及に留めるべきである。〈29〉

㉗　諮問案 5.24 において税率に言及しているが、この中間的な税率は、将来、政府が個人の税率を二五％と四〇％より上げることを前提としているとすると論理的である。〈30〉

㉘　タックス・プールが廃止されると直面するとされている問題（諮問案 5.40 と 5.42）は現実に生じる。累積扶養信託は、「所得の留保地」として機能している。それは受益者が若年のときには累積し、後に受益者の要件が充足されると、配分される。現在のタックス・プールは、適正に配分される所得と算術的にはほとんど関係がない。これは誰もが享受することのできるものであるので、この制度自体、現在の制度に反対するような議論ではない。〈31〉

㉙　諮問案 5.44〜50 に改正されるよりは、現行制度の方が望ましいものであると考える。どのような制度になろうと、信託の税率と個人の税率を関係させる格別のメリットはない。信託に適用する税率をどのように設定するかは前述したように予算の問題である。〈32〉

㉚　諮問案 5.51〜63（補助的な効果と規定）については、原則的に反対である。〈33〉

（Chap, 6　キャピタル・ゲイン課税の提案について）

㉛　再度、なぜ大きな改正が必要か理解できない。混合信託の問題は、サブ・トラストを認め、別々に賦課される基金を認めれば解決できると思う。それら信託がそれら自身の免税（イグゼンプション）を持ち、そして二つの税率のバンドを持っているとすると、収益保有信託の問題は解決され得る。これで、諮問案 6.11 と 6.12〜15 に述べられている問題を一掃できる。信託分割防止規定は、仮にイグゼンプションと税率のバンドが正確に選択されるならば不相応なものとなる。〈34〉

㉜　諮問案 6.36 と 6.37 は、相続税の零《ゼロ》税率バンド（課税の繰延べの利益のもとで受託者に対する贈与のためのシェルターとして理解されているものである）の適用を否定するものである。これは零《ゼロ》税率が相続税に対する賦課税率であるということを無視している。零《ゼロ》税率が、このような使われ方をすると、零《ゼロ》税率は他に使うところがない。最も

重要な場合は、譲渡者が七年以内に死亡した場合である（PET参照）。〈35〉

㉝　諮問案6.29〜45までの贈与免除と信託からの譲渡及び信託への譲渡の問題は、相続税とキャピタル・ゲイン税との相互関係及び現金が手元に存在しないのに課税されるべきか否かという、相続税まで絡む広範囲な問題を抱えている。〈36〉

㉞　諮問案6.40は、課税の繰延べ（ホールド・オーバー）とノー・ゲイン／ノー・ロスの選択についての議論である。どちらでも可能であるが、課税の繰延べの方が好ましい。納税義務の確定（これは、最終的には若干のケースにおいてのみ生じる）までに、評価の必要が存在しないからである。その結果、行政上の問題は生じない。〈37〉

㉟　受託者にとって有益である点は、受益者の移動に関係する問題である。受益者の移動は、リカプチュア・アセスメントをもたらすが、税額を予告することはできない。そのようなケースで、ゲインではなく、むしろ課税を繰り延べることができると、受託者が資産を譲渡するにあたり、簡便な方法で、満足のいくかたちで課税免除を得ることができるであろう。〈38〉

㊱　人格代表者に関して現在の制度は十分に機能しており、そのまま維持されるべきである。〈39〉

（Chap. 7　統合制度について）

㊲　現行制度を維持することが望ましい。キャピタル・ゲインを所得のトップ・スライスとして扱うことには問題がある。〈40〉

㊳　キャピタル・ゲインについて、複数の税率バンドを作ることは問題である。〈41〉

（Chap. 8　二件以上の信託を作った委託者について）

㊴　複数の免税（イグゼンプション）等を確保するための複数の継承的財産処分を設立することは、通常コストが高くつくためにあり得ない。課税庁において、規制が必要である場合とは、キャピタル・ゲイン税のイグゼンプションの額と税率バンドの程度によるであろう。仮に年間イグゼンプションが、二、七五〇ポンドよりむしろ一、

五〇〇ポンドであるとすると、信託分割防止規定は必要となるか否かが問われよう。〈42〉

（Chap. 9　信託の定義について）

㊵　現在のところ実務において格別の問題はない。統合の必要性がないとすると、信託の定義について変更の必要は、あえて問題にする必要はない。信託における個々の独立したファンドが別々に賦課されるとすると有用であろう。〈43〉

（Chap. 10　受託者の居住地の決定について）

㊶　海外の委託者のために行為をする専門的な受託者のために、そのキャピタル・ゲイン税の定義を変更することは望ましい。ケイマン、マン島、チャネル諸島等などにおける専門的な受託者は、イギリスと関係のない人々のための事業を遂行している。少額な課税は、イギリスに投資基金を引きつけるようになり、イギリス経済に利益を与えることになる。〈44〉

（Chap. 11　受託者として行動する人の変更について）

㊷　概ねこのテーマでは問題は起こらない。必要であるならば、行政通達（ＳＰ）による対応で足りると考える。〈45〉

㊸　注意をすべきは、委託者の納税義務についてである。IHTA 1984 § 204は、受託者が受け取った資産の範囲内に、受託者の納税義務を制限している。その他の税についての納税義務は、人的なもの（しかし求償権を伴う。）である。そこで、これらの税目についても、§ 204に類似した規定を導入することが望ましい。〈46〉

（Chap. 12　委託者が利益を得る場合の信託について）

㊹　今日、税率は二五％、四〇％までに下げられているので、委託者が所得の移転・分割により利益を得る場合というのは少ない。現行規定において歳入損失を生じる場合に狙いを定めた規定が必要であろう。税率バンドが変化するという場合には、これまでのような租税回避規定ではなく、新しい租税回避規定が作られるべきである。

〈47〉

（Chap. 14　特別な信託について）

㊺　付加税率制度は廃止されるべきではない。よって、コメントは差し控える。〈48〉

（Chap. 15　その他の特別な問題について）

【発生所得主義（諮問案15.2〜5）について】

㊻　受託者に最小限度額はない。この方法がボンド・ウォッシングを目的にしたものであることに留意すると、一年間の取引価額による有価証券の売買総計が二五、〇〇〇ポンドを超えない信託を例外とする規定の導入があってもよい。上述のとおり、受託者は個人と同じように投資の自由を持っているわけではない。更に、この経理方法は配当付きの有価証券の売買を資本取引として取り扱う信託法に馴染まない。したがって、個人限度額を信託非課税限度額として利用することは問題があろう。取引の実行コストに留意して、二五、〇〇〇ポンドの有価証券を売って再投資することは租税回避にあたらない。この段階では信託分割防止規定は不要である。年間売買総額二五、〇〇〇ポンドの免税を提案する。〈49〉

【信託に保有される生命保険証書（諮問案15.6〜8）について】

㊼　この問題についての論理的な解決方法は、委託者の生存中と死後に受託者のゲインを評価することである。このような変更は、既存の保険証書上のゲインに影響を与えるものではない。〈50〉

【付加税率制度と税の賦課を免除されている人に対する配分（諮問案15.9〜10）について】

㊽　諮問案でいう取扱いのようなものは、常に必要であろう。〈51〉

（Chap. 16　結論と考慮すべき問題について）

【諮問案 16.2 について】

(a)　同意

(b)　現行制度が望ましい。〈52〉

【諮問案 16.3 について】

(a)　現行制度は十分に機能しており、新たな規定は必要ない。

(b)、(c)　現行制度が望ましい。提案は二重課税を導く恐れがあり、手続問題とコスト増が生じる。〈52〉

【諮問案 6.4 と 16.5 について】

現行制度を維持することが望ましい。現在の問題は、個人の免税額にリンクしないイグゼンプションと、キャピタル・ゲイン税について二つのバンドを持つことにより解決されるべきである。最初の税率バンドの範囲は、歳入問題として決定される。受益者に対する処分に対するキャピタル・ゲイン税の繰延措置を是認し、ホールド・オーバーを支持する。人格代表者に係る現行制度は維持されるべきである。〈52〉

【諮問案 16.6 と 16.7 について】

制度的に変化しないことが望ましい。〈52〉

【諮問案 16.8 と 16.9 について】

信託分割防止規定は高コストを招き、また節税額が非常に少額であることから、その必要性が乏しい。〈52〉

諮問案16.9(c)において、一〇人の委託者を持つ信託を排除すべきである。生命保険に係る全ての信託、委託者が納税者である全ての信託についても同様である。〈52〉

【諮問案 16.10 と 16.11 について】

問題はない。〈52〉

【諮問案 16.12 と 16.13 について】

キャピタル・ゲイン税について居住地の定義が望まれる。規定は、イギリスの居住者が国際的な事業活動において、オフショア受託者と競争することを可能にするようなものである必要がある。〈52〉

【諮問案 16.14 と 16.15 について】

問題なし。〈52〉

【諮問案 16.16 と 16.17 について】

概ね付属文書Aは有用であるようにみえる。この簡素化と合理化は、諮問案に係る他の変更と係わりなく進められるべきである。Para. 23は、未成年子女の所得についての変更を提案している。これは、現在存在している信託には影響を与えるべきではない。〈52〉

【諮問案 16.18 と 16.19 について】

変更が望ましい。〈52〉

【諮問案 16.20 と 16.21 について】

現行制度の維持が望ましい。〈52〉

【諮問案 16.22 と 16.23 について】

(a) 発生主義制度は信託のための合理的な最低限度額を規定すべきである。信託分割防止規定は不要である。

(b) 信託は、生命保険証券から生じる課税ゲインに賦課されるべきである。委託者は課税されるべきでない。

(c) 租税回避規定は免除団体が使用される場合には必要である。〈52〉

【諮問案 16.24 について】

公認会計士の業務についていえば、このような改正によるコンプライアンスは膨大なものとなる。〈52〉

(b) その他の意見

その他、諮問案に対する評価としては、公認会計士協会の意見書の延長線上にあるウォルターズ氏（公認会計士）の以下のような見解が注目されよう。

(1)　相続税に対する配慮の欠如

上述したように信託課税を考慮するにあたっては相続税との係わりが不可欠であり、イギリスにおける信託の設立が相続税回避にあるとすると、相続税規定の考察は不可欠であったと考える。このような問題点は、相続税を徴収するキャピタル・タックス・オフィス（資産税庁）が、所得税とキャピタル・ゲイン税を徴収する歳入庁とは分離独立しているからであろうと推測される。特に累積扶養信託及び生涯権信託への贈与を潜在的な非課税譲渡（PET. ただし、贈与者が贈与後七年以内に死亡すれば相続税が賦課される）として取り扱うこととしながら、裁量信託への贈与は直ちに相続税が賦課されることとしているのは、理論的に正当性が欠けているように思われる（ただし、裁量信託の委託者が零《ゼロ》税率内で信託を設定するので通常課税は生じない。）。

(2)　資産増加税（Accretions Tax）

信託における課税の複雑さは、所得、キャピタル・ゲイン、相続からの個人におけるあらゆる価値増加をカバーする増加税の方向で解消され得るであろう。このような提案は、学者のみでなく、リベラルな議員により提唱されてきている。このような制度の実現は、政治的にはかなり困難であると考えられるが、今度の提案の奇妙な歪みを是正することにはなるであろう。その原理は、所得とキャピタル・ゲインについての税率を結合することにより、既に一定の範囲内で達成されているともいえる。

(3)　収益保有信託の統合

信託におけるもうひとつの例外は、収益保有権を、故人のライフ・テナントがたとえキャピタルに権利を有していなかったとしても、相続税において、故人のライフ・テナントの遺産の一部として扱うというルールである。存命中にライフ・テナンシィを承継したライフ・テナントが、ライフ・テナンシィの短期間の存在によりゆがめられた免税遺産に課税が生じる。よって、このことは、そのルールが複雑であるというよりも、むしろ所得かキャピタル・ゲインかに係わりなく、個人に対して生じる課税総額について敏感に反応させる。

(4)　信託と個人との公平

提案は、個人に対する課税と公平であると信託の理想に向かって動いている。その結果、信託は、基本税率と付加税率による課税が行われているが、奇妙なことに個人のアローワンスは与えられていない。一定額を超えた所得を得ている者（個人）にとっては効用がより低いという仮定のもとで、基本税率対象額と個人（独身者）の場合の高税率は理論的に正当性があるといえるが、全ての受益者の個人的な状況を考慮しない限り、信託に対するこの適用は合理性がないとする指摘もある。一方、公認会計士協会は、信託課税と個人課税に近づけることはそもそも望ましい目的ではなく、公平も達成されないと批判する。

(5)　キャピタル・ゲインとの取扱いにおける不公平

提案された特別な課税形態は、キャピタル・ゲインが収益保有信託で生じた場合と同様のキャピタル・ゲインが累積扶養信託（継承的財産処分）から生じた場合とでは不公平な結果を導く。前者の所得は、常に配分されたとみなされる。そして後者の所得は必ずしも配分されたとみなされないので、後者は、前者よりもさらに高い額でスタートされがちである。よって、後者は当然高税率で課税されることになる。累積扶養信託の受益者は、未成年者か若年者であり、彼らのキャピタル・ゲインの非課税額又は基本税率対象額が使い切ることがないと考えられることから、これは適正ではないと思われる。簡単な解決方法はあらゆる信託のキャピタル・ゲインにスタンダードな税率で課税するということになろう。これが基本的な税率になるか、より罰科金的な税率であるかは判断の問題である。これは、委託者が租税回避のために信託を使うことを規制することになろう。

(6)　私的会社との類似性の示唆

諮問案で示された見解は、閉鎖会社（数人の関連者による支配・所有）に信託を近づけて、それとの公平を図ることである。配分された所得は基本税率で課税されるという主たる前提は正当であり、維持されるべきである。これは、所得であろうとキャピタル・ゲインであろうと、未配分（の価値増加部分）を残している。所得もキャピタル・

ケインもし配分されないならば投資に使われる。遅延配分免税措置は、一時的に配分が留保されたような所得について救済することになろう。

諮問案は、キャピタル・ゲインが最終的に残余権者に帰属するものと分析しているので、所得税率を所得の受益者に適用される税率と同じにすべきであるとする一方で、キャピタル・ゲインについては同じにすべきではないということを示唆している。しかし、キャピタル・ゲインからのより直接な利得（ベネフィット）は、ライフ・テナントか裁量的な受益者に生じる。ライフ・テナントか裁量的な受益者では、より大きな額が投資に利用され得るし、所得を増大させる機能を有する。そこで未配分所得、未配分キャピタル・ゲインを同様に扱い、それらに閉鎖会社に適用されるのと同じ原理を適用することは合理的であると考えられる。これらの利益は、また異なる個人的な状況を持った様々な受益者に帰属するかもしれない。

イギリスでは閉鎖会社の未配分所得のうち、二五、〇〇〇ポンドに基本税率で課税されている。会社に留保された利益については配当の二倍のキャピタル・ゲイン税を課すとする議論もある。今日、株主は、キャピタル・ゲインから配当を受け取ることができ、キャピタル・ゲインに課せられる法人税のための支払いとして配当に支払われた予備的法人税を相殺することができるために、株主個人の所得税について、予備的法人税を税額控除として取り扱うことにより、二重課税を回避し得る。換言すれば、キャピタル・ゲインについての法人税は、配当に係る所得税として株主においてインピュートされる。

よって閉鎖会社は、所得及びキャピタル・ゲインについて高いレベルまで基本税率で課税されている。そして、最後に配分されるときに、基本的な税率による税額控除が最後の株主に対して行われる。未配分所得に対する基本税率課税が適正であるか否かは、また判断（評価）の問題である。わずかな税率での罰科金的な賦課（たとえば三〇％）が二五％の税額控除とともに要求され得るということかもしれない。これは、信託の未使用又は配当を促進するかもしれない。そのどちらも国庫にとっては利益であろう。そのような税率は、四〇％を上限にして二五％を基本にすることが望ましいであろう。

⑺　その他

①　イギリスが夫婦について独立課税を採用している場合に、配偶者のために設定した撤回不能な収益保有信託の所得が贈与者たる配偶者の所得となるのか理解が難しい。家族による節税及び家族名でのジョイント銀行口座のための贈与とは明らかに区別されるべきである。

②　信託費用が収益保有信託の受益者の場合に控除され得る税になるというのは奇妙である。委託者が管理において費やした費用は所得として受益者は受け取ることができないことから議論が生じる。信託費用は多くの場合投資の管理運営費用であり、個人においては費用として控除が認められていないので、それらについてもより高い税率での賦課を認めることが妥当である。

③　高税率での賦課が求められているが、それは現実のあるいは潜在的な受益者の数に関係させるべきであろう、そのような賦課が存在するのであれば、個人の基本税率対象額の平分がどうして適正とされるのであろうか。イギリス歳入庁は、この提案により六、〇〇〇万ポンドのキャピタル・ゲイン税が増加するという。提案が広範囲に中立的な歳入を作るということを公表しておきながら、その原則を維持しない理由は明確ではない。

④　諮問案が示唆している課税の繰延べ（hold over relief）が採用されるべきである。

⑤　信託所得と信託キャピタル・ゲインについての統一的な税率は、委託者の利益も受益者の利益をもたらすということよりも、租税回避のために選択される様々な信託の使用を規制することになる。

⑥　信託の同一性は問題である。信託においてファンドの概念は必要である。受益者が信託の条件の相違により異なる方法で所得を稼得する場合に、その異なる所得の（受益者による）金額を総計するために必要である。異なるルールは、それは現在のルールよりは明確であるが、キャピタル・ゲインについて対応が必要であ

る。

⑦　キャピタル・ゲインに対する課税は、現金が税に用いられるということから、それらが実現されたときが課税の最も良い時期である。これは、課税の繰延べ（ホールド・オーバー）が少なくとも同じ委託者により設定されたファンド間での移転のために活用されるべきであることを示唆している。

しかし、未配分信託所得の総合的な課税原則がスタンダードな税率とともに用いられるとすると、諮問案の提案する信託分割防止規定は不必要となるであろう。

（追　記）その後、本章における諮問案にもとづく改正は実現をしていない。その後改正は税率等に変更はあるものの、これまでの基本的枠組みを維持しているといっても過言ではない。

たとえば、現在、裁量信託・累積扶養信託については、受託者レベルで課税されることにかわりはないが、この税率構造については受託者段階で基本税率に加えて特別な税率で課税される。たとえば、事業所得については、£一、〇〇〇以下の所得に対する税率（the first £1,000 or 'standard rate band'）は二〇％（the 'basic rate'）、£一、〇〇〇を超える所得に対する税率（over £1,000）は四五％（the 'trust rate'）である。配当については、最初の£一、〇〇〇までが基本税率一〇％である。£一〇〇〇を超えると配当は三七・五％の税率となる。この計算に所得税額の計算においては上記の税率から一〇％の配当税額控除が認められている。

なお、本章の改革提案以後のイギリスの状況については、藤谷武史「イギリス信託税制」『信託』（信託協会）第二三九号二八―四一頁（二〇〇九）参照。

第三部　判例にみる信託課税

第七章　裁量信託と外国信託

はじめに――問題の所在

我が国における民事信託の発展は改正信託法のもとで一定の進展をみつつある。このような状況のもとで信託課税をめぐる裁判例は存しなかったが注目すべき裁判例が現れた。旧信託法のもとでの事例であるが改正信託法を跨いでおこった事件である。我が国の信託税制を考えるにあたって重要な裁判例といえよう（事実の概要等は本書第八章（四八二頁以下））。

本件は、被控訴人X（原告）の祖父Fがアメリカ合衆国（以下「米国」という。）ニュージャージー州法に準拠して、米国籍のみを有するXをはじめとするFの特定の子孫A等の利益のために信託（以下「本件信託」という。）を設定したところ、処分行政庁が、この信託行為につき、相続税法（平成一七年法律第二一号による改正前のもの。以下同じ。）四条一項を適用して贈与税の決定処分及び無申告加算税の賦課決定処分をしたので、Xが、その取消しを求めた事案である。本件の争点は、本件課税処分の適法性であり、具体的には、(1)本件信託の設定行為が相続税法四条一項にいう「信託行為」に当たるか否か、(2)Xが同条一項にいう「受益者」に当たるか否か、(3)本件信託が生命保険信託に当たるか否か、(4)Xが相続税法一条の四第三号の制限納税義務者に当たるか否か、(5)本件信託財産がわが国に所在するものであるか否かであった。

本件における争点については、さらに下記の①～⑧の内容について広く検討を加えることが重要であると解されるところ、その中心はまず相続税法四条をどのように解釈することができるかである。その解釈にあたっては、わが国の信託税制の大正一一年改正からの立法経緯がきわめて重要である。そこでまず、本章の冒頭、やや長文に及ぶが相続税法四条に至る立法経緯をトレースし、相続税法四条の法的構造及び解釈を明らかにしておくこととする。

なお、相続税法における信託税制の立法経緯等については、すでに広く文献も存するところであるので（たとえば、占部裕典『信託課税法』一六頁以下（清文社・二〇〇一）、本件における争点との関係に焦点を絞りながら改正経緯をみていく。

① 本件信託においては「受益権」が発生しているか。単なる期待権にすぎないものではないか。
② 本件信託においては、信託行為によって受益権が確定的に受益者に帰属しているか。
③ 本件信託においては、受益者が不特定あるいは未確定といえる状況にあるのではないか。すなわち、本件信託は、「裁量信託」あるいは「停止条件付信託」に該当するのではないか。
④ 名古屋地裁判決（平成二〇年（行ウ）第一一四号）平成二三年三月二四日判決は、どのように評価することができるか。
⑤ 本件信託は「生命保険信託」に該当し、その結果、本件において相続税法四条は適用されないのでないか。
⑥ 本件信託において、「相続財産」（信託受益権）はわが国に所在するといえるか。
⑦ 本件信託において、受益者たる被控訴人の住所はわが国に存するといえるか。
⑧ 本件信託における「信託受益権」をどのように評価するか、すなわち、信託受益権の時価はどのように算定されうるか。

一　相続税法四条の立法趣旨とその解釈

相続税を中心に、大正一一年の信託税制導入から本件信託税制までを概観することによって、わが国の信託税制がきわめて粗雑な制度として発展を遂げてきており、一見すると整合性がとれているようにみえる相続税法と所得税法における信託税制がまったく関連性なく、互いの法制度の中で信託法（平成一八年法律第一〇八号による改正前のもの）を意識しながら制度化されてきたことを明らかにする。また、相続税法は信託行為時課税制度を原則的に採用しているといえるが、それは信託法七条の信託を設定すると（信託行為が行われると）完全な受益権が移転をするといったドグマにとらわれたものであり、その法改正の歴史はその矛盾を是正するためのものであったともいえよう。具体的には、そのために相続税法四条二項にかかる信託の対応が制度化されてきたものであり、立法経緯から、相続税法四条二項各号を厳格な文理解釈のもとで（あるいは借用概念のもとで）その要件を解釈し、その余の場面はすべて原則的適用であると解釈することは誤りであることが明らかになる。相続税法四条二項の解釈にあたっては、立法趣旨を含めたという意味での文理解釈（厳格な文理解釈ではない。）が求められていることが明らかになろう。

なお、信託法は大正一一年に制定されたが、個人信託についてはその利用がなく、そのため税制面での法規定の精緻化はきわめて遅れてきた。平成一九年の信託法改正にともない信託税制も改正されたが、これまでの信託税制を基盤にこれまでの信託税制の大きな問題点を解消し、あらたな信託法制にとりあえず対応するための税制改正にすぎず、今なお、わが国の信託税制は発展途上にあるといっても過言ではないことにまず留意をしておくべきであろう。

1　大正一一年改正――相続税法の対象となる受益権と期待権の区別

公益信託は一般に具体的な受益者が存することなく、従って受益権なるものが存しないのに対して、私益信託における受益者は、受託者に対し信託上の利益を主張し得ることから、このような権利は受益権と称せられ、債権として一種の財産権たることは疑いのないことであるとして、大正一一年の信託法制の制定とともに相続税法の改正により課税対象とされた。(1) 課税を行うにあたり、相続税法五条に「信託ノ利益ヲ受クヘキ権利」を加え、条件附権利、存続期間の不確定な権利又は訴訟中の権利等とともに、政府の認めるところによりその価額を評定すると改定して、信託における受益権を相続の目的として、全般的に相続税法の適用をうくべきものと定めた。信託法の制定にともない相続税法の手当てを行ったということである。

相続税法五条の規定は、以下のようである。

「条件附権利存続期間ノ不確定ナル権利、信託ノ利益ヲ受クヘキ権利、又ハ訴訟中ノ権利ニ付テハ政府ノ認ムル所ニ依リ其ノ価格ヲ評定ス（大正一一年法律第四八号改正）

第三条ニヨリ控除スベキ債務金額ハ政府カ確実ト認メタルモノニ限ル」

改正において、「信託は遺言により設定しうるとともに契約によりて設定しうるのであって、実態上より言えば、遺言信託は遺贈にてはなく、生前信託契約に依り他人に信託利益を与うることが贈与には非らざるも、経済上相続税法の適用に関しては之を遺贈又は贈与と看做して取り扱うのである」（原文は旧漢字）とされたところである。(2)

信託遺贈については、それが公共団体、慈善事業のためにする場合（公法人又は公益法人を受益者とする累積公益信託にする場合もこれに該当する。）を除いては相続開始にあたり、相続財産として課税せられるべきであるということはいうまでもなく、又信託贈与（租税法上、仮にいえば、信託遺贈におけるようなものである。）については、公共団体、慈善事業のためにする場合を常に課税除外とするが、相続開始前一年内になされたときには、その分は相続財産価額に加算して相続税を課せられ、遺贈は常にそのまま相続財産に包含されて、相続税に関しては相続財産の負担となるけれども、贈与の場合はこれと異なり、相続開始前一年以内になしたる贈与のみが相続財産価額に加算せられ、又贈与が相続税法二三条に掲げる条件に該当する場合に、遺産相続開始したるものと看做して、遺産相続税が課せられるのである、とされていた。

すなわち、受益者は委託者から受益権を取得するのであるが、それは贈与ではなく、信託行為（信託契約）によって受益権が移転する（信託法七条）。そこで、信託について、「委託者カ他人ニ信託ノ利益ヲ受クヘキ権利ヲ有セシメタルトキ」は、そのときにおいて「信託ノ利益ヲ受クヘキ権利ヲ贈与又ハ遺贈シタルモノト」看做して、相続税法三条、二〇条及び二三条の規定を適用することとした。但し、不動産又は船舶の帰属すべき権利については、前条の規定を適用しないと定めていた（相続税法二三条ノ二）。不動産及び船舶を除外したのは、これらは比較的高い登録税を負担することとなっていたことから相続税から除外していたことをうけ、信託贈与にも同様に適用したものである。

相続税法二三条ノ二の規定は、以下のとおりである。

「信託ニ付委託者カ他人ニ信託ノ利益ヲ受クヘキ権利ヲ有セシメタルトキハ其ノ時ニ於テ信託ノ利益ヲ受クヘキ権利ヲ贈与又ハ遺贈シタルモノト看做シ第三条、第二〇条及ヒ前条ノ規定ヲ適用ス、但シ不動産又ハ船舶ノ帰属スヘキ権利ニ付テハ前条ノ規定ヲ適用セス（大正一一年四月法律第四八号追加）」

ここでまず留意すべきことは、大正一一年度の相続税法においては、相続税の対象となりうる財産が存在することが前提となっており、「受益権（信託受益権）」の存在が前提として議論が出発しているのであるが、財産あるいは資産（相続財産）としてのまず要件を充足することが前提である。

そこで、「信託ノ利益ヲ受クヘキ権利」（相続税法五条）は債権（受益権）であるので当然に相続財産を構成するとして立法化されている。私益信託の受益者は、信託財産の元本又は収益に対する権利（狭義の受益権）を基本として、信託財産の管理を要求する権利及びそれらの権利を確保し信託財産ないし受益者自身の利益とを守る諸権利（広義の受益権）を有しており、受益権者と呼ばれるにふさわしい地位を有している。(3)

受益権は財産権の一種であることから、受益者にとっての中心は狭義の受益権（いわゆる収益支配機能にかかる権利）である。すなわち、受益者であれば、信託財産構成物の管理（信託法二〇条）及び信託行為の定める給付義務の履行を信託財産（管理責任者は受託者）に対して請求できることになる。(4)

なお、信託法においては、受益権については周知のように債権的に構成するか、物権的に構成するか学説上争いのあったところではあるが、大正一一年当時は受益権を、債権的性質を有するものと解していたことからいわゆる「債権説」を前提に相続税も考えられていたといってよい。

この立場は、現行相続税法に至るまで一貫して取られている立場である。「信託受益権は信託財産とは別個に独立して相続財産足り得るのであるから、信託行為を以って受益権を受益者の一身に専属せしめたるもの、（略）特別の定めがない限りは、受益者に付て相続開始があれば其の相続人は当然に受託者に対して受益を請求することが出来ることになるから債権的性質の請求権として其の受益権は相続財産を構成する」[5]（旧漢字を改めている。）と解している。しかし、この文言からも信託受益権は「権利」であることが不可欠であり、いわゆる単なる期待権は除かれると解さざるを得ないところ、課税実務においては、信託行為が存すれば、信託受益権たる完全権が発生し、受益者に常に移転すると考えたことに誤りが存するのであるが、民事信託の適用がなかった当時においてはこのようなことは論点にならなかったと推測されるのである。相続税法四条の出発点である大正一一年信託税制（相続税）は信託法にもとづきすべての信託行為が行われれば常に完全権たる信託受益権が発生するというドクマにおかされたものであった。本来資産（財産）といえないようなものを相続財産に取り込むこと自体、担税力のないものに課税することになり許されないところであった。

2　大正一五年――信託受益権の発生と取得

受益権は、原則として、信託行為（信託の設定を内容とする行為）の効力発生時に発生すると考えられている。ここで留意をすべきは、受益権の発生と受益権の帰属は区別されなければならないということである。

自益信託の場合は、信託行為の効力発生と同時に委託者自身が受益権を取得する。また、一方他益信託については、生前信託の場合については、当然に信託行為（信託の設定を内容とする行為）の効力発生時に受益権が発生し、享受しうることとなる。遺言信託も遺言者の死亡とともに利益を享受する。[6]

旧信託法七条ただし書において、⑴受益者の意思表示を必要とするときは意思表示のときに受益権が帰属し、そのほか、⑵受益権の帰属について特別の条件・期限を定めたときには、それによるべきであり、⑶受益者未だ特定せず又は存在しない場合には受益権は発生するけれども受益者に帰属しないという浮動的状態（以下、「浮動的状態等」という。）が生ずる。[7]

ただし、条件成就・期限到来の前でも信託行為の効力が一応発生した以上、受益者は期待権として民法一二八・一二九・一三〇条の保護を受けることはいうまでもないと解されており、[8] ⑴～⑶においても受益権は発生しているがそれらの者に完全に帰属していないものも存するといえる。この浮動状態等について制度的に議論がなされたのが大正一五年である。

大正一一年の税制には不備があったとして、大正一五年改正が行われることになる。すなわち、大正一一年信託税制においては受益権は発生したがまだだれにも帰属していないといった場面での対応が抜けていたということが相続税の回避を導くこととなっていた。「大正十五年改正の相続税法は第二十三條ノ二に第二項を加へ、前項の場合に於て受益者不特定たるとき、又は未だ存在せざるときは、委託者の直系卑属を以て受益者と為したるものと看做し、其の受託者を相続財産管理人と看做すと改正したのであつて、本改正前の相続税法に之を欠如せるは一大欠陥と称せざるを得ざるべく、本規定存せざるところに受益者の不特定又は未だ存在せざる信託行はれんか、相続税法は甚だしく其の適用に苦しまざるを得ざるべく、惹きて又信託に依り相続税の避脱も大に行はるることとなるべきである」と説明されている。[9] 相続税法上、「受益者不特定ナルトキ又ハ未タ存在セサルトキハ」といった文言が登場したのはこのときである。信託法の見解にそって、受益権が帰属していないので、誰にも課税できないところ、「委託者ノ直系卑属ヲ」を受益者と看做すこととしている。

大正一五年度改正における法二三条ノ二は、以下のとおりである。

「信託ニ付委託者カ他人ニ信託ノ利益ヲ受クヘキ権利ヲ有セシメタルトキハ其ノ時ニ於テ信託ノ利益ヲ受クヘキ権利ヲ贈与又ハ遺贈シタルモノト看做シ第三条、第二〇条及ヒ前条ノ規定ヲ適用ス、但シ不動産又ハ船舶ノ帰属スヘキ権利ニ付テハ前条ノ規定ヲ適用セス（大正一一年四月法律第四八号追加）

前項ノ場合ニ於テ受益者不特定ナルトキ又ハ未タ存在セサルトキハ委託者ノ直系卑属ヲ受益者ト為シタルモノト看做シ其ノ受託者ヲ相続財産管理人ト看做ス（大正一五年法律第一三号追加）。」

本項は、私益を目的とする契約信託により、不特定又は未だ存在せざる第三者に対して、信託の利益を得くべき権利を与えた場合の規定である。ここでの受益者不特定なるときの例としては、一〇年後における戸主を受益者とする場合などであり、受益者未存在の場合なるときの例としては未だ子供のない者が長男を受益者とする場合などであるとして説明されていた。[10]不特定又は未だ存在せざる第三者に信託受益権を与えた場合においては直系卑属の税率で、受託者（納税管理人）が受益者が確定するまで、相続税の納付を行うものであった。ここで留意すべきは、不特定又は未だ存在せざる第三者に対して、信託の利益を得くべき権利を与えた場合も、相続税の枠組みに取り込んだことである。

3　所得税法・法人税法における信託税制との整合性の有無――矛盾した制度

大正一一年に所得税法も改正され、所得税・法人税にかかる信託税制が導入された。

信託法において、信託財産は受託者に移転をするのであるから、その財産より生ずる収益はいったん受託者の所得を構成することになる。しかし、受託者は生じた収益を全部受益者に引き渡すことから、結果的には受託者は信託の利益を享受しない。収益を享受するのは受益者であり、受益者が信託財産の所有者と異ならない。そこで、信託財産は受益者の有するものと看做して所得税を課することにした。所得税法はこの経済関係に着目したものであるが、所得税法と相続税法との最大の相違は、受益者が信託財産を有するものと看做して課税することとしたことである。

所得税法三条ノ二は、以下のとおりである。

「信託財産ニ付生スル所得ニ関シテハ其ノ所得ヲ信託ノ利益トシテ享受スヘキ受益者カ信託財産ヲ有スルモノト看做シテ所得税ヲ賦課ス但シ本法施行地ニ於テ信託利益ノ支払ヲ為ス貸付信託ニ付テハ此ノ限ニ在ラス

前項ノ規定ノ適用ニ付テハ受益者不特定ナルトキ又ハ未ダ存在セサルトキハ受託者ヲ以テ受益者ト看做ス

（略）」

このような「信託ノ利益トシテ享受スヘキ受益者カ信託財産ヲ有スルモノト看做シテ」課税するといった理由はいくつか挙げられるが、主要な理由は次のようなものであるといえよう。(11)

(1)　所得の関係においては信託財産の所有者と経済的には何ら変わらない。

(2)　このような規定がなければ、受益者は受託者から受ける収入をそのまま所得として計算することとなるが、信託財産の所有者であることを前提とすると信託財産の種類によって所得の分類は異なる。(1)の視点からはこのように考えるべきである。

(3)　日本に住所を有しないものであっても、税法施行地に在る信託財産から信託利益を受ける場合は所得税を課す。受益者を信託財産の所有者と看做さなければ受益者の所得は、受益権により生ずるものであることから、受益権は権利者の住所にあるということになるから、課税されないことになる。この点からも受益者の所有と看做すとしたものである。

なお、所得税法三条ノ二においては、受益者が未存在であるか又は不特定である場合は受益者に課税することは困難であることから受託者に課税することとしていた。これに対して、相続税法はそのような建て付けを採用せず、すなわち、「信託財産の所有」という観念をおかず、信託受益権を中心にした制度を組み立てていった。大正一五年において、相続税法は、受益者が未存在であるか又は不特定である場合について手当てをしたのであるが、所得税法においてはすでに大正一一年においてこの対応はなされていた（旧所得税法三条ノ二第二項）。

相続税法においては、他益信託を設定した場合に、原則として、受益権が受益者に移転をする（みなし贈与）。よって、遺産税方式のもとでは受益権が受益者のものとなることから、受益権が被相続人の相続財産を構成することとなる。一方、所得税法において他益信託であることから受益者が信託財産を所有しているものとして、所得税を信託財産から得た所得に対して受益者に課税することとなる。受益者に相続財産を信託により相続されたとして遺産税方式のもとで相続税を課し、その後の信託財産からの収益に対して所得税を当該受益者に課税するという制度を採用しなかったのである。一見すると両税の課税は平仄を保っているようにみえるが、そのようなことはいえない。

所得税法においては、信託行為時に委託者から受託者に信託財産が移転することから、信託財産から生じる収入については信託行為時から受託者において収益が生ずる場合には受益者（又は委託者）に対して信託課税（所得課税や法人課税）が行われる。大正一一年の制定時には所得税法と相続税法とは平仄を保つことは考えておらず、所得税法三条ノ二における「前項ノ規定ノ適用ニ付テハ受益者不特定ナルトキ又ハ未タ存在セサルトキハ受託者ヲ以テ受益者ト看做ス」の規定は大正一一年相続税法の規定にはなく、その規定が入るのは上述したように大正一五年からであるが、それも所得税法との平仄を保つためではなく、相続税の租税回避といった視点からであった。いわば、「受益者不特定ナルトキ又ハ未タ存在セサルトキ」といった浮動状態等が各々の税法において時をずらして問題になったにすぎないのである。

所得税は、受益者が特定するか否かを信託行為時において判断することとし、相続税法は、受益権の譲渡を信託行為時に判断することにしていることから、信託行為時において両税が理論的に精緻に組み立てられていると誤解しているにすぎない。

相続税については、すでに述べたように大正一一年の信託法制定と同時に「信託ニ付委託者カ他人ニ利益ヲ受クヘキ権利ヲ有セシメタルトキ」は、そのときにおいて「他人ニ信託ノ利益ヲ受クヘキ権利」を贈与又は遺贈したものとみなす旨の規定をおいた（旧相続税法二三条ノ二）。信託法七条の規定が「信託行為ニ依テ受益者トシテ指定セラレタル者ハ当然ニ信託ノ利益ヲ享受ス但シ信託行為ニ別段ノ定アルトキハ其ノ定ニ従フ」と規定していることから、原則として信託行為時（設定時）に受益者に対して信託受益権（信託の利益を受けるべき権利）を相続財産として課税することとしていた。大正一一年当時、受益者が重複して指定された信託（たとえば、当初委託者Sが受益者であり、その死亡後に収益受益権は受益者Bに帰属とする定めた場合など）において、この規定をどのように適用するか解釈上問題が存した。①委託者Sの死亡の時に受益権が発生するとする説、②信託設定時に委託者Sと受益者Bは受益権を取得するとする説が対立し、後続受益者の課税時期がいつになるのか論じられていた。この問題は、昭和一三年の信託法改正により信託行為（設定）時課税が「現実受益主義」に変更されたことから解消した。

大正一一年の信託税制では、受益者が特定しない又は未存在の信託について、権利状態が浮動的であるから、相続税の世界では受益権が存在せず、また所有権の世界では受益者がいないから信託財産の所有権が受託者からいきどころがなかった（よって、受託者課税。大正一一年度税制で注目すべきは、受益者課税ということで基本的には導管理論を採用し、信託の実体を認めなかったのであるが、同時に受益者の不特定または未存在の信託については旧所得税法三条ノ二により受託者に課税することとして導管理論の例外を認めている。）。これは、信託法においては信託財産が受託者に移転していることから、委託者課税をためらったものと推測される。

相続税法の課税は、信託行為が相続税の回避行為につながらないかということにも視点があり、法形式上は委託者から受託者へ相続財産は移転をしているのであるが、経済的には受益者が利益を受けるので、信託行為によって委託者から受益者に対して信託受益権（債権）が贈与されたとみなしたのである。所得税法では、委託者から受益者へ原則的に所有権が移転をしたとみなして構成されているのであるが、相続税法上は受益者が信託財産を所有するという構成はとられていない。相続税法では、信託財産の所有権が認識されず、受益権に転換しているのである。大正一一年度の税制では受益者の特定しない又は存在しない信託については、受益者が特定又は存在するまでは信託に相続税の適用はないと考えて割り切っていたものと解される（この間については、所得税について受託者課税が行われることになる。旧相続税法三条ノ二第二項）。

大正一五年の改正は、受益者未存在・不特定の場合には相続税の課税を免れることから、相続税法二三条ノ二第二項において、委託者の直系卑属を受益者とみなして、受託者をその相続財産の管理人とみなして課税することとしていた。

ちなみに、このような所得税法と相続税法の不整合あるいは矛盾は存続するのである。たとえば、昭和二二年相続税法及び所得税法のもとで、停止条件付で受益権を贈与された場合の課税関係を考えた場合、相続税法においては受益者に受益権の譲渡があったとしての課税は未だ起きないものの、所得税法においては受益権からではなく、受益者が特定していることから信託財産からの収益については所得税課税が受益者に生ずる。受益者に受益権が信託行為時に帰属したとして贈与税の課税も起きないにもかかわらず、所得税においては受益者に課税が生ずるという矛盾が生じているのである。

4　昭和一三年三月改正における相続税法二三条ノ二の立法経緯等
――これまでの相続税制の清算

昭和一二年三月臨時租税増徴法は、相続税に関してもその増徴を試みた。しかし、信託関係の相続税制の実態については何ら重要な改正はなされなかった。

相続税法二三条ノ二は、「信託ニ因リ委託者カ他人ニ信託ノ利益ヲ受クヘキ権利ヲ有セシメタル」ことを有することとしていた。昭和一三年の相続税法の改正は、信託法七条の解釈等の影響を受け、「収益ノ利益ヲ受クヘキ権利ヲ有セシメタルトキハ受益者カ其ノ収益ヲ受ケタル時」として、課税時期について受益者が現実に受益した時（現実受益時課税）とし、その間は委託者又はその相続人に受益権が所属するとみなす旨の規定をおいていた（旧相続税法二三条ノ二参照）。

自益信託の設定時においては受益権が発生し、相続開始時に受益権が相続財産を構成する。他益信託の設定時においては、原則として受益者において受益権は発生するが、信託法七条但書によって、委託者にあらざる受益者がその有する受益権を他人に有せしめたる場合には、この二三条ノ二の要件に該当しないこととなる。また、「信託に依り委託者が他人に信託の利益を受くべき権利を有せしめたるときは其の時に於て受益権の贈与又は遺贈ありたるものと看做して課税することに定められているのであるが、信託の性質、信託の利益を受くべき権利を有せしめたるときの解釈ならびに受益権の評価方法等が大体前に述べた如くである以上〔問題である以上―占部注〕、旧法の信託設定の其の時に於て贈与したものと認むるという規定は相続税の課税上に於て幾多不合理を生ずる場合がある」（旧漢字を改めている。）として、それまでの制度の問題を指摘している[12]。これはひとえに信託に基づき信託法七条により信託行為時に委託者から完全権としての信託受益権の移転があるとしたドグマに起因するものである。

この規定のもとでは、幾多の不合理が生ずるとして、昭和一三年において、根本的に相続税法が改められることとなった。これまでの相続税法の問題がここに噴出したかたちとなったものであり、これまでの相続税法における信託税制の欠陥を示すものであったといってもよかろう。そのような意味からも、昭和一三年三月における信託に関する相続税制の改正は相当、根本的な改正であったといえるのである。

なお、不動産または船舶の相続税法二三条に該当する贈与に対しても一定の範囲で相続税を課することとなった。相続税法五条等は、以下のとおりである。

相続税法五条

「条件附権利存続期間ノ不確実ナル権利、信託ノ利益ヲ受クヘキ権利又ハ訴訟中ノ権利ニ付テハ政府ノ認ムル所ニ依リ其ノ価格ヲ評定ス第三条又ハ第三条ノ二ノ規定ニ依リ控除スヘキ債務金額ハ政府カ確実ト認メタルモノニ限ル（昭和一三年法律第四七号改正）」

相続税法二三条

「左ニ掲クル場合ニ於テ贈與ノ価額カ千円以上ナルトキハ遺産相続開始シタルモノト看做シ其ノ財産ノ価額ヲ課税価格トシテ本法ニ依リ相続税ヲ課ス但シ本法施行地ニ往所ヲ有セサル者ノ為シタル贈與ニ在リテハ本法施行地ニ在ル財産ニ付為シタルモノニ限ル（昭和一三年法律第四七号改正）

①　親族ニ贈與ヲ為シタルトキ

②　分家ヲ為スニ際シ若ハ分家ヲ為シタル後本家ノ戸主又ハ家族カ分家ノ戸主又ハ家族ニ贈與ヲ為シタルトキ

前項ノ場合ニ於テ贈與前三年以内ニ同一人ニ対シ為シタル贈與（朝鮮、台湾又ハ樺太ニ住所ヲ有シタル当時為シタル贈與ヲ含ム）ニシテ価額千円以上ノモノアルトキハ其ノ贈與ノ価額ヲ前項ノ贈與ノ価額ニ加算シテ得タル金額ニ対シ第八条ノ税率ヲ適用シテ算出シタル金額ヨリ加算シタル贈與ノ価額（二以上ノ贈與アルトキハ其ノ価額ノ合計額）ニ対シ同条ノ税率ヲ適用シテ算出シタル金額ヲ控除シタル金額ヲ以テ其ノ税額トス（昭和一五年法律第二九号追加）

不動産又ハ船舶ノ贈與ニ付登録税ヲ納付シタルトキハ命令ノ定ムル所ニ依リ其ノ登録税額カ相続ニ因ル所有権ノ取得ニ付テノ登録税額ヲ超過スル金額ヲ第一項又ハ前項ノ相続税額ヨリ控除ス（昭和一三年法律第四七号同一五年法律第二九号改正）

第一項又ハ第二項ノ規定ニ依リ相続税ヲ課スル場合ニ於テハ第一〇条及第一七条ノ二ノ規定ヲ適用セス（昭

和一三年法律第四七号、同一五年法律第二九号、同一六年法律第七九号改正）」

相続税法二二三条ノ二

「信託ニ因リ委託者カ他人ニ信託ノ利益ヲ受クヘキ権利ヲ有セシメタルトキハ左ニ掲クル時ニ於テ信託ノ利益ヲ受クヘキ権利ヲ贈與シタルモノト看做ス此ノ場合ニ於テ不動産又ハ船舶ノ信託ニ因ル所有権取得ノ登記ハ前条第三項ノ規定ノ適用ニ付テハ之贈與ニ因ル所有権取得ノ登記ト看做ス（昭和一三年法律第四七号、同一九年法律第七号改正）

元本ノ利益ヲ受クヘキ権利ヲ有セシメタルトキハ受益者カ其ノ元本ヲ受クタル時但シ数回ニ之ヲ受クルトキハ最初ニ其ノ部ヲ受ケタル時

収益ノ利益ヲ受クヘキ権利ヲ有セシメタルトキハ受益者カ其ノ収益ヲ受ケタル時但シ数回ニ之ヲ受クルトキハ最初ニ其ノ部ヲ受ケタル時

前項ノ場合ニ於テ受益者不特定ナルトキ又ハ未タ存在セサルトキハ委託者又ハ其ノ相続人ヲ受益者ト看做シ受益者特定シ又ハ存在スルニ至リタル時ニ於テ新ニ信託アリタルモノト看做ス

元本又ハ収益ノ受益者カ其ノ元本又ハ収益ノ全部又ハ一部ヲ受クル迄ハ元本又ハ収益ノ利益ヲ受クヘキ権利ハ委託者又ハ其ノ相続人之ヲ有スルモノト看做ス信託ノ利益ヲ受クル時ノ委託者ト受益者トノ身分関係カ信託ノ時ノ身分関係ト異ルトキハ其ノ身分関係ハ第一項ノ規定ヲ適用スル場合ニ於テハ信託ノ利益ヲ受クル時迄存続スルモノト看做ス」

昭和一三年の信託に対する改正相続税法の取扱いについて、「昭和一三年六月一日主秘第二〇八号主税局長通課」は、次のように定めている。

「受益者カ委託者ノ相続人ナル信託ニシテ受益開始前委託者ニ相続開始シタル為法第二三条ノ二第三項ノ規定ニ依リ相続人カ当該信託ノ受益権ヲ有スルモノト看做サルルニ至リタルモノニ付テハ同条第一項ノ規定ヲ適

用セサルモノトス

（②③略）」

相続税法二三条の条件により、委託者が財産を信託し、その利益を受くべき権利を他人に与えたる場合、すなわち信託贈与の場合には、遺産相続税を課せられるのであるが、昭和一三年改正前旧相続税法は受益権を有せしめたるときに課税することと定めていたが、改正法は「現実受益主義」に改め、信託により委託者が他人に信託の利益を受くべき権利を有せしめたるときは、元本を受けたとき、又は収益を受けたときにおいて、信託の利益を受くべき権利を贈与したものとみなす旨、規定している。課税の時期を現実受益の時に改めた結果、信託期間を長期に設定すれば、その信託財産は相続税課税の対象より逸脱する恐れが生ずる。すなわち、信託財産は、信託に因り受託者に移転するものであることから、第三者のためにする場合は、委託者に相続開始するも相続税を課することができず、また受益者に現実受益の時に贈与せられたるものと看做すことから、信託期間中、相続財産は長い間相続税を免れることができることとなる。

ここにおいて、受益者が現実に利益を受けるまでは、その受益権は委託者又は相続人がそれを有するものと看做して、受益者の現実受益前に委託者又はその相続人が相続開始したる場合には、徴税の便宜上其の受益権を相続財産として、相続税を課すこととした（二三条三項）。さらにまた、信託期間がきわめて長期になるときには、現実受益のときに信託設定当時の委託者も死亡し、その子あるいは孫の代なることもあり、従って相続税を課すことができないこともありうることから、この場合にも便宜上、信託設定当時と同様の身分関係が存続するものと看做して課税することとし、その結果税率の適用についても信託の時の身分関係によって区分されることになった（二三条四項）。

また、相続税法二三条は、同条の条件による信託贈与の受益者が信託設定当時不特定なるか未だ存在せざる場合には、遺産相続人不明なるものとして、受託者をもってその相続財産管理人とみなして受託者をして遺産相続人と看做されたる受益者の確定するまで、遺産相続税の納付、そのほか相続財産の管理を行わせたのであるが、改正相続税法は受託者にそのような義務責任を負担させることを不条理として、徴税便宜主義と委託者又はその相続人責任主義に立脚して、この場合委託者又は委託者の相続人を受益者と看做して、受益者特定又は存在前、委託者又はその相続人に相続税発生せる場合には、これらの者に対して相続税を課し、また委託者又はその相続人の相続発生前受益者が特定し存在するに至るときにはその時においてあらたに信託をなしたるものと看做して、その受益者に対して遺産相続税を課することとしたのである（二三条二項）。

改正前の旧相続税法二三条ノ二にはすでに述べたように、信託贈与と信託遺贈を対象としていたにもかかわらず、本条の適用は信託遺贈には及ぶ理由がないことから改正法は本条により信託遺贈を抹消した。ただし、相続税法上における取扱いとして、信託による遺贈、すなわち信託遺贈を一種の遺贈と解し、相続税法上遺贈と同様に取り扱うことを排斥したものではない。

受益者不特定又は未だ存在しない信託については、受益者が特定又は存在するに至ったときに、信託が発生したものとして、受益者が特定又は存在するまでの信託受益権は、委託者またはその相続人が有するものとしている。しかし、受益権が受益者に帰属してから現に受益するまで（帰属から受益までの期間）についても、委託者またはその相続人が有するものとする規定をおいて対応している（二三条ノ二第三項）。また、受益権の帰属から受益までの期間についても、身分関係や受益者が変動することが予想されるので、この期間についても信託行為の時の身分関係が存続するものとして相続税が課税されることとした（結局、委託者またはその相続人に対して課税することとした）。このような考え方は、受益権の発生と受益権の帰属の問題において指摘した受益権の内容に着目して、これまでの受益権はすべて完全権であると看做してきたことから生じた問題を解決するものであるが、制度的に正面から完全権としての信託受益権が移転をするという前提に修正を迫るものである。昭和一三年に現実受益時課税が導入されたがその改正案の検討にあたり、一三年改正前についても、「始期附又は停止条件附の贈与に付いては、現行法の取扱としても現実に贈与が履行される時を待ち、其の際に贈与ありとして課税している筈である。蓋し実情に適するものと謂わなければならぬ。改正試案に於ける信託課税も之れと同一の歩調となるのであって、従来同一でなかったのが寧ろ面白くない訳である。財産の贈与のみを条件附や期限附に於て履行前に贈与者又は受贈者の死亡シタルとき、等の課税には少しづつ問題もあるが、……おそらく従来課税された事例は殆どないと云っても差支えないであろう。[13]」と説明されている。始期附又は停止条件附の贈与との比較からも明らかなように、信託実務においても、現実にはこのような場合の信託に課税されてこなかったことに留意をすべきである。

5　受益者不特定又は未だ存在しない信託 ―― 昭和二二年の相続税法改正と信託課税

わが国の信託税制の改正はわが国の相続税（遺産課税方式か資産取得者課税方式か）と贈与税（贈与者課税か受贈者課税か）の変遷と関わる。わが国の相続税は明治三八年に創設されたが昭和二一年度までは旧憲法のもとで家督相続と遺産相続の二本立てであった。新憲法のもとで民法の親族・相続編の改正により家督制度が廃止され遺産相続の一本立てとなった。また、明治三八年から昭和二四年度まで被相続人の遺産の価額を課税標準とする遺産税方式であった。昭和二二年においては、相続法が改正され、家督相続の制度が廃止され、これに伴い相続税法の全文改正が行われた。この改正の要点は、⑴相続税課税が遺産相続課税一本になり、被相続人と相続人あるいは受遺者等との親族の別に従って、新たに三本建ての税率によって課税されること、⑵贈与があった場合の準相続の制度を廃止して、相続税の補完作用を全うさせるために、贈与税制度が導入されること、にあった。もっとも、相続税体系は、依然として遺産課税体系を承継している。贈与税は相続税法制定当時、相続開始前一年以内に被相続人がなしたる贈与財産の価額は相続財産の価額に加算して、相続税を課税することになっていたことから、贈与税としての独立した税目は存在しなかった。昭和二二年度の改正においてはじめて、遺産税体系のもとで贈与者課税方式が採用された。贈与者に対してその一生を通じて贈与した財産の価額を累積して課税する、いわゆる一生累積課税方式であった。

信託に対する相続税課税も改正された。まず、「現実受益主義」が改められ、再び信託行為時に課税されることとなった。それとともに、「委託者が受益者である信託について、あらたに委託者以外の者が受益者となった場合」には、委託者以外の者が受益者となった時に贈与があったものとみなす規定（旧相続税法五条二項）が新たに設けられた(14)。

昭和二一年度のシャベル勧告（贈与税は、贈与者にその行為を対象として課せられる。）を受けて、従来の一定の贈与について相続税を課していたのを改め、贈与者課税を行うこととなった。昭和二二年の改正では、まず、課税要件を他益信託設定の「信託行為があった場合」と規定し、課税時期についても「当該信託行為があった時」と規定して、信託が設定された場合の課税関係を明確にした。そして同時に、従来は法文の解釈により導き出されていた自益信託から他益信託へ変更した場合の課税についても、明確化した。

贈与税は昭和二二年の改正ではじめて設けられたが、この贈与税の納税義務者は贈与者であるから、受益者が信託行為に不存在あるいは未確定の信託であっても、「信託行為のあった時」に贈与税が課税されることとなった。

この改正において、昭和一三年改正の「現実受益主義」のもとでの規定をそのまま採用したのは民法の応急的措置に対応するという意味で時間的な制約もあったところであり、また「従来は他益信託のあった場合は現実の受益が発生した時に贈与があったものとして相続税を課税していたのである。これは、従来の相続税法においては贈与を受けた者を納税義務者とする建前をとっていたからである。しかるに贈与税においては贈与者を納税義務者としているから、かかる場合は受益の発生するまで待つ必要はなく、信託行為があった時直ちに贈与があったものとみなして課税すればよい(15)」と述べている。昭和二二年の改正においては、贈与者が贈与税の納税義務者であるから、受益者が信託行為時に不存在あるいは未確定の信託であっても、「信託行為のあった時」に贈与税が課税されることになった。これは留意すべきところである。贈与者課税であるので、受益権をだれに与えたか、帰属したかは問題とならないことから、信託行為時課税が維持されているのである。

昭和二二年相続税法改正については、下記のような理由が存する。[16]

(1)　従来は他益信託のあった場合は現実の受益が発生したときに贈与があったとして相続税を課していた。従来の相続税法では贈与を受けた者を納税義務者とする制度が取られていたからである。しかし、贈与税は、贈与者を納税義務者としていることからかかる場合は受益の発生まで待つ必要はない（五条一項）。

(2)　自益信託を他益信託にした場合には、その受益者を変更した場合に贈与とみなす規定をおいた（五条二項）。委託者が元本受益権については自分が受益者であり、収益受益権については他人が受益者である場合に、元本の受益権を他人に授与すれば、そのときに贈与があったものとみなされる。

財産を生前贈与することによって、相続税の負担軽減を防止する意味であるとして、相続開始前二年以内の贈与財産は、被相続人の相続財産を構成すると看做されている（四条）。この規定は、委託者が、死亡前二年以内に他益信託を設定した場合にも適用される。相続開始前二年以内になされた贈与財産は相続財産と看做され相続税課税される。そして、この場合に納税義務者となる者は、「相続開始前二年以内に被相続人から贈与を受けた者」（一条）、受贈者である。

そこで、相続開始の時に、受益者がまだ確定していない信託に対する相続税課税が問題となる。相続税法六条は、これらの行為があった後に二年以内に委託者に相続が開始した場合についての定めをおく。改正法はこのような問題が生ずる信託として、後述する四種の信託を列挙した。

そして、相続開始時に受益者が確定していない場合には「当該信託の受託者を受益者とみなして」、相続税を課税することにした（六条）。税率は第三種が規定されており、受益者が確定し、その受益者に第一種又は第二種の税率が適用される場合となるときには、納税額が改定され受益者に還付されることになる（規則二条）。

昭和二二年相続税法は、以下のように規定する。

相続税法五条

「信託行為があった場合において、委託者以外の者が信託の利益の全部又は一部についての受益者であるときは、当該信託行為があった時において、委託者が信託の利益を受ける権利（受益者が信託の利益の一部を受ける場合においては、当該信託の利益を受ける権利のうち、その受ける利益に相当するもの）を受益者に贈与したものとみなす。

委託者が受益者である信託について、あらたに委託者以外の者が受益者となった場合においては、委託者以外の者が受益者となった時において、委託者が信託の利益を受ける権利をあらたに受益者となった者に贈与したものとみなす。」

相続税法六条

「相続開始前二年以内に信託行為があった信託について、委託者たる被相続人以外の者が信託の利益の全部又は一部についての受益者である場合又は相続開始前二年以内に委託者たる被相続人が受益者である信託について、あらたに委託者以外の者が受益者となった場合において、当該信託が左の各号に掲げる信託の一に該当するときは、当該信託の利益を受ける権利については、当該信託の受託者を受益者とみなして、前条の規定を適用する。

① 相続開始の時において信託行為により受益者として指定された者が受益の意思表示をしていないためまだ受益者が確定していない信託

② 相続開始の時において受益者がまだ存在していない信託

③ 停止条件付で信託の利益を受ける権利を有せしめた信託で相続開始の時においてまだ条件が成就していないもの

④　相続開始の時において受益者が不特定である信託

前項の場合において、受託者が同項の規定の適用により納付すべき相続税は、命令の定めるところにより、当該信託財産の中から、これを納付しなければならない。」

相続税法六二条

「第六条第一項第一号乃至第三号に規定する信託について受益者として指定された者が受益しない旨の意思表示をしたこと、受益者が存在しないこと又は条件が成就しないこととなったことに因り信託財産又は信託の利益を受ける権利が委託者に帰属したときは、当該信託は、初めからなかったものとみなす。

前項の規定の適用について必要な事項は、命令でこれを定める。」

相続税法六条一項一号から三号に掲げる信託について、同法六二条一項の規定の適用がある場合においては、当該信託行為があった後二年以内にその信託行為をなした委託者について開始した相続について同法六条一項の規定により受託者の納付した相続税の額が当該信託行為が初めからなかったものとして、当該信託財産につき相続人の納付すべかりし相続税の額を超えるときは、その相続人の申出により、その超過額に相当する金額を還付することとしている。

なお、信託に対する富裕税法四条は、

「課税時期において現に存する信託については、その時における受益者が信託財産（合同運用信託にあっては、信託に関する権利）を有するものとみなして、この法律を適用する。

前項の場合において、課税時期までに、元本若しくは収益の受益者がその元本若しくは収益を全然受けていないとき又は受益者が特定していないとき若しくはまだ存在していないときは、委託者又はその相続人を受益者とみなす。」

と定めていた。

昭和二二年の相続税法改正において、信託行為時課税が再度導入され、委託者が受益者である信託については新たに委託者以外の者が受益者になったときに贈与があったとみなすとの規定をおいた（五条二項）。大正一一年同様に「信託行為時主義」に戻された。これに伴って相続税法五条二項において、「委託者が受益者である信託について、あらたに委託者以外の者が受益者となった場合」には委託者以外のものが受益者となったときに贈与があったものとみなす規定がおかれた。これは「信託行為があった時」に贈与があったとみなして贈与税が課税されるものの、自益信託から他益信託に変更する場合においては、従来「信託ニ付委託者カ他人ニ信託ノ利益ヲ受クヘキ権利ヲ有セシメタルトキハ其ノ時」の規定解釈から導き出されていた課税関係を明確にするものであった。昭和二二年の贈与税は贈与者に課税をするものであったために、受益者が不存在又は未確定の信託であっても、信託行為のあったときに課税することとなっていたことから、いくつかの問題の生ずるおそれが存した。

その一つは、相続開始前二年以内の贈与財産は被相続人の相続財産を構成するとみなされていたことから（四条）、この規定は委託者が死亡前二年以内に他益信託を設定した場合にも適用される結果、相続開始時に受益者がまだ確定していない信託に対する相続課税が問題となった。

改正法は、そのような信託として、⑴相続開始のときにおいて、信託行為により受益者として指定された者が受益の意思表示をしていないため、まだ受益者が確定していない信託、⑵相続開始のときにおいて、まだ受益者が存在していない信託、⑶停止条件付で信託の利益を有せしめた信託で相続開始の時において、まだ条件が成就していないもの、⑷相続開始の時において、受益者が不特定である信託、の四つを挙げて、相続開始時に受益者が確定していない信託については「当該信託の受託者を受益者としてみなして」課税することにしていた（六条）。

なお、上記⑴～⑶に掲げる信託において、受益者として指定された者が受益しない旨の意思表示をしたこと、受益者が存在しないこと又は条件が成就しないこととなったことに因り信託財産又は信託の利益を受ける権利が委託者に帰属したときには、当該信託ははじめからなかったものとみなすこととしていた。何らかの事由で信託の利益を受益者が享受せずに信託が終了し、信託財産が委託者の手に戻ってきた場合が問題となる。贈与の実体がないにもかかわらず、贈与税を課税することとなることから、このような場合には、その信託は初めからなかったものとして徴収した贈与税を還付する規定が設けられていたところである（旧相続税法六二条）。

ここで留意すべきは、平成二二年相続税法は遺産税方式のもとでの受益者課税が前提となっており、信託行為から受益者がいまだ確定していない間においては受託者を受益者とみて課税するのであるから、いつ信託行為が行われ、相続開始時に受益者が確定しているか（すなわち特定の者に受益権が帰属をしているか）が問題となる。相続税法六条は、相続開始前二年以内に信託行為があった場合に、二年以内の受贈者は贈与財産に対する相続税を納付するとともに、相続税法六条一号から四号までの規定がおかれた。一方、贈与税は贈与者課税であったため、だれに受益権が帰属したかは問題としない（信託行為があって信託財産が移転をしている。）という、強引な考え方を採用していた。

平成二二年度の改正について、渡邉幸則弁護士（元国税庁法人税課長）は、「これは大正一一年の税制への逆戻りである。すなわち、一方では受益者未確定の信託については贈与者課税をとりながら、他方では、同じ贈与が被相続人の死亡前二年以内に行われたときは、受託者が受益権を取得したものとして受託者に相続税課税を行っている。ただ、受益者が後日確定したときに還付を行う仕組みを導入したことは注目される。問題は、資本移転税的見地から従来の相続税の範囲を拡張して生涯にわたる贈与を取り込んだところに課税の二重構造を来し、理論的にはすっきりしない税制になってしまったのである(17)」と指摘する。

6　昭和二五年の遺産取得税方式のもとでの信託税制

昭和二五年にシャウプ勧告にもとづいて遺産税方式を遺産取得税方式に改めた。昭和三三年に遺産取得税体系を維持しながらも遺産税方式の要素を加味した法定相続分課税方式が採用された。

昭和二五年には贈与税が廃止され相続税に統合され、結局相続税は、相続、遺贈、贈与により財産を取得した者に対して、財産の価額をその一生を通じて累積して課税する累積課税の制度が採用された。

相続税制度は、昭和二五年に遺産税方式から生涯累積型の遺産取得税方式に改められ、相続、遺贈又は贈与により財産を取得した者に対して課税することとして、贈与税を廃止した。わが国の相続税は明治三八年に創設されたが昭和二一年度までは旧憲法のもとで家督相続と遺産相続の二本立てであった。新憲法のもとで民法の親族・相続編の改正により家督制度が廃止され遺産相続の一本立てとなった。また、明治三八年から昭和二四年度までは被相続人の遺産の価額を課税標準とする遺産税方式であった。

昭和二五年に相続税法は全文改正され、それまでの遺産課税方式を遺産取得者課税方式に改めたが、信託課税原則についての基本的な変更は存しなかった。信託課税においては昭和二二年改正以後抜本的な改正を行わず、ほぼ現行税制に至っている。昭和二五年に、相続税法の抜本的な改正が行われ、遺産取得者課税方式が採用され、相続・贈与により財産を取得した者を納税義務者とすることとなった。しかし、信託課税に関する規定は最小限の改正をみたに留まり、基本的にはそれら規定が今日まで踏襲されている。

すなわち、相続税法四条一項において旧法同様に信託行為時課税を原則として、その例外として、同法四条二項において、①委託者が受益者である信託で受益者が変更された場合、②受益者として指定されたものが受益の意思表示を行った場合、③受益者が不存在であった信託において受益者が特定または存在するに至った場合、④停止条件付で信託の利益を与えることとしている信託において条件が成就した場合、を定めている。

なお、旧法においては受益者が不特定である信託に対する規定をおいていたが削除し、「某大学の一年生全部……」といった信託においては、受益者が収益を取得したときに一時所得として所得税をかけることとされていた。

昭和二五年の相続税法は、以下のように規定していた。

相続税法四条

「信託行為があつた場合において、委託者以外の者が信託の利益の全部又は一部についての受益者であるときは、当該信託行為があつた時において、当該受益者が、その信託の利益を受ける権利（受益者が信託の利益の一部を受ける場合には、当該信託の利益を受ける権利のうちその受ける利益に相当する部分。以下この条において同じ。）を当該委託者から贈与（当該信託行為が遺言によりなされた場合には、遺贈）により取得したものとみなす。

2　左の各号に掲げる信託について、当該各号に掲げる事由が生じたため委託者以外の者が信託の利益の全部又は一部についての受益者となつた場合においては、その事由が生じた時において、当該受益者となつた者が、その信託の利益を受ける権利を当該委託者から贈与（第一号の受益者の変更が遺言によりなされた場合には、遺贈）に因り取得したものとみなす。

一　委託者が受益者である信託について、受益者が変更されたこと。

二　信託行為により受益者として指定された者が受益の意思表示をしていないため受益者が確定していない信託について、受益者が確定したこと。

三　受益者が存在していない信託について、受益者が存在するに至つたこと。

四　停止条件付で信託の利益を受ける権利を与えることとしている信託について、その条件が成就したこと。

3　前項第二号から第四号までに掲げる信託について、当該各号に掲げる事由が生ずる前に信託が終了した場合において、当該信託財産の帰属権利者が当該信託の委託者以外の者であるときは、当該信託が終了した時において、当該信託財産の帰属権利者が、当該財産を当該信託の委託者から贈与により取得したものとみなす。」

ここで、昭和二二年の規定と対比した場合においていくつかの問題が生ずる。

昭和二五年度改正においては、相続開始の時において受益者がまだ存在していない信託に対応する規定はあるが、相続開始の時において受益者が不特定である信託に対応する規定が存しない。したがって、受益者が不特定である場合には、「受益者が現実に利益を受けたときに、一時所得として所得税の課税を受けることになる」[18]と解されていた。

また、受益者が確定していない、または存在していない信託の委託者について相続の開始があった場合の課税関係について明文規定はないが、通達は、そのような場合には「その信託に関する権利は委託者の相続人が相続によって取得する財産として取り扱うもの」としている。

次に、昭和二八年の改正においては、税務執行上の要請から、財産を取得した者の一生を通じての累積課税制度が廃止された。贈与税も取得者課税として独立した。

そして、相続および包括遺贈によって取得した財産については相続税を課し、贈与及び特定遺贈によって取得した財産については贈与税が課税された。昭和三三年の改正は、わが国の財産相続の現状に適した相続税額の算出に関する改正である。つまり、遺産取得課税体系を維持しながらも、その税額の計算については、共同相続人の財産相続の状況を考慮に入れ、遺産額を、法定相続人が民法の法定相続分に従って相続したものと仮定した場合の税額の合計額を相続税の総額とした。

昭和二八年改正において、第四条二項各号列記以外の部分中「遺言によりなされた場合」の下に「又は第四号の条件が委託者の死亡である場合」を加えている。停止条件付信託で条件が成就した場合のうち、その条件が委託者の死亡であるときは、贈与ではなく遺贈により取得したものと改められた。停止条件の意義について、これまでの実務の運営を反映した改正を行っている。

さらに、昭和六三年に相続税法四条二項三号中の「存在して」を「特定していない又は存在して」に、「存在する」を「特定し又は存在する」に改め、相続税法四条二項は下記のように改められた。昭和二五年に「不特定である信託」が明文から排除されていたものの、その後の取扱いを明文化したものである。改正の趣旨は、「受益者が不特定である信託についての規定の明確化を図るものである。すなわち、受益者が不特定である信託については、受益者が特定された場合には委託者である個人から贈与があったものとみなして贈与税を課税する旨の規定の明確化が図られた（相法四②三）。」と説明されている[19]。これまでの取扱いの明確化を図ったもので、この条文が挿入された意義に留意をすべきである。

受益者が不特定である信託については、「不特定」の意義、課税のあり方をめぐって一貫した経緯をたどってきたとはいえないのである。

昭和六三年相続税法の規定は、以下のようである。

相続税法四条二項

「一　委託者が受益者である信託について、受益者が変更されたこと。

二　信託行為により受益者として指定された者が受益の意思表示をしていないため受益者が確定していない信託について、受益者が確定したこと。

三　受益者が特定していない又は存在していない信託について、受益者が特定し又は存在するに至つたこと。

四　停止条件付で信託の利益を受ける権利を与えることとしている信託について、その条件が成就したこと。」

7　平成一九年改正による「受益者としての権利を現に有するもの」との相違
――改正信託税制による対応

平成一九年の改正理由については、「今回の新信託法の制定に際しても、原則として、実質上の所有者である受益者にその所得や利益が帰属するものとみて課税関係を構築することとされてきました。」「今回の新信託法の制定や既に旧法下においても信託の形態の多様化など単純に受益者に課税関係を帰属させるという考え方だけでは、課税関係を律しきれない信託が現出してきています。立法においてもこのような信託について対応する必要が生じてきていました。」[20]と説明されている。すなわち、旧信託法や旧信託税制においては、いろいろと問題が生じていたことは明らかであり、そこで、今回の新信託法の制定に伴い、税制についても所得税、法人税、相続税などの各種の税目を横断的に、かつ、一体的なものとして整備を行うこととされた[21]。

税制についても所得税、法人税、相続税などの各種の税目を横断的に、かつ、一体的なものとして整備を行うことを求めているということは、これまでの制度は一体的なものでなかったことを示している。また、新信託税制は、新信託法に合わせて改正されたものであり、「実質上の所有者である受益者にその所得や利益が帰属するものとみて課税関係を構築すること」に変更はないとされている。平成一九年の改正において、注目すべきは、信託に関する権利を有する者を、「受益者としての権利を現に有するもの」及び「特定委託者」（併せて「受益者等」）としたことである（改正相続税法九条の二第一項）。特定委託者とは、信託の変更をする権限を現に有し、かつ、その信託の信託財産の給付を受けることとされている者（受益者を除く。）をいう（改正相続税法九条の二第五項）。

従来の相続税法においては、単なる「受益者」と表現されていたが、改正の際、従来からの概念は変えずに、「受益者としての権利を現に有するもの」との表現に明確化された。すなわち、受益者として列挙されているだけでなく、実際に受益者としての権利を有しているか否かを受益者に該当するか否かの判断材料とするべきであることが、条文上明らかになった。このことは、改正前相続税法においても明らかであったが、そのような権利（完全権として信託受益権）を有していない場合には相続税法四条二項で広く対応することとしていたのである。

(1)　受益者等の定義

改正所得税法や改正法人税法において「受益者等が存しない信託」は法人課税信託に含まれる。よって、「受益者等」の存在が「受益者等課税信託」と「法人課税信託」の境界を決することになる。改正法人税法一二条は、信託の受益者（受益者としての権利を現に有するものに限る。）はその信託財産に属する資産及び負債を有するものとみなして、かつ信託財産に帰せられる収益及び費用とみなして、所得税法や法人税法を適用している（改正法人税法一二条一項、改正所得税法一三条一項）。さらに同条は、「信託の変更権限を現に有し、かつ、その信託財産の給付を受けることとされている者（受益者を除く。）」は、上記の受益者とみなされている。いわゆる「みなし受益者」である（改正法人税法一二条二項、改正所得税法一三条二項）。信託の変更権限とは、信託目的に反しないことが明らかである場合に限り信託の変更をすることができる権限を除き、他の者との合意により信託の変更をすることができる権限を含む（改正法人税法施行令一五条一項・二項、改正所得税法施行令五二条一項・二項）、また、停止条件付の信託財産の給付を受ける権利を有する者を含むと規定する（改正法人税法施行令一五条三項、改正所得税法五二条三項）。所得税法も同様の規定である。受益者を指定し又は変更する権利を有するものの定めのある信託が認められていることから（新信託法八九条参照）、このような者を「みなし受益者」とすることとしている。

改正法人税法一二条一項、改正所得税法一三条一項は、受益者を受益者の存在あるいは特定の有無で判断するのではなく、「受益者としての権利を現に有するもの」として表現をかえている。ここでは「現に有するもの」の解釈が問題となる。新信託法八八条により、信託契約等の信託契約において受益者となるものは当然に受益権を取得するが、「現に」の意味が問題となり、具体的には停止条件付受益者、始期付受益者の扱いをどのように解するかなどが問題となりうるであろう。

法人税基本通達一四―四―一は、以下のように規定する。

（信託財産に属する資産及び負債並びに信託財産に帰せられる収益及び費用の帰属）

一四―四―一　受益者等課税信託における受益者は、受益者としての権利を現に有するものに限られるのであるから、例えば、一の受益者が有する受益者としての権利がその信託財産に係る受益者としての権利の一部にとどまる場合であっても、その余の権利を有する者が存しない又は特定されていないときには、当該受益者がその信託の信託財産に属する資産及び負債の全部を有するものとみなされ、かつ、当該信託財産に帰せられる収益及び費用の全部が帰せられるものとみなされることに留意する。」（傍点部筆者、以下同）（平一九年課法二―五「八」により追加）

受益権につき信託行為に停止条件が定められているような場合には「受益者としての権利を現に有するもの」には含まれないと解している（改正信託通達の解説）。また、将来設立される法人や将来もっとも成績のよい個人といった受益者の定め方は「受益者」を規定したものではないと解される（同）。この問題は旧信託法の下での旧所得税法一三条や法人税法一二条における受益者は「現に利益を有するか」否かではなく、現に受益者が特定存在するかということであったが、この点でどの程度のものを射程距離におくかは一つの解釈問題として重要である。

改正前においては受益者が存在すれば停止条件付きの場合はともかくも始期付きの場合には所得課税が受益者に生ずると解されていたところ、改正後には停止条件付受益者、始期付受益者が「現に」利益を得ているとは解されないと解される。また、わが国の所得課税における「裁量信託」の課税関係は検討すべき問題であるとされてきたところであるが、受託者が裁量権を行使するまでは、受益者は存在しているものの「現に」利益を受けている受益者は存しないと解されよう。

わが国では、これまで他益信託か自益信託かで課税関係は二者択一課税であったといってもよい。そのメルクマールである受益者の存在又は特定の程度をどのように考えるかという問題もあった。所得税法一三条、法人税法一二条の改正により、特に「現に」という文言を入れたこと、後述する「みなし受益者」の規定をおいたことは注目すべきであろう。

新信託法二条五号は「受益者」とは「受益権を有する者をいう」と定義する（同六・七号参照）。さらに、信託法八八条は、信託行為の定めにより受益者となるべきものと指定された者は当然に受益権を取得する、と規定する。

所得税基本通達（受益者等課税信託に係る受益者の範囲）一三―七は、以下のように定めている。

「法第一三条第一項に規定する『信託の受益者（受益者としての権利を現に有するものに限る。）』には、原則として、例えば、信託法第一八二条第一項第一号《残余財産の帰属》に規定する残余財産受益者は含まれるが、次に掲げる者は含まれないことに留意する。（平一九課個二—一一、課資三—一、課法九—五、課審四—二六追加）

⑴　同項第二号に規定する帰属権利者（以下一三—八において「帰属権利者」という。）（その信託の終了前の期間に限る。）

⑵　委託者の死亡の時に受益権を取得する同法第九〇条第一項第一号《委託者の死亡の時に受益権を取得する旨の定めのある信託等の特例》に掲げる受益者となるべき者として指定された者（委託者の死亡前の期間に限る。）

⑶　委託者の死亡の時以後に信託財産に係る給付を受ける同項第二号に掲げる受益者（委託者の死亡前の期間に限る。）」

この通達によれば、新信託法一八二条一項一号にいう「残余財産受益者」は、ここでいう受益者に該当するもの、同条一項二号にいう残余財産の「帰属権利者」および委託者の死亡時に受益者となるべき者として指定された者、および委託者の死亡時以後に受益者が信託財産を受ける旨の定めのある場合の当該受益者は、「受益者」に該当しないという。

同通達（受益者とみなされる委託者）一三—八は、以下のように定めている。

「法第一三条第二項の規定により受益者とみなされる者には、同項に規定する信託の変更をする権限を現に有している委託者が次に掲げる場合であるものが含まれることに留意する。（平一九課個二—一一、課資三—一、課法九—五、課審四—二六追加）

⑴　当該委託者が信託行為の定めにより帰属権利者として指定されている場合

⑵　信託法第一八二条第二項に掲げる信託行為に残余財産受益者若しくは帰属権利者（以下この項において「残余財産受益者等」という。）の指定に関する定めがない場合又は信託行為の定めにより残余財産受益者等

として指定を受けた者のすべてがその権利を放棄した場合」

なお、「受益者」及び「みなし受益者」の双方が存しない場合には「受益者等の存在しない信託」として法人課税信託となる。

この度の改正にあたっては、受益者課税の原則を維持することとされ（法人税法一二条一項等）、受益者の例外としての委託者あるいは受託者課税（法人課税信託）という三重構造はこれまでどおり維持されている。「受益者」及び「みなし受益者」の双方が存しない場合には「受益者等の存在しない信託」として法人課税信託となる。

しかし、法人課税信託としての範囲が拡大され、課税の原則は本末転倒したとの評価をすることもできなくはない。いわゆる受託者課税が原則となり、例外が受益者等課税ということもできなくはない実態になってきたといえようか。

なお、旧所得税法一二条一項や旧法人税法一三条一項は、受益者が特定していれば、その信託財産を有するものとみなして、信託財産に帰せられる収益や支出は受益者に帰属するとしていた。改正信託法においては、「信託財産に属する資産及び負債を有するもの……」との文言としているが、これは「信託財産を有するものとみなす」との規定を削除したためにこのような表記方法になったものと考えられる。実質的な内容に変化はない。

一方、相続税についても、前述したように、大正一一年の信託法制定と同時に「信託ニ付委託者カ他人ニ利益ヲ受クヘキ権利ヲ有セシメタルトキ」は、そのときにおいて「他人ニ信託ノ利益ヲ受クヘキ権利」を贈与又は遺贈したものとみなす旨の規定をおいた（旧相続税法二三条ノ二）。委託者が信託の設定行為時にその権利を付与する場合（ただし、受益者たる委託者が受益権を変更する場合にはその権利を付与する場合）にはその時が課税時期であり（いわゆる「信託行為時（設定時）課税の原則」を採用）、相続・贈与財産は信託受益権（信託の利益を受けるべき権利）であることを明確にしていたところである。

しかし、平成一九年改正前相続税法四条の解釈を巡ってはこれまでもいくつかの疑義が示されていたが、民事信託の活用が皆無に近いことから検討が遅れていたといってよかろう。たとえば、相続税法四条二項各号の文言の解釈、後継ぎ遺贈に代表される受益者連続信託の許容性とその課税などはその例であるといえよう。これらの課税関係の混乱（たとえば、後継ぎ遺贈型信託の設定時の「網打ち効果」等）は、不確定期限付信託と停止条件付信託において課税関係は異なってくるか、相続税法がそもそも他益信託から他益信託への変更時を射程距離においていなかったのではないか、特に受益者が時系列を異にして存在する場合の課税関係についても設定時に課税が発生することとなるのかなどについて、全く考えていなかったことによるものと考えられる。また、信託受益権の評価の問題にかかる問題等も、相続税においては重要な問題として残っていた。

平成一九年信託法改正により、受益者連続信託の後継ぎ遺贈型信託を改正信託法が正面から認めたことにより、受益者連続信託についての課税関係について、信託設定時に受益者等に対して委託者から受益権を遺贈又は贈与により取得したものとみなして相続税・贈与税・所得税を課税し、次の受益者に対してはその直前の受益者等から遺贈又は贈与により取得したものとみなして同様の課税を行うこととして対応するなど（改正相続税法九条の二第二項参照）、課税関係が明らかにされた。しかし、平成一九年改正により、これまでのすべての問題が解消されたものではないことに留意をしておくべきである。

(2)　イギリスにおける受益者の定義との比較

比較法的な視点から、「受益者が、その信託の利益を受ける権利を取得したもの」あるいは「受益者としての権利を現に有するもの」の意義について検討を加えておく。イギリス信託税制などと比較した場合において、わが国の信託行為時による受益者課税が不合理であることが明らとなるであろう。立法上の相違として片づけられない租税理論的な問題が明らかになる。

イギリス信託において所得課税は、受益者が信託所得に絶対的な権利を有している（absolutely entitled to the income）場合にはそれが発生した年度において受益者のものと解される。そのような信託は確定権利信託（fixed interest trust）と呼ばれている。受益者がそのような権利を有していない場合においては、その所得は受託者が受益者に配分したときの場合にのみ受益者のものとなる。しかし、これにはいくつかの例外が存する。一定の年齢に達するまで受益者のためにそのような所得を累積しているような場合である。そのような累積所得が受益者にそのときに支払われるといったような場合には、その所得は受益者の所得ではなく、信託の財産（capital）の一部である。権利を取得する前に受益者が死亡するような場合に累積所得は受益者の遺産ではなく信託の財産にパスする（帰属する）ことになる（受託者法 1925 § 31）。

受益者が成年に達するまで所得に対して全体的な権利を有していないが、成年にその後達してそのような権利を有している場合、あるいは一人の受益者が絶対的な権利を有しているが、別の受益者がそのような権利を有していない場合などである。

イギリスでは、まず受益者が fixed interest あるいは interest in possession を所有しているか否かをみることとなる。受益者がそのような権利を有していない場合に、受託者が受益者にいつ、いくらを配当するか（支払うか）を決定する裁量を有している場合については、受託者がそのような裁量を行使した場合に当該信託所得は受益者の所得となる。受託者がそのように裁量権を行使する場合には、グロスアップされた支払額が受益者の所得となる。裁量信託においては、受益者に対する所得の配当に代えて、受益者に対する支払いは受益者の制定法上の所得に達するまでグロスアップされる。現在基本税率二五％と付加税一〇％で合計三五％であり、一〇〇の支払いであれば一五四がグロスインカムとなる。これはかなり大きな経営信託に適用される。所得を累積をしなければ付加課税は免れる。なお、例外的に付加税を免れるように信託を分割するといったような租税回避を規制するために委託者に課税されることもありうる（イギリスの信託課税の概要については、Nicola Shaw, Bare Trusts from The Prospective of Income Tax, Capital Gains Tax and Inheritance Tax 1–10 http://www.taxbar.com/documents/ 等参照）。

改正信託税制と比較した場合にわが国の税制は、イギリスをはじめとする信託先進国の税制に近似してきたといえよう。改正前は受益者が特定している場合には受益者課税、それ以外は委託者課税という形で、委託者課税という部分が非常に広かったが、改正所得税法一三条の規定を見ると、委託者課税という、「委託者」という文言が一切排除されている。信託の受益者に課税をするというのは、所得税法一三条一項であるが、括弧書きで「受益者としての権利を現に有する者に限る」と規定している。

イギリスにおいては、原則として受益者が信託所得に絶対的な権利を有している（absolutely entitled to the income）場合にはそれが発生した年度において受益者のものと解されるが、「受益者としての権利を現に有するものに限る」という表現は absolutely entitled to the income と同じであると解してもよかろう（absolutely entitled to the income の解釈について、Stephen Barkoczy, The Nature of "Present Entitlement" in The Taxation of Trusts, 4 Revenue L J 65（1994）が詳しい。）。そのうえでこのような受益者が存しないときにはわが国においては「受益者が存しない」として法人課税信託とされうるところ、イギリスも裁量信託として受託者段階で特別の税率で留保利益に課税を行うこととして、制度の骨格は類似してきているといえよう。ただし、わが国の法人課税信託とイギリスの受託者課税とはその目的や趣旨が多くの場合に異なっていると言えよう。わが国の法人課税信託には受益者等が存しないものを含めて一律に法人課税（個人の受託者であっても法人とみなして法人税率で課税する。）を行うもので、留保利益が受益者に具体的に配分された場合などの課税関係も多くの点で異なる。イギリスにおける受託者課税の主眼は課税の繰延べを排除することにあると解され、受益者に配当された場合においては原則、二重課税の排除規定が存する。

前出したようにここで受益者というものが、「受益者としての権利を現に有するものに限る」となっており、以前のような受益者が特定しているかどうかというような規定ぶりではないが、改正所得税法一三条二項は、いわゆる「みなし受益者」という規定を置いている。「信託の変更をする権限を現に有し、かつ、当該信託の信託財産の給付を受けることとされている者は、前項に規定する受益者とみなして、前項の規定を適用する」として、いわゆる「みなし受益者」を規定している。同条一項と合わせて、「受益者等」と一般的に定義付けられているものである。委託者課税という文言を、条文からはうかがえないが、多くの場合、ここで「みなし受益者」とみなされる可能性があるものは、委託者であると考えられる。「委託者」という文言は使っていないが、委託者に対する課税は、委託者が一定の権限を持っていれば「みなし受益者」として残っている。イギリスにおいては、そのような場合においては受託者課税に含まれ、みなし受益者といった概念は存しない。「みなし受益者」というものは、本法では、「信託の変更をする権限（軽微な変更をする権限として政令で定めるものを除く。）を現に有し」と規定し、改正法人税法施行令五二条に規定する一定のものを除くこととしているが、「みなし受益者」の定義についても今後検討の余地が残る。

また、イギリスにおいては、キャピタル・ゲイン課税、相続税課税においても、信託の設定において一律に課税がおきてくるのではなく、収益保有信託においては完全に受益権が移転をしてみなし処分を構成するが、裁量信託等においては一定の年数の間浮動状態を認めるものとなっているなど、受益者が資本財産にどのような権利を有しているかで異なる取扱いを広く認めている。浮動状態等にある信託に課税することは租税理論的にも許されないのである。

8　受益者不特定又は未だ存在せざる場合の検討

受益者不特定又は未存在の場合の課税関係については詳述したところであるが、要約的な記述とあわせて、その上述の相続税法の規定は以下のとおりである。

(1)　受益者不特定又は未存在への対応

受益者を指定するか、確定しうる程度の指示を与えることは、信託行為の有効要件である。しかし、受益者は信託行為の当事者ではないから、信託行為の当時、特定・現存することを要しない（信託法八条）。受益者の特定・現存は信託行為の効果が受益者に帰属するための要件にすぎない。そのような場合については当初、次のような理解がとられていた。

信託利益に対する所得税及びその附加税、信託利益に対する資本利子税、信託関係の登録税、信託利益に関する相続税、有価証券移転税、特に信託に関係する地方税等はいずれも信託の受益者の負担に帰着すべき諸税である。そこでこれらの諸税中受益者が直接支払った場合、又は受託者又は信託会社が信託利益中より差し引き支払った場合は問題なきも、これらについて受託者又は信託会社が立替代納を行う場合も少なからず生ずるのであり、登録税においてはもちろんのこと、所得税においても、受益者が不特定なるときは、又は未だ存在せざる場合においては、受託者をもって受益者とみなして課税する場合が存するのであり（旧所得税法三条ノ二）、又は昭和一三年三月改正以前の相続税においても、受益者不特定又は未だ存在せざる場合においては、委託者の直系卑属を受益者と為したるものと看做して、その受益者を遺産相続人と看做し（旧相続税法二二条ノ二）、前者の確定するまで後者をして相続税の納付、その他相続財産の管理を行わせたのである。これらの場合生ずる委託者又は信託会社の立替代納せる諸税は、結局受益者の負担すべきものであるために、受託者又は信託会社は、受益者が不特定又は未だ存在せざる場合、又は受益者が受益の権利を放棄せる場合でない限り、受益者に対し直接にその補償を請求すべきはもちろんであるが、信託財産より直接これを支出し、又は信託財産を売却し、他の権利者に優先してその補償を受けさせるべきであって、信託会社は商人なるがゆえに、その立替金に対しては当然法定の利息をすら受け得るべきであって（契約があればもちろんその定めた率による。）、その関係は信託諸費用の場合と同様である（信託法三六条）。

その後、昭和二一年度のシャベル勧告（贈与税は、贈与者にその行為を対象として課せられる。）をうけて、昭和二二年に相続法が改正され従来の一定の贈与について相続税を課していたのを改め、贈与者課税を行うこととなった。信託に対する相続税課税も改正された。まず、昭和一三年改正の「現実受益主義」が改められ、再び大正一一年のように信託行為時に課税されることとなった。それとともに、「委託者が受益者である信託について、あらたに委託者以外の者が受益者となった場合」には、委託者以外の者が受益者となった時に贈与があったものとみなす規定（法第五条二項）が新たに設けられた。昭和一三年以降の信託税制においては、「委託者ガ他人ニ信託ノ利益ヲ受クベキ権利を有セシメタルトキハ其ノ時」という条文の解釈において委託者が受益権変更権を行使した場合にも、新受益者に対して贈与があったものと解釈していたところ、明文でこのことを確認している。すなわち、今回の改正では、まず、課税要件を他益信託の「信託行為があった場合」と規定し、課税時期についても「当該信託行為があった時」と規定して、信託が設定された場合の課税関係を明確にした。そして同時に、従来は法文の解釈により導き出されていた自益信託から他益信託へ変更した場合の課税について、明確化している。

贈与税は昭和二二年の改正ではじめて設けられたが、この贈与税の納税義務者は贈与者であるから、受益者が信託行為に不存在あるいは未確定の信託であっても、「信託行為のあった時」贈与税が課税されることとなった。松井静郎「改正相続税法の解説」（税務協会雑誌第四巻五号、昭和二二年）は、この改正について、「現実受益主義」を採用したのは、「従来の相続税法においては贈与を受けた者を納税義務者とする建前をとっていたからである。」「しかるに贈与税においては贈与者を納税義務者としているから、かかる場合は受益の発生するまで待つ必要はなく、信託行為があった時直ちに贈与があったものとみなして課税すればよい」と述べている。ここでは贈与者が贈与税の納税義務者であるから、受益者が信託行為時に不存在あるいは未確定の信託であっても、「信託行為のあった時」贈与税が課税されることになった。このような課税は必ずしも問題がないわけではないが、当時の贈与税はその性質を一種の資本移転税と把握することにより贈与者の手から財産が離れるときに課税するという理屈も十分になりたちうるとの見解もあった。これは留意すべきところである。贈与者課税であるので、だれに与えたか、帰属したかは問題とならないことから、信託行為時課税が維持されているのである。このような受益者不確定の信託については相手方のない贈与にも課税することになったのである。

再び相続税の信託課税は、信託行為時課税主義にもどったが、所得税や法人税は従来通り受益者未確定の信託については委託者課税の建前が堅持され、一方相続税においては、信託財産は委託者の手元から分離しているのにもかかわらず、所得税や法人税では依然として委託者の手元に止まっているとみなされるという矛盾をかかえていたのである。なお、何らかの事由で信託の利益を受益者が享受せずに信託が終了し、信託財産が委託者の手に戻ってきた場合が問題となる。贈与の実体がないにもかかわらず、贈与税を課税することとなるが、このような場合には、その信託は初めからなかったものとして徴収した贈与税を還付する規定が設けられていたのである。

財産を生前贈与することによって、相続税の負担軽減を防止する意味で、相続開始前二年以内の贈与財産は、相続人の相続財産を構成するとみなされた（法第四条）。この規定は、被相続人（委託者）が死亡前二年以内に他益信託を設定した場合にも適用される。そして、この場合に納税義務者となる者は、「相続開始前二年以内に被相続人から贈与を受けた者」（旧相続税法一条）である。したがって、相続開始の時に受益者がまだ確定していない信託に対する相続税課税が問題となる。改正法はこのような問題に対応規定をおいた。後述するように四種を列挙している。

そして、相続開始時に受益者が確定していない場合には「当該信託の受託者を受益者とみなして」、相続税を課税することにした（法第六条）。税率は第三種が適用されるが、受益者が確定し、その受益者に第一種又は第二種の税率が適用される場合となるときには納税額が改定され受益者に還付されることになる（規則第二条）。

ここで留意すべきは、相続税は遺産税方式のもとで現実受益課税が前提となっていることから、その課税関係が現実に受益者がいつ受益したか問題となるとともに信託行為から受益までの間においては受託者を受益者とみて課税するのであるから、いつ信託行為が行われ、相続開始時に受益者が確定しているか（すなわち特定の者に受益権が帰属をしているか）が問題となる。六号は、相続開始前一年以内に信託行為があった信託のために、このために六条の一号から四号までの規定がおかれたのである。

これに対して、昭和二五年度改正においては、①相続開始の時において受益者が不特定である信託に対応する規定が存しない。②相続開始の時において受益者がまだ存在していない信託に対応する規定はある。このような権利関係の浮動的な信託において、受益者が確定する迄の間、受託者を受益者とみなす規定はない（大正一一年度税制参照）。また、委託者の相続財産のなかに受益権が含まれるという規定も存しない（昭和一三年度税制参照）（昭和三四年度に委託者の相続人が相続によって取得する財産として取り扱う旨の通達が発令された。）。すなわち、受益者が確定し、または存在していない信託の委託者について相続の開始があった場合の課税関係について明文規定はないが、通達は、そのような場合には「その信託に関する権利は委託者の相続人が相続によって取得する財産として取り扱うもの」としている。

平成一三年度税制までは、受益者不特定または未存在の信託について、課税の時期、受益権の帰属先をめぐって、受託者課税あるいは委託者課税と立場を換えてきた。しかし、昭和二二年度の改正により、贈与税（贈与者課税）の導入によりこれらの問題は解消した。しかし、昭和二五年の改正により、相続税（取得者課税）の立場から受益者課税に戻ったときにはこの問題についての手当てをせずに、平成一九年度の改正まで至ったのである。信託法改正や信託業法改正をうけた平成一九年度信託税制改正においては、改正信託法のもとで認められた多様な信託をうけて所要の整備が行われ、あわせて平成一九年度改正前において指摘されていた個別信託税制における問題点の解決も図られ[22]、税制からも民事信託の利用、企業活動・金融取引等の利用などが期待されている。

このような信託税制の現状は、わが国の個人信託の利用状況はきわめて乏しく、高度に精緻な規定を設ける必要もなかったこともあり、わが国の信託税制はそのかかえている問題があるとして先送りにされてきた。

わが国の信託税制の発展は細矢祐治『信託経済概論』（文雅堂・昭一三）の以下の文章に象徴されている。わが国の信託税制が時々の状況にあわせて改正されてきた経緯をものがたる。

「信託に関する税制は、当初は大正十一年第四十五帝国議会に於て、信託制度の設定と同時に、従来信託取引を予想せざりし税制の内に、之を取り入れ織込んで定められたのであるが、其の後数回に亘る一般税制の全面的又は局部的改定に伴い、それに追随する関係に於て、或は信託税制其のものの再検討の下に、軽重取り混ぜて数次の改正が加えられ今日に至れるのであつて、其の内容は益々複雑化せらるるに至れるのである。」

なお、平成一九年度信託税制の改正は大きく枠組みを変更したようにみえるが、受益者課税原則を基礎にしたいわゆる「三重構造」のなかでの改正であり、これまでの税制の枠組みを基礎としたもので、またこれまでの規定の整備と租税回避防止に視点をおいたものであったといえる。所得税法一三条一項、法人税法一二条一項は、「信託の受益者（受益者としての権利を現に有するものに限る。）はその信託財産に属する資産及び負債を有するものとみなして、かつ信託財産に帰せられる収益及び費用とみなして」、所得税法や法人税法を原則として適用することとしている。受益者等課税・発生時課税を原則として採用している。ここでいう受益者には「信託の変更権限を現に有し、かつ、その信託財産の給付をうけることとされている者」も「受益者」とみなされている（いわゆる「みなし受益者」。あわせて「受益者等」という。所得税法一三条二項、所得税法一三条一項・二項・三項、法人税法施行令一五条一項・二項・三項、所得税法五二条三項）。よって、所得税法一三条、法人税法一二条は、形式的なこれまでの委託者課税を改め「受益者等」に対する課税を原則としている。また、旧規定では「受益者」を受益者の存在あるいは特定の有無で判断するとしていたが、「受益者としての権利を現に有するもの」として、旧所得税法や旧法人税法の形式的な受益者の定義を改め、実質的な基準により受益者を判断することとしている。このことは旧規定の形式基準による判断を改めたものとして評価されうる。

しかし、一方で、「受益者としての権利を現に有するもの」、「信託の変更権限を現に有し、かつ、その信託財産の給付をうけることとされているもの」の解釈が今後問題となりうるであろう。施行令や通達等において一定の範囲は示されているが、改正法のもとでどの程度のものを射程距離におくかは一つの解釈問題として重要である。そのような意味でいえば、なお裁量信託（discretionary trust）などの課税については必ずしも明らかであるとはいえないであろう。

信託所得計算ルールについても、改正信託税制のもとでは信託所得の計算規定についても整備が図られたが、①一つは、量的分割信託の問題、②さらに同様な問題として、質的分割信託の課税上の問題点があるといわれている。さらに、③元本受益権と収益受益権とが分離された場合には収益受益権にすべての収益が帰属すると一般的には解されてきたが、信託財産が減価償却資産のような場合について信託契約に定めない場合に、減価償却費をどのように扱うかによって、その後収益あるいは元本をどのように配分していくのかが問題となろう[23]。

相続税法においては改正後もなお多くの問題点が残されていると解されている。信託設定時課税の検討と信託受益権の評価については、相続税についても、大正一一年の信託法制定と同時に「信託ニ付委託者カ他人ニ利益ヲ受クヘキ権利ヲ有セシメタルトキ」は、そのときにおいて「他人ニ信託ノ利益ヲ受クベキ権利」を贈与又は遺贈したものとみなす旨の規定をおいた（旧相続税法二三条ノ二）。いわゆる「信託行為時（設定時）課税の原則」を採用し、相続・贈与財産は信託受益権（信託の利益を受けるべき権利）であることを明確にしていた。その後、信託にかかる相続税や贈与税について改正があったが、信託課税においては昭和二二年改正以後抜本的な改正を行わず、一九年度改正に引き継がれているが、「信託行為時（設定時）課税の原則」や「信託受益権課税」という枠組みの検証も信託所得課税の枠組みの検討とあわせて不可欠である。また、信託受益権の評価についても、元本受益権と収益受益権が分離された場合の評価にとどまらず質的に異なる収益受益権の評価など課題をかかえている[24]。

旧相続税法四条における信託課税制度は、縦の関係（同時に複数の受益者が存在する場合）、自益信託から他益信託の課税関係しか想定しておらず、他益信託から他益信託への変更に伴う課税関係など想定していなかった。このことの象徴的な課税関係の問題が受益者連続信託の課税関係であった。平成一九年度税制改正では、所得税法との整合性をとって、委託者、信託行為の定めにより信託の変更権限を有することとされた委託者の相続人など、受益者以外で、信託契約の変更権限と当該信託の信託財産の給付を受けることとされている者（信託受益権を有する者）を、相続税法上、「特定委託者」と定義し、「受益者」と同様に扱われることとなった（相続税法九条の二第一項、五項）。

また、信託の効力発生後に受益者が追加・交代した場合についての規定（相続税法九条の二）、受益者等が存しない信託等についての受益者等が存しないこととなった時における規定についても整備が行われるとともに、受益者連続型信託の課税関係についても一応の解決をみている(25)（相続税法第九条の三、第九条の二第二項）。

しかし、改正前相続税法においても、受託者に受益の分配、受益者選択などについても裁量があるといった裁量信託の課税について問題が存するといえよう。「信託における受益者裁量機能」さらには「信託における意思凍結能力」をもっとも明確にその内容とするのは裁量信託であるが、その課税関係は、所得課税同様、相続税法においても不明確であるといわざるをえない。

(2)　信託税制における所得税法と相続税法の相違

信託法の制定に伴う大正一一年税制改正おける信託税制については、所得税法と相続税法において大きなスタンスの違いがある。

所得税法においては受益者が受託者より信託により生ずる収益の引渡しを求めることができることを根拠にして受益者課税を導いている。すなわち、信託からの収益は、受益者が有する信託受益権という債権から生ずるものとしている。しかし、そのように解すると受益者が直接信託財産を保有する場合と比して不利益となる。所得の種類によりうけとれる控除等がとれなくなる。そこで、受益者を原則的に所有者とみなして、所得計算上の経費や控除等の適用を受益者に認めようとすれば、信託財産を所有しているとみなして受益者に課税をするという見解をとらざるを得ない。わが国の信託所得課税の出発点は、信託財産の所有権が委託者から受託者、受託者から受益者に移転したのと同じであるとした取扱いをみとめたところにある。すなわち、所得課税上、受益者が直接信託財産を所有していると擬制することにある。

信託法上、信託行為により信託財産は委託者から受託者に移転をすることから、信託が終了するまでは相続税の相続財産に信託財産が取り込まれることはない。しかし、信託行為により受益者が取得する信託の利益を享受する権利（信託受益権）を財産権として相続財産を構成すると考える余地がある。相続税法においては、信託行為により委託者から他人を受益者とした場合にはあたかも財産を贈与したのと同じであるから、相続税法上贈与として課税される範囲内において相続税を課することとした（当時は委託者がその相続開始前一年以内に他人に受益権を与えた場合）。ここでのスタンスは所得税法とは違い、まさに信託受益権を相続としてとらえているのである。相続税法においては、受益者が信託財産を所有するという擬制は取られていないところに特徴がある。その理由としては、信託受益権が一種の債権であると考えたことによる。しかし、信託法上、ここでいう信託受益権が相続財産足りうるものであるか否かについて十分に検討されたわけではない。

十分に議論がつめられなかった理由は、そのような相続税法にかかるそのような構成の前提に、信託設定行為が租税回避に用いられるのではないかという懸念があったことによる。すなわち、信託行為により、贈与といった法形式をとらずに実質的に贈与と同一の経済的な効果を達成することが出来、相続税回避の懸念があったことによる。そこで、信託行為により委託者から受益者に対して信託受益権たる一種の債権（相続財産）が贈与されたと解したのである。このことは、信託受益権を相続財産の中に新たに入れたことからも伺い知ることができる。「債権」とまではいえないものまでも含めて信託受益権として相続税の相続財産に無理やり閉じ込め、そしてそのような信託受益権を条件付期限付債権あるいは期限不確定債権として評価をすることとしたのである。ちなみに、このことは、受益権の評価などに大きな問題を引き起こしているのである。

相続税法の根底には、信託設定時点で課税をしなければ租税回避を導くことになるという思いと、信託設定時には信託法上信託行為時に信託受益権という完全権が受託者に移転するので、受益者はこの完全権から派生する信託利益を享受する権利（信託受益権）を有するにすぎないという法的なドグマが横たわっているのである。

受益者は、信託受益権の贈与をうけたとして（結局、当時においては相続開始一年以内の贈与について）相続税が課せられる。受益者は、相続税法上は信託受益権しか所有していないとされながらも、所得税法上は信託財産を所有しているものとして信託財産からの収益については受託者が収益を得た段階で受益者に課税するというものとなっていたのである。相続税法上、受益者に信託受益権が生じているのであれば信託受益権に基づいて得た所得にその都度所得課税を行うという理論構成もあり得るのであるが、そのような検討はなされていない。相続税回避を中心とした、きわめて粗雑な制度として出発したのである。後述するように、当初は、相続税法は信託における受益者不特定又は未存在の場合の規定さえも持たなかったのである。

このことは所得税法における信託税制と相続税法における信託税制が表裏一体の関係にあるという状態にはほど遠いのである。

所得税法においては、当初より受益者不特定又は未存在の信託においては信託からの収益については受益者に課税できないことから、受託者を受益者とみなして課税することとしていた。後に（昭和一五年に）この受託者課税は委託者課税に変更されたところである。これは、歴史的には信託財産は、受託者に移転していることから徴税の便宜のうえから受託者に課税をするか、それともなお受益者がいないときには委託者が実質的に利益を享受しうるものとして委託者に課税するかであったといえる。

一方、相続税法においては、受益者不特定又は未存在の信託においては、当初このような場面での規定は存しなかった。しかし、上述したように、大正一五年には受益者不特定又は未存在の場合について、委託者の直系卑属を受益者としてみなす旨の改正を行っている。また、相続人不存在の場合と同様に受託者を相続財産管理人と看做す旨の規定をおいている。すなわち、受益者不特定又は未存在の信託を相続税の枠内に取り込んでいる。これは、所得税法における受益者不特定又は未存在の信託の場合と異なり、本来信託受益権がだれにも帰属していない場合にも相続税を課すものでかなり強引な改正であったといえるが、この改正はひとえに租税回避行為を念頭においたものであったといえる。受益者不特定又は未存在の信託を設定した場合には、所得税法においては受託者において所得課税が行われ、相続税法においては委託者の直系卑属を受益者として相続税を課すこととしているのである。

昭和一三年の改正は、すでに詳述したところであるが、信託課税の時期を実際に信託受益権にもとづいて収益を受益したときとするものであり、大改正であった。この結果、受益者不特定又は未存在の信託において不特定又は未存在の期間を長期に設定することによって相続税を免れることとなる。そこで、受益者が特定又は存在するまでは委託者またはその相続人について相続が開始した場合には受益権を相続財産として課税することとした。受益者が不特定又は未存在のまま委託者が死亡すると、信託受益権は相続財産のなかに含まれ相続税が賦課される。現実に受益者が特定又は存在するようになったときに委託者が死亡していると、その子供等が受益権を相続している場合もありうるので、その場合の身分関係も信託設定時の身分関係が存続するものとみなして税率を適用することとしていた。

所得税法においては、受益者が不特定又は未存在においては受託者に課税が生じているものの、相続税法においては、委託者またはその相続人について相続が開始した場合には受益権を相続財産として課税することとしている。信託行為が行われた場合に、所得税法上、受益者が特定又は存在している場合においては、受益者がその信託財産を所有しているものとして受益者に課税が生ずるものの、相続税法においては信託財産が受託者に移転するものの、受益者が特定又は存在するまでは信託受益権は、委託者またはその相続人が所有するものとした。所得税法と相続税法で信託行為時からの課税関係について制度的には理論的な矛盾が生ずるといえるものであった。

なお、この年に不動産及び船舶についても相続財産として相続税の課税が行われることとなり、信託受益権と元本受益権という受益権の分離による問題が具体化することになる。

昭和二二年の相続税法改正の特徴は贈与税の導入であるが、それは贈与者に対して財産の移転に対して課すものであった。これによって、受益者が不特定又は未存在のままの信託においても、信託行為があれば直ちに贈与税が課税できると考えていた（よって、受益者が特定する又は存在することは要件ではない。）。ここで生じた問題としては、受益者が不特定又は未存在のままであったときにも贈与税が課税されることになる。また、相続税についても家督相続制度が廃止され、遺産相続課税一本となった。

相続開始前二年以内に被相続人から贈与を受けた者についても相続税が課税される（一条）が、委託者が死亡前二年以内に他益信託を設定した場合にも相続開始のときに相続税が課せられるが、相続開始の時にまだ受益者が確定していない場合には委託者（被相続人）と相続人あるいは受遺者等との親疎がわからず、相続税課税が問題となる。この場合には、相続時に受益者が確定してないことから受託者を受益者とみなして相続税を課税することとしていた（六条）。この場合において、受託者が同項の規定の適用により納付すべき相続税は、命令の定めるところにより、当該信託財産の中から、これを納付しなければならない受益者が未存在の場合をはじめとして、四つの場合があった。

ここで留意すべきは、受益者が未存在、さらに未確定の信託に加えて停止条件付受益権について挙げたことである。

贈与税にかかる信託課税は信託行為時課税主義を採用したが、そのときに信託財産は委託者の手元を離れることとなるのに対して、所得税法においては受益者が不特定又は未存在の場合にはなお委託者課税が採られたままであるので、その限りで信託法上も所得税法上も信託財産は受託者のもとに止まっている。ここに、相続税法と所得税法においては理論的にも制度的にも矛盾があるといえる。

昭和二五年の改正では、信託行為時課税の例外として昭和二二年相続税法が列挙する四つの場面について課税時期を繰り延べるとともに、委託者が受益者である信託で受益者が変更された場合を挙げている。このような受益者の浮動的な場合について受益者が確定するまで、受託者を受益者とみなす規定は存しない（ただし、昭和三四年に相続税基本通達第四二条で対応）。

昭和一三年までは受益者が不特定又は未存在の信託については課税の時期又は受益権の帰属先について苦心してきたところであり、特に帰属先については受託者課税あるいは委託者課税と変遷してきた。昭和二二年税制においてはこれらの問題が一掃され受益権の帰属先という視点がなくなったものの、昭和二五年税制において取得者課税（受益者課税）に戻ったときに受託者課税か受益者課税かに戻すことがこれまでの変遷からいえば考えられたところであるが、これらの問題は捨象されている。

(3)　受益者確定前の受益権の帰属

相続税法四条二項二号～四号に列挙される信託は各々の事由が生ずるまでは受益者に受益権が帰属しない。この受益権は通達においては、「委託者の相続人が相続によって取得する財産」として委託者に帰属するものと解している。

相続税基本通達四―一（相続税法基本通達（昭和三四年第四二条））は、以下のように定める。

「受益者が確定していない又は特定していない若しくは存在していない信託の委託者について相続の開始があった場合には、その信託に関する権利は委託者の相続人が相続によって取得するものとする。（略）」

なお、昭和二五年の相続税法取扱通達一九は、相続税法四条二項二号の二号～四号までに掲げる信託については当該各号の定める事由が発生する前に委託者について相続が開始した場合においても、その信託に関する権利は委託者の相続人が相続によって取得する財産とはならない旨の定めをおいていた。

相続税基本通達四―一は、相続税法四条二項二号～四号までの信託については信託行為時において受益権はだれにも帰属しない浮動状態にある。この場合の取扱いを定めるものである。上述したように昭和二五年相続税法改正前においては、そのような場合についての規定をおいていたところである。

ちなみに、相続税基本通達四―一は、「受益者を指定するか、又は確定しうる程度の指示を与えることは信託行為の有効要件であるが、受益者は信託行為の当事者ではないから、信託行為当時受益者であるべき者が現存・特定していることを要しないとされている（信託法八）。この場合、その後、信託の受益権が確定又は特定若しくは存在するに至ったときは、そのときの受益者に対して贈与税又は相続税を課税することとしている（法四②二、三）。」、「この場合において、受益者が確定又は特定若しくは存在するに至る前に信託の委託者に相続が開始することもあるが、この場合の信託に関する権利についての課税関係は必ずしも明らかであるとはいえない。しかし、これについては、信託法では信託終了の場合において、信託行為に定められた帰属権利者がないときは、その信託財産委託者又はその相続人に帰属する旨が定められており（信託法六二）、このことは公益信託についても認められると解されることから、委託者の地位を承継する相続人の相続財産とすることが妥当であると考えられる。[26]」と説明されている。

相続税法四条二項二号～四号までの信託においては、相続税法四条三項との関係で委託者の相続人は帰属権利者が存する場合には委託者たる地位を引き継いだのであり、そのような制限付きの受益権を取得することになるのである。

二　本件信託における受益者の特定、分配額の確定――「裁量信託」及び「停止条件付信託」該当性の有無

1　本件信託の「裁量信託」該当性

昭和二五年改正において受益者が不特定である信託についての規定が削除された。そのような場合については所得税（一時所得）で対応することとしていた。その理由は、信託利益を現実に収受したときに一時所得として対応することによる。

しかし、現在は受益者が不特定又は未存在の場合について規定が存する。受益者が不特定又は未存在とは以下のような場合いう。

不特定とは、信託法上、受益者になるべきものの資格や要件は決まっているが該当者がいまだ決定していない場合（例えば、このクラスで成績の最も優れている者といった場合）、ある時点では受益者が特定しているが、受益者としての適格要件が一定の構成員たる資格であるがために変動する可能性が有る場合が、一般的に該当すると説明されている。これに対して、受益者未存在とは、受益者たるものがまだ存在していない場合（将来設立される会社や将来生まれる子供）である。

わが国においては以下のように説明されている。

「受託者に自由裁量権が与えられている信託をいう。すなわち受託者の判断が加わらないと信託の実行がで

きないような信託条項になっている信託である。たとえばこの種の信託としては裁量的生命保険信託がある。ふつうは保険会社には、裁量の自由がなく、保険金受取人の事情の変化にともなって適当に保険金を支払うことはできないのに対し、裁量的生命保険信託では受益者である妻子などの事情の変化に応じて、保険金すなわち収益または元本を受託者の自由裁量により配分することができる。アメリカでは、家族構成員を受益者として、受益者の生活維持や教育に必要と考えられるだけの収益または元本の分配を受託者の裁量に委ねられている扶養信託（trust for support）が行われている。なお、近年信託財産の管理運用については、受託者の裁量の余地を認め、受託者の権限内で弾力的に行わせる傾向がでてきており、たとえば有価証券の信託において有価証券の処分の時期、方法などを受託者の裁量に委ねる信託契約などがこれである。」[27]。

イギリスにおいては、裁量信託（裁量的信託）とは、信託財産から生ずる所得の配分が受託者の裁量によって定まる信託である。受託者が一定の決定をしてはじめて受益者が権利を取得することになるものであり、裁量信託の本質は受託者の裁量に依存するというところである。このような信託は、所得あるいはキャピタル・ゲインに関して裁量的であるといわれる。このような信託の特徴は、被控訴人の息子と孫たちといったように、受益者（の集合体・クラス）がある程度特定されていなければならないということである。いわゆる分配に裁量があるという意味は、「だれに分配するか」と「いくら分配するか」を含んでいるといってよい。このタイプの代表的なものが、英米では累積扶養信託とよばれるものであり、子供らのために二五年間財産を信託して（設定して）受託者は、それらの子供の養育、教育、養護のために所得又はキャピタル・ゲインを配分する裁量を有している。本件信託はまさにこのような信託である。

英米では、上記「裁量信託」（discretionary trust）又は「権利取得者指名権」（power appointment）を伴う信託（指名権付き信託）が積極的に活用されているが、「裁量信託」では受託者の裁量権の行使によってはじめて、「権利取得者指名権を伴う信託」では指名権者の指名権の行使によってはじめて、受益者あるいはその受益すべき利益が確定するという信託である。

このような信託の特徴は、受託者に受益者の指名権、あるいは収益や元本の分配権が留保されているものである。受託者に受益者の指名権が留保されているといった場合は受益者の範囲は限定されているがそのなかの「だれに」収益や元本の分配をするかであり、これは受益者が不特定の場合に該当する。

これについて、本件信託においては、限定的指名権者が権限を行使しない限り、もしくは、受託者が個別具体的な分配の決定をしない限り、被控訴人がたとえ分配を受け得る者の一人として本件信託契約に名前が挙げられているとしても（本件信託契約書4・1参照）、被控訴人には何らの財産も確定的には移動していない。したがって、被控訴人の本件信託における経済的な立場は、受託者が分配の決定をするまでは浮動状態等にある。

相続税法四条二項は、贈与又は遺贈により取得したものとみなす場合について、次の各号に掲げる信託については、当該各号に掲げる事由が生じたため委託者以外の者が信託の利益の全部又は一部についての受益者となった場合においては、その事由が生じた時において、当該受益者となった者が、その信託の利益を受ける権利を当該委託者から贈与（第一号の受益者の変更が遺言によりなされた場合又は第四号の条件が委託者の死亡である場合には、遺贈）により取得したものとみなすと規定している。

「一　委託者が受益者である信託について、受益者が変更されたこと。

二　信託行為により受益者として指定された者が受益の意思表示をしていないため受益者が確定していない信託について、受益者が確定したこと。

三　受益者が特定していない又は存在していない信託について、受益者が特定し又は存在するに至ったこと。」

本件信託の受益者はどの程度特定しているか、以下検討する。

以下の信託条項によれば、Xは元本受益権あるいは収益受益権を有しているようにみえるが、同信託契約の冒頭において、「トラストは、Fの特定の子孫らの利益のために設定されたものであり、『二〇〇四年八月四日付の

Peppyトラスト』と称する場合がある。」として、受益者はFの特定の子孫らの利益のために設定されたと解される。すなわち受益者は、「Fの特定の子孫ら」と解される。しかし、以下の4・1の条項からXが受益者とも受け取れるが、受益者は、Aの生存する子等のだれに特定するかはわからず、受益者不特定といわざるを得ない。

第四条　元本及び収益の処分　受託者は下記に記載されるとおりトラスト財産を保有、管理及び分配するものとする。

4・1　Xに対する分配又はXの利益のための分配　Xが生存する限りにおいて、受託者は、自己の裁量において、Xの教育、生活費、健康、慰安及び安寧のために妥当であると思われる金額を、トラスト財産から得られる収益及び元本からXに支払い、又はXの利益のために利用するものとする。未処分利益は全て、元本に累積され、加算されるものとする。

4・2・1(a)　本項において付与される指定に関わる限定的指名権限に対する制限の詳細は以下のとおりである。

(i)　Aの生存する子等が存在する場合、かかる生存する子等のみが本項に基づき指名を受けることができる、

(ii)　Aの生存する子等が存在しない場合、Fの生存する子孫のみが本項に基づき指名を受けることができる、

(iii)　Aの生存する子等が存在せず、且つFの生存する子孫が存在しない場合、いかなる人または事業体でも本項に基づき指名を受けることができる。

4・2・2　不確定贈与　いかなる時点においても、トラスト財産の一部につき、本書証により指定される当該財産の分配及び処分が行われない場合は、トラスト財産の当該未処分の部分は、トラスト設定者がトラスト財産の唯一の法的経済的受益者であると仮定した場合に、爾後日本の法律に基づいて無遺言であれば分配されるべき者に対し、その割合にしたがって分配されるものとする。

相続税法四条二項一号から四号については、受益者が確定あるいは特定、存在し、又は条件成就の場合において

その受益者に受益権が帰属したときに課税することとしている。四号の停止条件付で信託の利益を受ける権利を与えることとしている信託について、その条件が成就したこととの関係でいえば、始期付受益権者については規定が存しない。始期付受益権者のような場合については、原則どおりの課税になると解するのが一般的であるが、その理由としては停止条件付受益権よりも始期付受益権の方が取得する期待権としては高いと考えている。四号の条件の中に委託者の死亡もその条件に含めている。人の死亡は不確定期限であるが停止条件に含めているようである（相続税法四条二項かっこ書）。

かならずしも停止条件とは私法上の条件に限定しているわけではなく、受益者の信託期待権のレベルが停止条件付受益権よりも低いものを相続税法四条一項の適用から除外せざるをえない。文理解釈に反するという議論はここでは説得力に欠ける。

そうであるならば、受託者に受益者に対する収益や元本の分配権が留保されている場合が問題となる。本件においては、将来どの程度の分配をうけるかも未確定であり、期待権という意味ではきわめて乏しいものである。

裁量信託が締結された場合に、その課税関係を租税法に照らして考える場合の規定は、相続税法四条二項の規定である。ここで規定する四つの信託（三九三頁参照）のうちに、受託者の裁量によって受益権が実現するものがある。たとえば、三号のような受益者不特定信託、四号のような停止条件付信託については、受益者に広範囲な裁量権が付与されている場合などが想定されうるであろう。そのような視点からは、本件信託は、三号・四号の適用が検討されるべきであるといえる。相続税法では、受益者が特定または確定すれば、その時点で贈与が発生することになる。この贈与は信託受益権の贈与であり、贈与財産の評価はこの時点で行われることになる。なお、特定や存在もしていない場合には贈与が起こらない、所得税法などのように「財産の所在」に関する規定は存しない。

なお、わが国の信託法においては、受託者もしくは第三者に受益者を選定する裁量を与える信託は想定していないというだけであり、上記のような信託が禁じられていたわけではない。

これについて、本件信託においては、限定的指名権者が権限を行使しない限り、もしくは、受託者が個別具体的な分配の決定をしない限り、被控訴人がたとえ分配を受け得る者の一人として本件信託契約に名前が挙げられているとしても、被控訴人には何らの財産も確定的には帰属していない。したがって、被控訴人の本件信託における経済的な立場は、受託者が分配の決定をするまでは浮動状態等にある。そして、このような浮動の状態にある被控訴人が、相続税法四条一項における「受益者」にはなんらの権利も帰属していないのであるから、贈与税の納税義務を負うことにはならない。

そして、本件信託においては、受託者によって被控訴人に対する個別具体的な分配が決定された時点において、被控訴人に当該分配にかかる受益権が確定的に帰属し、被控訴人が贈与財産（債権）を取得したと解することができるから、その時に被控訴人に納税義務が発生するとみるべきである。したがって、被控訴人は相続税法四条一項でいう「受益者」に該当しない。

原判決は、本件信託の設定行為が相続税法四条一項にいう「信託行為」に当たるか否かについて以下のように判示する。

「相続税法四条一項の『信託行為』については、同法にはこれを定義する規定は置かれていない。このような場合、納税者の予測可能性や法的安定性を守る見地から、税法上の用語は、特段の事情のない限り、通常用いられる用法により解釈するのが相当である。本件においても、信託行為は、信託法により規定されている概念であるので、相続税法四条一項の『信託行為』は、信託法による信託行為を意味するものと解するのが相当である。

そして、信託法一条によれば、信託とは、委託者が、信託行為によって、受託者に信託財産を帰属させ、同時にその財産を一定の信託目的に従って受益者のために管理処分すべき拘束を加えるところにより成立する法律関係であると解されるところ、本件信託も……委託者であるFが、本件信託の設定行為により、受託者であるSトラストに本件信託財産である本件米国債を帰属させ、受益者とされる被控訴人のために管理処分すべき拘束を加えたものと認められるので、本件信託の設定行為は、相続税法四条一項にいう『信託行為』に当たると認められる」。

このことは裁量信託も広く認められることを示している。

2　本件信託の「停止条件付信託」該当性

(1)　本件信託契約の内容等

名古屋地裁判決の認定によると、本件信託契約の内容は以下のようである。

「1　本件信託契約に至る経過等や本件信託契約の内容に照らすと、本件信託は、本件信託財産を、Aを被保険者、Sトラストを保険契約者兼保険金受取人とする本件生命保険に投資し、その死亡保険金をもって、受益者に利益を分配することを目的として設定されたものと認めるのが相当である。

確かに、本件信託契約における受託者Sの権限を見ると、生命保険以外にも広く信託財産を投資できる権限が認められている。しかし、本件信託契約では、受託者の権限を定める六条の他に、七条において、本件信託財産を生命保険に投資することが明示されている。さらに、八条により、本件信託は、投資顧問であるFの指示に従って、資産運用する義務を負っている。そして、本件信託契約の締結経過、すなわち、本件信託の設定者であるFは、あくまでも生命保険で運用することを内容とする投資プランをKバンクのMらに相談し、本件生命保険の被保険者であるAは、本件信託契約締結前に、既に生命保険契約締結のための健康診断を受診し、本件投資顧問としてのAは、本件信託が設定された二週間後には、受託者であるSトラストに対し、本件生命保険の契約締結を指示し、これを受けて、Sトラストは、本件生命保険の契約を締結したことに照らせば、本件信託は、Fから委託された本件信託財産である本件米国債を生命保険契約で運用することを想定して設定されたものであり、本件信託において受益者に分配することが予定されている信託財産は、Aが死亡し又は本件保険契約が満期の時に発生する死亡保険金であると認められる。

なお、本件信託財産としてFが寄託したのは本件米国債（額面合計五〇〇万ドル）であり、そのうち四四〇万ドルが本件生命保険の一時払保険金として使用されたが、本件信託は、残り六〇万ドルについて米国債として運用している。しかし、本件生命保険の満期はいずれも昭和四六年〇月〇日生まれのAが一〇〇歳となる二〇七二年とされており、本件保険契約は締結から約六八年間継続することが予定されている上、本件生命保険契約締結当時三二歳であるAが日本人男性の平均余命である約八〇歳まで生存するとした場合、本件信託は、少なくとも約四八年間本件生命保険を管理する必要があり、本件信託は、その間の管理費用（なお、Fは、この費用を年間一万ドルと証言している。）を負担することになる（本件信託契約七条五項二号、八条二項九号）。また、本件信託は、解約不能の永久信託であるから（本件信託契約一条）、受託者に対する報酬が本件信託から永久に支払われることになる（本件信託契約九条七項、一一項）。そして、本件生命保険の生命保険金は、満期又は保険事故が発生するまで発生しないので、本件信託としては、これらの費用に充てる資金を予め確保しておく必要がある。本件生命保険の上記管理費、信託報酬、Aの余命、本件生命保険契約の存続期間を考慮すると、米国債として運用されている六〇万ドル相当額は、今後確実に発生が見込まれる本件生命保険の管理費や信託報酬に充てる予定であり、受益者に対する分配を予定していない信託財産であると理解するのが相当である。

2　また、上記（1）**1**で認定判示したとおり、受託者であるSトラストは、信託財産の分配に関して裁量権を有しており、Aが死亡し本件生命保険の保険金を受領したとしても、これを直ちに全額被控訴人に支払わなければならない義務を負っておらず、適宜の方法で支払うことが認められている上、限定的指名権者であるAにおいて、被控訴人以外の者を受益者と指名することができるものである。したがって、本件信託契約上、被控訴人が本件信託の受益者とされているとしても、その地位は浮動的なものであると認められる。」

受益者（X）に対する収益の分配については、以下の信託条項から受託者の裁量に委ねられていると解される。受益者（X）と指名されたものが受け取る受益権の内容については信託設定時には不確定である。

4・1　Xに対する分配又はXの利益のための分配　Xが生存する限りにおいて、受託者は、自己の裁量において、Xの教育、生活費、健康、慰安及び安寧のために妥当であると思われる金額を、トラスト財産から得られる収益及び元本からXに支払い、又はXの利益のために利用するものとする。未処分利益は全て、元本に累積され、加算されるものとする。

5・3　裁量に基づく分配　受託者（Sトラスト）が、本トラストの受益者の教育、生活費、健康、慰安及び安寧に関して、収益又は元本を分配するための権限を付与される場合、受託者は、自らが適当とみなす場合に限り、自らが知るところとなり、且つかかる目的のために合理的に利用可能である当該受益者のいかなる収益又はその他の財源も、計算に含めることができる。

5・4　教育の定義　本トラストにおいて、受益者の「教育」のための支払に関して定めのある場合、常に「教育」という用語は、受託者の単独の判断において、当該勉学が、受益者の選択する機関において、受益者の利益のために遂行される限り、職業教育学校、予備校、大学及び大学院を含むと解釈される。かかる教育のために行われた支払について判断する際に、受託者は、関連する合理的な受益者の生活費を考慮するものとする。

6・13　配当、割当及び分配　受託者の裁量において、比例按分若しくはその他により、又は（資産に対する所得税課税標準を考慮することを義務付けられること無く）上記の方法の組合わせにより、未処分利益を含む、現金又は現金等価物につき、その配当、（第三者割当を含む）割当又は分配を行うこと。

6・14　元本及び収益に関する裁量権　本条項の後半に定められる規定に従い、元本及び収益に関する受益者の権利に関連する事項は、現行法上有効な「元本及び収益に関する法」の規定を遵守するものとする。「元本及び収益に関する法」に、特定項目に関する規定が存在しない場合は、受託者はその合理的な裁量において、トラスト財産の元本又は収益を判断し、収益及び費用をいずれかの勘定区分に割り当て配分する権限を有するものとする。上記に定める一切の権限は、本トラストに基づく収益の受益権者および残余権者を平等に扱う受託者の義務を条件とする。

なお、受託者の権限行使については、以下の条項で明らかなように、本証書において明示的に定められる制限を条件とするのみでその他いかなるものによる制約も存せず、自由に行使することができる。

第六条　受託者の権限　本トラストの目的の遂行および本証書において明示的に定められる制限を条件として、受託者は下記に定める全ての権限を有するものとし、かかる権限は上記に定める権限および法律において付与される権限に付加され、その制限を受けないことを意図するものであり、いかなる裁判所の許可又は命令なくとも受託者の合理的な裁量において行使することができるものである。受託者は、常時、本トラスト証書に明示的に規定される受託者の信認義務の遂行及びその他の制限を条件に、同種の財産の絶対的所有者が有するものとされる権利、権限及び特権の一切が本証書に基づき付与される。受託者の特定の権限を列挙することにより、受託者の一般的な権限が限定されるものではない。

停止条件付信託については、前述したように条文がある（相続税法四条一項四号）。死亡を起因とする受益権の移転は条件とはいいにくいものの、死因は条件のなかに組み込まれているように解することができる。死亡のような不確定期限は停止条件として課税を繰り延べるという方向で立法されている。

また、名古屋地裁判決が認定判示したとおり、受託者であるSトラストは、信託財産の分配に関して裁量権を有しており、Aが死亡し本件生命保険の保険金を受領したとしても、これを直ちに全額被控訴人に支払わなければならない義務を負っておらず、適宜の方法で支払うことが認められている上、限定的指名権者であるAにおいて、被控訴人以外の者を受益者と指名することができるものである。したがって、本件信託契約上、被控訴人が本件信託の受益者とされているとしても、その地位は浮動的なものであると認められる。そうすると、本件信託にはこの規定も適用されうるものと解さざるを得ない。

3　相続税法四条二項各号の文理解釈

控訴人は、相続税法四条の法的構造（建て付け）は、相続税法四条一項において信託行為時に受益権が受益者に原則的に移転し（みなし贈与）、その例外は同法二項各号の場合である、同法二項各号の要件は厳格な文理解釈にもとづいて解釈することが求められるとの前提のもとで、本件信託は同条二項各号いずれにも該当しないと主張する。

このような主張は、すでに詳細に敷衍してきたように、相続税法四条の立法経緯を踏まえた文理解釈からは導くことができないものと解される。ここでは租税法における文理解釈のあり方に言及しておく。

課税要件事実の認定にもとづき、租税法を適用するにあたっては、租税法（課税要件規定）の意味内容を明らかにしなければならない。この課税要件規定の解釈は、租税法律主義（憲法三〇条、八四条）のもとで、原則として文理解釈にもとづいて解釈されるべきであると解されている。最近の租税法判例において、租税法規や文言にかかる解釈原理が正面から問われているものが目につく（東京地裁平成一九年三月二九日判決・ＴＫＣ　文献番号二八一四一〇五六、東京高裁平成一九年一一月一日判決・ＴＫＣ　文献番号二八一四〇四七六、東京地裁平成一九年四月一七日・判時一九八六号二三頁、東京高裁平成二〇年三月一二日判決・金融・商事判例一二九〇号三二頁等）。

しかし、文理解釈の内容については必ずしも統一的な見解が存するとはいえない。たとえば、静岡地裁（第一審）平成一三年四月二七日判決（税務訴訟資料二五〇号順号八八九二）は、所有地上の建物を取り壊して新たに建物を建築した原告が、右建物が租税特別措置法四一条（平成一〇年法律第二三号による改正前のもの）にいう「改築」

に該当し、同条が規定する所得税額の特別控除の適用があると考え、その適用を前提に納付すべき税額を計算して確定申告したところ、被告から所得税についての更正処分及び過少申告加算税の賦課決定を受けたため、その取消しを求めた事案において、同法四一条にいう「改築」の意義については、以下のように建築基準法上のそれと同一の意義に解すべきところ、旧建物と本件建物とは著しく異なっており、本件建築は同法四一条にいう「改築」には該当せず、被告が本件建築について特別控除の適用はないと判断して行った各処分は適法であると判断した。

「租税に関する法規もまた憲法を頂点とする法秩序の一環をなすものであるから、他の法規との間での整合性を保ちながら、その独自の立法目的を達成することを原則として制定されているものである。加えて、租税法は国民の納税義務を定める法であり、その意味で国民の財産権への侵害を根拠づけるいわゆる侵害規範であるから、将来の予測を可能ならしめ、法律関係の安定をはかる必要がある。また、納税義務は各種の経済活動又は経済現象に着目し、立法政策に基づいて発生するものであるが、それらの経済活動又は経済現象は、既に他の法規によって規律されているものでもある。

したがって、現行の租税に関する法規が、他の法規において既に明確な意味内容を与えられた形で用いられている用語と同一の用語を使用している場合においては、その用語は、特に租税に関する法規が明文で他の法規と異なる意義をもって使用されていることを明らかにしている場合に該らない限り、又は、租税法規の体系上他の法規と異なる意義をもって使用されていると解すべき実質的な理由がある場合に該らない限り、他の法規で使用されているものと同一の意義を有すると解するのが相当である。

措置法四一条の本件特別控除の対象に『増改築等』が加えられた昭和六三年当時、建築基準法上の『改築』とは、『建築物の全部若しくは一部を除去し、またはこれらの部分が災害によって滅失した後引き続いてこれと用途、規模、構造の著しく異ならない建築物を造ることをいい、増築、大規模修繕等に該当しないもの』と解されていたものであり、既に明確な意味内容を有していたことが認められ、他方、措置法上明文をもって他の法規と異なる意義をもって使用されていることを明らかにする特段の定めは存在せず、また、本件全証拠をもってしても、租税法規の体系上他の法規と異なる意義をもって使用されていると解すべき実質的な理由も認められないことから、措置法四一条にいう『改築』の意義については建築基準法上の『改築』と同一の意義に解すべきである。」

これに対して、東京高裁（控訴審）平成一四年二月二八日判決（訟月四八巻一二号三〇一六頁、判時一七八二号一九頁）は、次のように判断する。

「法令において用いられた用語がいかなる意味を有するかを判断するにあたっては、まず、法文自体から用語の意味が明確に解釈できるかどうかを検討することが必要であり、法文から用語の意味を明確に解釈できない場合には、立法の目的及び経緯、法を適用した結果の公平性、相当性等の実質的な事情を検討のうえ、用語の意味を解釈するのが相当である。」

「……措置法施行令中の建築基準法の引用は『大規模の修繕』及び『大規模の模様替え』についてのものであり、『改築』について同法を引用しているわけではない。したがって、被控訴人指摘の引用がされていることをもって、直ちに措置法四一条の『改築』が建築基準法の『改築』と同義であると解釈することはできない。」「措置法四一条の『改築』が建築基準法の『改築』と同義であることが法文上明確であるとはいえず、また、建築基準法の『改築』の概念を措置法四一条が借用する実質的な理由もないということができる。

ところで、税法中に用いられた用語が法文上明確に定義されておらず、他の特定の法律からの借用概念であるともいえない場合には、その用語は、特段の事情がない限り、言葉の通常の用法に従って解釈されるべきである。なぜなら、言葉の通常の用法に反する解釈は、納税者が税法の適用の有無を判断して、正確な税務申告をすることを困難にさせる。そして、さらには、納税者に誤った税務申告をさせることになり、その結果、過少申告加算税を課せられるなどの不利益を納税者に課すことになるからである。

言葉の通常の意味からすると『改築』とは、『既存の建物の全部または一部を取り壊して新たに建物を建てること』であり、『改築』と異なる概念としての『新築』とは新たに建物を建てることで『改築』を含まないものであるということができる。」

控訴審は、措置法四一条の「改築」は、従前と構造の異ならない建築物をいうとする建築基準法上の制限的な意味での「改築」と同義であるとはいえず、言葉の通常の用法に従って解釈されるべきであり、本件建物の建築は措置法上の「改築」に当たる、として控訴人の請求を認容した。このような控訴審判決の見解は、後に詳述する東京地裁（第一審）平成一九年四月一七日判決、東京高裁（控訴審）平成二〇年二月二一日判決においても採用されている。東京地裁（第一審）平成一九年四月一七日判決は、所得税法一六一条六号にいう「貸付金（これに準ずるものを含む。）」の解釈にあたり、「法令において用いられた用語がいかなる意味を有するかを判断するに当たっては、まず、当該法文自体及び関係法令全体から用語の意味が明確に解釈できるかどうかを検討し、その上で、なお用語の意味を明確に解釈できない場合には、立法の目的、経緯、法を適用した結果の公平性、相当性等の実質的な事情を検討の上、その用語の意味を解釈するのが相当である。」と述べる。また、東京地裁昭和五四年三月二九日判決・訟月二五巻七号一八〇九頁は、昭和四五年法律二四号による改正後の地方税法七〇〇条の三（軽油引取税の納税義務者等）第三項にいう「炭化水素油」の解釈が問題となったものであるが、「租税法が財産権を侵害する内容の規範であるという性質から法的安定性の要請が重視されるべきであるため、その解釈は、原則として文理解釈によるべきであるが、その意味内容を明確にするためには、立法趣旨、租税の経済的意義も考慮すべきであることも当然である」と判示する。

租税法の解釈をめぐっては、厳格な文理解釈による原文主義的アプローチと目的主義的アプローチとの間で緊迫した対立があり、租税法律主義からは、前者が採用されるべきであるとして、徹底した文理主義を主張する立場もありえよう。立法趣旨・目的に照らしたうえでの解釈アプローチはまさに「文理解釈」であり、いわゆる「厳格な文理解釈」の対極にある極論として目的論的アプローチあるいは「目的論的解釈」といわれているものとはまったく異質のものであるといえよう。厳格な解釈においても、その法規の趣旨・目的に照らした解釈は広く認められているといえよう。

文理解釈における立法趣旨等の意義については、必ずしも一致しているわけではない。しかし、これを無視した解釈はありえず、租税法を解釈するに際しては、租税法規の立法趣旨・目的の適切な役割に関しての正確な理解が不可欠であろう。

わが国の租税法の解釈原理は、租税法律主義（憲法三〇条、八四条）に基づく「文理解釈」である。ここでいう文理解釈とは、「法令において用いられた用語がいかなる意味を有するかを判断するにあたっては、まず、法文自体から用語の意味が明確に解釈できるかどうかを検討することが必要であり、法文から用語の意味を明確に解釈できない場合には、立法の目的及び経緯、法を適用した結果の公平性、相当性等の実質的な事情を検討のうえ、用語の意味を解釈するのが相当である。」（東京高裁平成一四年二月二八日判決等）と解することになろう。定義規定によって一義的で明確な解釈ができる場合はともかくも、「文理解釈」においては、その法規の趣旨・目的に照らした解釈は広く認められているところである。これを無視した解釈はありえない。すなわち、租税法を解釈するに際しては、租税法規の立法趣旨・目的の適切な役割に関しての正確な理解が不可欠である。ここでいう、立法趣旨・目的とは、まず、(i)立法経緯、具体的には、立法担当者による立法趣旨の説明等から明らかにすることができる。さらに、もう一つの観点として、(ii)立法目的とは区別される、その法律あるいは関係規定が有する「目的としての（法的）構造」がある。「目的としての（法的）構造」は、理論的には、立法趣旨・目的に先立って、通常の用語の意味が明確に解釈できるか否かに際して検討されることになろうが、これらは一体として解釈されることとなろう。

なお、ここでいう「文理解釈」は、あくまでも、法の趣旨・目的に沿った「文理解釈」でなければならない。それは、文理からまったく離れて法の趣旨・目的から独自に要件を創設するような解釈（これをもって、「目的論的解釈」と呼ぶ論者もいる。）などとは違うのである。

以上の「文理解釈」に対して、いかなる場合においても文言から機械的・形式的に判断するような文理解釈（「厳格な文理解釈」）は、租税法のあるべき「文理解釈」ではないと言える。立法趣旨・目的に照らしてみて著しく不合理な結果が生ずる場合にまで、そのような「厳格な文理解釈」をなお維持し得るとする見解は、わが国の「文理解釈」が許容するところではなかろう。かかる「厳格な文理解釈」は、課税庁に有利な解釈を導くこともあれば、逆に納税者に有利な解釈を導くこともある。納税者の予見可能性や法的安定性の確保といった視点からは、「厳格な文理解釈」が支持されるべきであるとの見解も存するが、そのような解釈はそもそも租税法律主義や租税平等主義が許容するところではない。

三　名古屋地裁平成二三年三月二四日判決についての評価

名古屋地裁平成二三年三月二四日判決は、相続税法四条一項は、「『信託行為があった場合において、委託者以外の者が信託（省略）の利益の全部又は一部についての受益者であるときは、当該信託行為があった時において、当該受益者が、その信託の利益を受ける権利（省略）を当該委託者から贈与（省略）により取得したものとみなす。』と規定しているところ、同法五条一項同法六条一項同法七条一項同法八条一項同法九条一項の各規定を通覧すると、いずれも、受贈者とされる者が贈与とみなされる行為によりもたらされる利益を現に有することになったと認められる時に、贈与があったものとみなすと規定されていると理解できる。これらの規定と、通則法一五条二項五号を併せて読めば、贈与税は、受贈者とされる者が贈与による利益を現に有することに担税力を認めて、これに対して課税する制度であると理解できる」としたうえで、「相続税法五条ないし九条と同様に、みなし贈与の規定である同法四条一項にいう『受益者』とは、当該信託行為により、その信託による利益を現に有する地位にある者と解するのが相当である。」と判示する。

本判決は、相続税法の他のみなし贈与の規定（例えば、保険料が保険金受取人以外の者によって負担された場合において保険事故が発生した時に贈与とみなされること（同法五条一項）、対価を支払わないで利益を受けた場合において当該利益を受けた時に贈与による取得がみなされること（同法九条）等）から、信託による利益を現に有することに担税力を認めて、課税し得る「受益者」の範囲を「信託による利益を現に有する地位にある者」と限定解釈することで、贈与税の課税時期を遅らせたものと理解されている。

このような「受益者」の解釈については、相続税法四条一項は、相続税法における信託課税の原則は信託設定時課税であり、現実受益時課税を採用していないのであるから、担税力の観点から他の規定とのバランスを欠くとしても、それだけで「受益者」の範囲の限定解釈が可能かといった視点から、疑問が示されている。

名古屋地裁判決は、相続税法四条一項の形式解釈からくる不合理を背景にしたものであるともいえ、方向性としては十分に理解できるものがある。

名古屋地裁判決は、受益権がそもそも相続財産（債権）といえない状態のものまで、租税回避行為に対する規制等を目的に信託行為時課税が許容されるのかといった問題意識が存するものであるといえよう。相続財産といえない段階のようなもの（いわゆる期待権的なもので債権ともいえないようなもの、相続財産として評価できないようなもの）を贈与税・相続税を回避するための租税回避行為を否認する趣旨で立法化する場合であってもそこまでも規制対象にすることは本来の課税を超えた課税をすることとなり、行き過ぎた課税（担税力が存しない状態のもとでの課税）を招来することとなり、結論としては支持しうるものであるとともに高く評価することができるものであるといえよう。

しかし、同法五条一項、同法六条一項、同法七条一項、同法八条一項、同法九条一項の各規定を通覧するという意味での理由付けは、本件信託財産が生命保険信託に該当するとの認定のもとで展開されるのであれば十分に説得力のあるものであったといえる。名古屋地裁は、本件信託が生命保険信託であることを認定しているのであることから、まさに相続税法五条の適用をストレートに首肯するのも十分に可能であったように思われる。

名古屋地裁判決のような「受益者」にかかる解釈をもちだすまでもなく、相続税法四条一項と四条二項との関係を精査することにより同様の結論を導くことは可能であったといえよう。

また、本判決は、(a)本件信託が生命保険への投資を内容とする信託であるという点のほか、(b)本件信託において受託者が信託財産の分配について裁量を有しているという点、(c)Aが限定的指名権を有している点についても、被控訴人が「信託による利益を現に有する地位にある者」にはないことの理由付けとしている。Fは、平成一六年（二〇〇四年）八月四日、Sトラストとの間で、米国ニュージャージー州法に準拠して、Fを委託者、Sトラストを受託者とする信託契約（以下「本件信託契約」といい、本件信託契約に係る契約書を「本件信託契約書」、本件信託契約によって設定された信託を「本件信託」という。）を締結した。そして、Fは、同月二六日、本件信託における信託財産（以下「本件信託財産」という。）として券面額五〇〇万米国ドル（以下、単に「ドル」と標記する。）の米国財務省短期証券（以下「本件米国債」という。）をSトラストに引き渡した。(a)の本件信託が生命保険への投資を内容とする信託であるという点は、生命保険信託であることから四条の適用はないと解することもできる、あるいは本件信託が生命保険契約であるという構成をとらなくともなお、本件信託が裁量信託あるいは停止条件付信託として、相続税法二条三号または四号により信託行為に課税することはできないと解される。なお、本件信託において受益権が生じているのか、さらに受益権が特定のものに帰属をしているのかといった点からも、設定時課税は困難といえよう。

相続税法四条一項にいう受益者は信託法における受益者であり、受益権を有するものである。「受益権」は債権であることから当然に財産となりうるところ、信託設定行為により原則として当該受益権が受益者に帰属することから、そこで受益者に委託者から受益権の贈与があったとみなすこととしている。しかし、相続税法についてはこのような法的なドクマの取扱いが税制の底辺にあることは確かである。受益者が不特定又は未存在の場合には（未確定あるいは浮動的状態等の場合）受託者に課税する、あるいは委託者に課税するとして対応してきたところである。しかし、その後、浮動的状態等について、受託者課税等を考慮しなかった。信託行為時で課税を受益権の帰属で二分する。相続税法四条一項において、①受益権の存在（発生の確定）と②受益権の帰属（帰属の確定、受益者の存在・特定）に対応する。この二つの要件のもとで信託（設定）行為時課税（受益者課税カテゴリー）で受益権の発生と帰属がはっきりしないのは受益者の不特定、未存在（あるいは未確定）であるとして信託行為時課税を繰り延べてきた（相続税法四条二項一号から四号の信託。信託（設定）行為時課税の排除カテゴリー）。相続税法四条二項一号から四号の文言の厳格な文理解釈のもとで、各号に該当しないものはすべて信託（設定）行為時課税の排除カテゴリーに入ると主張している。しかし、このような解釈は相続税法四条の立法経緯、文理解釈からも許されない。よって、本件のような裁量信託あるいは停止条件付信託については、相続税法四条二項三号・四号に該当することは明らかである。

四　本件信託は生命保険契約か

1　生命保険信託の定義

生命保険信託（insurance trust）とは、生命保険契約上の権利（主として保険金請求権）を信託財産の全部又は一部とする信託をいう。生命保険信託の仕組みは、一般的には、①保険契約者が委託者、②信託銀行等が受託者となり、③信託契約によって死亡保険金請求権を当初信託財産として受け入れ、④その後の保険事故発生によって信託銀行が受領する死亡保険金を同銀行が管理・運用し、⑤保険契約者の家族や親族などの指定された受益者に金銭を交付する、というものである。通常の生命保険では、死亡保険金受取人には原則として家族しか指定できないが、生保信託を使えば、家族以外の個人や法人でも保険金を受け取ることが可能になる。また、この信託により、委託者は、法定相続にとらわれることなく、自分が経済的に支援したい人や団体に対して、一定の条件の下、あるいは必要なときに必要な額の資金を渡すことができるようになる。英米においては、生命保険信託はさかんに用いられており、生命保険信託の設立により思い通りの相続計画を立て計画的な生前贈与を確実にできるといったメリットがあるとされている。また、この生命保険信託は撤回不可能なトラスト（irrevocable trust）であり、一度設立すると、取消しや主要な項目が変更不可能となる。

生命保険信託は、受託者が保険事故の発生をまって保険金請求権を行使して得た保険金を信託行為の定めるところによって運用することがその実際的な機能である。いかなる法律的工作によってこの生命保険契約上の権利を信託財産の構成分子とするかについては決して一つの方法だけではなく、すでに成立している保険契約上の権利を信託的に譲渡することも一つの方法ではあるが、その他にもいくつか考えられうるところである。全期間の保険料を支払うに足りる金銭又は定期に収益を生ずる有価証券の類を受託者に信託譲渡して受託者をして受託者の名において保険契約を締結させて、委託者を被保険者と定め、保険事故発生の場合には受託者が保険金請求権（受託者の名において有する。）を行使して得た保険金を受益者のため一定の目的に従って運用するものである。これは英米における生命保険信託中の資金付信託（funded trust）に類似する。

さらに、すでに成立した保険金請求権と事後の保険料の資金として一定の金銭又は定期に収益を生ずる有価証券の類又は年金等の類をともに受託者に信託譲渡してこの資金により保険料の支払をさせて、保険事故発生の場合には保険金請求権を行使して得た保険金を信託行為の定めるところに従って管理するといったものも可能である。これは英米では生命保険信託中の資金付信託の典型的なものである。

ちなみに、わが国において商品化されている生命保険信託は、生命保険料の払込みの仕方によって、「無財源生命保険信託」と「財源付生命保険信託」に区分される。「財源」とは保険料払込資金のことをいい、「無財源生命保険信託」は、上記商品のように、生命保険料の払込みを委託者が行い死亡保険金請求権を信託財産とするもので、「財源付生命保険信託」は、受託者が委託者に代わって生命保険料を払い込むものをいう。つまり、前者は信託財産が死亡生命保険請求権だけであるのに対し、後者は、当初信託財産は金銭等となり、受託者がこの金銭等を管理運用しながら生命保険料を支払うところが異なる。

そこで、生命保険信託中の資金付信託や財源付生命保険信託中の資金付信託（あるいは「財源付生命保険信託」）の課税関係は、通常の生命保険金の課税関係と同じになるのかが問題となる。

具体的には、当初の信託財産が将来の払い込み原資となる金銭等であることから、信託設定時に受益者等に対してその金銭等の贈与があったとみなされないかが問題となる。

「財源付生命保険信託」について、当初の信託財産が現金等である点に着目すると、まず金銭等に信託が設定され、その後の運用形態が生命保険であったと考える余地も存する。相続税法においては、他益信託の信託設定時において、原則的に、「受益者等」に受益権が委託者から贈与されたとみなされて、贈与税が課税される（相続税法四条一項）ことから、信託設定時において、委託者から受益者等に現金等が贈与されたとして「みなし贈与課税」が生ずると解する余地がある。

本件原判決（名古屋地裁）は、この点について以下のように判断をしている。

「1　本件信託契約では、受益者の財政的な要求を満たす流動性を提供し、設定者の死亡時に本件信託により企図される利益を積み立てることが主たる目的とされ、そのための手段として生命保険証券への投資が、この目的を満たすための適切な投資戦略であるとされている（七条一項）。

これを受けて、受託者は、設定者又は保険加入の利益があるその子孫の誰かを被保険者とする生命保険証券を購入及び保有する権限を有する（七条二項）とされ、信託財産により購入した保険証券について、あらゆる権利を有するものとされている（同条三項）。

また、保険料支払に関しては、受託者は、信託財産が支払うべき保険料又はその他手数料の額に満たない場合には、保険料又はその他手数料を支払う義務はないが、自己の裁量により、信託財産の元本を売却するなどして、保険料などを支払うことができるとされている（七条五項二号）。

そして、被保険者の死亡、保険証券の早期償還等の場合には、受託者は、当該保険証券の保険金及び給付金を回収するものとされ、そのために必要な措置を講ずる権限を有するとされている（七条六項）。
2　本件信託契約においては、投資顧問として、Aが指名されている（八条一項）。投資顧問は、信託の投資方針、信託資産の売買又は保有の決定につき責任を負うとされており（同条柱書き）、受託者が本件信託契約六条に基づき権限を有する措置を講じるよう、受託者に指示する権限を有している（同条二項二号）。
3　受託者の報酬等に関しては、受託者は、報酬表に基づき報酬を受けるものとされており、収益から充当すべき報酬は、経常収益又は累積利益から支払えるものとされ（九条七項）、また、受託者の報酬及び費用の全ては、信託より支払われるものとされている（同条一一項）。
以上認定の本件信託契約に至る経過等や本件信託契約の内容に照らすと、本件信託は、本件信託財産を、Aを被保険者、Sトラストを保険契約者兼保険金受取人とする本件生命保険に投資し、その死亡保険金をもって、受益者に利益を分配することを目的として設定されたものと認めるのが相当である。

確かに、本件信託契約における受託者の権限を見ると、生命保険以外にも広く信託財産を投資できる権限が認められている。しかし、本件信託契約では、受託者の権限を定める六条の他に、七条において、本件信託財産を生命保険に投資することが明示されている。さらに、八条により、本件信託は、投資顧問であるAの指示に従って、資産運用する義務を負っている。そして、本件信託契約の締結経過、すなわち、本件信託の設定者であるFは、あくまでも生命保険で運用することを内容とする投資プランをK銀行のMらに相談し、本件生命保険の被保険者であるAは、本件信託契約締結前に、既に生命保険契約締結のための健康診断を受診し、投資顧問としてのAは、本件信託が設定された二週間後には、受託者であるSトラストに対し、本件生命保険の契約締結を指示し、これを受けて、Sトラストは、本件生命保険の契約を締結したことに照らせば、本件信託は、Fから委託された本件信託財産である本件米国債を生命保険契約で運用することを想定して設定されたものであり、本件信託において受益者に分配することが予定されている信託財産は、Aが死亡し又は本件保険契約が満期の時に発生する死亡保険金であると認められる。

なお、本件信託財産としてFが寄託したのは本件米国債（額面合計五〇〇万ドル）であり、そのうち四四〇万ドルが本件生命保険の一時払保険金として使用されたが、本件信託は、残り六〇万ドルについて米国債として運用している（略）。しかし、本件生命保険の満期はいずれも昭和四六年〇月〇日生まれのAが一〇〇歳となる二〇七二年とされており、本件保険契約は締結から約六八年間継続することが予定されている上、本件生命保険契約締結当時三二歳であるAが日本人男性の平均余命である約八〇歳まで生存するとした場合、本件信託は、少なくとも約四八年間本件生命保険を管理する必要があり、本件信託は、その間の管理費用（なお、Fは、この費用を年間一万ドルと証言している。）を負担することになる（本件信託契約七条五項二号、八条二項九号）。また、本件信託は、解約不能の永久信託であるから（本件信託契約一条）、受託者に対する報酬が本件信託から永久に支払われることになる（本件信託契約九条七項、一二項）。そして、本件生命保険の生命保険金は、満期又は保険事故が発生するまで発生しないので、本件信託としては、これらの費用に充てる資金を予め確保しておく必要がある。本件生命保険の上記管理費、信託報酬、Aの余命、本件生命保険契約の存続期間を考慮すると、米国債として運用されている六〇万ドル相当額は、今後確実に発生が見込まれる本件生命保険の管理費や信託報酬に充てる予定であり、受益者に対する分配を予定していない信託財産であると理解するのが相当である。」

すなわち、名古屋地裁判決は、信託契約に至る経過等や信託契約の内容に照らして判断すると、信託の設定と生命保険契約の締結時期に若干の間隔があるとしても、当初の信託財産である米国債は信託契約締結前から予定されていた生命保険契約の支払原資にしか充てることができなかったため、信託財産は米国債でなく死亡保険金である、と認定している。すなわち、信託契約の解釈により、「財源付生命保険信託」の信託財産は、当初の信託財産である金銭等ではなく、生命保険債権であると実質的に認定した。この判決により、生命保険信託を形式でなく実質で判断することが合理的であることが明らかになったと解される。

2　本件信託（生命保険信託）の相続税法四条の適用の可否

民法上は相続又は贈与財産を構成しない保険金について、保険金受取人が保険事故の発生により具体的に保険金請求権を取得した時点で、保険金を遺贈や贈与によって取得したとみなして課税を行うことを相続税法は定めている。生命保険の保険事故発生によって保険金受取人に対して給付された保険金は、民法上は相続又は遺贈により取得した財産ではないが、相続税法は、法律上は相続又は遺贈に該当しないものであっても、実質的には相続又は遺贈による取得財産と同視すべきいくつかのもの（生命保険金、損害保険金、退職手当金など）について、これを相続又は遺贈により取得したものとみなして、その時点で課税財産に取り込んでいる（みなし相続。相続税法三条）。

被相続人の死亡により相続人等が取得する生命保険金等はいったん被相続人の財産に帰属した後に相続人に承継取得されるものではなく、被相続人の保険料負担行為自体が、保険契約を継続させ、被相続人の死亡によって保険金受取人について保険金を受け取るべき権利を原始取得するものである。この保険金は本来の相続財産に含まれないから、相続税法上、みなし相続財産とする必要がでてくるのである。また、生命保険の保険事故が発生した場合に、その契約の保険料の全部又は一部が保険金受取人以外の者の負担したものであるときは、その保険事故が発生した時において、保険金受取人が、保険金について保険料負担者から贈与により取得したものとみなしている（みなし贈与。相続税法五条）。生命保険契約の保険事故が発生した時点で、保険料の一部または全部を保険金受取人以外の者が負担している場合においては、この保険料相当額はその保険料負担者から贈与されたものと実質的には同じ効果をもつことから、みなし贈与としている。

このように、民法上は相続又は贈与財産を構成しない保険金について、保険金受取人が保険事故の発生により具体的に保険金請求権を取得した時点で、保険金を遺贈や贈与によって取得したとみなして課税を行うことを相続税法は定めており、相続税法では、民法の原則と異なる取扱いを行っている。

相続税法三条ないし五条の趣旨は、生命保険信託においても同様である。すなわち、生命保険信託も、保険事故の発生により具体的な保険金請求権が発生するまでは、保険金受取人（通常は受託者）において受益者への具体的な利益の分配の対象となる信託財産は存在しないのであって、保険事故が発生するまでは課税の前提を欠く。まして、裁量権のある受託者あるいは限定的指名権者による具体的な分配の決定がなければ受益を受けられない受益者においては、保険事故発生前には何らの受益を得られるものではない。生命保険信託については、その信託に関する権利は信託財産として取り扱わず、相続税法三条及び五条の生命保険契約に関する規定が適用されるか否かが論点になる。

相続税基本通達四―二は、以下のように定める。

「その信託に関する権利は信託財産としては取り扱わないで、生命保険契約に関する規定（法第三条又は第五条）を適用することに取り扱うものとする」（現在の相続税法基本通達九の二―七）。いわゆる生命保険信託に関する権利については、生命保険契約に関する規定（法第三条及び第五条）の適用があることに留意する。（平一九課資二―五、課審六―三追加）

本通達の趣旨については、次のように説明されている[28]（現在の相続税法基本通達九の二―七も同旨）。

「生命保険信託とは、(1)委託者がその生命保険契約の保険金請求権を信託する原則的方式、(2)委託者が金銭又は有価証券を信託し、受託者をして、生命保険契約を締結せしめ、満期又は保険事故発生の場合に受託者が得た保険金を受益者のために運用する例外的方法の二つが考えられ、いずれも実質的には受益者が生命保険金を受け取ったのと異なるところがない。よって、相続税基本通達四―二は、「その信託に関する権利は信託財産としては取り扱わないで、生命保険契約に関する規定（法第三条又は第五条）を適用することに取り扱うものとする」。

控訴人によれば、ここでいう原則的方法と例外的方法との差異は、「委託者自ら生命保険契約を締結するか、受託者に生命保険契約を締結させたかという程度の差しかなく、実質的には、保険金請求権を信託したのと同視し得るとして、上記通達において、例外的方法が原則的方法とともに想定されている」と主張する。そして、このような前提のもとで、控訴人は、本件信託においては受託者において信託財産の運用について裁量が付与されているとの認定のもとで、そもそも生命保険信託に該当しないと主張する。

しかし、生命保険信託にかかる相続税基本通達四―二が相続税法五条との課税の公平から定められていることをふまえると、本件信託契約の目的とそのための手段はどのようなものであるか、本件信託の設定者の意図はどのようなものであったか、受託者は信託財産をいかなる投資に用いることができるか（投資先についての制約）、信託財産がいつの時点で保険契約に投資されたか（保険契約の時期）、受託者はだれを被保険者とする生命保険証券を購入することができるか、受託者は生命保険証券を保有する権限を有するか、受託者の保険料支払に関する義務の内容はどのようなものであるか、被保険者の死亡、保険証券の早期償還等の場合における受託者の権限はどのようなものであるか、といった状況を総合的に考慮して、実質的に相続税法五条における生命保険と実質的に同一であるか否かを判断せざるを得ないものと解される。その点で名古屋地裁判決の本件信託についての生命保険信託該当性の判断基準は妥当であり、評価しうるものである。

本件通達の解説が述べるように、形式的に判断されるべきものではなく、実質的にみて委託者から受益者に生命保険金が信託財産として贈与されたといえるか否かである。そうであるならば、本件信託においては受託者において信託財産の運用について実質的に裁量が付与されておらず、受益者に分配することが予定されている信託財産は、Fが死亡し又は本件保険契約が満期の時に発生する死亡保険金であるといえる。よって、生命保険信託において、信託行為があったときに生命保険契約が存在することは必須の要件とはならない。

生命保険に関する規定において、本トラストの主たる目的は、本トラストの受益者の財政的な要求を満たす流動性を提供し、トラスト設定者（F）の死亡時に本トラストによって企図される利益を積み立てることであるとしたうえで、本目的に留意し、本目的を満たす手段として生命保険の財産を承知して、トラスト設定者は、かかる不確定性にも関わらず、本目的を満たすための適切な投資戦略は生命保険証券への投資であると信ずると規定している。

また証人調書（五頁〜九頁）においても、Fは、本件信託財産を生命保険金として組成することを強く希望していたことは明らかである。受託者は、トラスト設定者又は保険契約の目的を有するその子孫を被保険者とする生命保険証券を受理・購入および保有する権限を有するが、これらは指示されるものでも義務でもないとされているが、当初より委託者であるFの方針に従って信託財産が生命保険契約に投資されたと考えるのが自然である。委託者Fは、「飽くまでも孫全体、孫は全部かわいいわけで、別にXだけがかわいいなんてとんでもございません。ですから、全員孫たちにということを飽くまでも前提にした上での、大型の保険加入というものが今回は基本中の基本でした。」（証人調書九頁）と述べている。

7・1　目的

本トラストの主たる目的は、本トラストの受益者の財政的な要求を満たす流動性を提供し、トラスト設定者の死亡時に本トラストによって企図される利益を積み立てることである。本目的を明言することによって、トラスト設定者は受託者に対して、トラスト設定者がかかる要求を満たし、その死亡時にかかる利益を提供する能力は不確定であり、かような不確定性はその死亡が時期尚早である場合はさらに増加することをトラスト設定者が留意していることを明示する。本目的に留意し、本目的を満たす手段として生命保険の財産を承知して、トラスト設定者は、かかる不確定性にも関わらず、本目的を満たすための適切な投資戦略は生命保険証券への投資であると信ずる。本信念を明言することにおいて、トラスト設定者は、生命保険証券が他の可能な投資オプションとは異なることを承知する。（略）

7・2　生命保険の取得　本証書において付与される権限に加えて、受託者は、トラスト設定者又は保険契約の目的を有するその子孫を被保険者とする生命保険証券を受理、購入および保有する権限を有するが、これらは指示されるものでも義務でもない。当該購入を行うにつき、受託者は本証書により、かかる購入時に一般投資家に容易に利用可能な指定保険業者の公開格付けに依拠する権限を有し、購入する保険の付保範囲及び金額を決定するに当たり、社外の保険代理店及び／又は財務アドバイザーに依拠できるものとする。

7・3　トラストにより保有される保険証書の所有権　受託者は、トラスト財産において保有される保険証書につき、これより生じるあらゆる所有権、権利、権限、裁量権、選定権、選択権、利権、特権及び利益の付随事項の全てを占有し、所有するものとする。かかる権利には以下のものが含まれるが、これらに限定されない、(a)かかる証券を延長期間に設定することを選択する権利、(b)かかる証券の支払済み証券への転換。この場合、いかなる他の者も上記の保険証券に対して何らの利益またはいかなる種類の権利も持たないものとする、適切な者との共同払い生命保険契約または保険料共有契約締結。

本件信託契約に至る経過等や本件信託契約の内容に照らすと、本件信託は、本件信託財産を、Aを被保険者、S

トラストを保険契約者兼保険金受取人とする本件生命保険に投資し、その死亡保険金をもって、受益者に利益を分配することを目的として設定されたものと認めるのが相当である。

確かに、本件信託契約における受託者の権限を見ると、生命保険以外にも広く信託財産を投資できる権限が認められている。しかし、本件信託契約では、受託者の権限を定める六条の他に、七条において、本件信託財産を生命保険に投資することが明示されている。さらに、八条により、本件信託は、投資顧問であるAの指示に従って、資産運用する義務を負っている。そして、本件信託契約の締結経過、すなわち、本件信託の設定者であるFは、あくまでも生命保険で運用することを内容とする投資プランをK銀行の担当者Mらに相談し、本件生命保険の被保険者であるAは、本件信託契約締結前に、既に生命保険契約締結のための健康診断を受診し、投資顧問としてのAは、本件信託が設定された二週間後には、受託者であるSトラストに対し、本件生命保険の契約締結を指示し、これを受けて、Sトラストは、本件生命保険の契約を締結したことに照らせば、本件信託は、Fから委託された本件信託財産である本件米国債を生命保険契約で運用することを想定して設定されたものであり、本件信託において受益者に分配することが予定されている信託財産は、Aが死亡し又は本件保険契約が満期の時に発生する死亡保険金であると認められる。このような信託は相続税法五条のバランス（課税の公平）のうえに定められている相続税法基本通達四―二でいう生命保険信託に該当することは明らかである。

五　信託受益権の所在

上記したように、本件信託の相続財産は生命保険信託に基づく生命保険金である。そうであるならば、受益権の所在地は形式的に相続税法一〇条三項を適用して判断することは許されないこととなる。

1　相続税法一〇条三項の射程距離

相続税法一〇条は、一項及び二項に各種の財産を列挙してその所在の判定基準を規定しつつ、それらに該当しない財産の所在に関しては、三項（「第一項各号に掲げる財産及び前項に規定する財産以外の財産の所在については、当該財産の権利者であった被相続人又は贈与をした者の住所の所在による。」と規定する。）によって、当該財産の権利者であった被相続人又は贈与をした者の住所の所在によることとする。

控訴人は、相続税法四条一項によって被控訴人が贈与によって取得したとみなされる信託受益権の所在に関して、同法一〇条三項を形式的に適用することにより本件信託の設定者たるFの住所である日本となると結論付けている。すなわち、相続税法一〇条三項は「当該財産の権利者であった被相続人又は贈与をした者の住所」が財産の所在としているところ、本件において「財産の権利者であった贈与をした者」はFであり、同人は、昭和五七年以降甲県乙市に居住しており、仮に被控訴人が制限納税義務者であっても、本件信託の受益権の所在は、Fの住所がある日本となり、被控訴人は、贈与税の納税義務を負うことになると主張する。

しかしながら、本件においては、上述したように、信託行為時にまだ受益権が被控訴人に移転をしておらず、あるいは信託受益権（債権）なるものはまだ存在していないのであるから、そもそも、相続税法一〇条三項の適用は問題にならない。また、本件信託が生命保険信託であることから信託行為時に相続税法四条一項を適用することができないことから課税問題はおきない。まず、本件信託は生命保険信託であり、信託財産は生命保険契約に基づく生命保険金であり、相続税法一〇条五号の規定により所在地を判定すべきものとなる。すなわち、保険事故等が発生したときにおいて、「保険金については、その保険（共済を含む。）の契約に係る保険会社等（保険業又は共済事業を行う者をいう。第五十九条第一項において同じ。）の本店又は主たる事務所（この法律の施行地に本店又は主たる事務所がない場合において、この法律の施行地に当該保険の契約に係る事務を行う営業所、事務所その他これらに準ずるものを有するときにあつては、当該営業所、事務所その他これらに準ずるもの。次号において同じ。）の所在」ということになり、本件の場合は、当該所在地は米国ということになる。

また、控訴人が主張するように仮に被控訴人が委託者から信託受益権を贈与によって取得したと看做した場合においても、信託受益権の所在に関して、同法一〇条三項の規定を適用することはできない。被控訴人の住所が日本でなく、相続税法一条の四第三号の制限納税義務者に該当する場合には、同法二条の二第二項により、「その者が贈与により取得した財産で、この法律の施行地にあるもの」に対して贈与税が課されることになる。そして、財産の所在地は、同法一〇条により定められるところ、「本件信託の受益権は、同条一項九号で挙げられている合同運用信託、投資信託又は特定目的信託に係る信託受益権に該当しないことは明らかであり、同条二項にも該当しないので、同条三項により、その財産の所在が判断されることになる」との形式的な解釈は採ることができないのである。

控訴人は、本件の相続財産の所在について、同法一〇条三項を適用して本件信託の設定者たるFの住所である日本となると結論付けているが、この点に誤りが存することを以下、明らかにしておく。

仮に本件信託が生命保険信託に該当しないとしたとしても、本件信託における信託財産は生命保険契約に基づく生命保険金であることに変わりはなく、保険事故等が発生したときにおいて、はじめて信託財産そして組成され、かつそこから受益者等に分配されるのであるから、信託受益権の実質は生命保険金といっても過言ではなく、相続税法一〇条一項五号を準用してその所在地を判断すべきである。すなわち、本件信託が生命保険信託に該当しないとしたとしても、信託受益権の実質あるいは本質は生命保険金であり、信託という枠組みを用いているにすぎないことから、形式的に相続税法一〇条一項五号を用いるべきではなく、結果的に米国債を生命保険契約に用いたのであるから、結果的に生命保険を受益したとして、贈与財産の所在地を判断すべきである。形式的な適用により、相続税法一〇条三項を用いるか、実質的な適用により、同条一項五号を適用すべきかである。この形式的な適用については、かねてより、批判が強いことを留意しておくべきである(29)。相続税法一〇条一項及び二項と三項との関係においては、三項は一項及び二項に該当しない場合にはじめて適用されるラストリゾートである。その適用にあたって、信託のスキームのなかで受益者が取得する受益権の本質は実質的に、本質的に信託財産であることを踏まえた判断が求められよう。

2　所得税法における信託財産からの所得の所在との対比において

所得税法における信託財産からの所得の所在にかかる所得税法の取扱いについては検討が加えられたことがある。かって、「信託ノ利益トシテ享受スヘキ受益者カ信託財産ヲ有スルモノト看做シテ」課税することとした場合において、そのような建て付けにした理由の一つとして以下の理由があった。

「日本に住所を有しないものであっても、税法施行地に有る信託財産から信託利益を受ける場合は所得税を課す。受益者を信託財産の所有者と看做さなければ受益者の所得は、受益権により生ずるものであることから、受益権は権利者の住所にあるということになるから、課税されないことになる。この点からも受益者の所有と看做すとしたものである(30)。」

所得税法上、受益権という財産が受益者の住所（たとえばアメリカ）にある場合には課税がアメリカで発生することとなると考えていたことによる。所得税法においては、受益権は権利者の住所ということであることから、受益者の住所が国外にある場合にはわが国での課税は生じないと解してきた。いわゆる国内源泉所得としてのソース・ルールについては、一定の立法趣旨をみることができる。

受益権という財産が受益者の住所（たとえばアメリカ）にある場合には課税はアメリカで発生することとなると

考えていたことによる。わが国は相続税における財産の所在については、債権については権利をもっているからこそ利益を受けることができるのであり、その権利の主体のあるところに財産が所在するという債権者主義を採用していた。(31)

現行相続税法一〇条の基となる規定は、昭和二二年の改正により相続税法一四条として置かれた。一号から七号までに列挙された「財産以外の財産の所在は、権利者の住所の所在による」として、相続財産の所在地は債権者の所在地であると規定していた。昭和二五年には相続税が大改正され、資産取得者課税方式に改められ、相続税法一〇条三項は、一号から七号までに掲げられた「財産以外の財産の所在については、当該財産の権利者であった被相続人又は贈与をした者の住所」と表現が変わった。

そうであるならば「当該財産の権利者であった被相続人又は贈与をした者の住所」の解釈はどのように解すべきであろうか。控訴人の主張するように、受益権が委託者であるFから受益者である被控訴人に移転したといえるであろうか。信託法における委託者、受託者及び受益者の権利関係、さらに相続税法によるみなし贈与の税法的修正もあわせて理解する必要があろう。

相続税法における相続財産（相続税法一〇条三項でいう相続の対象となった財産）は「信託受益権」である。そこで、控訴人は、相続財産の所在地を「当該財産の……贈与をした者の住所」とは「収益受益権の贈与をした者」ということになり、贈与者の住所地と解する。しかし、受益権について元本受益権を享受したものは、信託財産を取得するのであり、収益受益権を享受するものは信託財産からの収益を取得することとなる。

しかし、相続税法の前提にある信託法において、相続財産が受託者に移転をして、受託者から受益者に収益受益権に基づいて請求することとなる。

確かに、所得税法では明文で、受益者は信託財産を保有しているとして取り扱うこととしている。相続税法はそのような建て付けをとっていないことから、いわば所得税と相続税とではその所在地を異にするようにもみえる。

しかし、そのような国家の課税管轄権を考えるに当たって、所得税の課税対象となる所得を生み出す源泉たる資産と相続税の課税対象である相続財産でその所在地の判断基準を異にすると解することは国家課税管轄権の視点からは合理的ではない。受益権の本質が実質的には信託においては信託財産の取得であると解することを前提と解すべきであり、現行法の建て付けのもとで両者において異なる取扱いを認めるべきではないと解される。

六　被控訴人の住所

被控訴人は、A・Bの子供であるが、被控訴人は新生児であることから、独立して生活できる状況になかったからその住所地の判断基準（判断要素）が問題となる。被控訴人の住所は、被控訴人の父母A・Bの住所地を異にするといった特別の事情がないかぎり、被控訴人を養育している者で主たる生計を担っている者（家計の中心となる者）及び現に養育を行っている者の住所を基準に判断することとなる。被控訴人は、Aと生計を一にする扶養親族であり、被扶養者が生まれてから平成一六年八月二六日の時点をまたいで、その期間において被控訴人を扶養・養育する者はA及びB以外に存しないことから、ここでいう特別の事情は存しないものと解される。そこで、本件の場合は、被控訴人の父母A・Bの住所地がどこにあるかがまず問題となる。

1　相続税法における「住所」の意義

わが国の租税法の体系において、相続税法、所得税法及び地方税法等においては「住所」が納税義務者の定義、さらには納税義務の範囲を画するにあたって重要な意義を有していることは言を待たないところである。本件におけるここでの争点は、まさにこの被控訴人が新生児であることもあり、「住所」の法解釈及びいかなる判断基準を用いるかが問題となろう。まず「住所」の法解釈にかかる議論を考察するが、この点については最高裁平成二三年二月一八日判決（判例時報二一一一号三頁）「法一条の二によれば、贈与により取得した財産が国外にあるものである場合には、受贈者が当該贈与を受けた時において国内に住所を有することが、当該贈与についての贈与税の課税要件とされている（同条一号）ところ、ここにいう住所とは、反対の解釈をすべき特段の事由はない以上、生活の本拠、すなわち、その者の生活に最も関係の深い一般的生活、全生活の中心を指すものであり、一定の場所がある者の住所であるか否かは、客観的に生活の本拠たる実体を具備しているか否かにより決すべきものと解するのが相当である（最高裁昭和二九年（オ）第四一二号同年一〇月二〇日大法廷判決・民集八巻一〇号一九〇七頁、最高裁昭和三二年（オ）第五五二号同年九月一三日第二小法廷判決・裁判集民事二七号八〇一頁、最高裁昭和三五年（オ）第八四号同年三月二二日第三小法廷判決・民集一四巻四号五五一頁参照）。」、「原審は、上告人が贈与税回避を可能にする状況を整えるために香港に出国するものであることを認識し、本件期間を通じて国内での滞在日数が多くなりすぎないよう滞在日数を調整していたことをもって、住所の判断に当たって香港と国内における各滞在日数の多寡を主要な要素として考慮することを否定する理由として説示するが、前記のとおり、一定の場所が住所に当たるか否かは、客観的に生活の本拠たる実体を具備しているか否かによって決すべきものであり、主観的に贈与税回避の目的があったとしても、客観的な生活の実体が消滅するものではないから、上記の目的の下に各滞在日数を調整していたことをもって、現に香港での滞在日数が本件期間中の約三分の二（国内での滞在日数の約二・五倍）に及んでいる上告人について前記事実関係等の下で本件香港居宅に生活の本拠たる実体があることを否定する理由とすることはできない。このことは、法が民法上の概念である『住所』を用いて課税要件を定めているため、本件の争点が上記『住所』概念の解釈適用の問題となることから導かれる帰結であるといわざるを得ず、他方、贈与税回避を可能にする状況を整えるためにあえて国外に長期の滞在をするという行為が課税実務上想定されていなかった事態であり、このような方法による贈与税回避を容認することが適当でないというのであれば、法の解釈では限界があるので、そのような事態に対応できるような立法によって対処すべきものである。そして、この点については、現に平成一二年法律第一三号によって所要の立法的措置が講じられているところである。」として、相続税法における住所の意義はすでに確立されているといえる。

(1)　住所の定義

相続税法、所得税法における「納税義務者」等の規定は、以下のように住所に言及する。

相続税法第一条の四（贈与税の納税義務者）

「次の各号のいずれかに掲げる者は、この法律により、贈与税を納める義務がある。

1　贈与により財産を取得した個人で当該財産を取得した時においてこの法律の施行地に住所を有するもの

2　贈与により財産を取得した日本国籍を有する個人で当該財産を取得した時においてこの法律の施行地に住所を有しないもの（当該個人又は当該贈与をした者が当該贈与前五年以内のいずれかの時においてこの法律の施行地に住所を有していたことがある場合に限る。）

3　贈与によりこの法律の施行地にある財産を取得した個人で当該財産を取得した時においてこの法律の施行地に住所を有しないもの（前号に掲げる者を除く。）」

所得税法第二条（定義）

「この法律において、次の各号に掲げる用語の意義は、当該各号に定めるところによる。

一　国　内　この法律の施行地をいう。

二　国　外　この法律の施行地外の地域をいう。

三　居住者　国内に住所を有し、又は現在まで引き続いて一年以上居所を有する個人をいう。」

すなわち、相続税法は、贈与税の納税義務者について、贈与により財産を取得した個人で当該財産を取得した時において、この法律の施行地に住所を有する者（以下「無制限納税義務者」という。）である場合には、その者が贈与により取得した財産の全部に対し贈与税を課すると規定している（相続税法一条の三、二条の二第一項）。

一方、所得税法は、居住者とは、「国内に住所を有し、又は現在まで引き続いて一年以上居所を有する個人をいう」と規定しており（所得税法二条一項三号）、相続税法との相違は一年以上居所を有する個人が住所を有するものと同列に扱っていないという点での相違があるにすぎない。双方の法律における「住所」について、形式的にはあるいは規定上は別意に解すべきものは存しない。

さらに、相続税法や所得税法においてはさらに非居住者又は法人の所得にかかる源泉徴収義務の有無につき、「住所」や「居所」の有無をその判断基準にするなど広く言及されているところである。たとえば、所得税法二一二条二項は「前項に規定する国内源泉所得の支払が国外において行なわれる場合において、その支払をする者が国内に住所若しくは居所を有し、又は国内に事務所、事業所その他これらに準ずるものを有するときは、その者が当該国内源泉所得を国内において支払うものとみなして、同項の規定を適用する。」と規定する。その他、多くの租税法令においても広く用いられている文言である。

しかし、ここでいう「住所」につき、相続税法及び所得税法をはじめとする租税法規定はなんら「住所」の定義規定をもたない。そこで「住所」の定義をどのよう解するか、またその住所の定義は租税法に共通する定義として解しうるのか（法解釈上の問題）といった問題が存する余地がある。しかし、この問題については、これまで住所をめぐる事実認定はともかくも定義をめぐってはさして議論とならなかった。それは「住所」については、以下のような法解釈において広くわが国では一致をみていたところであると解されてきたことによるものと解されうる。

租税法律主義の一内容である課税要件明確主義という原則のもとで、すなわち憲法的な要請のもとで、当然に「税法規定の文言」については文理解釈が要求されているところである。いわゆるここでいう「住所」の文言は、

「通常の用法」に従って解釈されなければならないことは異論の存しないところである。そして、この「住所」という文言については、上述したように所得税法や相続税法において税法独自の意義を有する、あるいは独自の意義を有すると窺わせる規定はどこにも存しないことから、「固有概念」と解する予知はまったく存しない（このことは後述するように、一連の税務通達によっても明らかである。）。よって、「住所」は「借用概念」としての解釈が要求されているものと理解せざるを得ないと解されてきたところである。

なお、ここでいう文言の「通常の用法」とは純粋な国語辞書的な意味ではなく、「住所」については特に民法において、以下のように、その定義規定は存在しうるのであるから、その定義は、私法（民法）におけるその法解釈を相続税法や所得税法においても用いることを意味している。すべての租税法令において用いられている「住所」あるいは「居所」といった文言はこのような意味に解することが求められており、よって、税目ごとに、すなわち租税法令（個別法律）ごとにその法解釈を変えることは予定されておらず、すべて統一的に解釈されることとなる。よって、「贈与税」を課すための「結節点」としての「住所」といったような贈与税独自の「住所」の解釈を展開することは許されないことは明らかである。民法二二条でいう「生活の本拠」とは、民法における解釈を集約するならば「その人の生活にもつとも関係の深い一般的生活、全生活の中心をもつてその者の住所」と解すべきであるといえよう。いわゆる自然人の生活関係の本拠だけに限られるべきであるといえる(32)（以下、このような見解を「住所単一説」という。）。

しかし、近年、現代社会では各人の生活圏の拡大と頻繁な場所的移動が著しく生活関係が複雑多様化していることから、各種の法領域に共通する画一的・統一的な住所を定める必要はなく、具体的な生活関係に基づいて法律問題ごとに住所を定めるべきとする見解が存するところである。いわゆる「複数説」といわれる見解である。このような見解は、あくまでも、そのような特別の法領域において、問題となる個別の法律の趣旨、さらには個別規定の趣旨から、そのような「住所」が認定されうるものであると解することを前提とした議論である。すなわち、このような複数説は、法領域ごとに一つの住所を見いだすことも許容しうるとする見解である。

このような複数説の見解のもとでは、所得税法や相続税法で税法独自の住所の解釈を許しているか否かが検討されなければならないとする見解も存する。しかし、上述したように課税要件明確主義のもと、借用概念としての「住所」が前提にある以上、相続税法あるいは所得税法独自の「住所」の法解釈を展開することはできない。また、個別租税法規ごとに、その税目の本質や特徴に着目して個別に「住所」の定義を変えるべきであるとする法理論的な要請も見いだすことはできないし（後述参照）、またそのような法解釈を要請していると解すべき（あるいはそのようなことが窺われる）個別（別段の）規定等も存しないのである。

相続税法や所得税法にいう住所は民法二二条にいう「生活の本拠」であり、民法に従って相続税法や所得税法の住所が解釈されなければならず、租税法における「住所」は一つしか存しない。租税法独自の解釈、特に「租税回避目的」あるいは「租税回避の意図」といった主観的な要素を持ち込み、その「生活の本拠」の判断においてことさら強調することは許されない。

住所の意義につき、「各人の生活の本拠を指すものと解するのが相当であり（中略）、生活の本拠とは、その者の生活に最も関係の深い一般的生活、全生活の中心を指す」とした上、「住所」であるか否かは、「住居、職業、国内において生計を一にする配偶者その他の親族を有するか否か、資産の所在等の客観的事実に基づき、総合的に判定するのが相当である。」とし、「主観的な居住意思は、（中略）補充的な考慮要素にとどまるものと解される。」と判示したところである（平成一九年五月二三日訟務月報五五巻二号二六七頁）。

相続税法や所得税法といった租税法の法律関係において、民法に規定する「生活の本拠」にかかる法解釈とは異なる解釈を採用することはできないが、相続税法と所得税法における相違は、所得税法が「現在まで引き続いて一年以上居所」を有する個人を「住所」を有する個人とを同格に扱い、同じ法律効果を付与しているのに対して、相続税法はそのような規定を有しない。「居所」とは客観説にたてば、その者の当該生活の本拠地として、生活関係の中心をなしているか否かということになろうが、相続税法は「居所」を課税管轄権の要素とは考えていないのである。贈与税という税目の特徴なり、贈与税の創設の趣旨が「住所」の法解釈に影響を与えることはない。相続税法と所得税法における「住所」の定義は同じであると解さざるを得ない。このことは、次に述べるようにこれまでの税務実務からも、明らかである。

(2)　相続税法と所得税法における住所の異動性と実務

旧所得税法（昭和二二年三月三一日法律第二七号）一条は、「この法律の施行地に住所を有し又は一年以上居所を有する個人は、この法律により、所得税を納める義務がある」と規定する。そのうえで、ここでいう「住所」を基本通達（昭和二六年一月一日直所得一―一国税庁長官通達「所得税に関する基本通達」について）は、以下のように規定していた。

〔住所の判定〕

「**1**　法に規定する住所とは、各人の生活の本拠をいうものであるが、その生活の本拠であるかどうかは、客観的事実によって判定し、且つ、同一人について同時に二箇所以上の住所はないものとする（基本通達一―一）

2　法施行地に住所があるかどうかについては、おおむね、次によるものとする。

①　法施行に本人か住所を有し、且つ、公私の職務を有し、又は配偶者その他生計を一にする親族が居り、若しくは事業場を有する場合においては、法施行地に住所があるものとする。

②　法施行地に公私の職務を有し、又は配偶者その他生計を一にする親族が居り、若しくは事業場を有し、法施行地外の地にも他の公私の職務を有し、又は配偶者その他生計を一にする親族が居り、若しくは事業場を有する場合においては、主として本人が法施行地に居るときは法施行地に住所があるものとする。但

し、主として本人が法施行地外の地に居る場合においても、本人のその地に居ることが、諸般の状況からみて臨時的であると認められるときは、法施行地に住所があるものとする（基本通達一―二）。」

なお、生計を一にするとは、「有無相扶けて日常生活の資を共通にしていること」（基本通達一―五〇）である。

このような解釈は、現行所得税法基本通達の二―一においても同様にとられているところである。住所とは「生活の本拠地」をいい、生活の本拠であるか否かは客観的な事実で判断をするとしている。

旧相続税法一条一項一号・二号は、相続税の納税義務者につき、「相続、遺贈又は贈与に因り財産を取得した個人で当該財産を取得した時においてこの法律の施行地に住所を有するもの」、「相続、遺贈又は贈与に因りこの法律の施行地にある財産を取得した個人で当該財産を取得した時においてこの法律の施行地に住所を有しないもの」と規定していた。

ここでの住所の意義については、今日まで引き継がれてきており、相続税法基本通達（昭和三四年一月二八日付け直資一〇による国税庁長官通達。ただし、平成一二年六月二三日付け課資二―二五八による改正前のもの。以下「基本通達」という。）一・一の二共―五は、法に規定する「住所」とは、各人の生活の本拠であり、生活の本拠であるかどうかは客観的事実によって判定する旨規定している。

基本通達一・一の二共―六は、「日本の国籍を有している者……については、その者が相続若しくは遺贈又は贈与により財産を取得した時において法施行地を離れている場合であっても、その者が次に掲げる者に該当する場合（一・一の二共―五によりその者の住所が明らかに法施行地にあると認められる場合を除く。）は、その者の住所は、法施行地にあるものとして取り扱うものとする。」とし、「次に掲げる者」の一つとして「(2)国外において勤務その他の人的役務を提供する者で国外における当該人的役務の提供が短期間（おおむね一年以内である場合をいうものとする。）であると見込まれる者（その者の配偶者その他生計を一にする親族でその者と同居している者を含む。）」を定めた上、（注）として、「その者が相続若しくは遺贈又は贈与により財産を取得したときにおいて法施行地を離れている場合であっても、国外出張、国外興行等により一時的に法施行地を離れているにすぎない者については、その者の住所は法施行地にあることとなるのであるから留意する。」と規定している。

このような解釈は、所得税法にかかる基本通達においても同様にとられているところであり、住所とは「生活の本拠地」をいい、生活の本拠であるか否かは客観的な事実で判断をするとしている。民法の住所の定義を借用した上で客観説にたって、住所の有無の判断を行うことを明らかにしている。相続税法及び所得税法における「住所」の意義はまったく同様である。租税法の解釈原理からいっても、また相続税と所得税において、その課税管轄権行使にかかる国家と人との「つながり」としての「住所」をことさら別意に解すべきことも存しない。わが国は当初相続税については国内にある財産のみに課税するという「属地主義」を採っていたところであるが、昭和一三年に、いわゆる「属人主義」に展開して、外国にある財産にも課税することとなり、現在の相続税法の基本的な体系ができあがったわけであるが、そのときから住所についての定義に変化はないと解することができる。

このような長年続いた課税庁の解釈や取扱いを変えることは、行政先例法違反であると同時に信義則違反をも構成することとなる。

ちなみに、相続税法基本通達一・一の二共―六は、「日本の国籍を有している者……については、その者が相続若しくは遺贈又は贈与により財産を取得した時において法施行地を離れている場合であっても、その者が次に掲げる者に該当する場合（一・一の②共―五によりその者の住所が明らかに法施行地にあると認められる場合を除く。）は、その者の住所は、法施行地にあるものとして取り扱うものとする。」とし、「⑵国外において勤務その他の人的役務を提供する者で国外における当該人的役務の提供が短期間（おおむね一年以内である場合をいうものとする。）であると見込まれる者（その者の配偶者その他生計を一にする親族でその者と同居している者を含む。）」をその一つの場合としていることからすると、おおむね一年を超えて行なう職業をもって海外に居住する場合においては居住者として取り扱うこととしていることから、期間的要素と職業的要素の比重は大きく、住所の有無の判断にあたって不可欠の重要な要素であることに留意をしておくべきである。

個人が我が国の居住者であるか否かは我が国の納税義務といった視点、すなわち本件においては相続税法（贈与税）上の税負担との関係においてはまったく意義をもたない。相続税法や所得税法等においてはだれが居住者（無制限納税義務者）であるか否かにおいて住所はきわめて重要な概念であるが、立法者は住所の定義についてなんら規定をおいていないのである。課税庁において上のとおり長く採られてきた住所の法的解釈は通達においてみることができるのである。この住所は民法の規定に依拠した「生活の本拠」であり、相続税法の視点から別途特殊な判断基準が予定されているわけではない。住所は生活の本拠であり、「生活の本拠」とは社会通念上は「自分の家（自宅＝マイホーム）」ということにすぎない。なんらむずかしい問題ではない。租税法において、わたしが居住者としてどこにいるかという問題は、わたしの家（マイホーム）がどこにあるかという問題と同じである。異なる問題ではないことに留意をすべきである。

また、相続税法における「住所」の概念は相続税や贈与税の本質から、所得税法とは異なるとする見解も採用することができず、税目の特徴に基づいた相違はこの「一年以上」の「居所」にあるのであり、「住所」の定義に存するのではないということに留意をすべきである。相続税法と所得税法における「住所」の定義は同じである。

2　「住所」の判定基準

(1)　「生活の本拠」とは

個人の住所の判断は課税庁にとっては事実の問題であり、その前提たる住所の意義は制定法の解釈の問題である。所得税法三条二項にあっては、国家公務員または地方公務員以外について、居住者及び非居住者の区分に関し、個人が国内に住所を有するかどうかの判定について必要な事項は、政令にこれを委任している。

「（国内に住所を有する者と推定する場合）

第十四条　国内に居住することとなった個人が次の各号のいずれかに該当する場合には、その者は、国内に住所を有する者と推定する。

一　その者が国内において、継続して一年以上居住することを通常必要とする職業を有すること。

二　その者が日本の国籍を有し、かつ、その者が国内において生計を一にする配偶者その他の親族を有することその他国内におけるその者の職業及び資産の有無等の状況に照らし、その者が国内において継続して一年以上居住するものと推測するに足りる事実があること。

2　前項の規定により国内に住所を有する者と推定される個人と生計を一にする配偶者その他その者の扶養する親族が国内に居住する場合には、これらの者も国内に住所を有する者と推定する。

（国内に住所を有しない者と推定する場合）

第十五条　国外に居住することとなった個人が次の各号のいずれかに該当する場合には、その者は、国内に住所を有しない者と推定する。

一　その者が国外において、継続して一年以上居住することを通常必要とする職業を有すること。

二　その者が外国の国籍を有し又は外国の法令によりその外国に永住する許可を受けており、かつ、その者が国内において生計を一にする配偶者その他の親族を有しないことその他国内におけるその者の職業及び資産の有無等の状況に照らし、その者が再び国内に帰り、主として国内に居住するものと推測するに足りる事実がないこと。

2　前項の規定により国内に住所を有しない者と推定される個人と生計を一にする配偶者その他その者の扶養する親族が国外に居住する場合には、これらの者も国内に住所を有しない者と推定する。」

すなわち、法律の委任を受けた所得税法施行令は、同令一四条一項において、（国内に住所を有するものと推定する場合）を規定し、同令一五条一項において、（国内に住所を有しないものと推定する場合）を規定している。同項は、国内に居住することとなった個人が、次の各号のいずれかに該当する場合には、その者は、国内に住所を有する者と推定するとして、その一号に、その者が国内において、継続して一年以上居住することを（通常）必要とする職業を有することとしている。同項二号に、その者が日本の国籍を有し、かつ、その者が国内において（生計を一にする）配偶者その他の親族を有することその他国内におけるその者の職業及び資産の有無等の状況に照らし、その者が国内において継続して一年以上居住するものと推測するに足りる事実があることを要件としている。まず一年以上の居住の「期間」と「職業」との関係のもとで「住所」を理解している。「国籍」、「生計を一にする親族等の存在」、「国内での職業」、「資産の有無」、「一年以上の継続的な居住」といった要素が「住所」の判断のための要因を構成することを示している。

所得税法二条一項一号・二号の「住所」要件（一年以上の居所のための要件ではない）の充足について、所得税法施行令は、「住所」にかかる所得税法施行令一四条一項各号のいずれの要件も充足されれば「住所」があったと推定する旨規定する。ここでは、「居住者」として推定するものにすぎず、原則は所得税法三条に規定する「住所」の判断基準（要件）によるべきことは当然である。所得税法施行令一四条一項あるいは同法施行令一五条一項にいう要件はあくまでも所得税法三条にいう「住所」要件を充足するための基礎的な（あるいは主要な）判断要素を示すことによって、「住所」を推定させることとしている。民法でいう「住所」の借用概念としての相続税法上の「住所」を前提とした委任立法であり、相続税法上の「住所」の判断基準（要素）も民法における「生活の本拠」の判断基準と同じであると解されうるということに留意をしておくべきである。そうでなければ同施行令は委任の範囲を超えた行政立法になってしまう。ここでの推定にかかる判断基準は、民法でいう「生活の本拠」の判断基準としておおむね支持されうる要素の一つであり、これらが相続税法や所得税法における具体的な判断基準（判断要素）として合理性を有していると解することができる。

所得税法施行令一四条一項や同法施行令一五条一項各号において示されている住所推定のための要件が一つの重要な要件になることについて異論は存しない。国内と国外の各々の滞在日数、国外滞在の状況、納税者が住所地と主張する国外での滞在日数、納税者の国籍及び本籍、所有している資産の内容・所在地等、家族の居住地や生活状況などを総合的に考慮し、その住所を判断している。民法でいう「住所」（「生活の本拠」）とその判断基準は同様である。

3　租税回避目的と住所

武富士事件（最高裁平成二三年二月一八日判決、東京地裁（第一審）平成一九年五月二三日判決）において、控訴人は、一審において以下のような主張を展開していたところである。

⑴　贈与税の納税義務に関する住所の認定基準

受贈者の住所がどこにあるのかは、単に住民票の記載事項により判断するのではなく、いずれが受贈者の『生活の本拠』に該当するかを、住居、職業、国内において生計を一にする配偶者その他の親族を有するか否か、資産の所在等の客観的事実に加え、本人の居住意思・目的も考慮して、総合的に判断することとなるが、定住の意思は必ずしも常に存在するものではなく、外部から認識し難い場合が多いため、本人の主観的な意思はあくまでもその判断のための一資料として考慮するにとどまるべきである。基本通達において、相続税法に規定する『住所』とは、各人の生活の本拠であり、生活の本拠であるか否かは客観的事実によって判定する旨規定されているが、これは、民法上の生活の本拠についての客観説を採ることを明らかにしたにすぎず、居住者の主観面を考慮することを排除するものではない。

しかし、『そして、各法域においてその目的に応じた固有の住所が存在すると解されるのであるから、贈与税に関する住所の認定に当たっても、贈与税が、贈与によって財産が移転する機会に、その財産に対して課税される租税であって、相続税の補完税としての性質を持ち、相続税のみが課税されるとした場合には、生前に財産を贈与することによって、相続税の負担を容易に回避することができることになるため、このような税負担の回避を封ずることを目的としていることが考慮されてしかるべきである。』といった見解も嘗ては存したところではあるが、このような見解は最高裁平成二三年二月一八日判決によって、否定されている。

相続税の回避を封ずる目的を有する贈与税の回避が容易にできるようであってはならないとの趣旨から、生活の本拠の判断に租税回避目的という主観的な要素をことさら強調することによって、控訴人は、『贈与者との関係がどうなっているか、総合考慮し、贈与税を賦課するに足りる日本との結節要素が認められるどうかを判定すべきである』としながらもこの要素を特別に考慮して、贈与税における『住所』に独自の意義をもちこもうとする解釈は許されるべきではない。事業目的での出国であろうと、租税回避目的での出国あるいは米国籍の取得であろうと、『生活の本拠』の有無の判断において考慮すべき要素してはまったく異なるところはないのである。上述した『住所』の法解釈によれば、最高裁平成二三年二月一八日判決、東京地裁（第一審）平成一九年五月二三日判決などは高く評価しうるものである。」

4　個人の「住所」を判断するための要素・徴表

本件においては、アメリカにおける居住の状況等から、アメリカが贈与税における「住所」（すなわち、「生活の本拠」）に該当するか否かについては、被控訴人及び両親の居住の期間の長短、両親の住居の状況、両親の職業の内容と遂行の実態、両親において生計を一にする配偶者その他の親族の有無やその所在状況、被控訴人及び両親の資産の所在等の客観的事実に加え、被控訴人が米国国籍を取得した経緯や目的、両親の日本での居住意思なども考慮して、総合的に判断することとなる。しかし、このような要素の総合的な判断にあたり、考慮すべき要素に軽重があることは承知すべきである。そのような視点から、いくつかの要素について十分な検討が求められる。

(1)　人的なつながり（わが国での実質的な存在）

個人がそこで居住し、「住所」を有していると断定するための「個人と場所との関係」は、時間、期間あるいは恒久性といった要素を含んでいる。そのような「時間的な長さ」にかかる要素は唯一の基準ではないが、それは不可欠であり重要である。このことは、所得税法施行令一四条あるいは一五条、さらには相続税にかかる実務通達（たとえば、基本通達一・一の二共―六）が一年以上の居住に直接あるいは間接に言及していることからも「住所」を構成する要素としていることからも明らかである。

ある個人が「住所」（生活の本拠）として、自宅（マイホーム）をどこの国においているかを判断する場合に、その個人のそこでの「存在」はきわめて重要である。ちなみに、ある個人がその年度にずっとその国に存在していた場合には当該国の居住者とすることは十分に可能であるが、一度も当該国に足を踏み入れていない場合には、前の年度等における「つながり」が重要な意味を持ってくる。ただ、そのような過去の年度における人と場所とのつながりのみで「住所」が存するという場合はきわめて例外的な極限的な場合であるといえよう（たとえば、日本船舶に乗り込んでいる船員の住所について、旧基本通達一―三などはそれに近いといえよう。）。

我が国との間で、前の年度における関係が存在しない者が我が国にやって来てつながりをもつとすると、当該年度において課税される余地を含んでいる。所得税法施行令一四条一項一号は、国内において一年以上の職業をもって入国することをもって「住所」の存在を推定することとしているが、居住期間が一年以下であっても、他の要素との総合判断のもとで住所とみなされる余地は十分にありうる。

当該国における居住あるいは滞在期間が短い場合においては、事業目的であろうと、レジャーや観光目的であろうと「一時的な目的」で当該国にやってきたと一般的には解され、当該国において居住者とみなすことは困難である。「一時的な（臨時的な）目的」による滞在とは、個人が通常の生活を送る場合と区別されうるであろう。「一時的な目的」での滞在との関係において、当該国で自宅を購入しているか、あるいは住まいを転々としているかは一つの要素になりうる。当該国に住所をおく意思があったか否かということも重要な要素にはなりうる。

ここでは居住のための「期間」、さらには「職業」は「恒常的な居住のための目的」との関係においてきわめて重要な要素となりうると解すべきである。期間的要素と職業的要素は、総合考慮における二大要素であるといえる。

(2)　本件における滞在期間等について

被控訴人のわが国と国外における滞在日数は、被控訴人が生まれて以後信託設定から一定の間の日数を考慮することは最大の考慮要因の一つである。被控訴人は、平成一五年〇月〇日にアメリカのP州にて出生してから、平成一六年八月二六日に本件トラストを設定するまでの二五五日間のうち（初日算入）、日本に滞在していたのは、同年一月三〇日から同年四月一一日までのわずか七二日（約二八％）に過ぎない。その余の一八三日（約七二％）はアメリカにいた。しかも、被控訴人は日本にいる間でも、常に甲県乙市丙町丁番に滞在していたわけではなく、母であるBの実家に一週間程度、滞在している。また、日本に滞在した上記七二日間にしても、Bがアメリカで同国のビザを切り替えることができなかったので、ビザ切替え手続きをするために、被控訴人を伴って、日本に帰国し、一時的に、滞在していた期間にすぎない。

すなわち、Bがアメリカでビザを切り替えようと考えたが、それが不可能であったため、被控訴人を伴って、平成一六年一月三〇日に一旦、日本に入国したものであるといえよう。

そして、Bは日本で新たにアメリカのビザを取得し、当初の予定に従って、同年四月一一日に日本を出国し、被控訴人とともにアメリカに戻った。贈与税の納税義務者である被控訴人に着目する限り、日本国籍を有しない被控訴人が平成一六年一月三〇日に日本に入国したときの在留資格は「短期滞在」であって、九〇日を超えて、滞在することはできる状況になかった。このような状況を考慮する限り、日本での短期滞在の目的は母親のビザの切替えであり、それ以上の目的はなかったと解されよう。

⑶　過去のつながり（前の年度における住所の存在）

個人の住所の決定にあたり、過去の住所地とのつながりも一つの判断要素とはなりうる。個人が「一時的な目的」でわが国を離れている場合には、なお「恒常的な住所」をおいている国の「居住者」であることは明らかであろう。個人が、「一時的な目的」（すなわち、海外の「一時的な居住」あるいは「臨時的な住所」）のために、その国を離れることは、当該個人がなおその国に居住していることを一般的には示しているといえる。

当該個人が海外にどのような目的で、海外において何を達成しようとしていたかという意図（個人の意思）もこの限りで重要である。このような主観的な意思は、客観的な居住の事実を判断するための考慮要因として住所の判断において不要あるいは無関係とすることはできない。このような海外への居住目的についての判断は、当該年度のみでなく過去の年度にさかのぼって判断されることとなろう。このような「一時的な目的」との関係においては、特に「職業」の状況（職務内容等）との関係が重要な判断要素となりうるであろう。

「臨時的な住所」は「通常の、あるいは恒常的な住所」とは相反するものであり、数カ月の間、わが国から海外へ赴く者がその期間の終わりにはここに戻ってくるとの意図のもとに離陸したのであれば、多くの場合、その外国には「臨時的な住所」があったとみなされることになろう。しかし、「海外に移り住むという目的」による場合については、当該国に「臨時的な住所」が存するとはいえないことになろう。

本件において、Ａの仕事との関係とあわせて、特にＢが子供をアメリカで育てよう、教育を受けさせようとして（かつそのためにはアメリカ国籍があった方が有利であるという判断から）日本を出国して、米国で出産をしてアメリカで子育てをしているという事実が存する。

上述したように、たとえばおおむね一年以上にわたるような居住の場合においては、当該国において「生活のためにそこに居住する」といえるが、本件においても子供の教育、夫の従業という目的が明確に存した上で、長期間にわたり、米国で生活をしているのであるから「通常の、あるいは恒常的な住所」を有すると十分にいいうるであろう。このような場合には、当該国（外国）が「生活の本拠」というに十分な継続的な期間が充足されているといえるであろう。

(4)　本件における両親の職業等について

Bが職業を有していないことから、本件においては被控訴人の父Aがいかなる職業に従事していたかはきわめて重要な要素となる。

Bは、平成一五年一一月二日、A及びCと一緒に渡米したおり、株式会社Tに勤めていたAは、米国で長期滞在をして事業活動をして事業活動を行うことを予定して渡米し、事業活動を実際に行っていた。かつ、米国で就労ビザを取得している。被控訴人が生まれた前後、Aはアメリカでネイティブの採用や水の会社のリサーチを行っていた。その後、Aの仕事が予想していた以上に日本で仕事をする必要がでてきたので、Bは、平成一六年九月二日、A、C、被控訴人と共に帰国し、丙町の自宅で生活した。被控訴人は、同年一一月一九日、居住地を丙町の自宅とし、Aを世帯主とする外国人登録をし、乳幼児医療費受給者証の交付を受けた。また、被控訴人は、出生の翌日である平成一五年一二月一七日、Aの被扶養者として健康保険組合から扶養認定を受けている。

(5)　わが国への継続的な訪問について

恒常的にわが国を訪問することによって、わが国との「継続的なつながり」（ここでは、継続的な訪問）があるとして「居住者」になることがありうるであろう。たとえば、わが国の内国法人の代表者としての役職にあったものが、国外に移り住んだが、なおその会社の役職にあり、一箇月に一回程度わが国にもどって、その都度一週間滞在していた場合などが問題となろう。このような場合に外国人が多くの場合にわが国へビジネス目的でやってきている場合と比較すれば、居住者としての課税はおきないことは明らかであろう。

Bは、平成一三年、平成一五年、平成一六年と三回渡米をしている。Bは、平成一五年一一月二日、A及びCと一緒に渡米し、夫Aの会社が所有する米国P州にあるコンドミニアムで生活していた（三回とも同マンションの一四〇一号室に居住）。Bは、同年、被控訴人を米国において出産した。Aは、平成一五年四月一九日、株式会社Qとの間で、肩書き地に住宅を建築する請負契約を締結した（以下、この請負契約による完成後の住宅を「自宅」という。）。

A及びBは、同年一二月一六日付けで、肩書き地を住所とする住民登録をし、その住民登録上の住所は、平成二一年五月一二日まで変動していない。すなわち、住民票は日本に存する。

Bは、被控訴人が誕生した後の平成一六年一月三〇日に、被控訴人とCと共に、約一週間実家に滞在した後、丙町の自宅に移り、同年四月一一日まで、そこで生活していた。そして、Bは、被控訴人とCと共に同日渡米した。Bは、平成一六年九月二日、A、C、被控訴人と共に帰国し、自宅で生活した。被控訴人は、同年一一月一九日、居住地を自宅とし、Aを世帯主とする外国人登録をし、乳幼児医療費受給者証の交付を受けた。

また、被控訴人は、出生の翌日である平成一五年〇月〇日、Aの被扶養者として健康保険組合から扶養認定を受けた。平成一七年五月九日、Bは、被控訴人はCと共に渡米し、本件コンドミニアムで生活し、同年八月二〇日に帰国した。Bは、その間、Dを米国において出産した。被控訴人は、平成一七年二月二五日、在留資格を「短期滞在」から「日本人の配偶者等」に変更する旨の許可を受けている。

(6) 居住のための物理的施設等

「居住者」とは、わが国が課税するための「人の属性」であるので、「居住者」が財産（資産）をわが国において所有することを必ずしも要求はしていないといえる。わが国で財産を所有しないことが、わが国で「非居住者」であることを意味しないことは明らかであろう。しかし、上述したような海外に居住しながら、たびたびわが国を訪問している者については、どこの国において資産（財産）を保有しているかは重要な要素になりうるであろう。たとえば、ホームレスのような放浪者であっても、居住者となりうるが、一方で日本において、居住用の施設を有しているか、またどのように活用しているかは「住所」の有無の判断に大きな影響を与えることとなる。

また、それは、そのような施設や資産が存する場所との主観的なつながり（そこで生活するための動機等を推測させうるようなものとして）を窺い知ることができる。そのようなものが物理的に強固なものであれば、その施設が存在する国との心理的、精神的、動機的なつながりがより深いと推測されうるであろう。そのような施設を有しない場合には納税者がわが国に住所をもっていると推認されない場合もありうるであろう。しかし、当該国に十分な物的な施設を有していても現実にはほかの場所に居住していたような場合には、例外はありうる。

さらに、個人がわが国に物理的施設等をおき、海外のどこにも居住用の施設を維持していない場合について、わが国において当該個人が海外に居住していると主張することは困難となるであろう。しかし、一度海外に居住用の施設をおくと、わが国での自宅が消滅して、海外に自宅が移ったというように、住所と課税の状況が大きく変化することも当然にありうる。

よって、住宅や生活用資産の保有・利用状況は、その個人のわが国からの海外移転の目的や意図を推認しうる要素になりうる。「生活の本拠」であるか否かという判断は客観的な事実に基づいて行われるのであるが、原則としてそのような事実は定住意思といったようなものの現れとみることができるとするならば、客観説といえどもこのような意思を無視することはできず、上記のように「住所」の判断につき本人の意思が補充的に考慮されることは否定できないと解される。

① 住所の状況について

Ｂは、平成一五年一一月二日、Ａ及びＣと一緒に渡米し、米国Ｐ州にあるコンドミニアムで生活していた。Ａは、平成一五年四月一九日、株式会社Ｑとの間で、肩書き地に住宅を建築する請負契約を締結しこの自宅は、平成一二月ごろに完成して、実際に賃貸マンションを引き払って家財道具の運び込みを行っている。

Ａ及びＢは、同年一二月一六日付けで、肩書き地を住所とする住民登録をし、その住民登録上の住所は、平成二一年五月一二日まで変動していない。すなわち、住民票は日本に存する。

② 資産の所在状況について

Ａはアメリカに自己の住居を有していなかった。アメリカで実際に不動産の購入を検討しているが、不動産価額が高く、結果として購入を断念している。

(7) その他

また、被控訴人の祖父Ｆは、昭和五七年四月一日から本件丙町に居住しており、出国・入国の状況を繰り返しているものの平成一五年は二八二日国内に滞在して、平成一六年は二〇七日国内に滞在しており、自ら住所は上記長久手の住民登録地であると解している。居住意思については、Ａはアメリカでの事業目的をもって出国しており、また就労ビザをも取得していることからアメリカでの居住意思を否定することは出来ない。Ｂもアメリカでの生活に満足しており、また、上記住宅の購入に向けての動きも存した。日本における生活の本拠を解消する意思はなかったものということはできない。

被控訴人及び両親の米国での住居の状況について、上記の事実を総合評価すると、控訴人の主張するような「一時的な目的のための一時的な住所」と評価することは困難であり、特に本件においては上述したようにアメリカでの滞在期間やAの米国での就業状況等を考慮すると、単純に「生活の本拠」が日本にあるとはいい難いものといえよう。

七　本件受益権の評価について

相続税法二二条においては、贈与により取得した財産の価額は、当該財産の取得のときにおける時価により、当該財産の価額から控除すべき債務の金額は、そのときの現況によると規定しており、当然のことながら信託受益権を時価で計算することを求めている。

控訴人が本件訴訟において主張する被控訴人の平成一六年分の贈与税の課税価格は五億四五一三万二七九九円、納付すべき税額は二億六九七六万六〇〇〇円である。その算出根拠は、以下のとおりである。

(1)　贈与により取得した財産の価額の合計額（課税価格）　五億四五一三万二七九九円

ア　財産評価基本通達（昭和三九年四月二五日付け直資五六・直審（資）一七。平成一七年五月一七日付け直資五―七による改正前のもの。以下「評価通達」という。）の定め

(ア)　評価通達二〇二《信託受益権の評価》は、信託の利益を受ける権利の評価について、その（1）で、「元本と収益との受益者が同一人である場合においては、この通達の定めるところにより評価した課税時期における信託財産の価額によって評価する。」と定めている。

(イ)　評価通達一九七―三《割引発行の公社債の評価》は、その（3）で、証券取引所に上場された割引発行の公社債及び日本証券業協会において売買参考統計値が公表される銘柄として選定された割引発行の公社債以外の割引発行の公社債の評価方法について、「その公社債の発行価額に、券面額と発行価額との差額に相当す

る金額に発行日から償還期限までの日数に対する発行日から課税時期までの日数の割合を乗じて計算した金額を加算した金額によって評価する。」と定めている。

(ウ)　評価通達四―三《邦貨換算》は、「外貨建てによる財産及び国外にある財産の邦貨換算は、原則として、納税義務者の取引金融機関（外貨預金等、取引金融機関が特定されている場合は、その取引金融機関）が公表する課税時期における最終の為替相場（邦貨換算を行う場合の外国為替の売買相場のうち、いわゆる対顧客直物電信買相場又はこれに準ずる相場をいう。また、課税時期に当該相場がない場合には、課税時期前の当該相場のうち、課税時期に最も近い日の当該相場とする。）による。」と定めている。

イ　本件における課税価格の算出

(ア)　本件信託では、元本と収益の受益者が同一人であるから、贈与により取得した財産の価額の合計額は、本件信託財産である券面額五〇〇万ドルの本件米国債を課税時期において評価した金額となる。そして、本件における贈与税の課税時期は、委託者であるFが、本件信託契約に基づき、本件米国債を受託者であるSトラストに引き渡した平成一六年八月二六日である。

(イ)　課税時期である平成一六年八月二六日における本件米国債に係る券面額一〇〇ドルの評価額は、発行価額九九・六六四ドルに、券面額一〇〇ドルと発行価額との差額に本件米国債の発行日（平成一六年七月二二日）から償還期限（平成一六年一〇月二一日）までの日数（九一日）に対する発行日から課税時期までの日数（三六日）の割合を乗じて計算した金額を加算した九九・七九五四七八二六〇八ドルとなり、本件米国債（五〇〇万ドル）の価額は、その金額に五〇〇万ドル／一〇〇ドルを乗じて求めた四九八万九七七三・九一三〇四ドルとなる。

(ウ)　訴外K銀行の平成一六年八月二六日における対顧客直物電信買相場（一ドル当たり一〇九・二五円）により邦貨換算すると、贈与により取得した財産の価額の合計額は、五億四五一三万二七九九円となる。

以下、信託受益権を贈与により取得したとした場合における当該信託受益権の価額の合計額が、五億四五一三万二七九九円となる。

1　財産評価基本通達（信託受益権の評価）二〇二の適用についての問題

本件信託では、「元本と収益の受益者が同一人であるから、贈与により取得した財産の価額の合計額は、本件信託財産である券面額五〇〇万ドルの本件米国債を課税時期において評価した金額となる」とするが、本件の相続財産はまず信託受益権であり、被控訴人が収益受益権を取得するか否か、また元本受益権及び収益受益権の内容（将来にわたりうけとる元本や収益等）も、まったく不確定である。また収益受益権の前提となる生命保険金もいつ本件信託に確定的に帰属するかも不明である。

名古屋地裁は、「本件信託は、上記のとおり生命保険への投資を内容とする信託であり、その信託財産五〇〇万ドルのうち、信託の費用に充てられることが見込まれる六〇万ドルを除いた本件信託において現実に運用することが可能な信託財産となる四四〇万ドル全てが、本件生命保険の一時払い保険料として払い込まれている。したがって、本件信託としては、本件生命保険の保険金が受領できる時、すなわち保険事故であるAの死亡した時又は保険期間が満了した時まで保険金を取得することはできず、本件信託設定時においては、受益者に対して分配することが可能となる資産を有していないことになる。そうすると、本件信託の受益者は、Fが死亡し、あるいは本件生命保険の満期が到来して初めて本件信託から利益を得ることが可能となることになる。

また、原告は、本件信託契約において第一次的には受益者とされているが、本件信託が受領した本件保険契約に基づく保険金を直ちに全額受領できるわけではなく、本件信託の裁量により分配を受け得るのみであり、しかも、限定的指名権者の指名により、原告以外の者が本件信託の利益の分配を受けることも可能である。」と判示する。

このことは上述したように、受益権が不特定あるいは未確定であり、信託設定時課税をすることが誤りであることを示している。

まず控訴人が信託受益権の算定に用いた評価通達をみてみる。

「二〇二　信託の利益を受ける権利の評価は、次に掲げる区分に従い、それぞれ次に掲げるところによる。（平一一課評二―一二外・平一二課評二―四外改正）

(1)　元本と収益との受益者が同一人である場合においては、この通達に定めるところにより評価した課税時期における信託財産の価額によって評価する。

(2)　元本と収益との受益者が元本及び収益の一部を受ける場合においては、この通達に定めるところにより評価した課税時期における信託財産の価額にその受益割合を乗じて計算した価額によって評価する。

(3)　元本の受益者と収益の受益者とが異なる場合においては、次に掲げる価額によって評価する。

イ　元本を受益する場合は、この通達に定めるところにより評価した課税時期における信託財産の価額から、ロにより評価した収益受益者に帰属する信託の利益を受ける権利の価額を控除した価額

ロ　収益を受益する場合は、課税時期の現況において推算した受益者が将来受けるべき利益の価額ごとに課税時期からそれぞれの受益の時期までの期間に応ずる基準年利率による複利現価率を乗じて計算した金額の合計額」

この通達の適用にあってはいくつもの問題点があることをまず指摘する。財産評価基本通達（信託受益権の評価二〇二）は、元本の受益権と収益の受益権を別のものと認識をして評価することとしている。つまり、収益受益権者と元本受益権者が別々の場合は、信託を設定した時点で、委託者から各々の贈与者に贈与があったものとして贈与税（相続税）を計算することとなっている。その計算方法は、信託財産全体の価値から収益受益権の価値を差し引いて元本受益権の価値を算定するものである。収益の受益権を贈与された者は、「課税時期の現況において推算し

た受益者が将来受けるべき利益の価額ごとに課税時期からそれぞれの受益の時期までの期間に応ずる基準年利率による複利現価率を乗じて計算した金額の合計額」となる。この通達は受益権にもとづく受益の期間が確定していることが前提となっている。本件はこのような受益の期間が確定しているものではない。本件は、いわゆる生命保険信託であり、仮にそのようなものに該当しないとしても生命保険が信託に組成された信託であり、信託財産は生命保険金であるといえる（信託法一四条）。

そこで、仮に本件に財産評価基本通達（信託受益権の評価）二〇二を適用すると仮定した場合にはどのように利益を算定すべきかが問題となる。このような場合には以下の二つの方法が考えられなくもない。

① 平均余命による計算で収益の受益が平均余命に対応する期間だけ継続するとして複利現価の算定を行う方法

② 終身定期金の規定を援用して、相続税法二四条一項三号の規定を準用して算定する方法

しかし、本件信託において、被控訴人は、Ａの死亡によりはじめて保険金が発生してそこから受託者の裁量のもとで元本や収益が配分されるかもしれないものであり、本件信託は不確定期限付信託にも該当しないものである。どちらにしろ、このような評価方法のもとで受益権の時価を算定すること、あるいは見積もることは不可能といわざるを得ない。

2　本件信託受益権の評価額と相続税法二二条の時価との乖離について

本件において被控訴人について、受益の期間をどのように見積もるか、受益の価額をどのように見積もるかが問題となる。仮に本件信託が不確定期限付信託に近いものとして、控訴人が主張するように、これまでは相続税法四条一項本文の適用をみとめ、同条二項四号の適用はないと解した場合には、信託受益権という相続財産が発生した

もののそれはまったく評価できないものであるにもかかわらず、本件信託において財産評価基本通達（信託受益権の評価）二〇二を強引に無理やりに適用してまさに時価とは乖離した仮想的な時価を作り出しているにすぎないということができる。

被控訴人は、受益者になれるか否か、また将来本件信託において教育費や生活費については受託者からもらうべき金額をあらかじめ知り得ない。残余財産も法定相続人に帰属することとなっている。そうであるならば元本なり収益が将来いくら残余財産として残り法定相続人に分配されるかも未定である。本件において元本受益権と収益受益権を贈与されたとみなして財産評価基本通達（信託受益権の評価）二〇二を適用することには無理が有ることは明らかである。

本件のような信託において、財産評価基本通達（信託受益権の評価）二〇二を用いて時価を算定することは、相続税法二二条違反の状態を導くとともに、憲法で保障する財産権を侵害することになるといえよう。そのような場合においては、仮に、被控訴人が一定の年齢までの間についての元本や収益についての受益権を評価することになるとして、いったん贈与時に（信託設定時に）支払っておいたうえで、一定の年齢に達したあと、還付をうけるといったこともありうるかもしれないが、明示の規定がないのでこれも不合理であろう。要はそのような場合を想定した救済規定も存しないのである（手続保障規定の不存在による租税法律主義違反）。

信託設定時（信託行為時）に課税するという税制の建て付けは、その時点で信託受益権を贈与したという信託法七条の見解が前提にあり、受益者は信託行為時に完全権が受益者に移転するのでそこから生ずる利益を享受するという権利（収益受益権という債権）を取得するという前提であるが、その不合理をいかに調整するかということに「受益者不特定又は未存在」あるいは「信託受益権の未確定」の対応の中で腐心してきたのである。本件信託のような場合においても停止条件付信託あるいは受益者不特定信託として課税の時期を当然後にずらさない限り、このような時価評価の違法も解消されないのである。

このような見解は法解釈の範囲を超えてあえて納税者を救済しようとか、あるいは昭和一三年の受益者現実課税主義に与しようとするものではなく、法人税法四条一項及び二項の法的構造、法解釈の問題であることは明らかである。

結語

名古屋地裁判決は、本件信託が生命保険信託であることを認定しているのであることから、まさに相続税法五条の適用をストレートに首肯することも十分に可能であったように思われる。

本件信託は、委託者Fから委託された本件信託財産である本件米国債を生命保険契約で運用することを想定して設定されたものであり、本件信託において受益者に分配することが予定されている信託財産は、Aが死亡し又は本件保険契約が満期の時に発生する死亡保険金であると認められる。このような信託は相続税法五条のバランス（課税の公平）のうえに定められている相続税法基本通達四―二でいう生命保険信託に該当することは明らかである。よって、相続税法四条一項のもとで、本件信託の設定時（行為時）に被控訴人に受益権を贈与したとして、贈与税を課すことはできないのである。

また、名古屋地裁判決のような「受益者」にかかる解釈をもちだすまでもなく、相続税法四条一項と四条二項との関係を精査することにより、同様の判断（結論）を導くことも可能であったといえよう。

本件信託が(a)生命保険への投資を内容とする信託であるという点のほか、(b)本件信託において受託者が信託財産の分配について裁量を有しているという点、(c)Aが限定的指名権を有している点についても、被控訴人が「信託による利益を現に有する地位にある者」にはないことの理由付けとしている。Fは、平成一六年八月四日、Sトラストとの間で、米国ニュージャージー州法に準拠して、Fを委託者、Sトラストを受託者とする信託契約を締結し、Fは、同月二六日、本件信託における信託財産（以下「本件信託財産」という。）として券面額五〇〇万米国ドル（米国財務省短期証券）をSトラストに引き渡した。この本件信託が生命保険への投資を内容とする信託であるいう点は、生命保険信託であることから相続税法四条の適用はないと解することもでき、さらに本件信託が生命保険契約に該当しないとしても、本件信託が裁量信託あるいは停止条件付信託の要件を充足していることから、相続税法四条一項を適用することは許されないものと解する。このことは理論的にも本件信託において受益権が生じているのか、さらに受益権が特定のものに帰属をしているのかといった点からも、信託設定時課税は困難であるということを示しているといえよう。

本件信託においては、受益者が不特定であり、また分配額も未確定である。すなわち、本件信託は、「裁量信託」（受益者の不特定な信託。相続税法四条二項三号）及び「停止条件付信託」（相続税法四条二項四号）に該当するといえる。よって、相続税法四条一項のもとで、本件信託の設定時（行為時）に被控訴人に受益権を贈与したとして、贈与税を課すことはできないのである。

よって、相続税法四条一項を根拠として被控訴人に課税した本件決定処分等は違法であるといえる。

（1）細矢祐治『信託経済概論』六八九頁（文雅堂・昭一三）。

（2）細矢・前掲書六九一頁。

（3）四宮和夫『信託法〔新版〕』三〇八頁（有斐閣・平成一一年）。

（4）四宮・前掲書三一六頁。

（5）窪田好秋「信託と相続税の課税（一）」税一六巻八号三二頁（昭和一三年）。

（6）四宮・前掲書三一七頁。

（7）四宮・前掲書三一七頁。

(8) 四宮・前掲書三一八頁（注3）参照。四宮教授の教科書をもって浮動状態等を説明しているところ、この状況は大正一一年においても同様である。
(9) 細矢・前掲書六九一頁。
(10) 久保平三郎『税制整理の顚末と新税法講話』三七五頁以下（文精社・大正一五年）。
(11) 渡邉善蔵『所得税法・資本利子税法釈義』五一頁以下（自治館・昭和二）参照。
(12) 窪田好秋「信託と相続税の課税（二）」税一八巻八号三七頁・三八頁（昭和一三）。
(13) 渡邉善蔵「税制雑記（二）」信託協会会報九巻一〇三頁（昭和一〇）。
(14) 昭和二二年度改正については、西村藤五郎「改正相続税法」税二巻六・七号四二頁（昭和二二年）。
(15) 松井静郎「改正相続税法の解説」税務協会雑誌第四巻五号五頁（昭和二三年）。
(16) 松井・前掲解説五頁。
(17) イギリス信託税法研究会編『イギリス信託・税制研究序説』二八九頁（清文社・平成六年）。
(18) 泉美之松・栗原安『相続税富裕税の実務』五五頁以下（税務経理協会・昭和二五年）。
(19) 武井康夫「相続税法等の一部改正について」税経通信四四巻四号一六二頁以下（平成元年）。
(20) 『平成一九年版　改正税法のすべて』四七一頁（大蔵財務協会・平成元年）。
(21) 同右四七一頁。
(22) 前掲注（19）三一三頁（注）参照。
(23) 松永和美「米国の信託の税制について」信託二三八号五四頁以下（平成二一年）参照。
(24) 松永和美「財産の管理・承継に利用される信託の税制に関する一考察」信託法研究三二号一〇八頁以下（平成一九年）参照。
(25) 占部裕典「高齢化社会における信託税制・相続税制のあり方」新井誠編『高齢社会における信託と遺産承継』六一頁以下（日本評論社・平成一八年）参照。受益者連続信託（後継ぎ遺贈の課税関係）については、占部・前掲八一頁以下、一一三頁以下参照。
(26) 香取稔編『相続税法基本通達逐条解説』一三九頁（大蔵財務協会・平成一八年）。
(27) 信託協会調査部編『信託用語辞典』六四頁（東洋経済新報社・昭和五一年）。

(28) 香取稔編『相続税基本通達逐条解説』(大蔵財務協会・平成一八年)。
(29) 国税庁職員によるものとして、関野泰子「相続税・贈与税の課税管轄権をめぐる諸問題――財産の所在の反転を中心として」税務大学校論叢二五号三六〇頁以下(平成七年)等参照。
(30) 渡邉善蔵『所得税法・資本利子税法釈義』(自治館・昭和二)。
(31) 平田敬一郎『相続税法講義上巻』三七頁(大蔵省税務講習会・昭和一五年)。
(32) 三木義一・関根稔・山名隆男・占部裕典編著『実務家のための税務相談(民法編)第2版』二頁以下(占部裕典)(有斐閣・平成一八年)参照。

第八章　受益者の特定に係る裁判例

――相続税法四条一項の「受益者」該当性

一　事件の概要と判旨

【文献種別】　判決／名古屋地方裁判所（第一審）
【裁判年月日】　平成二三年　三月二四日
【事件番号】　平成二〇年（行ウ）第一一四号
【事件名】　贈与税決定処分取消等請求事件
【裁判結果】　認容
【参照法令】　相続税法（平成一九年法律第六号による改正前のもの。以下同じ。）四条一項、相続税法五条、六条、七条、八条、九条
【掲載誌】　裁判所ウェブサイト
【裁判結果】　認容

1　事実の概要

Xは、日本国籍のA及びBの二男として、二〇〇三年（平成一五年）〇月〇日、米国において生まれた米国籍のみを有し日本国籍を有しない男児である。A及びBの間には、Xの他に、C（長男）、D（三男）、E（四男）の三人の子がいる。Fは、Aの父親である。

(1)　Xの祖父Fは、アメリカ合衆国（以下「米国」という。）ニュージャージー州法に準拠して、下記の信託契約

の締結等を行い、米国籍のみを有するXを受益者とする信託を設定した。

ア　Fは、平成一六年（二〇〇四年）八月四日、Sトラストとの間で、米国ニュージャージー州法に準拠して、Fを委託者、Sトラストを受託者とする信託契約（以下「本件信託契約」といい、本件信託契約に係る契約書を「本件信託契約書」、本件信託契約によって設定された信託を「本件信託」という。）を締結した。そして、Fは、同月二六日、本件信託における信託財産（以下「本件信託財産」という。）として券面額五〇〇万米国ドル（以下単に「ドル」と標記する。）の米国財務省短期証券（以下「本件米国債」という。）をSトラストに引き渡した。なお、Fは、本件米国債を、スイスにおいて保管していた。

イ　本件信託契約書の冒頭には、本件信託は、Fの子孫らのために設定された旨の記載があり、本件信託契約四条一項には、本件信託の受益者としてXの氏名が記載されている。また、本件信託契約七条一項には、委託者は、本トラストの目的を満たすための適切な投資戦略は生命保険証券への投資であると信ずる旨記載されている。

ウ　Sトラストは、二〇〇四年（平成一六年）九月一五日、H外五社との間で、Aを被保険者とする生命保険契約（以下、この六つの生命保険を総称して「本件生命保険」という。なお、本件生命保険における保険金総額は六〇八三万六一〇三ドルである。）を締結し、保険料として合計四四〇万ドルを支払った。

(2)　Xの居住関係等

ア　Bは、平成一五年一一月二日、A及びCと一緒に渡米し、Aが役員を務める株式会社Tの所有する米国P州（以下略）にあるコンドミニアム（以下「本件コンドミニアム」という。）で生活した。Bは、同年〇月〇日、Xを米国において出産した。

イ　Aは、平成一五年四月一九日、株式会社Wとの間で、肩書き地に住宅を建築する請負契約を締結した（以下、この請負契約による完成後の住宅を「日本の自宅」という。）。

A及びBは、同年一二月一六日付けで、肩書き地を住所とする住民登録をし、その住民登録上の住所は、平成二一年五月一二日まで変動していない。

ウ　Bは、Xが誕生した後の平成一六年一月三〇日に、XとCと共に帰国し、約一週間実家に滞在した後、日本自宅に移り、同年四月一一日まで、そこで生活していた。そして、Bは、XとCと共に同日渡米した。

エ　Bは、平成一六年九月二日、A、C、Xと共に帰国し、日本の自宅で生活した。Xは、同年一一月一九日、居住地を日本の自宅とし、Aを世帯主とする外国人登録をし、乳幼児医療費受給者証の交付を受けた。また、Xは、出生の翌日である平成一五年、Aの被扶養者として健康保険組合から扶養認定を受けた。

Bは、平成一七年五月九日、XとCと共に渡米し、本件コンドミニアムで生活し、同年八月二〇日に帰国した。Bは、その間、Dを米国において出産した。Xは、平成一七年二月二五日、在留資格を「短期滞在」から「日本人の配偶者等」に変更する旨の許可を受けた。

Xは、平成一六年分の贈与税の申告をしなかった。

処分行政庁は、Xに対し、平成一九年一月二五日付けで、この信託行為につき、相続税法（平成一九年法律第六号による改正前のもの。以下同じ。）四条一項を適用して本件信託により取得した財産の価額の合計額（課税価格）を五億四五六五万九八六四円とし、そこから基礎控除額一一〇万円を控除した上、贈与税額を二億七〇〇二万九五〇〇円とする贈与税の決定処分及びこれに関する無申告加算税の額を四〇五〇万三〇〇〇円とする無申告加算税賦課決定処分（以下、両者を併せて「原処分」という。）をした。そこで、Xは、原処分の取消しを求めて異議申立て（決定は一部取消し）、審査請求を経て、贈与税の決定処分及び無申告加算税の賦課決定処分の取消しを求めて本件訴訟を提起した。

2　判決の要旨

(1)　本件信託の設定行為が相続税法四条一項にいう「信託行為」に当たるか否かについて

「相続税法四条一項の『信託行為』については、同法にはこれを定義する規定は置かれていない。このような場合、納税者の予測可能性や法的安定性を守る見地から、税法上の用語は、特段の事情のない限り、通常用いられる用法により解釈するのが相当である。本件においても、信託行為は、信託法により規定されている概念であるので、相続税法四条一項の『信託行為』は、信託法による信託行為を意味するものと解するのが相当である。

そして、信託法一条[1]によれば、信託とは、委託者が、信託行為によって、受託者に信託財産を帰属させ、同時にその財産を一定の信託目的に従って受益者のために管理処分すべき拘束を加えるところにより成立する法律関係であると解されるところ、本件信託も、証拠（甲四）によれば、委託者であるFが、本件信託の設定行為により、受託者であるGに本件信託財産である本件米国債を帰属させ、受益者とされるXのために管理処分すべき拘束を加えたものと認められるので、本件信託の設定行為は、相続税法四条一項にいう『信託行為』に当たると認められる。」

(2)　Xが相続税法四条一項にいう「受益者」に当たるか否かについて

①　**相続税法等の定め**

「ア　通則法一五条二項五号によれば、贈与税の納税義務は『贈与（贈与者の死亡により効力を生ずる贈与を除く。）による財産の取得の時』に成立するとされている。そして、相続税法四条一項は、『信託行為があった場合において、委託者以外の者が信託（省略）の利益の全部又は一部についての受益者であるときは、当該信託行為があった時において、当該受益者が、その信託の利益を受ける権利（省略）を当該委託者から贈与（省略）により取得したものとみなす。』と規定している。」

ところで、相続税法において、同法四条一項と同じように贈与があったとみなす旨を定めた規定としては、相続税法五条ないし九条があり、「相続税法五条ないし九条と同様に、みなし贈与の規定である同法四条一項にいう『受益者』とは、当該信託行為により、その信託による利益を現に有する地位にある者と解するのが相当である。」

② 本件信託の趣旨等

「本件信託契約に至る経過等や本件信託契約の内容に照らすと、本件信託は、本件信託財産を、Aを被保険者、Sトラストを保険契約者兼保険金受取人とする本件生命保険に投資し、その死亡保険金をもって、受益者に利益を分配することを目的として設定されたものと認めるのが相当である。

確かに、本件信託契約における受託者の権限を見ると、生命保険以外にも広く信託財産を投資できる権限が認められている。しかし、本件信託契約では、受託者の権限を定める六条の他に、七条において、本件信託財産を生命保険に投資することが明示されている。さらに、八条により、本件信託は、投資顧問であるAの指示に従って、資産運用する義務を負っている。そして、本件信託契約の締結経過、すなわち、本件信託の設定者であるFは、あくまでも生命保険で運用することを内容とする投資プランをK銀行のMらに相談し、本件生命保険の被保険者であるAは、本件信託契約締結前に、既に生命保険契約締結のための健康診断を受診し、投資顧問としてのAは、本件信託が設定された二週間後には、受託者であるSトラストに対し、本件生命保険の契約締結を指示し、これを受けて、Sトラストは、本件生命保険の契約を締結したことに照らせば、本件信託は、Fから委託された本件信託財産である本件米国債を生命保険契約で運用することを想定して設定されたものであり、本件信託において受益者に分配することが予定されている信託財産は、Aが死亡し又は本件保険契約が満期の時に発生する死亡保険金であると認められる。」
「受託者であるSトラストは、信託財産の分配に関して裁量権を有しており、Aが死亡し本件生命保険の保険金を受領したとしても、これを直ちに全額Xに支払わなければならない義務を負っておらず、適宜の方法で支払うことが認められている上、限定的指名権者であるAにおいて、X以外の者を受益者と指名することができるものである。したがって、本件信託契約上、Xが本件信託の受益者とされているとしても、その地位は浮動的なものであると認められる。」

③　検　討

これらの本件信託の趣旨等を前提として、Xが本件信託の設定時において、本件信託による利益を現に有する地位にある者と認められるか否かを検討する。

本件信託は、上記のとおり生命保険への投資を内容とする信託であり、その信託財産五〇〇万ドルのうち、信託の費用に充てられることが見込まれる六〇万ドルを除いた本件信託において現実に運用することが可能な信託財産となる四四〇万ドル全てが、本件生命保険の一時払保険料として払い込まれている。したがって、本件信託としては、本件生命保険の保険金が受領できる時、すなわち保険事故であるAの死亡した時又は保険期間が満了した時まで保険金を取得することはできず、本件信託設定時においては、受益者に対して分配することが可能となる資産を有していないことになる。そうすると、本件信託の受益者は、本件信託設定により直ちに本件信託から利益を得ることはできず、Aが死亡し、あるいは本件生命保険の満期が到来して初めて本件信託から利益を得ることが可能となることになる。

また、Xは、本件信託契約において第一次的には受益者とされているが、本件信託が受領した本件保険契約に基づく保険金を直ちに全額受領できるわけではなく、本件信託の裁量により分配を受け得るのみであり、しかも、限定的指名権者の指名により、X以外の者が本件信託の利益の分配を受けることも可能である。

以上の事情を総合すれば、Xは、本件信託の設定時において、本件信託による利益を現に有する地位にあるとは認められないといわざるを得ない。

この点、被告は、本件信託契約が締結され、Fが本件米国債を信託財産として本件信託に寄託した後に、受託者であるSトラストはその裁量により本件生命保険契約を締結したのであるから、受益者であるXは、本件信託設定時に本件信託による利益を取得できていた旨主張する。しかし、本件信託の設定と本件生命保険契約の締結時期に若干の間隔があるとしても、前示のとおり、本件生命保険の契約締結は、本件信託契約締結前から予定されていたものである。被告の主張は、このような本件信託契約の実態を踏まえない形式論であって、採用することができない。」

二　判例の解説

1　本判決の意義と争点

わが国では民事信託の活用が遅れているばかりか、集団信託等も含めて信託税制が正面から裁判上問われたことはこれまでにない。そういう意味で本件は注目すべき内容であり、論点も信託税制の骨格に関わるものである。本件の争点は、本件課税処分の適法性であり、具体的には、⑴本件信託の設定行為が相続税法四条一項にいう「信託行為」に当たるか否か、⑵Xが同条一項にいう「受益者」に当たるか否か、⑶本件信託が生命保険信託に当たるか否か、⑷Xが相続税法一条の四第三号の制限納税義務者に当たるか否か、⑸本件信託財産が我が国に所在するものであるか否かである。

2　相続税法四条一項にいう「受益者」とは

本判決は、相続税法四条一項は、「『信託行為があった場合において、委託者以外の者が信託（省略）の利益の全部又は一部についての受益者であるときは、当該信託行為があった時において、当該受益者が、その信託の利益を受ける権利（省略）を当該委託者から贈与（省略）により取得したものとみなす。』と規定しているところ、同法五条一項同法六条一項同法七条一項同法八条一項同法九条一項の各規定を通覧すると、いずれも、受贈者とされる者が贈与とみなされる行為によりもたらされる利益を現に有することになったと認められる時に、贈与があったものとみなすと規定されていると理解できる。これらの規定と、通則法一五条二項五号を併せて読めば、贈与税は、受贈者とされる者が贈与による利益を現に有することに担税力を認めて、これに対して課税する制度であると理解できる」としたうえで、「相続税法五条ないし九条と同様に、みなし贈与の規定である同法四条一項にいう『受益者』とは、当該信託行為により、その信託による利益を現に有する地位にある者と解するのが相当である。」と判示する。

本判決は、相続税法の他のみなし贈与の規定（例えば、保険料が保険金受取人以外の者によって負担された場合において保険事故が発生した時に贈与とみなされること（同法五条一項）、対価を支払わないで利益を受けた場合において当該利益を受けた時に贈与による取得とみなされること（同法九条）等）から、信託による利益を現に有することに担税力を認めて、課税し得る「受益者」の範囲を「信託による利益を現に有する地位にある者」と限定解釈することで、贈与税の課税時期を遅らせたものと理解されている。

このような「受益者」の解釈については、相続税法における信託課税の原則は信託設定時課税であり、現実受益時課税を採用していないのであるから、担税力の観点から他の規定とのバランスを欠くとしても、それだけで「受益者」の範囲の限定解釈が可能かといった視点から、疑問が示されている。

名古屋地裁判決は、相続税法四条一項の形式解釈からくる不合理を背景にしたものであるともいえ、方向性としては十分に理解できるものがある。

名古屋地裁判決は、受益権がそもそも相続財産（債権）といえない状態のものまで、租税回避行為に対する規制等を目的に、信託行為時に課税することが許容されるのかといった問題意識が存するものであるといえよう。相続財産といえない段階のようなもの（いわゆる期待権的なもので、相続税法においても相続財産といえないようなもの）を、信託によって贈与税・相続税を回避することを防止するための租税回避行為規定として立法化する場合であっても、そのような段階における受益権までを規制対象にすることは本来の課税（贈与税・相続税課税）を超えた課税をすることとなり、行き過ぎた課税（担税力が存しない状態のもとでの課税として憲法一四条違反の問題となる。）を招来することとなるのであるから、名古屋地裁判決は結論としては支持しうるものであり、高く評価することができるものであるといえよう。

しかし、相続税法五条一項同法六条一項同法七条一項同法八条一項同法九条一項の各規定を通覧するという意味での理由付けは、本件信託財産が生命保険信託に該当するとの認定のもとで展開される場合に限って十分に説得力のあるものであったといえる。名古屋地裁は、本件信託が生命保険信託であることを認定しているのであることから、まさに相続税法五条の適用をストレートに首肯するのも、十分に可能であったように思われる。

名古屋地裁判決のような「受益者」にかかる解釈をもちだすまでもなく、相続税法四条一項と四条二項との関係を精査することにより同様の結論を導くことは可能であったといえよう。

また、本判決は、(a)本件信託が生命保険への投資を内容とする信託であるという点のほか、(b)本件信託においても受託者が信託財産の分配について裁量を有しているという点、(c)Ａが限定的指名権を有している点についても、被控訴人が「信託による利益を現に有する地位にある者」にはないことの理由付けとしている。Fは、平成一六年（二〇〇四年）八月四日、Sトラストとの間で、米国ニュージャージー州法に準拠して、Fを委託者、Sトラストを受託者とする信託契約（以下「本件信託契約」といい、本件信託契約に係る契約書を「本件信託契約書」、本件信託契約によって設定された信託を「本件信託」という。）を締結した。そして、Fは、同月二六日、本件信託における信託財産（以下「本件信託財産」という。）として券面額五〇〇万米国ドル（以下、単に「ドル」と標記する。）の米国財務省短期証券（以下「本件米国債」という。）をSトラストに引き渡した。(a)の本件信託が生命保険への投資を内容とする信託であるいう点は、生命保険信託であることから四条の適用はないと解することもできる、あるいは本件信託が生命保険契約であるという構成をとらなくともなお、本件信託が裁量信託あるいは停止条件付き信託として、相続税法二条三号または四号により信託行為に課税することはできないと解される。なお、本件信託において受益権が生じているのか、さらに受益権が特定のものに帰属をしているのかといった点からも、設定時課税は困難といえよう。

相続税法四条一項にいう受益者は信託法における受益者であり、受益権を有するものである。「受益権」は債権であることから当然に財産となりうるところ、信託設定行為により原則当該受益権が受益者に帰属することから、そこで相続税法は受益者に委託者から受益権の贈与があったとみなすこととしている。しかし、相続税法についてはこのような法的なドグマの取扱いが税制の底辺にあることは確かである。

受益者が不特定又は未存在の場合（浮動的状態等の場合）には、これまで相続税法は受託者に課税する、あるいは委託者に課税するとして対応してきたところである。しかし、その後、浮動的状態等について、受託者課税等を考慮しなかった。信託行為時で課税を受益権の帰属で二分する。相続税法四条において、①受益権の存在（発生の確定）と②受益権の帰属（帰属の確定、受益者の存在・特定）に対応する。この二つの要件のもとで、信託（設定）行為時課税（受益者課税カテゴリー）で受益権の発生と帰属がはっきりしないのは受益者の不特定・未存在（あるいは未確定）であるとして信託行為時課税を繰り延べてきた（相続税法四条二項一号から四号の信託。信託（設定）行為時課税の排除カテゴリー）。控訴人は、相続税法四条の解釈について、相続税法四条二項一号から四号の文言の厳格な文理解釈のもとで、各号に該当しないものはすべて信託（設定）行為時課税のカテゴリーに入ると主張している。しかし、このような解釈が相続税法四条の立法経緯、文理解釈から許されないことは明らかである。

よって、本件のような裁量信託あるいは停止条件付信託については、相続税法四条二項三号・四号に該当することは明らかである。

3　本件信託は生命保険契約か

(1)　生命保険信託の定義

生命保険信託（insurance trust）とは、生命保険契約上の権利（主として保険金請求権）を信託財産の全部又は一部とする信託をいう。生命保険信託の仕組みは、一般的には、①保険契約者が委託者、②信託銀行等が受託者となり、③信託契約によって死亡保険金請求権を当初信託財産として受け入れ、④その後の保険事故発生によって信託銀行が受領する死亡保険金を同銀行が管理・運用し、⑤保険契約者の家族や親族などの指定された受益者に金銭を交付する、というものである。通常の生命保険では、死亡保険金受取人には原則として家族しか指定できないが、生保信託を使えば、家族以外の個人や法人でも保険金を受け取ることが可能になる。また、この信託により、委託者は、法定相続にとらわれることなく、自分が経済的に支援したい人や団体に対して、一定の条件の下、あるいは必要なときに必要な額の資金を渡すことができるようになる。英米においては、生命保険信託はさかんに用いられており、生命保険信託の設立により思い通りの相続計画を立て計画的な生前贈与を確実にできるといったメリットがあるとされている。また、この生命保険信託は撤回不可能なトラスト（irrevocable trust）であり、一度設立すると、取消しや主要な項目が変更不可能となる。

生命保険信託は、受託者が保険事故の発生を待って保険金請求権を行使して得た保険金を信託行為の定めるところによって運用することがその実際的な機能である。いかなる法律的構成によってこの生命保険契約上の権利を信託財産の構成分子とするかについては決して一つの方法だけではない。すでに成立している保険契約上の権利を信託的に譲渡することも一つの方法ではある。さらに全期間の保険料を支払うに足りる金銭又は定期に収益を生ずる有価証券の類を受託者に信託譲渡して受託者をして受託者の名において保険契約を締結させて、委託者を被保険者と定め、保険事故発生の場合には受託者が保険金請求権（受託者の名において有する。）を行使して得た保険金を受益者のため一定の目的に従って運用するものも一つの方法である。これは英米における生命保険信託中の資金付信託（funded trust）に類似する。

さらに、すでに成立した保険金請求権と事後の保険料の資金として一定の金銭又は定期に収益を生ずる有価証券の類又は年金等の類をともに受託者に信託譲渡してこの資金により保険料の支払をさせて、保険事故発生の場合には保険金請求権を行使して得た保険金を信託行為の定めるところに従って管理するといったものも可能である。これは英米では生命保険信託中の資金付信託の典型的なものである。

ちなみに、わが国において商品化されている生命保険信託は、生命保険料の払込みの仕方によって、「無財源生命保険信託」と「財源付生命保険信託」に区分される。「財源」とは保険料払込資金のことをいい、「無財源生命保険信託」は、上記商品のように、生命保険料の払込みを委託者が行い死亡保険金請求権を信託財産とするもので、「財源付生命保険信託」は、受託者が委託者に代わって生命保険料を払い込むものをいう。つまり、前者は信託財産が死亡生命保険請求権だけであるのに対し、後者は、当初信託財産は金銭等となり、受託者がこの金銭等を管理運用しながら生命保険料を支払うところが異なる。

そこで、生命保険信託中の資金付信託や生命保険信託中の資金付信託（あるいは「財源付生命保険信託」）の課税関係は、通常の生命保険金の課税関係と同じになるのかが問題となる。

具体的には、当初の信託財産が将来の払込み原資となる金銭等であることから、信託設定時に受益者等に対してその金銭等の贈与があったとみなされないかが問題となる。

「財源付生命保険信託」について、当初の信託財産が現金等である点に着目すると、まず金銭等に信託が設定され、その後の運用形態が生命保険であったと考える余地も存することから、被控訴人は、本件生命保険契約の購入の指示は信託設定後であるから、設定後の投資内容は課税要件に影響しないとして生命保険信託には該当しないと主張する。すなわち、相続税法において他益信託の信託設定時において、原則的に、「受益者等」に受益権が委託者から贈与されたとみなされて、贈与税が課税される（相続税法四条一項）ことから、信託設定時において、委託者から受益者等に金銭等が贈与されたとして「みなし贈与課税」が生ずると主張する。しかし、上述したように生命保険金信託において、生命保険契約上の権利を信託財産の構成分子とするかについては決して一つの方法だけではない。すなわち、生命保険信託は委託者が金銭（又は有価証券）を信託し、受託者をして、受託者の名において委託者（又は第三者）を被保険者として生命保険契約を締結することを要件としても成立しうるところ、本件トラスト契約における生命保険契約締結も同様の手順を踏んで行われており、生命保険信託に該当することは明らかである。

本判決（名古屋地裁）は、この点について、信託契約に至る経過等や信託契約の内容に照らして判断すると、信託の設定と生命保険契約の締結時期に若干の間隔があるとしても、当初の信託財産である米国債は信託契約締結前から予定されていた生命保険契約の支払原資にしか充てることができなかったため、信託財産は米国債でなく死亡保険金（生命保険契約）である、と認定している。すなわち、信託契約の解釈により、「財源付生命保険信託」の信託財産は、当初の信託財産である金銭等ではなく、生命保険債権であると実質的に認定した。この判決により、生命保険信託を形式でなく実質で判断することが合理的であることが明らかになったと解される。

(2)　本件信託（生命保険信託）の相続税法四条の適用の可否

民法上は相続又は贈与財産を構成しない保険金について、保険金受取人が保険事故の発生により具体的に保険金請求権を取得した時点で、保険金を遺贈や贈与によって取得したとみなして課税を行うことを相続税法は定めている。生命保険の保険事故発生によって保険金受取人に対して給付された保険金は、民法上は相続又は遺贈により取得した財産ではないが、相続税法は、法律上は相続又は遺贈に該当しないものであっても、実質的には相続又は遺贈による取得財産と同視すべきいくつかのもの（生命保険金、損害保険金、退職手当金など）について、これを相続又は遺贈により取得したものとみなして、その時点で課税財産に取り込んでいる（みなし相続。相続税法三条）。

控訴人（被告）によれば、ここでいう原則的方法と例外的方法との差異は、委託者自ら生命保険契約を締結するか、受託者に生命保険契約を締結させたかという程度の差しかなく、実質的には、保険金請求権を信託したのと同視し得るとして、上記通達において、例外的方法が原則的方法とともに想定されていると解しているようである。そして、このような前提のもとで、控訴人は、本件信託においては受託者において信託財産の運用について受託者において運用方法について裁量が付与されているとの認定のもとで、そもそも生命保険信託に該当しないと主張する。

しかし、生命保険信託にかかる相続税基本通達四―二[2]が相続税法五条との課税の公平から定められていることを踏まえると、本件信託契約の目的とそのための手段はどのようなものであるか、本件信託の設定者の意図はどのようなものであったか、受託者は信託財産をいかなる投資に用いることができるか（投資先についての制約）、信託財産がいつの時点で保険契約に投資されたか（保険契約の時期）、受託者はだれを被保険者とする生命保険証券を購入することができるか、受託者は生命保険証券を保有する権限を有するか、受託者の保険料支払に関する義務の内容はどのようなものであるか、被保険者の死亡、保険証券の早期償還等の場合における受託者の権限はどのようなものであるか、といった状況を総合的に考慮して、実質的に相続税法五条における生命保険と実質的に同一であるか否かを判断せざるを得ないものと解される。その点で名古屋地裁判決の本件信託についての生命保険信託該当性の判断基準は妥当であり、評価しうるものである。

本件通達の解説者が述べるように、形式的に判断されるべきものではなく、実質的にみて委託者から受益者に生命保険金が信託財産として贈与されたといえるか否かである。そうであるならば、本件信託においては受託者において信託財産の運用について実質的に裁量が付与されておらず、受益者に分配することが予定されている信託財産は、Aが死亡し又は本件保険契約が満期の時に発生する死亡保険金であるといえる。よって、生命保険信託において、信託行為があったときに生命保険契約が存在することは必須の要件とはならない。本件においては、少なくとも、信託契約設定時に、次に述べるように生命保険金契約を締結することが意図されているのであるから、本件信託が生命保険信託に該当することは明らかである。

本件信託契約に至る経過等や本件信託契約の内容に照らすと、本件信託は、本件信託財産を、Aを被保険者、Sトラストを保険契約者兼保険金受取人とする本件生命保険に投資し、その死亡保険金をもって、受益者に利益を分配することを目的として設定されたものと認めるのが相当である。

確かに、本件信託契約における受託者の権限を見ると、生命保険以外にも広く信託財産を投資できる権限が認められている。しかし、本件信託契約では、受託者の権限を定める六条の他に、七条において、本件信託財産を生命保険に投資することが明示されている。さらに、八条により、本件信託は、投資顧問であるAの指示に従って、資産運用する義務を負っている。そして、本件信託契約の締結経過、すなわち、本件信託の設定者であるFは、あくまでも生命保険で運用することを内容とする投資プランをKバンクの担当者Mらに相談し、本件生命保険の被保険者であるAは、本件信託契約締結前に、既に生命保険契約締結のための健康診断を受診し、投資顧問としてのAは、本件信託が設定された二週間後には、受託者であるSトラストに対し、本件生命保険の契約締結を指示し、これを受けて、Sトラストは、本件生命保険の契約を締結したことに照らせば、本件信託は、Fから委託された本件米国債を生命保険契約で運用することを想定して設定されたものであり、本件信託において受益者に分配することが予定されている信託財産は、Ａが死亡し又は本件保険契約が満期の時に発生する死亡保険金であると認められる。このような信託は相続税法五条のバランス（課税の公平）のうえに定められている相続税法基本通達四―二でいう生命保険信託に該当することは明らかである。

(3)　**相続税基本通達三―四の適用等について**

本件生命保険金契約は、Ａと米国の生命保険会社との間で締結されていることから、相続税法三条若しくは五条に該当する生命保険契約は、相続税基本通達三―四に規定する生命保険契約に限られるか否かが問題となる。被控訴人は、同通達により、日本で免許を持たずかつ日本に拠点のない外国生命保険会社と締結した生命保険契約は相続税法三条若しくは五条にいう生命保険契約に該当しないと主張する。

相続税基本通達三―四は、昭和四六年の相続税基本通達の改正の際に、外国生命保険金等については、通常の日本人が加入することができないものであったことから、相続税法のみなし相続財産及びみなし贈与財産に該当しないことを明らかにするためにおかれたものである(3)。いわゆる確認通達であったものである。そのような通達の趣旨を踏まえると、そのような前提が存しなくなっていたのであるから、この通達はその限りにおいて死文化したものとして取り扱われてきたものである。そもそも相続税法三条若しくは五条がそのような外国生命保険契約を明文で排除しているものでもなく、同条の「生命保険金」について外国生命保険金は排除されておらず、法律で排除されておらず、生命保険金と同一に扱うべきものを通達で排除することは許されない。

4　信託受益権の所在について

相続税法一〇条三項を形式的に適用することには問題が存する。相続税法の前提にある信託法において、信託行為がなされると、贈与財産又は相続財産が受託者に移転をして、受益者が受託者に収益受益権にもとづいて元本及び収益を請求することとなる。受益権にもとづいて、元本受益権を享受した者は信託財産を取得することになり、収益受益権を享受する者は信託財産からの収益を取得することになる。委託者が贈与したものは受益権たる債権ではあるが、実質的には信託財産であるといえる。そうであるならば、信託受益権の所在は信託財産の所在地と解することが合理的であろう。

また、よって、被控訴人及びBのアメリカでの滞在期間、住居や生活の状況、Aの事業活動時における母親Bの育児・家事の提供場所、両親がアメリカへ家族で移り住む、あるいは継続して滞在する目的や意図などの上記の事実を総合的に評価すると、控訴人の主張するような米国での住所が「一時的な目的のための一時的な住所」と評価することは困難であり、被控訴人の「生活の本拠」が日本にあるとはいい難い。

5　信託受益権の評価について

本件信託が不確定期限付信託に近いものとして、同条二項四号の適用はないと解し相続税法四条一項本文の適用を認め、本件信託受益権を財産評価基本通達二〇二で強引に評価した場合には、結果的には相続税法二二条でいう時価とは乖離した仮想的な時価を作り出すことになる。

本件のような信託において、財産評価基本通達二〇二を用いて時価を算定することは、相続税法二二条違反の状態を導くとともに、憲法で保障する財産権を侵害することになるといえよう。そのような場合においては、仮に、被控訴人が一定の年齢までの間についての元本や収益についての受益権を評価することになるとして、いったん贈与時に（信託設定時に）贈与税を支払っておいたうえで、一定の年齢に達したあと、還付を受けるといった明示の救済規定も存しない。

よって、相続税法四条一項を根拠として被控訴人に課税した本件決定処分等は違法であるといえよう。

（1）信託法（平成一八年法律第一〇八号による改正前のもの）「第一条　本法ニ於テ信託ト称スルハ財産権ノ移転其ノ他ノ処分ヲ為シ他人ヲシテ一定ノ目的ニ従ヒ財産ノ管理又ハ処分ヲ為サシムルヲ謂フ」

（2）相続税法基本通達（昭和三四年一月二八日付け直資一〇。平成一九年五月二五日課資二―五、課審六―三による改正前のもの。）「四―二　いわゆる生命保険信託については、その信託に関する権利は信託財産として取り扱わないで、生命保険契約に関する規定（法第三条又は第五条）を適用することにより取り扱うものとする。」

（3）松田敦「相続税法等の改正」『改正税法のすべて』（大蔵財務協会・平成一九年）参照。

（追　記）　名古屋高裁（控訴審）平成二五年四月三日判決（訟務月報六〇巻三号六一八頁）は、米国国籍のみを有する被控訴人が、処分行政庁から、その祖父から米国ニュージャージー州法に準拠して被控訴人を受益者とする信託を設定されたとして、平成一九年改正前の相続税法四条一項に基づき、贈与税の決定処分及び無申告加算税の賦課決定処分を受けたため、その取消を求めた事案の控訴審において、相続税法四条一項は、いわゆる他益信託の場合において、受益者に対し、信託行為があった時において、当該受益者が、その受益権を当該委託者から贈与により取得したものとみなして課税する旨の規定であって、本件信託行為時における受益者である被控訴人が信託受益権の全部について贈与により取得したものとみなされるのであるから、基本通達二〇二の（1）により、本件信託財産の価額によって本件信託受益権の本件信託時における時価を評価するのが相当であり、限定的指名権の行使の可能性があることや、受託者に裁量があることは上記の判断を左右するものではないとし、原判決を取消し、被控訴人の請求を棄却した。最高裁平成二六年七月一五日決定（税務訴訟資料二六四号順号一二五〇五）は、上告を棄却し、上告受理の申立てを認めなかった。

第四部　改正信託法における議論

第九章　わが国における信託税制の発展と改革

――改正信託税制の特徴と課題

はじめに

新信託法は、平成一八年一二月に成立、公布されたが、法律は一三章、二七一条に及び、信託の利用可能性を高めるとともに、信託の信頼性の確保を図るものとなっている。

信託は英米等においては、それは最も柔軟なアングロアメリカの法的な仕組みであり、信託は社会生活の多くの局面で重要な役割を果たしているが、我が国においては大正一一年に信託法により法制度化されたものの、今日まで集団信託はともかくも個別信託においてはその利用は極めて限られていた。我が国のこれまでの状況は信託法等自体が「経済的ニーズ」や「社会的ニーズ」に十分答えられなかったことも大きな要因ではあるが、信託税制がその阻害要因であったことも否定できないであろう。

このような状況下で、平成一六年一一月の信託業法改正により受託可能財産の拡大や信託業の担い手の拡大等が図られた。さらに平成一八年一二月の信託法の大改正により、事業信託・目的信託・宣言信託・受益証券発行信託等が認められるとともに、信託の併合・分割、受益者の変更、後継ぎ遺贈型信託等も明文化されるに至っている。これらの信託関連法の改正により、経済社会の様々なニーズに対応しうる信託の利用が期待されている。そこで、このような信託法等の体制に併せた信託税制の見直し・改正が急がれていたところである。「平成一九年度税制改正大綱（平成一八年一二月一四日）」（以下「大綱」という。）により信託法等改正に伴う「信託税制」の改正の方向性が示され、その法案化がすすめられていたところである。本章執筆時においては、所得税法等の一部を改正する法律が平成一九年三月二九日成立、平成一九年三月三一日施行をみるにとどまった（政令等の公布に係る内容については言及できなかったことをご承知いただきたい。）。

本章では、わが国の「信託課税の基本的枠組み」を概観し、わが国の信託税制の特徴や問題点を明らかにしたうえで、改正信託税制の特徴や位置づけを検討する。そのうえで、改正信託税制が抱える問題に言及することとしたい。

一　わが国の信託所得課税の特徴と問題点——三重構造とその課税原則

改正信託税制は、大正一一年信託法に基づく信託税制の枠組みを基本的には維持するものである。そこで、まず、その枠組みとこの度の改正信託税制との関係をみてみる。

わが国の信託税制のうち、所得税・法人税においては、大正一一年において、実質上何の利得をも享受しない受託者に対する課税はなんとしても避けなければならないこと（いわゆる二重課税の回避）などを理由として、受益者が特定しているときには受益者が当該信託財産を保有しているものとして受益者に収益からの所得を課税する「受益者課税原則」を導入した（旧所得税法三条ノ二第一項）。一方、受益者が特定していないときには委託者に課税する「受託者課税原則」を採用した（同条二項）。「受益者課税と受託者課税の組み合わせ」による信託税制である。ただし、貸付信託（後の昭和一五年には、合同運用信託に名称変更）については、社債・公債・銀行預金と同じように課税されていた（第二種所得税。ただし、当初第三種所得税課税）。そして、昭和一五年に受託者課税部分を委託者課税（あるいは委託者の相続人に課税）に改めた。これは極めて重要な意義を有するものであるが、受益者が特定するまでは委託者の手元から受益権は分離しないと考えられることなどをその改正理由とした。

しかし、このような改正は、信託法の視点からもそもそも当然のものであったといえるのか、疑問が残るものであった。信託法理はともかくも、累進税率の適用を免れることに対する懸念がその改正理由の主眼であったと思われる。昭和二六年に合同運用信託同様の例外として、証券投資信託が、昭和三七年に退職年金信託が、さらにその後も同様の信託が順次追加され、今日に至っている。[1]

平成一九年改正前（以下「改正前」という。）所得税法一三条、法人税法一二条の、いわゆる「本文信託」（これは受益者が特定している場合には受益者課税原則、不特定・不存在の場合には委託者課税原則を前提する。）と所得税法一三条、法人税法一二条の各々のただし書（合同運用信託、投資信託、特定目的信託等を本文規定の適用から除く。）による「ただし書信託」の課税関係を法的には明確に区別した二重構造である。

しかし、現実には「ただし書信託」が、一般的には日本の信託業務の主流をこれまで占めてきたことは周知のとおりであり、ただし書の規定は金融制度と深く関係してきた。[2]「ただし書信託」の特徴は、支払を受けたときに課税されることから（所得税法三六条二項等参照）課税の繰延べが許容されていることである。わざわざ「ただし書」規定により、完全な導管構造を否定し、課税の繰延べを許容していることは特徴的である。そこで、課税繰延商品の存在については注意をすべきであるということになりそうであるが、現実には商品段階で一定の短期での配当等の制約が存していたため問題は生じていなかったようである。この「ただし書」規定も大正一一年の信託税制に端を発するものであるが、その理由とするところは前述したように貸付信託を社債、公債、銀行預金と同じに取り扱うことであったことによる（銀行預金等の収益計上時期を現金主義によることとしたことに端を発している。）。

さらに、「特定目的会社による特定資産の流動化に関する法律」（平成一〇年九月一日施行）、及び「証券投資信託及び証券投資法人に関する法律」（投信法）の改正・整備（平成一〇年九月一日施行）、さらに「特定目的会社による特定資産の流動化に関する法律等の一部を改正する法律」（資産流動化法）（平成一二年五月三一日公布）の施行に起因する集団投資スキームに対する法整備による新たな金融制度の展開（いわゆる金融大革命）を受け、さらに我が国の信託においては三段目の法的構造ができあがることとなる。投信法及び資産流動化法が改正されることにより、信託について、「投資信託」と「特定目的信託」という概念が導入され、投資信託は、投信法上の資産運用スキームとして、また「特定目的信託」は資産流動化法上の資産流動型スキームの一つとして創設されたものである。

法人税法・所得税法上、平成一二年五月の改正により「特定目的信託」及び「証券投資信託以外の投資信託」がまず、いわゆる「ただし書信託」に加えられ、信託財産に帰せられる収入及び支出の帰属については導管として取り扱われないこととなった（「証券投資信託」については、以前からただし書適用）。また、投資信託法上、「委託者非指図型投資信託」が導入されたことから（投信法二条二号）、合同運用信託については「信託会社が引き受けた金銭信託で、共同しない多数の委託者の信託財産を合同して運用するもの（……委託者非指図型投資信託及び外国投資信託を除く）をいう」と定義されていることから（所得税法二条一一号、同法人税法二条二九号）、委託者非指図型投資信託のうち、信託法上の投資信託に該当するものは、合同運用信託に該当しないことになった。

そのうえで、法人税法上、(1)①「投資証券信託」、②「国内公募投資信託以外の投信法上の投資信託」と(2)「特定目的信託（資産流動化法上の特定目的信託）」を併せて、「特定信託」と定義している（改正前二条二九号の三）が、特定信託についてはその各期間の所得について法人税を課すこととしている。法人税法七条の二は、「特定信託の受託者である内国法人に対しては第五条の規定により課する法人税のほか、各特定信託の各計算期間の所得について、各特定信託の各計算期間の所得に対する法人税を課す」と規定しており、特定信託についての受託者たる法人に法人課税を行なうこととした。

二　改正信託税制の背景

その後の大きな改正がこの度の信託税制改正である。改正信託法は信託設定について、信託契約による方法（三条一号）、遺言による方法（三条二号）、信託宣言による方法（三条三号）を認めており（信託方法の多様化）、特に宣言信託による方法は信託の設定時から委託者と受益者が同一であることを許容しており、貸出債権の流動化、会社が特定部門を自己信託することによる資金調達などの幅広い利用が考えられている。なお、信託契約が諾成契約であることも明示されているところである（四条一項）。

また、改正信託法は、要件または効果を多様化して、あらたな信託の形態をいくつも認めている。債務を信託財産とする信託（二一条一項三号）、セキュリティ・トラスト（担保権信託）（担保権を受託者に管理させ、債権者を受益者とする。三条一号・二号「担保権の譲渡」参照）、限定責任信託（二一六条以下）、受益証券発行信託（信託受益権を有価証券とすることが可能。一八五条以下）、目的信託（受益者の定めのない信託。二五八条以下）、受益者連続信託（受益者の死亡により、当該受益者の有する受益権が消滅し、他の者が新たな受益権を取得する旨の定めのある信託。九一条）などを認めている。そこで、これらの信託等への対応のため、所要の整備が求められたところである。「大綱」による改正信託税制は、信託法改正により信託設計の自由度が高まり、多様な信託の利用が可能となることに伴い、受益証券発行信託などの新たな類型の信託に対応する税制を整備して、法人税等の租税回避を防止する観点から一定の信託に対して受託者課税を行っている。現行の受益者課税原則を維持しつつ新たな類型の信託に対する課税と租税回避措置としての課税規定を賦課するという形での整備をすすめており、基本的な枠組みについての変化はないようにみえる。

三　わが国の信託所得課税ルールの特異性と改正信託税制の位置づけ

「本文信託」で完全な導管理論を採用し、「ただし書信託」でこの導管理論を排除（ある程度の課税の繰延べを公認）し、さらに（特定信託について）導管理論を外したうえで法人税課税を行い、法人課税のうえで受託者の段階で二重課税を排除するという、「三重構造」が我が国の現行信託課税の特徴であるといえる。[3]「本文信託」における二重課税排除に対する根本的な見解の相違が、その後の例外規定（特別な課税関係）を形作っている。わが国が委託者課税・受益者課税を「本文信託」の課税関係において導入したことが三重構造の原因となっている。また、わが国の所得分類（利子・配当・雑所得等）の多様性も例外規定の立法の在り方に影響を与えている。この三重構造は金融資産の課税規定をきわめて複雑にしてきているといえよう。

この度の改正にあたっては、受益者課税の原則を維持することとされ（法人税法一二条一項等）、この三重構造は維持されている。たとえば、「特定受益証券発行信託」（法人税法二条二九号ハ）は、受益者段階課税・分配時課税（第二段階）であるが、この要件に合致しない場合には、すなわち「特定受益証券発行信託に該当しない信託」は、受託者段階課税・信託段階課税（第三段階）で課税されることとなる。

法人が委託者となる信託のうち、「重要な事業の全部又は一部の信託」はその法人の事業の全部又は重要な一部が信託され、かつその受益権の五〇％超をその法人の株主に交付することが見込まれるものである（法人税法二条二九号の二ハ（1））が、法人が本来行っている事業が信託され、受益権がその法人の株主に交付された場合には、事業収益に対する法人税を課税することができなくなるために、受託者を納税義務者として、受託者の信託財産からの所得に法人税を課する。また、「長期の自己信託等」は、その受託者がその法人又はその法人との間に特殊の関係のある個人もしくは法人（特殊関係者）であり、かつ信託期間が二〇年を超えるものであることから（法人税法二条二九号の二ハ（2））、事業が長期間継続することにより、その事業に係る法人税の課税が減少することから、一定の場合以外、受託者を納税義務者として、受託者の信託財産からの所得に法人税を課する。さらに、「損益分配の変更が可能な自己信託等」は、その受託者がその法人又はその特殊関係者であり、かつ、その受益権の一部をその法人の特殊関係者が保有する信託で、その特殊関係者に対する損益の分配が変更可能である信託のことである（法人税法二条二九号の二ハ（3））が、受益権を子会社等に取得させて、損益の分配を操作することによって、その損益通算により法人税を減少することが可能となるので、受託者を納税義務者として、受託者の信託財産からの所得に法人税を課する。以上は、「受益者が存在する信託」である。これに対して、「目的信託」は受益者が存在しない信託である（法人税法二条二九号の二ロ）が、目的信託が設定された場合には、信託財産に対して委託者にみなし譲渡所得課税が、受託者には受贈益に係る法人税課税（受託者課税）が生ずることとなる。これらの信託はいわゆる「法人課税信託」と呼ばれているものである（法人税法二条二九号の二、四条の六）。

信託課税の基本原則、我が国でいう「本文信託」の段階での課税関係であるが、これをどのように立法化するかにあたっては、その国の二重課税排除、導管理論に対するスタンスが明確に表れてくる。[4] ここでは、このような我が国の信託課税の法構造が英米と本質的に異なることもあわせて指摘あるいは強調しておく。信託法の母国（いわゆる英米）では、信託所得等に権利を有している場合には受益者へ、そうでない場合には受託者へ、そして受託者課税の場合には二重課税の調整を行うというのが（ただし租税回避については委託者課税を例外的に認める。）、一応の流れであるといえよう。[6] 諸外国は委託者課税の領域が狭いという特徴があり、複数の信託の設立や家族間での所得分割などの租税回避規制として用いられているにすぎないといえよう。

我が国の信託税制は、大正一一年の信託法・信託業法の制定にあわせて導入されたが、その後、非営業信託（民事信託）はともかくも営業信託は我が国の投資等に対する国民性（貯蓄意識等）を反映しながら発展を遂げ、信託課税も係わってきた。信託制度の発展は、わが国の金融制度の発展と相関的な関係にあるといえ、信託税制も営業信託を中心にしたそのような視点からのみ規定が整備されてきたといってよい。信託課税規定の三重構造の成立には金融商品の発展、及び金融政策との対応をみることができるが、最終的な課税関係については金融資産の本質に対応した課税関係になっているかは検討の余地があろう。このような法的な構造（三重構造）が必要か否かは検討課題となりうるということをここでは指摘するにとどめる。課税の繰延べを防止するためだけであれば、本文信託の適用をそのまま認めておけばよく、このような三重構造を支える課税理論、これを貫く原則は何かが問われる必要があろう。「信託法理」からの検証が不可欠である。

なお、わが国の所得課税における「裁量信託」の課税関係も検討すべき問題である。[7] わが国では、他益信託か自益信託かで課税関係は二者択一課税であるといってもよい。そのメルクマールである受益者の存在又は特定の程度をどのように考えるかという問題もあるが、一般論としていえば裁量信託は広範囲に委託者課税の網にかかってしまう可能性がある。私法や信託法理からみれば行き過ぎた状況にあるようにみえる。裁量信託、目的信託、公益信託の課税関係をどのように構築するかは重要である。「大綱」は、一定の目的信託である「受益者等の存在しない信託」においては設定時に委託者（個人）にみなし譲渡所得課税（委託者が個人の場合には寄付金課税）が生じ、受託者の段階では信託財産相当額について受贈益課税が生じ、信託財産からの所得については法人税が賦課されるとしている。また、この信託を利用した相続税や贈与税の租税回避については相続税率との差額が受託者に生ずることとしている。

目的信託は、契約の方法又は遺言の方法により設定することができる（信託法三条一号・二号）が、遺言信託により目的信託を設定した場合には、委託者の相続人は相続により委託者の地位を承継しないこととなっている。よって、目的信託においては、信託に関する権利を委託者の相続人が相続によって取得したとして相続税を課税することができない。

そこで、目的信託を設定した場合には、委託者（個人）から法人課税信託に係る受託法人に対する贈与により信託財産の移転があったとみなされる（所得税法六条の三、みなし譲渡所得課税が生ずる。所得税法五九条一項一号）。受託者においては前述したように信託財産の価額について受贈益課税が生ずる（法人税法二二条二項）。信託財産から生ずる所得に対しては受託者（法人）の段階で法人税が課税される（法人税法二条二九条の二ロ、四条の六第一項・二項。所得税法六条の二も参照）。目的信託が終了した場合には、残余財産を取得した帰属権利者に対して所得税（一時所得）あるいは法人税（受贈益）が課税される。目的信託の期間中に、受益者が存することとなった場合には、法人課税信託に係る受託法人の解散があったものとみなして、受益者が存する信託として課税関係が変更されることとなる。当該受益権の取得による受贈益については、所得税又は法人税が課税されない（所得税法六七条の三第一項・二項、法人税法六四条の三第二項・三項）。

なお、受益者等の存しない信託を利用した相続税又は贈与税の租税回避（受益者等となる者・帰属権利者が委託者の親族である場合）については、当該信託の効力が生ずるときに、受託者は委託者から当該信託に関する権利を贈与（あるいは遺贈）により取得したものとみなされる（相続税法九条の四第一項～四項参照）。

四　相続税・贈与税における信託課税原則とその問題点

相続税についても、大正一一年の信託法制定と同時に「信託ニ付委託者カ他人ニ利益ヲ受クヘキ権利ヲ有セシメタルトキ」は、そのときにおいて「他人ニ信託ノ利益ヲ受クべキ権利」を贈与又は遺贈したものとみなす旨の規定をおいた（旧相続税法二三条ノ二）。委託者が信託の設定行為時にその権利を付与する場合（ただし、受益者たる委託者が受益権を変更する場合にはその権利を付与する場合）にはその時が課税時期であり（いわゆる「信託行為時（設定時）課税の原則」を採用）、相続・贈与財産は信託受益権（信託の利益を受けるべき権利）であることを明確にしている。なお、大正一五年の改正は、受益者不存在・不特定の場合には委託者の直系卑属を受益者とみなして受託者をその相続財産の管理人とみなして課税することとしていた。

昭和一三年の相続税法の改正は、信託法七条の解釈等の影響を受け、課税時期について受益者が現実に受益した時（現実受益時課税）とし、その間は委託者又はその相続人に受益権が所属するとみなす規定をおいていた（旧相続税法二三条ノ二参照）。昭和二二年の相続税法改正において、信託行為時課税が再度導入され、委託者が受益者である信託については新たに委託者以外の者が受益者になったときに贈与があったとみなすとの規定をおいた（旧相続税法五条二項）。当時、贈与税は贈与者を納税義務者としていることから、かかる場合は受益の発生するまでまつ必要はなく、信託行為があったときに直ちに贈与があったとして課税されればよいと解されたことによる。昭和二五年に相続税法は全文改正され、それまでの遺産課税方式を遺産取得者課税方式に改めたが、信託課税原則についての基本的な変更は存しなかった。信託課税においては昭和二二年改正以後抜本的な改正を行わず、ほぼ現行税制に至っている。信託行為時に課税するとともに（相続税法四条一項）、受益者の変更等に伴う課税時期の例外規定（相続税法四条二項）をおいた。「信託行為（設定）時課税」、「信託受益権に対する課税」がその特徴である。(8)

しかし、これらの相続税法四条の解釈を巡ってはこれまでもいくつかの疑義が示されていた。たとえば、後継ぎ遺贈に代表される受益者連続信託とその課税はその一例である。これらの課税関係の混乱（たとえば後継ぎ遺贈型信託の設定時の「網打ち効果」等）は、相続税法がそもそも他益信託から他益信託への変更時を射程距離においていなかったのではないか、特に受益者が時系列を異にして存在する場合の課税関係についても設定時に課税が発生することとなるのか受益者連続信託のようなものについては全く考えていなかったことによるものと考えられる。(9) また、信託受益権の評価の問題やジェネレイション・スキッピングに係る問題等も相続税において残っていた。

受益者連続信託の後継ぎ遺贈型信託を改正信託法が正面から認めたことから、受益者連続信託についての課税関係について、信託設定時に受益者等に対して委託者から受益権を遺贈又は贈与により取得したものとみなして相続税・贈与税・所得税を課税し、次の受益者に対してはその直前の受益者等から遺贈又は贈与により取得したものとみなして同様の課税を行うこととして対応している（相続税法九条の二第二項参照）。また、特例として、受益者連続型信託の利益を受ける期間の制限等の受益者連続型信託に関する価値に作用する要因としての制約は付されていないものとみなすと規定している（相続税法九条の三）が、受益権が受益者の死亡により消滅すると評価額はゼロとなるので死亡という特約は付されていないとの規定をおいたものである。

なお、先に述べたように、受益者等の存しない信託を利用した相続税又は贈与税の租税回避（受益者等となる者・帰属権利者が委託者の親族である場合）については、当該信託の効力が生ずるときに、受託者は委託者から当該信託に関する権利を贈与（あるいは遺贈）により取得したものとみなされることとしている（相続税法九条の四第一項～四項参照）。

五　投資信託の課税原則と問題点

集団信託を論じるにあたっては、受益者段階での課税（所得でいうと配当・分配に係る課税）、受益権等の譲渡に係る課税、すなわち、インカム・ゲイン、キャピタル・ゲイン、キャピタル・ロスの課税関係が問題となり、さらに投資信託（特定信託）においてはビークル段階（ファンド段階での課税）での課税が問題となる。[10] ここではファンド等の法人格の問題や二重課税の排除のあり方が問題の中心となる。

投資信託については、投資者段階では、利子所得による源泉分離課税（及び譲渡では非課税）、配当所得としての利子並源泉分離課税（及び譲渡では非課税）、配当所得としての総合課税（源泉徴収二〇％）（及び譲渡申告分離二六％）のパターンのどれかであり、ハイリスク・ハイリターンのもとでの投資家の担税力を反映する課税構造になっていないおそれがある。収益性の源泉となるリスクに対する税法的評価は不可欠であろう。金融ビックバンによりさまざまな金融商品が登場してきているが、信託、特に投資信託は中核商品となりつつある。信託を用いた金融商品に対する課税（所得分類）として既存の制度のもとでの分類とその整合性、特にいかなる課税原理が働いているのかを検証することは重要であろう。

集団投資スキームのビークル段階での課税については、理論的には三つの方法がありえよう。「エンティティ段階での完全パス・スルー」、「エンティティ段階での法人課税」（この場合にも法人自体に税を課すのか、法人とみなして税を課すのかバリエーションはあろうが）、「エンティティ段階での源泉徴収（受託者段階に課する）」に大きく分けられる。歴史的にかつ現実的に、課税される場合は、二つの立場があるように思われる。一つはアメリカ流の「団体性」（実質的な法人格の付与）からくるものである。一つはイギリス流の「受託者課税」（所得の累積禁止）からくるものである。前者は、信託の実質（体）論に言及するものである。後者は、きわめて技術的に法人課税をとらえる立場である。我が国のビークル段階での法人課税については、「法人課税」ではなく「法人税課税」であり、課税の繰延べを回避するための技術的な規定（たまり課税の規定）であると理解することができよう。なお、「大綱」は、事業信託に対しては、租税回避の視点から、一定の条件に該当する事業信託について受託者に対して法人税が課税されるが、それ以外の場合には原則的な取扱いで受益者に課税されることとしている。事業信託は、信託宣言と受益証券発行信託とを組み合わせることによって多様なスキームを組むことができ、アメリカのビジネス・トラストなどの課税も踏まえながら、さらなる検討が必要であろう。

なお、「大綱」において、信託財産に帰せられる収入については、「特定受益証券発行信託」に該当する場合には受託者の段階で課税されず、受益者の段階で課税される。たとえば、受益者が個人の場合には配当所得として課税される（所得税法二四条等。ただし配当控除を受けることはできない。）。法人が引き受けた「特定受益証券発行信託」につき納付した所得税（外国法人税を含む。）の額はその収益の分配に係る源泉徴収税額から控除する（所得税法一七六条、一八〇条の二）。受益者が法人の場合には、受取配当等の益金不算入に関する適用を受けることはできず、これは、一般的な投資信託の課税と同様である（第二段階での課税。そのほか法人税法六一条の二第一五項・一六項参照）。これに対して、「非特定受益証券発行信託」の、信託財産に帰せられる収入について、受託者に所得課税が生じ、受益者の段階で二重課税の調整が行われることとなっている。

おわりに

改正信託法のもとで、信託の人的機能（信託による意思凍結機能・受益者連続機能・受託者裁量機能）や物的機能（財産管理機能や信託財産の信託受益権転換機能、信託財産の分別管理による倒産隔離機能）を生かした信託の利用の拡大、信託の多様化が進む。高齢化社会における財産運用管理（パーソナル・トラスト）や企業防衛（信託型ライツプラン）など多方面にわたって活用される。しかし、「大綱」をみる限り、信託法及び信託理論にもとづいた課税関係と信託の利用による租税回避規制に係る規定の整備との関係が曖昧であり、信託の利用による租税回避にのみ傾斜した整備は、今回の信託法の足かせになることも危惧されよう。この度の信託法改正は、わが国の信託課税の枠組みを再検討・再構築する好機であったといえよう。

なお、本章で言及することのできなかった問題として、国際信託課税ルールの整備についての問題（国際信託の課税関係に関しては三つの国が関係してくる。受益者の居住地国、委託者の居住地国、所得の源泉地国が重要な三つのポイントになる。）が存することを最後に付言しておきたい。国際的信託の課税関係の理論的検討と規定の整備は急務であろう。(11)

（1）　大正一一年から昭和二〇年半ばまで（金融制度の第一期といえよう）においては資産家や機関投資家などの大口の投資による信託は大口金利預金類似のものとして利用されていた。昭和二七年の貸付信託法から五〇年代後半まで（同第二期）においては貸付信託（信託業法「合同・指定運用金銭信託」の一種として特別法である貸付信託法により規定）が「安全有利な貯蓄手段」（旧信託業法九条にもかかわらず、すべての信託契約に元本補填契約がつけられていた）として国民生活に定着した時代であった。我が国の信託税制の発展と信託所得課税の概要については、占部裕典『信託課税法』第一章、第二章（清文社・二〇〇一）。同「信託課税法の課題と改革の展望――信託関連法、金融関連法等の視点から」信託法研究二七号七一頁以下（二〇〇二）等参照。なお、相続税・贈与税に係る信託税制の推移については、下野博文「相続税法四条に関する一考察」税務大学校昭和五二年研究科論文集三分冊四頁以下（一九七七）、占部・前掲書第三章参照。

（2）平成一九年度改正信託税制の解説については、財務省ＨＰ「所得税法等の一部を改正する法律案要綱」等参照。なお、改正信託法の解説は多いが、本章では、信託法改正については、道垣内弘人「信託法によってみとめられた新たな信託の形態」税研一三二号二四頁以下（二〇〇七）等参照。

（3）占部裕典「信託」（報告二）『金融取引と国際課税』（関西大学法学研究所・二〇〇一）、増井良啓「組織形態と税制」「『組織形態と法に関する研究会』報告書」七八頁以下（日本銀行金融研究所・二〇〇三）参照。

（4）占部裕典「信託課税における受益者課税、委託者課税の再検討」総合税制研究二号四三頁以下（一九九三）、（財）トラスト六〇研究報告書『信託税制研究――海外編』（一九九七）参照。

（5）占部裕典「信託課税における受益者課税、委託者課税の再検討」総合税制研究二号四三頁以下（一九九三）、佐藤英明「信託税制の課題と解決の方向」信託二一四号四九頁以下（二〇〇三）参照。

（6）裁量信託については、占部・前掲書（第三章）一〇三頁以下参照。

（7）相続税・贈与税に係る信託税制の推移については、下野博文「相続税法四条に関する一考察」税務大学校昭和五二年研究科論文集三分冊四頁以下（一九七七）、占部・前掲書第三章参照。

（8）占部裕典「個人信託課税の課題」信託二一五号八一頁以下（二〇〇三）、占部・前掲書第四章参照。

（9）この問題を含む体系的研究として、田邉昇『新版投資ファンドと税制』（弘文堂・二〇〇六）参照。

（10）増井良啓「証券投資ファンド税制の比較」日税研論集四一巻一七一頁以下（一九九九）、占部・前掲論文（注1）八四頁以下、藤本哲也（二〇〇六）参照。

第一〇章　信託税制について

はじめに

現行信託税制を概観することとする。信託税制の基本的枠組みについて、その立法経緯、理論的背景などを交えて解説することとする。**レジュメ**（五四二頁以下に収録）と**資料**（五五一頁以下に収録）を参照する。配付するレジュメにほぼ沿って解説するが、特に、資料「新信託法に係る税制上の整備」（財務省資料）以下の資料の内容を中心に説明する。まず、この資料の一ページから二ページの上にかけての内容について少し要約して説明することとする。

現行信託税制への改正経緯についてである。

平成一六年に信託業法の改正等があり、受託可能財産の拡大や信託業の担い手の拡大等が図られたのは、周知の通りである。新信託法は平成一八年に成立したが、新信託法は二七〇条を超える条文で、信託の利用可能性を非常に高めるとともに、信託の信頼性の確保を図るというもので、非常に大きな抜本的な改正であった。経済社会のさまざまなニーズに対応した信託の利用が期待されることになった（**レジュメ1**（五四二頁）参照）。

信託税制は、このような信託業法、信託法の改正を受け、平成一九年度の税制改正大綱において、いわゆる信託税制の大枠を示し、それに基づき改正を進め、現行信託税制という形になっている。改正信託法は、さまざまな信託というか、事業信託なり、セキュリティ・トラストなり、多様な信託を認めている。こういった信託に対応するための信託税制というものが求められていたということが最大の改正理由である。それから、これまでの平成一九年度の信託税制改正前の信託税制の抱えていた問題点を、少し整理・解消するという意味もあった（**資料1**下図（五五一頁）参照）。

信託業法なり信託法の大改正を受けて、特に個別信託に係る信託税制を改正し、平成一九年度改正前の信託税制の少し不明確な点、問題点を整理した。そういう二面性を持った改正により現行信託税制が登場してきたところである。

改正信託法を受け改正された、このような信託税制（**資料2**下図（五五二頁）参照）を一見すると、税制が非常に大きく変わったように見えるわけであるが、平成一九年度改正前の信託税制（**資料2**上図）と比較し、制度的な連続性や相違点という点に照準を合わせてみると、それほど根本的には、大きな理論的・制度的な改正はないといえるかと思われる。その中で、本章では、現行信託税制の理論的枠組みや我が国の特徴を、明らかにできればと考えている。

信託税制の中心は、法人税法、所得税法、相続税法であろうかと思う。他にも流通税としての不動産取得税等々の税も関係してくるが、本章では、法人税法、所得税法あるいは相続税法といった主要三法に限って、説明をしたいと思う。

一　改正前の信託税制

信託は承知のように、非常に古くから、中世イギリスなどで発展を遂げてきた。信託とは字のごとく「人を信じて財産を託す仕組み」である。この「人を信じて財産を託す仕組み」は、税制では民事信託あるいは個別信託としての一面と、商事信託としての一面という二つの大きな類型が、課税関係を考える前提にあると思われる。

この**資料1**下図左（五五一頁）に、委託者、受託者、受益者というのが登場するが、信託とは、委託者が信頼できる第三者・受託者に財産を託して、すなわち所有権を移転して、信託の目的に従って受益者のために財産の管理・運用等をさせるというものである。信託法二条一項は、その旨を規定しているが、信託においては、委託者、受託者、受益者が登場してくるので、税制もこの委託者、受託者、受益者のいずれに課税をするかということに尽きてくる。

信託自体を課税主体とすることも理論的には可能であろうが、委託者、受託者、受益者という三者を置いて考えた場合に、課税関係はどこで生じるかということになると、まず信託を設定した場面での課税関係が一つ考えられる。さらにその次に、信託において信託財産の管理・運用といった過程によって生じる所得、信託の利用によって生じる所得、そういったものについての課税関係が考えられる。最後に信託が終了する時に、もう一つ課税関係が考えられるということになるので、大きく信託税制の課税関係を考えるポイントは、三つになるかと思われる。

レジュメ2（五四三頁）の下段左**2**を見ると、設定時あるいは信託期間中、信託終了時というところで、委託者、受託者、受益者との関係で課税関係をどうするかというところが、基本的な信託税制の枠組みを考える時のポイントであろうと思われる。

1　受益者段階課税（発生時課税）

日本の信託の税制は、大正一一年から平成一九年の信託税制改正前まで何十年と、基本構造はほとんどといっていいほど変わっていない。まず、信託税制改正前の税制がどういうものかということを簡単に先にみた方が、現行信託税制との連続性等との関係、現行信託税制の特徴がわかりやすいのではないかと思う（**資料2**上図（五五二頁）を参照）。

平成一九年改正前の旧信託税制、いわゆる所得課税、法人税、所得税についてである。この図で、所得税法、法人税においては、大正一一年に信託税制の課税が始まり、そこで考えられたのは、実質上何の利得も得ていない受託者に対する課税は、何としても避ける必要がある、いわゆる二重課税の回避などを理由として、受益者が特定している時には、受益者が当該信託財産を保有しているものとして課税する、いわゆる受益者に対して収益からの所得を課税するという、受益者課税原則（発生段階課税）を大正一一年に導入した。

この考え方は、現行税制においても引き続き採り入れられている。ただ、現行税制と少し違っているのは、受益者が特定していない時には、大正一一年当時は受託者課税原則というものを採用していたということである。受託者そのものについては、当時の考え方としては、課するところがないから受託者に課するというような趣旨ではなかったかと思う。その後、受益者が特定していない時には、委託者に課税するという税制に変わり、我が国の所得税、法人税の出発点は、受益者が特定している時には受益者課税、受益者が特定していない時には委託者課税となった。ただ、そのような基本原則の適用をうけない、いわゆる「ただし書信託」があり、貸付信託等については、社債とか公債とか銀行預金に係る利子を、当時実際に現金で取得した時に課税するとしていたので、実際に受益者が利益を取得した時に課税するということとされていた。このように、ただし書に掲げられた一定の貸付信託等については、実際に受益者が利益を取得した時に課税することとし、原則からはずして、例外を作り出したという経緯がある。

大正一一年から始まった日本の法人税・所得税の基本的な税制の考え方というのは、**資料2上図**（五五二頁）でみると、不動産・動産の管理・運用等を目的とする、一般的な信託については、受益者が特定しているという段階では発生時課税で、受益者段階課税となっていることが判る。ただし、合同運用信託とか、投資信託とか、そういったようなものは他の金融資産との関係で、実際に収益を取得した時に課税するということになっていた。

2　受益者段階課税（受領時課税）

「ただし書信託」における受益者段階課税（受領時課税）では、配当や利子の分配が遅れ、年度をまたぐと、課税の繰延べが生じるということになる。ただ実際は、ただし書信託については、非常に商品的には短期間に分配配当される商品であって、課税の繰延べの弊害はそれほど大きくはないと考えられてきたと思う。

3　信託段階法人課税

大正一一年に成立した信託税制については、平成一二年に、いわゆる資産流動化法等の金融制度の大改革を受けて、ただし書信託の一定のものには改正がなされたということが、その次の大きな改正ではなかったかと思われる。**資料2**上図（五五二頁）でみると、三段階目に「資産流動化法上の特定目的信託」に対して、信託段階法人課税というのが登場してくる。

そのような特定目的信託等については、法人税法上、特定信託と定義され、各期間の所得について法人税を課すということにしている。平成一九年度改正前の旧法人税法七条の二という条文は、特定信託の受託者である内国法人に対しては、法人税を課税する、各特定信託の所得計算の所得については、各特定信託の計算期間の所得に対する法人税を課すと規定しており、一応受託者の段階で、法人課税を課すという形式を採っていた。ただ、この部分については、一定の要件を満たしている場合、分配額の損金算入を認めていた（**レジュメ2**（五四三頁））。長く続いていた日本の信託税制の一つ大きな変更点となるのが、平成一二年の資産流動化法等の改正によって生じた、この三段目の改正ということになるといえよう。

4　小　括

日本の信託税制というのは、条文でみると、所得税法一三条、法人税法一二条、ほぼ同じような建付けですが、本文信託で、いわゆる受益者が存在・特定している場合については発生時課税という形で、まだ受益者が現実に収益を受け取っていない段階でもパス・スルーということで受益者に課税するという、発生時課税をまず大原則として採用している。

その例外である、一般に「ただし書信託」と呼んでいる信託であるが、合同運用信託や一般的な投資信託については、実際に受領時課税という形で、パス・スルーという考え方を修正する。その結果、課税の繰延べという懸念が生じるわけである。

その次に第三段階として、資産流動化法上の特定目的信託については、同じような事業活動を行っている特定目的会社等との課税上のバランスから、受託者段階で法人税を課する、すなわち受託者に対して法人税を課税する。ただ、分配すると、その分は一定の要件を満たした場合には、分配額は配当として損金に算入できるという形の構造を採っていたわけである。

これが所得税、法人税に係る日本の基本的な三段階の構造というものである。本文信託、ただし書信託で構成される三段階の課税システムということになる。この税制が、前述したような信託法等の改正により、**資料**2下図（五五二頁）の形に、新たな信託税制として姿を変えていく。

二　新信託法に係る税制上の整備とその内容

平成一九年度信託税制の改正については、**資料**2下図（五五二頁）の二重線で囲んだ部分であるが、新信託法によって多様な信託の類型が可能となって、信託の利用機会が大幅に拡大したため、基本的にはそれらについての税制上の対応が必要であり、そこでは、課税の公平・中立の確保、多様な信託の類型への課税上の対応、法人税、相続税等の租税回避の防止といった三つの視点から、新信託法の下で現行信託税制ができあがっていくこととなる。

1　受益者段階課税（発生時課税）

現行の信託税制であるが、現行所得税法の一三条一項かっこ書、あるいは法人税法一二条一項かっこ書で「受益者として権利を現に有するものに限る」というように、受益者については縛りをかけているが、受益者は、その信託財産に属する信託及び負債を有するものとみなし、かつ信託財産に帰せられる収益及び費用は当該受益者の収益及び費用とみなして、原則として所得税法や法人税法を適用するとしている。我が国の信託税制においては、長年、日本が採用してきた受益者等課税あるいは発生時課税等を原則として、そのままここでも引き継ぐということである。

ただ、ここで言う受益者については、「信託の変更権限を現に有し、かつその信託財産の給付を受けるとされている者」を含むものとされている。このような要件を充足する委託者も受益者としてみなす。いわゆる「みなし受益者」も規定されている。改正前については、受益者が存在・特定していなければ委託者課税、換言すると受益者課税が原則であるが、つまり、受益者が不存在・不特定のときには委託者課税ということであったが、改正信託税制の下では、第一段階のところで受益者段階課税・発生時課税を採るという原則はそのままであるが、今までのように受益者がいなかったら、すべて委託者に課税するということは少し行過ぎであるといった非難もあったので、それを受けて委託者等であっても「信託の変更権限を現に有し、その信託財産の給付を受けるとされている者」という要件を満たす委託者であれば、受益者とみなして受益者課税をするということになった。「受益者等」という形で「みなし受益者」という者も包含する規定を置き、少し改正をしている。改正所得税法の一三条、法人税法一二条の受益者についてであるが、繰返しになるが、旧規定の下では、受益者の存在あるいは特定の有無で判断すると考えていたが、現行税制の下では、受益者としての権利を現に有するものとして、表現を変えている。旧所得税法や旧法人税法の形式的な受益者の定義を改めて、実質的な基準によって受益者を判断する、というように改めたものであり、評価することができる。これがまず、新しい信託税制全体像のところの第一段階目の受益者等課税信託という部分である。

2　集団信託

次に、**資料2**（五五二頁）に受益者段階課税（受領時課税）、集団投資信託と大きく括ってある箇所である。所得税法の一三条本文、法人税法一二条本文に、いわゆる受益者等課税信託についてまず規定し、別に所得税法一三条ただし書で、あるいは法人税法一二条ただし書で、合同運用信託あるいは一定の投資信託、特定受益証券発行信託といった集団投資信託、さらには退職年金等信託、法人課税信託を本文信託の適用から除いている。

前述した改正前の信託税制の第二段階（受益者段階課税（受領時課税））と非常によく似ている。受益者段階課税（受領時課税）という制度もそのまま引き継がれ、集団投資信託の対象になる範囲を少し広げているところがある。集団投資信託のただし書信託は、本文信託の受益者等課税信託からはずし、従来、ただし書信託の中で規定された信託の一部は、法人課税信託になっている。その代表的なものが、受益者が存しない信託とか、特定受益証券発行信託に該当しない受益証券発行信託とか、そういった信託である。

この新しい信託税制の建付けであるが、一段階目は、受益者等というものの定義を新たにして、単純な、形式的な委託者課税を改めたというところが特徴である。二段階目、三段階目のただし書信託の部分については、信託法の改正等を受けて、その範囲を広げているところがある。

平成一九年度改正においては、特定受益証券発行信託という新たなカテゴリー等が見て取れるかと思うが、特定受益証券発行信託とは、**資料4**上図（五五五頁）に少し詳しく出てくる。こういった特定受益証券発行信託については、受領時課税で課税関係を考えていくことになっている。

特定受益証券発行信託の要件は、**資料4**下図（五五六頁）に出てくるが、一番目に、税務署長の承認を受けた法人が受託者となっていること、二番目に、各計算期間終了時の利益留保割合が二・五％相当額以下であること、三番目に、計算期間開始において、その時までに到来した所定の時期のいずれにおいても、裁定された利益留保割合が二・五％相当額以下であること、四番目に、計算期間が一年を超えないこと、さらに、受益者が存しない信託に該当したことがないこと、といった要件を充足する信託である。このような要件を満たす受益証券発行信託は、一般的な投資信託同様、受益者段階で収益の受領時であるとして、集団投資信託に含められるということになったわけである。

新信託法一八五条という条文は、受益証券発行信託の規定を置いているが、法人税法、所得税法は、このうち一定の要件を満たす受益証券発行信託を特定受益証券発行信託として、分配時に受益者に課税するという制度を、以前の合同運用信託、一般的な投資信託といったようなものと合わせて、受領時課税という形で広げていったということである。

これは、我が国の当初の信託税制と基本的には同じ構造というか、考え方はほとんど一緒であるといえる。課税の繰延べの効果がそれほど存しないものを第二段階課税というか、受領時課税のところに含めるといった考え方を基に、一定の要件を満たした受益証券発行信託、特定受益証券発行信託を、受領時課税の信託に入れたということである。各計算期間が一年間の非常に短期で、未分配利益の割合が極めて小さいといったようなもので、第二段階の受領時課税の信託に入れるということについては、旧信託税制からいうと、一定の合理性を持っているということになるものと思われる。

3　法人課税信託

次に、改正信託税制のもとでは、いわゆる受益者等課税信託からはずしたただし書信託の中で、法人課税信託というものを新たに作り、第三段階のいわゆる受託者段階での課税、信託段階法人課税という、新たな建付けを設けている。この三段階目の信託は、旧制度と比較すると、資産流動化法の特定目的信託等の信託段階法人課税という制度に相当するものとして、とりあえずカテゴリーは一緒にしているわけである。

ただ、法人課税信託、いわゆる受託者段階で法人課税する信託に新たに取り込まれたものは、特定受益証券発行信託に該当しない受益証券発行信託、受益者等が存しない信託、法人が委託者となる信託のうち一定のもの、がある。旧規定との対比でいうと、資産流動化法上の特定目的信託等とか、受領時課税される投資信託以外の投資信託等は、旧制度においても信託段階での法人課税信託となっていた。

法人課税信託の中には、受託者段階での法人課税といっても、特定目的信託のように、特定目的会社とのバランスから、一定の場合については分配額を損金に算入するといったようなものから、まさに法人と同じように所得計算を行い、法人税を課税するというようなものまである。改正後の法人課税信託の枠組みは、旧信託税制のものを取り込んだ形で拡充した形になっている。それらの信託は、法人課税信託という形で一つに括ってあるが、課税の性質なり、その背景にある課税理論、課税目的が違ったものが組み込まれているといえる。ただし、形式上は、平成一九年改正前の三段階の信託税制の課税構造を、そのまま引き継いでいる形を採っているといえる。

4　小　括

改正前後の信託税制を比較してみると、信託税制においては、信託法ほどダイナミックな改正があったわけではなく、多様な信託の登場に応じた税制を、旧信託税制を前提に作り上げたということである。またさらに、多様な信託が登場したので、その結果、租税回避が生じるような場合には塞がなければならないといったことを念頭に、新たなというか、旧制度を引き継いで、連続性のある形で、新しい信託税制ができあがったといえる。

我が国の信託税制を眺めた時に、信託税制の基本的な考え方については、よく導管理論とか実体理論、いわゆるエンタティ理論とか、どういうコンセプトで信託税制が成り立っているかということを議論することがあるが、我が国の信託税制は、信託財産に法人格を認めるとか、そういった意味での税制を法人課税信託のところで取り込んだわけではない。あくまでも導管理論、いわゆるパス・スルーを前提に、二段階目で一部、租税回避が起きない範囲内での課税の繰延べを許容するといった集団投資信託を認め、三段階目でパス・スルーを少し修正する形でのペイ・スルー課税を認めたもの、あるいは受益者等が存しないという形で、やむを得ず「受託者に課税しないといけない」という意味での法人課税信託に至ったもの、さらに租税回避防止的な趣旨から法人課税信託、いわゆる受託者課税信託を取らなければいけないといったようなものなど、少しバリエーションに富んだものが入ってきているということである。先に述べたような意味での法人課税信託とか、実体理論的な背景が新たにできあがったわけではない、という理解をしている。

三　法人課税信託の範囲

法人課税信託が、おそらく今後、信託税制にとって非常に重大な意味を持ってくると思われるので、少し詳しく見ていくこととする。**資料5下図**（五五七頁）に「法人課税信託の範囲」という箇所がある。先ほどから説明しているように、法人課税信託については、我が国においては、集団投資スキームに対する法整備による新たな金融制度の展開を受けて、特定目的信託というようなものがすでに存在していた。そこで、各期間の所得について、受託者に法人税を課すということになっていた。

平成一九年度改正においては、改正信託法の下で、目的信託とか自己信託等、多様な信託の利用が可能になってきたので、このような信託を考慮して、特定目的信託等に加えて、①特定受益証券発行信託に該当しない受益証券発行信託、いわゆる新しい信託税制の下の受領時課税に該当しないような受益証券発行信託、それから、②受益者等が存在しない信託（目的信託のうち一定のもの等）を挙げているが、これらは法人税法二条二九号の二イ・ロに規定されている。

次に、③法人が委託者になる信託のうち、次に掲げる要件に該当するもの、が列挙されている。法人が委託者となる信託のうち、まず「イ」が重要な事業の信託で、受益者の過半を委託者の株主が取得すること（信託財産の種類がおおむね同一である場合等を除く）、「ロ」が、自己信託等で信託期間が二〇年を超えること、「ハ」が、自己信託等で損益分配の操作が可能であること。これらの要件に該当する信託が新たに法人課税信託として規定され、改正前の④証券投資信託、国内公募等による投資信託以外の投資信託、あるいは⑤特定目的信託と合わせて、法人課税信託というカテゴリーを形成しているということである。ただ、この法人課税信託の範囲の中身①〜⑤についての課税関係なり、その背景にある課税の趣旨というのは、前述したように様々であるということであった。

この資料5下図（五五七頁）の③の、特にカテゴリーであるが、まず「イ」についてであるが、その法人の事業の全部または重要な一部が信託され、かつ受益権の五〇％超をその法人の株主に交付することが見込まれるものであること、これは、法人が本来行っている事業が信託され、受益者がその法人の株主に交付された場合には、事業収益に対する法人税を課税することができなくなるために、受託者を納税義務者として、受託者の信託財産からの所得に法人税を課することにしているということである。

新信託法は、信託に関する規制を緩和して、信託の利用機会の拡大を図っており、受託者が信託目的のために重要な一切の行為を遂行することができるようになり、債務負担行為もできるようになった。事業信託、言い換えると、積極財産と消極財産の集合体としての事業そのものを信託したのと同様の状態を作り出すことが可能になったので、法人課税信託することによって、租税回避に対しての対応をしているということである。

「ロ」の長期の自己信託等については、その法人又はその法人との間に特殊の関係のある個人若しくは法人、いわゆる特殊関係者が受託者であって、かつ信託期間が二〇年を超えるものであることから、事業が長期間継続することによって、その事業に係る法人税の課税が減少するということになることから、一定の場合以外、受託者を納税義務者として、信託財産からの所得に法人税を課するという趣旨ということができる。

「ハ」についても、受益権を子会社等に取得させて損益の分配を操作することによって、損益通算等により法人税を減少することが、こういった信託においては可能となるので、受託者を納税義務者として、やはり受託者の信託財産からの所得に法人税を課することにしているということである。

③については、租税回避といったようなことが強く制度化の背景にあるということである。よって、法人に課税をする法人課税信託といっても、実体的な意味で、法人に課税をするという性格のものではない、ということは明らかである。

その他、法人課税信託の範囲の中で、少し言及しておいた方がよい信託としては、②の受益者等が存しない信託である。いわゆる市民活動やボランティア活動の受け皿などとして期待されている、目的信託であるが、この信託はそもそも受益者が存在しない信託であるので、受益者等が存しない信託における受託者への法人課税ということを規定しているわけである。これは、その後に存在することになる受益者等に代わって課税されるものであるとしており、ここでの信託の受託者課税という意味での法人課税信託は、受益者に代わって課税するというように立法趣旨としては理解されているということかと思う。受益者等が存しないということで、遺言により設定された目的信託の場合においては、信託設定時に委託者にみなし譲渡益課税が、受託者に対しては信託財産相当額の受贈益に対する法人税課税が起こり、その運用等に係る所得については、受託者に法人税が課税されるということになる。信託の期間中の所得については、法人税が課される。信託終了時には残余財産が帰属権利者へ移転をするが、その場合の受贈益について帰属権利者が個人であるか法人であるかに応じて所得税又は法人税が課されれる。法人税法三六条二項や法人税法二二条二項などが課税の根拠になる（詳細は資料6上図（五五八頁））。

しかし、受益者等が不特定又は不存在の信託で、受益者等となる者が委託者の親族で停止条件等により現に権利を有していない場合であるが、受益者等となる者が委託者の親族であるといったような時には、信託を利用しない場合と相続人に課せられる相続税と比して、法人税と相続税との差額を租税回避により回避してしまうおそれがあるので、信託の効力が生じる時に親族等が将来受益者等になることが明らかである場合には、法人税に代えて贈与税、遺贈に相当するような場合は相続税が課税される。この場合には法人税等はそれらから控除されることになる。相続税法の九条の四という規定が別におかれている。その後に受益者等が存することになった場合については、受益者が受託者の課税関係を引き継ぐことになるので、ここでの課税関係はもうすでに代わって受託者に課けられているので、課税関係は生じないということになる。

また、受益者等が特定したときに、当該受益者等が信託設定時（契約）時に存しないものであり、かつ委託者の親族である場合には、たとえば将来受益者となる者が生まれて委託者の親族となるときには、受益者等の特定時に当該受益者に贈与税を課すことになる。設定時は受託者に受贈益が生じ法人税を課することになる。ここは相続税法上の問題が関係してくるが相続税法のところでは割愛せざるを得ないのではないかと思われるので、ここで簡単に言及しておくこととする。

法人課税信託の受託者に対する課税については、法人税法四条では、例えば内国法人、外国法人及び個人を含め、法人課税信託の引受けを行う場合には納税義務者となる旨を規定している。従って、法人課税信託の納税義務者は受託者ということになるが、法人であろうと個人であろうと、法人税課税が起こるということになるわけである。

よって、法人課税信託については、受託者に対して信託財産から生じる所得につき、当該受託者の固有財産とは区別して法人税を課税するということにしている。所得税法六条の二、法人税法四条の六であるが、これは当然の規定であると解される。

前述しているように、法人課税信託なり法人課税信託の納税義務者に係る一連の規定は、信託財産を「法人とみなす」といったような理論的な立場は採られていない。個人の受託者も、法人課税信託の納税義務者となるが、法人課税信託の受益は、受託者である個人ではなく、最終的には受益者個人に帰属するということになる。この点は、会社の利益が最終的に株主のものになるということと、非常に類似している側面があるということから、個人受託者であっても、法人部分については法人と同様の取扱いをすることが合理的である、適当であると解されたことによるものだと解される。

法人課税信託については、いろいろと細かな規定が入っているが、例えば、法人税法四条の七であるが、受託法人のみでなく、受託者たる個人も法人とみなしたうえで法人税法への適用についての明確な規定をおいている。また、信託の併合は合併とみなし、信託の分割は分割型分割に含まれるということとして、法人税法の規定を適用することにして、法人税法上の企業再編と信託を使った再編とに税負担上の齟齬が生じないように手当てされている。

また、法人課税信託の受益権は、株式又は出資とみなされるということを明記している。法人課税信託の受益者は、株主等とみなされる。法人課税信託の受託者が、その有する資産を信託した場合には、法人課税信託に対する出資があったとみなされると規定している。法人税法でいえば四条の七第六号である。また、法人課税信託の収益の分配は資本剰余金の減少に伴わない剰余金の配当と、法人課税信託の元本の払戻しは資本剰余金の減少に伴う剰余金の配当とみなすとしている。同条の一〇号である。

法人課税信託の収益の分配については、法人税法上の受取配当等の益金不算入が、所得税法上の所得控除の対象になる配当として取り扱われるということになる。ただ、現在、このような形での法人課税信託の利用は、法人税法による場合と比して手続的な問題等が存するせいか、ほとんど存在していないのではないかと思う。なお、法人課税信託をはじめとする信託所得の計算の詳細については、法人基本通達一四—四—二などを参照。

法人課税信託の立法は、信託法で新たな類型が認められたということが一番大きな理由かと思うが、こういった三段階の信託税制というものが、はたして今後多様な信託が登場した時に、この枠組みだけで明確に課税関係が判断できるものか、そういう懸念は少なからず存する。多様な信託が登場する、それに合わせて信託税制も、今後発展を遂げていくことになるのではないかと思う。

現行の枠組みの中で、すでに何点か問題点と思われる箇所がある。一つは、改正前には、「受益者が特定していない時には委託者に課税する」こととし、受益者課税、そうでなければ委託者課税とされていたが、委託者課税を基本的には変更した。「受益者等」として委託者に課税する機会があるということを示しているわけであるが、「受益者として権利を現に有するもの」の解釈が、実際には非常に悩ましい問題ではないかと考えている。「権利を現に有する者」というのは、どの程度の者なのか、政令や通達で一定の判断は示されているが、その内容も含めて、今後事実認定や解釈上争いを生じる可能性を含んでいると考えられる。

また、複数の受益権等について、複数の受益者等のうち一部のみを現に有する受益者が存する場合、各税法の規定や通達は、「一人の受益者が一部のみの受益権について現に権利を有する場合には、その者にすべての収益や費用が帰せられる」ということになっている。例えば、受益権の一部、六〇％について受益者Aが存在するとなると、その余の受益権四〇％について受益者が存在しない場合には、受益者Aにすべての費用や収益が帰属するとされており、このような収益や費用の帰属の仕方が合理的なのか、検討の余地があると思われる。

さらに、やはり信託法制上、信託の設定によって、信託財産の所有権は委託者から受託者に移転することになるが、現行の受益者等課税信託においては、課税関係の処理は、信託に係る資産・負債及び収益・費用は受益者に帰属するものとみなして行うことになっている。そういったことを前提にして考えると、優先劣後の質的に異なる受益権が存するような信託、いわゆる質的分割信託というようなものが存在した場合に、受益者等課税信託である場合に、どのように課税をしていくのかという問題が、一つ悩ましい問題として出てくるだろうと思われる。

受益権に優先・劣後があるような場合について、受益者課税信託等の段階で、どのように利益というものを、あるいは収益というものを考えていって課税するのかというところが必ずしも明確ではないという問題点等も抱えているというところは、すでに明らかな点ではないかと思う。信託会計と信託税制との関係もここでは考慮しておく必要があるものと思われる。

四　相続税等の課税関係

次に、相続税についての課税関係を簡単に見ていく。相続税については、レジュメ6（五四七頁）の「Ⅱ　相続税法における信託課税」にそのポイントを記している。相続税法も基本的には、所得税法、法人税法とほぼ一緒であり、平成一九年度改正前の相続税法における信託課税の考え方をほぼそのまま引き継いでいる。

相続税・贈与税については、大正一一年の信託法制と同時に、「信託につき委託者が他人に利益を受くべき権利を有せしめたる時は、その時において他人に信託の利益を受くべき権利を贈与または遺贈したものとみなす」旨の規定を置いており、委託者が信託の設定行為時にその権利を付与する場合については、その時が課税時期であるとして、いわゆる「行為時課税」、「設定時課税」が採られている。

信託を設定した段階で相続財産・贈与財産として、信託受益権を取得したものとし、相続税等の課税関係が生じるという建付けを大正一一年の信託法制定と同時に採っている。この考え方は、その後、相続税法等の改正の影響を受けて、設定時課税を一時変更したこともあったが、基本的には平成一九年度改正までは、このような考え方を採ってきている。日本では、いわゆる信託行為時に課税するという、改正前の相続税法四条一項をそのまま引き継ぎ、信託行為設定時課税で、信託受益権に対する課税ということを、採ってきたわけである。

ただ、旧相続税法における信託課税制度は、縦の関係というか、同時に複数の受益者が存在する場合や、自益信託から他益信託に課税関係が変更する場面は、規定上十分に想定されていなかった。そういう意味では稚拙な規定であったといえる。

今回の改正では、設定時課税の基本的なスタンスを採りながら、多様な信託や信託の変更に対応できるように、途中で他益から自益に変わったようなものも含めて、相続税法の条文整理を図ったということである。

相続税法については、また、少し文言の整理をしており、条文の中に、適正な対価を負担せずに信託の受益者となる者がある場合については、その信託の効力が生じた時に、その信託の受益者等となる者は、その信託に関する権利をその信託の委託者から贈与により、あるいは遺贈により取得したとみなして、贈与税あるいは相続税が課税される、としている。「適正な対価を負担せず」という文言を新たに入れている。信託に対する権利を売買等で取得した場合には、この規定の適用はないということは、旧規定でも明らかだったわけであるが、その点を条文上明らかにしたということである。

また、所得税法、法人税法における受益者等と平仄を保つために、いわゆる「特定委託者」というものを相続税法の中に平成一九年度改正でおいている。受益者以外であっても、「信託契約の変更権限と当該信託の信託財産の寄与を受けるとされている者」を相続税法上「特定委託者」と定義して、受益者として同様に扱うとしている。これはおそらく、所得税法、法人税法の「みなし受益者」と平仄を取ろうとしたことの表れということになるかと思われる。

信託法との関係においては、詳細は割愛するが、受益者連続型信託を導入したというのが、大きな特徴であろうかと思う。相続税法第九条の三「受益者連続型信託の特例」という条文を参考にされたい。

次に、**資料9上図**（五六三頁）もあわせて参照されたい。信託法九一条に規定する受益者連続型信託、信託法八九条一項に規定する受益者指定権等を有する者がある信託その他政令で定める信託については、信託の効力が生じた時に、まず、受益者とされた者に対して信託財産の全部が贈与されたものとして課税され、その後、当該受益者の死亡、受益者指定権の行使等によって新たに受益者が決まった場合には、その受益者は先行する受益者から信託の権利を贈与または遺贈により取得したものとみなされるとしている。相続税法九条の三、九条の二第二項である。

受益者連続型信託とは、いわゆる後継ぎ遺贈型信託のことであるが、たとえば、委託者Aの相続人である受益者B、C、Dが順番に受益権を取得する信託をいう。この場合において、信託の受益権でなく他の財産（一〇〇）を相続人B、C、Dが順番に相続したとすると、先ずBは一〇〇の財産を相続し、その後CはBが費消しなかった五〇を相続し、最後にDはCが費消しなかった二〇を相続することになる。

同様のことを信託法九一条に規定する信託により行うとすると、受益者Bは一旦は一〇〇の受益権を取得するが、その死亡とともに受益権は消滅してしまうことから受益者Bが取得した受益権の価額が一〇〇となるかが問題となる（受益者Cについても同様）。相続税では受益者Bが相続した財産の価額に基づき相続税課税が行われており、その後受益者Bが財産をいくら残そうと相続税の負担は変わらない。そこで、この受益者連続型信託についても、他の相続財産と同様の課税とするためには、受益者B、Cが取得する信託の受益権を消滅リスクを加味しない価額で課税する必要があることからこのような特例規定が置かれることになった。これにより、上記の例で言うと、委託者Aから受益者Bに五〇、受益者Cに三〇、受益者Dに二〇の受益権をそれぞれ取得したものとして相続税が課されるのではなく、受益者Bが一〇〇、受益者Cが五〇、受益者Dが二〇の受益権を取得したものとして課税されることとなる。

受益者連続型信託に関する権利を受益者（受益者が存しない場合にあっては、特定委託者）が適正な対価を負担せずに取得した場合において、相続税法九条の二第一項から第三項、九条の三にもとづいて課税が行われる。ただし、異なる受益者が性質の異なる受益者連続型信託に関する権利をそれぞれ有している場合で、かつ、その権利の一方に収益に関する権利が含まれている場合には、収益に関する権利が含まれている受益者連続型信託に関する権利についてこの規定が適用されることになる。例えば、受益者連続型信託の受益権が信託の収益に関して受益する受益権と信託財産そのものを受益する元本受益権の二種類であった場合に、受益者連続型信託の課税に当たっては、収益に関する受益権の価値は、信託財産そのものの価値と等しいとして計算されることになる。これにより、元本受益権の価値は、この時点では零《ゼロ》ということになる。

五　集団信託の課税について

信託税制においては、集団信託の課税が非常に大きなウェイトを占めており、その課税関係を少し体系的に論じる必要がある。**レジュメ**は**7**以下（五四八頁）についてであるが、集団信託等を論じるにあたり、受益者段階での課税、所得でいうと配当とか利子とか、そういったものへの課税、あるいは受益権等の譲渡に係る課税、いわゆるインカム・ゲインとか、キャピタル・ゲインとか、キャピタル・ロスの課税、すなわち譲渡に係るような課税関係も、集団信託等のところでは重大な意味を持ってくる。さらには、投資信託や特定目定信託においてはビークル段階での課税が問題となる。そこではファンド等の法人格の問題や二重課税の排除のあり方が問題となる。そういったようなことも意識しながら、細かく体系的に課税関係を見ていく必要があるように思う。ここは他の金融商品からの所得との関係というか、類似の者についてはそれらの所得と平仄を保つために、所得税法あるいは租税特別措置法に、所得分類から、あるいは源泉徴収をはじめとする課税方法から、かなり細かな規定がおかれている。

紙幅の関係で詳細は割愛するが、ここでは平成一九年度改正についてのみ簡単に言及しておく。信託財産に係る利子等の課税の特例として、新信託法上、受益権の証券化を認める受益証券発行信託の制度が創設されたことに伴い、受益証券発行信託の受益権に関する課税関係につきましては、いわゆる投資商品に関するものと同様の取扱いとする整備が行われた。また、株式又は出資とみなされる法人課税信託の受益権につき支払を受ける収益の分配についでは、所得税法二四条（配当所得）に規定する「法人からの剰余金の配当」に該当する、また、株式又は出資とみなされる法人課税信託の受益権から除かれる私募公社債等運用投資信託の受益権及び特定目的信託の社債的受益権につき支払を受ける収益の分配についても、これを所得税法二四条に規定する「法人からの剰余金の配当」に含める、配当等とみなす金額が生ずる場合の事由の対象に法人課税信託の信託の併合を含める、などといった所要の整備等が行われた。所得税法二三条、二四条、二五条等を参照。

おわりに

多様な信託の利用として、民事信託の利用とか、企業活動・金融取引における信託の利用が、今後ますます活性化していくことが期待されている。そのような場合の課税関係は先ほど述べたような枠組みで、そのような多様な信託の課税関係を判断していくという形になると思われる。そうすると、法解釈上の問題、さらには現行信託税制の下では、税制が信託の利用を妨げるといったことがあり得るかもしれないと思われる。

「スイマーの環境は水である。信託の環境は税制である」（信託法学者のヘイトン教授）といわれるが、信託の利用と税制というのは、切っても切れない不可分な関係にある。「信託税制が広く信託の利用を左右することになる」と言っても、過言ではないと考えている。平成一九年度の税制改正は、改正前の三段構造に少し枝葉を付けたというという形で改正信託法に対応したといった印象であり、あるいはかなりの部分において租税回避に対応する規定であると評価できるのではないかと思われる。今後とも信託税制につき、信託のさまざまな利用に応じて税制を少しずつ細かく検討していく、あるいは場合によってはさらなる手当てや改正を加えていくという作業が必要になってくるものと思われる。場合によってはこの枠組みを再構築することも必要になってくるかもしれないと思われる。また、外国においては一般的には信託を用いることによる潜在的な租税利益などがあるともいわれているが、我が国においても信託の利用場面によっては優遇税制も検討しうるかもしれない。信託税制は分かりにくいといわれているが、今後とも信託税制に関心をもっていくことが信託の多様な利用にとっては不可欠である。

［レジュメ１］

信託税制について

はじめに――信託法の改正と信託税制改正の背景
◎平成19年度信託税制改正の背景の理解とそれを受けた税制改正

１、信託法改正の基本理念
⑴　商事信託分野、民事信託分野、公益信託分野などの信託利用のあらゆる場面を想定して、その統一的ルールをつくる。
⑵　現在および将来の社会的経済的ニーズに柔軟かつ的確に対応できるルールをめざす。
⑶　信託当事者の意思（信託自治）を尊重して、多様な信託類型を容認する。

２、主要な改正事項
⑴　受託者の権利義務の合理化・明確化
⑵　受益者の権利の保護の強化
⑶　多様な信託の利用形態の許容
⑷　その他の規律の合理化・明確化・整備

（参照）信託法制定以来約80年振りの抜本的見直し
○多様な信託の類型が可能となるなど
　信託の利用機会が大幅に拡大（あらたな信託税制の必要性）
○目的信託（受益者の定めのない信託）の創設
○自己信託（受託者と受託者が同一の者である信託）の創設
○「事業型」信託を可能とする環境整備
・受託者が信託目的の達成のために必要な一切の行為をする権限を有することを明確化
・信託受益権の証券化を一般的に許容（受益証券発行信託）
・多数決による受益者の意思決定の許容

３、税制改正への影響
⑴　多様な信託の利用ニーズのためのあらたな類型の信託制度の創設（自己信託、目的信託、事業信託等）に対応した税制上の対応（一方で、課税の中立性・公平性を確保した適切な対応）
⑵　租税回避の防止（法人税・相続説等の租税回避の防止）
⑶　これまでの信託税制の問題点の見直し（理論的視点からの検討といった色彩は薄い？）

（参考）平成19年度の税制改正に関する答申（平成19年度の税制改正に関する答申
―経済活性化を目指して―平成18年12月）
【信託制度の抜本見直しへの対応】
信託制度の抜本見直しへの対応
社会・経済活動の多様化に対応し、経済主体の選択肢を拡大する観点から、信託制度の抜本見直しを内容とする信託法の改正が行われる。これにより、信託に対する様々なニーズに対応して新たな信託が認められるなど、信託の利用形態が大幅に多様化することとなる。例えば、事業を行うための１つのツールとしても信託を活用することが可能になることにより、我が国経済における事業形態の多様化がさらに進み、経済活性化にも資すると期待される。この他にも、新たな信託法の下で、今後、様々な信託の利用ニーズが登場してくるものと考えられる。例えば、公益的な性格を持つ目的信託等については、今後、公益信託制度の見直しが予定されていることも踏まえ、信託のこうした利用実態に対応した税制上の検討を進めていくべきものと考えられる。信託制度が多様なニーズに応えて発展し、適正な規律の下で有効に活用されることが重要である。一方で、新たな制度を利用した租税回避の懸念が指摘されている。こうしたことを踏まえれば、まずは、現行税制の考え方を基本とした上で、必要な場合に信託段階課税を行うなど、課税の中立性・公平性を確保するため適切な措置を講ずべきである。

Ⅰ　信託所得課税
一、信託所得課税（所得税・法人税）の発展と現行制度の概要
◎わが国の信託課税における基本的な課税関係の理解
　個別信託・集団信託の課税原則
　信託スキームの基本構造と三重の課税構造
　　＊なぜ民事信託の発展は遅れたか

◎証券化・流動化における信託税制の理解
　証券化・流動化スキームと課税
　信託の多様な利用（ケース）と課税関係

◎信託課税の課題としてどのような問題を抱えていたか

［レジュメ2］
行き過ぎた委託者課税等
◎平成19年度改正前後での制度的な連続性はどのように評価できるか
（信託法は大転換、税制は既存の枠組みのなかでの修正）
◎信託課税の理論的な枠組みとわが国の税制の評価
導管型課税か実体型課税か――信託の課税ルールの構築にあたっては、2つの法的なコンセプト、すなわち導管・（aggregate あるいは conduit）コンセプトと実体（entity）コンセプトが影響
◎「法人課税信託」の理論的背景はどのようなものか
導管法人型信託
事業信託（ビジネストラスト型信託）

1、信託の基本構造と課税

信託契約・遺言　　　　（信託管理人）
委託者　→　受託者　→　受益者
信託財産の移転　信託利益の交付

信託契約による信託を念頭に置くと、信託契約の当事者は委託者と受託者である。受益者は当初から存在、さらに特定している場合もあれば、設定後あとから存在あるいは特定することもありうる。なお、信託法上、委託者がみずから受益者になることも可能である。まず、このような信託での課税はどのような場面で生ずるか、である。

2、信託課税の課税関係（流通税等を除く）のポイント

	信託設定時	信託期間中	信託終了時
委託者（法人・個人）			
受託者（法人・個人）			
受益者（法人・個人）			
＊帰属権利者			
＊残余財産の受益者			

相続税・贈与税、所得税・法人税といった税目がいくつかのポイントで問題となる。これらの課税について、日本が何十年ととってきた課税の基本構造は、どのようなものであったか。

3、これまでの信託課税法の基本的な構造――なぜ三段階の法的構造をとるのか

⑴　個別信託（税の導管原則）――本文信託
委託者―受託者
委託者―受託者―受益者

旧所得税法13条1項本文（信託財産に係る収入及び支出の帰属）
旧法人税法12条1項本文（信託財産に係る収入及び支出の帰属）
＊旧所得税法14条（無記名公社債の利子等の帰属）
＊設定時については旧相続税法四条（みなし贈与・みなし相続）

⑵　集団信託――ただし書信託
適用対象として、合同運用信託、投資信託、特定目的信託等を列挙

受益者（投資家）―［取扱証券会社］―委託者（投資信託委託会社）―受託者（信託銀行）

旧所得税法13条1項ただし書
旧法人税法12条1項ただし書
＊所得税法36条2項（収入の計上時期）

4、ただし書信託における受託者課税
⑴　ビークル段階での課税
旧法人税法2条29号の3（特定信託）
・投資信託法（「投資信託及び投資法人に関する法律」）2条4項に規定する証券投資信託及び国内公募投資信託以外の投資信託
＊投資信託とは投資信託法2条3項に規定する投資信託及び外国投資信託
・特定目的信託
＊特定目的信託とは資産流動化法（「資産の流動化に関する法律」）2条13号に定義する特定目的信託
・旧法人税法7条の2（特定信託の受託者である内国法人の特定信託に係る所得の課税）
・旧法人税法13条3項（特定投資の収入・支出の各事業年度の所得の信託会社の収入等からの排除）

⑵　ビークル段階での課税の排除
租税特別措置法六八条の三の二、六八条の三の三

[レジュメ３]

(参考) 改正前法人税法上、(1)①「投資証券信託」、②「国内公募投資信託以外の投信法上の投資信託」と(2)「特定目的信託（資産流動化法上の特定目的信託）」を併せて、「特定信託」と定義している（改正前２条29号の３）が、特定信託についてはその各期間の所得について法人税を課すこととしている。法人税法７条の２は、「特定信託の受託者である内国法人に対しては第五条の規定により課する法人税のほか、各特定信託の各計算期間の所得について、各特定信託の各計算期間の所得に対する法人税を課す」と規定しており、特定信託についての受託者たる法人に法人課税を行なうこととした。

５、所得分類について（所得税が中心）

投資信託等――投資信託等の課税原則と課題

[収益の分配について]

投資家――受益者（個人）について

(1)　利子所得

(2)　配当所得

課税ルールの変更（昭和16年１月１日以後）→平成19年度改正により現行制度が確立

(参考) 信託運用上の課税関係（所得税・法人税関係）― 改正前の制度の概要（基本原則の改廃）

[本文信託]

信託財産に帰せられる収入及び支出については、次の場合の区分に応じそれぞれ次に掲げる者がその信託財産を有するものとみなして、所得税の課税を行うこととされている（旧所法13条１項)。旧法法12条１項参照。

①　受益者が特定している場合…その受益者

②　受益者が不特定又は不存在の場合…その信託財産に係る信託の委託者

[ただし書信託]

ただし、次に掲げる信託の信託財産に帰せられる収入及び支出については、上記の課税の取扱いを適用しないこととされている（旧所法13条１項ただし書)。旧法法12条１項ただし書参照。

①　合同運用信託

②　投資信託

③　特定目的信託

④　厚生年金基金契約、確定給付年金資産管理運用契約、確定給付年金基金資産運用契約、確定拠出年金資産管理契約、勤労者財産形成給付契約若しくは勤労者財産形成基金給付契約、国民年金基金若しくは国民年金基金連合会の締結した国民年金法に規定する契約又は適格退職年金契約に係る信託

[受託者たる法人に法人課税]

上記の②投資信託、③特定目的信託

二、現行信託税制の枠組みと特徴

１、信託における所得課税の基本原則

◎現行（平成19年度改正）の信託税制の基本的な枠組みの理解（受益者等課税信託・集団投資信託・法人課税信託の内容の理解）

◎改正信託税制の特徴と理論的な背景

◎旧（改正前）信託税制と新（改正後）信託税制の連続性

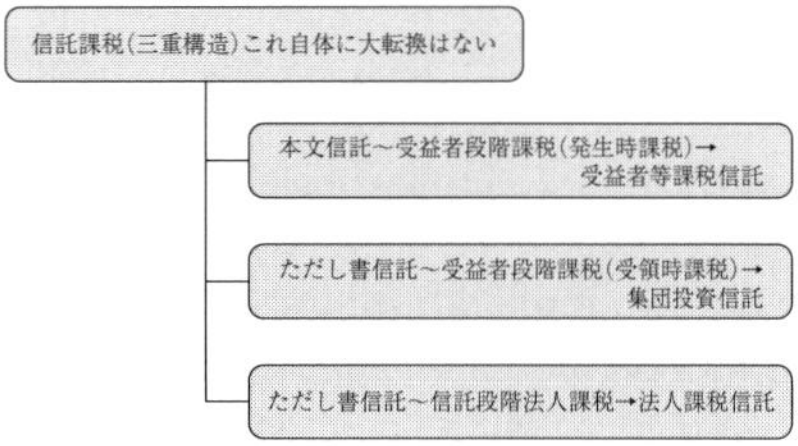

（受益者等課税信託）

不動産・動産の管理等の一般的な信託

・信託財産に属する資産・負債及び信託財産に課される収益・費用の帰属すべき者の範囲について整備（受益者等課税）

・信託損失に係る適正措置（租税回避対策）

法人税法――措置法67条の２、68の105の２、

所得税――措置法41の４の２

資産損失の額が信託金額を超える場合には、信託損失の金額（こえる部分または全部）損金不算入（法人税）

当該信託に係る不動産所得の損失について損失はなかったものとみなす（所得税）

＊任意組合による損失

（集団投資信託）

一定の投資信託（証券投資信託、国内公募等投資信託、

［レジュメ４］
外国投資信託）
退職年金等信託、特定公益信託等
・この枠を拡大するとともに見直し
　特定受益証券発行信託
　合同運用信託（範囲の見直し）
・所得税法13条の「法人課税信託」―旧所得税や旧法人税のもとでのビークル課税に対応するものであるがその他の信託も含め、内容はかなり変質している。

（法人課税信託）
・特定受益証券発行信託に該当しない受益証券発行信託
・受益者等が存在しない信託
　遺言により設定された目的信託
　委託者の地位を有する者のいない信託で受益者等が特定されていないもの等
・法人が委託者となる信託
　重要な事業の信託で、受益権の過半を委託者の株主に交付するもの
　長期（信託存続期間が20年超）の自己信託
　損益の分配割合の変更が可能である信託
・投資信託（集団投資信託に該当するものを除く）＊
・特定目的信託＊　　　　＊は改正前から受託者課税

（参考）受益者の範囲についての解釈

法人税法12条は、「信託の受益者（受益者としての権利を現に有するものに限る）はその信託財産に属する資産及び負債を有するものとみなして、かつ信託財産に帰せられる収益及び費用とみなして、所得税法や法人税法を適用している（法人税法12条１項、所得税法13条１項）。さらに同条は、「信託の変更権限を現に有し、かつ、その信託財産の給付を受けることとされている者（受益者を除く。）」は、上記の受益者とみなされている（いわゆる「みなし受益者」）（法人税法12条２項、所得税法13条の２項）。信託の変更権限とは、信託目的に反しないことが明らかである場合に限り信託の変更をすることができる権限を除き、他の者との合意により信託の変更をすることができる権限を含む（法人税法施行令15条１項・２項、所得税法施行令52条１項・２項）、また、停止条件付の信託財産の給付をうける権利を有する者を含むと規定する（法人税法施行令15条３項、所得税法52条３項）。所得税法も同様の規定である。受益者を指定し又は変更する権利を有するものの定めのある信託が認められていることから（新信託法89条参照）、このような者をみなし受益者とすることとしている。

受益者を受益者の存在あるいは特定の有無で判断するのではなく、「受益者としての権利を現に有するもの」として表現をかえている。「現に有するもの」の解釈が問題となる。新信託法88条により、信託契約等の信託契約において受益者となるものは当然に受益権を取得するが、「現に」の意味が問題となり、具体的には停止条件付き受益者、始期付受益者の扱いをどのように解するかなどが問題となる。

新信託法２条５号「受益者」とは「受益権を有する者をいう」と定義する（同６・７号参照）。さらに、信託法88条は、信託行為の定めにより受益者となるべきものと指定された者は当然に受益権を取得する、と規定する。

所得税基本通達（受益者等課税信託に係る受益者の範囲）13―７は、「法第13条第１項に規定する『信託の受益者（受益者としての権利を現に有するものに限る。）』には、原則として、例えば、信託法第182条第１項第１号《残余財産の帰属》に規定する残余財産受益者は含まれるが、次に掲げる者は含まれないことに留意する。（平19課個２―11、課資３―１、課法９―５、課審４―26追加）。
⑴　同項第２号に規定する帰属権利者（以下13―８において「帰属権利者」という。）（その信託の終了前の期間に限る。）
⑵　委託者の死亡の時に受益権を取得する同法第90条第１項第１号《受託者の死亡の時に受益権を取得する旨の定めのある信託等の特例》に掲げる受益者となるべき者として指定された者（委託者の死亡前の期間に限る。）
⑶　委託者の死亡の時以後に信託財産に係る給付を受ける同項第２号に掲げる受益者（委託者の死亡前の期間に限る。）」と規定する。

この通達によれば、新信託法182条１項１号にいう「残余財産受益者」は、ここでいう受益者に該当するものの、同条１項２号にいう残余財産の「帰属権利者」および委託者の死亡時の受益者となるべき者として指定された者、および委託者の死亡時以後に受益者が信託財産を受ける旨の定めのある場合の当該受益者は、「受益者」に該当しないという。

［レジュメ５］

同通達（受益者とみなされる委託者）13―８は、「法第13条第２項の規定により受益者とみなされる者には、同項に規定する信託の変更をする権限を現に有している委託者が次に掲げる場合であるものが含まれることに留意する（平19課個２―11、課資３―１、課法９―５、課審４―26追加）。

⑴　当該委託者が信託行為の定めにより帰属権利者として指定されている場合

⑵　信託法第182条第２項に掲げる信託行為に残余財産受益者若しくは帰属権利者（以下この項において「残余財産受益者等」という。）の指定に関する定めがない場合又は信託行為の定めにより残余財産受益者等として指定を受けた者のすべてがその権利を放棄した場合」と規定する。

新信託法182条２項によると通達が指定するような場合においては、委託者やその相続人が帰属権利者になることから、「みなし受益者」になる可能性を示している。帰属権利者が「みなし受益者」になる余地を残していることを明らかにしている。新信託法149条は、信託の変更を定めるがここで信託の変更権限を有する者がみなし受益者に含まれる可能性を示している。

旧所得税法や法人税法の形式的な受益者の定義をあらため実質的な基準により受益者を判断することとしたと説明されている（「平成19年度改正税法のすべて」93頁）が、その範囲は必ずしも明確とはいいきれない。

受益者段階課税（発生時課税）、受益者段階課税（受領時課税）、信託段階法人課税という三重構造は維持されているが、第１段階で、結果的に委託者課税の範囲が狭まり、第３段階の信託段階法人課税が拡大している。

なお、「受益者」及び「みなし受益者」の双方が存しない場合には「受益者等の存在しない信託」として法人課税信託となる。

２、法人課税信託の意義

「受益者が存在する信託」に係る法人信託課税

「受益者が存しない信託」に係る法人課税信託

⑴　特定受益証券発行信託に該当しない受益証券発行信託（法人税法２条29号の２イ）（非特定受益証券発行信託）

⑵　受益者が存在しない信託（目的信託のうち一定のものなど）（法人税法２条29号の２ロ）

⑶　法人が委託者となる信託のうち、次に掲げる要件に該当するもの（法人税法２条29号の２ハ）

（重要事業信託、長期自己信託等、損益分配の操作が可能である自己信託等）

①　重要な事業の信託で、受益者の過半を委託者の株主が取得すること（信託財産の種類がおおむね同一である場合等を除く）

②　自己信託等で信託期間が20年を超えること（主たる信託財産が耐用年数20年超の減価償却資産である場合等を除く）

③　自己信託等で損益分配の操作が可能であること

以下の⑷と⑸は改正前から法人段階課税として規定されていた。

⑷　投資信託のうち次のもの以外のもの（法人税法２条29号の22）

イ、証券投資信託

ロ、国内公募等による投資信託

⑸　特定目的信託（法人税法２条29号の２ホ）

３、法人課税信託の内容

⑴　受益者が存しない信託

①　遺言により設定された目的信託

ア、設定時には委託者にみなし譲渡益課税、受益者には信託財産相当額の受贈益に対する法人税課税（法人税法２条29の２ロ、４の６等）

イ、信託期間中は信託財産に係る所得について法人税課税（法人税法２条29の２ロ、４の６等）

ウ、信託終了時に帰属権利者への残余財産の移転に係る受贈益に対して所得税または法人税を課税

⑵　受益者が不特定または不存在の信託

委託者の地位を有する者のいない信託で未だ受益者が権利を有していないものなど

ア、設定時には委託者にみなし譲渡益課税、受託者には信託財産相当額の受贈益に対する法人税課税（法人税法２条29の２ロ、４の６等）

イ、信託期間中は信託財産に係る所得について法人税課税（法人税法２条29の２ロ、４の６等）

ウ、受益者特定時の受益者等への受益権の移転については、非課税

［レジュメ６］
＊相続税法９条の４、９条の５参照

⑶ 法人が委託者となる信託のうち、次に掲げる要件に該当するもの（法人税法２条29号のハ）
以下は、法人税回避に対応する規定である。
① 重要な事業の信託で、受益者の過半を委託者の株主が取得すること（信託財産の種類がおおむね同一である場合等を除く）
・法人が本来行っている事業を信託して、受益権がその法人の株主に交付された場合には事業収益について法人税を課税できないこと（租税回避）から、対応規定をおく。
② 自己信託等で信託期間が20年を超えること（主たる信託財産が耐用年数20年超の減価償却資産である場合等を除く）
・長期間継続する事業を自己信託等により行う場合、その事業に係る法人税をまぬがれることができること（租税回避）から、対応規定をおく。
③ 自己信託等で損益分配の操作が可能であること
・自己信託等で受益権を子会社等に取得させて、損益の分配を付け替えることにより事業の利益を子会社等に付け替えて法人税を回避させることが可能となること（租税回避）から、対応規定をおく。

これらをみていくと、法人課税信託のなかにくみこまれているものは実態からして法人として課税することが望ましいもの、あるいは課税の繰延べの規制という視点から二重課税の対応を組み込んだかたちでの法人課税、さらには租税回避のための規定と、その対応、規定の趣旨は異なるものが一括して「法人課税信託」として括られているといえよう。

４、法人課税信託の課税方法
法人課税信託については、その受託者に対し、信託財産から生ずる所得について、当該受託者の固有財産とは区別して法人税を課税する。
① 受託者法人は法人課税信託の効力発生日に設立、信託財産の信託を出資（受益者等が存在しない信託を除く）。受益者は株主等、受益権は株式または出資者
国内営業所に信託された場合については内国法人と同様の課税。国外営業所に信託された場合については外国法人と同様の課税。
② 法人課税信託の取引・行為については、信託収益の分配は剰余金の配当、法人課税信託の併合・分割は合併・分割と同様。
③ 信託財産に係る収益等について通常の法人税の所得計算、税額計算を適用。受託法人の受益者固有の所得計算等の規定をおく。

＊信託にかかる所得の金額
① 法人課税信託である受益者等の存しない信託（目的信託）→（居住者が受益者）→信託財産の引き継ぎ→居住者は帳簿価額に相当する金額を引き継ぐ（所得税法67条の３第１項、法人税法197条の３第１項）
② 受益者等課税信託にかかる所得の金額の計算
・居住者（委託者）→適正な対価を負担せずに資産の移転→法人（受益者）
所得税法59条の適用
・居住者（委託者）→受益者等課税信託に新たな信託の受益者等が存在するにいたる場合→法人
贈与あるいは対価による譲渡
・受益者（居住者）→受益者等でなくなった場合→法人（受益者）
贈与あるいは対価による譲渡
・終了時→信託財産の給付→残余財産の移転→法人
所得税法67条の３第６項

５、「受益者等課税信託」等の周辺問題
⑴ 裁量信託の課税関係
⑵ 質的分割信託の課税関係
⑶ 量的分割信託の課税関係

Ⅱ 相続税法における信託課税
一、相続税法における信託課税の発展と改革
１、旧規定の概要
◎信託の特徴をいかす財産管理・資産運用等につかえる税制であったか
「信託における意思凍結機能」「信託における受益者連続機能」「信託における受益者裁量機能」
◎信託課税（旧相続税法）はどこに問題があったか

⑴ 設定時課税の原則
昭和13年信託法改正信託（設定）行為時課税が

［レジュメ7］

「現実受益主義」（受益者が委託者に対して信託行為により給付されるべき利益の請求権の現実に発生したときに課税）に変更。昭和22年に相続法が改正され、相続税法も改正。信託に対する相続税の課税規定も改正され、「現実受益主義」が大正11年同様に「信託行為時主義」に変更。

(2)　自益信託から他益信託への変更のみを規定？

相続税法4条が抱えていた問題――相続税法4条2項の射程距離（同条1項との関係）

(3)　既存の信託課税（相続税・贈与税）制度の問題点

①　「信託における受益者連続機能」が十分に活用される「信託による後継ぎ遺贈」

受益者連続信託の課税関係

②　裁量信託（discretionary trust）の課税

2、信託課税（相続税）の新たな課税原則

(1)　信託の効力発生時課税

(2)　信託の効力発生後に受益者等の変更等

(3)　受益者等連続信託についての新たな原則の明示

(4)　受益者等が存しない信託（遺言により設定された目的信託の課税）

(5)　信託終了時の帰属権利者等への移転

(6)　受益者等が不特定または不存在の信託課税

信託を用いた相続税や贈与税の租税回避を規制するために、対応規定をおく。

ア、委託者［信託設定］信託財産→受託者（→［受益権］受益者の特定・存在）

①　受託者に対して受贈益について法人税を課税

②　受益者が特定または存在することとなったとき――非課税

イ、相続税法9条の4

委託者［信託設定］信託財産→受託者（→［受益権］受益者が）

①　受益者となるものが委託者の親族で停止条件付き等により現に利益を有していない――受託者に対して授贈益について法人税を課税＋相続税・贈与税を課税（法人税等は控除）

②条件成就により現に権利を有することとなったとき――所得税・法人税は非課税

ウ、相続税法9条の5

委託者［信託設定］信託財産→受託者（→［受益権］受益者が）

①　受益者となるものがまだ存在しない（受益者となるものがまだ生まれていない）――受託者に対して受贈益について法人税を課税

②　受益者となるものが存在（生まれて）かつ委託者の親族となるとき――所得税・法人税は非課税。しかし、贈与税を課税。

3、相続税法の信託課税

(1)　信託の効力発生時に受益者が存在している場合

(2)　信託の効力発生後に受益者が追加・交代した場合

(3)　受益者連続型信託の特例

(4)　受益者が存しない信託

(5)　信託終了時の帰属権利者等への移転

4、受益権の評価

(1)　元本受益権・収益受益権分割と収益の配付

(2)　元本・収益受益権分割、受益権の評価

(3)　受益権の評価について

Ⅲ　投資信託等の課税

1、平成19年度改正前の投資信託等の課税

(1)　集団信託――ただし書信託

適用として、合同運用信託、投資信託、特定目的信託等を列挙

受益者（投資家）―［取扱証券会社］―委託者（投資信託委託会社）―受託者（信託銀行）

旧所得税法13条1項ただし書

旧法人税法12条1項ただし書

◎ただし書信託における受託者課税――「特定信託」

(1)　ビークル段階での課税

(2)　ビークル段階での課税の排除

(2)　所得分類について（所得税が中心）

①　収益の分配について

投資家――受益者（個人）について

証券投資信託を公社債投資信託と株式投資信託に区分して、株式投資信託は「公募型」と「私募型」（平成10年）と「特定株式投資信託（上

［レジュメ８］

場型）（平成７年）に分けられる。

これを税制から見ると

「利子所得」

「配当所得」

「譲渡所得」――受益証券の譲渡等

⑶　課税方法について

（投資家）

源泉分離課税

源泉徴収課税―総合所得課税

申告分離課税

源泉分離選択課税

配当控除・所得税額控除・外国税額控除

⑷　資産流動化型（不動産）証券化

特定目的信託（ＳＰＴ）と特定目的会社による投資ストラクチャー

二、平成19年度改正による集団信託等

◎集団投資信託（所法13条３項１号）

集団投資信託、退職年金等信託、法人課税信託の信託財産に帰せられる収益・費用は、その受益者の収益・費用とはみなされない（所得税法13条１項ただし書）

受益者

個人→分配時　利子または配当

法人→分配時　内国法人課税・外国法人課税として所得税

◎退職年金等信託

退職年金等信託（所法13条３項２号）→（支払時）→個人　一時金（一時所得）

年金等（退職所得）

◎法人課税信託

所得税法２条１項８の３→法人税法２条29の２

法人課税信託→「受託法人」→内国法人

→外国法人

（所得税法５条）

◎無記名公社債等の利子等の帰属

＊無記名の公社債、無記名の株式等→元本の所有者以外の者が利子・配当・両預金等の配当収益の分配を受ける場合→元本の所有者が支払を受けたものとみなす（旧所得税法14条１項）。

法人課税信託（一定のものをのぞく）の受益権→株式または出資とみなす（所法６条の３第４項）。→よって、無記名の法人課税信託の受益権は原則として無記名の株式として取り扱う。

＊私募公社債等信用投資信託の受益権、特定目的信託の社債的受益権は株式・出資ではない。よって、無記名のもの（無記名社債的受益証券）であっても無記名の株式ではない。しかし、私募公社債等信用投資信託、特定目的信託も法人課税信託であり、かつ受益権にかかる収益の分配に対する課税の取扱いはその他の法人課税信託の収益の分配と同じ取扱いであることから、無記名の法人課税信託の受益権と同様の取扱いとするために、無記名社債的受益権等は無記名の株式に含まれることにされている（所法14条１項）。

◎配当所得、配当等とみなす金額

所得税法24条の改正

法人課税信託の受益権は、一定のものを除き、株式又は出資とみなす（所法６条の第４項）。法人課税信託の収益の分配は、資本剰余金の減少をともなわない剰余金の配当とみなす（所得税法６条の３第８号）

株式又は出資とみなされる法人課税信託の受益権について支払をうける収益の分配については法人税法24条に規定する「法人からの剰余金の配当」に該当する。

法人課税信託における信託の併合または分割により、金銭その他の資産の交付をうけた場合の課税の取扱いについては、所得税法25条１項１号、法人税法４条の７第４・５号参照。

配当等とみなす金額が生ずる場合の事由の対象に、法人課税信託の併合を含むとする（所法25条１項１号）

おわりに

１、多様な信託の利用と信託税制

［レジュメ 9］

⑴　民事信託（相続税・所得税）の利用

（福祉型信託の利用）

① 高齢者障害者の財産管理のための信託
生前贈与信託（パーソナルトラスト）

② 本人亡き後との配偶者や子の生活保障のための信託

③ 死後事務の委託（永代供養信託等）

⑵　企業活動・金融取引等における信託の利用

（金融取引等における信託の利用）

流動化・証券化取引と信託→自己信託の利用
金融取引における信託の利用→セキュリティトラスト→トラッキングストック型信託等
企業活動における信託法の利用→事業信託等
＊信託財産責任負担債務にかかる規定（21条1項3号）

① 自社の貸付債権を自己信託により信託設定して債権流動化

② 受益権を多数の者が取得するケース（受益者が50名以上の場合）

③ ビーグルを介在させるケース（投資家が50名以上の場合）

④ 自己信託を繰り返すケース

⑤ 目的信託――受益者の定めのない信託

⑥ 責任財産限定特約ローン（ＡＢＬ）スキーム

⑦ シンジケートローン

⑧ 買収防衛策における信託の利用（信託型ライツプラン）
事前警告型ライツプランに係る税務上の取扱い（第1類型）
信託型ライツプラン（直接型）に係る税務上の取扱い（第2類型）
信託型ライツプラン（ＳＰＣ型）に係る税務上の取扱い（第3類型）

⑨ 自社の事業信託の財産の一部を自己信託によりみずから信託設定して、資金の調達

⑩ 事業の信託（事業そのものを信託財産とする信託）

⑪ 事業の証券化

⑫ トラッキングストック型

⑬ 経営委託型

⑭ 事業提携型

⑮ 事業譲渡・会社分割型

⑯ 限定責任信託（信託事務に関する取引の責任財産が信託財産に限定されている信託）、等々

3、国際信託課税

受益者の居住地国、委託者の居住地国、受益者の居住国および所得の源泉地国（信託財産の所在地）がどこの国に該当するかにより複雑なものとなる。信託財産から生ずる所得分類、信託の種類、各国の信託税制による相違などを考慮にいれると、さらに非常に複雑な課税関係が生じ、わが国の信託税制との抵触、租税条約の複雑な交錯が起こりうる。

4、信託税制の将来

法解釈上の問題
信託課税の基本的な枠組みの問題
国際信託課税ルールの検証

（以上）

〔資　料〕

出典　財務省ホームページ（税制改正の内容）から抜粋（以下の資料も同様）
http://www.mof.go.jp/jouhou/syuzei/syuzei04.htm
「平成19年度税制改正（法人税関係）について」（2007・7）租税研究　抜刷にも同様のものが掲載されています。

（資料１）

新信託法に係る税制上の整備

新信託法によって多様な信託の類型が可能となり、信託の利用機会が大幅に拡大。これらについて税制上の対応が必要
○課税の公平・中立の確保
○多様な信託の類型への課税上の対応
○法人税、相続税等の租税回避の防止

信託とは、特定の者が一定の目的に従い財産の管理又は処分及びその他の当該目的の達成のために必要な行為をすべき法律関係を創設すること

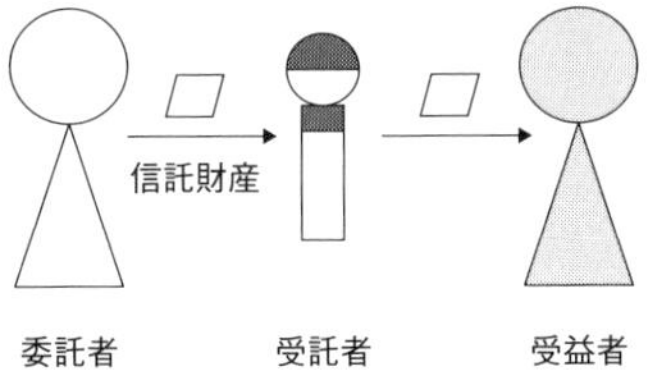

委託者
委託者が自己の財産を信託財産とする

受託者
契約で定められた目的に従い受託した財産（信託財産）の管理、運用等をする

受益者
信託財産から財産の給付を受け、受託者の監視・監督を行うなどの権利（受益権）を有する

新信託法
■　多様な信託の類型が可能
○目的信託（受益者の定めのない信託）の創設
○自己信託（委託者と受託者が同一の信託）の創設
○いわゆる事業型信託を可能とする環境整備
・受託者が信託目的の達成のために必要な一切の行為をする権限を有することを明確化
・信託の設定段階から委託者の債務を受託者が信託財産をもって履行する責任を負う債務とすることができることを明確化
・受託者の責任を信託財産の範囲に限る制度（限定責任信託）を創設
・信託受益権の証券化を一般的に許容（受益証券発行信託）
・多数決による受益者の意思決定の許容

（資料２）

改正前の信託税制（法人税・所得税）

	〔信託の例示〕	〔課税方法〕
受益者段階課税（発生時課税）	○不動産・動産の管理等の一般的な信託	○信託財産を受益者が保有しているものとみて、信託収益の発生時に受益者に課税 （法法12①本文、所法13①本文）
受益者段階課税（受領時課税）	○合同運用信託 ○一般的な投資信託	○信託収益が受益者に現実に分配された段階で初めて課税 ○課税繰延べが生ずる （法法12①ただし書、所法①13ただし書）
信託段階法人課税	○資産流動化法上の特定目的信託	○同様の活動を行う特定目的会社等との課税のバランスから、信託段階で法人税を課税 ○一定の要件を満たしている場合には、分配額を損金算入 （法法７の２、82の２等、措法68の３の３、68の３の４）

新しい信託税制の全体像（概要）

【課税方法】	【信託の種類】	
受益者段階課税 （発生時課税） （信託収益の発生時に受益者等に課税）	○不動産・動産の管理等の一般的な信託 ・信託財産に属する資産・負債及び信託財産に帰せられる収益・費用の帰属すべき者の範囲の整備 ・信託損失に係る適正化措置 ⇨個人受益者等の信託に係る不動産所得の損失は、生じなかったものとみなす ⇨法人受益者等の信託損失のうち信託金額を超える部分を損金不算入	受益者等課税信託
受益者段階課税 （受領時課税） （信託収益を現実に受領した時に受益者に課税）	○特定受益証券発行信託 受益証券発行信託のうち、受託者が税務署長の承認を受けた法人、未分配利益が信託元本総額の2.5％以下であること等の要件に該当するもの ○合同運用信託 範囲の適正化 ○一定の投資信託（証券投資信託・国内公募等投資信託・外国投資信託） ○退職年金等信託、特定公益信託等	集団投資信託
信託段階法人課税 （信託段階において受託者を納税義務者として法人税を課税）	○特定受益証券発行信託に該当しない受益証券発行信託 ○受益者等が存在しない信託 遺言により設定された目的信託や委託者の地位を有する者のいない信託で受益者等が特定されていないもの等 ○法人が委託者となる信託のうち、次に掲げるもの ・重要な事業の信託で、受益権の過半を委託者の株主に交付するもの ・長期（信託存続期間20年超）の自己信託等 ・損益の分配割合の変更が可能である自己信託等 ○投資信託（受領時課税される投資信託以外） ○特定目的信託	法人課税信託

相続税等において、受益者連続型信託（信託行為に、一定の場合に受益権が順次移転する定めのある信託）等に対し相続税等を課税する措置や受益者等が存在しない信託を利用した相続税等の租税回避に対応する措置を創設

（※１　点線の枠内が平成19年度税制改正により措置。原則として、信託法施行日以後に効力が生ずる信託について適用
※２　「受益者等」とは、受益者としての権利を現に有する受益者及びみなし受益者をいう
※３　公益信託は、従前と同様の取扱いを維持〕）

〔資　　料〕

（資料３）

信託財産に属する資産・負債及び信託財産に帰せられる収益・費用の帰属すべき者の範囲の整備

改正前

○　信託財産に係る収入及び支出の帰属

信託財産に帰せられる収入及び支出…それぞれ次の者がその信託財産を有するものとみなして法人税法等を適用（法法12、所法13）

・受益者が特定…受益者

・受益者が不特定又は不存在…委託者

（注）合同運用信託、投資信託等のいわゆる但書き信託を除く

改正後

○　信託財産に属する資産及び負債並びに信託財産に帰せられる収益及び費用の帰属

①　信託の受益者（受益者としての権利を現に有するものに限る）はその信託財産に属する資産及び負債を有するものとみなし、かつ、その信託財産に帰せられる収益及び費用は当該受益者の収益及び費用とみなして、法人税法等を適用（法法12①、所法13①）

（注）１　集団投資信託、退職年金等信託、特定公益信託等及び法人課税信託を除く

２　適用を受ける受益者が二以上ある場合には、信託財産に属する資産及び負債の全部それぞれの受益者がその有する権利の内容に応じて有するものと、信託財産に帰せられる収益及び費用の全部がそれぞれの受益者にその有する権利の内容に応じて帰せられるものとする（法令15④、所令52④）

②　信託の変更権限（注１）を現に有し、かつ、その信託財産の給付を受けることとされている者（受益者を除く（注２））は、上記①の受益者とみなす（法法12②、所法13②）

（注）１　信託の変更権限は、信託目的に反しないことが明らかである場合に限り信託の変更をすることができる権限を除き、他の者との合意により信託の変更をすることができる権限を含む（法令15①②、所令52①②）

２　停止条件付の信託財産の給付を受ける権利を有する者を含む（法令15③、所令52③）

３　①の受益者と②のみなし受益者の双方が存しない信託が「受益者等の存在しない信託」として法人課税信託となる

信託損失に係る適正化措置

法人税

受益者段階課税される信託の受益者等の信託損失のうち信託金額を超える部分の金額（一定の場合は、信託損失の全額）は、損金の額に算入しない（措法67の12、68の105の２）

所得税

受益者段階課税される信託の受益者等の当該信託に係る不動産所得の損失については、その損失は生じなかったものとみなす（措法41の４の２）

（注）原則として、信託法施行日以後に効力を生ずる信託及び信託法施行日以後に信託の受益者たる地位の承継を受ける者のその承継に係る信託について適用

〔例：法人税における措置〕

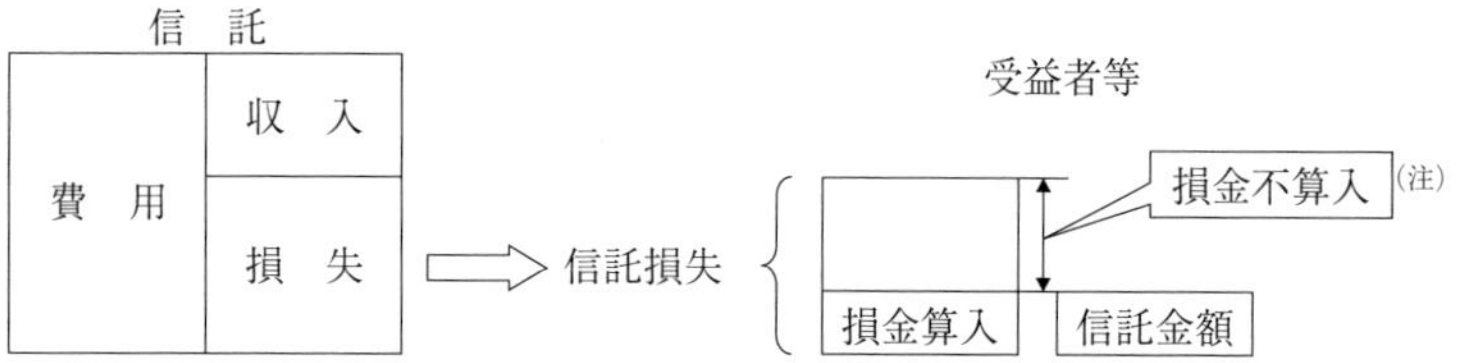

（注）損失の補てん契約等により受益者等の信託期間中の累積損益が明らかに欠損とならない場合には、信託損失の全額が損金不算入

〔資　　料〕

（資料４）

特定受益証券発行信託

不特定多数の者が「受益証券」を有することが可能となる受益証券発行信託について、投資信託と同様に分配時に受益者に対し課税する制度（特定受益証券発行信託）を創設（法法２二十九ハ、所法２①十五の五　等）

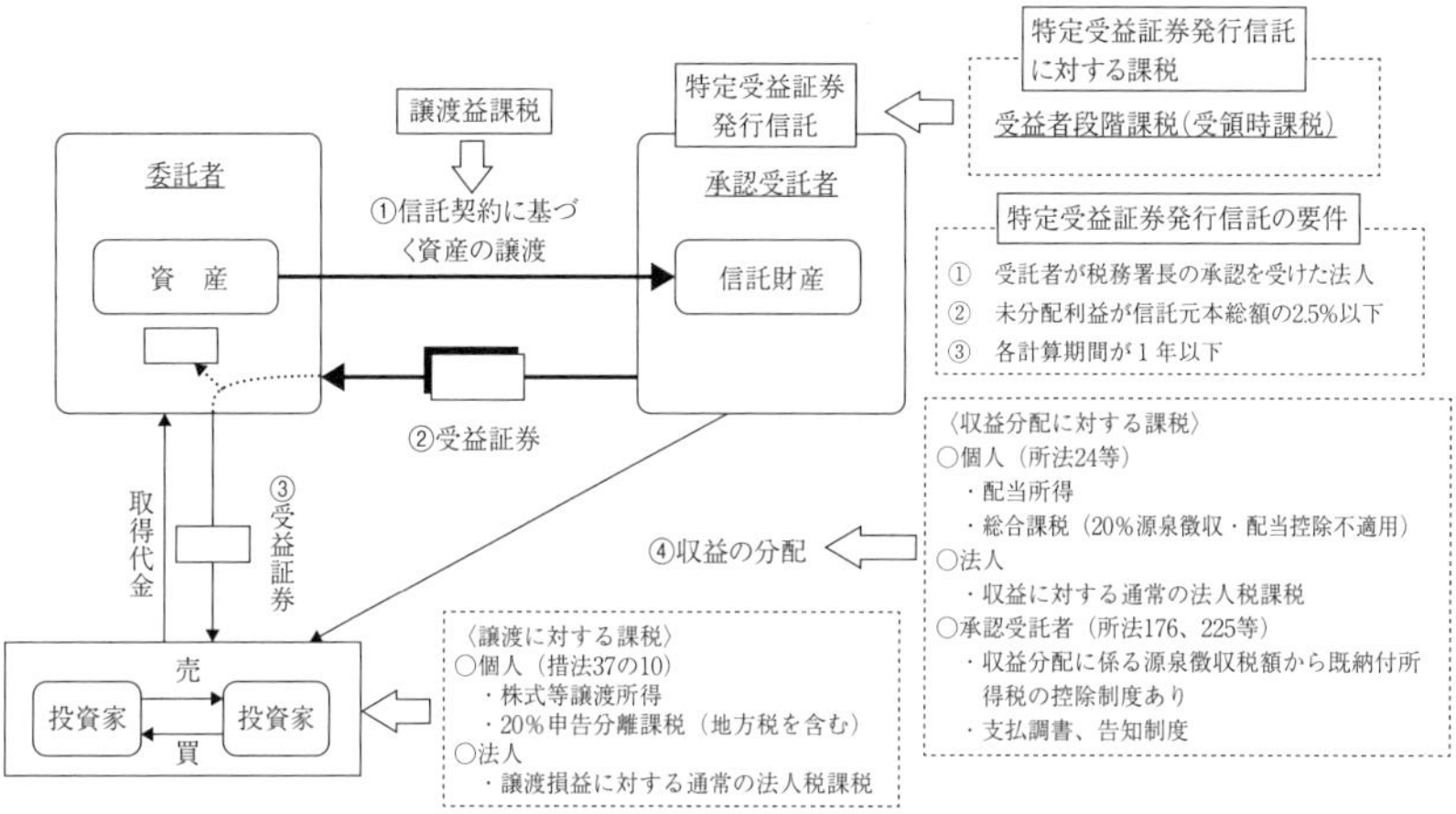

※　特定受益証券発行信託以外の受益証券発行信託については、法人課税信託としてその受託者に対し、信託財産から生ずる所得について法人税を課税

（参考）

特定受益証券発行信託の承認要件及び手続き等

特定受益証券発行信託の要件（法法２二十九八）

1.承認受託者（信託事務の実施につき一定の要件に該当するものであることについて税務署長の承認を受けた法人）が引き受けたものであること

2.信託行為に次の利益留保割合の定めがあること

$$\text{利益留保割合} = \frac{\text{未処分利益の額（注１）}}{\text{元本の総額}} < \frac{2.5\%}{\text{（11項）}}$$

3.各計算期間開始の時において上記２.の要件を満たしていること（注２）

4.計算期間≦１年

5.受益者が存しない信託に該当したことがないこと

（注１）　受益証券発行信託の各計算期間のB/S上の利益の繰越額として財務省令で定める金額（10項）

（注２）　算定時期は、受益証券発行信託のB/Sの税務署長への提出日（12項）

承認受託者の要件（法令14の４①）

(1)次のいずれかの法人に該当
- ①　信託会社（管理型信託会社を除く）
- ②　兼営法に規定する信託業務を営む金融機関
- ③　資本金の額又は出資金の額が5,000万円以上である法人（設立日以後１年以上経過していないものを除く）

(2)引受けを行う信託に係る帳簿書類等の作成及び保存が確実に行われると見込まれること

(3)帳簿書類に取引の全部又は一部の隠ぺい・仮装をして記載した事実がないこと

(4)業務・経理状況につき有価証券報告書に記載する方法等により開示を行い又は計算書類等の閲覧請求を容認すること

(5)清算中でないこと

承認申請書の提出	申請書の記載事項（３項） ・当該法人の名称及び納税地 ・当該法人の代表者の氏名 ・その設立年月日 ・当該法人の事業の概要 ・帳簿書類の作成及び保存を確実に行う旨 ・上記(4)の方法等による開示をしない場合は閲覧させることを確実に行う旨 ・その他参考事項 添付書類（４項） ・上記(1)の法人に該当する旨を証する書類
承認後の義務	貸借対照表等の提出（９項） 承認受託者は、当該法人の各事業年度終了の日の翌日以後２月を経過する日までに受託する特定受益証券発行信託の各計算期間の貸借対照表等の書類を納税地の所轄税務署長に提出

〔資　料〕

（資料５）

集団投資信託のその他の整備

○合同運用信託の範囲の適正化

合同運用信託：信託会社が引き受けた金銭信託で、共同しない多数の委託者の信託財産を合同して運用するもの

⇨合同運用信託の範囲から委託者が実質的に多数でない信託を除外

（法法２二十六、所法２①十一）

○集団投資信託の併合及び分割

・併合により、旧信託の受益者が新たな信託の受益権のみの交付を受けた場合には、旧信託の受益権の譲渡損益の計上を繰延べ（法法61の２⑮、所令112②）

・分割も基本的に同様の取扱い

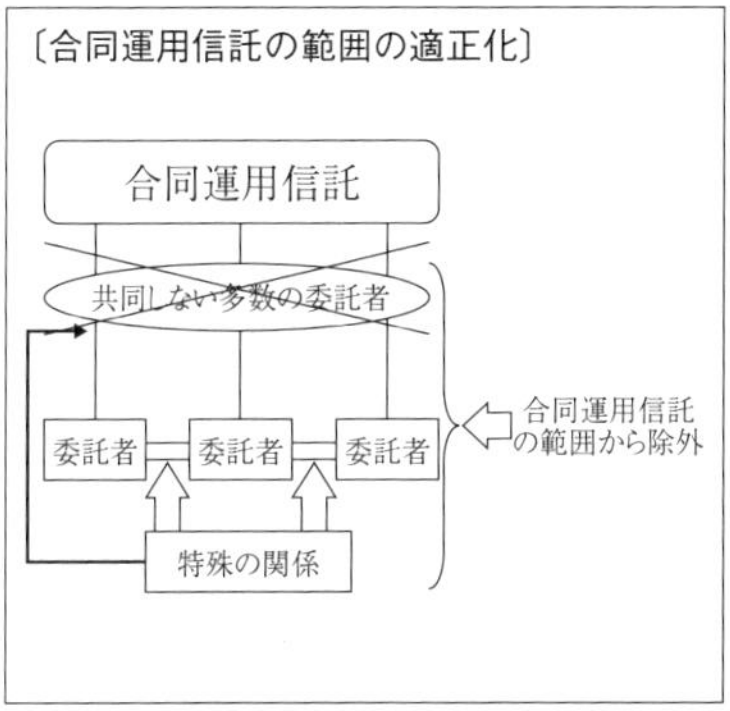

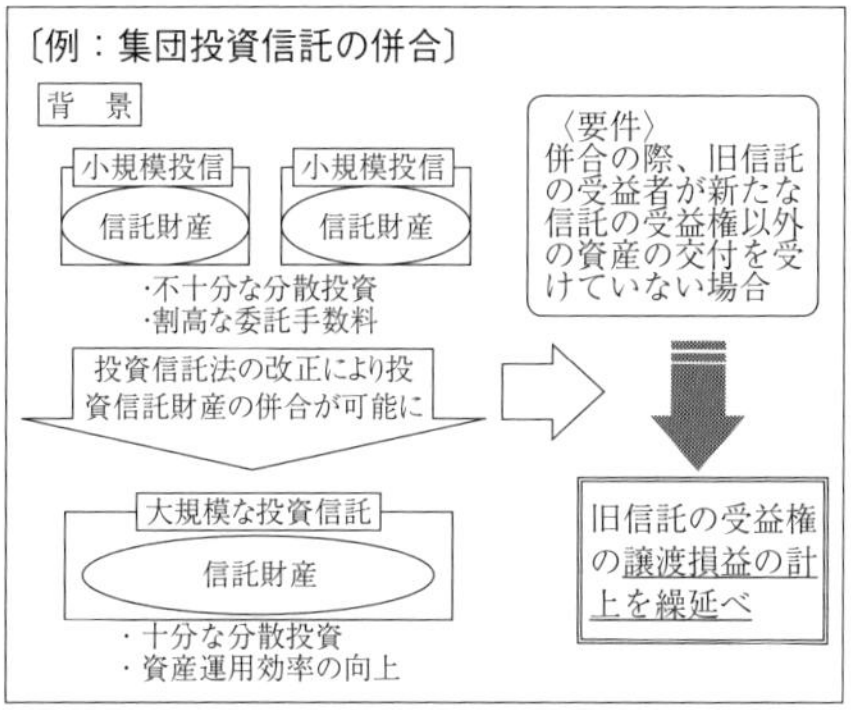

法人課税信託の範囲

① 特定受益証券発行信託に該当しない受益証券発行信託（法法２二十九の二イ）（前掲：略）

② 受益者等が存在しない信託（目的信託のうち一定のもの等）（法法２二十九の二ロ）

③ 法人が委託者となる信託のうち、次に掲げる要件に該当するもの（法法２二十九の二ハ）

　イ 重要な事業の信託で、受益権の過半を委託者の株主が取得すること（信託財産の種類がおおむね同一である場合等を除く）

　ロ 自己信託等で信託期間が20年を超えること（主たる信託財産が耐用年数二〇年超の減価償却資産である場合等を除く）

　ハ 自己信託等で損益分配の操作が可能であること

④ 投資信託のうち次のもの以外のもの（法法２二十九の二ニ）

　イ 証券投資信託

　ロ 国内公募等による投資信託

⑤ 特定目的信託（法法２二十九の二ホ）

（④・⑤：従前どおり）

（資料６）

受益者等が存在しない信託

○受益者等が存在しない信託には、遺言により設定された目的信託や受益者等が不特定又は不存在の信託などが該当（法法２二十九の二ロ）

１　遺言により設定された目的信託の課税

①　信託設定時には、委託者にみなし譲渡益課税、受託者に信託財産相当額の受贈益に対する法人税課税（所法２①八の三、６の３七、法法２二十九の二ロ、４の６等）
②　信託期間中は、信託財産に係る所得について法人税課税（法法２二十九の二ロ、４の６等）
③　信託終了時には、帰属権利者への残余財産の移転に係る受贈益に対して所得税又は法人税を課税（所法、法法）

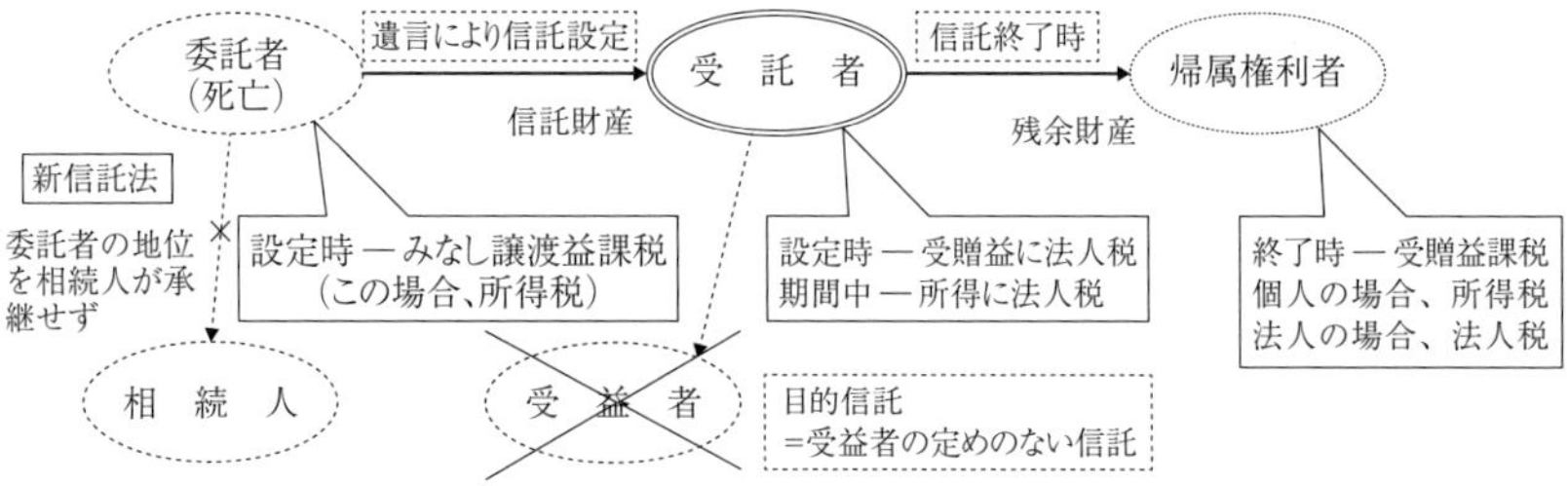

（注）　公益信託については、従前と同様の扱い

〔資　料〕

2　受益者等が不特定又は不存在の信託の課税　（相続税法）

○受益者等が不特定又は不存在の信託とは、委託者の地位を有する者のいない信託で未だ受益者が権利を有していないものなどをいい、具体的な課税の内容は以下のとおり。

〔課税の原則〕

① 信託設定時、信託期間中の課税は、遺言により設定された目的信託の課税と同様。

② 受益者等特定時の受益者等への受益権の移転については非課税（受託者の清算所得非課税、受益者等は受贈益非課税）であるが、次の場合には、以下の措置を講ずる。

〔ケースⅰ〕 信託により受託者に適用される法人税率と、信託を利用しない場合に相続人に適用される相続税率等との差を利用した相続税回避を防止するため、受益者等となる者が委託者等の親族である場合には、受託者に相続税等を課税（法人税等は控除）（相法９の４）

〔ケースⅱ〕 受益者等が特定したときに、当該受益者等が信託契約時に存しない者であり、かつ、委託者の親族である場合には、上記②について贈与税を課税（相法９の５）

〔原　則〕

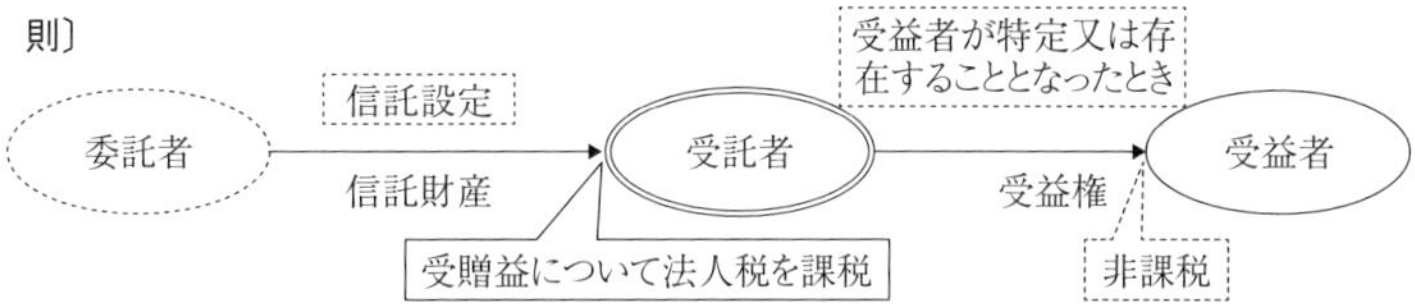

〔ケースⅰ〕

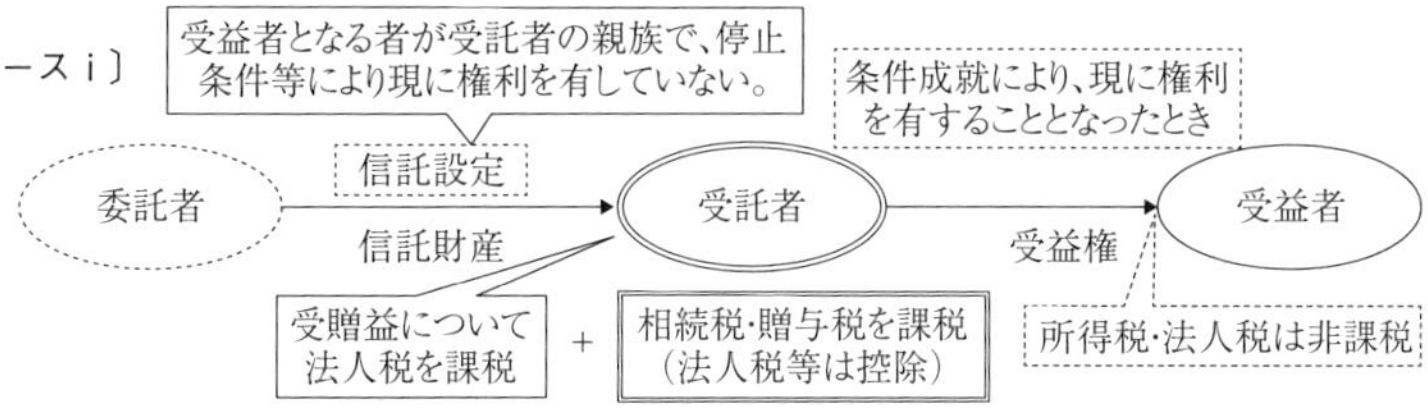

〔ケースⅱ〕

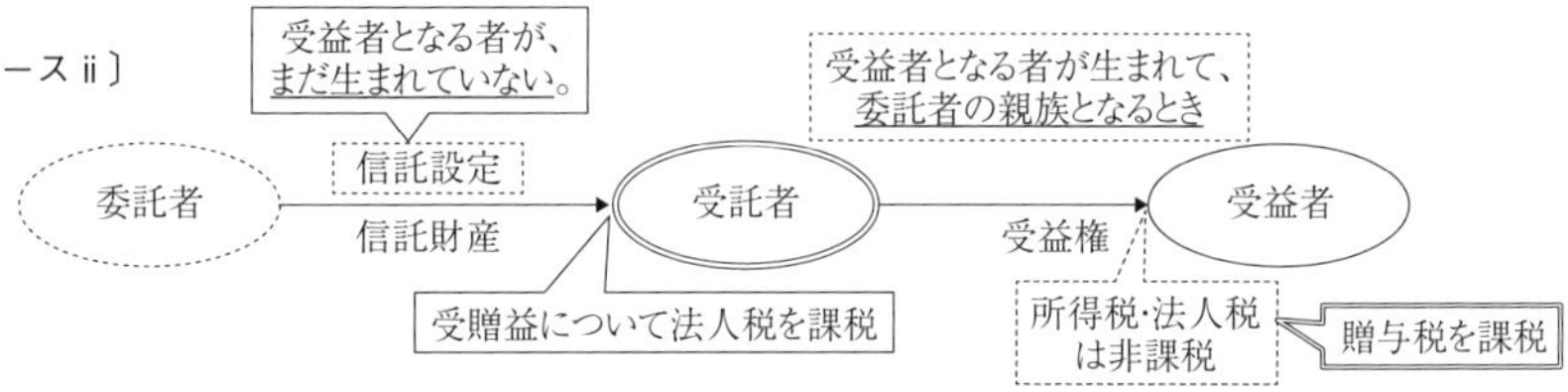

（資料７）

法人が委託者となる信託のうち一定のもの

―法人税の回避への対応―

法人が委託者となる信託のうち、次の類型に該当するものについては、法人税の回避を防止する観点から、その受託者に対し、受託者の信託財産から生ずる所得について法人税を課税する（法法２二十九の二ハ）。

類型①　重要事業の信託

法人が本来行っている事業が信託され、受益権がその法人の株主に交付された場合に、事業収益に対する法人税が課税できない

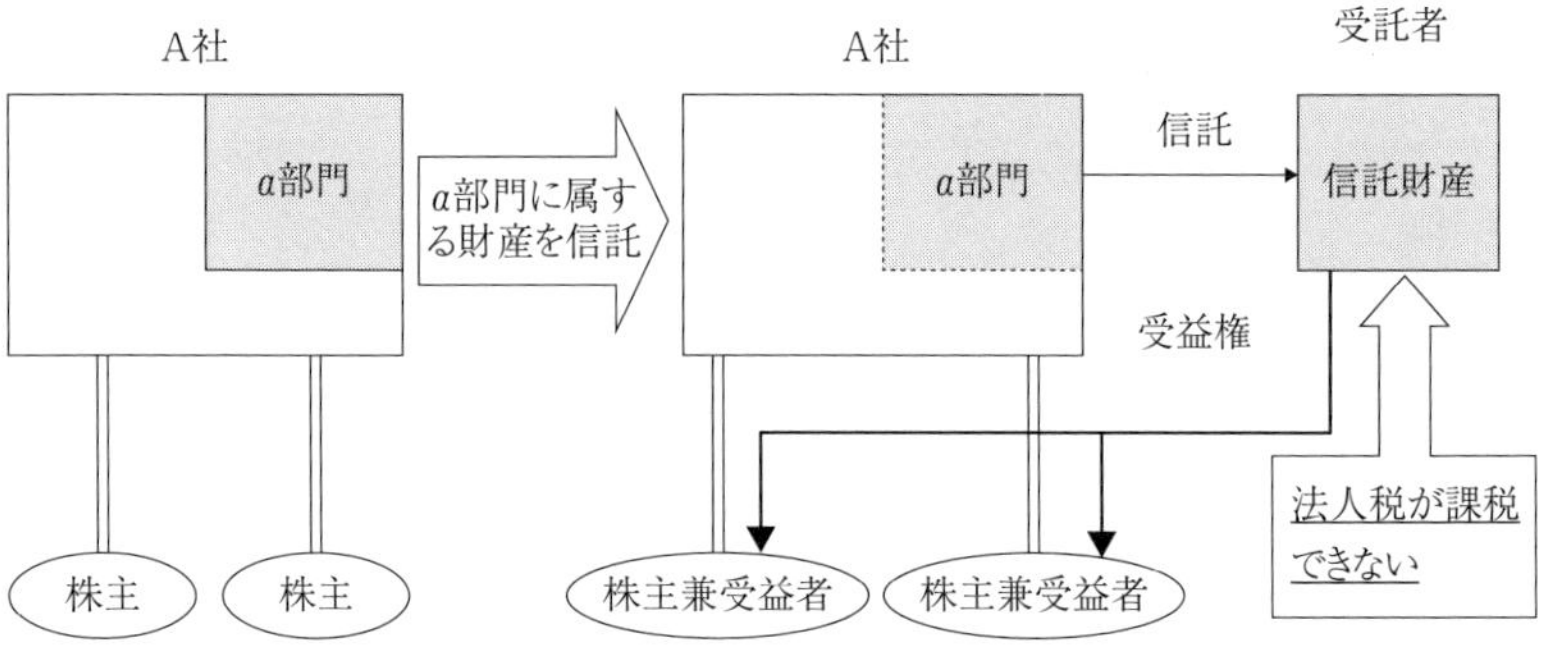

対応　以下の要件に該当する場合には法人税を課税

要件　「事業の全部又は重要な一部」（譲渡の場合に会社法上、株主総会の特別決議が必要。）について信託を設定し、かつ、その受益権の過半を当該法人の株主が取得することが見込まれること（不動産の信託などその信託財産に属する金銭以外の資産の種類がおおむね同一である場合等を除く）（法法２二十九の二ハ(1)）

〔資　料〕

類型②　長期の自己信託等

長期間継続する事業を自己信託等により行う場合、その事業にかかる法人税を免れることが可能となる

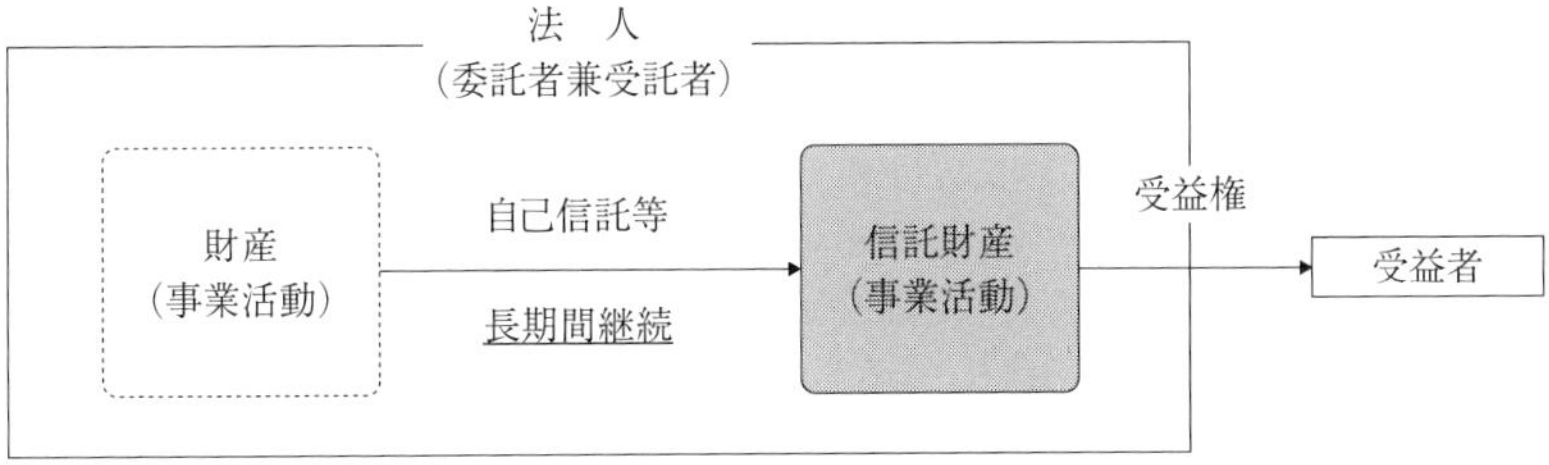

対応　以下の要件に該当する場合には法人税を課税

要件　自己信託等で、その信託期間が20年を超えること（信託財産に属する主たる資産の耐用年数が20年を超える減価償却資産とされている場合等を除く）（法法２二十九の二ハ⑵）

類型③　損益分配の操作が可能である自己信託等

自己信託等で受益権を子会社等に取得させ、損益の分配を操作することにより、事業の利益を子会社等に付け替えて法人税を回避することが可能となる

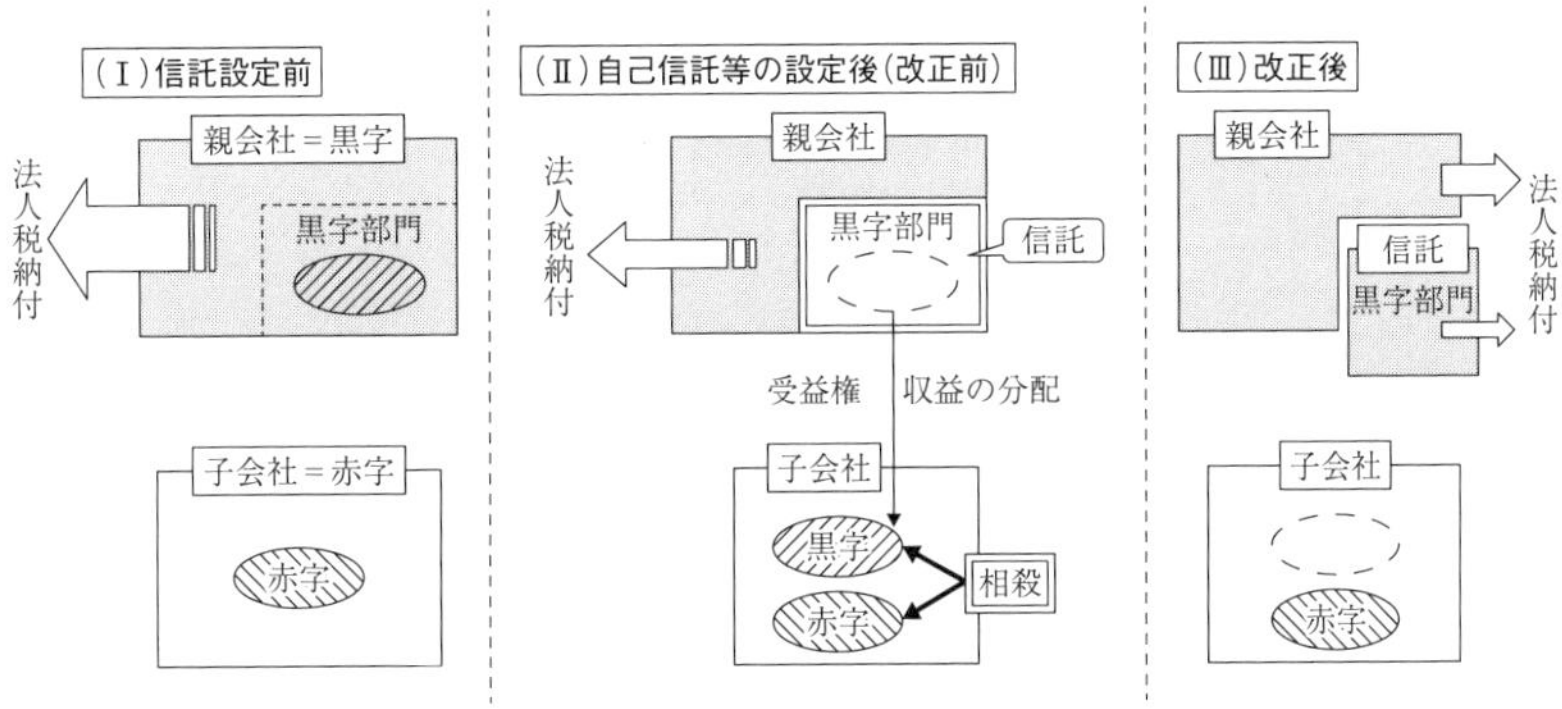

対応　以下の要件に該当する場合には法人税を課税

要件　受益権を子会社等の特殊関係者が保有する自己信託等で、損益の分配割合が変更可能であること（法法２二十九の二ハ⑶）

（資料８）

法人課税信託の課税方法

法人課税信託については、その受託者に対し、信託財産から生ずる所得について、当該受託者の固有財産から生ずる所得とは区別して法人税を課税する（法法２二十九の二、４の６、４の７等）

（注）１　受託法人（信託分の帰属者として別の法人とみなされる場合の、その受託者）の属性等に関する整備：受託法人は法人課税信託の効力発生日に設立、信託財産の信託→出資（受益者等が存在しない信託を除く）、受益者→株主等、受益権→株式又は出資、国内営業所に信託された場合→内国法人と同様の課税、国外営業所に信託された場合→外国法人と同様の課税、法人課税信託の終了等→解散　等（法法４の７、法令14の10）

２　法人課税信託の取引・行為に関する整備：信託収益の分配→剰余金の配当、法人課税信託の併合・分割→合併・分割　等

３　受託法人の所得計算、税額計算に関する整備：信託財産に属する収益等について通常の法人税の所得計算、税額計算を適用、受託法人や受益者固有の所得計算等の整備（法法64の３、66⑥、法令131の３等）　等

〔例：Ａが法人、固有分・信託分とも単体法人税〕

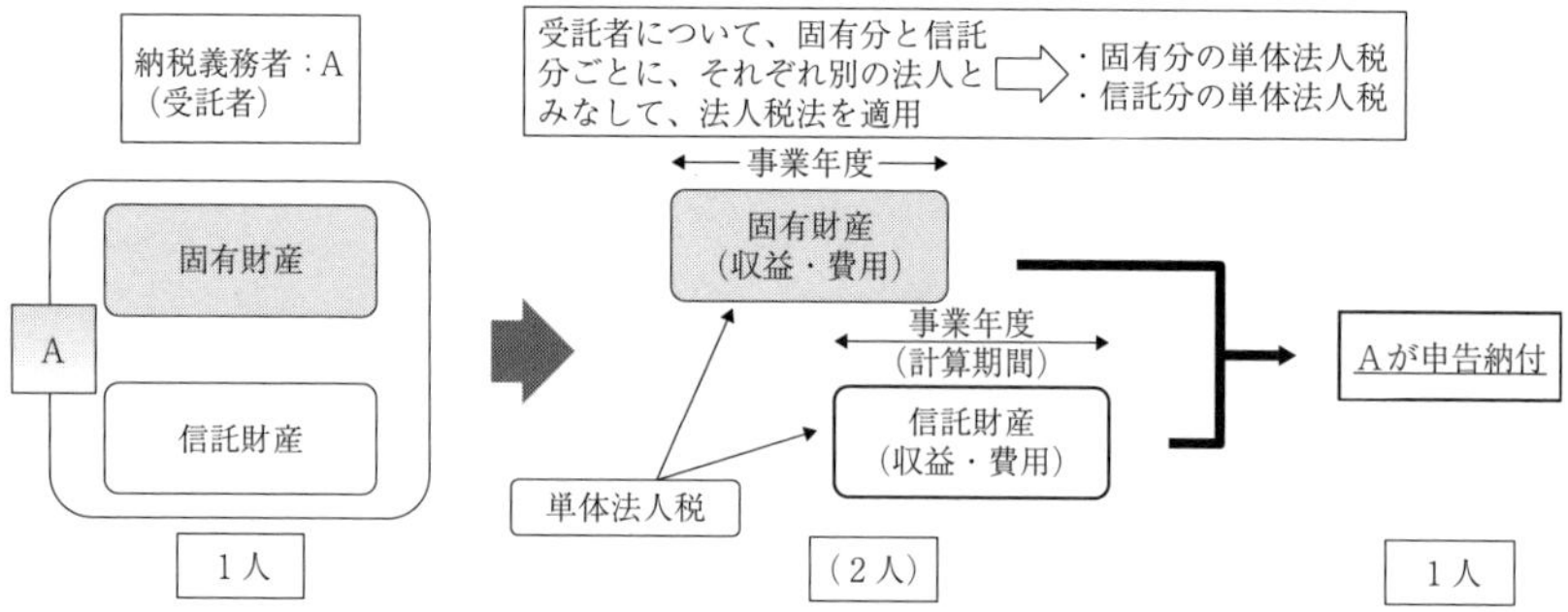

〔資　　料〕

（資料９）

受益者連続型信託の課税（相続税法）

○受益者連続型信託：信託行為に一定の場合に受益権が順次、移転する定めのある信託。例えば、「Ａの死亡後はＢを受益者とし、Ｂの死亡後はＣを受益者とする」旨の定めのある信託が該当

この場合、受益者Ｂの死亡により受益権は受益者Ｃに移転するが、新信託法上は委託者Ａから受益者Ｃに移転したものと構成。しかし、委託者Ａは既に死亡しているため改正前の相続税法では対応できない。

⇨ 受益者Ｃに対する課税については、受益者Ｂから遺贈により受益権を取得したものとみなして相続税等を課税（相法９の２、９の３）

（注）１．受益者指定権等を有する者の定めのある信託、その他これらの信託に類似する信託についても受益者連続型信託として同様に相続税等を課税

２．上記の例の場合、受益者Ｂが取得する受益権の価額は、すべての受益権がＢに帰属するものとした価額とする

[受益者連続型信託の例]

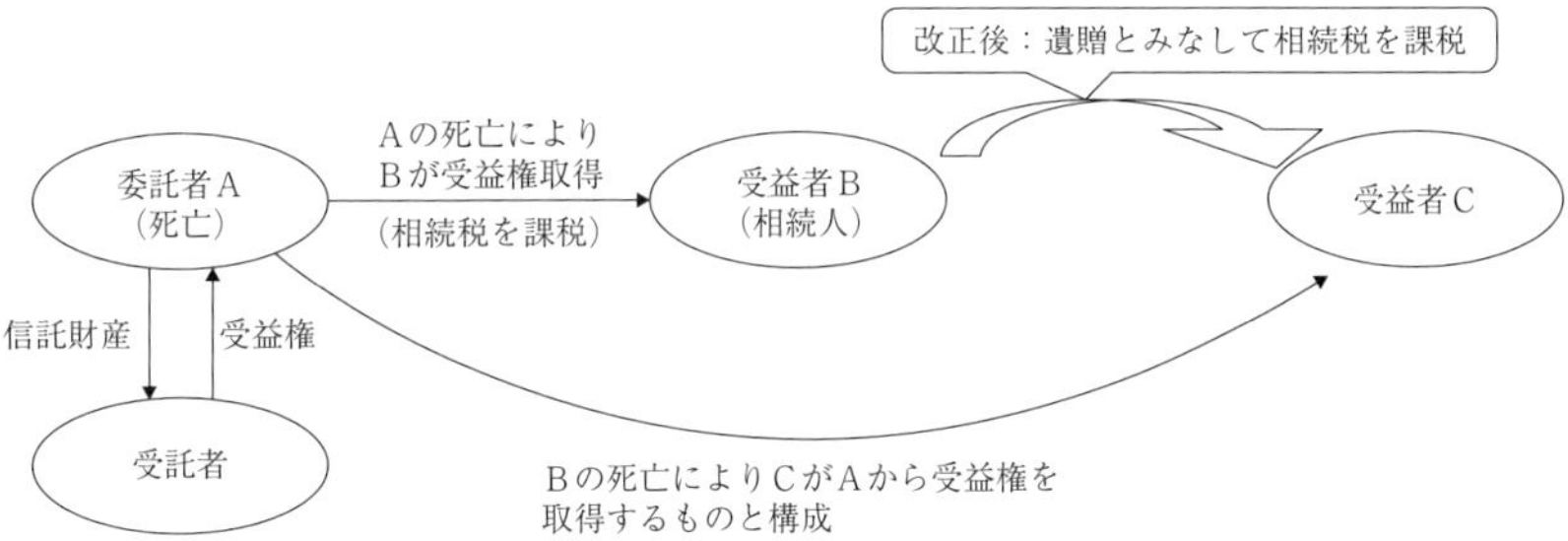

信託に関するその他の整備

○ 限定責任信託の登記等の新たな登記などへの対応（登録免許税）
- 限定責任信託の登記（登法別表１二十八の二）
- 担保権の信託の登記等についての整備（登法別表１一（十）ロ等）
- 信託終了時の信託財産の移転登記等についての整備（登法７）

○ 受益証券発行信託の受益証券について印紙税を課税（印紙税）
○ 信託に係る調書及び計算書の整備（所得税、相続税）
○ その他所要の整備

第一一章　「法人課税信託」の意義

——受益者等課税信託と法人課税信託の境界

はじめに

改正信託法のもとで、信託の人的機能（信託による意思凍結機能・受益者連続機能・受託者裁量機能）や物的機能（財産管理機能や信託財産の信託受益権転換機能、信託財産の分別管理による倒産隔離機能）を生かした信託の利用の拡大、信託の多様化が進む。高齢社会における財産運用管理、金融取引における信託の利用、企業防衛（信託型ライツプラン）など企業法務における新信託法の利用など、多方面にわたって活用されることが予想される。ここで、改正信託法による具体的な利用とあわせて問題となるのが税制である。

日本が基本的に採用してきた信託所得税制、改正信託所得税制に至る長い間の基本的な枠組みは、受益者課税を原則に委託者課税あるいは受託者課税を例外的に認めるという、いわゆる「三重構造」をとる。これまでの我が国の信託所得課税は、三段階の法的構造による課税をとっているところに、最大の特色があるといえよう。この基本的な構造は、改正信託税法の下でも基本的には維持されているが、委託者課税が表面的には姿を消し、受託者課税も法人課税信託としてその枠組みを拡大しているといえる。

我が国の信託所得課税ルールの特異性と改正信託税制の位置付けということでいえば、受益証券発行信託のうち、特定受益証券発行信託として、いわゆる第二段階の課税を受けるもの、税務署長の承認を受けた法人が受託者となっていることなど、幾つかの要件がありますが、そういった要件を満たすと、特定受益証券発行信託として、一般的な投資信託と同様に受益者段階での課税、いわゆる分配時課税、第二段階の課税が起こる。この要件に合致しない場合は、特定受益証券発行信託に該当しない信託、非特定受益証券発行信託として、受託者段階課税ということで、第三段階目の課税が起きてきます。こういった基本構造は、所得税・法人税と同様なわけですが、法人課税信託の受託者である受託者には、現実には法人・個人が考えられるわけですが、ただ、現実に受託者が個人・法人というのはあり得るという前提で、個人も会社とみなすというように所得税法はしてありますが、現実には信託業法の関係でいくと、多くの場合、受託者が個人というのはそれほどは存在しないと考えられる。現実には、仮に個人がいたとしても、所得税法上は個人を法人とみなして、会社法人としてみなして、言い換えますと、それを「受託法人」と呼んで、法人段階で課税されることになる（法人税法四条）。

本章では「法人課税信託」にかかる規定を検討した上で、法人課税信託の特徴・内容を明らかにした上でその「法人課税信託」の意義を明らかにする。あわせて、このたびの信託所得課税の中心にある「法人課税信託」の抱える問題点を明らかにする。

一　法人課税信託の導入の背景

まず、法人課税信託がどのように立法経緯から位置づけられるのか、我が国のこれまでの三重構造の流れのなかでどのような評価をうけるのかについて概観しておくこととする。法人課税信託の理論的背景あるいは歴史的な経緯の考察は、我が国の信託所得課税へのアプローチをみるうえで有益である。

大正一一年に信託法が立法化されたが、そのときに信託税制をどうするかということになり、所得税・法人税については、受託者というのは、信託報酬は別にして、基本的には何の利得も享受しない立場にあるので、何としても受託者の段階での課税は避けないといけないというのが当時の基本的な考え方であった。受託者に課税すると、その次に受託者から収益が受益者に流れ出たときに、また受益者のところで課税することから二重課税が起こる。どうしても二重課税を回避するような税制が必要であるということで、受益者が特定しているときには、受益者が当該信託財産を保有しているとして、受益者に収益からの所得を課税する、いわゆる「受益者課税原則」をまず導入することとした（旧所得税法三条ノ二第一項）。一方、受益者が特定していないときには、これは当初は現在とは違っておりまして、受託者課税原則、受託者の段階で課税をするという立場をとっていた。いわゆる受益者課税を原則にして、受益者がいないときには受託者に課税するということを、当初、わが国の信託所得課税にかかる税制はとっていた。ここでの受益者課税原則（発生時課税）を採用する信託というのは、いわゆる本文信託（旧所得税法一二条一項本文、旧法人税法一一条一項本文）といわれているものであり、ただし書信託といわれるものがいわゆる貸付信託からの所得のように受益者現実収受課税にかかる信託であった。ただ、貸付信託については、社債や公債・預金と同じような課税ということで、この部分については、現実に受益者が利益を享受したときに、利子等を享受したときに課税をすることにしていた貸付信託（後の昭和一五年には、合同運用信託に名称変更）については、社債・公債・銀行預金と同じように課税されていた（第二種所得税。ただし、当初第三種所得税課税）。そうすると、そこで、まず原則は受益者に課税するということであるが、これは受益者に現実に利益が享受されていなくても、受託者に収益が発生した段階で、現実に受益者は経済利益を手に入れていないにもかかわらず、そこの段階で課税をするという意味での「受益者課税原則」である。そして、受益者がいないときには、受託者に課税をする、受益者課税が適用されないときには受託者課税をとりあえず採ることとしたのである。ただ、現実に利益が享受されたときに課税をするものも枠組みとして認め、課税の繰延べを許容していた。いわゆる受益者課税でありながら現実に収益を受託者から享受したときに課税することとした。それが貸付信託からの所得の配分に代表されるような所得である。その後、幾つかの改正を経るが、大きな根本的な改正はなく、昭和一五年に受託者課税部分を委託者課税（あるいは委託者の相続人に課税）に改めたという経緯がある。ここで、今回の改正に至るまでの数十年間続いた信託税制の基本が出来上がった。受託者課税のところを委託者課税にするという形で、受益者が特定していれば、いわゆる発生時という意味で受益者課税をする、特定していなければ委託者に課税をする。ただし、前述したように一定の集団信託的なものについて、大正一一年から変わらず、貸付信託等については、実際に利益を享受したときに課税をするというように考えてきた。理論的には導管理論を採用してきているといえよう。信託課税の理論的枠組みについては、パススルー課税として信託を導管、コンドゥイットとしてみるということである。

そうすると、ただし書信託については、これは受託者の段階で収益が発生したときに、受益者に課税をしないのであるから、課税の繰延べが起こることになる。ですから、配当が遅れれば、課税がどんどん繰り延べられるというような状態になっていく。ただ、現実には、監督官庁との関係でいえば商品開発のときに長期にわたり受益者への配当を延ばしたような商品は認められないとして、二〜三年内に配分するという形での信託しか認めないということで、現実には課税の繰延べがそう長期にわたって起こり得ることはなかったと考えられていたと思われる。

さらに、「特定目的会社による特定資産の流動化に関する法律」（平成一〇年九月一日施行）、及び「証券投資信託及び証券投資法人に関する法律」（投信法）の改正・整備（平成一〇年九月一日施行）、さらに「特定目的会社による特定資産の流動化に関する法律等の一部を改正する法律」（資産流動化法）（平成一二年五月三一日公布）の施行に起因する集団投資スキームに対する法整備による新たな金融制度の展開（いわゆる金融大革命）を受け、さらにわが国の信託においては三段目の法的構造ができあがることとなる。投信法及び資産流動化法が改正されることにより、信託について、「投資信託」と「特定目的信託」という概念が導入され、投資信託は、投信法上の資産運用スキームとして、また「特定目的信託」は資産流動化法上の資産流動型スキームの一つとして創設されたものである。

法人税法・所得税法上、平成一二年五月の改正により「特定目的信託」及び「証券投資信託以外の投資信託」がまず、いわゆる「ただし書信託」に加えられ、信託財産に帰せられる収入及び支出の帰属については導管として取り扱われないこととなった（「証券投資信託」については、以前からただし書適用）。また、投資信託法上、「委託者非指図型投資信託」が導入されたことから（投信法二条二号）、合同運用信託については「信託会社が引き受けた金銭信託で、共同しない多数の委託者の信託財産を合同して運用するもの（……委託者非指図型投資信託及び外国投資信託を除く）をいう」と定義されていることから（一九年改正前（以下「改正前」という）所得税法二条一一号、同法人税法二条二九号）、委託者非指図型投資信託のうち、信託法上の投資信託に該当するものは、合同運用信託に該当しないことになった。

そのうえで、改正前法人税法上、⑴①「投資証券信託」、②「国内公募投資信託以外の投信法上の投資信託」と⑵「特定目的信託（資産流動化法上の特定目的信託）」を併せて、「特定信託」と定義している（改正前二条二九号の三）が、特定信託についてはその各期間の所得について法人税を課すこととしている。法人税法七条の二は、「特定信託の受託者である内国法人に対しては第五条の規定により課する法人税のほか、各特定信託の各計算期間の所得について、各特定信託の各計算期間の所得に対する法人税を課す」と規定しており、特定信託についての受託者たる法人に法人課税を行なうこととした。

「特定目的会社による特定資産の流動化に関する法律」と「証券投資信託及び証券投資法人に関する法律」、こういった法律が登場するに至り、ここで少し信託に対する税制が変わってくる。というのは、ただし書信託のところで、こういった集団信託的なものは、課税の繰延べを認めるという立場を日本はとってきたが、いわゆる「投資信託」や「特定目的信託」といった、投信法上の資産運用スキームとか、資産流動化法上の資産流動型スキームといった流れの中で出てくる受益者の経済的利益は、比較的、課税の繰延べがしやすい、課税が繰り延べられるということになってきた。そういう意味では、先ほどの貸付信託等とはかなり違うところがあり、課税の繰延べが起こるというところで、少しこの課税の繰延べを防がないといけないと、理論的にはそういう流れが出てきた。

それで、平成一二年の五月の改正により、「特定目的信託」なり「証券投資信託以外の投資信託」については、「ただし書信託」に入ってきたが、当然こういった特定信託等についてのものについては、課税の繰延べが起こるということで、第三段階目の構造といっていいかと思われるが、「受託者のところで法人税の課税をする」ということになった。ただ、一定の割合以上の配当をすれば、その年にその配当は損金として処理できることとなっているので、受託者のところでは、法人税が課税されないためには、できる限り早く留保している利益を受益者のところに配当するようになる。いわゆるペイ・スルー課税といわれる部分である。結果的には、第三段階目で法人課税を入れることにしたわけであるが、措置法で一定のパーセンテージ以上の配当をした場合については損金に入れるとしたので、そのインセンティブが効いて、配当をすれば、法人税の課税はその年に現実には起きてこないようになるという形である。これを俗に「三重構造」と呼ぶわけであるが、本文信託があり、それから、ただし書信託というところで、現実には理論的にも立法経緯からも二段階の構造があって、結果的には三重構造になっているとして、一般的には考えられてきたといえよう。

平成一九年改正前の所得税法・法人税法の信託課税の基本的枠の部分は同じで、先に述べたように、受益者が特定していれば、その受益者に課税をする。受益者が特定していない場合については、委託者に課税をする。信託財産を所有しているという前提で、受益者に課税することにあるということで、所得税・法人税全く同じである。さらにただし書のところに、たとえば「信託財産に帰せられる収入及び支出については、次の各号に掲げる場合の区分に応じ当該各号に定める者がその信託財産を有するものとみなして、この法律の規定を適用する」と、いわゆる発生主義に基づく受益者課税を定めている。

条文中、「ただし」のところからがただし書信託といわれるもので、そこで合同運用信託とか、そういったいわゆる集団信託的なものが、現実に利益を享受したときに、受益者の段階で課税するということになった。いわゆる受領時課税である。ただ、この中で、特定信託等は第三構造として、受託者の段階で法人税を課税するという形の条文を入れて、取りあえずはそこでいったん課税をして、課税の繰延べに対して牽制をするといったような法的な構造になっていたということである。

旧規定のところで、特定目的信託とか、いわゆる三段目の構造のところの課税、この部分については現行規定では法人課税信託、受託者段階での課税という意味では大幅にそのような課税をうける信託が拡大している。この度の改正により、いわゆる本文信託（発生時に受益者段階で課税をするもの）が、「受益者等課税信託」という形で呼ばれるものに変わっている。なお、ただし書信託のうち、集団信託についてはほとんど変わりがない。

ただし書信託のところでは、旧制度の下では、一定の信託についてはいわゆる受託者の段階で課税をするが、その考え方を一部引き継いだ形で、いわゆる「法人課税信託」というものが三段構造目として入っている。基本的には、いわゆる三重構造の内容については、非常に大きく変わったといわれるが、所得発生時受益者等課税信託、所得収受時受益者等課税信託、委託者課税信託（法人が委託者となる信託＝法人課税信託）という枠組みでこれまでの基本的な枠組みは維持されているといえよう。

旧規定のもとでの信託所得課税は、受益者が特定していると信託財産は受益者が所有しているものとなっていた。受益者が存在あるいは特定していない場合は委託者が所有しているとみなしていた。さらに、ただし書に列挙している集団信託（ただし書信託）については別扱いとし、受益者に対して現実の受領時に課税するものとしている。しかし、これらただし書信託のなかには、さらに別規定（たとえば、法人税法七条の二）などにみえるように、受託者段階での法人課税を認めることとなっていた。これらの課税ルールは信託法理から当然に導かれたものではなく、信託法理と金融政策、さらには租税回避を配慮した賜物といえる。

二　法人課税信託の利用と課税

1　具体的な事例

事業信託の活用例の一つとして、企業が高収入の見込める事業部門を自己信託して、その受益権を売却することによって資金調達を行う。いわゆるトラッキング・ストック型の事業信託である。特定の事業部門が信託財産としてほかの事業部門から独立して分別管理されることから、会社全体の配当利益が少ない場合においても当該事業部門で収益がある以上受益者は配当を得ることができる。

2　改正信託税制の枠組み

ここでは「法人課税信託」にかかる規定を考察することとする。改正信託所得課税においては、原則は受益者等課税信託(1)（いわゆる、「本文信託」）、その例外として集団投資信託(2)（いわゆる、「ただし書信託」）を採用する。集団投資信託の一つに「法人課税信託」を規定する。

わが国においては、集団投資スキームに対する法整備による新たな金融制度の展開を受けて、「特定信託」（改正前法人税法二条二九号の三）についてはかねてよりその各期間の所得について受託者に法人税を課すこととしていた（旧法人税法七条の二）。平成一九年度改正においては、改正信託法のもとで多様な信託の利用が可能となったことをうけて、上記の特定投資信託及び特定目的信託に加えて、⑴特定受益証券発行信託に該当しない受益証券発行信託（法人税法二条二九号の二イ）、⑵受益者が存在しない信託（目的信託のうち一定のものなど）（法人税法二条二九号の二ロ）、⑶法人が委託者となる信託のうち、①重要な事業の信託で、受益者の過半を委託者の株主が取得すること（信託財産の種類がおおむね同一である場合等を除く。）、②自己信託等で信託期間が二〇年を超えること（主たる信託財産が耐用年数二〇年超の減価償却資産である場合等を除く）、③自己信託等で損益分配の操作が可能であること、といった要件に該当する信託が「法人課税信託」として規定され（法人税法二条二九号の二ハ）、受託者段階での法人課税の範囲が拡大されている。

所得税法一三条のただし書において、法人課税信託というような信託を規定するが、この法人課税信託は受託者に対して法人税を課するといった受託者段階での、いわゆるビークル課税である。法人課税信託といわれるものは、投資信託及び投資法人に関する法律による投資信託、資産流動化法による法律に規定する特定目的信託といったものが、改正前の信託税制の枠組みとして、いわゆる「受託者段階」での課税が存したが、そこに新たな受託者段階での課税の対象とするものを付け加えて、それを「法人課税信託」ということで、一括りにしている。法人課税信託の枠組みの中にさまざまな信託がはいってきている。改正信託法のもとでの信託の多様化に応えうるものが多くはこの段階での対応としてここに入ってきている。法人税法二条の二九号の二で、まず最初に、第二段階の課税にした特定受益証券発行信託以外の受益証券発行信託（同号イ）、いわゆる受益権を証券化できる、そういった受益証券発行信託については、受託者段階で法人の課税をすることとして、法人課税信託に入れる。第二に「受益者等が存在しない信託」（法人税法二条二九号の二ロ）として、いわゆる「遺言による目的信託」など、その他一定の受益者が存在しない信託を、受益者が存在しないので受託者の段階で課税することとしている。そこで、受託者が個人であろうと法人税を課税するという意味で、法人課税信託の中に入れている。第三に、法人が委託者となる信託（信託財産に属する資産のみを信託とするものを除く。）については、受託者の段階で課税するということになっている。

上記の第一から第三までの信託は、法人税法二条二九号の二の規定により、この度の改正信託税法で新たに付け加えられたものである。同条二九号の二ニ・ホ④なり⑤は以前から受託者課税としてあったものである。この受託者課税の範疇に新たなものを含め、受託者が法人であろうと個人であろうと、法人税で課税をすると、いわゆる「法人課税信託」というグループを作ったということである（法人税法二条第二九号の二）。

三　法人課税信託の内容

1　法人課税信託の範囲

「法人課税信託」の規定をみると、法人課税信託は幾つかのタイプのものが入っているが、旧ビークル課税といわれたものを含めると、大きく四つのタイプのものが入っている。そこに入っているものを個別に検討していくと、そこに列挙されて規定に入れている信託について、受託者段階で課税する趣旨は、基本的に大きく違っているところがある。たとえば、法人課税信託の範疇に含まれるものとして、法人が委託者となる信託のうち、「重要な事業の全部又は一部の信託」はその法人の事業の全部又は重要な一部が信託され、かつその受益権の五〇％超をその法人の株主に交付することが見込まれるものとして、法人税法二条二九号の二ハの（1）に規定されている、そういったものが、法人が本来行っている事業が信託されて、受益権がその法人の株主に交付された場合には、事業収益に対する法人税を課税することができなくなるために、取りあえずここでは、受託者を納税義務者として、受託者の信託財産からの所得に法人税を課するとしている。新信託法は、信託に関する規制を緩和して、信託の利用拡大を図っており、受託者が信託目的のために重要な一切の行為を遂行することができて、債務負担行為もできるようになった。設定時に委託者から信託財産によって債務を履行する責任を負うといったような、法人の事業の資産や負債をまるごと信託することが現実には可能になったと、一般的には解されているが、事業信託といったような場合については、まず法人の課税が抜け落ちる可能性があるので、租税回避として、この規定が必要になる。

また、「長期の自己信託等」についても、二〇年を超えるものについても、これも事業が長期間継続することによって、事業に係る法人税の課税が減少することから、一定の場合以外は、受託者を納税義務者として、同様に課税するといった法人課税を入れることが必要となってくる。「損益分配の変更が可能な自己信託等」も、損益の分配が可能であるということであるため、受益権を子会社に取得させて、損益の分配を操作すれば、損益通算等によって法人税を減少することができることになり、やはり一回受託者の段階で、受託者を納税義務者として、法人税を課税する仕組みが必要である。これらの規定は、類似の事業等とのバランスがとれず、租税回避目的で入っているようなものもある。

これに対して、例えば、二番目の受益者が存在しない信託といったような場合については、租税回避目的よりも別の目的で、法人課税信託としての理由が存すると解される。

法人課税信託で一括りにされているものを見ていくと、租税回避的な色彩でストレートに入ってきたもの、そうではなくて、実際にそこの部分を事業として見ることが可能なので切り離しただけなので、法人課税をするといったもの、あるいは租税回避的なものが複合的に交じっているので、法人課税信託に持っていくとするもの、などその趣旨や目的が異なる信託が法人課税信託の中に入っている。たとえば、「目的信託」であるが、これは受益者が存在しない信託であるが、改正信託法のもとではじめて登場した信託である。目的信託が設定された場合には、信託財産に対して、委託者にみなし譲渡課税が、受託者には受贈益に係る法人課税信託が、一応生じるところがあるが、この目的信託については、基本的には委託者が死亡した場合、委託者を相続する者が存しないので、受益者もいないということで、いわゆる受託者課税しか存しないということである。こういう法人信託課税のくくり方が果たして良かったのかということは理論的には考えておく必要がある。「法人課税信託」として、本来ここに入れてしまう方が良かったのか、少し切り離す形で別のところに、たとえば租税回避規定をおくとか、いろいろと規定の作り方に工夫はありえたように思われるし、また、法人段階で課税するということが、本当にそもそも理論的に良かったのかといったようなことなど、少し中身を個別に検討していくという課題が残っているのではないかと考えられる。

なお、法人課税信託の受託者に対する課税について、法人税法四条は、たとえば、内国法人、外国法人及び個人は法人課税信託の引受けを行う場合には「納税義務者」とする旨規定する。信託財産を法人とみなすといった理論的な立場はここでは取られていない。法人課税信託の受益権は株式または出資とみなされる。法人課税信託の受益者は株主等とみなされる。法人課税信託の委託者がその有する資産の信託をした場合には、法人課税信託に対する出資があったものとみなされる（法人税法四条の七。また、法人課税信託にかかる所得計算の特別規定については、法人税法六四条の三参照）。

2　法人課税信託の理論的背景

平成一二年五月の改正により「特定目的信託」及び「証券投資信託以外の投資信託」が「ただし書信託」に加えられ、これらの信託財産に帰せられる収入及び支出の帰属については信託が完全な導管として取り扱われないこととなったが（「証券投資信託」については、以前からただし書適用）、旧法人税法七条の二は、「特定信託の受託者である内国法人に対しては第五条の規定により課する法人税のほか、各特定信託の各計算期間の所得について、各特定信託の各計算期間の所得に対する法人税を課す」と規定しており、これらの「特定信託」についての受託者たる法人に法人課税を行なうこととした。いわゆる「ペイ・スルー課税」である。これを、導管理論の枠組みで理解をするのかそれとも法人主体での課税（実体型）で理解をするのかは、議論の分かれるところであった。その後の平成一九年度改正においては、改正信託法のもとで多様な信託が認められることとなったことなどの影響をうけて、さらに委託者段階での法人課税の範囲が拡大された。この「法人信託課税」には多様な類型がありその目的も多様である。この法人課税信託における受託者段階での課税を画一的に実体型あるいは導管型と区別することは困難であろう。

旧所得税法一三条は、「信託財産に帰せられる収入及び支出については、次の各号に掲げる場合の区分に応じ当該各号に定める者［一　受益者が特定している場合　その受益者、二　受益者が特定していない場合又は存在していない場合　その信託財産に係る信託の委託者］がその信託財産を有するものとみなして、この法律の規定を適用する」と規定していた。いわゆる本文信託の規定である。

同条は、「ただし、合同運用信託、投資信託、特定目的信託又は法人税法第八十四条第一項（退職年金等積立金の額の計算）に規定する厚生年金基金契約、確定給付年金資産管理運用契約、確定給付年金基金資産運用契約、確定拠出年金資産管理契約、勤労者財産形成給付契約若しくは勤労者財産形成基金給付契約、国民年金基金若しくは国民年金基金連合会の締結した国民年金法第百二十八条第三項（基金の業務）若しくは第百三十七条の十五第四項（連合会の業務）に規定する契約若しくはこれらに類する退職年金に関する契約で政令で定めるものに係る信託の信託財産に帰せられる収入及び支出については、この限りでない。」（傍点部筆者―以下同）として、いわゆる「ただし書信託」を規定していた。旧法人税法一二条も同様の規定をおいていた。この段階における特定信託については、法人税法七条の二において「特定信託の受託者である内国法人に対しては、第五条（内国法人の課税所得の範囲）又は第六条の二（連結法人の課税所得の範囲）の規定により課する法人税のほか、各特定信託の各計算期間の所得について、各特定信託の各計算期間の所得に対する法人税を課する」と規定をしている。いわゆる受託者段階での課税である。さらに、これに対応して、租税特別措置法は、特定目的信託に係る課税の特例として六八条の三の三をおき、⑴法人税法第二条第二九号の二に規定する特定目的信託のうち〔一〕に掲げる要件を満たすものの利益の分配の額で〔三〕に掲げる要件を満たす計算期間に係るものは、当該計算期間の所得の金額の計算上、損金の額に算入する旨規定する。

〔一〕について

イ　資産の流動化に関する法律第二百二十五条第一項の規定による届出が行われているものであること。

ロ　次のいずれかに該当するものであること。

⑴　その発行者（証券取引法第二条第五項に規定する発行者をいう。以下この号において同じ。）の発行に係る受益証券の募集が同条第三項に規定する勧誘（同項第一号に掲げる場合に該当するものに限る。）であつて、その受益証券の発行価額の総額が一億円以上であるもの

⑵　その発行者の発行に係る受益証券が五十人以上の者によつて引き受けられたもの

⑶　その発行者の発行に係る受益証券が証券取引法第二条第三項第一号に規定する適格機関投資家のみによつて引き受けられたもの

ハ　その発行者の発行に係る受益証券の募集が主として国内において行われるものとして政令で定めるものに該当するものであること。

ニ　その他政令で定める要件

〔三〕について

イ　当該計算期間終了の時において同族特定信託（法人税法第二条第二十九号の三に規定する特定信託のうち、受益権を有する者の三人以下並びにこれらと政令で定める特殊の関係のある個人及び法人が有する受益権のその特定信託に係るすべての受益権に対する割合が百分の五十を超えるものとして政令で定めるものをいう。次条第一項第二号イにおいて同じ。）に該当していないこと。

ロ　当該計算期間に係る利益の分配の額が当該計算期間の分配可能所得の金額として政令で定める金額の百分の九十に相当する金額を超えていること。

ハ　その他政令で定める要件

また、租税措置法は、特定投資信託に係る課税の特例として、六十八条の三の四をおく。「特定投資信託のうち一定の要件を充足するものの収益の分配の額として政令で定める金額で一定の要件を満たす計算期間に係るものは、当該計算期間の所得の金額の計算上、損金の額に算入する。」旨の類似の規定をおく。

四　「受益者」の範囲についての解釈

法人税法一二条は、「信託の受益者（受益者としての権利を現に有するものに限る。）はその信託財産に属する資産及び負債を有するもの」とみなして、かつ「信託財産に帰せられる収益及び費用」とみなして、所得税法や法人税法を適用している（法人税法一二条一項、所得税法一三条一項）。さらに同条は、「信託の変更権限を現に有し、かつ、その信託財産の給付を受けることとされている者（受益者を除く。）」は、上記の受益者とみなされている（いわゆる「みなし受益者」）（法人税法一二条二項、所得税法一三条二項）。信託の変更権限とは、信託目的に反しないことが明らかである場合に限り信託の変更をすることができる権限を除き、他の者との合意により信託の変更をすることができる権限を含む（法人税法施行令一五条一項・二項、所得税法施行令五二条一項・二項）、また、停止条件付の信託財産の給付をうける権利を有する者を含むと規定する（法人税法施行令一五条三項、所得税法五二条三項）。所得税法も同様の規定である。受益者を指定し又は変更する権利を有するものの定めのある信託が認められていることから（新信託法八九条参照）、このような者をみなし受益者とすることとしている。みなし受益者の範囲が受益者等課税信託と法人課税信託の境界を決することとなろう。

受益者を受益者の存在あるいは特定の有無で判断するのではなく、「受益者としての権利を現に有するもの」として表現をかえている。「現に有するもの」の解釈が問題となる。新信託法八八条により、信託契約等の信託契約において受益者となるものは当然に受益権を取得するが、「現に」の意味が問題となり、具体的には停止条件付き受益者、始期付受益者の扱いをどのように解するかなどが問題となりうる。

法人税基本通達一四—四—一は、以下のように規定する。

（信託財産に属する資産及び負債並びに信託財産に帰せられる収益及び費用の帰属）

一四—四—一　受益者等課税信託における受益者は、受益者としての権利を現に有するものに限られるのであるから、例えば、一の受益者が有する受益者としての権利がその信託財産に係る受益者としての権利の一部にとどまる場合であっても、その余の権利を有する者が存しない又は特定されていないときには、当該受益者がその信託の信託財産に属する資産及び負債の全部を有するものとみなされ、かつ、当該信託財産に帰せられる収益及び費用の全部が帰せられるものとみなされることに留意する。（平一九年課法二—五「八」により追加）

信託行為に受益権につき停止条件が定められているような場合には「受益者としての権利を現に有するもの」には含まれないと解している（改正信託通達の解説）。また、将来設立される法人や将来もっとも成績のよい個人といった受益者の定め方は「受益者」を規定したものではないと解される（同）。この問題は旧信託法の下での旧所得税法一三条や法人税法一二条における受益者は「現に利益を有するか」否かではなく、「現に受益者が特定存在するか」ということであったが、この点でどの程度のものを射程距離におくかは一つの解釈問題として重要である。

我が国の所得課税における「裁量信託」の課税関係も検討すべき問題であるとされてきた。我が国では、これまで他益信託か自益信託かで課税関係は二者択一課税であるといってもよい。そのメルクマールである受益者の存在又は特定の程度をどのように考えるかという問題もあった。一般論としていえば裁量信託は広範囲に委託者課税の網にかかってしまう可能性があったといえる。所得税法一三条、法人税法一二条の改正により、特にみなし受益者の規定をおいたことは注目すべきであろう。しかし、裁量信託についてはどのような扱いをすべきは不明であるといえよう。

また、その結果二〇年後に受益権に基づき利益を享受できる場合などについてはなお議論が残ろう。

さらに、特定の一の受益者が一部のみの受益権について現に権利を有する場合については、その者にすべての収益や費用が帰せられるとする。また、受益権の一部のみ（六〇％）について受益者（A）が存在するものの、その余の受益権（四〇％）については受益者が存在しない場合には、受益者（A）にすべての収益や費用が帰属すると解する。このような通達の解釈については疑問が存する。

新信託法二条五号「受益者」とは「受益権を有する者をいう」と定義する（同六・七号参照）。さらに、信託法八八条は、信託行為の定めにより受益者となるべきものと指定された者は当然に受益権を取得する、と規定する。

所得税基本通達（受益者等課税信託に係る受益者の範囲）一三—七は、「法第一三条第一項に規定する『信託の受益者（受益者としての権利を現に有するものに限る。）』には、原則として、例えば、信託法第一八二条第一項第一号《残余財産の帰属》に規定する残余財産受益者は含まれるが、次に掲げる者は含まれないことに留意する。（平一九課個二—一一、課資三—一、課法九—五、課審四—二六追加）

(1)　同項第二号に規定する帰属権利者（以下一三—八において「帰属権利者」という。）（その信託の終了前の期間に限る。）

(2)　委託者の死亡の時に受益権を取得する同法第九〇条第一項第一号《委託者の死亡の時に受益権を取得する旨の定めのある信託等の特例》に掲げる受益者となるべき者として指定された者（委託者の死亡前の期間に限る。）

(3) 委託者の死亡の時以後に信託財産に係る給付を受ける同項第二号に掲げる受益者（委託者の死亡前の期間に限る。）」と規定する。

この通達によれば、新信託法一八二条一項一号にいう「残余財産受益者」は、ここでいう受益者に該当するものの、同条一項二号にいう残余財産の「帰属権利者」および委託者の死亡時に受益者となるべき者として指定された者、および委託者の死亡時以後に受益者が信託財産を受ける旨の定めのある場合の当該受益者は、「受益者」に該当しないという。

同通達（受益者とみなされる委託者）一三―八は、「法第一三条第二項の規定により受益者とみなされる者には、同項に規定する信託の変更をする権限を現に有している委託者が次に掲げる場合であるものが含まれることに留意する。（平一九課個二―一一、課資三―一、課法九―五、課審四―二六追加）

(1) 当該委託者が信託行為の定めにより帰属権利者として指定されている場合

(2) 信託法第一八二条第二項に掲げる信託行為に残余財産受益者若しくは帰属権利者（以下この項において「残余財産受益者等」という。）の指定に関する定めがない場合又は信託行為の定めにより残余財産受益者等として指定を受けた者のすべてがその権利を放棄した場合」と規定する。

新信託法一八二条二項によると通達が指定するような場合においては、委託者やその相続人が帰属権利者になることから、「みなし受益者」になる可能性を示している。帰属権利者が「みなし受益者」になる余地を残していることを明らかにしている。新信託法一四九条は、信託の変更を定めるがここで信託の変更権限を有する者がみなし受益者に含まれる可能性を示している。

旧所得税法や法人税法の形式的な受益者の定義を改め、実質的な基準により受益者を判断することとしたと説明されている[3]が、その範囲は必ずしも明確とはいいきれない。

委託者は、財産出損者としての地位、信託目的設定者としての地位を有する。委託者は信託終了時の財産帰属権利者である（信託法一八二条二項）とともに、信託の目的に反することとなるような信託の変更や併合、分割などの権限が付与されている（信託法一四九条、一五〇条、一五五条・一五九条、一六五条等参照）。委託者の権限は旧信託法と比較してその委託者の諸機能にかかる規定が削除されている。委託者は信託設定時には不可欠であるが、ひとたび信託が設定されてしまえば実のところ委託者は主役ではないといえよう。(4) 上記通達は、残余財産につき、残余財産受益者および帰属権利者の指定がなかった場合、あるいはそれらの者がその権利を放棄した場合には、「委託者またはその相続人等を残余財産の帰属権利者として指定する旨の定めが信託行為にあったものとみなされること」（信託法一八二条二項）を受けたものである。

新信託法においても、残余財産の帰属すべき者（帰属権利者）や残余財産の給付を内容とする受益債権にかかる受益者（残余財産受益者）という概念が存するが（新信託法一八二条一項）、上記通達もこの規定に従っている。

受益者段階課税（発生時課税）、受益者段階課税（受領時課税）、信託段階法人課税という三重構造は維持されているが、第一段階で、結果的に委託者課税の範囲が狭まり、第三段階の信託段階法人課税が拡大している。なお、「受益者」及び「みなし受益者」の双方が存しない場合には「受益者等の存在しない信託」として法人課税信託となる。

この度の改正にあたっては、受益者課税の原則を維持することとされ（法人税法一二条一項等）、この三重構造は維持されている。しかし、法人課税信託としての範囲がひろまり課税の原則は本末転倒したとの評価をすることもできなくはない。いわゆる受託者課税が原則となり、例外が受益者課税ということもできなくはない状態になってきたといえようか。

なお、旧所得税法一二条一項や旧法人税法一二条一項は、受益者が特定していれば、その信託財産を有するものとみなして、信託財産に帰せられる収益や支出は受益者に帰属するとしていた。改正信託法においては、「信託財産に属する資産及び負債を有するもの……」との文言にしているが、これは「信託財産を有するものとみなす」との規定を削除したためにこのような表記方法になったものと考えられる。

改正信託法のもとで多様な信託が認められることとなったことなどの影響をうけて、平成一九年度の信託税制改正においては、委託者段階での法人課税の範囲が拡大された。⑴特定受益証券発行信託に該当しない受益証券発行信託、⑵受益者が存在しない信託（目的信託のうち一定のものなど）、⑶法人が委託者となる信託のうち、重要な事業の信託で、受益者の過半を委託者の株主が取得することなどの、一定の要件に該当するものなど（これらの信託を「法人課税信託」という。）については、その受託者に対して、信託財産から生ずる所得について当該受託者の固有財産とは区別をして、法人税を課税することとしている。

なお、信託の併合とは、受益者を同一とする複数の信託の信託財産の全部を一つの新たな信託財産とすることである（二条一〇項）。信託の併合は、併合後の信託の内容などを明らかにしたうえで、委託者、受託者及び受益者による合意によって行われる（一五一条一項）。

信託の分割とは、受託者を同一としたまま信託財産を分割することであり、吸収信託分割（信託財産の一部を受託者を同一とするほかの信託の信託財産として移転すること）及び新規信託分割（信託財産の一部を受託者を同一とする新たな信託の信託財産として移転すること）をいう（二条一一号）。信託の分割は、分割後の信託の内容などを明らかにしたうえで、委託者、受託者及び受益者による合意によって行われる（一五九条一項）。

信託債権にかかる債務を清算して、受益者等に対する残余財産を交付することを信託の清算というが、その手続きの開始事由として信託の終了事由が規定されている。⑴委託者と受託者が信託終了を合意したとき（一六四条一項）、⑵信託の目的を達したとき又は達成することができなくなったとき（一六三条一号）、⑶受託者が受益権の全部を固有財産で有する状態が一年間継続したとき（一六三条二号）、⑷受託者が欠けて新受託者が就任しない状態が一年間継続したとき（一六三条三号）など一二項目があげられている。信託が終了すると、その信託について清算手続きが開始されるが（一七六条）、清算が結了するまで信託は存続する（信託が信託の終了後、受託者は清算受託者となる。）。残余財産は、信託行為において残余財産受益者又は帰属権利者となるべきものとして指定されたものに帰属する（一八二条一項）。

法人税法四条の六は、「法人課税信託の受託者は、各法人課税信託の信託資産等（信託財産に属する資産及び負債並びに当該信託財産に帰せられる収益及び費用をいう。以下この章において同じ。）及び固有資産等（法人課税信託の信託資産等以外の資産及び負債並びに収益及び費用をいう。次項において同じ。）ごとに、それぞれ別の者とみなして、この法律（第二条第二十九号の二（定義）、第四条（納税義務者）及び第十二条（信託財産に属する資産及び負債並びに信託財産に帰せられる収益及び費用の帰属）並びに第六章（納税地）並びに第五編（罰則）を除く。以下この章において同じ。）の規定を適用する。」としたうえで、「前項の場合において、各法人課税信託の信託資産等及び固有資産等は、同項の規定によりみなされた各別の者にそれぞれ帰属するもの」と規定する。

同法四条の七は、「受託法人（法人課税信託の受託者である法人（その受託者が個人である場合にあつては、当該受託者である個人）について、前条の規定により、当該法人課税信託に係る信託資産等が帰属する者としてこの法律の規定を適用する場合における当該受託者である法人をいう。以下この条において同じ。）又は法人課税信託の受益者についてこの法律の規定を適用する場合には、次に定めるところによる。

一　法人課税信託の信託された営業所、事務所その他これらに準ずるもの（次号において「営業所」という。）が国内にある場合には、当該法人課税信託に係る受託法人は、内国法人とする。

二　法人課税信託の信託された営業所が国内にない場合には、当該法人課税信託に係る受託法人は、外国法人とする。

三　受託法人（会社でないものに限る。）は、会社とみなす。

四　信託の併合は合併とみなし、信託の併合に係る従前の信託である法人課税信託に係る受託法人は被合併法人に含まれるものと、信託の併合に係る新たな信託である法人課税信託に係る受託法人は合併法人に含まれるものとする。

五　信託の分割は分割型分割に含まれるものとし、信託の分割によりその信託財産の一部を受託者を同一とする他の信託又は新たな信託の信託財産として移転する法人課税信託に係る受託法人は分割法人に含まれるものと、信託の分割により受託者を同一とする他の信託からその信託財産の一部の移転を受ける法人課税信託に係る受託法人は分割承継法人に含まれるものとする。

六　法人課税信託の受益権は株式又は出資とみなし、法人課税信託の受益者は株主等に含まれるものとする。この場合において、その法人課税信託の受託者である法人の株式又は出資は当該法人課税信託に係る受託法人の株式又は出資でないものとみなし、当該受託者である法人の株主等は当該受託法人の株主等でないものとする。

七　受託法人は、当該受託法人に係る法人課税信託の効力が生ずる日（一の約款に基づき複数の信託契約が締結されるものである場合にはその最初の契約が締結された日とし、法人課税信託以外の信託が法人課税信託に該当することとなつた場合にはその該当することとなつた日とする。）に設立されたものとする。

八　法人課税信託について信託の終了があつた場合又は法人課税信託（第二条第二十九号の二ロ（定義）に掲げる信託に限る。）に第十二条第一項（信託財産に属する資産及び負債並びに信託財産に帰せられる収益及び費用の帰属）に規定する受益者（同条第二項の規定により同条第一項に規定する受益者とみなされる者を含む。次号において「受益者等」という。）が存することとなつた場合（第二条第二十九号の二イ又はハに掲げる信託に該当する場合を除く。）には、これらの法人課税信託に係る受託法人の解散があつたものとする。

九　法人課税信託（第二条第二十九号の二ロに掲げる信託を除く。以下この号において同じ。）の委託者がその有する資産の信託をした場合又は第十二条第一項の規定により受益者等がその信託財産に属する資産及び負債を有するものとみなされる信託が法人課税信託に該当することとなつた場合には、これらの法人課税信託に係る受託法人に対する出資があつたものとみなす。

十　法人課税信託の収益の分配は資本剰余金の減少に伴わない剰余金の配当と、法人課税信託の元本の払戻しは資本剰余金の減少に伴う剰余金の配当とみなす。

十一　前各号に定めるもののほか、受託法人又は法人課税信託の受益者についてのこの法律の規定の適用に関し必要な事項は、政令で定める。」と規定する。

(1)　「受益者が存在する信託」にかかる法人信託課税

①　非特定受益証券発行信託

「特定受益証券発行信託」は、①税務署長の承認を受けた法人が受託者となっていること、②各計算期間終了時の利益留保割合が二・五％相当額以下であること、③各計算期間開始時において、そのときまでに到来した所定の時期のいずれにおいても裁定された利益留保割合が二・五％相当額以下であること、④計算期間が一年を超えないこと、⑤受益者が存しない信託に該当したことがないこと、といった要件を充足する信託である（法人税法二条二九号ハ）が、このような信託は、一般的な投資信託同様に受益者段階課税・分配時課税（第二段階）である。しかし、この要件に合致しない受益証券発行信託、すなわち「特定受益証券発行信託に該当しない信託」（非特定受益証券発行信託）は、受託者を納税義務者として、受託者の信託財産からの所得に法人税を課する。

②　法人が委託者となる信託のうち、一定のもの（重要事業信託、長期自己信託等、損益分配の操作が可能である自己信託等）

法人が委託者となる信託のうち、「重要な事業の全部又は一部の信託で、受益権の半数を委託者の株主が取得すること」は、その法人の事業の全部又は重要な一部が信託され、かつその受益権の五〇％超をその法人の株主に交付することが見込まれるものである（法人税法二条二九号の二ハ（1））が、法人が本来行っている事業が信託され、受益者がその法人の株主に交付された場合には、事業収益に対する法人税を課税することができなくなるために、受託者を納税義務者として、受託者の信託財産からの所得に法人税を課する。また、「長期の自己信託等」は、その受託者がその法人又はその法人との間に特殊の関係のある個人もしくは法人（特殊関係者）であり、かつ信託期間が二〇年を超えるものであることから（法人税法二条二九号の二ハ（2））、事業が長期間継続することにより、その事業に係る法人税の課税が減少することから、一定の場合以外、受託者を納税義務者として、同様に受託者の信託財産からの所得に法人税を課する。さらに、「損益分配の変更が可能な自己信託等」は、その受託者がその法人又はその特殊関係者であり、かつ、その受益権の一部をその法人の特殊関係者が保有する信託で、その特殊関係者に対する損益の分配が変更可能である信託のことである（法人税法二条二九号の二ハ（3））が、受益権を子会社等に取得させて、損益の分配を操作することによって、その損益通算により法人税を減少することが可能となるので、受託者を納税義務者として、受託者の信託財産からの所得に法人税を課することとしている。

たとえば自社の貸付債権を自己信託により信託設定して債権を流動化させる場合において、信託業法上の規制（登録五〇人以上）が存する。多くのものを相手方として自己信託をする場合、登録が必要（五〇条の二第一項）となる。そこで、民事信託五〇名以下が登録不要とされている。そこでこの登録を回避するために、自己信託と投資家との間にビーグルを介在させるケース、あるいは自己信託を繰り返すケースなどにより五〇人規制は回避できる。(5)

事業信託には、いくつかの利用が考えられる。事業そのものを信託財産とする信託（この場合に受託者を第三者とする場合の問題が存する。信託業法における兼業規制）、事業自体を信託財産として証券化する証券型事業信託、自社の事業をA社に信託譲渡して経営を委託する場合などが考えられよう。(6)

(2)　「受益者が存しない信託」にかかる法人課税信託（目的信託等）

目的信託が信託法で認められることとなり（新信託法二五八条〜二六一条）、旧信託法のもとでは受益者の定めのない信託は公益信託を除いては認められなかった。目的信託は、契約の方法又は遺言の方法により設定することができるが（信託法三条一号・二号）、信託法においては遺言信託により目的信託を設定した場合には、委託者の相続人は相続により委託者の地位を承継しないこととなっている。よって、目的信託においては、信託に関する権利を委託者の相続人が相続によって取得したとして相続税を課税することができない。そこで、目的信託を設定した場合には、委託者（個人）から法人課税信託に係る受託法人に対する贈与により信託財産の移転があったとみなされ（所得税法六条の三、みなし譲渡所得課税が生ずる。所得税法五九条一項一号）、受託者においては信託財産の価額について受贈益課税が生ずる（法人税法二二条二項）。そして、信託財産から生ずる所得に対しては受託者（法人）の段階で法人税が課税される（法人税法二条二九条の二ロ、四条の六第一項・二項。所得税法六条の二も参照）。

目的信託については後述するところであるが、この信託を利用した相続税や贈与税の租税回避については相続税率との差額が受託者に生ずることとしていたところである。

また、一定の目的信託である「受益者の存在しない信託」においては設定時に委託者（個人）にみなし譲渡所得課税（委託者が個人の場合には寄付金課税）が生じ、受託者の段階では信託財産相当額について受贈益課税が生じ、信託財産からの所得については法人税が賦課されるとしている。目的信託は、契約の方法又は遺言の方法により設定することができる（信託法三条一号・二号）が、信託法においては遺言信託により目的信託を設定した場合には、委託者の相続人は相続により委託者の地位を承継しないこととなっている（新信託法一四七条）。よって、目的信託においては、信託に関する権利を委託者の相続人が相続によって取得したとして相続税を課税することができない。そこで、目的信託を設定した場合には、委託者（個人）から法人課税信託に係る受託法人に対する贈与により信託財産の移転があったとみなされる（所得税法六条の三、みなし譲渡所得課税が生ずる。所得税法五九条一項一号）。受託者においては前述したように信託財産の価額について受贈益課税が生ずる（法人税法二二条二項）。信託財産から生ずる所得に対しては受託者（法人）の段階で法人税が課税される（法人税法二条二九条の二ロ、四条の六第一項・二項。

所得税法六条の二も参照)。目的信託が終了した場合には、残余財産を取得した帰属権利者に対して所得税(一時所得)あるいは法人税(受贈益)が課税される。

受益者等が存しない信託について受益者が存することとなったときには、他の法人課税信託に該当する場合は別として、法人課税信託ではなくなるので、受益者に対する課税の有無を検討する必要がある。

目的信託の期間中に、受益者が存することとなった場合には、法人課税信託に係る受託法人の解散があったものとみなして、受益者が存する信託として課税関係が変更されることとなるが、当該受益権の取得による受贈益については、所得税又は法人税が課税されない(所得税法六七条の三第一項・二項、法人税法六四条の三第二項・三項)。

五　法人課税信託の課税方法

法人税法四条にもとづいて、内国法人・外国法人および個人は、法人課税信託の引受を行うときには、法人税を納める義務がある。受託者が納税義務者となる。

信託財産を法人とみなして課税する(信託財産が租税債務の帰属主体)ということも理論的には考えられるが、複雑な規定となるために、そのような制度は採用されなかった。ここで個人に対しても法人税を賦課することの意義が問われなければならない。この点については以下のような説明がなされている。

「法人課税信託の収益は受託者である個人ではなく、最終的にはその受益者に帰属することとなり、この点、会社の利益が最終的にはその株主のものとなることと類似している側面があることから、個人受託者であっても信託部分については法人と同様に取り扱うことが適当であると考えられ、法人課税信託の個人受託者について同じ法人税法の枠組みで扱うために法人税の納税義務者とすることとされている。」

課税方法は法人課税信託の信託財産に帰せられる所得は、受託者の固有財産に帰せられる所得とは区別をして法人税を課することとしている（法人税法四条の六第一項・二項）。法人課税信託の受託者に対する課税方法は、受託者の固有財産等と信託財産等を区別して別の法人として擬制をするものであるが[7]、別途あらたな特別な法人税を創設するものではなく、既存の法人税の枠組みのなかで対応することとしている（所得税法六条の二、法人税法四条の六。委託者がその資産を法人課税信託に信託した場合については、所得税法六条の三第六号・七号。法人税法四条の七第九号参照）。しかし、会社法などのもとでの法人税とまったく同じ法人課税を行うことには信託制度の特徴から限界があり一定の調整規定をおいている。また、特定投資信託及び特定目的信託については、受託法人の課税の特例規定（租特法六八条の三の二、六八条の三の三）をおいており、一定の要件を満たす収益の分配については損金算入が認められている。

法人課税信託の信託された営業所が国内にあれば、当該法人課税信託にかかる外国法人（個人も含む。）は、内国法人とされる（四条の七第一項）。法人課税信託の信託された営業所が国外である場合には当該受託法人は、外国法人とする（同二項）。法人には本店等の登記制度もなく、委託者が信託の設定時において信託財産の管理地として予定していた所で信託の居住地を判断することとした。受託法人（法人以外のもの）は法人とみなすこととしている（法人税法四条の七第三項）。

法人税法第九款（法人課税信託に係る所得の金額の計算）、法人税法施行令第三款の三（法人課税信託に係る所得の金額の計算）において、法人課税信託にかかる所得の金額の計算は、以下のように扱われる。

(1) 特定受益証券発行信託が法人課税信託に該当することとなった場合

法人税法六四条の三第一項は、該当することとなったときの直前の未分配利益の額は、その法人課税信託にかかる受託法人のその該当することとなった日の属する事業年度の益金に算入する。仮に未配分利益の額がゼロに満たない場合についても損金に算入する（法令一三一条の三第二項）。

(2)　受益者等が存しない信託に該当しなくなった場合

受託法人からその信託財産に属する資産および負債のその該当しなくなったときの直前の帳簿価額を引継ぎをうけたものとして法人の各事業年度の所得の金額を計算する。

受益者等が存しない信託にかかる受託法人に対する課税は、信託の設定時に受益者があきらかになっていれば、その受益者等に課税をしていたであろう信託について受託法人に対していわば代替的に課税していたものであることから(8)、受益者等が存することとなった場合には、すでに受託法人で課税されている資産の受贈益等について再度課税することやキャピタル・ゲインについて帰属者の変更を譲渡とみて課税することは適当ではないとみて、課税技術上このように簿価を引き継ぐものとしている。

(3)　受益者の変更があったとき

法人課税信託にかかる受託法人が受託者の変更により、その法人課税信託にかかる資産および負債の移転をしたときには、変更後の受託者に変更の直前の帳簿価額を引き継いだものとして、受託法人の各事業年度の所得の金額を計算する。

受益者等が存しない信託にかかる受託法人に対する課税は、単に受託法人に対していわば代替的に課税していたものであることから(9)、受託者が変更したときにその移転にかかる損益を認識することはないと解される。

(4)　受益権の評価

信託受益権と収益受益権とに分割された場合には、設定時に、元本受益権、収益受益権を評価して課税することになる。受益権の評価方法については、相続税財産評価基本通達において、収益受益者に帰属する将来収益の割引現在価値の総額を計算して収益受益権の評価額とし、信託財産の評価額からこの収益受益権の評価額を引いた残余を元本受益権の評価額とするとしている。元本受益権、収益受益権の分割の場合、受益者連続型信託に該当しない場合には、設定時に双方に贈与税又は相続税を課税することになる。

この場合、この収益受益権の評価において、将来、収益受益者が収受すべき収益の評価が今後課題となる。

元本受益権と収益受益権とに受益権が分割される場合は多いが、元本受益権、収益受益権については、信託された金銭あるいは有価証券等を元本とし、その果実が収益であると理解されてきたところである。また、収益受益者にすべての収益が帰属することから、収益課税はその収益がすべて収益受益者に対して帰属するものとして取り扱うことと解してきた。しかし、信託財産が減価償却資産のような場合には、賃貸用不動産を信託した場合、減価償却費を計上することになるが、減価償却費が信託段階で計上され、信託段階の収益から控除されると、収益の受益者には減価償却費控除後の収益が分配される。減価償却費として計上した金額に相当する財産は、信託に留保されることになる。

減価償却費を信託段階で計上しない場合には、収益受益者には、減価償却費控除前の収益が給付されることになるので、その分、収益受益者の受取額は大きくなり、他方、将来、元本受益者が受け取る信託財産は、減価償却費相当分少なくなる。どのように配付するかが検討されるべきである（このような指摘について、信託協会・松永和美氏報告、三二回信託法学会（平成一九年）参照）。

松永氏は、以下のようにこの問題について言及される。

「元本・収益受益権に分割された場合の課題は、資産と収益とを同一の者が有することを前提に税制が組み立てられているために、元本と収益とが分離されることによって、資産と結びつかない収益が発生することにあると考える。

減価償却費についていえば、次のような場合を区分して考える必要がある。

第一は、収益受益者に配賦される収益は、減価償却費等を控除したネットの収益であるという決め方を行う場合である。この場合には、減価償却費相当額（の収益）については、元本受益者に帰属するものと考えることになる。

第二は、減価償却費を信託段階では計上しない場合である。この場合には、賃料すべてが収益受益者に帰属し、収益受益者が、減価償却費を計上することになる。

しかし、減価償却費の前提となる元本資産は、信託終了時には元本受益者に帰属することから、資産と収益の帰属との関係が問題になる。

考え方としては、平成一九年度改正税法における受益者連続型信託として取り扱い、収益受益者に一旦、信託財産が帰属したものとみなし、収益受益者が死亡したときに、元本受益者に収益受益者から資産が移転したものとすることが考えられる。

しかし、平成一九年改正税法においては、現に権利を有する受益者がある場合には、受益者に対してその権利に応じて、収益課税、資産課税を行うとしていること、元本受益者は信託法上、現に権利を有する受益者であること、信託受益権の処分については信託行為において限定がなければ処分が可能であること、元本の一部について元本受益者が給付を受けることもありうること等を考えると、元本、収益受益権分割については、先に述べたとおり、受益者連続型信託となる場合と、複数受益者となる場合とを区分し、複数受益者となる場合について、減価償却費をどのように配賦するかが課題となる」（信託協会・松永和美氏報告）。

おわりに

平成一九年度改正において導入された「法人課税信託」は我が国のこれまでの信託所得課税の歴史のなかでも特筆すべきものであるといえよう。法人課税信託導入の背景には複数の趣旨や目的が存する。課税の繰延べを規制するもの、企業形態の中立性といった視点から法人税との平仄を保つことを目的とするもの、租税回避規制を目的とするものなどのようなものが存する。「法人課税信託」は、信託課税理論的には奇妙な制度設計のたまものとして説明することができよう。

（1）〔受益者等課税信託〕　日本の信託所得にかかる税制は、受益者等課税信託、これを本文信託ということで、原則にしている。一般的な民事信託の多くはこれに当てはまる。所得税法一三条一項、法人税法一二条一項は、「信託の受益者（受益者としての権利を現に有するものに限る。）はその信託財産に属する資産及び負債を有するものとみなして、かつ信託財産に帰せられる収益及び費用とみなして」、所得税法や法人税法を原則として適用することとしている。すなわち、わが国の信託税制においては受益者等課税・発生時課税を原則として採用することとしている。

ここでいう受益者には「信託の変更権限を現に有し、かつ、その信託財産の給付をうけることとされている者」は、上記の「受益者」とみなされている（いわゆる「みなし受益者」）も受益者に含まれる。両者をあわせて「受益者等」という。法人税法一二条二項、所得税法一三条一項・二項・三項、法人税法施行令一五条一項・二項・三項、所得税法五二条三項）。よって、所得税法一三条、法人税法一二条は、「受益者等」に対する課税を原則としている。

〔資　料〕

第十三条を次のように改める。

「（信託財産に属する資産及び負債並びに信託財産に帰せられる収益及び費用の帰属）

第十三条　信託の受益者（受益者としての権利を現に有するものに限る。）は当該信託の信託財産に属する資産及び負債を有するものとみなし、かつ、当該信託財産に帰せられる収益及び費用は当該受益者の収益及び費用とみなして、この法律の規定を適用する。ただし、集団投資信託、退職年金等信託又は法人課税信託の信託財産に属する資産及び負債並びに当該信託財産に帰せられる収益及び費用については、この限りでない。

2　信託の変更をする権限（軽微な変更をする権限として政令で定めるものを除く。）を現に有し、かつ、当該信託の信託財産の給付を受けることとされている者（受益者を除く。）は、前項に規定する受益者とみなして、同項の規定を適用する。

3　第一項において、次の各号に掲げる用語の意義は、当該各号に定めるところによる。

一　集団投資信託　合同運用信託、投資信託（法人税法第二条第二十九号ロ（定義）に掲げる信託に限る。）及び特定受益証券発行信託をいう。

二　退職年金等信託　法人税法第八十四条第一項（退職年金等積立金の額の計算）に規定する厚生年金基金契約、確定給付年金資産管理運用契約、確定給付年金基金資産運用契約、確定拠出年金資産管理契約、勤労者財産形成給付契約若しくは勤労者財産形成基金給付契約、国民年金基金若しくは国民年金基金連合会の締結した国民年金法第百二十八条第三項（基金の業務）若しくは第百三十七条の十五第四項（連合会の業務）に規定する契約又はこれらに類する退職年金に関する契約で政令で定めるものに係る信託をいう。

4　受益者が二以上ある場合における第一項の規定の適用、第二項に規定する信託財産の給付を受けることとされている者に該当するかどうかの判定その他第一項及び第二項の規定の適用に関し必要な事項は、政令で定める。」

所得税法施行令五十二条は、

「法第十三条第二項（信託財産に属する資産及び負債並びに信託財産に帰せられる収益及び費用の帰属）に規定する政令で定める権限は、信託の目的に反しないことが明らかである場合に限り信託の変更をすることができる権限とする。

2　法第十三条第二項に規定する信託の変更をする権限には、他の者との合意により信託の変更をすることができる権限を含むものとする。

3　停止条件が付された信託財産の給付を受ける権利を有する者は、法第十三条第二項に規定する信託財産の給付を受けることとされている者に該当するものとする。

4　法第十三条第一項に規定する受益者（同条第二項の規定により同条第一項に規定する受益者とみなされる者を含む。以下この項において同じ。）が二以上ある場合における同条第一項の規定の適用については、同項の信託の信託財産に属する資産及び負債の全部をそれぞれの受益者がその有する権利の内容に応じて有するものとし、当該信託財産に帰せられる収益及び費用の全部がそれぞれの受益者にその有する権利の内容に応じて帰せられる第二十条第三項（退職年金等積立金に対する法人税の特例）に規定する適格退職年金契約とするものとする。

5　（略）」と規定する。

以前は受益者が特定しているかどうかというところで、受益者課税、そうでなかったら委託者課税という形で、委託者課税という部分が非常に広がったわけであるが、この所得税法一三条の規定を見ると、委託者課税という、「委託者」という文言が一切排除されている。信託の受益者に課税をするというのは、所得税法一三条一項であるが、括弧書きで「受益者としての権利を現に有する者に限る」と規定する。「当該信託の信託財産に属する資産及び負債を有するものとみなし、かつ、当該信託財産に帰せられる収益及び費用は当該受益者の収益及び費用とみなして、この法律の規定を適用する」とする。

なお、「ただし」というところで、いわゆるただし書信託で、集団投資信託、退職年金信託、法人課税信託と列挙している。ただし書のところの基本的な考え方は、旧規定の下でのいわゆる集団投資信託的なものと、特定信託のような、第三段階でただし書からさらに外れて、受託者で課税されるようなものを、ただし書の中に列挙しておいて、受託者で課税するものを別の条文で引っ張り出して、受託者課税の対象としたが、その仕組みは基本的には所得税法一三条は旧規定とは変わっていない。

ただ、ここで受益者というものが、「受益者としての権利を現に有するものに限る」となっており、以前のような受益者が特定しているかどうかというような規定ぶりではない。さらに、受益者として規定されていないものでないものであっても、二項に、いわゆる「みなし受益者」という規定を置いている。「信託の変更をする権限を現に有し、かつ、当該信託の信託財産の給付を受けることとされている者は、前項に規定する受益者とみなして、前項の規定を適用する」として、いわゆる「みなし受益者」を規定している。同条一項と合わせて、「受益者等」と一般的に定義付けられているものである。委託者課税という文言を、条文からはうかがえないが、多くの場合、ここで「みなし受益者」とみなされる可能性があるものは、委託者であると考えられる。「委託者」という文言は使っていないが、委託者に対する課税は、委託者が一定の権限を持っていれば「みなし受益者」として残っている。

「みなし受益者」というものは、本法では、「信託の変更をする権限（軽微な変更をする権限として政令で定めるものを除く）」と規定し、改正法人税法施行令五二条に規定する一定のものを除くこととしている。まずここでどうしてそのように規定ぶりが変わったのかということを検証しなければならない。

所得税法一三条一項、法人税法一二条一項は旧規定と受益者の定義等を改正信託法にあわせているところである。なお、平成一九年信託税制改正前においては、受益者が不存在又は不特定の場合については受益者に代わって委託者に対して課税する旨、いわゆる「委託者課税」を規定していたが改正法のもとでは委託者課税は姿を消している。各同条二項の条文が「みなし受益者」を規定しており、結果的にはみなし受益者課税のなかに委託者課税を含めることとなっている。改正信託法のもとでは、委託者の権利義務が縮小されたこと（新信託法二一五条）、また受益者を指定し又は変更する権利を有する者の定めのある信託が認められていること（新信託法八九条参照）などからこのような改正になったものと解される。このような改正をどのように評価するかである。信託法の改正により委託者の権限が以前よりも弱まったことによるが、財務省「改正税制のあらまし」等を見ると、委託者課税というのは広すぎるということで、信託課税については非常に非難が強かったとされており、委託者課税にはもともと問題もあったということもこのような改正の一因となったとも考えられる。

（2）**［集団投資信託］**　所得税法一三条本文、法人税法一二条本文にかかる、いわゆる上記の「受益者等課税信託」（あるいは「本文信託」）とは別に、所得税法一三条ただし書、同法人税法一二条ただし書規定は、いわゆる集団投資信託（合同運用信託、一定の投資信託、特定受益証券発行信託）、退職年金等信託、法人課税信託を本文規定の適用から除いている。このような「ただし書信託」のうち、退職年金等信託及び法人課税信託の課税については別途特別な規定をおいていることから、集団投資信託の課税関係は、現実に支払を受けたときに課税されることとなる（受益者段階での受領時課税）（所得税法三六条一項等参照）。

第二段階の集団投資信託のところで改正が行われたのは合同運用信託の定義規定が整理された程度で、基本的には第二段階での変化はない。そこに特定受益証券発行信託という聞き慣れないものが列挙してあるが、既存の集団投資信託それ自体については、それほど大きな変化はない。法人税法二条二九号であるが、集団投資信託というのは、「次に掲げる信託をいう」というとして、同条二九号ハというところに、特定受益証券発行信託というものが出てくる。いわゆる受益証券発行信託、法人課税信託を受ける受益証券発行信託のうち一定の要件を満たすものは、特定受益証券発行信託として、第二段階の集団投資信託としてのくくりの中で課税をするという形で、その部分では大きな改正ではある。特定受益証券発行信託というのは、受益証券発行信託が改正信託法で認められることになったのでその影響をうけたものであるが、一部はここで、特定受益証券発行信託として集団投資信託としての課税をうけ、その余の受益証券発行信託は後述するように法人課税信託の範疇に入ってくる。

平成一九年度改正において導入された「特定受益証券発行信託」は、①税務署長の承認を受けた法人が受託者となっていること、②各計算期間終了時の利益留保割合が二・五％相当額以下であること、各計算期間開始時において、そのときまでに到来した所定の時期のいずれにおいても裁定された利益留保割合が二・五％相当額以下であること、④計算期間が一年を超えないこと、⑤受益者が存しない信託に該当したことがないこと、といった要件を充足する信託である（法人税法二条二九号ハ）が、このような信託は、一般的な投資信託同様に受益者段階で収益の受領時であるとして、「集団投資信託」に含められることとなっている（所得税法一三条三項一号）。

（集団投資信託の併合及び分割）

改正法法人税法六一条の二第一五項、所得税法施行令一一二条二項

第六十一条の二第十四項の次に次の二項を加える。

15　内国法人が旧受益権（当該内国法人が有していた集団投資信託の受益権をいう。）に係る信託の併合（当該集団投資信託の受益者に当該信託の併合に係る新たな信託の受益権以外の資産（信託の併合に反対する当該受益者に対するその買取請求に基づく対価として交付される金銭その他の資産を除く。）が交付されなかつたものに限る。）により当該受益権の交付を受けた場合における第一項の規定の適用については、同項第一号に掲げる金額は、当該旧受益権の当該信託の併合の直前の帳簿価額に相当する金額とする。

16　内国法人が旧受益権（当該内国法人が有していた集団投資信託の受益権をいう。以下この項において同じ。）に係る信託の分割により承継信託（信託の分割により受託者を同一とする他の信託からその信託財産の一部の移転を受ける信託をいう。以下この項において同じ。）の受益権その他の資産の交付を受けた場合には、当該旧受益権のうち当該信託の分割により当該承継信託に移転した資産及び負債に対応する部分の譲渡を行つたものとみなして、第一項の規定を適用する。この場合において、その信託の分割（分割信託（信託の分割によりその信託財産の一部を受託者を同一とする他の信託又は新たな信託の信託財産として移転する信託をいう。）の受益者に承継信託の受益権以外の資産（信託の分割に反対する当該受益者に対

するその買取請求に基づく対価として交付される金銭その他の資産を除く。）が交付されたもの（以下この項において「金銭等交付分割」という。）に限る。）により承継信託の受益権その他の資産の交付を受けたときにおける第一項の規定の適用については、同項第二号に掲げる金額は、その旧受益権の当該信託の分割の直前の帳簿価額を基礎として政令で定めるところにより計算した金額（以下この項において「分割純資産対応帳簿価額」という。）とし、その信託の分割（金銭等交付分割を除く。）により承継信託の受益権の交付を受けたときにおける第一項の規定の適用については、同項各号に掲げる金額は、いずれもその旧受益権の当該信託の分割の直前の分割純資産対応帳簿価額とする。

（3）齋地義孝「信託法の制定等に伴う税制上の措置（所得税関係）」『改正税法のすべて』九三頁（大蔵財務協会・二〇〇七）。

（4）新井誠『信託法（三版）』一九五頁（有斐閣・二〇〇八）。

（5）小出卓哉・及川富美子「改正信託業法の概要（上）」金法一七九九号一〇頁（二〇〇六）参照。

（6）尾本太郎「新・信託法上の活用可能性――改正概要と実務上の論点」経理情報一一四〇号一二頁以下参照。

（7）佐々木浩・椎谷晃・坂本成範「法人税の改正」『改正税法のすべて』三一五頁（大蔵財務協会・二〇〇七）。

（8）佐々木他・前掲解説三二二頁。

（9）佐々木他・前掲解説三二三頁。

第一二章　信託税制への提言

はじめに

「スイマーの環境が水であるように、信託の環境は税制である」（Hayton）といわれる。外国においては一般的には信託を用いることによる潜在的な租税利益（potential tax benefits）があるともいわれているが、信託税制は広く信託の利用を左右する。我が国において、信託は民事信託や個別信託として発展をするというよりは個人向けの信託商品としての投資信託や金銭信託等であり、また法人向けの信託商品としての年金信託、証券信託、資産流動化のための信託（資産流動化型信託）であり、多様な金融商品開発のためのツールとして発展してきた。よって、これまで税制の中心は集団信託課税にあったといってもよい。しかし、信託法改正や信託業法改正をうけた平成一九年度信託税制改正においては、改正信託法のもとで認められた多様な信託をうけて所要の整備が行われ、あわせて平成一九年度改正前において指摘されていた個別信託税制における問題点の解決も図られ、税制からも民事信託の利用、企業活動・金融取引等の利用などが期待されている。本章では、これまでで最大の改正である平成一九年度改正をトレースしながら、現行信託税制を検証し、なお残されている課題（解釈上の問題、制度的な問題）を明らかにすることとしたい。

一　我が国の信託所得課税の枠組みの再検討

(1)　改正前と改正後の信託税制の連続性

我が国の信託税制のうち、所得税・法人税については、大正一一年に、実質上何の利得をも享受しない「受託者」に対する課税はなんとしても避けなければならないこと（いわゆる二重課税の回避）などを理由として、受益者が特定しているときには受益者が当該信託財産を保有しているものとして、受益者に収益からの所得を課税する「受益者課税原則」を導入した（旧所得税法三条ノ二第一項）。一方、受益者が特定していないときには委託に課税する「受託者課税原則」を採用した（同条二項）。「受益者課税と受託者課税の組みあわせ」による信託税制である。ただし、貸付信託（後の昭和一五年には、合同運用信託に名称変更）については、社債・公債・銀行預金と同じように課税されていた（第二種所得税。ただし、当初は第三種所得税課税）。そして、昭和一五年に受益者が特定するまでは委託者の手元から受益権は分離しないと考えられることなどをその改正理由として、受託者課税部分を「委託者課税」（あるいは委託者の相続人に課税）に改めた。これは極めて重要な意義を有するものであるが、累進税率の適用を免れることに対する懸念がその改正理由の主眼であったと解される。わが国の信託税制のスタートが受益者課税であり、現行信託制度もこれを引き継いでおり、いわゆる「導管理論」を前提にしたものであると結果的には評価することができる。

平成一九年改正前（以下、「改正前」という）所得税法一三条、同法人税法一二条の、いわゆる「本文信託」（これは受益者が特定している場合には、受益者課税原則、不特定・不存在の場合には委託者課税原則を前提する。）と改正前所得税法一三条、同法人税法一二条の各々のただし書（合同運用信託、投資信託、特定目的信託等を本文規定の適用から除く。）による「ただし書信託」の課税関係を法的には明確に区別した二重構造であった。しかし、現実には「ただし書信託」（集団信託）が、一般的には日本の信託業務の主流をこれまで占めており、ただし書の規定は金融制度と深く関係してきたところであるが、「ただし書信託」の特徴は、「完全な導管構造」を否定し、支払を受けたときに課税されることからその時点まで課税の繰延べが許容されていることである。

さらにその後、「特定目的会社による特定資産の流動化に関する法律」（平成一〇年九月一日施行）（資産流動化法）

等（その後、平成一二年五月三一日公布）の施行に起因する集団投資スキームに対する法整備による新たな金融制度の展開（いわゆる金融大革命）を受け、さらに我が国の信託においては、三段目の法的構造ができあがることとなった（旧法人税法七条の二参照）。特定信託については受託者たる法人に法人課税を行なうこととし、一定の要件を満たしている場合には分配額を損金算入することを認めた（いわゆる「ペイ・スルー課税」の導入）(1)。

信託の課税ルールの構築にあたっては、二つの法的なコンセプト、すなわち導管（aggregate あるいは conduit）コンセプトと実体（entity）コンセプトが影響を及ぼすといわれているが、信託課税の理論的な枠組みについて信託導管理論（信託を所得・控除・税額控除等が受益者に流れるためのチャンネルとして取り扱うという見解）の理論のもとで原則として制度の構築が図られている。なお、平成一九年度改正においても、改正信託法のもとで多様な信託が認められることとなったことなどの影響をうけて、さらに受託者段階での法人課税の範囲が拡大され、後述するように「法人信託課税」が採用されたが、多様な類型があり、その課税の目的も多様であり、この段階での法人課税信託についても画一的に実体型あるいは導管型と区別することは困難である。

(2)　信託税制の枠組みの変更

一見すると平成一九年度信託税制の改正は大きく枠組みを変更したようにみえるが、後述するように受益者課税原則を基礎にした三重構造のなかでの改正であり、これまでの税制の枠組みを基礎としたもので、また租税回避防止に視点をおいたものであったといえる。信託法及び信託理論にもとづいた課税関係と信託の利用による租税回避規制に係る規定の整備との関係が曖昧であり、信託の利用による租税回避を中心とした規定の整備は、今回の信託法改正の足かせになることも危惧されうる。多様な信託の利用にむけての期待が高まるなかで、このような信託税制でそれらに対応しうるのか、課税関係を明確に判断しうるものであるのかなど危惧が少なからず存しよう。そこで、改正信託法改正による具体的な利用とあわせて信託税制を今後とも再検討し、さらには課税の枠組みを再構築することが必要となろう。イギリス、アメリカの信託税制においては受託者課税を介した受益者課税が原則であり、信託税制の枠組みの再検証が必要である。(2)

二　改正信託税制の特徴と残された課題

(1) 受益者等課税信託——委託者課税の廃止

(a) 受益者等の判断

所得税法一三条一項、法人税法一二条一項は、「信託の受益者（受益者としての権利を現に有するものに限る。）はその信託財産に属する資産及び負債を有するものとみなして、かつ信託財産に帰せられる収益及び費用とみなして」、所得税法や法人税法を原則として適用することとしている。受益者等課税・発生時課税を原則として採用している。ここでいう受益者には「信託の変更権限を現に有し、かつ、その信託財産の給付をうけることとされている者」も「受益者」とみなされている（いわゆる「みなし受益者」。あわせて「受益者等」という。法人税法一二条二項、所得税法一三条一項・二項・三項、法人税法施行令一五条一項・二項・三項、所得税法五二条三項）。よって、所得税法一三条、法人税法一二条は、形式的なこれまでの委託者課税を改め「受益者等」に対する課税を原則としている。また、旧規定では「受益者」を受益者の存在あるいは特定の有無で判断するとしていたが、「受益者としての権利を現に有するもの」として、旧所得税法や旧法人税法の形式的な受益者の定義を改め、実質的な基準により受益者を判断することとしている。このことは旧規定の形式基準による判断を改めたものとして評価されうる。

しかし、一方で、「受益者としての権利を現に有するもの」、「信託の変更権限を現に有し、かつ、その信託財産の給付をうけることとされている者」の解釈が今後問題となりうるであろう。施行令や通達等において一定の範囲は示されているが、改正法のもとでどの程度のものを射程距離におくかは一つの解釈問題として重要である。そのような意味でいえば、裁量信託（discretionary trust）などの課税については必ずしも明らかであるとはいえないであろう。

(b)　信託所得計算ルールの問題

改正信託税制のもとでは信託所得の計算規定についても整備が図られたが、なおいくかの課題が存する。

①　一つは、量的分割信託の問題である。複数の受益権のうち、一部のみを現に有する受益者が存する場合、複数の受益者のうち、一人の受益者のみが現に権利を有している場合である。受益者としての権利を現に有する受益者の数が二である場合において、これらの者が有する受益者としての権利が全体の権利のうち七〇％（各三五％）にとどまり、その余の権利（三〇％）は受益者不存在又は不特定であるようなケースも考えられる。

法令上、受益者の数が二以上である場合、受益者等課税信託の信託財産に属する資産及び負債の全部をそれぞれの受益者がその有する権利の内容に応じて有するものとし、当該信託財産に帰せられる収益及び費用の全部がそれぞれの受益者にその有する権利の内容に応じて帰せられるものとされている（令一五）。

したがって、この場合、各受益者の権利の内容（各三五％）に応じて信託財産に属する資産及び負債並びに信託財産に帰せられる収益及び費用の帰属が決められるのであるから、各受益者は均等の権利を有することとなるため、当該信託財産に属する資産及び負債の五〇％をそれぞれ有し、信託財産に帰せられる収益及び費用の五〇％がそれぞれに帰せられるものとして課税関係が生ずることとなる。通達においては、特定の一の受益者が一部のみの受益権について現に権利を有する場合については、その者にすべての収益や費用が帰せられるとする。また、受益権の一部のみ（六〇％）について受益者（A）が存在するものの、その余の受益権（四〇％）については受益者が存在しない場合には、受益者（A）にすべての収益や費用が帰属する。このような解釈については疑問が存する。ミックス信託としての課税制度なども検討に値しよう。

②　さらに同様な問題として、質的分割信託の課税上の問題点がある。現行の受益者等課税信託においては、課税関係の処理は信託に係る資産・負債及び収益及び費用は受益者に帰属するものとみなして行われる。優先劣後のように質的に異なる受益権を有する信託（質的分割信託）についても、受益者等課税信託である場合には、同様の処理が求められる。

しかしながら、一般的に、質的分割信託においては、信託に係る資産・負債及び収益・費用の各受益者への帰属を、全ての受益権が同質で量的に分割された信託（量的分割信託）のようにそれぞれを受益権の単位数で分割して帰属させるといったような形で単純に導くことができないと考えられる。つまり、受益権相互間の具体的な関係が信託期間を通じて流動的であること等から、信託に係る資産・負債等につき信託期間を通じて受益権の内容に整合的に帰属させることが極めて困難であるといえる。

資産の流動化や資産の承継等に活用するといった観点から近年ニーズが高まってきていると考えられる、受益権が優先劣後のように質的に分割された信託においては、その経済的な実態としては、量的分割信託と異なり、受益権相互間の具体的な関係が信託期間を通じて流動的であること等から、個別具体的な信託財産と各受益権のつながりは希薄である。

したがって、質的分割信託において、受益者が個別具体的な信託財産を所有しているといった擬制を行うことは、その経済的な実態からは関係者の実感に合わないものと考えられる。課税関係の処理において私法上の関係と異なる関係を擬制することの妥当性・必要性をどのように考えるかであるが、現行の受益者等課税信託の考え方の枠内での対応には限界がある。

③　元本受益権と収益受益権とが分離された場合には収益受益権にすべての収益が帰属すると一般的には解されてきたが、信託財産が減価償却資産のような場合について信託契約で定めない場合に、減価償却費をどのように扱うかによって、その後収益あるいは元本をどのように配分していくのかが問題となろう(3)。

受託者に信託財産が帰属することを前提に、受益者には、信託段階での受託者の計算による損益（純額ベース）が全て信託契約の内容に従い配賦されるものとするなど立法上の手当てが必要となる。

(3) 集団投資信託の課題

平成一九年度改正において、「特定受益証券発行信託」・「法人課税信託」という新たなカテゴリーができた（法人税法二条二九号ハ、同法二条二九号の二）ことに伴い、信託財産に係る利子等の課税の特例や配当所得の改正等が行われたにすぎない。平成一九年度改正前と問題の所在に変化はない。集団信託等の課税を論じるにあたっては、受益者段階での課税（所得でいうと配当・分配にかかる課税）、受益権等の譲渡にかかる課税、すなわち、インカム・ゲイン、キャピタル・ゲイン、キャピタル・ロスの課税、すなわち譲渡にかかる所得の課税関係が問題となる。さらには、投資信託や特定目定信託においてはビークル段階での課税が問題となり、そこではファンド等の法人格の問題や二重課税の排除のあり方が問題となる。(4)

(4) 法人課税信託の特徴と課題

(a) 法人課税の意義

平成一九年度改正においては、改正信託法のもとで目的信託・自己信託等、多様な信託の利用が可能となったことをうけて、(1)特定受益証券発行信託に該当しない受益証券発行信託（法人税法二条二九号の二イ）、(2)受益者が存在しない信託（目的信託のうち一定のものなど）（法人税法二条二九号の二ロ）、(3)法人が委託者となる信託のうち、①重要な事業の信託で、受益者の過半を委託者の株主が取得すること（信託財産の種類がおおむね同一である場合等を除く）、②自己信託等で信託期間が二〇年を超えること（主たる信託財産が耐用年数二〇年超の減価償却資産である場合等を除く）、③自己信託等で損益分配の操作が可能であること、といった要件に該当する信託が、「受託段階法人課税信託」として規定され（法人税法二条二九号の二八）、受託者段階での法人課税の範囲が拡大された。このような基本構造は、法人税・所得税において同様であり、ここでの「受託法人」には個人も法人も含む（所得税法六の三）。

法人課税信託の受託者に対する課税について、法人税法四条は、たとえば、内国法人、外国法人及び個人は法人課税信託の引受けを行う場合には「納税義務者」となる旨、規定している（所得税法五条、法人税法四条）。よって、法人課税信託の納税義務者は受託者となる。

受託法人を会社とみなすことにより、法人税法が対象とする典型的な組織形態に対する課税と同様になるようにするためでもあると説明されている(5)。また、信託の併合は合併とみなし、信託の分割は分割型分割に含まれるものとして法人税法上の規定が適用される（四条の七第四号・五号。法人課税信託の受益権は株式又は出資とみなされる。法人課税信託の受益者は株主等とみなされる。法人課税信託の委託者がその有する資産の信託をした場合には、法人課税信託に対する出資があったものとみなされる（法人税法四条の七第六号））。法人課税信託の収益の分配については法人税法上の受取配当等の損金不算入や所得税法上の所得控除の対象となる配当として扱われる。

そして、「法人課税信託」については、その受託者に対して、信託財産から生ずる所得について当該受託者の固有財産とは区別をして、法人税を課税することとしている（法人税法四条の六、四条の七、所得税法六条の二、六条の三参照）。ここでは、信託財産を法人とみなすといった理論的な立場は取られていない(6)。個人の受託者も法人課税信託の納税義務者となるが、法人課税信託の受益は受託者である個人ではなく最終的にはその受益者個人に帰属することとなり、この点は会社の利益が最終的に株主のものになることと類似している側面があることから、個人受託者であっても信託部分については法人と同様に取り扱うことが適当であると解されたことによる(7)。わが国の受託者課税（法人課税信託）のカテゴリーは平成一九年改正前信託税制を承継させる中で作り出されたものであり、課税理論的にはすわりの悪いものである。受託者段階課税（第一段階）と受益者等課税（第二段階）の枠組み中で再構築すべきであろう。

(b)　法人課税信託の課税方法

法人課税信託の信託財産に帰せられる所得は、受託者の固有財産に帰せられる所得とは区別をして、法人税を課することとしている（法人税法四条の六第一項・二項）。法人課税信託の受託者に対する課税方法は、受託者の固有財産等と信託資産等を区別して別の法人として擬制をするものであるが[(8)]、別途あらたな特別な法人税を創設するものではなく、既存の法人税の枠組みのなかで対応することとしている（所得税法六条の二、法人税法四条の六。委託者がその資産を法人課税信託に信託した場合については、所得税法六条の三第六号・七号。法人税法四条の七第九号参照）。しかし、会社法などのもとでの法人税とまったく同じ法人課税を行うことには信託制度の特徴から限界があり一定の調整規定をおいている。また、特定投資信託及び特定目的信託については、受託法人の課税の特例規定（租税特別措置法六八条の三の二、六八条の三の三）をおいており、一定の要件を満たす収益の分配については損金算入が認められている。

三　相続税法における信託課税の特徴と課題

(1)　設定時課税の検討と信託受益権の評価

相続税についても、大正一一年の信託法制定と同時に「信託ニ付委託者カ他人ニ利益ヲ受クヘキ権利ヲ有セシメタルトキ」は、そのときにおいて「他人ニ信託ノ利益ヲ受クベキ権利」を贈与又は遺贈したものとみなす旨の規定をおいた（旧相続税法二三条ノ二）。いわゆる「信託行為時（設定時）課税の原則」を採用し、相続・贈与財産は信託受益権（信託の利益を受けるべき権利）であることを明確にしていた。その後、信託にかかる相続税や贈与税について改正があったが、信託課税においては昭和二二年改正以後抜本的な改正を行わず、一九年度改正に引き継がれているが、「信託行為時（設定時）課税の原則」や「信託受益権課税」という枠組みの検証も信託所得課税の枠組みの検討とあわせて不可欠である。また、信託受益権の評価についても、元本受益権と収益受益権が分離された場合の評価にとどまらず質的に異なる収益受益権の評価など課題を抱えている[9]。ただし、受益者連続信託において、元本受益権と収益受益権が分離された場合、収益受益者がすべての信託財産を有するものとみなされている（相続税法第九条の三）。さらに、元本受益権・収益受益権に対する相続税とそれから派生した信託所得課税との関係なども二重課税問題を含めて検討が必要であろう。

(2) 他益信託から他益信託への変更、裁量信託への対応

旧相続税法四条における信託課税制度は、縦の関係（同時に複数の受益者が存在する場合）、自益信託から他益信託の課税関係しか想定しておらず、他益信託から他益信託への変更に伴う課税関係など想定していなかった。このことの象徴的な課税関係の問題が受益者連続信託の課税関係であった。平成一九年度税制改正では、所得税法との整合性をとって、委託者、信託行為の定めにより信託の変更権限を有することとされた委託者の相続人など、受益者以外で、信託契約の変更権限と当該信託の信託財産の給付を受けることとされている者（信託受益権を有する者）を、相続税法上、「特定委託者」と定義し、「受益者」と同様に扱われることとなった（相続税法九条の二第一項、五項）。

また、信託の効力発生後に受益者が追加・交代した場合についての規定（相続税法九条の二）、受益者等が存しない信託等についての受益者等が存しないこととなった時における規定についても整備が行われるとともに[10]、受益者連続型信託の課税関係についても一応の解決をみている（相続税法九条の三、九条の二第二項）。

しかし、改正前相続税法においても、受託者に受益の分配、受益者選択などについても裁量があるといった裁量

信託の課税について問題が存するといえよう。「信託における受託者裁量機能」さらには「信託における意思凍結能力」をもっとも明確にその内容とするのは裁量信託であるが、その課税関係は、所得課税同様、相続税法においても不明確であるといわざるをえない。

四　国際課税信託の特徴と課題

信託に対する国際的な注目はますます高まりつつある。国際信託の課税関係に関しては、受益者の居住地国、委託者の居住地国、受益者の居住国および所得の源泉地国（信託財産の所在地）がどこの国に該当するかにより複雑なものとなる。信託財産から生ずる所得分類、信託の種類、各国の信託税制による相違などを考慮にいれると、さらに非常に複雑な課税関係が生じ、わが国の信託税制との抵触、租税条約の複雑な交錯が起こりうる。

たとえば、「委託者（A国の居住者）は、A国の法律に準拠して信託を設立する。信託の受託者（A国の居住者）は、B国で信託の資産を保有・管理している。信託の受益者はC国の居住者である。委託者も受益者も信託財産を管理・処分する権限を有していない」という事例においては、法人課税信託に該当しないために信託（受託法人）の居住地は問題とならず、日本がB国に相当する場合には受益者に対して分配された利益（受託者の所得の特徴も引き継ぐ）について課税できるが、日本がA国に相当する場合には課税はできない。また、信託も租税条約へ適用しうるものと解されるが、そのような前提のもとでは、A国とB国間での租税条約、B国とC国での租税条約、A国とC国での租税条約の有無・関係、条約相互間の条約特典条項の適用等も問題となる。多くの検討すべき問題が残されているといえよう(11)。また、法人課税信託のもとでは信託の居住地が問われることとなるが、国によってはその判断基準が異なる。わが国においては信託には法人のような本店等の登記制度もなく、委託者が信託の設定時において信託財産の管理地として予定していた所で信託の居住地を判断することとなる。法人課税信託の信託された営業所が国内にあれば、当該法人課税信託にかかる外国法人（個人も含む。）は、内国法人とされている（法人税法四条の七第一号）。法人課税信託の信託された営業所が国外であるには当該受託法人は、外国法人とするとしている（同二号）。受託法人（法人以外のもの）は法人とみなすこととしている（法人税法四条の七第三号）。

おわりに

信託法の大改正をうけた平成一九年度信託税制の改正は、わが国の信託課税の枠組みを再検討・再構築する好機であったといえよう。しかし、大正一一年からの信託税制の枠組みを継承するものとなっている。本章での課題に対応するためには、以下のような、カナダ・カーター委員会報告（一九六六年）における提議に戻ることが有益である。

信託に関しては、現に受益者に分配可能である所得については信託の段階で課税すべきではなく、受益者についてのみ課税すべきである。

また現に受益者に分配可能となっていない信託の所得については、まず信託の段階で課税すべきである。通常、累積（留保）所得は、信託法上資本化され、最終的には資本配分として支払われ、その時点において、信託の段階で払った税額を反映させるためにグロスアップがなされ、こうした税額の控除がされる。

（1）信託税制の立法経緯等については、占部裕典『信託課税法』一頁以下（清文社・二〇〇一）参照。
（2）占部・前掲書（注1）三七頁以下参照。

（3）アメリカにおける取扱いについては、松永和美「米国の信託の税制について」信託二三八号五四頁以下（二〇〇九）参照。
（4）問題の詳細については、占部裕典「信託課税法の課題と改革の展望――信託関連法、金融関連法等の視点から」信託法研究二七号七四頁以下（二〇〇二）参照。
（5）佐々木浩ほか「法人税法の改正」『改正税法のすべて』三一六頁（二〇〇七）。
（6）佐々木・前掲解説書三一三ページ（注）参照。
（7）佐々木・前掲解説書三一四頁。
（8）佐々木・前掲解説書三一五頁。
（9）信託受益権の検討については、松永和美「財産の管理・承継に利用される信託の税制に関する一考察」信託法研究三二号一〇八頁以下（二〇〇七）参照。
（10）占部裕典「高齢化社会における信託税制・相続税制のあり方」新井誠編『高齢社会における信託と遺産承継』六一頁以下（日本評論社・二〇〇六）参照。受益者連続信託（後継ぎ遺贈）の課税関係については、占部・前掲書（注1）八一頁以下、一一三頁以下参照。
（11）このような視点からの分析については、藤本哲也「信託に関する国際課税上の論点についての基礎的考察」中央ロー・ジャーナル二巻四号三一頁以下（二〇〇六）、占部・前掲（注1）書三四三頁以下参照。

索　引

ま　行

や　行

ら　行

A～Z

な　行

は　行

た　行

さ　行

索　引

あ 行

か 行

著者紹介

占部裕典 うらべ　ひろのり

同志社大学法科大学院教授（租税法、国際租税法、行政法専攻）
神戸大学法学部、同大学院法学研究科博士（後期）課程単位取得退学。博士（法学）（神戸大学）。エモリー大学ロースクール修士課程修了（LL.M.）。金沢大学法学部教授等を経て、現職。
租税法学会理事、信託法学会理事、日本税法学会理事。税制調査会専門家委員会特別委員、公認会計士試験委員等を歴任。

【主要著書】『租税法における文理解釈と限界』（単著、慈学社・2013）、『地方公共団体と自主課税権』（単著、慈学社・2011）、『租税法の解釈と立法政策（Ⅰ）・（Ⅱ）』（単著、信山社・2002）、『信託課税法』（単著、清文社・2001）、『国際的企業課税法の研究』（単著、信山社・1998）、『租税債務確定手続』（単著、信山社・1998）、『実務家のための税務相談（民法編）（２版）』（共編著、有斐閣・2006）、『判例分析ファイル　Ⅰ・Ⅱ・Ⅲ』（共編著、税務経理協会・2006）、『解釈法学と政策法学』（共編著、勁草書房・2005）、『固定資産税の現状と課題（全国婦人税理士連盟編）』（監修、信山社・1999）等多数。

信託取引と信託課税の法理

2018年２月20日　初版第１刷発行

著　者　占部裕典
発行者　村岡侖衛
発行所　有限会社 慈学社出版　http://www.jigaku.jp
190-0182　東京都西多摩郡日の出町平井2169の２
TEL・FAX　042-597-5387
発売元　株式会社 大学図書
101-0062　東京都千代田区神田駿河台３の７
TEL　03-3295-6861　FAX　03-3219-5158

印刷・製本　亜細亜印刷

ISBN 978-4-903425-99-3